钦南区行政区划图

比例尺 1:372 000

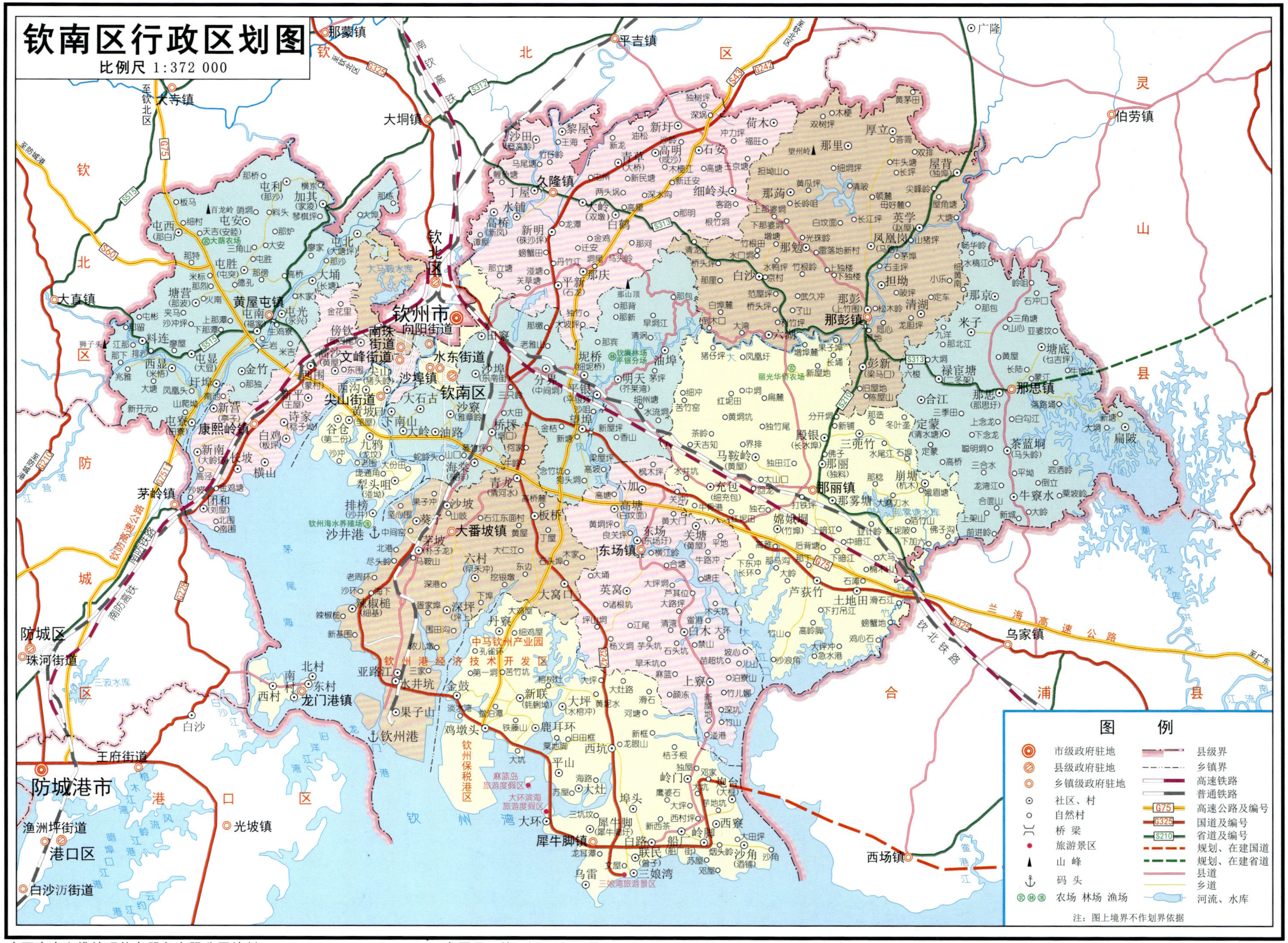

广西南宁六维地理信息服务有限公司编制

审图号：桂S（2018）10号

数字钦南·2018

SHUZI QINNAN

◎ 行政区域面积　2596 平方千米
◎ 镇　11 个
◎ 街道　5 个
◎ 年末常住人口　57.82 万人
◎ 地区生产总值　302.94 亿元
◎ 第一产业增加值　75.29 亿元
◎ 第二产业增加值　66.52 亿元
◎ 农林牧渔业总产值　99.43 亿元
◎ 全年粮食种植面积　32772 公顷
◎ 粮食产量　14.61 万吨
◎ 甘蔗产量　62.57 万吨
◎ 全年肉类总产量　4.75 万吨
◎ 森林覆盖率　51.62%
◎ 财政收入　7.42 亿元

◎ 社会消费品零售总额 94.58 亿元
◎ 全年货物进出口总额 51403.7 万元
◎ 城镇居民人均可支配收入 34265 元
◎ 农村居民人均可支配收入 13237 元
◎ 在岗职工年平均工资 73937 元
◎ 境内高速公路 125.5 千米
◎ 普通中学学校 18 所，在校生 15789 人
◎ 普通小学学校 161 所，在校生 64752 人
◎ 公共图书馆 1 个
◎ 全年专利申请量 744 件，专利授权量 469 项
◎ 医疗卫生机构 21 个，床位数 1151 张
◎ 福利院、敬老院 15 个，床位 560 张
◎ 国家 AAAA 级旅游景区 4 个，AAA 级旅游景区 13 个

三娘湾 （龙彪彪 摄）

领导关怀

2018年6月15日，自治区副主席李彬（左五）到钦南区高沙非法炼铝厂检查指导整改环保工作

（本版照片均由区委宣传部　供稿）

2018年7月16日，自治区政协副主席黄道伟（右三）到钦南区水东街道调研

（本版照片均由区委宣传部　供稿）

2018年4月25日，共青团中央书记处书记尹冬梅（左一）一行到钦南区调研预防青少年违法犯罪工作和社区团支部建设情况　（团区委　供稿）

2018年9月7日，市委书记、市人大常委会主任王革冰（左四）到市特殊学校慰问

2018年9月16日，市长谭丕创（前左一）到钦南区部署备战台风“山竹”

2018年6月28日，市政协主席黄若萍（前右二）等领导参观钦南区水东街道东南社区开展义诊活动

（本版照片均由区委宣传部供稿）

2018 年 12 月 29 日，市委副书记高朴（左二）带队到钦南区开展巡河工作

2018 年 9 月 26 日，市委组织部部长莫锦荣（前左二）到实验小学调研人大提议大班额问题

2018 年 8 月 31 日，市委常委、政法委书记林庆山（左二）到钦州市交通警察支队车辆管理所及交警支队二大队业务用房征搬项目召开现场推进会

2018 年 4 月 12 日，市委常委、统战部部长蔡家东到钦南区调研扶贫工作

（本版照片均由区委宣传部供稿）

领导活动

2018年7月25日，区委书记黄球（左一）到新农园百香果基地调研 （区委宣传部 供稿）

2018年6月4日，区人大常委会主任陈仁雄（左三）到金窝工业园开展优化营商环境调研 （黄锋才 摄）

2018年3月12日，区长李遥（前右一）到久隆镇五祥猪场调研 （区委宣传部 供稿）

2018年5月4日，区政协主席宋翔（左二）到大番坡学校进行均衡教育工作调研 （大番坡镇 供稿）

2018年6月11日，区委常委、常务副区长胡颎（右三）检查环保整治工作 （区委宣传部 供稿）

重要会议

钦南区六届人大第三次会议

2018 年 2 月 6 日—7 日，钦州市钦南区第六届人民代表大会第三次会议在钦南区行政中心召开。来自全区各战线的人大代表出席大会。大会审议、通过《关于区人民政府工作报告的决议》《关于区 2017 年国民经济和社会发展计划执行情况与 2018 年国民经济和社会发展计划的决议》《关于 2017 年财政预算执行情况和 2018 年财政预算的决议》《关于区人大常委会工作报告的决议》《关于区人民法院工作报告的决议》《关于区人民检察院工作报告的决议》。

2018 年 2 月 6 日，钦南区六届人大第三次会议在钦南区召开

2018 年 2 月 7 日，在钦南区第六届人民代表大会第三次会议上新当选的区监察委员会主任张斯广（前）在向宪法宣誓

区人民政府区长李遥作政府工作报告

区人大常委会主任陈仁雄作人大常委会工作报告

人大会议会场

大会闭幕式

（本版照片均由区委宣传部供稿）

政协钦南区第六届委员会第三次会议

2018 年 2 月 5 日—6 日，中国人民政治协商会议第六届钦州市钦南区委员会第三次会议在钦南区行政中心召开，应到委员 166 人，实到委员 161 人。会议听取并批准区政协主席宋翔代表常委会所作工作报告，听取并批准副主席冯心奇代表常委会所作的提案工作报告。参会委员列席区六届人大三次会议，听取并赞同李遥区长所作的政府工作报告，赞同区人民法院工作报告、区人民检察院工作报告。钦州市政协副主席、中共钦南区委书记黄球出席开幕式，并作讲话。

2018 年 2 月 5 日，政协钦南区六届委员会第三次会议在钦南区召开

区委书记黄球在政协六届三次会议上讲话

区政协主席宋翔作政协常委会工作报告

中国人民政治协商会议第六届钦州市钦南区委员会第三次会议会场

（本版照片均由区委宣传部供稿）

经济发展

2018年9月6日，广西东盟商贸城有限公司与阿里巴巴钦州市独家运营公司战略合作签约仪式 （区委宣传部　供稿）

钦南区金窝工业园海大饲料有限公司生产车间 （何伟杰　摄）

建设中的西牛皮（钦州）科技园 （何伟杰　摄）

得劳斯公司生产的移动房屋 （何伟杰　摄）

康熙岭镇对虾养殖场 （龙彪彪　摄）

钦南区茅尾海海水养殖场 （何伟杰　摄）

钦州海红米

钦州海红米，又名茅禾、潮禾、咸黏、铁锤、深水莲等，糙米呈赤红色或淡赤红色。主要生长在钦南区大风江、钦江、茅岭江出海口的沿海、沿江滩涂，海水和江水混合区域，营养价值较高。据史料记载，为钦南区较早的水稻品种，是钦南区特色产品。

（本版照片除署名外均由区农村局供稿）

苗期

抽穗扬花期

灌浆结实期

海红米机收现场

康熙岭镇海红米丰收在望（龙彪彪　摄）

收获的稻谷

脱粒后的海红米

坭兴陶艺

钦州坭兴陶，学名紫坭陶，亦称紫砂陶，古称越陶，与江苏宜兴陶素有吴、越陶之分。钦州制陶史可溯至新石器时期，隋唐时期，制陶技术已经相当成熟。从唐朝经宋元明清1300多年发展，钦州坭兴陶名声远播，饮誉海外。1915年，巴拿马国际博览会上获得金奖后跻身于中国四大名陶之列，与江苏紫砂陶、云南建水陶、四川荣昌陶同被誉为“中国四大名陶”。2018年，钦州承坭斋陶艺有限公司生产的《壮乡行》茶具，以其独特广西壮乡文化，在2018年巴拿马太平洋万国博览会上获得金奖，再现钦州坭兴陶百年前的荣耀。

（本版照片均为钦州承坭斋陶艺有限公司供稿）

脱贫攻坚

2018 年 10 月 31 日，在钦南区举行 2018 钦州市“党旗领航 · 电商扶贫”农村电商技能培训会（区委宣传部　供稿）

钦南区贫困户异地搬迁安置小区
（区委宣传部　供稿）

脱贫榜样励志人物杨建宝和他的养鸡场
（区委宣传部　2018 年 1 月 30 日摄）

脱贫榜样励志人物卜建仲和他的种植园
（区委宣传部　2018 年 1 月 30 日摄）

旅游发展

2018年，钦南区有AAAA级景区4家、AAA级景区13家、三星级以上酒店7家，星级乡村旅游区8家，星级农家乐14家。获广西特色旅游名县称号。12月，通过国家全域旅游示范区初审。

钦南区滨海风光　　（何伟杰　摄）

白石湖夜景　　（龙彪彪　摄）

钦州花卉小镇　　（龙彪彪　摄）

钦州海滨浴场　　（龙彪彪　摄）

鲜花盛开的钦南区海岸　　（何伟杰　摄）

康熙岭镇海滩候鸟在觅食　　（龙彪彪　摄）

文体活动

4 月 23 日，钦南区 2018 年庆“五一”职工运动会在超越体育运动馆拉开序幕

钦南区举行壮族“三月三”文体活动

（区委宣传部　供稿）

2018 年 7 月 28 日，钦南区组织老体协会员参加在钦州白石湖公园举行第十届广西体育节开幕式暨 2018 年“全民健身　健康广西”百万群众健身走活动钦州分会场启动仪式暨绕白石湖健步走活动的太极拳展示　（区委宣传部　供稿）

文化惠民活动　（区委宣传部　供稿）

黄屋屯民族中学壮族“三月三”钦南嘉年华活动

（龙彪彪　摄）

钦南年鉴

QINNAN NIANJIAN

2019

钦州市钦南区地方志编纂委员会办公室　编

方志出版社
Publishing House of Local Records

图书在版编目（CIP）数据

钦南年鉴．2019 / 钦州市钦南区地方志编纂委员会办公室编．-- 北京 ：方志出版社，2019.12

ISBN 978-7-5144-4126-0

Ⅰ．①钦… Ⅱ．①钦… Ⅲ．①区（城市）—钦州—2019—年鉴 Ⅳ．①Z526.74

中国版本图书馆 CIP 数据核字(2020)第 035650 号

钦南年鉴（2019）

编　　者：钦州市钦南区地方志编纂委员会办公室
责任编辑：顾　洁

出 版 者：方志出版社
地址　北京市朝阳区潘家园东里 9 号（国家方志馆 4 层）
邮编　100021
网址　http://www.fzph.org
发　　行：方志出版社图书经销中心
电话（010）67110500
经　　销：各地新华书店
装帧设计：南宁市佳彩广告设计有限公司
印　　刷：深圳市精一瑞兰印刷有限公司

开　　本：889 ×1194　1/16
印　　张：24.75
字　　数：658 千字
版　　次：2019 年 12 月第 1 版　2019 年 12 月第 1 次印刷
印　　数：001 ～ 400 册

ISBN 978-7-5144-4126-0　**定价：**180.00 元

编辑说明

一、《钦南年鉴》的编纂以马列主义、毛泽东思想、邓小平理论、“三个代表”重要思想、科学发展观，习近平新时代中国特色社会主义思想为指导，坚持辩证唯物主义和历史唯物主义的立场、观点和方法。贯彻中国共产党的各项方针政策，按照“实事求是，严谨办鉴”的要求，力求全面客观反映钦南区各族人民在中国共产党领导下建设中国特色社会主义和谐社会的伟大实践。

二、《钦南年鉴》是全面系统记述钦南行政区域自然、政治、经济、文化和社会等方面情况的年度资料文献，是集权威性、史料性、实用性为一体的地情百科全书。

三、《钦南年鉴》2019 年卷全面、系统记录 2018 年钦南区经济和社会发展的基本情况、重大成就和深刻变化，旨在为社会各界了解和研究钦南区提供权威的基本资料。

四、2019 年卷年鉴基础框架基本保持稳定。其基本内容分为综合情况、动态信息、辅助资料三大部分。综合情况部分设特载、概况 2 个专栏。动态信息部分设党政机关、人民团体、法治、国防建设事业、经济调节·市场监管、财政·税务、工业、农林·水利、水产·畜牧业、乡村振兴、国土·城建·环保、交通·贸易、文化体育·旅游业、教育·科技、卫生健康·人口和计划生育、民政社会事务、镇街道概况、人物 18 个专栏。辅助资料部分有大事记、统计资料、附录·文件辑录。概貌及动态信息各部类的内容均作条目化处理，以方面读者检索。采用分类编辑法，按类目、分目、条目三个层次的体例编辑，以不同字体、字号及版式设计区分不同层次，条目标题加【 】表示。内容层次的安排，完全为便于读者分类系统阅读和检索，并表示类目与条目之间的层次关系，但不反映严格的科学分类体系，机构、企事业单位等排序和层次一般不表示其地位和规模。

五、本年鉴所记述的“自治区”或“广西”指广西壮族自治区;“自治区党委”“自治区政府”指中国共产党广西壮族自治区委员会、广西壮族自治区人民政府,市委、市政府指中国共产党钦州市委员会、钦州市人民政府;单位名称首次出现时用全称,在后面括注简称,以后均用简称,如“钦南区人民政府”简称为“区政府”等。

六、本年鉴“农林·水利”类目的“农业”分目指狭义的农业,专指种植业。收录的图片,凡未标注年份的,均为2018年摄制。

七、本年鉴涉及的历史纪年,清及清以前使用朝代帝王纪年,括注公元纪年;民国纪年使用阿拉伯数字,括注公元纪年。数字、计量、面积用法按国家法定规定书写;数据一般保留小数点后两位。涉及钦南区国民经济和社会发展全局性数据以区统计局提供的为准(特载类目中各工作报告中数据为快报数据);其他数据以供稿部门提供的为准。

八、本年鉴所载资料主要由钦南区党政机构、人民团体、开发区,各镇街道,驻辖区各企事业单位提供并核实。

九、本年鉴图片专辑、特载、钦南区概貌、附录所记述的内容不受2018年度限制,为保持内容的连贯性和完整性,个别条目记述的时间适当上溯或下延。

十、本年鉴配备双重检索系统:书前刊有详细目录,书后备有索引。索引采用内容分析法,款目按汉语拼音字母顺序(同单字按声调)排列,索引范围详及条目、文献、图片、表格等。

钦南区地方志编纂委员会

名誉主任：苏英权

主　　任：胡　颎

副 主 任：饶文勇　黄　敏　叶金芬　赖廷耀　胡　钧　黄志升
朱其友　曹传德

委　　员：周继勇　张　镭　李　艳　黎良宇　梁仁明　黄海新
蔡春华　张相兵　陈　森　邓峰和　庄庆友　邓德平
李树伟　陈福隆　林潮华　黄如秀　刘　进　黄力盟
陈兴扬　黄　建　陈世红　朱　政　陈庆永　陆　毅
裴强廷　冯传春　李茂华　邓享流　黄昱淇　贾聚华
柴淑忠　梁忠铭　黄业聪　张元思　周　洋　刘艳阳
杨华平　黄素明　王远生　宋彩明　苏德信

主　　审：张　镭

主　　编：曹传德

《钦南年鉴·2019》编辑部

主　　审:张　镭

主　　编:曹传德

副 主 编:何伟杰

总　　纂:曹传德

编　　辑:曹传德　何伟杰　黄　婷　刁丽阳　陈跃兴

图片编辑:何伟杰　黄　婷

《钦南年鉴·2019》编写人员（编写组）

（排名不分先后）

区委办公室　周佳钿　黄　霞　梁莞紫　庞云燕
　容巧燕
区人大办公室　黄锋才
区政府办公室　吴　冬　李梅英
区政协办公室　梁晶晶
区纪委、监委　梁仁明　陈永祥　黄基智　梁华虎
区委组织部　张　镭　裴以瑞　吴松霖
区委宣传部　罗斯铭
区委统战部　陈　森
区委政法委　黄海新　洪国力　梁权耀　黄培发
区人民武装部
区机构编制委员会办公室　朱　明　阙兴干
区直属机关工作委员会　邓峰和　庞媛娟　张　梅
区委台湾工作办公室　黄忠解
区信访局　李世勇　丁美琳
区绩效考评领导小组办公室　区绩效考评中心
　黄荣贵
区委老干部局　吴艳华　谢　琨
区乡村办　黎良宇　章　胜　邱晓云
区档案局　李昌文
区民族事务局　梁立强　秦雪丹
区宗教事务局　陈　繁
区侨务办　黄创东
区法制办　陆　霞
区工商业联合会　颜秋艳　黄　婧
区人民法院　孙　妮　吴柏池
区人民检察院　卢奇积　吴华清

区总工会　黄其华　王立怡　宋燕丹
团区委　庞宗鹏　黄国毅
区妇联　李胜楠　邓钦杰
区科学技术协会　伍红梅　韦文娟
侨联　谢启中　曾繁娣
区残联　陈建成　黄日燕　方艳红　邓雪娟　王纪锋
　陈玉华
区社科联　莫峥嵘　王　玮　宁如雪
区文联　陈俍羽　石昌营　梁　帅
区发展和改革局　丁海泉　钟世山　殷　凤　黄富一
区教育局　吴庆彪　黄新俊　曹雄杰
区科学技术局
区工业和信息化局　苏业远　庞智文　唐瑞璇
区民政局
区司法局　翁波锦　吴冠澎
区财政局　张　峰　李　文　刘　晶
区人力资源和社会保障局　潘才荣　陆崇秋
区住房和城乡建设局
区交通运输局　杨兴合　钟　磊
区水利局　陆作鉴　廖蓓蓓　梁庆国　温享霖
　何小锋　陈　华
区农业局　苏朝捷　钟文明　罗家杰　冯文科
　曾相华
区水产畜牧兽医局　张少明　钟昌艳
区林业局　庞良春　陈春富　何贤志
区商务局　赖高帮　梁舒宴
区文化体育广电局

区旅游局

区卫生健康局 陈启全 黄若红 温享达 魏天雨 莫贵栋 张达燕

区审计局 黄庆文 滕雪辉 谭 伟 刘日强 张梅娟 黄 卉

区统计局 黄新剑 宁启龙 彭永基 张 慧

区应急管理局 曾 德 陈奉昌

区工商局 甘元芳 廖远群

区粮食局 雷镇凡 胡宇峰

区食品药品监督管理局 杨福东 吕少蓉 沈志识 阮春强

区物价局 姚 文 容巧燕

区城管综合执法局 陈书荣 冼嘉琪

区调处办 陆 彦 蔡 彬 庞李娇

区政务服务监督管理局 梁仁凤 陈雅艳

人民防空和海防办 郑兰安

区扶贫开发办 潘 岳 褚永娟

区农机中心 何体文 章年党

区机关事务管理局 张新南 谭桂姝

区水果局 苏美鉴 黄秀礼

区地震局 黄宝定 章 玮 黄贤好

区招商促进局 袁祖媚 熊 瑛

区糖蔗局 陆光南 张艳芳

区接待办 陈 冰 江春丽

区二轻联社 陈武昌 梁 军 丁照昌 颜 玲

区供销社 姚伯才 禤小文 黄运斌

区方志办 黄 婷

区水库移民局 罗伯钦 许其创

区土地房屋征收办公室 姚宝雄 黄万江 韦云云

区查违办 蒙福溢 李瑞生

区城建监察大队

公安钦南分局 陈凤华 班 莹 朱波波 黄荣平

区公安边防大队

国土钦南分局 刘玲伶 黄冠铭

海洋钦南分局 吕 璐 苏金欢 谢黄邦

环保钦南分局 黄如龙 叶毅艺

区税务局 郭李川 刘帅荣

公路局 薛诗虹

钦南公安消防大队

沙埠镇政府 冯传春 仇绍清 郑宇忠

康熙岭镇政府 黄可明 黄 灿 胡艳萍

黄屋屯镇政府

犀牛脚镇政府 莫川燕 杨和玲

东场镇政府

大番坡镇政府 柴淑忠 李永生 黄瑜珊 钟运仰

龙门港镇政府 杨 健 梁春丽 谢桂华 骆玉宇

久隆镇政府 黄富坚 赵超超 宋林璘 罗春武 邓明榕

那丽镇政府 马长武 黄兰珍 钟海源

那彭镇政府 周 洋 李丽萍 梁艺花

那思镇政府 李秀芬 丁照昌 苏万雄 项载昕

尖山街道 陆 斯 冯传莲

文峰街道办事处 陈小梅

南珠街道办事处 陈启燕 韦棋宝 曾凡钧 张爱婷

向阳街道办事处 黄靖芳 李昌萍 陆辉华 罗秋滢 黄德其

水东街道办事处 黄寒露 覃雪琴

钦南区金窝工业园管委会 陆明波

目　　录

特　　载

大 事 记

概　　况

党政机关

法　　治

国防建设事业

经济调节·市场监管

财政·税务

工 业

农林·水利

水产・畜牧业

乡村振兴

国土·建设·环保

交通·贸易

文化体育·旅游业

教育·科技

卫生健康·人口和计划生育

民政社会事务

镇街道概况

人　物

统计资料

附录·文件辑录

索　引

特　载

区委常委会 2018 年工作报告

——2019 年 1 月 4 日在区委六届六次全会一次会议上

区委书记　黄　球

一年来，在市委、市政府的坚强领导下，区委常委会坚持以习近平新时代中国特色社会主义思想为指导，深入贯彻落实党的十九大和十九届二中、三中全会精神，全面落实习近平总书记对广西工作的重要指示精神，紧紧围绕新时代钦州发展新目标新思路，扎实推进“一机遇、三争创、四打造、六重点”的工作部署，全面完成了全年各项目标任务，经济社会实现了稳中有进、稳中向好。预计全年全区 GDP 完成同比增长 6.5%，增速达到市下达指标任务；财政收入完成 7.42 亿元，同比增长 14.9%，超额完成全年预期 6.85 亿元的目标任务；固定资产投资同比增长 4.5%；规模以上工业总产值完成 160 亿元；社会消费品零售总额完成 98 亿元，同比增长 10%；城镇居民人均可支配收入完成 34200 元，同比增长 8%；农村居民人均可支配收入完成 13249 元，同比增长 9.5%。

一年来，区委常委会主要工作开展如下。

一、坚持把政治建设作为根本性建设摆在首位，牢固树立“四个意识”，坚定“四个自信”，坚决做到“两个维护”

进入新时代，区委常委会带头旗帜鲜明地讲政治，自觉以习近平新时代中国特色社会主义思想武装头脑、指导实践，始终坚定正确的政治方向和政治立场，严明党的政治纪律和政治规矩，严肃党内政治生活，发展积极健康的党内政治文化。

（一）坚决维护以习近平同志为核心的党中央权威和集中统一领导。区委常委会坚持把落实“两个维护”作为做好一切工作的生命线，坚决贯彻落实好中共中央政治局《关于加强和维护党中央集中统一领导的若干规定》，自治区党委常委会和市委常委会《关于坚决维护以习近平同志为核心的党中央权威和集中统一领导的规定》，自觉维护习近平总书记在党中央和全党的核心地位，始终在政治立场、政治方向、政治原则、政治道路上同以习近平同志为核心的党中央保持高度一致，坚定不移把党中央决策部署落到实处。对于习近平总书记的重要讲话和批示指示精神，以及上级的重要会议、重要文件，都坚持第一时间学习，结合实际认真抓好贯彻落实，确保党中央的大政方针和决策部署在钦南一个声音贯彻到底。通过坚决落实"两个维护"，全区上下保持政令畅通，做到令行禁止，"四个意识"更加牢固，"四个自信"更加坚定。

（二）自觉以习近平新时代中国特色社会主义思想武装头脑、指导工作。党的十九大胜利召开后，迅速持续在全区掀起学习贯彻习近平新时代中国特色社会主义思想和党的十九大精神的热潮。紧扣习近平总书记对广西工作的重要指示精神，结合推进"两学一做"学习教育常态化制度化，采取党委(党组）理论中心组学习、领导干部带头学习、集体研讨、专题培训、调查研究等多种形式，在学懂弄通做实上狠下功夫，把全区上下的思想认识和力量凝聚到完成中央、自治区党委和市委确定的各项任务上来，推动全区党员干部更加自觉地做到"不忘初心，牢记使命"，更加自觉地做到"忠诚、干净、担当"。

（三）带头执行民主集中制，扎实建设坚强有力的区委常委会领导班子。区委常委会严格按照《中国共产党地方委员会工作条例》来开展工作，严格遵守区委常委议事决策规则，切实提高贯彻执行民主集中制的自觉性。全年共召开32次区委常委会会议对187项工作和事项进行研究讨论，充分发挥了区委常委会把方向、管大局、作决策、保落实的作用。召开了区委六届五次全会，通过了《区委关于实施乡村振兴战略的决定》，实现了乡村振兴战略实施的良好开局。严格按照要求，稳妥有序推进党政机构改革。

二、聚焦突出问题，全面提高工作质量，全力打好脱贫攻坚翻身仗

一年来，我们以破釜沉舟、背水一战的决心来打好脱贫攻坚翻身仗，不曾放松过，也不曾放弃过，全面压实脱贫攻坚责任，深入推进抓党建促脱贫攻坚，全面提高脱贫攻坚质量。功夫不负有心人，在全区上下的共同努力下，我们以过硬的质量圆满完成脱贫4307人，摘帽10个贫困村的任务，顺利通过了自治区脱贫攻坚大督查和自治区市县扶贫开发成效"四合一"实地核查，切实打好了脱贫攻坚翻身仗，极大地鼓舞了士气，提振了精神，也进一步坚定了我们全面打赢脱贫攻坚战的信心和决心。在打好脱贫攻坚翻身仗中，我们有力地做到了"四个确保"。

（一）采取"分档奖补"和"统一代建"的有力措施，确保贫困户危改任务提前完成。除严格落实上级危改补助政策外，我们结合实际出台了建档立卡贫困户农村危房改造奖励方案，共安排466万元对开工早、竣工快的贫困户分时段、分档次进行奖励，并对人均住房面积不达标的预脱贫户住房加建进行补助。通过"早改多补"的激励措施鼓励贫困危改户尽快开工、完工。针对部分贫困户存在看日子、看风水而迟迟不开工建设的老大难问题，以及个别无能力自筹资金建房的危改贫困户，采取由镇、街道统一聘请施工队代建的方式建房，全程进行帮扶，转被动为主动。在去年10月底，全区预脱贫的129户危改贫困户住房均已提前竣工入住。

（二）采取"三级联动"和"双线四包"的有力措施，确保控辍保学实现"零失学"。成立了以区委、区政府主要领导担任组长的控辍保学工作领导小组，各镇（场、街道）和各义务教育学校也均成立工作领导小组，形成区、镇、村"三级联动"的控辍保学防护网络。实行"党政一条线，即区领导包镇、镇干部包村、村干部包村民小组、村民小组包户；教育系统一条线，即教育局领导包学校、学校领导包年级、班主任包班、科任老师包人"的"双线四包"工作责任制，层层签订控辍保学目标责任书，各镇(场、街道）还向区纪委监委上交控辍保学工作承诺书。在全区先后开展3次地毯式的全面排查，并通过将扶贫信息系统中适合义务教育年龄段人员信息、小学一年级入学人员信息和义务教育各年级实际在校学生人员信息分别进行比对，精准查找失学辍学疑似信息。制订"一人一策"工作方案，通过动员返校、送教上门、医疗救助等办法，分类施策做好劝返工作。共成功劝返151人，通过办理送教上门15人，办理休学、免学24人，经治疗后正常入学3人。同时加强跟踪管理，巩固劝返效果，确保全区没有出现义务教育阶段学生因贫失学辍学的现象。

（三）采取推行"5+X"模式和清理"三不"合同的有力措施，确保村级集体经济圆满完成任务。全年区财政共投入1355万元扶持19个未脱贫村和35个面上空壳村发展村级集体经济，其中每个未脱贫村至少有50万元，每个空壳村至少有10万元。大力推行"5+X"村级集体经济发展模式("5"即到2020年所有贫困村集体经济达到5万元以上，"X"即因村制宜发展多个集体项目）。重点在"X"方面发力，推动各村因地制宜发展项目，实现多渠道增收。其中主打产业成效明显，全区36个村与通太光伏公司，65个村与广西红龙公司合作获得了分红。同时，全面排查整顿了312份"三不"合同，遏制了承包期过长、贱租贱赁等不合法不公平不规范现象，维护了村集体权益，盘活了一大批村集体资源资产，促进增收达66万元。目前，全区47个贫困村集体经济收入全部超过3万元，有12个达到了5万元以上，并全面消灭了面上空壳村，进一步夯实了脱贫攻坚和乡村振兴的经济基础。

（四）采取重点攻坚和迅速补强的有力措施，确保“三镇两村”后进被动局面得到扭转。“三镇两村”回归管理后，针对“三镇两村”政策指导不到位，部分帮扶人业务不熟悉、工作不到位等突出问题，马上调整挂点联系区领导、帮扶单位、第一书记、驻村工作队员和帮扶责任人，充实帮扶力量，压实帮扶责任。并有针对性地进行业务培训，加大工作指导力度，追加工作经费。通过重点攻坚，迅速扭转“三镇两村”脱贫攻坚工作不在状态、不规范、质量不高的被动局面，赶上了全区脱贫攻坚工作水平和进度节奏。

三、咬定目标不放松，狠抓创建不动摇，“三争创”均取得重大突破

坚持把争创国家全域旅游示范区、争创国家义务教育均衡发展区和争创现代特色农业示范区作为进入新时代全区的重大战略目标，持续发力，强力推进创建工作。一年来，我们不等不靠，加压奋进，跳起摸高，“三争创”形成了齐头并进的新态势。

（一）创建国家全域旅游示范区顺利通过自治区初审。我们并没有止步于“创特”的成功，也没有满足于入围国家全域旅游示范区创建名单。我们在争创国家全域旅游示范区的同时，同步巩固好广西特色旅游名县创建成效，在去年9月份“创特”以高分通过自治区复核。通过巩固好“创特”成效，也有力地促进了“创域”工作。我区的“创域”工作以扎实的工作和良好的成效通过了自治区文旅厅初审，在争创国家全域旅游示范区上又迈出了坚实有力的一步。一年来，我们编制完成了全区全域旅游规划及三年行动计划，成功将那雾山申报为自治区级地质公园，并开工建设了23.1公里长的那雾山环山公路。成功将辣椒槌滨海旅游度假区创建为国家3A级景区，龙门蚝湾创建为广西四星级乡村旅游区，荔景山庄创建为广西四星级农家乐，大海猫山水花园创建为广西休闲农业与乡村旅游示范点。大力推进旅游厕所革命，开工建设了8座旅游厕所，改建4座。狠抓游客满意度的巩固和提升，全年游客满意度保持在80分以上。

（二）创建国家义务教育均衡发展区一鼓作气通过“区检”和“国检”。“创均”工作在2017年通过市复核的基础上，严格对照国家的标准要求，再加大创建力度，于去年5月份通过了自治区的评估验收，又于12月份通过了国家评估组的评估认定。去年我们利用原市工业中专、原市电大闲置校舍和原区委党校等场地分别改建为市实验小学、市三小、市五小的第二校区并于秋季学期投入使用，增加学位将近1200个，有效消除城区学校“超大班额”现象。继续加强教学装备建设，共投入1200多万元配备完善各学校紧缺教学设备，实现即使是偏僻的农村学校，也同样拥有配备齐全的功能室，有效促进教育公平，缩小城乡教育差距。全面完成了区特殊教育学校迁建工作，并于秋季学期整体投入使用。实施义务教育学区制管理，通过推进标准化办法，均衡配置学区学校办学资源和教师资源，促进了学区内优质教育资源共享。

（三）创建现代特色农业示范区增点扩面提质升级蓬勃发展。紧扣乡村振兴，立足“山海城”区位资源优势，结合脱贫攻坚和特色旅游、全域旅游，扎实推进现代特色农业增点扩面提质升级三年行动，大力发展一批“名特优新”产业。作为“中国大蚝之乡”，我区获国家农业农村部评定为中国特色农产品优势区。我区的大蚝也是广西唯一入选2018年中国区域农业品牌影响力100强的农业品牌。龙门蚝湾示范区获认定为自治区级现代特色农业核心示范区。同时，大海猫田园休闲农业示范区和海纳绿洲海水养殖产业示范区获自治区认定为县级现代特色农业示范区。全区冬辣椒种植面积达到7万亩，成为全国第二大的冬辣椒种植基地。钦州辣椒与“钦州赤禾”（钦州海红米）通过国家地理标志产品认证，全区“三品一标”农产品达到38个。我区的台创园作为广西唯一的国家级台创园，在全国综合考核中从2016年的合格等次提升为2017年的良好等次。同时，全区农村土地确权承包经营权确权登记颁证数据顺利通过国家验收。

四、突出重点抓关键，统筹协调推进，全面促进经济社会高质量发展

紧扣高质量发展要求，统筹抓好经济社会发展各项工作，做到重点突出，聚焦关键发力，在有力有序推进中不断提高工作质量和水平。

（一）突出抓好优化营商环境，全力实现经济稳中有进。深入开展“不忘初心再扬帆”解放思想大讨论暨优化营商环境“服务企业年”活动，落实“一个企业、一个领导、一个服务人员”的工作机制，对70家企业进行跟踪帮扶，帮助企业解决在建设和经营过程中遇到的困难和问题。加大招商引资力度，共引进投资30

亿元的钦州市西南水产贸易园、投资14.84亿元的北部湾工业废弃物综合处置中心等17个项目，总投资将近70亿元。抓好工业园区建设，金窝工业园在园区规划调整，以及经济下行影响增大的情况下，还有海大饲料、漓源饲料、智朗混凝土、得劳斯住人集装箱等4个投资均超亿元的企业竣工投产，而且海大饲料、漓源饲料产值突破亿元，实现当年投产当年上规。投资4.4亿元的康熙岭协鑫光伏一期、投资8亿元的通威光伏二期，以及投资2亿元的犀牛脚中肇光伏一期实现并网发电，投资9.7亿元的龙源风电和投资4.5亿元的中节能风电一期动工建设。我区2017年度的中央预算内投资项目开工率和完成率高，得到了自治区通报表扬，去年30个中央预算内投资项目均已全部开工建设，继续保持良好的势头。

（二）突出抓好征地搬迁，全力保障重大项目用地需要。对市委、市政府重点推进的项目，始终保持攻坚力度，全力确保项目用地需要。北部湾大道至中马钦州产业园道路、市屠宰场搬迁项目、中央民大附中钦州学校等重点项目实现净地交付使用。600米长的新兴西路延长线、33公里长的兰海高速改扩建项目（钦南段）、3.2公里长的环城西路南段全线交付使用，北山加油站、扬帆南加油站、金岭加油站等项目用地清表交付建设。灵山沙坪至那丽公路、南北二级公路改扩建、金州路、绿州路等项目均取得有效突破，进一步加快推进。

（三）突出抓好服务城市工作，全力推进“五城联创”。通过坚持“三级考评”制度，常态化抓好市容市貌环境卫生，狠抓门前三包、乱搭乱建、流动摊点违章占道经营、夜市摊点、施工工地扬尘和“牛皮癣”整治等六大整治，城区“洁齐美”水平得到不断巩固和提升。通过抓好“五城联创”，为“环广西”公路自行车赛、国际沙滩排球赛、钦州蚝情节等重大赛事、活动的举办，以及迎接全国文明城市测评和国家园林城市复查创造了良好的环境，作出了贡献。

（四）突出抓好生态文明建设，全力打好污染防治攻坚战。坚持以习近平生态文明思想为指导，牢固树立“绿水青山就是金山银山”的绿色发展理念，全面打响蓝天、碧水、净土保卫战。对于中央环保督察组第一轮督察和“回头看”反馈的问题、群众投诉举报问题，以及国家海洋督察、国家林业督察反馈问题，还有自然资源资产审计出来的问题，举一反三，以最坚决的态度，最坚决的措施来抓好整改。特别是对中央环保督察“回头看”发现的“小散乱污”冶炼企业污染问题，坚决做到立行立改，连夜依法拆除康熙岭镇高沙村非法冶铝厂，并仅用2天时间依法对15家“小散乱污”非法冶炼企业进行全部拆除，得到自治区和市的认可和肯定。97件群众投诉举报件整改率达到90%以上。严厉打击非法采砂、非法用海、非法养殖等问题，钦江、茅岭江、大风江等河流和水库的污染得到有效控制，水质得到改善。其中大风江饮用水水源保护区的6个环境问题全部完成整改，提前一个月完成生态环保部交办的整改任务，得到了市政府的表扬肯定。通过开展城区大气污染防治“百日攻坚”行动，有效遏制PM10、PM2.5反弹超标，城区空气优良天数圆满完成自治区下达的任务。扎实推进“宜居乡村”建设，在全市乡村建设第一次考评中取得区本级和乡镇两个全市第一名的好成绩。

（五）突出抓好信访维稳，全力维护社会和谐稳定。扎实推进法治钦南建设，获评为第四批“全国法治县（市、区）创建活动先进单位”，是全市唯一获此殊荣的县区。坚持以“十个重”的措施来抓好信访维稳工作，在全国和自治区“两会”期间实现了“双零”的良好目标，并有力维护“环广西”公路自行车赛、国际沙滩排球赛、钦州蚝情节等重大活动、赛事期间的社会稳定。积极开展信访积案化解工作，100%完成自治区交办我区的13件信访矛盾化解攻坚战任务。扎实推进社会管理创新工作，中心城区已实现网格化和信息化全覆盖，已有5个街道和8个集镇的雪亮工程投入使用。作为中央扫黑办的联系点，迅速响应，在全区全面深入开展扫黑除恶专项斗争，加大对各类黑恶势力的依法打击力度。全年全区的群众安全感满意度保持在全市前两位；扫黑除恶专项斗争成效居全市第一，广西第16位。认真落实“党政同责、一岗双责”的安全生产和食品安全责任制，全年没有发生重大安全生产事故和重大区域性食品安全事故，并妥善处置了海豚湾大厦“1·19”火灾事件，维护和保障了群众的生命财产安全。

五、认真贯彻新时代党的建设总要求，坚定不移推动全面从严治党向纵深发展

区委始终把党的政治建设摆在首位，扎实推动全面从严治党主体责任落实到位，全面推动从严治党向纵深发展，全面提升党的建设质量，为全区的发展凝聚强大力量，提供坚强保障。

（一）坚决抓好“政治建设六项重点任务”。把落实“两个维护”纳入2018年度落实主体责任工作清单，

强化“两个维护”工作的落实。出台了《区委关于贯彻落实“政治建设六项重点任务”常态化工作方案》，设立了区委贯彻落实“政治建设六项重点任务”常态化工作组，并对区直各单位和各镇（街道）党组织开展了全覆盖的督导检查，促进“政治建设六项重点任务”全面从严、抓实抓细、常抓常严。全面开展基层党建“大排查、大整改”活动及镇村两级党组织书记抓基层党建述职评议考核，层层压紧压实“政治建设六项重点任务”责任。

（二）创新抓好干部管理。试行干部召回管理办法，第一批已经召回了25名“慵懒散”干部，而且还要再召回一批，实现了从“不想管、不会管、不敢管”到“主动管、创新管、大胆管”的转变，干部作风明显好转。实行《股级干部选拔任用实施办法》，规范了股级干部选拔任用程序。认真贯彻落实党中央、自治区党委和市委关于机构改革期间干部人事调整的工作要求，坚持事业为上，突出政治标准，调整优化各级领导班子。全年共讨论干部7批次，其中提拔34人次，调整交流57人次，职级晋升46人次，选派挂职干部67人次。结合群团改革需要，选派兼职挂职干部7名，选优配强了区总工会、团区委、区妇联等群团组织领导班子。突出实绩导向，注重政治历练和实践磨炼，把脱贫攻坚、征地搬迁、基层党建和信访维稳等基层一线作为蹲苗历练干部的主战场，全年共有14名在基层表现优秀、实绩突出的干部得到提拔重用。坚持党管人才原则，完善区领导联系优秀人才制度和事业单位引进优秀人才暂行办法，出台了《区委联系服务专家实施方案》。大力实施人才队伍素质提升工程，推荐了55名优秀年轻干部攻读上海海事大学MBA硕士学位，为年轻干部成长搭建平台。

（三）全面抓好各领域基层党建工作。统筹实施农村基层党建“三聚三强”工程、村级组织阵地规范提升工程、学校和医院党建提档升级工程、机关党建活力提升工程、两新组织党建巩固提升工程的“五项工程”，深入推进抓党建促脱贫攻坚、促乡村振兴。整顿转化了14个软弱涣散村级党组织，创星级村14个，调整撤换2名“三不”贫困村支书。“两站一中心”全年共化解矛盾纠纷836件，层级联动解决问题2174个，服务群众12.28万人次，进一步解决了“服务群众最后一公里”问题。整合1200多万元推进18个村级组织活动场所规范化建设，全区有142个村级办公楼面积超过了200平方米，城市社区全部超过500平方米。抓点带面打造基层党建示范群，以进港公路等4条路线和城区为核心的“四线一城”党建示范长廊得到中组部和自治区调研组肯定。打造了11个学校医院党建示范点，新建的138个党代表工作室形成了“五个好”品牌。创新了“党员爱心驿站”“微心愿”网上平台等服务群众载体，新建39个两新党组织，“两个覆盖”达到了100%，基层党建全面进步提升。

（四）持之以恒抓好正风肃纪和反腐惩恶。全面推行“以单定责、照单履责、跟单考责、按单问责”的党风廉政建设主体责任清单制度，实现区、镇、村主体责任清单三级全覆盖。进一步完善提升党建和廉洁工作站模式，得到上级纪委的充分肯定。扎实推进国家监察体制改革试点工作，按时完成了区监察委的组建；规范区委巡察机构建设，设立了4个区委巡察组。配合市委探索开展上下联动巡察、“三级联动”巡察、交叉巡察新机制，组织开展了六届区委第三轮、第四轮巡察，巡察覆盖率达51.6%，涵盖2018—2020年所有预脱贫村。巩固发展反腐败斗争压倒性态势，全年共处置问题线索180件，立案141件，结案128件，给予党纪处分111人，政务（政纪）处分18人。狠抓作风建设，共排查违反中央八项规定精神问题线索6件，立案15件，查处扶贫领域形式主义、官僚主义问题38件。深化扶贫领域腐败和作风问题专项治理，排查问题线索147件，立案66件。出台《关于运用监督执纪“第一种形态”的实施细则（试行）》，深入运用监督执纪“四种形态”，切实做到抓早抓小、防微杜渐。

（五）从严从实抓好意识形态工作。严格落实意识形态“一岗双责”工作责任制，出台了《区委意识形态工作联席会议制度》《区委意识形态工作督查制度》《区委重大意识形态领域舆情事件应急处置机制》《区委意识形态工作问责机制》“两项制度两项机制”，着力解决意识形态工作“不会抓、不会管”的问题。按照“六有”标准，建立了1个区级新时代文明实践中心和174个新时代讲习所，覆盖率达到100%，并承办了全市2018年意识形态工作培训交流现场会暨新时代讲习所揭牌仪式活动。加大宗教阵地管理，依法拆除和关闭7处违法宗教建筑、非法宗教集合场所，有力地促进了宗教工作健康有序开展。

同时，区委常委会充分发挥党委统揽全局、协调各方的作用，加强对人大、政府、政协、法院、检察院的领导和支持，保持团结共事，万斤重担众人挑的良好局面。统筹抓好民族、宗教、工商联、港澳台侨等各方面各领域的工作,统一战线工作得到进一步加强和巩固。切实加强党管武装工作,圆满完成上级下达的征兵和民兵训练任务,民兵调整改革工作代表广西所有县(市、区)人武部接受军委国防动员部的检查评估,得到军委工作组的高度肯定。

当然,我们也清醒地看到工作中还存在一些不足,主要是:推动经济高质量发展的办法措施还不够有力,财政收支矛盾问题依然比较突出;工业短腿局面还没有得到根本性扭转,园区建设没能取得大的突破;脱贫攻坚越往后难度越大,时间越紧,工作责任还需要进一步压实,工作质量还需要进一步提高;农村工作总体水平不高,实现乡村振兴任重道远;干部的思想解放程度还不够,在抢抓新机遇、适应新常态、跟上新形势方面做得还不够好;在民生改善、环境保护、城区管理等方面,还存在很多群众反映强烈的问题;少数党员干部作风和能力水平还有待提高,反腐败斗争任务仍然十分艰巨等等。对此,区委常委会始终保持清醒的认识,将采取更加有力有效的举措予以解决。

钦南区人大常委会工作报告

——2019年2月18日在钦南区第六届人民代表大会第四次会议上

区人大常委会主任　陈仁雄

2018年主要工作

2018年是改革开放40周年和自治区成立60周年。一年来,在区委的坚强领导下和市人大的具体指导下,常委会高举中国特色社会主义伟大旗帜,坚持以习近平新时代中国特色社会主义思想为指导,全面贯彻落实党的十九大和十九届二中、三中全会精神,坚持党的领导、人民当家做主、依法治国有机统一,紧紧围绕区委决策部署和全区工作大局,依法履职行权,主动担当作为,充分发挥国家权力机关、工作机关、代表机关的作用,积极推进我区经济建设、民主法治建设和各项社会事业全面发展。

一、深入学习贯彻习近平新时代中国特色社会主义思想,牢牢把握人大工作正确政治方向

进入新时代,常委会旗帜鲜明地讲政治,深入学习贯彻习近平新时代中国特色社会主义思想,学习领会习近平总书记系列重要讲话和中央重要会议、重要文件精神,把学习贯彻习近平总书记关于坚持和完善人民代表大会制度的重要思想摆在突出位置,坚持学原著、读原文、悟原理,增强“四个意识”,坚定“四个自信”,践行“两个维护”,不断丰富理论武装,进一步增强了理论指导实践的行动自觉与实践担当,统筹推进人大监督、决定重大事项、选举任免和服务代表等各项工作,更好地发挥人大作用。

(一)坚持党的领导。常委会始终把讲政治、讲大局摆在首位,坚定政治立场,提高政治站位,自觉维护党委统揽全局、协调各方的核心领导地位。通过法定程序将区委的决策部署转化为人民群众的共同意志和实际行动,将区委推荐的人选任命为国家机关工作人员,自觉把人大各项工作紧紧扣在贯彻落实区委重大决策部署上来。充分发挥常委会党组的领导核心作用,严格执行请示报告制度,召开“三会”、开展代表视察、组织外出学习考察等重要会议、重要工作、重要活动及时向区委请示汇报,主动在书记碰头会上向区委报告人大各项主要工作安排,根据区委的指示和决定开展工作,自觉把人大工作置于区委的领导之下。

（二）坚持以人民为中心。常委会认真落实人民当家做主的各项制度，通过多种途径和形式，充分发挥代表密切联系群众的作用，保证人民意志在常委会依法行使职权中得到充分体现。坚持每年举办民情反映会，引导代表认真收集社情民意，积极反映人民意愿；健全常委会组成人员联系代表、代表联系群众机制，不断完善代表履职网络平台，进一步密切常委会同人大代表、人大代表同人民群众的联系；建立健全执法检查、听取审议专项工作报告、专题调研邀请代表参与的工作机制，虚心听取代表意见建议。一年来，代表列席常委会会议48人次，参加调研和执法检查活动43人次，集中视察活动330人次，参加法院庭审旁听和“检察开放日”活动37人次。2018年，常委会积极回应社会关切，依法对教育、扶贫、预防未成人犯罪法，以及民事、行政执行等开展监督和执法检查，努力做到民有所呼、我有所应。

（三）坚持人大政治担当。常委会立足全区发展大局，强化责任担当意识，全力完成中心工作任务。一是扎实开展精准扶贫，常委会领导和机关干部全力落实区委关于坚决打赢脱贫攻坚战的工作部署，深入联镇包村点开展精准帮扶工作，想方设法帮助完善基础设施建设、发展产业、增加收入，有力推进贫困村摘帽、贫困户脱贫，完成了联镇包村点年度脱贫攻坚任务。二是全力助推征地搬迁，做好政策宣传和群众的思想工作，协调解决难题，推进一批征地搬迁项目。三是积极开展服务企业优化营商环境活动，常委会领导和机关干部经常深入挂点联系企业调研，帮助企业排忧解难。四是围绕监察体制改革试点，及时选举任命区监察委员会组成人员。五是深入部分镇、街道，就中央环保督查反馈问题的整改落实情况、扫黑除恶责任落实情况进行监督，组织部分代表和机关干部入户发放宣传资料，广泛开展宣传教育活动。

二、紧扣发展大局，增强监督实效

常委会坚持问题导向，围绕区委的决策部署和事关群众的切身利益问题，坚持正确监督、有效监督，把监督“一府一委两院”工作同支持他们依法履职有机统一起来，形成加强和改进工作的合力。2018年，听取和审议“一府两院”工作报告16项，对1部法律开展执法检查，作出审议意见17项，开展专题调研17项，督办群众来信来访36件，配合自治区人大、市人大开展检查、调研42次，较好地发挥了人大工作机关的职能作用。

（一）加强计划和预决算审查，提升财经监督水平。贯彻落实中央关于人大预算审查监督重点向支出预算和政策拓展的指导意见，认真审查2018年预算草案、预算调整方案和国民经济发展计划草案，听取和审议财政预决算报告、审计工作报告，优先保证民生和重点支出，规范财政收支行为。对审计查出突出问题整改情况进行跟踪检查，把审计查出问题整改单位作为重点跟踪检查对象，督促完善审计整改跟踪制度，确保审计监督工作取得实效，完成整改资金2839万元，整改率达到73%。听取和审议2018年上半年计划、预算执行情况报告，针对财政收支压力大、投资增长后劲不足等提出改进意见建议。根据预算法要求，首次把决算审查延伸到部门决算审查，推动财政资金实行绩效管理，发挥常委会计划和预决算审查监督评审专家库的作用，进一步改进人大预决算审查监督方式。指导镇人大不断完善对镇级预算、决算的审查，加强对民生等财政专项资金、重大事项资金的使用监督，进一步加强各镇人大财经监督工作，乡镇人大财经监督工作走在全市前列，得到市人大领导的批示肯定，经验做法在全市推广。

（二）加强重大工作监督，推动社会经济发展。常委会坚持以破解难题、补足短板为监督工作出发点，促进“一府两院”改进工作，确保区委重大决策部署贯彻落实。一是听取和审议现代服务业经济工作报告，对“十三五”规划实施中期情况进行评估，跟踪检查关于工业园区建设审议意见研究处理情况，针对如何优化我区营商环境、加强园区建设、促进经济发展、补足社会事业短板等，提出多项意见建议。二是听取和审议创建现代特色农业示范区工作报告，促使实施规划和方案加快编制出台，加快推进乡村振兴战略贯彻实施步伐。三是跟踪检查创建国家全域旅游示范区公共服务体系建设、创建义务教育均衡发展示范区审议意见的落实情况，督促政府及职能部门继续加大力度，采取积极措施，有效促进问题的解决，助推创建工作顺利开展。四是跟踪监督脱贫攻坚审议意见落实情况，重点督办产业发展、村级集体经济、危房改造、控辍保学和自治区巡视组反馈问题的整改，为打赢脱贫攻坚战贡献人大力量。

（三）加强司法工作监督，推进法治社会建设。常委会针对“执行难”问题，听取和审议了区人民法院民事、行政执行工作报告和区人民检察院民事、行政执行监督工作报告，根据常委会审议意见要求，“两院”进一步加强自身建设，完善执行工作机制，提高执行工作质效，促进社会和谐稳定。听取和审议公安派出所建设工作报告，跟踪检查提升公众安全感和满意度审议意见落实情况，要求加强基层派出所队伍建设、基础设施建设、装备配置，增加辅警数量，加大扫黑除恶和打击违法犯罪力度，保障人民安居乐业、社会安定有序、基层政权巩固，提升群众的满意度和安全感。对预防未成年人犯罪法的贯彻实施情况进行检查，积极配合上级人大对多部法律法规开展执法检查，备案审查规范性文件2份，有效发挥“法律巡视”监督利剑作用，促使“一府两院”依法行政、公正司法。坚持常委会领导、人大代表接访和下访制度，及时转办、督办信访件，维护群众合法权益、社会和谐稳定。

三、依法决定重大事项，做好选举任免工作

（一）依法决定重大事项。常委会紧紧围绕全区发展大局，在行使重大事项决定权上把好关，确保做到与社会经济发展合拍，与党委、政府合力，与人民群众合心。深入分析研究我区的实际情况，依法审查和批准决算、预算调整方案和政府债务限额的议案，同意对全域旅游、义务教育均衡发展、脱贫攻坚等预算进行调整；要求政府增强防范和化解债务风险，进一步加强政府债务管理，合理统筹安排使用政府债务资金，推动相关工作顺利开展。

（二）依法行使选举任免权。始终坚持党管干部原则和依法选举任免的有机统一，依法选举区监察委员会主任1名、副主任2名、委员2名，补选人大常委会委员2名、区人大代表3名、市人大代表2名，接受辞职和任免国家机关工作人员34人次、法院陪审员3人次，确保党委人事安排意图顺利实现。坚持宪法宣誓制度，组织新任职人员向宪法宣誓3批次，强化人大任后监督，督促任职人员依法履职行权。

四、支持和保障履职，发挥代表主体作用

（一）强化代表学习培训，提升履职能力水平。采取全员培训与专题培训结合、引进来与走出去结合的方式，分阶段、分梯次组织代表开展学习培训。举办全区人大代表和人大干部集中培训班，从北京邀请全国人大有关领导专家来钦南作新时代人大代表履职辅导；组织部分人大代表到青岛大学培训基地开展能力素质提升培训，指导镇（街道）人大组织开展代表学习培训，还通过以会代训、座谈交流，为人大代表订阅、寄送书籍报刊等多种形式，不断提升代表履职能力。

（二）强化履职平台建设，提升履职服务档次。突出标准引领，加大服务保障，大力推进代表履职平台建设，建成镇、街道“人大代表履职活动中心”16个，村“人大代表之家”35个，社区“人大代表工作室”8个。指导镇（街道）利用履职平台开展代表活动，发挥其与人民群众联系的桥梁纽带作用。突出示范带动，力促提档升级，在向阳、大番坡、沙埠、黄屋屯、久隆、那丽等镇（街道）打造了一批上档次的特色履职平台，多次接待广西区内外人大系统参观学习，成为我区乃至我市代表工作的一张名片，向阳街道“人大代表履职活动中心”被列为自治区示范点。突出网络联动，指导各镇（街道）人大设立代表微信群、人大微信公众号36个，进一步密切代表的联系和交流学习，拓宽代表履职渠道，得到市人大领导批示肯定。

（三）强化活动参与意识，提升履职主体作用。组织市、区人大代表开展集中视察活动3次，视察了我区义务教育均衡发展工作情况，考察北海市银海区和防城港市港口区乡村振兴、工业建设、生态保护、全域旅游等工作情况，代表就相关工作提出了许多积极的意见和建议；举办“钦南区城区管理情况”民情反映会，督促政府相关部门完善市政设施，加大市容市貌整治；指导代表小组开展丰富多彩的履职活动，继续加大代表向选民述职力度，提升履职自觉性。

（四）强化代表建议工作，提升履职工作成效。进一步完善代表议案和建议批评意见工作机制，提高代表建议工作实效。认真组织开展会前代表议案、建议征集，做好引导和把关工作，在区六届人大三次会议期间收到代表建议102件，代表建议的数量、质量均有较大提高。完善常委会领导领衔重点督办机制，对5件代表建议进行重点督办，通过组织视察、集中评议、代表与承办单位面对面沟通等，提高办理实效和代表满意度。制定实施代表建议办理工作评议暂行办法，听取和审议政府办理代表建议情况报告，进一步增强督办力度。区政府高度重视，召开专门会议督促承办单位认真办理代表建议，建立区政府督查室联合区人大常委会选举联络工委共同督办机制，全部代表建议按时办理完毕，答复率达到100%，切实为群众办了一批好事实事。

五、以党的建设为统领，全面加强人大自身建设

（一）强化机关党的建设。切实履行常委会党组主体责任，加强常委会及机关的政治、组织、作风、制度、纪律建设。严格落实中央八项规定精神和自治区、市委、区委的实施意见，不断整治“四风”，认真贯彻民主集中制，强化党建工作、意识形态工作和党风廉政建设责任制。

（二）强化干部队伍建设。加大对人大干部的学习培训力度，注重理论研究、经验总结和人大宣传工作。每年围绕人大制度和工作实践中的重点课题，组织人大干部进行理论探索，积极向上级人大推荐理论研究成果，得到市人大充分肯定，2018年全市理论研讨现场会在我区召开，我区多篇文章被评为优秀论文。加强通讯员队伍建设，大力宣传人大制度、人大工作和人大代表履职风采，我区获得2018年广西人大宣传工作二等奖。

（三）强化基层人大督促指导。认真贯彻落实中央关于加强和改进县乡人大工作的要求，组织制定标准，加强示范引领，健全考评机制，以“四规范四提升”为抓手，全面推进镇（街道）人大规范化建设，指导各镇、街道人大依法开展监督、调研和视察，有效提高了基层人大工作水平，凝聚人大工作整体合力。

回顾过去一年的工作，我们也清醒地认识到，我们的工作同党的要求和人民群众的期望相比，还存在一定的差距和不足，监督工作实效还有待进一步增强，发挥代表作用还有待进一步加强，自身建设有待进一步提升。我们将高度重视这些问题和不足，虚心听取各方面的意见建议，在今后工作中不断加以改进。

2019年主要任务

2019年是新中国成立70周年，是实施“十三五”规划、全面建成小康社会关键之年。区人大常委会工作的总体要求是：高举习近平新时代中国特色社会主义思想伟大旗帜，全面贯彻党的十九大和十九届二中、三中全会精神，深入贯彻习近平总书记关于坚持和完善人民代表大会制度的重要思想，始终坚持党的领导、人民当家做主和依法治国有机统一，按照“五个扎实”新要求，强化权力机关、政治机关职责，立足工作机关、代表机关新定位，紧紧围绕“一带一路”西部陆海新通道枢纽城市建设和区委“突出一大服务保障，做强四大产业，抓好八大重点”工作思路，依法履职，锐意进取，为保持钦南经济持续健康发展和社会大局稳定，全面建成小康社会做出新的贡献，以优异成绩庆祝新中国成立70周年。

一、围绕大局，紧扣民生，推动人大监督提质增效

坚持以人民为中心，紧跟党委决策部署，选好选准监督议题，在听取和审议专项报告、跟踪检查、执法检查等方式开展监督的基础上，积极探索工作评议、询问等监督方式，着力增强监督实效。围绕经济高质量发展，听取和审议优化营商环境工作报告；围绕民生福祉持续改善，听取和审议扶贫资金使用、学前教育、医共体、民族团结进步等工作报告，继续跟踪检查精准扶贫工作报告审议意见落实情况；围绕社会民主法治建设，听取和审议扫黑除恶、“七五”普法、未成年人刑事审判和检察等工作报告，开展农产品质量安全法执法检查。听取和审议预决算报告、审计工作报告，审查批准决算、预算调整方案；听取和审议计划执行、预算执行、审计查出突出问题整改等情况报告；贯彻落实自治区党委关于政府向人大常委会报告国有资产管理情况制度，建立政府向本级人大常委会报告债务情况制度，听取相关工作报告。继续加强规范性文件备案审查，维护国家法制统一；继续做好群众信访工作，维护社会和谐稳定。

二、立足发展，充分调研，认真做好决定和任免工作

认真贯彻落实自治区各级人大常委会讨论决定重大事项规定，把决定权与监督权的行使有机结合起来，对事关全区根本性、全局性和长远性的重大事项，认真开展调查研究，广泛听取群众意见，依法适时作出决议决定，加强跟踪监督，使各项决议决定得到贯彻落实。坚持党管干部与依法任免国家机关工作人员相统一的原则，严格执行任免国家机关工作人员的法律规定和程序，确保区委人事安排意图顺利实现，推动机构改革任务顺利完成；依法组织宪法宣誓，推动干部任后监督常态化管理。

三、创新培训，完善机制，发挥代表主体作用

始终坚持和尊重代表主体地位，进一步加强和改进代表工作。创新代表培训形式，分期分批举行培训班，提高新时代人大代表履职能力。加强代表履职平台建设和提档升级，努力实现行政村“人大代表之家”全覆盖。组织开展代表专题调研和集中视察活动，举办民情反映会，探索创新代表小组活动方式方法，推动代表“三个一”活动和代表向选民述职常态化，以丰富的活动激发代表履职热情。深入开展“双联”活动，发挥代表密切联系人民群众的桥梁纽带作用。强化代表建议的督办，完善转办、督办、评议、考评、通报机制，听取和审议政府办理代表建议情况报告，提高代表建议办理实效。

四、强化党建，夯实基础，提升自身履职能力和水平

加强机关党建工作，牢固树立“四个意识”，切实

增强"四个自信",坚决做到"两个维护",在政治立场、政治方向、政治原则、政治道路上同以习近平同志为核心的党中央保持高度一致,以习近平新时代中国特色社会主义思想武装头脑、指导工作实践。加快信息网络平台建设,逐步构建区人大网页和代表服务网络平台,推进人大信息化工作;建好区本级预算联网监督平台,实现与财政部门联网,进一步改进预算监督工作。加强制度机制建设,严格贯彻落实中央八项规定精神和党的廉政建设要求,健全人大组织制度和工作制度,提升人大机关运行效率,改进干部工作作风,以良好的工作作风推进工作,努力使区人大常委会成为全面担负起宪法法律赋予的各项职责的工作机关,成为同人民群众保持密切联系的代表机关。加强对基层人大的指导监督,继续推进镇(街道)人大规范化建设和考评,强化镇人大自身主体责任;加强对外联系交流,不断提高全区人大履职能力和水平。

名词解释

1."四个意识":政治意识、大局意识、核心意识、看齐意识。

2."四个自信":道路自信、理论自信、制度自信、文化自信。

3."两个维护":坚决维护习近平总书记在党中央的核心、全党的核心地位,坚决维护党中央权威和集中统一领导。

4."五个扎实":扎实推动经济持续健康发展;扎实推进现代特色农业建设;扎实推进民生建设和脱贫攻坚;扎实推进生态环境保护建设;扎实建设坚强有力的领导班子。

5."突出一大服务保障,做强四大产业,抓好八大重点":突出"一大服务保障"(服务保障全市发展大局),做强"四大产业"(特色农业、园区经济、全域旅游、现代服务业),抓好"八大重点"(脱贫攻坚、乡村振兴、深化改革、生态环保、民生建设、扫黑除恶、征搬安置、从严治党)。

6."四规范四提升":规范人代会召开,提升会议质量;规范主席团工作,提升履职成效;规范代表活动,提升主体活力;规范自身建设,提升队伍素质。

7."三个一"活动:每位代表届内至少要列席1次区人大常委会会议,参加1次代表视察活动,参加1次调研或执法检查活动。

8."双联"活动:区人大常委会组成人员密切联系人大代表、人大代表密切联系人民群众活动。

钦南区人大常委会
2018年开展专题调研检查目录

1.民事、行政执行工作情况调研;

2.民事、行政执行监督工作情况调研;

3.公安派出所建设工作情况调研;

4.跟踪检查提升公众安全感和满意度工作审议意见落实情况;

5.我区现代服务业经济工作情况调研;

6.钦南区国民经济和社会发展第十三个五年规划实施情况的中期评估情况调研;

7.2017年度区本级预算执行和其他财政收支审计查出突出问题整改情况调研;

8.2017年区本级决算情况调研;

9.2017区本级预算执行和其他财政收支的审计工作调研;

10.2018年上半年国民经济和社会发展计划执行情况调研;

11.区本级2018年上半年预算执行情况调研;

12.跟踪检查工业园区建设审议意见落实情况调研;

13.预防未成年人犯罪法执法检查;

14.跟踪检查义务教育均衡发展示范区创建工作审议意见落实情况;

15.跟踪检查全域旅游公共服务体系建设审议意见落实情况;

16.创建现代特色农业示范区工作情况调研;

17.跟踪检查精准扶贫工作审议意见落实情况。

钦南区人大常委会2018年协助
自治区、市人大开展调研检查目录

1.市中级人民法院民事、行政执行工作情况调研;

2.市人民检察院民事、行政执行监督工作情况调研;

3.茅尾海生态环境保护立法调研;

4.《广西壮族自治区乡村规划建设管理条例(草案二次审议稿)》立法调研;

5.海防工作情况调研;

6.《钦州市历史文化街区保护条例(草案)》立法调研工作;

7. 全市公安派出所建设工作情况进行专题调研；

8. 做好立法项目库工作调研；

9. 海滩容貌和环境卫生管理立法调研；

10. 中小企业促进法执法检查；

11. 律师法执法检查；

12.2018 年钦州市上半年国民经济和社会发展计划执行情况调研；

13.2018 年钦州市上半年财政预算执行情况专题调研；

14. 钦州市国民经济和社会发展第十三个五年规划实施情况的中期评估情况调研；

15. 园区基础设施建设情况调研；

16.2017 年度区本级预算执行和其他财政收支审计查出突出问题整改情况调研；

17. 蔗区蔗农欠款情况调研；

19. 跟踪检查精准扶审议意见落实情况；

20. 跟踪检查耕地丢荒整治审议意见落实情况调研；

21. 饮用水水质情况调研；

22. 全市林木种苗管理情况调研；

23. 大气污染防治法执法检查；

24. 主城区城中村改造违法建设情况调研；

25.《钦州市城市容貌和环境卫生管理条例(草案)》立法调研；

26.《钦州市坭兴陶土资源保护条例》执法检查；

27. 市青年水闸东西干渠管理保护立法调研；

28.《中华人民共和国海洋环境保护法》执法检查；

29.《广西壮族自治区扶贫开发条例》执法检查；

30. 农村医疗卫生状况调研；

31. 解决群众“看病贵”问题工作情况调研；

32. 少数民族传统体育运动情况调研；

33. 全域旅游公共服务体系建设情况调研；

34. 推进自治区成立 60 周年大庆中央专项补助民生工程项目建设情况调研；

35. 跟踪检查农村留守儿童关爱工作审议意见研究处理情况；

36. 跟踪检查加快发展养老服务审议意见研究处理情况；

37. 跟踪检查少数民族聚居区基础设施建设审议意见落实情况；

38. 加快发展我市居家养老服务产业的建议办理情况调研；

39. 自治区成立 60 周年大庆重大惠民项目建设情况；

40. 归侨侨眷情况专题调研；

41. 优化营商环境工作专题调研；

42. 乡镇人大工作及履职平台建设工作专题调研。

政府工作报告

——2019 年 2 月 18 日在钦南区第六届人民代表大会第四次会议上

区人民政府代区长　胡　颎

一、2018 年工作回顾

2018 年是贯彻落实党的十九大精神的第一年，一年来，我们在市委、市政府和区委的正确领导下，在区人大、区政协的监督支持下，坚持以习近平新时代中国特色社会主义思想为指导，认真贯彻落实习近平总书记视察广西的“五个扎实”新要求，围绕新时代钦州发展新目标，按照区委“一机遇、三争创、四打造、六重点”工作思路，坚持稳中求进工作总基调，全力以赴稳增长、促改革、调结构、惠民生、防风险，全区经济社会发展总体平稳、稳中向好。

——经济发展保持稳中有进。在经济持续下行和各种不利因素叠加的情况下，经济发展呈现持续增长、质量提高的态势。地区生产总值实现302.9亿元，增长8.3%，增速排全市第二；财政收入7.4亿元，增长14.9%，增速排全市第二，税收收入占财政收入比重82.6%，比上年同期提高3.2个百分点，财政结构、质量进一步优化；固定资产投资完成166.9亿元，增长2.7%，总量排全市第一；规模以上工业总产值完成160.8亿元；社会消费品零售总额完成94.6亿元，增长8.4%。其他各项指标保持在合理区间。

——脱贫攻坚成效明显。2018年，实现脱贫4307人，10个贫困村成功摘帽，脱贫攻坚各项指标完成进度和速度在全市各县区中排名前列，顺利通过自治区"四合一"核验，成功打了一个翻身仗。

——现代特色农业发展成果丰硕。钦南区被国家农业农村部列为"钦州大蚝"中国特色农产品优势区，"钦州辣椒"和"钦州赤禾"通过国家地理标志产品认证，龙门蚝湾通过自治区现代特色农业核心示范区验收。

——全域旅游创建通过自治区初审。在2018年9月以高分通过广西特色旅游名县复核的基础上，国家全域旅游示范区创建于12月通过自治区初审，为成功创建国家全域旅游示范区迈出了坚实的一步。

——义务教育发展基本均衡区通过国家督导评估。通过三年的努力，累计投入资金4.9亿元，于2018年5月和12月分别通过了自治区评估验收和国家评估认定，实现义务教育发展基本均衡区创建目标，有效缩小了城乡教育差距，让广大农村孩子享受到与城市孩子同等的教育资源。

——生态环境整治成效显著。全力抓好中央环保督察、国家海洋督察、国家林业督察等反馈突出问题的整改工作，中央环保督察"回头看"发现的"散乱污"冶炼企业问题全部整改完成，钦江、茅岭江、大风江、洪潮江等江河水库水质明显改善，地市级饮用水水源保护区问题整改得到自治区环保厅通报表扬，主城区空气质量优良率在广西排名前列。

——扫黑除恶专项斗争取得阶段性成效。全面开展扫黑除恶专项斗争，黑恶势力违法犯罪突出问题得到有效遏制，扫黑除恶专项斗争成效调查结果排在广西第11名、全市第1名。

——公众安全感满意度跃居全市前列。钦南区获评为第四批"全国法治县（市、区）创建活动先进单位"和广西无邪教县区称号，是钦州市唯一获此荣誉的县区；大番坡司法所被司法部授予"全国先进司法所"荣誉称号。全区公众安全感满意度排在广西第54名、全市第1名。

一年来，我们重点抓好如下工作：

（一）优化营商环境，发展质量稳步提升。深入开展"不忘初心再扬帆"解放思想大讨论暨优化营商环境"服务企业年"活动，助推发展质量提升。深化"放管服"和商事制度改革，开展"减证便民""一事通办"等行动，"最多跑一次"事项达到98.2%，进驻事项基本实现网上办理，办事效率全面提速。落实区领导和责任单位挂钩联系企业制度，对全区70家企业进行跟踪服务，妥善解决扶持企业的历史遗留问题和企业融资难问题。引进阿里巴巴农村电商、鑫丰家具等项目17个，到位资金78.4亿元。龙源风电、中节能风电等项目落地建设，海大、智朗等投资超亿元项目竣工投产，通威光伏、中肇新能源项目实现全容并网，漓源饲料、闽兴木业、利顺电子等11家企业上规入库，完成市下达任务的157%，是全市唯一完成新上规任务的县区，工业发展基础不断夯实。东盟商贸城一期、吾悦广场建设加快，长融世贸广场开业运营。钦保国际贸易、尊友汽车、城市便捷酒店等9家限额以下企业转为限额以上企业，建成电商村级服务点356个。第三产业增加值增长16.5%，现代服务业实现提速发展。重大项目加快推进，2018年度中央预算内投资项目全部开工建设，2017年度中央预算内投资项目建设得到自治区通报表扬。

（二）实施乡村振兴，农业农村加快发展。围绕乡村振兴战略，扎实推进现代特色农业示范区创建增点扩面提质升级三年行动，全区现有自治区级（核心）示范区2个、县级示范区3个、乡级示范园7个，新增"三品一标"无公害农产品认证6个，台湾农民创业园考评获良好等次。犀牛脚中心渔港、龙门一级渔港、沙角一级渔港列入《全国沿海渔港建设规划》。"宜居乡村"建设扎实开展，建成村级综合服务中心130个，实现村民办事不出村。完成那思、久隆、康熙岭等镇农村环境综合整治项目13个，农村生活垃圾集中处理覆盖率达90%，改厨、改厕超额完成自治区下达的目标任务，乡村环境明显改善。在全市2018年"清洁乡村"第一次考核中，钦南区获县（区）级考核第1名，大番坡镇获镇级考核第1名并在全市表彰会上作经验介绍。农村土地承包经营权确权登记颁证工作进展顺利，数据录入通过国家验收。

（三）加强管理创新，服务大局能力不断提升。以“五城联创”为重点，实行“三级考评”制度和网格化管理机制，抓好门前三包、乱搭乱建、占道经营、夜市摊点、施工工地扬尘和城市“牛皮癣”等六大整治，主动承接新增城市街道保洁工作，城市环境明显改善。城市重点项目征地搬迁强力推进，啃下了阻碍城市发展的环城西路、安州大道等征地搬迁的“硬骨头”，解决了历时多年的征地搬迁历史遗留问题，新兴西路延长线、北部湾大道至中马钦州产业园道路、南珠东大街、市屠宰场迁建、中央民大附中、城区加油站等一批重点项目实现净地交付建设，兰海高速改扩建、灵山沙坪至那丽公路、海棠街、金州路、绿州路等一批项目按进度推进。依法查处和控制违法占地1094宗，拆除违法建设482宗，拆除面积15.3万平方米，有效维护了城镇建设秩序。重大活动服务保障能力不断增强，投入600多万元开展环广西公路自行车巡回赛赛道风貌改造，扎实抓好国际沙滩排球赛、钦州蚝情节等重大活动的环境整治、安保服务、信访维稳等工作，得到市委、市政府的充分肯定。

（四）善于克难攻坚，创建工作成效显著。围绕创建目标，持续发力，全力抓好国家全域旅游示范区和国家义务教育发展基本均衡区创建工作。全域旅游示范区创建取得阶段性成效，编制完成《钦南区全域旅游规划及三年行动计划方案》，出台全域旅游品牌创建方案，那雾山成功申报为自治区地质公园，龙门蚝湾、荔景山庄分别获评为广西四星级乡村旅游区和广西四星级农家乐，那雾山森林康养基地、那雾山生态园四星级森林人家通过自治区林业局验收评定。加强旅游服务管理，游客满意度逐步提升，全年保持在80分以上。接待游客1684万人次，增长29.9%，旅游总消费168.2亿元，增长36.1%。多渠道筹措资金，扎实推进义务教育发展基本均衡区创建工作。投入资金3亿元，重点推进校舍、室场建设和校园环境整治，打造特色校园文化，学校基础设施不断完善；投入1.2亿元，装备完善义务教育学校图书、教学仪器设备；投入880万元，利用原市工业中专、市电大和原区委党校的闲置校舍分别改造为实验小学、第三小学、第五小学的第二校区，新增学位1200个，城区学校“超大班额”问题全面解决。公开招聘教师150名，逐步缓解农村学校教师不足问题。区特殊教育学校迁建项目建成投入使用。

（五）突出精准施策，脱贫年度任务如期完成。加大财政保障力度，全年投入财政扶贫资金1.6亿元，区本级预算资金同比增长20.1%。出台建档立卡贫困户农村危房改造奖励方案，采取“分档奖补”和“统一代建”等措施，完成建档立卡贫困户危房改造480户。安排1255万元，扶持19个未脱贫的贫困村和35个面上村集体经济发展，全区47个贫困村集体经济收入全部超过3万元，全面消除了“空壳村”。推进贫困村饮水和道路建设，解决13个贫困村饮水难问题，开工建设扶贫道路53条。落实保障兜底措施，全区建档立卡贫困人员城乡居民医疗、养老保险参保率和家庭医生签约率均达到100%，贫困户住院治疗费用报销比例达90%以上。全面落实“八包”责任，易地扶贫搬迁后续产业扶持和就业创业帮扶得到有效保障。通过“三级联动”和“双线四包”狠抓控辍保学，实现建档立卡贫困户适龄儿童“零辍学”。

（六）狠抓环保整治，生态环境明显改善。全面贯彻习近平生态文明思想，全力打好蓝天、碧水、净土保卫战。面对中央环保督察“回头看”发现的突出问题，连夜部署、连夜行动，连夜拆除康熙岭镇高沙非法土法炼铝厂，仅用两天半时间，全部拆除15家“散乱污”非法冶炼企业，得到自治区、市的充分肯定。群众举报的97件环保案件整改完成率达90%。全力抓好钦江水质提升攻坚行动，累计完成钦江流域养猪场搬迁336个，清理生猪2.5万头。加强大风江饮用水水源保护区环境综合整治，完成嘉兴砖厂和4家养猪场1.5万头生猪搬迁，提前一个半月100%完成生态环境部交办的整改任务，得到自治区的通报表扬。依法打击非法采砂、非法用海等行为，以“夷为平地”为标准，捣毁非法砂场200多个。扎实开展大气污染防治“百日攻坚”行动，城区空气优良率达到92.4%，上升4.9个百分点，圆满完成自治区下达的任务。扎实抓好国家海洋督察、自然资源资产审计等反馈问题整改，国家林业督察反馈问题整改得到通报表扬。

（七）深化综合治理，社会大局和谐稳定。加强信访维稳工作，全面完成自治区交办的13件信访积案的化解任务，有效确保了全国和自治区“两会”期间的社会稳定。扎实推进社会综合管理创新，中心城区实现网格化、信息化全覆盖，5个街道和8个镇的“雪亮工程”建成投入使用。严厉打击和预防犯罪，扎实开展扫黑除恶专项斗争，立案涉黑涉恶案件59起，破案47起，打击涉恶团伙17个103人，社会治安形势持续好转。认真落实“党政同责、一岗双责”安全生产责任制，强化非职业性一氧化碳中毒宣传防范、消防安全、食品安全、道路交通安全等工作，安全生产形势持续向好，全年没有发生较大以上安全生产事故。

（八）推进社会建设，民生福祉保障有力。全面落实社会保障措施，各项民生支出17.8亿元，占一般公共预算支出的86%，一批群众反映和关注的民生问题得到有效落实。社会就业保持稳定，城镇登记失业率低于控制指标。医药卫生体制改革工作扎实推进，组建医疗联合体，合理调整医疗服务价格，切实减轻群众就医负担。抓好低保与扶贫政策衔接，打造“阳光低保”，困难群众基本生活得到有效保障。完善老干部活动中心（老年大学）综合楼设备设施。推进残疾人事业发展，建成自治区级“阳光助残扶贫基地”。开工建设10个城镇棚户区改造项目。积极筹措资金，按时足额发放机关事业单位人员、离退休人员增资，按政策要求提高代课人员、临聘人员生活待遇。

社会各项事业协调发展。顺利完成“三镇两村”回归接管工作。持续推进科技创新，全区发明专利申请量367件，万人发明专利拥有量居全市第一。文化馆、图书馆及镇（街道）文化站实行免费开放，组织开展送电影下乡、送戏下乡，受益群众15万人次。“钦州海歌”和“钦州传统蚝豉制作技艺”列入第七批自治区级非遗名录。推进科普进村入户工作，实现所有贫困村科普惠农服务站全覆盖。市场发展活力不断增强，新增个体工商户6292户，增长28%。强化食品药品安全监管，圆满完成广西食品安全示范城市创建任务，区食品药品监督管理局荣获“全区食品药品监督管理系统集体二等功”荣誉称号。第四次全国经济普查推进顺利。民兵改革工作获得中央军委国防动员部工作组高度肯定。人防海防设施不断完善。《钦南区志》通过专家组审议。机关事务、机构编制、外事侨务、民族宗教、防汛抗旱、应急救援等工作取得新成效，物价、农机、档案、保密、督查、供销、接待、二轻等工作持续推进，工会、共青团、妇女儿童、工商联和关心下一代工作进一步加强。

一年来，我们始终坚持正确的政治方向，牢固树立“四个意识”，坚定“四个自信”，践行“两个维护”，深入推进“两学一做”学习教育常态化制度化，政府自身建设全面加强。坚持依法行政，自觉接受人大、政协和社会各界监督，强化人大建议、政协提案办理，办理代表建议112件、委员提案146件，办复率达到100%。完善重大事项集体决策机制，召开区政府常务会议19次。落实政府党组全面从严治党主体责任，持续推进党风廉政建设和作风建设，严格落实中央八项规定精神和实施细则，规范办公用房、公务接待、公务用车，“三公”经费支出持续下降。严格落实意识形态“一岗双责”工作责任制。扎实推进监察体制改革，深化扶贫领域腐败和作风问题专项治理，机关干部作风明显转变，干部队伍干事创业能力显著提升。

在总结成绩的同时，我们也清醒地认识到，钦南区经济社会发展仍面临着诸多困难和挑战：县域经济持续发展新动能不足，发展质量和效益亟待提升；产业结构不够合理，工业“腿短”问题仍比较突出；财政增收困难，收支矛盾压力加大；服务和保障全市发展大局的能力还有待提高；历史遗留问题和新增矛盾不断显现，维护社会稳定任务艰巨；少数干部不担当、不作为的问题还比较突出，等等。这些问题需要我们采取措施，认真加以解决。

二、2019年主要工作任务

2019年，是新中国成立70周年，也是实施“十三五”规划的关键之年，做好今年的工作意义重大。今年政府工作的总体要求是：深入贯彻习近平新时代中国特色社会主义思想，全面落实党的十九大、十九届二中、三中全会精神和习近平总书记视察广西重要讲话精神，以及自治区党委十一届五次全会、市委五届五次全会和区委六届六次全会精神，统筹推进“五位一体”总体布局和协调推进“四个全面”战略布局，坚持以稳中求进为工作总基调、以供给侧结构性改革为主线，围绕建设“一带一路”西部陆海新通道枢纽城市，构建大开放、大通道、大港口、大产业、大物流发展新格局目标，按照区委“突出一大服务保障，做强四大产业，抓好八大重点”工作思路，加快产业结构调整，切实保障和改善民生，努力推动高质量发展，为建设壮美广西、共圆复兴梦想奋力前行，以优异成绩庆祝新中国成立70周年！

2019年我区经济社会发展的主要预期目标为：地区生产总值增长7%，财政收入达到8亿元，增长7.8%，规模以上工业总产值增长6.5%，固定资产投资增长5%，社会消费品零售总额增长11%，外贸进出口总额增长6%，城镇居民人均可支配收入增长7%，农民人均可支配收入增长8%；城镇登记失业率控制在4.5%以内；人口自然增长率控制在13.4‰以内；万元地区生产总值能耗下降、万元地区生产总值二氧化碳排放降低、主要污染物排放总量和大气指标控制在目标以内。

要实现上述目标,必须按照“稳中有进、精准发力、突出特色、提质增效、保障有力”的工作要求,重点抓好以下工作:

(一)加快产业发展,不断提升经济发展质量。

按照“强龙头、补链条、聚集群”的要求,着力培育县域工业、现代特色农业、现代服务业三大产业,加快海洋经济和旅游产业发展,推动经济发展质量全面提升。

补齐县域工业短板。转变工业发展理念,推动金窝工业园与中马钦州产业园、高新技术开发区等平台互补发展。推进金窝工业园产业结构调整,盘活存量土地和闲置土地,加快启动进口木材加工区核心区建设,年内完成高薪街、秀英路,以及凤凰路扩建和支线建设,完善园区水电路等基础设施,力争落户更多项目。推动鑫丰家具等新上项目开工建设,加快恒和饲料、金雨伞防水科技、怀爱砂浆等项目建设,实现年内竣工投产。加快农副产品加工园规划和环评等报批工作,争取年内启动建设。整治黎合江工业园项目布局和秩序,优化提升园区承载能力,淘汰一批落后企业,及时利用闲置土地、闲置厂房引进一批新企业落户,促进园区产业“腾笼换鸟”,稳步升级。加强对桂建混凝土、亨德利管业等企业的跟踪服务,力促一批企业上规入库。

打造现代特色农业品牌。持续推进现代特色农业示范区增点扩面提质升级工作,重点推进九河渡农林产业园、康熙岭渔光互补项目建设,力争打造成为自治区级核心示范区。做大做强特色品牌,支持康熙岭、犀牛脚、大番坡、黄屋屯、东场、那丽、尖山等镇(街道)利用咸酸田发展“海红米”种植,力争发展种植4800亩;稳定那丽、那彭、那思、久隆等镇辣椒种植面积,扩大沙埠镇雷笋种植规模,大力发展壮大大蚝、对虾、百香果等产业,形成“一镇一产业”。发挥龙门港大蚝交易中心、那丽辣椒市场作用,拓宽特色农产品销售渠道。加快糖厂重组,完成粮食生产功能区和糖料蔗生产保护区的划定工作,推进水稻、糖料蔗等农业生产机械化。加快农产品品牌创建,争取新申报一批“三品一标”农产品。大力引进农副产品加工企业,促进农村一、二、三产融合发展。

加快现代服务业发展。创新运营管理模式,推进东盟农产品批发市场、北部湾建材城等重点商贸市场运营改革,力促吾悦广场开业运营,加快现代服务业集聚区建设。整合扩大汽车销售市场,加快二手车市场布点规划,继续办好北部湾汽车国际博览会,提升汽车销售知名度。加快电子商务发展,推进阿里巴巴农村电商项目建设,促进电子商务进社区、进农村。大力开展节庆促销活动,活跃农产品、家电等销售市场,促进消费增长。

壮大向海经济规模。推进犀牛脚镇深水养殖区海域使用权挂牌出让,抓好海洋养殖区、大蚝养殖区、蚝苗采集区划定工作,规范依法用海行为。稳步发展大蚝、对虾养殖,引导发展深海网箱养殖,着力打造海洋牧场,提高养殖效益。完善通威、协鑫渔光互补项目养殖设施,抓好养殖技术创新,促进养殖、光伏发电双丰收。争取上级项目资金,推进犀牛脚中心渔港、龙门一级渔港和沙角一级渔港设施建设,打造渔港经济。大力发展休闲渔业、渔家乐,稳步推进龙门港岛商贸和服务业、房地产业发展,促进向海经济发展壮大。

加快全域旅游发展。实施全域旅游规划三年行动计划,持续抓好国家全域旅游示范区创建工作,力争通过国家验收。整合多方资源,力促那雾山创建国家4A级景区,大海猫山水花园创建广西五星级乡村旅游区,支持三娘湾创建国家5A级景区。配合推进辣椒槌滨海旅游度假区、茅尾海浴场建设,打造滨海旅游品牌。引导发展精品民宿、旅游购物商店,创建一批观光、休闲、生态农业景点,推动旅游新业态发展。完善汽车营地、旅游厕所、旅游集散中心等旅游公共服务体系,大力发展特色旅游体验产品,推进智慧旅游建设,实现“一台手机游钦南”。加强“多规融合”,推动“+旅游”融合发展。加强旅游市场秩序监督指导,提升旅游服务水平,着力提高游客满意度。

(二)抓好示范引领,全面实施乡村振兴战略。

聚焦乡村振兴,突出绿色生态导向,开展实用性村庄规划和示范村村庄建设,推进建设美丽幸福乡村。

加快乡村规划建设。启动实施乡村风貌提升三年行动计划,抓好603个村庄实用性规划编制工作。强化示范带动,年内完成2个精品示范村庄、18个设施完善型村庄和307个基本整治型村庄建设任务。按照“群众自愿、政府激励”的原则,有序引导农民开展旧房特色风貌改造。整合涉农资金,开展村庄基础设施和公共服务设施建设,切实把乡村风貌提升打造成为惠民工程。加大“大棚房”问题专项清理整治力度,按要求完成工作任务。

积极培育农村新型经营主体。完善农村土地流转机制，推动土地向规模大户流转，积极引导符合条件的专业大户和经营能手开展适度规模经营，年内发展农民专业合作社10家以上。积极开展示范合作社培育工作，指导2—3家合作社申报市级示范社，1—2家合作社申报自治区级示范社。推进产供销一体化发展，培育一批农业龙头企业。支持农民工、大学生、退伍军人返乡创业，加快构建以种养殖大户和家庭农场为骨干，农民专业合作社为纽带，农业龙头企业为支撑的新型农业经营体系。

实施幸福乡村建设。在巩固清洁乡村、生态乡村、宜居乡村活动成果基础上，启动实施幸福乡村建设，着力开展“环境秀美”“生活甜美”“乡村和美”三个专项行动。开展农村人居环境整治三年行动，加大农村垃圾收集、转运、处理工作力度，抓好村级污水处理设施试点建设，推进村庄公共空间环境整治，持续推进“厕所革命”。挖掘村级集体资源，鼓励和引导村集体资产资金、农民自有土地（林地）入股新型农业经济主体，促进村级集体经济发展和农民增收。开展文明村镇创建工作，整治不良习俗，弘扬文明乡风。推进村级综合文化服务中心建设，组建乡村文化队伍，活跃乡村文化。抓好自治、法治、德治相结合的乡村治理，开展青少年零犯罪社区（村）试点工作，关爱农村“三留守”人员，促进平安乡村建设。

（三）强化项目带动，增强经济发展后劲。

始终把项目建设作为促投资、稳增长的重要支撑，以项目建设促进优势产业发展、带动基础设施建设。

加强项目策划储备。完善重大项目储备制度，围绕中央、自治区投资方向和扶持政策，用好用活中央大幅增加地方政府专项债券，及时调整“十三五”规划项目库，积极策划、储备一批重大项目。加大项目前期投入，加强对项目前期工作的指导和协调服务，完善项目审批程序，简化审批手续，认真组织筛选、包装上报项目，争取一批中央预算内投资项目、自治区投资项目。

推进重点项目建设。继续实行重大项目建设领导挂帅制度，建立完善项目推进联席会议机制。加快投资5000万元以上重大项目建设，着力推进北部湾工业废弃物综合处置中心、大岭围海堤标准化建设工程、那雾山景区下山道路等13个项目开工，继续推进光大物流园、中国龟谷、玛氏火龙果、熊猫雷笋等21个在建项目建设，力促钦州至北部湾华侨投资区二级公路、北部湾二手车交易市场、闽兴进口木材加工等9个项目竣工。着力推进第十二幼儿园、第十三幼儿园、第十四中学、农村学校教师周转房、区司法局业务用房、档案馆、中医院、镇级垃圾压缩转运站、农村饮水安全巩固提升工程等民生项目建设。

抓好项目征地搬迁。树立“抓征地搬迁就是抓经济”的理念，重点推进白石湖片区、高新二区、东边塘安置点二期、滨海大道、乘风大道、安州大道西段、蓬莱大道南段、灵山沙坪至那丽二级公路、南北二级公路改扩建、浦北石埇至钦州公路等重大项目征地搬迁，确保城市发展及重大项目用地。理顺安置小区、就业用地建设体制，着力解决安置遗留问题，加快完成园博园、东边塘二期、油麻角波萝桥、环城西路等项目安置用地及其配套设施建设，有效解决安置小区用水、用电等问题。

加大招商引资力度。优化招商引资环境，健全招商引资工作机制和项目落户服务保障机制，加强项目协调和跟踪服务，努力构建亲清政商关系。继续实施区领导带队招商制度，发挥以商招商优势，紧紧围绕全域旅游、新材料、木材加工、农副产品加工、商贸物流、健康养老、电子商务、现代服务等重点产业，主动上门招商，切实提高招商质量。

（四）坚持统筹兼顾，加快城乡一体化进程。

以提升城乡发展环境为抓手，大力实施城乡协调发展战略，加快构建城乡一体化发展新格局。

着力推进城市管理。深入开展“五城联创”工作，加大市容环境整治力度，细化管理标准，推进区域整治常态化，不断提高城市管理精细化水平。加大城市管理经费投入，逐步提高机械化清扫能力。探索城镇卫生保洁市场化运作模式，全面提升卫生保洁质量。加强老城区基础设施改造升级，加快上沙村改造，推进社区绿地和公共设施建设，努力改善城市公共环境。强化市民环境卫生意识，形成人人参与共建的良好氛围。

着力推进城镇建设。主动融入北部湾城市群发展规划，统筹做好城镇规划编制工作，促进城镇建设有序推进。着力推进特色小镇建设，重点抓好沙埠坭兴陶特色小镇申报工作，培育发展大番坡康养小镇、龙门港特色小镇。积极实施土地“增减挂”项目，推进城镇房地产业发展。加强城镇公共服务设施建设，探索推进镇级污水处理市场化运作模式，加快集镇街道硬化、绿化、亮化工程建设，深化城镇环境卫生综合整治，全面提升城镇化水平。

（五）坚决打好三大攻坚战，夯实全面建成小康社会基础。

打好防范化解重大风险、精准脱贫、污染防治攻坚战是党的十九大提出的重要任务，务必要从战略和全局的高度，提高政治站位，强化底线思维，坚决打赢三大攻坚战。

打好防范化解重大风险攻坚战。加强政府性债务管理，健全政府债务管理及风险预警机制，强化置换债券资金拨付监管，着力推进新增债券安排使用进度。加快推进融资平台公司市场化转型，完成开投、金投、城投、林投等平台公司剥离政府融资职能改革。完善工作机制和责任机制，加大打击和处置非法集资工作力度，从源头上杜绝非法集资案件的发生。加强打击和防范非法集资法律知识宣传，努力营造防范和化解重大风险的良好氛围。

打好精准脱贫攻坚战。全面开展打赢脱贫攻坚战三年行动，着力抓好中央巡视组对广西开展脱贫攻坚专项巡视反馈问题的整改工作，精准帮扶、精准施策，确保完成年度脱贫摘帽目标任务。继续实施产业奖补政策，扶持发展区级“5+2”和贫困村“3+1”特色产业，提高产业覆盖面。加大扶持力度，推动村级集体经济发展壮大。落实政策兜底措施，实现医疗、养老、教育保障全覆盖。全面落实易地扶贫搬迁“八包”责任，强化后续产业发展和就业创业扶持，确保贫困户稳定脱贫，持续增收。加强贫困村致富带头人队伍建设，切实将扶贫与扶志、扶智结合起来，充分激发贫困户内生动力。

打好污染防治攻坚战。全面落实中央环保督察和国家海洋督察、林业督察反馈问题整改工作。持续推进钦江、大风江、茅尾海、洪潮江水质提升工作，严厉打击非法采砂、非法用海行为。推动河长制各项责任落实到位，抓好江河湖库“清四乱”专项整改，促进水环境明显改善。加强城乡污水处理和垃圾处理设施建设，加快镇级污水处理厂提标改造，促进污水处理厂正常运营，推进城镇黑臭水体、生活污水、养殖尾水整治工程，促进城乡环境全面改善。有序开展土壤污染防治，推进生态红线保护区划定工作。着力推进大气污染防治，重点抓好城区建筑工地、室外烧烤摊点、燃煤锅炉综合整治，抓好定期洒水降尘等工作，促进空气质量不断提升。

（六）深入推进改革创新，不断释放发展活力。

大力发扬敢闯敢试、先行先试精神，全面深化改革，不断优化营商环境，为经济社会发展提供强大动力。

努力优化营商环境。创新优化营商环境服务措施，建立和完善服务企业工作机制，设立企业服务中心，配备服务企业代办专员，设立区长服务企业接待日，简化项目投资许可办理程序，多管齐下降低工业用地成本，落实企业税费政策，大力扶持强优民营企业发展，实行纳税奖励制度，加强政务诚信建设，切实加强企业家人身和财产安全法治保障，完善企业投资者配套服务，努力营造一流的营商环境。继续抓好“放管服”改革，深化“多证合一、一照一码”工作，全面实施“证照分离”改革，加快推进“多规合一”信息管理平台建设，探索“互联网 + 政务服务”新模式，办好网上办事大厅，推进审批流程再提速，以“最多跑一次”“一次都不用跑”促进服务效能大提升。

全面深化各项改革。稳妥有序推进机构改革，统筹推进承担行政职能事业单位改革，深化综合行政执法改革，确保按时完成机构改革任务。研究出台支持民营企业发展措施，促进民营企业发展壮大。推进税收制度改革，落实环境保护税开征工作。继续推进事业单位公务用车改革、财政体制改革、二轻集体企业综合改革，深入推进农村土地和集体产权、供销社等各项改革。

（七）统筹推进民生事业，不断提升群众幸福感和获得感。

坚持在发展中保障和改善民生，扎实有效推进为民办实事工程，加强和创新社会管理，统筹各项事业发展，让发展成果更多惠及人民群众。

为民办好10件实事。坚持“花小钱、办大事、办实事”原则，整合安排财政配套资金1500万元，着力推进沙埠镇油埠桥和黄屋屯镇西显大桥建设，抓好全区农村饮水工程项目，完成区政务服务中心搬迁，完善村级办公场所，推进非贫困村道路建设，建设完善村级公共文体设施，推进校门道路减速安全设施建设，继续推进旧城区消防改造，抓好城区公共厕所建设等10件为民办实事工程，切实解决人民群众最关心、最直接的问题，让人民群众有更多的获得感。

完善社会保障体系。落实就业创业扶持政策，加大培训服务工作力度，促进充分就业创业。积极发展养老事业，全面实施全民参保计划，完善基本养老保险、医疗保险和大病保险制度。推进社会救助和扶贫制度有效衔接,强化困难群众基本生活保障。扎实推进棚户区改造,切实保障群众住房需求。加强劳动监察,加大拖欠农民工工资治理力度,切实维护劳动者合法权益。

推进社会治理创新。加强社会治安综合防控体系建设,完善网格化、信息化管理服务机制,着力推进“天网工程”“雪亮工程”建设。完善信访维稳工作机制,着力抓好各类社会矛盾纠纷排查和化解,强化信访积案化解工作,全面遏制非正常上访。深入开展扫黑除恶专项斗争,加大对各类黑恶势力打击力度,积极预防和严厉打击各类违法犯罪活动,确保社会大局稳定。

狠抓安全生产工作。深化安全生产改革,落实党政领导干部安全生产责任制,强化安全生产企业主体责任、部门监管责任,构建风险分级管控和隐患排查治理“两道防线”,坚决守住安全生产红线。深入开展安全隐患排查和专项整治活动,加强人员密集场所、大型活动的安全管理,坚决防范重特大事故发生。

协调发展各项事业。坚持教育优先发展,巩固义务教育均衡发展成果,狠抓国家督导反馈问题整改工作,加快农村义务教育薄弱学校改造和主城区解决“入学难”、化解“大班额”攻坚项目建设,促进教育事业再上一个新台阶。全面实施创新驱动发展战略,深入推进科技创新。推进文化体育设施建设,加快构建现代公共文化服务体系。全面深化公立医院综合配套改革,推进全国健康素养促进县区创建工作,加强医共体建设和家庭医生签约服务工作,实施分级诊疗,巩固基本药物制度,完善医疗服务体系。深化统计改革,推进基层统计规范化建设,全面完成全国第四次经济普查任务。统筹做好国防动员、人民武装和“双拥”工作,促进军政军民团结。加强全民普法宣传教育,弘扬社会主义法治文化。加强食品药品安全监管,保障人民群众“舌尖上的安全”。充分发挥工会、共青团、妇联等群团组织作用,依法保障公民特别是妇女、未成年人、老年人和残疾人的合法权益。继续做好应急救援、机关事务、调处、外事、宗教、民族、人防、海防、地方志、档案、保密等工作。

三、坚持从严从实,努力建设人民满意政府

面对新形势、新任务,政府必须要有新作为、新业绩。我们要牢固树立“担当为要、实干为本、发展为重、奋斗为荣”为政理念,以“严”“实”为标准,落实“讲政治、护团结、树权威、转作风、强执行、提效率、抓落实、保廉洁”工作要求,自觉加强政府自身建设,切实提高政府的公信力、执行力和创造力,努力建设人民满意政府。

加强政治建设。提高政治站位,坚持以习近平新时代中国特色社会主义思想武装头脑、指导实践,牢固树立“四个意识”,坚定“四个自信”,践行“两个维护”。坚持从讲政治的高度推动政府工作,全力抓好党中央、国务院、自治区党委、政府、市委、市政府和区委决策部署的贯彻落实。强化意识形态教育,自觉从政治上观察、分析、处理问题,及时掌握思想理论动向和社会舆情动态,牢牢把握思想政治工作主动权。

坚持依法行政。严格按照法定权限和程序行使权力,做到法无授权不可为、法定职责必须为,始终依法决策、依法行政,打造法治型政府。坚持新官理旧账,履诺不走样,以政府诚信带动社会诚信。自觉接受区人大及其常委会法律监督和工作监督、政协民主监督,主动接受审计监督、社会监督和舆论监督。认真执行区人大及其常委会决议决定,坚持重大事项向区人大及其常委会报告制度,高质量办好人大代表议案、建议和政协提案。广泛听取各民主党派、工商联、无党派人士和人民团体意见。

强化作风建设。坚持实干兴政,带头转作风、树形象,强化担当精神,坚持说实话、谋实事、出实招、求实效,对定下的目标、出台的政策、下达的任务,要马上就办,立即就干,以钉钉子精神做实、做细、做好各项工作。要抓好督促检查,及时反馈工作推进情况、落实情况和完成情况,确保各项决策部署真正落实到位。坚持“严”字当头、“效”字为要,坚决整治不作为、慢作为、乱作为、懒政怠政等不良作风,持续改善政务服务环境,确保政令畅通、令行禁止。牢固树立执政为民的思想,逐步解决人民群众关注的热点难点问题,以实实在在的工作成效提升政府公信力。

坚持廉洁从政。严格落实全面从严治党主体责任和“一岗双责”,严守政治纪律和政治规矩,严格落实中央八项规定精神及实施细则,坚持不懈纠正“四风”。加强政府系统党风廉政建设和反腐败斗争,强化对工程招投标、征地搬迁、脱贫攻坚等重点领域监管,严惩扶贫领域贪污挪用、截留私分、虚报冒领等违法违纪行为。厉行勤俭节约,严控“三公”经费,压减一般性支出,真正把有限的资金用在刀刃上。严格用制度管权、管事、管人,以零容忍的态度严肃查处各类违法违纪行为,努力营造风清气正的政治生态。

《政府工作报告》名词解释

“五个扎实”：是习近平总书记视察广西重要讲话，明确了当前和今后一个时期广西工作的指导思想和总体要求，特别是提出“五个扎实”要求，是我们扎实做好各方面工作的根本遵循和行动指南。“五个扎实”即是扎实推动经济持续健康发展、扎实推进现代特色农业建设、扎实推进民生建设和脱贫攻坚、扎实推进生态环境保护建设、扎实建设坚强有力的领导班子。

“四合一”：是指自治区扶贫开发领导小组将设区市党委和政府扶贫开发工作成效考核、贫困县党委和政府扶贫开发工作成效考核、非贫困县扶贫开发工作成效考核、扶贫对象脱贫摘帽实地核查，合并为统一的实地核查、核验，简称为市县扶贫成效考核“四合一”实地核查。

“三品一标”：是无公害农产品、绿色食品、有机农产品和农产品地理标志的统称。

“超大班额”：指随着城镇化进程的加快，流动人口不断向城区涌入，人民群众对优质教育资源的需求与教育供给之间的矛盾日益突出，城市学校所承受的压力越来越大，城区学校每个班的人数剧增，超出额定人数的班的现象。大班额有两类：一种是66人以上叫超大班额，另外一种是56人以上、66人以下的叫大班额。教育部提出，2018年要基本消除66人以上的超大班额，2020年基本消除大班额。

“空壳村”：是指集体经济薄弱、财政亏空的村子。现状是农村大量青壮年劳动力涌向城市，到城里“掘金”，农村出现了“空壳化”，留下老弱病残和妇孺。

“八包”：是指自治区扶贫开发领导小组下发《全区易地扶贫搬迁安置点领导包点责任制工作实施方案》中的主要职责，即是易地扶贫搬迁安置点包点领导要包建设进度、包工程质量、包资金监管、包搬迁入住、包后续产业发展、包就业创业、包稳定脱贫、包考核验收。

“双线四包”：是指区、镇、村一条线，教育局、学校、班级一条线；区领导包镇、镇干部包村、村干部包村民小组、村民小组包户；教育局领导包学校、校领导包年级、班主任包班、科任教师包人。各镇与各村、各学校签订“控辍保学”目标责任书，建立驻村干部、村干“控辍保学”责任制，确保“一个都不能少”。

“雪亮工程”：是指以县、镇、村三级综治中心为指挥平台、以综治信息化为支撑、以网格化管理为基础、以公共安全视频监控联网应用为重点的“群众性治安防控工程”。根据“十三五”规划，到2020年，我国将基本实现“全域覆盖、全网共享、全时可用、全程可控”的公共安全视频监控建设联网应用。

“突出一大服务保障，做强四大产业，抓好八大重点”：是中共钦南区委六届六次全会提出的2019年全区工作思路，即是突出服务保障全市发展大局，做强特色农业、园区经济、全域旅游、现代服务业，抓好脱贫攻坚、乡村振兴、深化改革、生态环保、民生建设、扫黑除恶、征搬安置、从严治党重点工作。

“多规融合”：是指充分发挥“发展规划”“城乡规划”“土地规划”和“环保规划”的指导作用，形成相互配合、相互制约、相互促进的互动机制，构建一个协作、均衡、稳定、和谐的规划管理体系。

“大棚房”：是指以农业大棚为名进行的非农业建设，属违法建设，承租方建蔬菜大棚时，在旁边和内部建设“配套用房”，对外租售或者另作他用，俗称为“大棚别墅”“大棚房”。

“清四乱”：2018年7月，国家水利部部署开展全国河湖“清四乱”专项行动，即是清理“乱占”“乱采”“乱堆”“乱建”问题。“乱占”包括：围垦湖泊；未依法经省级以上人民政府批准围垦河道；非法侵占水域、滩地；种植阻碍行洪的林木及高秆作物。“乱采”包括：未经许可在河道管理范围内采砂，不按许可要求采砂，在禁采区、禁采期采砂；未经批准在河道管理范围内取土。“乱堆”包括：河湖管理范围内乱扔乱堆垃圾；倾倒、填埋、贮存、堆放固体废物；弃置、堆放阻碍行洪的物体。“乱建”包括：水域岸线长期占而不用、多占少用、滥占滥用；未经许可和不按许可要求建设涉河项目；河道管理范围内修建阻碍行洪的建筑物、构筑物。

中国人民政治协商会议
第六届钦州市钦南区委员会常务委员会工作报告

——2019 年 2 月 17 日在政协第六届钦州市钦南区委员会第四次会议上

区政协主席　宋　翔

2018 年工作回顾

刚刚过去的 2018 年，是贯彻落实中共十九大精神的开局之年，是我区积极应对各种困难和挑战，进一步解放思想，加速转型升级、加快高质量发展的一年，也是人民政协事业蓬勃发展、充满生机活力的一年。中共十九大以来，以习近平同志为核心的中共中央对人民政协事业发展提出了一系列新思想、新部署和新要求，为人民政协履行职能、开展工作指明了方向。一年来，区政协常委会以习近平新时代中国特色社会主义思想为指导，认真贯彻落实中共十九大精神，在中共钦南区委的正确领导下，围绕区委“一机遇、三争创、四打造、六重点”工作思路，按照区政协“五紧扣五提高”工作举措，团结带领广大政协委员，围绕中心、服务大局，在助推改革发展中履职尽责，在服务民生改善中彰显优势，在推进协商民主建设中发挥重要渠道和专门协商机构作用，为助推钦南经济社会发展做出了积极贡献。

一年来，我们紧扣履职方向明确定位，政协政治方向更加坚定。

坚持把党的领导作为政协工作的根本政治保障，树牢“四个意识”，坚定“四个自信”，做到“两个维护”，确保党中央大政方针和自治区党委、市委、区委决策部署不折不扣贯彻落实。

一是理论学习不断深化。区政协常委会高度重视政治理论学习，持续深入学习贯彻习近平新时代中国特色社会主义思想和中共十九大精神。通过党组中心组、主席（扩大）会议、常委会议、机关党支部“三会一课”和举办委员培训班等方式，深入学习中共十九大、十九届二中、三中全会精神以及习近平总书记视察广西时的重要讲话精神等内容。组织区政协常委、委员小组长和机关党支部支委，前往延安开展“不忘初心牢记使命，做新时代合格政协委员”异地培训班，通过“学党史、走党史”模式，提升政治觉悟，促进广大委员及机关干部学用结合、知行合一。组织委员撰写理论文章，参加市政协“深入学习习近平总书记关于加强和改进人民政协工作的重要思想理论研讨会征文活动”获特等奖。

二是政治定力不断增强。始终把围绕中心、服务大局作为政协履职的根本要求，坚决贯彻落实区委“一机遇、三争创、四打造、六重点”工作思路，深入开展视察调研、民主监督、议政建言，为钦南经济社会发展建言献策，切实做到党委政府重点工作推进到哪里，政协工作就跟进到哪里。

一年来，我们紧扣中心工作献计出力，政协履职成效更加显著。

坚持“党委想什么、政协议什么，政府干什么、政协帮什么，群众盼什么、政协做什么”的履职原则，积极履行“政治协商、民主监督、参政议政”三大职能，合力助推全区经济社会发展。

一是调研协商更加精准有力。围绕区委中心工作，科学制定年度协商计划，重点围绕“抢抓新机遇，加快我区物流经济协调发展”“加强财源建设，推进我区县域经济发展”等5个议题，深入开展调研活动，组织召开专题协商会、对口协商会和界别协商会，邀请区政府领导和相关部门领导与委员面对面协商议政，形成了5份协商成果报送区委、区政府作决策参考，为加强我区财源建设、壮大村级集体经济发展、加快推进现代特色农业示范区创建等重点工作精准发力、议政建言。调研报告获得钦南区第四届哲学社会科学优秀成果奖一等奖1篇，二等奖2篇。

二是提案督办更加务实有效。认真抓好提案交办、承办、督办、考核等环节，形成各方重视、广泛协作、协调高效的工作机制，增强了提案工作合力。一年来，召开了3次重点提案督办协商会，主席会议成员和相关提案的委员共同视察了提案办理现场，听取了承办单位对10件重点提案办理落实情况的汇报，并就提案办理中存在的问题，同承办单位进行协商交流。联合区委督查室和区政府督查室，组织开展了提案协商督办活动，就农村垃圾整治、钦州骑楼街区保护开发等提案开展现场视察督办，提出民主监督意见，助推工作改进。按规定联合开展提案督办考核工作，促进提案承办单位严格按照“办理态度让委员满意，办理过程让委员满意，答复结果让委员满意，落实效果让委员满意”的要求，按时按质按量完成承办工作。区政协六届三次会议以来，共督办提案62件，办复率达100%，推动了提案落实和成果转化。

三是民主监督更加规范有序。认真贯彻落实中共中央、自治区党委和市委关于加强和改进人民政协民主监督工作的精神，深入调研，集思广益，配合区委研究出台了《关于加强和改进人民政协民主监督工作的实施意见》，建立完善民主协商、民主监督、专题视察调研、重点提案督办有机结合的工作机制，把民主监督体现在委员提案、大会发言、专题调研、专项视察等各项工作中。注重发挥协商式监督的优势和特色，在敢于监督和善于监督上下功夫，以保障民生为重点，规范有序开展监督性民主评议工作。如组织政协常委开展了民主评议我区农村改厨改厕工作，由区政协主席会议成员分别带队，深入我区11个镇和丽光场、尖山街道，对2017年和2018年实施的改厨改厕建设情况进行监督性民主评议，提出改进工作的意见和建议，形成专项评议报告报送区委、区政府，促进相关职能部门进一步转变工作作风，助推惠民政策落实见效。

四是服务大局更加主动有为。组织引导广大政协委员，协调相关部门，围绕中心，服务大局，同心协力攻坚克难。在助力征地搬迁和服务重大项目建设中，区政协班子成员负责挂帅17个市、区重大项目，经常深入一线与工作人员一起研究、与征拆群众和谐协商，统筹协调相关部门，及时解决困难和问题，有效推进了北部湾大道中马延长线、环城西路、新兴西路延长线等项目建设，助推市、区重大项目顺利实施。在开展脱贫攻坚工作中，以区政协班子成员和区政协机关挂点联系的贫困村青龙村、犁头咀村、大番坡村、后立村、那彭村、塘底村、黎屋村为重点，做好联系户的帮扶工作。积极协调各帮扶单位，调动各方力量，精心谋划项目、发展产业，壮大村集体经济，按时按质完成了2018年脱贫攻坚目标任务。区政协办公室被评为钦州市“美丽广西”乡村建设（扶贫）工作先进集体（后盾单位）。在助力营商环境改善工作中，制定了《钦南区政协开展“优化营商环境走访调研企业”活动方案》，区政协班子成员带队到企业开展走访调研，及时了解企业的生产经营情况和发展中遇到的困难和问题，有效协调相关部门，协助企业解决用地、用工、融资难等问题。在助力和谐钦南建设中，组织力量参与社会综治、平安钦南建设和提升群众安全感、扫黑除恶等活动，携手共建平安和谐家园。组织开展“温暖新春”爱心慰问、扶贫爱心捐款等活动，共走访慰问60多人，送去慰问金和慰问品折合人民币3万余元。倡导委员和社会力量捐款捐物共20多万元用于扶贫济困活动。

一年来，我们紧扣履职创新激发活力，政协服务为民更加有力。

我区政协委员联络站的创新建设，得到了区委、区政府的重视和大力支持，区委研究出台了《关于加强钦南区镇（街道）政协委员联络站工作的实施意见》，实现政协委员联络站从试点创建向规范化、制度化发展。我们认真贯彻落实好《实施意见》，坚持务实创新，积极为政协委员搭建履职新平台，探索履职新途径，充分发挥中共党员委员先锋模范作用和专业委员服务小组的引领带动作用，打造委员联络站“升级版”，推动政协组织创新履职提质增效。2018年7月，自治区政协副主席、党组副书记黄道伟到我区水东街道联络站调研，对我区基层联络站党建工作给予充分肯定。8月，区政协在“全区（广西）政协系统党的建设工作座谈会”上作了专题书面发言，得到了与会领导、同志们的好评。市政协主席黄若萍对我区政协委员联络站的创新履职作出批示,认为“经验值得总结和推广”。

一是党员委员的先锋模范作用得到充分发挥。我们注重发挥政协党组的核心作用,通过在委员联络站设立中共党员委员活动小组,创设“中共党员先锋岗”,开展“双报到双服务”活动,发挥中共党员委员示范表率作用,取得了良好的成效。如水东街道联络站开展了“七一”委员义诊、政策宣传和钦州市“三级”政协委员“优化营商环境,服务企业发展”座谈会等履职活动;文峰街道联络站组织开展了“我为钦江碧水献计·携手共建美好家园”系列活动;向阳街道联络站在年年丰广场举办了“三级委员服务市民”活动;行政中心两个片区的联络站联合在大番坡镇开展了“三级政协委员联动·助力健康惠民”系列活动,取得了较好成效,得到群众的一致好评。为进一步发挥党员委员在履职中的先锋模范作用,我们在委员联络站中开展“中共党员委员先锋岗”评选活动,评选出中共党员委员先锋,并做好先进典型事例宣传,营造良好的舆论氛围,强化了中共党员委员的履职责任,激发了委员的履职热情,提高了委员联络站的履职实效。

二是服务基层服务群众更有成效。发挥委员特长优势,整合专业资源,组建专业委员服务小组,服务基层服务群众,为群众办好事实事。如水东街道联络站和文峰街道联络站的政协委员医疗卫生服务小组分别到东南社区和永福广场开展义诊活动,给群众赠送日常医药用品,得到了居民群众的称赞;向阳街道联络站文化教育服务小组开展了优化青少年学生知识结构咨询活动;文峰街道联络站政策宣传服务小组组织开展扫黑除恶、禁毒防艾、防盗防骗等政策宣传,取得了良好的社会反响。一年来,联络站共接待社区和各界群众200多人次,收集整理反映社情民意96件,协调解决群众反映的热点难点问题81个,委员联络站的建设和创新履职更贴近社区群众,得到了社会各界的认可和点赞。

一年来,我们紧扣改革发展凝心聚力,政协团结协作更加彰显。

牢牢把握团结和民主两大主题,充分发挥政协组织代表性强、联系面广的优势,凝聚各方智慧力量,营造团结和谐的发展氛围。

一是政协联动协作更加密切。主动与市政协上下联动,市政协统筹安排部分住钦的自治区政协委员和市政协委员,到我区政协委员联络站参加履职,共同开展委员义诊、公益慈善、政策宣传、优化营商环境座谈、知情建言协商等系列三级委员联动履职活动。与市政协联合举办“助力脱贫·服务发展”文艺晚会,将扶贫与扶志以喜闻乐见的方式深入宣传,助力脱贫攻坚。与兄弟县区政协加强交流,在探索加强委员服务管理、政协信息宣传、委员联络站创建等方面互相学习、共享经验、融合发展。加强与外地政协的联谊交流,组织专题调研组前往上思县、横县、柳江区、铁山港区等地考察学习,热情接待了吉林省吉林市、内蒙古二连浩特市和五原县,河池市、武宣县、巴马县、邕宁区等地政协来访,大力宣传我区政协创新履职成效,积极推介钦州和钦南的良好投资创业环境,助力钦南开放发展。

二是改革发展合力不断增强。主席会议成员分别率领机关人员走访委员,详细了解委员的工作生活情况,听取委员对全区经济社会发展和政协工作的意见建议,鼓励委员认真履职,积极参与社会公益活动。密切联系社会各界代表人士和外来投资者,召开“优化营商环境,服务企业发展”座谈会,听取各界代表和企业的意见和建议,并积极向区委、区政府和有关部门反映他们的愿望诉求,凝聚发展合力,共促钦南和谐发展。充分发动社会各界人士和离退休老干部支持,汇聚力量合力建成钦南政协文史馆,通过328幅照片、53件实物资料,以及电子书、宣传视频等方式,全面展示了钦南区政协成立24年来的光辉历程和履职成果,传承了政协历史和弘扬多党合作统一战线精神,搭建了人民政协与各界人士交流互动的重要平台。

一年来,我们紧扣全面从严治党要求,政协自身建设全面加强。

区政协党组认真履行全面从严治党主体责任,把管党治党工作与政协履职工作同部署、同落实,以党建新成效不断推动政协工作新发展。

一是政协机关党建进一步加强。充分发挥区政协党组核心作用,牢牢把握正确的政治方向,全面落实从严治党责任、党风廉政建设主体责任和中央八项规定精神,加强意识形态建设,积极推动政协机关党支部规范化建设,切实加强党员的思想、组织和作风建设。深入开展“不忘初心再扬帆”解放思想大讨论活动,学榜样、树标杆,推动机关干部思想建设大提升、党员干部精神面貌大提振、工作作风大改进。

二是机关工作效能进一步提升。始终把纪律挺在前面,坚决整治“四风”突出问题,巩固和拓展贯彻落实中央八项规定精神成果。组织开展扶贫领域腐败和作风问题专项治理，以及形式主义、官僚主义突出问题专项整治行动，持续查摆和纠正“四风”突出问题，研究出台了《钦南区政协机关干部召回管理办法实施细则》，推进作风建设深入开展。通过廉政谈心谈话、警示教育和学习交流等方式，督促机关干部职工严格落实中央八项规定精神，廉洁做事，干净做人，树立了政协机关良好形象，机关工作效能明显提升。

主要工作体会

回顾和总结一年来的工作实践，我们深切地感受到：

——坚持中国共产党的领导，是政协职能得到有效发挥的根本保证。我们坚持以习近平新时代中国特色社会主义思想为指导，树牢“四个意识”，坚定“四个自信”，做到“两个维护”，毫不动摇地坚持中国共产党领导，自觉在思想上政治上行动上同以习近平同志为核心的党中央保持高度一致，把牢政协工作的正确方向。

——坚持融入钦南发展大局，是政协事业展现担当作为的广阔舞台。我们坚持把政协工作放到全区发展大局中去思考、去谋划、去推进，把履职重心放在全局性、前瞻性问题的研究上，放在党委决策部署的贯彻落实上，围绕中心、服务大局，助力钦南经济社会高质量发展。

——坚持发挥委员主体作用，是政协优势得以充分彰显的重要手段。我们以委员联络站为平台，精心组织委员联动履职活动，发挥委员专业特长优势，服务基层服务群众，围绕中心工作积极开展协商议政活动，鼓励广大政协委员发出更多好声音，汇聚更强正能量。

——坚持改革创新推动工作，是政协事业永葆生机活力的内生动力。我们大力弘扬改革创新精神，勇于解放思想、打开眼界，用改革的理念、创新的思维推进履职创新，积极创建委员联络站，搭建委员履职新平台，为政协事业发展不断注入新动力、增加新活力。

回顾一年来的工作，在看到成绩的同时，我们也清醒地认识到，对照新时代政协工作面临的新形势和新要求，我们还有一些工作有待加强，如委员的履职能力有待进一步提升，民主协商监督的力度有待进一步增强，委员的履职热情有待进一步激发等等。这些问题，需要我们在今后的工作中认真研究，切实加以改进。

2019年工作思路

2019年是新中国成立70周年，是决胜全面建成小康社会关键之年，也是人民政协成立70周年，做好全年工作使命光荣、责任重大。区政协工作总体要求是：高举中国特色社会主义伟大旗帜，以习近平新时代中国特色社会主义思想为指导，深入学习贯彻中共十九大和十九届二中、三中全会精神，以习近平关于加强和改进人民政协工作的重要思想武装头脑，在中共钦南区委的坚强领导下，围绕区委“突出一大服务保障，做强四大产业，抓好八大重点”工作思路，牢牢把握团结和民主两大主题，切实履行政治协商、民主监督、参政议政职能，把“懂政协、会协商、善议政”的要求贯穿于政协履职全过程，不断开创政协工作新局面，为助推我区经济社会持续健康高质量发展积极献计出力。

一、坚持理论武装，在增进思想共识上争取更大进步

坚持政治引领，把加强思想政治建设、增强政治把握能力摆在首位，精心组织主题鲜明、形式多样、务实有效的学习活动，深入学习贯彻习近平新时代中国特色社会主义思想和习近平总书记关于加强和改进人民政协工作的重要思想，引导广大委员更加紧密地团结在以习近平同志为核心的中共中央周围，切实做到“两个维护”，坚定不移地走中国特色社会主义政治发展道路，巩固和发展共同思想政治基础。要继承和发扬人民政协自我学习、自我教育、自我提高的优良传统，坚持把贯彻落实自治区党委、市委和区委相关精神与政协工作相结合，政治理论学习与履职实践相结合，把社会各界的思想和行动、智慧和力量凝聚到区委的决策部署上来，确保政令畅通、令行禁止。

二、坚持围绕中心，在助推改革发展上争取更大贡献

着力服务全区发展大局，贯彻落实区委、区政府决策部署，认真谋划和推进政协工作，科学制定和实施年度协商计划，自觉把新时代全面深化改革的要求贯彻到政协各项工作之中。通过委员提案、大会发言、调研报告、意见建议等形式，多献创新之策、多谋务实之举、多出助推之力。围绕“优化营商环境，提升工业园区经济发展质量”“发展生态农业，促进乡村振兴战略实施”“加快城区小学建设，推进义务教育优质均衡发展”“加强农村食品监管,保障群众食品安全”等议题开展专题协商、界别协商、对口协商和提案办理协商,为钦南全面深化改革、实现经济高质量发展、增进民生福祉问题,努力提供更多、更好、更优的“政协方案”。

三、坚持关注民生,在推动民主监督上争取更大成就

认真贯彻落实《关于加强和改进人民政协民主监督工作的实施意见》,坚持以人民为中心的发展思想,发挥协商式监督的特色优势,着眼人民群众最关心、最直接、最现实的利益问题确定监督议题,进行重点监督。深化开展“三级”委员联动履职,发挥好政协委员联络站的平台作用,寓监督于会议、视察、提案、专题调研、社情民意信息等工作中。深入开展民主监督民生建设工作,开展监督性视察工矿企业安全生产状况和民主评议乡村道路建设管护活动,推动民生建设问题在监督中协商解决,在协商中监督落实。注重提高提案质量,坚持区政府、区政协领导联合领衔督办重点提案制度,进一步加大提案办理力度,提高办理实效。认真做好社情民意工作,发挥各委员联络站社情民意联络员作用,及时收集反映群众诉求、回应群众关切、助力民生改善。

四、坚持团结联谊,在促进社会和谐上凝聚更大力量

发挥人民政协作为统一战线组织、多党合作和政治协商机构的独特优势,扎实做好协调关系、理顺情绪、增进共识、促进团结的工作。加强与市政协的上下联动,加强与其他县区政协的合作交流,加强与各民主党派人士、工商联、人民团体和无党派人士的团结合作,加强同少数民族、宗教界代表人士的联系,密切与非公经济人士、新的社会阶层人士的联系交流,邀请社会各界人士参加协商议政活动,努力扩大团结面、增强包容性。密切关注不同阶层的利益诉求,协助党委、政府做好政策宣传、协调关系、化解矛盾、凝聚人心的工作,努力维护团结民主、安定和谐的政治局面。

五、坚持从严从实,在加强队伍建设上争取更大突破

加强新时代政协党的建设,落实全面从严治党主体责任,切实提高政协党组、主席会议和常委会的政治把握能力和总揽政协工作全局的能力。发挥政协党组核心领导作用,探索建立政协党组成员联系党员委员、党员委员联系界别委员的制度,激发党员委员的先锋模范作用,使党建工作与政协履职工作相互推动、相得益彰。按要求深入开展“不忘初心、牢记使命”主题教育,持续抓好委员队伍建设,强化委员学习培训,优化委员服务管理,发挥委员主体作用。坚持注重质量、提高效率、规范程序,推进政协机关工作科学化、规范化、程序化,更好地发挥参谋助手、综合协调、服务保障作用。加强机关党风廉政建设和意识形态建设,严格落实中央八项规定精神,持之以恒转作风、强队伍、树形象。

《政协第六届钦州市钦南区委员会常务委员会工作报告》名词解释

1.“四个意识”:政治意识、大局意识、核心意识、看齐意识。

2.“四个自信”:道路自信、理论自信、制度自信、文化自信。

3.“两个维护”:坚决维护习近平总书记党中央的核心、全党的核心地位,坚决维护党中央权威和集中统一领导。

4.钦南区委2019年工作思路:突出一大服务保障(服务保障全市发展大局),做强四大产业(特色农业、园区经济、全域旅游、现代服务业),抓好八大重点(脱贫攻坚、乡村振兴、深化改革、生态环保、民生建设、扫黑除恶、征搬安置、从严治党)。

大 事 记

2018 年大事记

1 月

4 日　自治区高校工委书记、教育厅党组书记唐咸仅到人和小学调研基础教育发展情况。钦州市委常委、宣传部部长、副市长韩流，市政协副主席、钦南区委书记黄球，钦南区委副书记、区长李遥等领导陪同调研。

5 日　钦南区召开 2018 年安全生产暨一季度防范重大安全事故工作会议，钦南区委副书记、区长李遥出席并作重要讲话，区委常委、常务副区长胡颎主持会议，区政府全体领导班子参加会议。

同日　钦南区举办深入推进义务教育均衡发展工作培训会。邀请全国中小学教育督导评估专家、自治区政府督学、柳州市教育局原局长撒忠民作专题培训，钦南区委副书记、区长李遥主持培训会，区四套班子部分领导和各镇街道、区直相关部门主要领导及各市直义务教育学校，钦南区、钦州港区学校校长等 300 多人参加培训会。

同日　钦州市钦南区“海豚爱心营”青少年事务中心暨钦州市三人行社会工作服务中心驻检工作站在区检察院举行揭牌仪式。钦南区委常委、政法委书记邓善锋，区政府副区长、公安钦南分局局长钟松，区人民检察院检察长颜家强出席揭牌仪式，区法院、司法局、团委、教育局、关工委、妇联、民政局等单位相关领导及钦州市三人行社会服务工作中心负责人吴丹参加揭牌活动。

8 日　钦南区召开研究易地扶贫搬迁群众后续脱贫工作专题会，钦南区委副书记、区长李遥出席会议并作重要讲话，区委常委、常务副区长胡颎主持会议，区委常委、副区长谭宗展出席会议。

同日　钦州市政协在钦南区政协委员向阳街道联络站，召开全国、自治区、市、县（区）四级政协委员进社区联动履职座谈会。会议由钦南区政协副主席朱其友主持，市政协主席黄若萍出席并作讲话。

10 日　钦南区委副书记、区长李遥带队到安全生产联系镇久隆镇开展检查工作。

11 日　钦南区委副书记、区长李遥带队检查调研重点项目征拆推进情况，副区长龙少艺陪同检查调研。

同日　钦南区召开深化国家监察体制改革试点工作小组第二次会议，市政协副主席、钦南区委书记黄球主持会议并讲话。

12 日　钦南区委常委、宣传部部长、副区长赖廷耀到黄屋屯镇开展安全生产检查工作。

15—16 日　自治区教育厅副厅长苏国友带队到钦州开展 2017 年度市级政府消防暨今冬明春火灾防控督导考核，先后到大润发商业有限公司和翰林福第小区检查，钦南区政府副区长、公安分局局长钟松陪同检查。

16 日　钦南区举行 2018 年重大活动食品安全保障应急演练。区政府办、区应急办、区食药监局、区卫计局、区公安分局等 15 个部门参加演练及山海食品有限公司、五洲大酒店等 10 个企业观摩演练。

17 日　钦南区 2017—2018 年榨季砍运暨 2018 年“双高”基地建设动员会召开，钦南区政府副区长梁莲参加会议。

17—19 日　《钦南区全域旅游发展规划》课题组在广西大学商学院院长助理、旅游系主任刘民坤的带领下，一行共 7 人赴园博园、千年古陶城、中山路老街、三娘湾旅游风景区、中马产业园、龙门七十二泾等地进行调研。

18 日　钦南区委副书记、区长李遥到挂点联系镇——久隆镇为该镇党员干部、二层机构主要负责人、各村委支书、主任、群众代表及区直各挂点单位主要领导上关于中共十九大精神专题党课。

19日　钦州市钦南区南珠东大街35号海豚湾小区D栋发生火警。钦南区启动火灾事故应急响应，市、区共调派104名消防官兵和27辆消防车赶到现场救援，从楼内搜救出被困人员77人，送医院检查43人，均无大碍，没有人员伤亡。

同日　钦南区召开冬季消防工作紧急会议，钦南区委副书记饶文勇，区委常委、常务副区长胡颎，副区长、公安钦南分局局长钟松，副区长龙少艺等参加会议，对消防安全工作作出具体部署。

同日　钦南区六届人民政府第二次全体（扩大）会议在区行政信息中心召开。钦南区委副书记、区长李遥出席会议并作重要讲话，区政府在家领导班子和各镇、街道，区直相关部门等领导参加会议。

同日　区人大常委会党组书记、主任陈仁雄主持召开区人大常委会党组中心组学习会，专题传达学习习近平总书记在十九届中央纪委二次全会上的重要讲话精神。区人大常委会党组副书记、副主任黄志升，党组成员、副主任陈启华、李新，常委会副主任刘秀梅参加会议。

20日　钦南区在海豚湾小区召开“1·19”冒烟事故现场会。副区长黄云平，区住建部门、消防部门、供电部门及钦州市物业服务管理公司相关人员等70多人参加现场会。

22日　钦南区召开2017年度镇（街道）和部分区直部门党组织书记落实主体责任述职评议会。市政协副主席、区委书记黄球主持会议并作讲话。区委副书记、区长李遥出席会议。市纪委机关、市委组织部、市委宣传部有关领导到会指导。

同日　钦南区委常委班子召开2017年度民主生活会典型事例剖析专题会，围绕钦南区部分扶贫道路不按规定实施建设和大番坡镇中心敬老院（五保新村）项目推进慢2个典型事例进行深入剖析。市政协副主席、区委书记黄球主持会议并讲话。

23日　钦州坭兴陶文化创意产业园获自治区首批现代服务业集聚区文化创意集聚区称号，被授予广西现代服务业集聚区文化创意集聚区牌匾。

同日　自治区政管办副处长农兴琦到钦南区指导检查政务服务中心运行工作。钦州市行政审批局、钦南区政务办领导陪同检查。

24日　钦南区六届人大常委会举行第十一次会议。区人大常委会主任陈仁雄主持会议，常委会副主任黄志升、刘秀梅、陈启华、李新等28名常委会组成人员出席会议。

同日　钦南区委常委、宣传部部长、副区长赖廷耀率领区旅游局、消防大队、安监局、食品药品监管局、工商局等有关职能部门领导对钦南区旅游景区、酒店以及旅行社进行了春节节前旅游安全联合大检查。

同日　钦南区召开2017年度落实党风廉政建设“两个责任”检查考核工作动员部署会。区委常委、统战部部长叶金芬，区委常委、纪委书记张斯广出席会议。

25日　钦南公安分局组织警力开展2018年扫黑除恶第一轮集中收网行动，到沙埠镇望埠村委对涉嫌参与寻衅滋事等违法犯罪活动的嫌疑人进行集中抓捕，抓获嫌疑人6名，成功端掉这一涉恶团伙，打响新年扫黑除恶的第一枪

同日　钦南区委常委、宣传部部长、副区长赖廷耀带领检查组对辖区内食品、药品生产企业和生活超市开展安全生产检查。

同日　市委常委、政法委书记林庆山率队调研钦南区那雾山森林公园环山路项目建设。区委常委、宣传部部长、副区长赖廷耀陪同调研。

25—26日　市二轻联社、市幼儿园、钦南区委宣传部和钦南区档案局等七个联谊支部的党员到东风社区开展“双报到、双服务”送温暖活动，对九名“结对帮扶户”和十三名保洁员进行慰问。

26日　市人大常委会副主任陈丽丽到那彭镇清湖村调研扶贫攻坚、党建、宜居乡村建设工作。

同日　“点亮乡村、光彩照明”爱心惠民公益捐赠仪式在康熙岭镇政府举行。深圳市康美腾科技有限公司向康熙岭镇捐赠了800盏太阳能路灯，价值69万多元。

同日　区直属机关工委组织召开2017年度钦南区直机关党组织书记落实主体责任述职评议会。区纪委、区委组织部、区委宣传部有关领导，区直属机关工委领导班子、各机关党委（总支、支部）书记、组织委员，直属机关工委全体干部、区直属机关纪工委全体干部约120人参加会议。

27日　市委常委、常务副市长谭丕创调研钦州市屠宰场搬迁工作，钦南区委常委、常务副区长胡颎参加调研并参加会议。

28日　钦南区委组织部、区商务局、扶贫办、供销社、广西淘实惠电子商务有限公司联合主办的“党旗领航·电商扶贫”贫困村特色农产品物流配送中心启动暨广西淘实惠共享超市开业仪式在翰林福第小区一楼广场举行。

29 日　钦南区召开加强非职业性一氧化碳中毒预防紧急工作会议，会议通报近日钦州市发生一氧化碳中毒的情况，传达市委书记王革冰等市领导关于做好防范宣传一氧化碳中毒的批示精神，就该区如何做好防范宣传相关工作安排部署。区委副书记饶文勇，区委常委、常务副区长胡颎等区四套班子领导参加会议。

同日　钦南区委政法委、区综治委在公安钦南分局召开钦南区平安校园建设工作会议。钦南区委常委、政法委书记邓善峰参加会议。

30 日　钦南区在高新区易地搬迁安置点举行企业用工现场招聘会。此次专场招聘会共有 39 家用工企业和 6 家职业技能培训学校参加，提供就业岗位个数 216 个，招聘总人数 4458 人，共有 145 名建档立卡贫困人员签到参加现场招。

31 日　钦南区召开义务教育均衡发展工作推进会，区委常委、宣传部部长、副区长赖廷耀出席会议并讲话。

同日　广东省云浮市云城区委副书记、政法委书记李润带领云城区委政法委领导干部一行 15 人到钦南区向阳街道城中南社区参观学习。钦南区委常委、政法委书记邓善锋参加活动。

同日　市委常委、政法委书记林庆山一行到钦南区那丽镇开展走访慰问活动。钦南区委常委、区委办主任王务陪同走访慰问。

2 月

3 日　光大银行钦州分行等爱心企业到那丽镇开展慰问贫困户、五保户活动。区领导饶文勇、叶金芬、王务、梁莲等参加慰问活动。

4 日　政协第六届钦南区委员会全体委员到康熙岭镇横山小学、沙埠中学及人和小学视察深入推进义务教育均衡发展工作情况。钦南区政协主席宋翔参加视察活动。

5 日　市政协副主席、钦南区委书记黄球，区人大常委会主任陈仁雄，区委副书记、区长李遥等领导到钦州军分区开展新春慰问活动并召开座谈会。

同日　《钦南区全域旅游发展规划及三年行动方案》获得自治区专家组评审通过。钦南区委副书记、区长李遥参加规划评审会议，市旅发委副主任冯涛到会指导。

5—6 日　中国人民政治协商会议第六届钦州市钦南区委员会第三次会议在钦南区行政中心四楼大会议室召开。

6—7 日　钦州市钦南区第六届人民代表大会第三次会议在钦南区行政中心四楼大会议室召开。

8 日　钦南区政府党组召开 2017 年度民主生活会典型事例剖析专题会，对近年来区政府班子存在的突出问题和群众反映强烈、社会影响较大的典型事例进行剖析，区委副书记、区长李遥主持会议。

同日　钦南区召开 2018 年春节廉政提醒会。市政协副主席、区委书记黄球出席会议并作廉政提醒谈话，会议由区委常委、区纪委书记张斯广主持。

同日　钦南区召开六届纪委三次全会。市政协副主席、区委书记黄球出席全会并讲话。区委常委、区纪委书记张斯广主持会议。

9 日　钦南区召开预防一氧化碳中毒和火灾事故工作紧急会议，就如何进一步加强防范宣传相关工作安排部署，钦南区委常委、宣传部部长、副区长赖廷耀主持会议。

同日　钦南区委常委、宣传部部长、副区长赖廷耀带领安监、消防、食药、卫计、工商、旅游等部门组成检查组对那雾山森林公园开展旅游安全生产检查，并召开安全生产专题部署会。

同日　钦州市政府副市长、市公安局局长郭晓红带队到钦南区开展 2018 年春节前安全生产大检查工作，钦南区委常委、宣传部部长、副区长赖廷耀陪同检查。

10 日　区委常委班子召开 2017 年度民主生活会。市政协副主席、区委书记黄球主持会议。李遥、饶文勇、胡颎、叶金芬、邓善锋、张斯广、王务、黄杰辉、赖廷耀、谭宗展等区委常委参加会议。区人大常委会主任陈仁雄、区政协主席宋翔列席会议。

11 日　钦南区召开春节前安全生产工作暨预防一氧化碳中毒专项治理工作紧急会议，会议对春节前后的安全生产工作进行部署，特别是抓好一氧化碳中毒预防工作，钦南区委副书记、区长李遥出席会议并作重要讲话，钦南副区长龙少艺，安委会成员单位、各镇（街道）、重点企业等主要负责人参加会议。

12 日　钦南区政府党组召开 2017 年度民主生活会，区委副书记、区长李遥主持会议。胡颎、赖廷耀、谭宗展、钟松、龙少艺、王中旗、刘世纪等党组成员参加会议。

13 日　区委常委、宣传部部长、副区长赖廷耀带队开展“春节”前食品安全暨安全生产工作检查。

同日　钦南区监察委员会正式挂牌成立。市政协副主席、区委书记、区深化国家监察体制改革工作小组组长黄球，区委副书记、区长、区深化国家监察体制改革工作小组第一副组长李遥共同为区监委揭牌。

同日　市长谭丕创带队到钦南区检查春节期间安全生产、市场供应、食品安全等工作。

同日　钦南区四套班子领导对辖区四个街道开展城市市容环境卫生考评工作，并集中慰问一线公安干警、城监执法人员、环卫工人。

22日　市政协副主席、钦南区委书记黄球，区人大常委会主任陈仁雄、区长李遥、区政协主席宋翔等区四家班子领导深入各自挂点镇、贫困村和有关企业，慰问基层一线干部和企业员工，代表市委市政府、区委区政府对他们致以节日的问候和美好的祝愿。

23日　钦南区召开2018年项目谋划工作会议。钦南区委副书记、区长李遥出席会议并作重要讲话，区委常委、常务副区长胡颎主持会议，区政府班子在家领导，各镇、街道、区直相关部门及金窝工业园管委、区开投公司等领导参加会议。

同日　钦南区召开2018年一季度经济运行分析会，通报一季度以来全区各项经济指标完成情况，分析存在问题，并对下一步工作进行规划部署，区委副书记、区长李遥出席会议并作讲话，区委常委、常务副区长胡颎主持会议。

26—28日　钦州市召开2018年“美丽钦州·宜居乡村”活动综合现场会。市委副秘书长、乡村办主任陆全君等市直有关部门领导以及各县区分管领导、乡村办主任，全市各乡镇主要领导200多人现场参观了钦南区久隆镇文化站“文化乐民”设施、久隆镇丁屋村“基础便民”设施、大番坡镇青龙村“服务惠民”设施、沙埠镇大海猫山水花园“产业富民”项目。区领导李遥、饶文勇、王务、谭宗展等参加现场会，并介绍了钦南区在开展“美丽钦南·宜居乡村”活动情况所取得的成绩以及经验做法。

27日　钦州市委常委、组织部部长李盛带领调研组，到钦南区那丽镇那丽村、土地田村调研发展壮大村级集体经济工作情况。区领导饶文勇、黄杰辉陪同。

同日　钦南区召开2018年政法工作会议暨扫黑除恶专项斗争动员部署会议。市政协副主席、区委书记黄球出席会议并作讲话，邓善锋、李新、钟松、冯心奇等区四套班子领导，区法院院长何显锋、区人民检察院检察长颜家强，全区各镇（街道）的党政主要领导和相关单位领导参加会议。

27—28日　市政协副主席、钦南区委书记黄球轻车简从深入一线企业走访，了解企业和项目在推进中所存在的问题和困难，区领导叶金芬、王务等陪同。

28日　钦南区组织相关部门到高新区易地搬迁安置点举行企业用工现场招聘会，帮助贫困群众就近就业搭建服务平台，确保搬迁安置的贫困家庭能“移得出、搬得进、稳得住、能致富”。

同日　钦南区召开扶贫开发领导小组工作会议。市政协副主席、钦南区委书记黄球出席会议并作重要讲话，区委副书记、区长李遥，区领导饶文勇、张斯广、王务、黄杰辉、赖廷耀、谭宗展、梁莲参加会议。

3月

2日　钦州市人民政府副市长李磊岩到钦南区康熙岭镇新南村调研特色海潮红米种植产业发展情况，区委副书记、区长李遥，副区长梁莲陪同调研。

6日　钦南区召开2018年宣传思想工作会议。会议学习贯彻习近平新时代中国特色社会主义思想和中共十九大精神，传达学习贯彻全国、全区宣传部长会议精神和全市宣传思想工作会议精神，总结2017年意识形态和宣传思想文化工作，安排部署2018年钦南区宣传思想文化工作，对社科优秀成果进行颁奖表彰。区委常委、宣传部部长、副区长赖廷耀参加会议并讲话。

7日　钦南区妇联、钦南区文化体育广电局主办的“学习贯彻十九大精神·展现新时代巾帼风采”文艺会演在钦州市体育馆拉开帷幕，区委副书记饶文勇出席活动并致辞。

同日　自治区党委督查室组成督查调研组到钦南区玛氏火龙果基地、玛氏山庄、松山乡村世界开展钦州市现代特色农业示范区建设增点扩面提质升级工作实地督查调研，梁莲副区长陪同调研。

8日　钦州市海湾护理院召开第一次妇女代表大会，海湾护理院妇女联合会正式成立，标志着钦南区首个非公组织妇联成立。

同日　自治区党委常委、组织部部长喻云林率调研组到钦南区鑫农农业有限公司现场调研特色农业企业技术扶贫和两新组织党建工作。区委副书记、区长李遥，区委常委、组织部部长黄杰辉陪同调研。

9日　钦南区举办“传承良好家风　创建最美家庭”主题宣讲会，邀请钦州市外国语学校校长、国家二级心理咨询师、广西心理卫生协会钦州分会副会长李达通来到现场宣讲，钦南区机关事业单位女干部职工、各工会组织职工会员代表参加会议。

12日　钦南区召开2018年度

精准帮扶“一户一册一卡”工作动员暨培训会，传达2018年自治区扶贫办主任会议精神，开展2018年度精准帮扶“一户一册一卡”工作培训，区委副书记饶文勇出席会议并讲话，副区长梁莲参加会议。

13日 在广西钦州市钦南区沙埠镇(北纬21.90度，东经108.77度)发生1.9级地震，震源深度6公里。现场无地质异常现象。当地通信、供电、交通情况正常，无人员伤亡和财产损失报告。

同日 钦南区召开全区农村工作会议，对2018年全区农村工作和乡村振兴工作进行部署。市政协副主席、区委书记黄球，区委副书记、区长李遥出席会议并分别在会上作了讲话。区四套班子部分领导参加了会议。

同日 钦南区召开2018年脱贫攻坚暨落实自治区党委巡视组巡视钦州反馈意见整改工作动员部署会，对全区脱贫攻坚和落实好巡视反馈意见整改工作进行再动员再部署。市政协副主席、钦南区委书记黄球，区长李遥出席会议并分别作了讲话，区四套班子部分领导出席会议。

14日 钦南区财政局针对基层财务人员开办了涉农资金管理培训班，各镇财政所所长及村级财务会计、镇村委(居委)村财镇代理报账员、财政局抽调扶贫工作队员共150多位同志参加培训。

同日 自治区水利厅副厅长顾跃带队到钦南区开展钦州市农村饮水安全等水利工程专项治理整治第一次督查，抽查工程及查阅资料，副区长梁莲陪同检查。

15日 全市旅游暨推进钦南区创建国家全域旅游示范区会议在钦南区召开，市委常委、宣传部部长、副市长韩流带队对该区多个景区进行参观考察，市旅发委主任罗滨，区委副书记、区长李遥参加会议并陪同考察。

同日 市委常委、统战部部长蔡家东到黄屋屯镇圩埠村通过入户走访、实地查看等方式，与镇党委班子领导、驻村扶贫干部等共同探讨发展村级集体经济的办法，钦南区委常委、统战部部长叶金芬等陪同调研。

16日 来宾市乡村办考察组一行35人到钦南区开展美丽乡村建设考察调研活动。钦州市委副秘书长、市乡村办主任陆全君，市北部湾华侨投资区管委副主任、市乡村办副主任杨然，钦南区委常委、副区长谭宗展陪同考察。

同日 市委书记、市人大常委会主任王革冰，市委常委、市委秘书长陆明，副市长蒙启鹏，市人民政府副秘书长郑豪斌等一行到钦南区沙埠镇、南珠街道所辖城区调研中心城区断头路项目推进情况，钦南区委书记黄球，区委副书记、区长李遥，区委常委、常务副区长胡颍，区委常委、办公室主任王务陪同调研。

同日 市纪委副书记、监委副主任苏映在钦南区行政中心A802会议室召开扶贫领域腐败和作风问题专项治理调研督导专题会议，会议传达中央纪委徐令义副书记在广西调研督导讲话精神、自治区纪委覃黎魁常委在钦州调研督导讲话精神，研究贯彻落实措施，部署下一步工作。钦南区四套班子领导及有关人员参加，区委书记黄球主持会议。

16—17日 自治区统计局、自治区发改委调研组及市统计局相关人员一行10人到钦南区开展500万—5000万元投资项目按财务支出法填报结果调研工作，钦南区委副书记、区长李遥，区委常委、常务副区长胡颍全程陪同调研工作。

19日 自治区政协副主席、百色市委书记、市人大常委会主任彭晓春率考察组一行11人到钦州学院、园博园考察。

19—21日 钦南区委、区人民政府邀请国家级督学、自治区政府督导委员会办公室原副主任王滨，自治区政府督学、柳州市教育局原局长撒忠民，自治区政府督学、玉林市人民政府教育督导委员会办公室原主任唐昊，自治区政府督学、贵港市人民政府教育督导委员会办公室主任覃胜辉等四位督导评估专家到该区开展“创均”迎评工作模拟评估。

20日 钦州市委宣传部副部长、市文明办主任欧金焕带队到钦南区南珠街道检查指导文明城市创建工作，检查组一行先后深入走访了城西、鸿泰2个社区。

同日 钦南区召开新一轮“美丽广西”乡村建设(扶贫)工作队员派驻工作动员会，280名从市直机关单位、区直有关单位、各镇、街道选拔出来的第一书记、工作分队长、工作队员将奔赴全区脱贫攻坚新岗位开展工作。

21日 钦南区召开2018年人大代表建议、政协委员提案联合交办会。区领导饶文勇、韦长庆、黄志升、冯心奇等参加会议。

同日 钦南区委中心组2018年第一季度学习会召开。学习会深入学习习近平新时代中国特色社会主义思想，专题学习《习近平谈治国理政》第二卷，并学习十九届二中、三中全会精神，习近平在中央扶贫开发工作会议和在深度贫困地区脱贫攻坚座谈会上的讲话以及彭清华在自治区2017年脱贫攻坚推进大会暨业务培训会上的讲话精神。进一步统一思想，全面践行新发展理念，更好地推动中央、自治区和市委各项决策部署在钦南区落地生根。市政协副主席、钦南区委书记黄球主持会议，区四套班子部分领导参加会议。

同日　钦南区13支“美丽广西”乡村建设（扶贫）工作队全部奔赴扶贫一线。

26—27日　钦南区科级干部学习贯彻习近平新时代中国特色社会主义思想和中共十九大精神轮训班（第一期）在市委党校开班。

27日　市政协主席黄若萍到钦南区那丽镇开展服务企业年调研，就年初开展的走访服务企业活动中广西五祥农牧有限责任公司反映的问题作跟踪调研。市政协秘书长黄光发、区长李遥陪同调研。

28日　自治区党委宣传部副部长宋震寰到文昌社区调研社区文化建设情况，区委常委、宣传部部长、副区长赖廷耀陪同调研。

29日　自治区安监局副局长陈家良率自治区防汛备汛工作检查组到钦南区尖山犁头嘴海堤开展防汛备汛工作检查，钦南区梁莲副区长陪同检查。

30日　区人大常委会党组书记、主任陈仁雄带领部分人大代表对城区市容市貌环境卫生开展考评。

同日　钦南区召开2018年第二季度安全生产工作会议。区长李遥出席会议并讲话，区政府在家领导，各镇（街道）主要领导和分管安全工作的领导，区安全生产委员会成员单位主要领导，工业园区企业业主代表参加会议。

同日　市政府副市长黄毅到钦南区市富上富畜牧有限公司、久隆镇紫京生态园调研钦州市食品安全监管和创建国家食品安全示范城市工作进展情况，钦南区委常委、宣传部部长、副区长赖廷耀陪同调研。

4月

3日　钦南区召开四家班子领导“不忘初心再扬帆”解放思想大讨论暨“服务企业年”活动学习传达会。会议传达学习全市开展“不忘初心再扬帆”解放思想大讨论暨优化营商环境“服务企业年”活动动员大会精神。市政协副主席、钦南区委书记黄球主持会议，区四套班子部分领导参加会议。

8日　钦南区召开2018年全区惩治传销工作会议。区领导邓善锋、赖廷耀、钟松参加会议。

10日　钦南区召开扶贫领域腐败和作风问题专项治理工作第一次例会暨自查自纠工作动员部署会。市纪委常委李沫到会指导，区委常委、区纪委书记、监委主任张斯广出席会议并讲话。

同日　钦州市政协副主席陆崇友率调研组到钦南区开展“加快城乡厕所革命，提升美丽钦州形象”专题调研座谈活动，区政府龙少艺副区长陪同调研并参加座谈会。

11日　钦南区召开钦南区“美丽钦南·宜居乡村”工作推进会暨业务培训会。会议对2017年钦南区“美丽钦南·清洁乡村”活动巩固提升阶段第二次考核结果和2018年农村保洁费收取工作开展情况分别进行了通报，并考核排前两名的大番坡镇和那丽镇进行了表彰。

同日　市政协副主席何敏成率队赴钦南区开展市政协五届二次会议乡村旅游、扶贫方面的B类提案办理“回头看”活动。

同日　钦南区召开2018年创建文明城市工作会议。区领导赖廷耀参加会议并讲话。

12日　钦南区召开钦江水质提升行动推进会，要求各级各有关部门要进一步提高思想认识，严格排查污染源，不留死角，以高度负责的态度，把钦江水质提升整治工作落到实处。区领导胡颎、龙少艺出席会议，并就钦江水质提升行动作了部署，相关镇、街道和区直有关单位的领导参加会议，会议由区政府办主任刘世纪主持。

同日　钦南区第六届人大常委会举行第十三次会议，区人大常委会主任陈仁雄主持。常委会副主任黄志升、陈启华、李新等27名常委会组成人员出席会议。

同日　荔浦县人大常委会考察组一行7人到大番坡镇茂盛小区考察学习。钦南区人大常委会副主任黄志升陪同考察。

同日　钦南区召开2018年第二批次项目评审会，会议主要就园丰畜禽屠宰加工一体化项目以及阿里巴巴农村淘宝电商项目的选址、用地等问题进行评审论证，区委常委、统战部部长叶金芬以及区直有关单位领导参加会议。

12—13日　钦州市委常委、统战部部长蔡家东率调研组到钦南区开展脱贫攻坚工作难题调研，调研组先后前往钦南区久隆镇广西红龙生态农业科技有限公司、沙埠镇大海猫山水花园、那丽镇殿良村辣椒基地、充包村钦州市创钦农业科技有限公司调研，并召开两次座谈会，钦南区委副书记饶文勇陪同调研。

13日　钦南区欢度2018年“壮族三月三”校园系列活动拉开序幕。

16 日 钦南区召开 2018 年全区残联工作暨党风廉政建设工作会议。

同日 钦南区召开“不忘初心再扬帆”解放思想大讨论暨优化营商环境“服务企业年”活动动员会。会议传达学习自治区党委书记鹿心社到钦州调研和在北海召开座谈会时的重要讲话精神，以及市委常委（扩大）会精神，贯彻落实市委、市政府“不忘初心再扬帆”解放思想大讨论暨“服务企业年”活动动员会精神。进一步统一思想认识，不断解放思想、市政协副主席、钦南区委书记黄球出席会议并作动员部署，区四套班子部分领导，各镇（街道）正职领导，区直单位实职以上副科领导，以及驻钦南各单位实职领导等参加会议。

同日 市人大常委会副主任寇兴广率调研组到大番坡镇、尖山街道开展茅尾海生态环境保护立法调研工作。

同日 自治区旅发委副主任林新河到钦南区调研指导，市旅发委主任罗滨，副主任郑红艳，区委常委、宣传部部长、副区长赖廷耀陪同。

同日 钦州市委陆全君副秘书长到钦南区调研农村生活垃圾治理工作，先后到钦南区大番坡葵子村委、久隆镇垃圾压缩站、康熙岭镇垃圾压缩站调研，并在钦南区行政信息中心召开汇报会，钦南区政府龙少艺副区长陪同调研。

同日 自治区政协副主席、民盟广西区委主委刘慕仁率调研组一行 12 人到钦南区那丽镇那雾塘村实地考察村集体经济发展情况，钦南区委常委、统战部部长叶金芬陪同考察。

同日 自治区旅发委副主任林新河到钦南区调研旅游项目建设、乡村旅游发展与旅游产业融合等方面的情况，市旅发委主任罗滨，钦南区委常委、宣传部部长、副区长赖廷耀陪同调研。

同日 钦州市政府副市长韩流到钦南区沙埠镇检查中央民大附中、钦州国际学校、京华国际艺术双语学校等教育重点项目推进情况，钦南区委常委、宣传部部长、副区长赖廷耀陪同检查并作汇报。

17 日 钦南区委召开第三轮巡察工作布置会，全面启动全区第三轮巡察工作。会议由区委常委、区纪委书记、区巡察工作领导小组常务副组长张斯广主持，市政协副主席、钦南区委书记、区巡察工作领导小组组长黄球出席并作重要讲话。

同日 区委召开常委（扩大）会议，传达学习自治区党委书记鹿心社在北海市召开座谈会时的讲话精神和市委常委（扩大会）会议精神，研究部署全区贯彻落实工作。市政协副主席、区委书记黄球主持会议并讲话。区四套班子部分领导，各镇（街道）党（工）委书记，区直相关部门的主要领导参加会议。

23 日 市委统战部副部长、市工商联党组书记涂振海一行到钦南区宗教活动场所康熙岭镇伏波庙调研宗教工作。

同日 钦南区 2018 年庆“五一”职工运动会在超越体育运动馆拉开序幕，市总工会党组书记、常务副主席梁国喜，区领导叶金芬、邓善锋出席开幕式。

24 日 自治区妇联伍艳娟副主席率调研组到钦南区调研妇女儿童维权和两新妇女组织建设工作，通过听取汇报、实地走访等方式，详细了解该区妇联改革工作情况中遇到的问题和困难，征求意见建议。市妇联副主席姚海燕，钦南区委副书记饶文勇陪同调研。

24—25 日 自治区统计局与国家统计局广西调查总队组成联合检查指导小组到钦南区开展限额以下批发、零售、住宿、餐饮行业抽样与问卷调查样本现场回访及 1 季度数据核查。区领导黄云平陪同。

25 日 钦州市、钦南区、久隆镇三级纪检监察机关及所在区、镇领导干部，在钦南区久隆镇开展扶贫领域腐败和作风问题专项治理工作公开大接访活动。钦州市纪委副书记、市监委副主任苏映，钦南区委副书记、区长李遥现场接待群众来访。

27 日 市政府督查室杨君伟主任一行到尖山街道尖山社区督查钦江水质提升工作情况，钦南区政府黄云平副区长陪同。

5 月

2 日 钦南区召开学校校园及周边环境综合治理工作会议。会议认真贯彻落实 4 月 27 日钦州市学校校园及周边环境综合治理工作会议精神，分析研判当前钦南区学校校园及周边环境安全形势，统一部署安排安全隐患整治工作，以良好的校园及周边环境迎接自治区对钦南区义务教育均衡发展工作的督导评估。区领导邓善锋，赖廷耀出席会议并讲话，区直相关部门领导，各镇（街道）分管教育主要领导、各中学、中心校、幼儿园校长参加会议。

同日 中国国民党中常委刘大贝率考察团到钦南区台湾农民创业园、中马钦州产业园区考察，就建设服务业总部基地、康养园区、特色小镇、金融合作进行交流，钦南区政府副区长梁莲陪同考察。

3日　市中级人民法院党支部、市公安局巡警支队第三党支部和钦南区委宣传部党支部共10名党员到东风社区开展“双服务”志愿巡逻活动。

同日　钦南区召开了2017年食品安全工作汇报及2018年食品安全重点工作安排会议，区领导赖廷耀出席会议并讲话。

同日　团钦南区委组织召开“青春建功新时代”纪念五四运动99周年座谈会。区委常委、组织部部长黄杰辉参加会议并讲话。

4日　市委书记王革冰到高速公路钦南辖区恒丰桥钦江东监测断面察看水质情况，检查钦江水质整改工作，市政协副主席、区委书记黄球陪同检查。

7日　钦南区康熙岭通威渔光一体光伏(二期)电站项目开工建设。

同日　自治区商务厅副厅长许谨率第八督导组到钦南区督导发展壮大村级集体经济工作，副市长李磊岩，市两新党工委书记、市委组织部副部长黎永进，区委副书记饶文勇等市、区领导陪同督导。

同日　市长谭丕创、副市长李从佳到钦江污水直排口调研截流进展及茅尾海水质情况，钦南区委副书记、区委李遥陪同调研。

8日　市长谭丕创深入钦南区调研脱贫攻坚、教育卫生、特色产业等工作，强调要以习近平新时代中国特色社会主义思想为指导，深入贯彻落实自治区党委书记鹿心社在防城港、钦州、北海三市调研的讲话精神，坚决打赢打好精准脱贫攻坚战，加快农业农村现代化发展，切实提升惠民富农成效。市政协副主席、钦南区委书记黄球，市政府秘书长覃重，钦南区区长李遥等市及钦南区相关领导陪同调研。

同日　钦州市民政局检查组到钦南区检查低保救助、留守儿童关爱、敬老院项目改建、居家养老服务等工作。

同日　钦州市防汛抗旱指挥部检查组到钦南区开展防汛备汛工作检查。

8—9日　钦州市残联巡访组到钦南区开展残疾人扶贫领域腐败和作风问题专项治理自查自纠巡访工作。

9日　自治区党校高级职称教师调研团到钦南区沙埠镇桥坪村基层党建示范点调研基层党建开展情况，市委组织部副部长黎永进，钦南区委常委、纪委书记张斯广陪同调研。

10日　钦南区义务教育均衡发展省级督导评估意见反馈会召开，市委常委、宣传部部长、副市长韩流，市政协副主席、钦南区委书记黄球，钦南区委副书记、区长李遥和督导评估组全体人员，以及钦南区领导干部、学校校长、老师代表150多人参加会议。

11日　钦南区开展第二十五届青少年“时刻听党话·永远跟党走”爱国主义读书教育活动之演讲暨讲故事比赛在钦州市第四小学举行。

同日　博白县委常委、组织部部长吴厚强一行16人到钦州市高丰农业有限公司、钦州市坭兴陶兴业协会参观考察非公企业党建工作，钦南区委常委、办公室主任王务陪同考察。

同日　钦南区“妇女之家”政府购买服务项目工作推进会召开，各镇(街道)妇联主席(负责人)和村(社区)妇联主席代表共20人参加会议。

15日　市“不忘初心再扬帆”解放思想大讨论活动督查组到钦南区开展专项督查。钦南区委常委、宣传部部长、副区长领导赖廷耀参加督查并汇报工作。

同日　自治区信访局副局长罗荣剑一行到钦南区大番坡镇开展调研活动，市委副秘书长、市信访局局长李香逵，市政府办副主任、市应急办主任钟乾堂，钦南区副区长、公安分局局长钟松陪同调研。

同日　自治区供销合作联社副主任甘羽翔一行5人到钦南沙埠供销社平垠综合服务社、钦州市淘实惠总部考察，对供销合作社综合改革工作开展调研，钦南区副区长黄云平陪同考察。

同日　自治区人大常委会副主任卢献匾率调研组到钦南区易地扶贫搬迁高新区集中安置点、莒家风情小镇开展自治区成立60周年大庆重大惠民项目建设情况调研，钦南区委常委、常务副区长胡颎陪同调研。

16日　市政协副主席、区委书记黄球率队到那思镇调研义务教育均衡发展、脱贫攻坚及自治区成立60周年大庆献礼项目建设情况等工作，区委常委、区委办公室主任王务参加调研活动。

同日　市委组织部部务委员苏芝亮为组长的市第三督查小组到钦南区开展优化营商环境“服务企业年”活动专项督查。

同日　钦南区召开第六届人民政府第二次廉政工作会议。

同日　市人大常委会副主任李绍兰一行到钦南区人民医院开展解决群众“看病贵”问题调研，钦南区人大常委会副主任黄志升陪同调研。

同日　市政协副主席、区委书记黄球到那思镇调研义务教育均衡发展、脱贫攻坚及自治区成立60周年大庆献礼项目建设情况等工作。区委常委、区委办公室主任王务陪同调研。

17日 钦南区委中心组2018年第二季度学习会召开。市政协副主席、钦南区委书记黄球主持会议，区四套班子部分领导参加会议。

18日 钦南区召开全区脱贫攻坚推进暨省级扶贫开发成效考核国家反馈问题整改落实动员会，市政协副主席、区委书记黄球出席会议并讲话，区委副书记、区长李遥主持会议。区政协主席宋翔、区委副书记饶文勇等区四套班子部分领导参加会议。

20日 钦南区纪委监委与泓润水产养殖合作社在沙埠镇平艮村举办了脱贫攻坚养殖技术培训班。

21日 钦南区召开区委党的建设工作领导小组会议，市政协副主席、区委书记黄球出席会议并讲话，区委副书记、区长李遥等区委党的建设工作领导小组成员参加会议。

同日 市人大常委会调研组对钦南区少数民族传统体育运动发展情况开展专题调研。区领导李新，区教育局、黄屋屯镇的有关领导，区人大常委会教科文卫与民族工委工作人员陪同调研。

24日 钦南区政协文史馆与钦州市政协文史馆、钦北区政协文史馆同步建成开馆。区人大常委会主任陈仁雄(原区第四、第五届政协主席)、区委副书记、区长李遥、区六届政协主席宋翔、原区第三届政协主席冯保国出席开馆仪式。李遥区长和主席宋翔为钦南区政协文史馆揭牌。

同日 市委常委、政法委书记林庆山率队深入向阳街道对综治信访维稳、扫黑除恶专项斗争、禁毒严打整治专项行动等工作进行督导调研。区委常委、政法委书记邓善锋陪同调研。

29日 钦州市农村医疗卫生状况(钦南区)座谈会在钦南区行政中心召开。钦州市委常委、宣传部部长、副市长韩流出席会议并讲话。

同日 钦南区政协召开六届十八次主席扩大会议，研究推进“不忘初心再扬帆”解放思想大讨论暨优化营商环境“服务企业年”活动。区政协班子领导参加会议。

30日 钦南区委副书记、区长李遥到钦南区第一幼儿园向孩子们送上节日的祝福，希望孩子们健康快乐，茁壮成长，并一一向孩子们送上图书、绘图本、益智玩具等慰问品，把党和政府的关怀送到孩子们的心上。区领导赖廷耀陪同慰问。

31日 钦南区委宣传部牵头组织钦州市三小、实验小学到黄屋屯镇贫困村大冲小学开展城乡儿童“手拉手、心连心”庆“六一”活动。

25日至6月4日 钦南区组织开展2018年钦南区党外干部培训班，来自全区机关单位、街道乡镇的30余名党外干部代表参加培训学习。

6月

1日 从6月1日起，钦南区恢复对犀牛脚镇、东场镇、龙门港镇管理。

同日 钦南区召开“三镇两村”(犀牛脚镇、东场镇、龙门港镇，两村：大番坡镇六村、深坪村)恢复管理工作座谈会。钦南区人大常委会主任陈仁雄，区委副书记、区长李遥，区政协主席宋翔等四家班子在家领导出席会议。

同日 钦南区召开迎接中央环保督察问题整改“回头看”工作会，区领导胡颎、黄云平、梁莲参加会议。

5—6日 区委副书记、区长李遥带领区直有关部门领导对涉及钦南区中央环保督察反馈问题整改工作进行现场督查。副区长黄云平陪同。

同日 区人大常委会主任陈仁雄深入东场、犀牛脚镇进行调研，区人大常委会副主任黄志升陪同调研。

7日 钦南区召开迎接中央环保督察组反馈问题整改“回头看”工作动员会，区委副书记、区长李遥出席会议并作重要讲话，区人大常委会主任陈仁雄、区政协主席宋翔、区委副书记饶文勇等区四套班子部分领导参加会议，区委常委、常务副区长胡颎对中央环保督察反馈问题整改落实及迎接“回头看”工作作动员部署。

9日 针对中央环保督察组”回头看”反映存在问题，钦南区迅速行动，立行立改，区委副书记、区长李遥带队，组织环保、城监、工信、查违和康熙岭镇等部门，出动执法队伍200多人，连夜拆除康熙岭镇高沙村委恒雄砖厂非法土法炼铝厂，区领导胡颎、梁莲、钟松、黄云平、龙少艺等在现场指挥整治行动。

同日 澳门特别行政区红十字会赈灾事务主任谭怀逸到钦南区考察援建助学项目(大山口小学教学楼建设)，自治区红十字会救助救护部部长黄云，市红十字会、区政府办、区教育局和区红十字会等部门领导陪同考察。

同日 澳门广西钦州联谊会扶贫捐赠仪式暨澳门扶贫路开工仪式在钦南区黄屋屯镇圩埠村举行，市委常委、统战部部长蔡家东，市委副秘书长李云仙，市委统战部副部长谢江及区委统战部部长叶金芬出席了仪式。

10日　市委书记、市人大常委会主任王革冰到钦南区督查环保整改工作，切实将中央环保督察组提出的各项整改要求落到实处。市政协副主席、钦南区委书记黄球，钦南区委副书记、区长李遥，区领导胡颎、黄云平陪同督查。

11日　钦南区政府组织黄屋屯、康熙岭等镇以及环保、国土、查违等多部门，出动机械19台，同时对15家“散乱污”企业进行动工拆除。

同日　区委常委会召开扩大会议，研究部署钦南区针对中央环境保护督察组“回头看”发现问题的整改工作。市政协副主席、区委书记黄球主持会议并作重要讲话，区委副书记、区长李遥作工作部署，在家的区委常委参加会议。

11—12日　副市长李从佳到钦南区检查违法“散乱污”冶炼厂拆除情况，区委副书记、区长李遥等区领导陪同检查。

12日　钦南区召开2018年迎接自治区文明城市检查工作部署会。区领导饶文勇、赖廷耀出席会议。

同日　自治区民宗委宗教调研组到钦南区开展对广西道协换届筹备工作的摸底调研以及佛道教教职人员和场所管理工作调研。市民宗委、钦南区统战部、宗教局相关领导陪同调研。

13日　钦南区召开革命老区发展史编纂工作专题会议。区委副书记饶文勇、区领导梁莲出席会议，人大办、政协办、组织部、宣传部、财政局、民政局、党史研究室、方志办、侨办及钦州港区扶贫办等相关单位分管领导参加会议。

14日　市委常委、副市长徐立京率队到钦南区督查工业园区污水处理情况，强调要以高标准、严要求，抓好工业园区的污水处理，推动中央环保督察反馈工业园区污水处理问题的整改。副区长黄云平陪同督查并汇报情况。

同日　自治区农业厅副厅长王凯学带领自治区调研组到钦南区开展“美丽广西·幸福乡村”活动方案起草调研，区领导饶文勇陪同调研。

15日　自治区副主席李彬率队到钦州市检查中央环保督察“回头看”发现问题整改落实情况，调研组深入钦南区康熙岭镇高沙非法土法炼铝窝点、强劲冶炼厂、宏发冶炼厂、恒丰冶炼厂及黄屋屯镇盛天页岩砖厂、金隆冶炼厂、大桥矿品厂等整改现场进行检查。市长谭丕创、副市长李从佳、市政协副主席、钦南区委书记黄球、市政府秘书长覃重、区长李遥陪同。

同日　钦南区在黄屋屯镇举行以“生命至上，安全发展”为主题的2018年安全生产宣传月咨询日活动。钦南区安委办组织20多个成员单位参加咨询活动，活动现场共展出宣传展板36版，发放宣传资料近2万份。

16日　市长谭丕创率队深入钦南区犁头咀虾塘养殖基地突击检查中央环保督察反馈问题整改工作，区长李遥，副区长黄云平陪同。

19日　钦南区人民法院邀请钦州学院40余名师生到法院对1起非法持有毒品案件进行旁听，并依法对包含开庭的非法持有毒品案件在内的5起典型涉毒品犯罪案件进行了集中公开宣判。市领导陆明、黄球参加检查。

20日　民政部政策研究中心主任王杰秀到钦南区文峰街道文昌社区调研民政工作，区领导梁莲陪同调研。

22日　自治区国土资源厅厅长陈建军带队到钦南区调研用地保障等相关工作，副市长蒙启鹏，区委副书记、区长李遥陪同调研。

23日　康熙岭镇通威“渔光一体”光伏二期项目举行并网仪式，这标志着该项目按计划完成2018年建设20兆瓦光伏发电的目标任务。区委常委、统战部部长叶金芬出席并网仪式，并听取项目业主详细介绍项目建设的情况。

25日　钦南区开展“小散乱污”企业歼灭战现场警示教育活动。组织钦南区各镇、街道主要领导到康熙岭镇原非法炼铝厂和“小散乱污”冶炼厂现场进行警示教育，让大家感受环境污染带来的影响和危害，以及政府对坚决取缔“小散乱污”企业的决心。

同日　国鹄航空科技(杭州)股份有限公司调研组一行4人到钦南区龙门港镇考察投资环境并探讨空地一体化产业链项目的合作事宜。钦州市投资促进局、钦南区招商促进局、龙门港镇等部门有关领导全程陪同。

同日　钦南区第六届人民政府第32次常务会议召开，会议听取了生态环境保护工作汇报，专题研究中央环保督察组移交群众举报案件办理工作，审议通过《钦南区生态环境保护污染防治攻坚战行动方案》，并针对下一步生态环境保护污染防治工作进行安排部署。钦南区委副书记、区长李遥出席会议并作重要讲话，区领导胡颎、赖廷耀、韦长庆、钟松、黄云平、龙少艺、王中旗参加会议。

同日　钦南区召开2018年区委全面深化改革领导小组会议，

市政协副主席、区委书记黄球，区人大常委会主任陈仁雄，区委副书记、区长李遥，区政协主席宋翔等区四家班子领导参加会议。

同日 区委六届常委会召开第50次区委常委会议，传达学习张宝顺、黄润秋、鹿心社在中央第五环保督察组对广西开展“回头看”工作动员会上的讲话精神和陈武到钦州实地检查中央环保督察“回头看”发现问题整改工作时的指示精神，以及市委常委会议精神；听取了中央第五环保督察组“回头看”我区发现问题整改工作和责任追究情况汇报，并研究下一步环保工作；审议通过《钦南区生态环境保护污染防治攻坚战行动方案》。市政协副主席、区委书记黄球主持会议并讲话，区人大常委会主任陈仁雄，区委副书记、区长李遥，区政协主席宋翔等区四套班子领导参加会议。

26日 钦南区召开2018年禁毒工作会议。会议深入贯彻落实习近平总书记关于禁毒工作的重要指示，以及自治区、市关于禁毒工作的决策部署，安排部署当前和今后一个时期全区禁毒严打整治工作。市政协副主席、钦南区委书记黄球出席会议并作重要讲话，区委副书记、区长李遥主持会议，区领导邓善锋、李新、钟松、颜家强参加会议。

同日 市委常委、宣传部部长、副市长韩流，副市长蒙启鹏率市直相关部门到钦南区就推进重点教育项目建设进行调研检查。钦南区委副书记、区长李遥，区委常委、宣传部部长、副区长赖廷耀陪同检查调研。

同日 市委常委、宣传部部长、副市长韩流到钦南区那思镇、那彭镇、那丽镇、久隆镇和丽光场卫生院开展基层医疗卫生工作调研。区领导赖廷耀陪同。

27日 钦南区第六届人大常委会举行第十四次会议，区人大常委会主任陈仁雄主持。常委会副主任黄志升、刘秀梅、李新等25名常委会组成人员出席会议。

27—28日 市政协副主席、钦南区委书记黄球到康熙岭镇看望慰问困难老党员，为困难老党员送去节日祝福和党组织的关怀和温暖。

28日 驻钦南区水东街道政协委员联络站的自治区、市及县（区）“三级”政协委员，在市政协主席黄若萍的带领下，开展委员义诊、政策宣传及“优化营商环境，服务企业发展”委员大家谈座谈会等系列联动履职活动。

29日 共青团钦南区委员会、钦州市中心血站、钦州市无偿献血志愿者协会联合举办“热血点亮生命”公益夜跑活动，全市500多名热心市民参与活动。

30日 市长谭丕创到钦南区调研饮用水水源保护区环境问题整改及群众举报环境问题办理进展情况，强调要深入贯彻落实习近平生态文明思想，层层压实责任，驰而不息、久久为功，全力打好“绿水保卫战”，坚决守护好人民群众的“生命之源”。钦南区委副书记、区长李遥、副区长黄云平陪同调研。

7月

2日 钦南区召开推进中央环境保护督察“回头看”边督边改工作会议。区委副书记、区长李遥出席会议并作重要讲话。区政府在家领导参加会议。

2—3日 自治区旅发委组织由多位旅游专家学者组成的“双创”工作指导评估组来到钦南区，对该区开展全域旅游示范区与特色旅游名县创建工作进行指导评估，市旅发委相关领导，区领导胡颎、赖廷耀参加相关会议。

5日 钦南区在市永福广场举行以“强化诚信责任　杜绝虚假信息”为主题的“第四届全国网络诚信宣传日”活动，区委常委、宣传部部长、副区长赖廷耀参加启动仪式并作讲话，区委宣传部、公安钦南分局、区人民检察院、区人民法院等20多个部门参加活动。

同日 钦南区召开防溺水紧急工作会议及控辍保学工作推进会。区委常委、宣传部部长、副区长赖廷耀参加会议并作工作部署，区教育局、区扶贫办、各镇（场、街道）分管领导，全区各中小学校长参加会议。

同日 市委常委、宣传部部长、副市长韩流率领市直相关部门到钦南区调研协调城区小学入学难问题，强调要盘活资源，缓解城区入学难题。区领导赖廷耀陪同调研。

同日 钦南区召开2018年糖料蔗生产保护区划定工作培训会，各相关镇（场）分管领导，欧亚糖业有限公司和下属三家糖厂的分管领导，钦南区糖蔗局、钦南区“双高”办全体干部等41人参加了培训会议。

同日 钦南区农业局在康熙岭镇新南村召开了全区夏收夏种工作会议暨海水稻（潮禾红米）栽插现场会，各镇农业站站长，局生产股、信息股，区农技站、经管站等相关股室站，康熙岭镇新型职业农民、种植大户等共60多人参加。

同日 钦南区召开区直学校和医疗单位党组织党建工作推进会，区委常委、组织部部长黄杰辉出席会议并讲话。

6日 自治区党委讲师团一行5人到钦南区文峰街道文昌社区开展“走基层”宣讲活动,钦南区200多名基层党员、群众参加了宣讲会。

同日 钦南区在康熙岭镇新南村召开全区夏收夏种工作会议暨海水稻(潮禾红米)栽插现场会,各镇农业站站长、康熙岭镇新型职业农民、种植大户等共60多人参加。

7日 市长谭丕创率队检查钦江水环境综合整治工作时强调,要坚持问题导向,补短板、强基础,推进源头管控、标本兼治,确保钦江“河净、水清、岸绿、景美”,让老百姓乐享生态文明建设成果。副市长李从佳,市政府秘书长覃重参加检查。钦南区区长李遥、副区长黄云平陪同检查。

同日 钦南区食品药品监督管理局牵头联合钦南区城市综合执法局、住建局、工商局、环保分局、沙埠镇政府、钦州市建辉物业管理有限公司等多个部门,对群众举报的北部湾大学城东门对面食品经营集中区的餐饮摊点,污水未经处理,直排江边入海口,油烟废气未经处理直接排放等问题进行现场调查及处理。

10日 钦南区召开2018年脱贫攻坚暨污染防治攻坚工作推进会,市政协副主席、区委书记黄球出席会议并讲话,区人大常委会主任陈仁雄,区政协主席宋翔等区四套班子部分领导出席会议。

11日 自治区妇联副主席、党组副书记、巡视员陈映红一行在市妇联党组书记姚海燕的陪同下到钦南区开展基层妇联改革及“两新”组织创建妇联组织等工作调研。钦南区委副书记饶文勇陪同调研。

同日 市委常委、组织部部长莫锦荣到钦南区向阳街道城中南社区、大番坡镇葵子村,就“两站一中心”运行、发展壮大村集体经济、城市社区服务场所建设等工作进行调研。市政协副主席、钦南区委书记黄球,区委常委、组织部部长黄杰辉等区领导陪同调研。

同日 市政协副主席、钦南区委书记黄球率队考察三娘湾建设的情况,调研三娘湾白海豚公园·海洋生物科普体验馆和三娘湾社区沙滩整治情况,协调对接相关工作。

12日 钦南区召开扶贫开发领导小组工作会,区领导饶文勇、王务、赖廷耀出席会议。

同日 自治区政府参事、自治区侨联副主席林振龙率调研组一行到钦南区东盟商贸城、北部湾建材城、安州汽配城、宏进农产品批发大市场就自治区参事重点调研课题“打造广西北部湾经济区物流中心的建议”开展专题调研。副区长黄云平陪同调研。

13日 市政协副主席、钦南区委书记黄球带队到金窝工业园开展“优化营商环境”服务企业活动。区领导陈仁雄、宋翔、胡颍、叶金芬、王务参加活动。

14日 全国台企联会长、锡山家具集团总裁王屏生带领全国台企联北部湾农渔业考察团一行35人来到钦南区,对该区特色农业及农业深加工产业发展情况进行实地考察,自治区台办主任李东兴,市委常委、统战部部长蔡家东,副市长李磊岩,市政协副主席、区委书记黄球,区长李遥,区领导叶金芬等陪同考察。

15日 台湾花莲县议员候选人、可丽儿环保公司董事长王荣仪、花莲县花莲市梧绕部落文化产业发展协会理事长何进雄率参访团一行到钦南国家台湾农民创业园和钦南台果休闲果场考察参观,区委常委、统战部部长叶金芬陪同考察。

16日 钦南区召开迎接2018年国务院大督查布置专题会。钦南区委副书记、区长李遥出席会议并作重要讲话,区委常委、常务副区长胡颍,各镇(场、街道),区直及驻钦南各有关单位参加会议。

同日 自治区政协副主席、党组副书记黄道伟率自治区政协调研组到钦南区水东街道政协委员联络站调研,市政协主席、党组书记黄若萍,市委常委、宣传部部长、副市长韩流,市政协副主席、钦南区委书记黄球,市政协秘书长黄光发,钦南区政协主席宋翔陪同调研。

16—18日 钦南区举办2018年人民调解员培训班,区委常委、政法委书记邓善锋作开班动员讲话。全区各镇(场、街道)人民调解委员会主任、副主任、调解员,村“两委”干部、人民调解员等基层维稳工作骨干200余人参加培训。

17日 市政协副主席、钦南区委书记黄球,区委副书记、区长李遥率四家班子领导成员到市梦园广场参观由市纪委、市监委举办的主题为“以案为镜”的典型案例警示教育巡展。

20日 自治区教育厅总督学黄华吉率队到钦南区检查指导义务教育均衡发展创建工作,强调要结合优质资源,补齐“短板”。市教育局局长许杨苑,钦南区区长李遥,区委常委、宣传部部长、副区长赖廷耀等领导陪同检查。

同日 国家税务总局钦州市钦南区税务局挂牌成立,标志着原钦州市钦南区国家税务局、钦州市钦南区地方税务局正式合并。钦南区委常委、常务副区长胡颍,国家税务总局钦州市税务局联合党委委员、副局长高小健，国家税务总局钦州市税务局联合党委委员、副局长陈振军参加挂牌活动。

同日　市委副书记高朴到钦南区那思镇对贫困村发展壮大村级集体经济工作进行督查和调研。钦南区委副书记饶文勇、中马钦州产业园区对口帮扶单位有关领导一起陪同调研。

23日　市人大常委会秘书长吴志新率人大办公室专题调研组到钦南区对区、镇人大工作进行调研，并召开座谈会。市人大常委会调研室主任冯国旭，钦南区人大常委会副主任黄志升等领导陪同调研。

23—25日　钦南区委组织部在市委党校举办脱贫攻坚(乡村振兴)工作队员业务培训班，各工作分队长、驻村第一书记和工作队员等363人参加为期3天的集中培训。

24日　市委常委、政法委书记林庆山带领市委办、市扶贫移民局等联镇包村单位领导干部到钦南区那丽镇那雾塘村开展脱贫攻坚调研工作。

25日　区政府李遥区长主持召开扶贫工作推进会，专题研究扶贫项目推进情况，区政府在家领导及区直各有关单位参加会议。

同日　市人大常委会副主任黄源扬率领市人大调研组到康熙岭镇通威、协鑫光伏企业进行调研。

同日　自治区法学会党组书记、常务副会长李沛芬率督查组一行到钦南区委政法委、区人民法院、古龙窑附近督查学习贯彻宪法工作情况，区委常委、政法委书记邓善锋陪同并作汇报。

25—26日　钦州市意识形态工作培训交流现场会暨“新时代讲习所”揭牌仪式在该区举行。市委常委、宣传部部长、副市长韩流，自治区党委讲师团团长吴海清、钦南区委副书记饶文勇、各县区宣传部长、宣传委员130多人参加。

26日　区委副书记、区长李遥带队深入高新区二期易地扶贫安置点为推进贫困户就业、就学、医疗保障等问题进行调研。区扶贫办、区发改局、沙埠镇政府和城发公司等相关领导陪同。

同日　上午在尖山街道排榜社区举办的“新时代讲习所”揭牌仪式，标志着全市“新时代讲习所”创建全面展开，推进全市理论大众化品牌建设工程深入基层。

同日　区长李遥到自治区挂牌督办重大火灾隐患单位尖山物流园检查指导消防安全工作。

27日　自治区高院执行局局长梁文华、执行第一庭副庭长廖雄强到钦南区人民法院，督导该院“基本解决执行难”工作开展推进情况，看望慰问一线的执行干警。钦州市中级人民法院副院长张元成，钦南区人民法院党组书记、院长何显锋陪同督导检查。

29日　自治区党委常委、统战部部长徐绍川率调研组到钦南台果休闲果场进行统战工作调研，区委常委、统战部部长叶金芬陪同调研。

30日　中共钦南区委宣传部、市第一人民医院、市第二人民医院、市妇幼保健院、钦州海湾护理院、市老科协及医疗卫生分会联合在钦南区组织开展“健康扶贫进万家”活动，启动仪式在黄屋屯镇举行。市委常委、统战部部长蔡家东参加活动，区委常委、统战部部长叶金芬出席活动并作讲话。

同日　钦南区召开2018年钦南区年中工作会议暨县域经济发展、工业高质量发展、生态环境保护、乡村振兴推进、脱贫攻坚推进大会。市政协副主席、区委书记黄球，区长李遥在会上讲话，区委副书记饶文勇主持会议。区四套班子部分领导，区人民法院、区人民检察院主要领导，区直及驻钦南有关单位，各镇、街道及有关部门主要负责同志参加会议。

同日　市人大常委会副主任陈丽丽到那彭镇指导扶贫工作，并在清湖村与联镇包村单位召开扶贫专题会研究下半年扶贫工作。

31日　钦南区2018年征兵工作会议召开。贯彻落实全国、自治区、全市征兵工作会议精神，总结钦南区2017年度征兵工作，安排部署今年征兵工作任务。市政协副主席、钦南区委书记黄球，区委副书记、区长李遥出席会议并讲话，区委常委、区人武部部长李先煌参加会议，区人武部政委何计灵主持会议。

同日　钦州军分区和自治区、钦州市军地有关领导，在当地近千名干部群众见证下，为新近荣立一等功的钦南区那丽籍士官叶升家庭举行送立功喜报仪式。

8月

1日　自治区水利厅顾跃副厅长一行到钦南区开展农村水利工作检查，钦南区委副书记、区长李遥陪同调研。

同日　钦南区人民法院召开警示案例集中学习教育活动动员部署会。

2日　市委副书记、市长谭丕创到钦南区金岭加油站、扬帆南加油站、茅尾海一号加油站、茅尾海二号加油站、北山加油站开展加油站建设调研工作，钦南区委副书记、区长李遥陪同调研。

6日　市长谭丕创率队到钦南

区检查防汛工作，副市长李从佳，市政府秘书长覃重，钦南区区长李遥一同检查。

7日 市委副书记、中马钦州产业园区管委会常务副主任高朴率水利、环保、住建、水产畜牧兽医、市政等部门深入钦南区开展钦江巡河工作，对水利部暗访钦江发现问题整改情况进行督查。区长李遥陪同。

8日 钦南区召开贯彻落实国家海洋督察反馈意见整改工作会议。区长李遥出席会议并讲话，区政府部分领导，区直各有关单位及相关镇（场、街道）主要领导参加会议。

同日 钦南区召开生态环境保护污染防治攻坚战指挥部第一次会议。区长李遥出席会议并讲话，区政府部分领导，区直各有关单位及各镇（场、街道）主要领导参加会议。

9日 区长李遥分别深入东场镇高塘村、白木村、上寮村，犀牛脚镇西寮村、炮台村以及久隆镇高明村、石安村，了解2018年预脱贫村基础设施建设、村级集体经济等各项指标情况，并入户走访看望贫困户。

15日 区委六届常委会召开第56次区委常委（扩大）会议，会议听取了区政协工作汇报，专题研究环保工作、市委第五巡察组对久隆镇荷木村党支部反馈意见整改工作以及脱贫攻坚工作。市政协副主席、党组成员，区委书记黄球主持会议并讲话。

16日 市委书记、市人大常委会主任王革冰到钦南区督查调研现代特色农业发展情况。市委常委、秘书长陆明，副市长李磊岩，市政协副主席、钦南区委书记黄球一同调研。

17日 副市长韩流到钦南区中央民族大学附中钦州国际学校项目现场、原市工业中专旧址、钦州市电大检查主城区教育攻坚项目建设推进情况，钦南区副区长梁莲陪同检查。

22日 市政协副主席、钦南区委书记黄球率队到东场镇召开现代特色农业现场推进会，协调解决海红米种植存在问题，加快推动乡村产业振兴。

23日 老挝琅勃拉邦省人民检察院检察长邦伦·曼尼翁为团长的老挝检察代表团一行10人到钦州市青少年法制教育基地参观考察。钦南区委常委、政法委书记邓善锋，钦州市人民检察院党组成员、副检察长贾文宇、区人民法院党组书记、院长何显锋，区人民检察院党组书记、检察长颜家强等领导陪同。

同日 钦南区经普办举办第四次全国经济普查单位清查业务骨干培训班，对各镇、街道普查业务骨干进行单位清查业务培训。钦南区经普办负责人及单位清查业务骨干共60多人参加此次培训。

24日 副市长黄毅到钦南区康熙岭镇调研海红米商标品牌建设情况。钦南区副区长黄云平和市农业局、市质监局、市食品药品监督管理局、市工商局等领导陪同调研。

同日 钦州市行政审批局副调研员李柯带领督查组到钦南区政务服务中心开展2018年设区市服务型政府绩效指标进展情况督查活动。

同日 召开2018年基层人大工作推进会。区人大常委会主任陈仁雄、副主任黄志升、陈启华、李新出席会议，区人大常委会各专工委室正、副主任，各镇（街道）正、副主席（主任）以及人大专干50多人参加会议。

同日 钦南区举办2018年“一户一册一卡”扶贫业务培训班，钦南区委副书记饶文勇出席并作讲话，相关帮扶单位的领导和帮扶干部共300多人参加此次培训。

27日 钦南区召开2018年“创特”复核迎检动员会，市旅发委副主任潘雪华，区委常委、常务副区长胡颎，区委常委、宣传部部长、副区长赖廷耀等领导参加会议并作工作布置讲话。市直、区直各有关单位以及钦南区部分镇、街道参加会议。

28日 钦南区第六届人大常委会举行第十五次会议。区人大常委会主任、党组书记陈仁雄等27名常委会组成人员出席会议。会议表决通过2017年区本级决算的决议，听取和审议区人民政府关于贯彻实施《中华人民共和国预防未成年人犯罪法》工作情况的报告。

同日 钦南区委常委、常务副区长胡颎到钦南区政务服务中心检查指导工作，区政务服务管理办、区编办等主要领导陪同检查。

29日 河池市政协主席、党组书记黎丽带领学习考察组一行10人到向阳街道考察调研政协委员联络站工作开展情况。钦州市政协主席、党组书记黄若萍，钦南区政协主席宋翔等政协领导陪同考察。

同日 广西人大杂志社考察组到向阳街道考察调研人大代表履职活动中心工作开展情况，钦南区人大常委会副主任黄志升等陪同考察。

29—30日 河池市政协主席、党组书记黎丽一行10人莅临钦南区开展学习考察，深入到钦南区向阳街道联络站、刘永福故居、钦州坭兴陶文化创意产业园考察，市政协主席、党组书记黄若萍，钦南区政协主席宋翔陪同考察。

31日　区委六届常委会召开第57次区委常委(扩大)会议，传达学习2018年自治区县级脱贫攻坚项目库建设业务培训会精神，听取了全区交叉核验情况汇报，并研究下一步脱贫攻坚工作。市政协副主席、党组成员，区委书记黄球主持会议并讲话。

同日　市委常委、市委政法委书记林庆山一行到钦州市公安局交通警察支队车管所搬迁项目现场检查项目建设进展情况。市政法委、市发改委、市国土资源局、市住建委、市公安局、市征收办、市开投集团、市土地储备中心、钦南区政府、钦南区征收中心、沙埠镇等部门有关负责人陪同检查。

9月

3日　市人大实地考察组人员一行到水东街道办事处，召开东干渠管理保护立法调研座谈会，市人大考察组人员、水东街道主要领导、社区干部代表、群众代表26人参加此次座谈会。

4日　市委常委、副市长刘仁山率领市直相关部门到钦南区就环广西公路自行车世界巡回赛钦南段进行调研和检查，钦南区区长李遥，区委常委、宣传部部长、副区长赖廷耀等领导陪同调研检查。

5日　钦州市副市长李磊岩到钦南区“三镇两村”(东场镇高塘村、犀牛脚镇西寮村)开展调查走访，实地察看了解“三镇两村”2018年预脱贫工作开展情况。市扶贫移民局局长龙家魁、区委副书记饶文勇等领导陪同调研。

同日　钦南区久隆镇、犀牛脚镇被自治区爱国卫生运动委员会命名为“广西壮族自治区卫生镇”，文峰街道新隆社区白屋村、沙埠镇桥坪村、康熙岭镇高沙村委高沙村、那丽镇土地田村被命名为“广西壮族自治区卫生村”。

6日　全区脱贫攻坚作风建设年推进电视电话会议召开。会议在自治区党委三楼会议室设主会场，钦南区在区行政信息中心四楼多功能会议室设分会场。区委副书记、区长李遥，区委副书记饶文勇，纪委书记张斯广，副区长梁莲以及各镇(场、尖山街道)等相关领导约90人参加会议。

同日　自治区旅游发展委员会副主任赖富强到钦南区开展2018年“两会”、中秋节、国庆节、自治区成立60周年大庆等重点时期旅游安全督查工作。市旅发委主任罗滨、副主任郑红艳，钦南区委常委、宣传部部长、副区长赖廷耀等领导陪同督查。

同日　市政协副主席、钦南区委书记黄球主持召开专题会议，研究部署中节能久隆风电项目和龙源那思黄屋屯风电项目的协调推进工作。区领导王务、叶金芬以及区林业局、国土钦南分局等单位部门领导参加会议。

同日　市政协副主席、钦南区委书记黄球到钦南区信访接待服务中心接访水东街道五里桥社区松明塘村群众，区委常委、政法委书记邓善锋，区委常委、办公室主任王务，副区长、公安分局局长钟松，副区长龙少艺，及水东街道、信访局等相关部门领导参加接访。

6—7日　新华社广西分社常务副总编董振国一行到钦南区整治小散污企业现场调研，区委常委、宣传部部长、副区委赖廷耀陪同调研。

7日　钦南区组织召开“美丽钦南·宜居乡村”工作推进会，区宜居乡村“四民”专项活动专责小组组长、“四民”专项活动牵头单位领导，以及各镇、尖山街道主要领导和分管领导参加会议。区委副书记饶文勇，区委常委、副区长韦长庆出席会议。

同日　钦南区召开2018年国务院大督查发现问题整改工作会议，区委副书记、区长李遥，区委常委、常务副区长胡颎，以及各镇人民政府(街道办事处)主要负责人、分管负责人，区直有关单位主要负责人参加会议。

9日　自治区副主席方春明率队到钦南区调研现代特色农业和产业扶贫等工作。调研组分别深入沙埠镇望埠村雷竹笋种植基地、康熙岭镇新南村海水稻种植基地调研，副市长李磊岩，钦南区委副书记、区长李遥，副区长梁莲等领导陪同调研。

10日　钦南区举办“双创”工作业务培训班，邀请广西旅游数据中心副处长苏会卫、华蓝设计集团有限公司高级工程师肖伟峰、桂林旅游学院博士、教授栗维宾三位专家学者到现场，对创特复核工作进行授课指导。钦南区委常委、宣传部部长、副区长赖廷耀主持会议并部署工作。

11日　副市长黄毅率议案督办组到到钦南区文峰街道三宣堂社区居家养老服务中心项目现场督办社区居家养老项目推进工作情况。

同日　钦南区召开扶贫领域腐败和作风问题专项治理联席会议暨扫黑除恶专项斗争监督执纪问责工作会议。区委常委、纪委书记、监委主任张斯广，区专项治理工作联席会议成员单位主要领导，区委政法委、公安钦南分局，各镇（街道）纪（工）委书记，区纪委监委、区委巡察办等部门参加会议。

13日　钦州市人大常委会召开青年水闸东西干渠管理保护立法调研工作（钦南区文峰街道）座谈会，座谈会在文昌社区三楼会议室召开。市人大常委会副主任陈丽丽、钦南区人大常委会、文峰街道党工委等人大代表、水利部门代表、街道社区代表、群众代表等20多人参加会议。

同日　钦南区举行“新时代文明实践中心”揭牌仪式暨首场讲习活动。市政协副主席、区委书记黄球和市委宣传部副部长、市文明办主任欧金焕共同为钦南区“新时代文明实践中心”进行揭牌。区人大常委会主任陈仁雄，区委副书记、区长李遥，区政协主席宋翔等区领导参加揭牌仪式。

14日　国家应急管理部救灾司副巡视员方志勇一行在自治区人民政府应急办专职副主任、自治区人民政府办公厅党组成员周运逵一行6人的陪同下，到钦南区犀牛脚渔港码头、金窝水库、钦南区防汛物资储备点（钦南区福利中心）检查，钦南区委副书记、区长李遥，区委常委、宣传部部长、副区长赖廷耀陪同检查。

同日　自治区现代特色农业示范区核验组到钦南区海纳绿洲海水养殖产业示范区、大海猫田园休闲农业示范区核验钦州市2017年入围的县级示范区，钦南区副区长龙少艺陪同检验。

16日　市委常委、宣传部部长，市人民政府副市长韩流到市人和小学检查防台风工作，市教育局局长许杨苑，钦南区委常委、宣传部部长、副区长赖廷耀等领导陪同检查。

同日　市委书记、市人大常委会主任王革冰到钦南区碧桂园安州府建筑工地、沙井港旅游景区检查指导台风“山竹”防御工作。市领导陆明、刘仁山、李磊岩，市政协副主席、钦南区委书记黄球陪同检查。

同日　市长谭丕创到钦南区犀牛脚渔港码头和金窝水库主坝等地，检查海上作业渔船回港、渔民上岸避风及水库防范台风工作等情况，副市长李磊岩，市政府秘书长覃重，钦南区委副书记、区长李遥陪同检查。

17日　区委常委、宣传部部长、副区长赖廷耀率区食品药品监管局、区工商局、商务局、安监局、卫计局、水产畜牧兽医局等单位人员赴金湾大酒店、大康惠超市、商业大厦等地开展中秋、国庆食品安全暨安全生产联合检查。

18日　钦南区在文峰街道文昌社区召开2018年防治艾滋病工作现场会，区委常委、宣传部部长、副区长赖廷耀出席会议并对钦南区下一步防艾工作作部署。区直各有关单位及各镇（街道）负责人参加会议。

同日　自治区扫黑除恶专项斗争督查组赴钦南区召开督查工作座谈会。自治区督查组组长刘志强、成员刘鹏安，市政协副主席、区委书记黄球，市委政法委副书记、综治办主任、市扫黑办主任黄定俊，区领导李遥、邓善锋、张斯广、钟松以及区信访局、犀牛脚镇、康熙岭镇、向阳街道、文峰街道、水东街道的主要负责人参加会议。自治区督查组组长刘志强主持座谈会。

19—21日　自治区旅发委“创特”复核工作组一行到钦南区开展创建广西特色旅游名县复核工作。市委常委、副市长刘仁山，市政协副主席、钦南区委书记黄球，钦南区委副书记、区长李遥等领导参加“创特”复核会议并陪同检查。

20日　钦南区召开2018年中秋、国庆节廉政提醒谈话会，市政协副主席、钦南区委书记黄球出席会议并作廉政提醒谈话。

同日　以市政协副主席黄定嵩为组长的市决策咨询委员会老领导咨询组“创新服务企业机制，提高重大项目效益”课题调研组到钦南区调研。市人大常委会原副主任，老领导咨询组成员李荣梓、市人大原副主任，老领导咨询组成员郑世丰、市政协原副主席，老领导咨询组成员韦全参加调研，区政协主席宋翔等区领导陪同调研。

同日　市委书记王革冰到钦南区久隆镇高明村委那明村春竹笋种植基地、东场镇关塘村委尖风港海红米种植基地、犀牛脚西寮村开展产业扶贫调研，市政协副主席、钦南区委书记黄球陪同调研。

25日　自治区督查组到钦南区开展钦州基督教堂调研，市委统战部谢副部长、市宗教局黄家进陪同，钦南区委常委、统战部部长叶金芬陪同调研。

同日　钦南区召开六届区委第四轮巡察工作布置会。

同日　市委书记、市人大常委会主任王革冰检查国庆节前市场食品安全，调研创建国家食品安全示范城市工作。

26日　市委常委、组织部部长莫锦荣牵头对市五届人大四次会议《关于优化市实验小学教学环境的建议》（第26号）进行现场督办。钦南区区长李遥，区领导胡颎、黄杰辉陪同调研督办。

同日　钦南区政协召开六届

十次常委会议，学习宪法修正案、习近平总书记在全国教育大会上的讲话精神和新修订的《中国共产党纪律处分条例》。区政协党组副书记、副主席朱其友主持会议，党组书记、主席宋翔作重要讲话。区政协常委、各委员小组长、各委员联络站站长和区政协机关副科级以上干部参加会议。

27日　钦南区举行2018年脱贫攻坚新闻发布会，通报钦南区脱贫攻坚好做法和新成效。新华社、人民网、《经济日报》、《光明日报》、《广西日报》等十多家中央、自治区级媒体记者受邀出席发布会。

同日　钦南区召开2018年第四季度安全生产工作会议，区长李遥出席会议并讲话，区委常委、常务副区长胡颎主持会议，区领导梁莲、钟松、黄云平、龙少艺，各镇(街道)主要领导及分管安全工作的领导，区安全生产委员会成员单位主要负责人参加会议。

27—28日　中央驻桂媒体、自治区媒体到钦南区进行为期两天的"走进钦南·聚焦脱贫攻坚"专题采访活动。

同日　区预防青少年犯罪专项组召开2018年钦南区预防青少年违法犯罪工作会议。区委常委、政法委书记邓善锋出席会议并作重要讲话，区综治委预防专项组成员单位分管领导、各镇(街道)综治办主任、预防专项组组长等50人参加会议。

同日　自治区教育厅义务教育均衡发展专项督查组到钦南区开展申报义务教育均衡发展县(区)国检前专项督查指导。

同日　钦南区召开宣传思想文化系统全区宣传思想工作会议精神传达学习会。区委常委、宣传部部长、副区长赖廷耀出席会议并传达自治区会议精神。各镇、街道党工委宣传委员、区文体局、区文明办、区文联、区社科联班子成员以及区委宣传部全体成员参加传达学习会议。

同日　钦南区召开宣传思想文化系统全区宣传思想工作会议精神传达学习会。区委常委、宣传部部长、副区长赖廷耀出席会议并传达自治区会议精神。各镇、街道党工委宣传委员、区文体局、区文明办、区文联、区社科联班子成员以及区委宣传部全体成员参加传达学习会议。

同日　自治区纪委党风政风监督室副主任、正处长级纪检员钟守兴一行到钦南区大番坡镇葵子片区党建和廉洁工作站监督机制运行情况并召开座谈会，区委常委、纪委书记张斯广陪同调研。

29日　副市长李磊岩到钦南区实地检查河砂上砂点和销售点合理布点工作，钦南区副区长梁莲陪同检查。

同日　副市长李磊岩到钦南区久隆镇荷木水库开展水库安全检查，检查水库安全及度汛运行管理工作情况，钦南区副区长梁莲陪同检查。

同日　副市长黄毅到钦南区钦州生龙游乐管理有限公司检查安全生产工作，钦南区委常委、副区长韦长庆陪同检查。

同日　自治区教育厅义务教育均衡发展专项督查汇报会在钦南区召开，会议听取钦南区"创均"推进工作情况以及自治区前期评估检查反馈意见的整改工作落实情况。

30日　副市长刘仁山到钦南区检查2018年环广西公路自行车世界巡回赛——钦州赛段赛道建设和风貌整治工作，区委常委、宣传部部长、副区委赖廷耀陪同检查。

10月

9日　钦南区委常委、政法委书记邓善锋主持召开全区扫黑除恶专项斗争工作协调会，区级政法各单位主要领导、分管领导、业务骨干以及扫黑办全体人员参加会议。

同日　市委书记王革冰一行到钦南辖区内的钦州市基督教堂调研，市政协副主席、钦南区委书记黄球，区委常委、统战部部长叶金芬陪同调研。

同日　国家交通运输部综合规划司投资计划处副调研员翟威一行到钦南区陆屋—钦州段检查农村公路Y176殿艮—圩地坝公路项目，钦南区副区长龙少艺陪同检查。

10日　市委常委、副市长徐立京到联镇包村点钦南区久隆镇开展扶贫工作调研，钦南区委常委、副区长韦长庆等领导陪同调研。

同日　市长谭丕创带队到钦南区黎合江原收费站处、那丽镇芦荻竹村、那丽镇与合浦乌家交界路段检查环广西公路自行车世界巡回赛钦州赛段赛道建设情况，市领导刘仁山、郭晓红，钦南区委常委、常务副区长胡颎陪同检查。

11日　自治区理论宣讲走基层乡村振兴战略钦南专场活动在钦南区"新时代文明实践中心"举行。

同日　团钦南区委、区教育局、区少工委在那丽镇中心小学开展2018年"争做新时代好队员—集结在星星火炬旗帜下"少先队重温入队仪式活动。团钦南区委、区教育局、区少工委相关领导和那丽镇中心小学全校师生共1200多人参加了活动。

12日　市政协主席黄若萍率队到大番坡镇看望慰问百岁老人、乡村教师及贫困学生，并到青龙村党代表工作室参加“党代表活动日”活动。

同日　百色市委常委、靖西市委书记钟恒钦率靖西市党政代表团一行64人到钦南区考察学习坭兴陶产业发展等方面的工作经验，市政协副主席、钦南区委书记黄球，区政协主席宋翔、区委副书记饶文勇，区委常委、常务副区长胡颍等区领导陪同考察。

15日　钦南区召开扫黑除恶专项斗争再动员再部署会，市政协副主席、区委书记黄球出席会议并讲话。区委常委、常务副区长胡颍主持会议，区委常委、政法委书记邓善锋部署全区扫黑除恶专项斗争工作。

同日　钦南区在那雾山启动九月九登山节系列活动。活动当天，来自该区各行各业100多名登山爱好者，应约相聚一起登高望远，近距离感受那雾山云腾雾驾。

16日　钦南区在区行政信息中心二楼大堂举行“加强作风建设，聚焦脱贫攻坚”扶贫捐赠活动。区四家班子部分领导、企业家代表、社会爱心人士和区直单位代表共136人参加捐赠活动仪式。

同日　市委常委、副市长刘仁山到钦南区黎合江、那丽镇芦荻竹村、那丽镇检查环广西公路自行车世界巡回赛钦州赛段工作，钦南区副区长龙少艺陪同检查。

17日　市长谭丕创到文峰街道看望慰问了3名百岁老人，给老人们送去党和政府的关怀，向老人们致以节日的祝福。

同日　钦州市在钦南区黄屋屯镇圩埠村开展非公企业家“奖勤伐懒”扶贫活动，进一步激发贫困群体脱贫致富的内生动力。市委常委、统战部部长蔡家东参加并宣布活动开始。钦南区委常委、统战部部长叶金芬参加活动并致辞。

同日　由自治区综治办专职副主任陈海波带队的自治区督察组，到钦南区那思镇茶兰垌村开展农村矛盾纠纷专项工作督察，钦南区副区长梁莲全程陪同督察。

同日　市委常委、组织部部长莫锦荣一行到钦南区久隆镇荷木村调研抓党建促脱贫攻坚工作，钦南区委副书记饶文勇陪同调研。

同日　市委副秘书长陆全君先后到钦南区东方坭兴陶艺有限公司调研，到康熙岭镇检查清洁乡村工作，钦南区副区长黄云平陪同。

19日　钦南区2018年农家书屋管理员培训暨文化站长工作会议在幸福大酒店召开，全区2018年农家书屋出版物补充更新点的管理员及文体和广电站长共计124人参加培训。

22日　钦南区召开中国共产党钦州市钦南区第六届委员会第五次全体会议。审议通过《中共钦州市钦南区委员会关于实施乡村振兴战略的决定》。

24日　自治区第四次全国经济普查领导小组办公室常务副主任、自治区统计局副局长唐旭一行到钦南区督导第四次全国经济普查工作。钦南区副区长黄云平等领导陪同督导。

25日　自治区党委组织部组织自治区第十一次党代会基层一线代表到钦州市调研考察工作，上午到钦南区康熙岭镇渔光互补光伏电站项目视察，钦南区委副书记饶文勇，区委常委、组织部部长黄杰辉陪同视察。

同日　由海南省社科联党组书记、主席，省社科院院长钟业昌带队的海南渡海作战史研究会一行到钦南区开展钦州人民支援解放海南岛实地调研，钦南区委常委、宣传部部长、副区长赖廷耀陪同调研。

同日　副市长黄毅率队到钦南区开展政务服务和社区居家养老等绩效工作督查，钦南区委常委、副区长韦长庆陪同督查。

同日　自治区林业厅副厅长黄政康为组长的自治区检查验收组一行到钦南区开展钦州市农村承包经营权确权登记颁证工作成果检查验收，钦南副区长梁莲全程陪同检查。

30日　钦南区政协召开“加快现代特色农业示范区创建”专题协商会，区政协副主席褚乃平、秘书长罗宁忠以及区政府办、发改局、农业局等相关部门领导及经济、科技界委员代表参加会议。

同日　市政协副主席、钦南区委书记黄球率队到久隆镇荷木村召开工作现场会，推进深度贫困村脱贫攻坚、基层党组织建设、巡察反馈问题整改、扫黑除恶专项斗争等工作。

同日　市委常委、秘书长陆明到钦南区调研菩提路项目推进情况，并了解光大集团相关项目情况。区委副书记饶文勇陪同调研。

31日　钦南区召开土地确权整改工作会，专题研究推进三镇土地确权工作。市政协副主席、区委书记黄球出席会议并作工作部署，区委常委、区委办主任王务，副区长梁莲，区农业局，区档案局，港区农办，犀牛脚镇，东场镇，龙门港镇等有关部门领导参加会议。

11 月

1 日 市委书记、市人大常委会主任王革冰到钦南区检查中央环保督察“回头看”反馈问题整改情况。市委常委、秘书长陆明，市政协副主席、钦南区委书记黄球参加检查。

同日 钦南区召开2018年学校安全工作座谈会，分析研判当前学校安全工作形式，讨论如何进一步加强学校安全工作。

同日 钦南区召开2018年第四季度经济运行分析会议，总结分析钦南区前三季度经济运行情况，部署下一阶段经济运行工作。市政协副主席、区委书记黄球出席会议并讲话。

同日 市政协副主席、钦南区委书记黄球到康熙岭镇团和小学开展“爱心助学”活动，并走访看望团和村的联系帮扶贫困户。

2 日 市政协副主席、钦南区委书记黄球率队到犀牛脚镇调研扫黑除恶专项斗争工作。

5 日 2018年“金色鼓号扬梦想·争当新时代好队员”钦南区少先队鼓号队比赛暨庆祝广西壮族自治区成立60周年活动在钦州市体育馆举行。全区17个小学共1400多名少先队员参加比赛。

同日 市委书记、市人大常委会主任王革冰到钦南区，就海水稻生产开展专题调研。

6 日 钦南区食品药品监管局联合钦南区食品行业协会举办餐饮服务业食品安全知识培训班，对餐饮服务单位负责人和食品安全管理员共200余人进行培训。

同日 市人大常委会副主任徐贵率队到钦南区调研乡村振兴工作。

同日 钦南区召开2018年度贫困户脱贫摘帽“双认定”工作动员部署暨业务培训会。区委副书记饶文勇作动员部署。

同日 钦南区召开创建国家全域旅游示范区迎检动员会，对2018年钦南区创建国家全域旅游示范区迎检工作作具体部署，市旅发委副主任潘雪华，区委常委、常务副区长胡颎，区委常委、宣传部部长、副区长赖廷耀等领导参加会议。

同日 副市长蒙启鹏到钦南区龙门港检查港口、航道、锚地等海域非法养殖设施清理整治工作情况，钦南区副区长龙少艺陪同检查。

7 日 中国农村专业技术协会副理事长、中国农业大学校务委员会副主任张建华，中国农村专业技术协会秘书长、中国科协农技中心副主任杨利军，广西科协党组成员、副主席梁春花，以及来自全国各地农技协、中国农业大学教授100多人，到钦南区名贵蛇类养殖协会进行实地考察。

同日 中央军委国防动员部检查组到钦南区检查民兵调整改革落实情况。广西军区，钦州军分区有关领导，市政协副主席、钦南区委书记黄球，钦南区委常委、人武部部长李先煌，副区长、公安钦南分局局长钟松，钦南区人武部政委何计灵陪同检查。

同日 在钦南区那丽镇中心小学召开2018年钦州市教育信息化工作推进会。市委常委、宣传部部长、副市长韩流出席会议并讲话。钦州学院副校长唐高华、各县区人民政府分管教育工作的副县区长、管委副主任，教育局局长、分管副局长，电教仪器站、教研室、办公室负责人，市直各中学校长，各县区部分中学、中心小学、九年制学校校长共150多人参加会议。

同日 副市长蒙启鹏到钦南区东场镇污水处理厂检查镇级污水处理设施运行推进工作，钦南区委常委、常务副区长胡颎参加座谈会并作表态发言，副区长龙少艺全程参加。

8 日 市人大检查组到康熙岭镇跟踪检查少数民族聚居区基础设施建设情况审议意见研究处理情况。

10 日 副市长李从佳到钦南区实地考察调研河砂上砂点和销售点合理布点工作，钦南区副区长梁莲陪同调研。

12 日 市政协副主席、钦南区委书记黄球到高新区二期易地扶贫搬迁安置点进行调研。

13 日 钦南区组织召开2018年贫困村脱贫摘帽认定工作动员部署培训暨迎接2018年自治区脱贫攻坚大督查工作部署会。陈仁雄、宋翔等区四套班子部分领导参加会议。

同日 副市长黄毅率队到钦南区那思镇开展市级河长巡河工作，钦南区政府副区长梁莲等相关领导陪同。

同日 市委常委、市纪委书记、市监委主任潘瑾兴到钦南区龙门港镇对中央、自治区和市委重大决策部署落实情况开展监督调研，钦南区委常委、常务副区长胡颎，区委常委、纪委书记张斯广陪同调研。

14—15 日 钦南区组织开展全区办公室系统干部“不忘初心再扬帆”综合能力提升培训班，来自全区机关单位、各镇（街道）办公室主任和业务骨干约160人参加培训。

17日　钦南区第十二届中小学生田径运动会在北部湾职业技术学校拉开帷幕，钦南区34支中小学代表队，550余名运动员、裁判员参加比赛。

20日　柳州市柳北区政协主席李朝一行到钦南区考察返税降负扶持企业发展工作，考察调研组先后参观钦州海诺尔环保发电有限责任公司、广西坭兴陶艺有限公司，钦南区政协主席宋翔等领导陪同。

23日　钦州市委副书记高朴、副市长李磊岩到钦南区久隆镇荷木村、那思镇定蒙村调研脱贫攻坚工作，市政协副主席、钦南区委书记黄球，区委副书记饶文勇陪同调研。

同日　钦南区召开2018年迎接全国文明城市测评工作动员会。区委副书记饶文勇参加会议并作重要讲话，区委常委、宣传部部长、副区长赖廷耀主持会议，区文明办作创城情况通报。

24日　2018年钦州蚝情节在钦南区沙井蚝情广场举办开幕式。

26日　钦南区举办2018年基层妇女干部暨钦州"桂姐姐"宣讲队培训班，钦南区各级妇联主席参加培训。区委常委、宣传部部长、副区长赖廷耀出席开班仪式并作讲话。

27日　钦南区举办《中国共产党纪律处分条例》宣讲报告会，市纪委副书记、市监委副主任苏映作宣讲报告。钦南区委副书记饶文勇主持报告会。钦南区四套班子领导、各镇（街道）和区直单位领导干部300多人参加报告会。

同日　市纪委领导一行到钦南区开展扶贫领域腐败和作风问题专项治理蹲点调研、督查巡察反馈问题整改落实情况，钦南区委常委、纪委书记张斯广陪同检查。

28日　自治区妇联孔献玲副主席一行到钦南区调研家庭教育和关爱未成年人工作，并为"海豚知音"驻钦南区检察院工作站揭牌。钦南区委常委、宣传部长、副区长赖廷耀陪同，钦南区人民检察院检察长颜家强陪同并介绍相关情况。

同日　区委常委、常务副区长胡颍带队到文峰街道、那丽镇开展安全生产检查，区安监局、区交通运输局、区工信局、区食药监局、那丽镇政府、文峰街道办事处等单位领导参加。

29日　钦南区召开宣传思想工作会议，市政协副主席、钦南区委书记黄球出席会议并作重要讲话。区四套班子部分领导，各镇（场、街道）以及区直各单位主要领导，宣传文化系统干部参加会议。

12月

3日　钦南区举办2018年"道德讲堂"活动。

同日　自治区农业农村厅副巡视员率自治区现代特色农业核心示范区第五考评组一行到钦南区开展第七批广西现代特色农业核心示范区考评，副市长李磊岩，钦南区委常委、常务副区长胡颍，副区长梁莲陪同考评。

4日　自治区党委农办农村发展处处长陆景林率自治区乡村振兴工作调研组，到钦南区中国—东盟（钦州）农产品大市场开展推进乡村振兴工作调研。

同日　钦南区在文峰街道中山公园开展以"尊崇宪法、学习宪法、遵守宪法、维护宪法、运用宪法"为主题的"12·4"国家宪法日集中宣传活动。

同日　钦南区召开义务教育均衡发展迎接国家认定工作布置落实会。区委常委、常务副区长胡颍出席会议并作工作部署，区委常委、宣传部部长、副区长赖廷耀参加会议。

5日　自治区经普办抽查组一行7人到钦南区黄屋屯镇实地开展经济普查清查数据事后质量抽查工作，钦南副区长黄云平陪同检查。

同日　由自治区疾控中心医师带队的考查组一行，对钦南区2018年创建全民健康生活方式行动健康单元及健康主题公园、健康步道进行考核验收。

5—6日　市委副书记高朴，市委常委、常务副市长王雄昌，市委常委、市纪委书记潘瑾兴等市领导到钦南区走访慰问老干部。

6日　市委副书记、中马钦州产业园区工委副书记、管委会常务副主任高朴到钦南区调研脱贫攻坚工作。

同日　钦南区召开区委中心组2018年第四季度学习（扩大）会暨新时代文明实践中心讲习活动。

10日　钦南区四套班子领导组成慰问组到各镇（街道）开展庆祝自治区成立60周年走访慰问活动，对为广西解放、建设和改革发展稳定做出贡献的先进模范人物和老干部、老党员、老同志以及基层各族干部群众进行走访慰问。

13—15日　自治区文旅厅综合协调处处长苏尉东率领初审工作组一行8人到钦南区开展国家全域旅游示范区创建初审工作。市委常委、副市长刘仁山，市政协副主席、钦南区委书记黄球等领导参加初审会议。

15日　老挝妇女联合会中央委员会副主席诗丽吉·布帕为团长

的老挝妇女代表团一行15人，在广西区妇联伍艳娟副主席的陪同下，到钦南区那丽镇土地田村、钦南区人民法院参观考察“妇女之家”“儿童之家”建设和法制教育基地、妇女儿童维权岗、婚姻家庭矛盾纠纷人民调解委员会等工作情况，区委常委、宣传部部长、副区长赖廷耀陪同参观考察。

18日 钦南区四套班子部分领导集中收听收看庆祝改革开放四十周年大会实况直播。各乡镇（街道）、区直各单位也纷纷组织单位职工、市民群众进行集中观看，认真学习领会习近平总书记的重要讲话精神。

同日 国家县域义务教育均衡发展督导评估组对钦南区创建“国家县域义务教育发展基本均衡区”工作进行评估认定。区委常委、常务副区长胡颍，区委常委、宣传部部长、副区长赖廷耀陪同。

17—19日 自治区生态环境厅对钦州市2018年6月中央环境保护督察“回头看”期间督察组交办的群众举报问题办理情况进行指导，17日到钦南区现场查看广西和富物业有限公司在大风江抽砂破坏生态环境的问题，钦南副区长黄云平陪同现场检查。

19日 自治区文旅厅在钦南区召开钦南区创建国家全域旅游示范区初审末次会议，自治区文旅厅初审工作组有关领导，市委常委、副市长刘仁山，市政协副主席、钦南区委书记黄球，钦南区委常委、宣传部部长、副区长赖廷耀等领导出席会议，区政府办、区旅游局等有关单位和各镇分管领导以及旅游企业代表参加会议。

同日 市委书记王革冰赴钦南区滨海新城调研并召开座谈会，市政协副主席、钦南区委书记黄球参加调研和座谈会。

21日 钦南区委中心组举行2018年第四季度第二次学习会，专题学习习近平总书记在庆祝改革开放40周年大会上的重要讲话精神及学习“全国脱贫攻坚模范”蓝标河的先进事迹。市政协副主席、钦南区委书记黄球主持会议并讲话。

22日 广西壮族自治区县域义务教育均衡发展国家督导检查反馈会在南宁召开，钦南区以优异的成绩顺利通过国家督导评估认定。

24日 钦南区召开2019年贫困人口和贫困村脱贫摘帽计划工作部署会。市政协副主席、钦南区委书记黄球出席会议并讲话，区委副书记饶文勇主持会议，区领导张斯广、王务、黄杰辉、赖廷耀、韦长庆、梁莲出席会议，各镇（场、街道）主要领导，区扶贫办领导班子成员参加会议。

26日 钦州市创建国家食品安全示范城市暨农村食品安全治理现场推进会在钦南区久隆镇召开，副市长黄毅出席会议并作讲话。

同日 钦南区第六届人大常委会举行第十八次会议。区人大常委会主任、党组书记陈仁雄，常委会副主任黄志升、陈启华、李新等25名常委会组成人员出席会议。

同日 区委副书记、代区长胡颍和副区长龙少艺组织海洋、海监、交通、水产、水利、国土、城监、查违等部门及大风江周边各镇召开了国家海洋督察反馈意见整改和茅尾海非法养殖物强制拆除工作会议，重点研究如何整治大风江非法采砂和国家海洋督察专项督察反馈意见整改销号工作。

27日 钦南区召开2019年第一季度安全生产暨预防一氧化碳中毒工作会议。区委副书记、区政府代区长胡颍出席会议并讲话，区政府领导班子，各镇（场、街道）主要领导，区安委会成员单位主要领导参加会议。

同日 市委常委、政法委书记林庆山等领导到钦南区那丽镇参加那雾山环山公路、北大门上山公路等项目建设推进会，区委常委、办公室主任王务，区委常委、宣传部部长、副区长赖廷耀参加会议。

25—27日 钦南区举办2018年“青春引擎”村（社区）团支部书记培训班，各镇（街道）团（工）委书记、村（社区）团支部书记共130人参加培训。

28日 市委常委、宣传部部长、副市长韩流到钦南区市实验小学、中央民大附中钦州国际学校项目现场实地考察主城区在建教育项目推进情况，区委常委、宣传部部长、副区长赖廷耀陪同考察。

同日 钦南区召开中国少年先锋队钦州市钦南区第三次代表大会，全区139名少先队员、少先队辅导员和少年儿童工作者代表出席会议。区委副书记饶文勇、团市委副书记杨颖出席开幕式并作讲话。区领导赖廷耀、李新、廖春梅等出席会议。

29日 钦南区委常委、宣传部部长，副区长赖廷耀带队到那丽镇酱料厂开展元旦节前食品安全和安全生产检查，区食药监、安监等相关部门领导陪同检查。

同日 市委副书记，中马钦州产业园区工委副书记、管委会常务副主任高朴带队开展巡河工作，推动各级河长全面落实责任。钦南区委副书记、代区长胡颍，副区长梁莲一同巡河。

概　况

概　貌

【建置沿革】 先秦时期，钦南区境为岭南百越地之骆越地区。秦始皇三十三年（前214年）统一岭南地区，设立南海、桂林、象三郡，今区境属象郡地（郡治在临尘，今崇左市境）。西汉初，属南越国地。汉元鼎六年（前111年）汉武帝平定南越国，在今钦州市境内设立合浦郡和合浦县，今区境属合浦郡合浦县地。三国时，今区境属吴国，仍为合浦郡合浦县地。晋沿袭吴制，仍属合浦郡合浦县地。南北朝时属南朝。南朝宋元嘉二十二年（445年），分合浦县西部置宋寿县、同年置宋寿郡（治所均在今钦北区平吉镇古城角村），今区境属宋寿郡宋寿县。南朝梁中大通四年（532年），一说梁普通四年（523年），在今区境内设置安州（治所在今久隆镇上东坝村西北），今区境属安州宋寿郡宋寿县。梁大同元年（535年），分宋寿县南部沿海地置玉山县，（治所在今大番坡镇境内），今区境部分属宋寿县，部分属玉山县。隋开皇十八年（598年），安州改称钦州，宋寿县改称钦江县。玉山县改属玉州（治所在今防城港市防城区境内），今区境部分属钦州钦江县，部分属玉州玉山县。大业三年（607年），钦州改称宁越郡（治所不变），同时废玉州，玉山县并入海安县（治所在今防城港市境），今区境部分属钦江县，部分属海安县。唐武德五年（622年）置钦州总管府。辖钦州、玉山两州，今区境部分属钦州钦江县，部分属玉山州安海县（以海安县改名），隶玉山州。总章元年（668年），分安海县东部置乌雷县（治所在今犀牛脚镇乌雷村附近），属钦州，今区境部分属钦州钦江县，部分属乌雷县。上元二年（675年），分乌雷县西北部复置玉山县，同时置陆州（治所在乌雷县，今区境部分属钦州钦江县，部分属陆州乌雷、玉山两县）。天宝元年（742年），钦州改名宁越郡，陆州改名玉山郡，玉山县改名华清县。至德二年（757年），安海县改名宁海县。今区境部分属钦江县，部分属宁海县。五代时，废乌雷、玉山2县并入宁海县，今区境部分属南汉钦州钦江县，部分属陆州宁海县。宋开宝五年（972年），废钦江县、宁海县，其地分别并入灵山县和安京县。钦州只设灵山、安京2个县，今区境部分属灵山县，部分属安京县（1006年改名安远县）。元代至元十五年（1278年），钦州改称钦州路安抚司（治所在今钦州城区），十七年，钦州路安抚司改为钦州路总管府，领安远、灵山2个县，今区境部分属安远县，部分属灵山县。明洪武七年（1374年），废安远县，原县地由钦州直辖，今区境部分属钦州，部分属灵山县。洪武九年四月，钦州由州降为县（称钦县），辖区不变，今区境分属钦县、灵山县，2个县同属廉州。十四年（1381年），钦县复为钦州，今区境分属钦州、灵山县。清顺治十二年（1655年），钦州为散州建制，今区境部分属钦州，部分属灵山县，总隶廉州府。光绪十四年（1888年），钦州升为直隶州，析灵山县青塘、秋风、菩提、博峨4练地（今钦北区平吉、青塘、那香、新棠、长滩，钦南区久隆、那丽、那彭、那思等地）属钦州直隶州，析原州属防城、如昔二司（今大直、大寺等地）地置防城县，隶属钦州直隶州。今区境全部属钦州直隶州。

民国元年（1912年），撤销钦州直隶州置钦县，今区境属钦县。钦县初隶钦廉军政府，后属钦廉绥靖处。民国9年（1920年），钦县直隶广东省。民国11年底至民国15年初，为八属军统治。同年2月复隶广东省。民国21年隶广东省南区绥靖公署（驻茂名城）。民国24年—38年，改隶广东省第八行政督察专员公署(驻廉州镇)。1949年属广东省钦县。

1949年12月7日，境内解放，钦县隶属广东南路专区(治所在湛江市)。1950—1965年，今区境属钦县。1950年，钦县改属广东钦廉专区(先驻今北海市后驻钦州镇)。1951年改隶广西省。1951年3月，钦县迁治今钦北区小董镇。1953年4月，钦县从小董镇复迁治钦州镇，隶属广西省钦州专区(治所在钦州镇和廉州镇)。1955年5月，钦县又划属广东省钦州专区并更名合浦专区(治所在廉州镇)。1959年3月，钦县改隶属广东省湛江专区(治所在湛江市)。1963年9月14日国务院批准钦县改设钦州僮族自治县，1964年2月25日正式成立。1965年8月1日改钦州县。1965—1994年，今区境属钦州。1983年10月8日，国务院批准钦州县改设钦州市，1984年3月1日正式挂牌，依次隶属广西壮族自治区钦州专区、钦州地区(治所均在钦州镇)。1994年6月28日，国务院批准撤销钦州地区，设置钦州市(地级)，同年10月28日挂牌。同时，把县级钦州市分为钦南、钦北两区，钦南区设立。与灵山、浦北2个县同隶属钦州市，钦南区政府驻钦州镇。1996年6月14日，钦州港经济开发区成立。1997年1月，钦州镇从钦南区析出，以其境和沙埠镇的东南、小江、五里桥、山塘、沙坡、北营、西北、高岭8个行政村和尖山镇尖山村委的环头村组成钦城管理区，钦城管理区辖文峰、向阳、南珠、水东4个街道办事处。1997年1月，钦州港经济开发区从钦南区析出，直隶于市。2001年，丽光华侨农场划入钦南区。2003年9月，撤销钦城管理区，并入钦南区。2006年7月，钦南区犀牛脚镇三娘湾村委会等地设立三娘湾旅游管理区，直隶于市。2015年1月，犀牛脚镇、东场镇、龙门港镇划归钦州港经济技术开发区管辖，2016年7月，丽光华侨农场划归钦州市华侨投资区管辖。2018年6月，犀牛脚、东场、龙门港3个镇划回钦南区管辖。

【地理位置】 钦南区地处广西壮族自治区南部沿海中段，位于钦州市西南部，北回归线以南，北纬21° 36′ 04″—22° 07′ 56″与东经108° 24′ 10″—109° 08′ 56″之间，钦南区境东南是北海市合浦县，东北灵山县，南面钦州湾，西南防城港市防城区，西北上思县，北面钦北区。南防(南宁—防城港)普通及高速铁路、南海(南宁—北海)普通及高速铁路和兰海(兰州—海口)高速公路、钦防(钦州—防城港)高速公路、六钦(六景—钦州港)高速公路、钦崇(钦州—崇左)高速公路，325国道等多条铁路干线和高等级公路过境，拥有沙井港、康熙港等一批沿海、沿江码头。北距南宁市110千米，东距北海市95千米，西距东兴陆路口岸84千米。

【自然环境】 钦南区主要属低丘地貌类型，东部属低丘陵区；南部属岗地、平原、滨海滩涂区，有境内最大的冲积平原—钦江三角洲。北部和西部属丘陵区；中部属低丘、台地、盆地和河谷冲积平原区，以河谷冲积平原区为主，土地稍平坦。全境地势为西北及东北高，自北向南倾斜，南部地势明显下降，由北向南倾斜形成低丘、台地、阶地、平原区、岛屿及沿海滩涂的地形地貌。境内主要山脉有百龙岭、灵山县的林治山余脉—那雾岭、西鸦大岭、笔架山等。境内最高峰为百龙岭，海拔428.70米。境内最低点为茅岭江入海处，海拔0.60米。南北高差420多米。境内河流密布，河流沟渠成网，主要河流可灌溉、通航，流域沿岸土地肥沃，是主要的产粮区。主要有钦江、大风江、茅岭江，均属桂南沿海独流入海水系。三江皆自东北流向西南，大体平行分布于境内的西部、中部及东部，南注入钦州湾。钦江：属桂南诸小河流之一，独流入海。发源于灵山县平山镇东山山脉东麓白牛岭，经灵山县、钦北区流入钦南区沙埠、尖山街道后在九鸦村注入茅尾海。茅岭江：属桂南沿海水系较大的独流入海河流之一，流域集水面积2909平方公里。发源于钦北区板城镇，流经小董、大垌等镇进入钦南区黄屋屯镇和防城港市防城区的茅岭镇注入钦州湾。大风江：属桂南沿海水系独流入海河流，流域集水面积1888平方公里，干流河长138.7千米，干流坡降0.52‰。大风江发源于灵山县伯劳镇的高架田，河流跨越钦州市的灵山县、浦北县和钦南区以及北海市的合浦县，沿途流经伯劳、新民、那彭、平良、东场、犀牛脚等乡镇，最后在犀牛脚镇沙角村注入北部湾。大风江主要支流有白鹤江(也称马尾浪河)和丹竹江。白鹤江位于大风江和钦江之间，主要的水利工程有长江和荷木两个中型水库。随着钦州经济的发展，大风江目前成为大型临海工业园区和钦州港区的主要供水水源地之一。

表 1　　2018 年钦南区全年天气情况表

月份	气温(℃)					空气质量指数						小雨以上天数
	极限高温及出现时间		极限低温及出现时间		平均	最好及出现时间		最差及出现时间		平均	优良天数	
1	26	19 日	5	30 日	15.5	17	8 日	160	21 日	76	23	14
2	24	19 日	5	3 日	15.5	25	23 日	178	16 日	78	21	6
3	29	4 日	10	9 日	21.5	23	8 日	82	6 日	55	31	3
4	31	14 日	11	7 日	23.5	29	21 日	92	8 日	48	30	3
5	34	24 日	23	8 日	28	21	25 日	39	10 日	31	31	5
6	35	10 日	24	6 日	29	17	26 日	52	20 日	34	30	5
7	34	11 日	24	29 日	28.5	11	30 日	49	12 日	25	31	17
8	35	14 日	24	29 日	28.5	13	30 日	72	10 日	33	31	11
9	35	6 日	20	30 日	27.5	11	13 日	19	1 日	12	30	4
10	32	9 日	17	28 日	24	12	1 日	62	29 日	32	31	0
11	30	5 日	13	22 日	21.5	24	19 日	96	24 日	57	30	7
12	28	4 日	4	29 日	15.5	12	9 日	68	18 日	42	31	17
全年	35	6 月 10 日,8 月 9 日、14 日,9 月 6 日	4	12 月 29 日、30 日	23.21	11	7 月 30 日,9 月 13 日	178	2 月 16 日	44	350	103

【气候】 钦南区属南亚热带季风气候区,阳光充足,雨量充沛,具有亚热带向热带过渡性质的海洋季风气候特点。多年平均降雨量 2173.7 毫米,年内降雨多集中在 4—9 月,约占全年总降雨量的 80%,月最大降雨量多出现在 7、8 月。水面蒸发以 7 月最大,2 月最小,多年平均水面蒸发量为 1259.9 毫米。2018 年降雨量为 2250.5 毫米。

(区水利局)

【资源】

土地资源　2018 年,钦南区耕地面积 3.4 万公顷。农田有效灌溉面积 1.13 万公顷,粮食播种面积 3.28 万公顷,油料种植面积 1378 公顷,甘蔗面积 1.13 万公顷,蔬菜面积 2.22 万公顷,木薯面积 6769 公顷。林地面积 1.02 万公顷,果园面积 8757 公顷,森林覆盖率 51.62%。

矿产资源　钦南区境内主要矿产资源有煤、锰、钛、石英砂、花岗岩、陶土等 30 多种。其中,优质陶土储量 30 多亿吨。煤:主要分布在那彭镇那彭圩北东一带,属长焰煤、褐煤。锰矿:锰矿分布面积大,钦防锰矿带在区内是有名的氧化锰矿成矿带。陶瓷土:陶土矿在区境内分布面积较大。铁矿:铁矿主要分布在那丽镇的土地田村,属高磷贫铁矿。花岗岩:岩浆岩较发育,以侵入岩为主,资源丰富。建筑用砂:河砂主要分布在钦江、茅尾江、大风江中下游,砂质较好,钦州茅尾海、钦州港至三娘湾一带还分布有海砂,资源储量丰富。

(国土分局)

植物资源　2018 年,钦南区有陆地野生植物 150 科、476 属、765 种。其中,被子植物 128 科、441 属、723 种,裸子植物 6 科、10 属、11 种,蕨类植物 16 科、25 属、31 种。以茶科、壳斗科、松科、桃金娘科、木兰科和禾本科为优势。属国家重点保护的珍贵植物有木沙椤、马蹄森、格木、狭叶坡垒、福建柏、观光木、华南椎、蝴蝶果、假山龙眼、樟树、红椎等。在海河交汇处及浅海滩涂分布有热带海岸特有的植被——红树林,有 15 科、22 种,以桐花群落为主,其次为秋茄群落和白骨壤群落。

动物资源　2018 年,钦南区自然分布的陆生野生脊椎动物 76 科、271 种。其中,两栖类 7 种,主要有青蛙、山蛙、沼蛙、蟾蜍等;爬行类 21 种,主要有眼镜蛇、金环蛇、银环蛇、百步蛇、三素锦蛇、水律蛇、蛤蚧、龟等;鸟类 186 种,主要有画眉、鹧鸪、鹩哥、鹦鹉、山雀、白鹭、大白鹭、牛背鹭等;哺乳类 62 种,主要有野猪、豪猪、果子狸、猪獾、抓鸡虎、松鼠、竹鼠等。

海洋资源 钦南区钦州湾沿海海域辽阔，海洋生物丰富，底栖贝类有近江牡蛎（大蚝）、团聚牡蛎、文蛤、泥蚶、毛蚶、江珧、斑纹东风螺、巴非蛤、马氏珠母贝、杂色鲍、长肋日月贝和花日本日月贝等。主要经济虾类有长毛对虾、墨吉对虾、日本对虾、短沟对虾、宽沟对虾、中型新对虾、近缘新对虾、斑节对虾、刀额新对虾、须赤虾、巴贝岛赤虾、长足鹰爪虾等。经济价值较高的鱼类有60多种，其中常见的中上层鱼类有18种，常见底层经济鱼类有44种。头足类动物有火枪乌贼、中国枪乌贼、拟目乌贼、金乌贼等。2011年12月观测，钦州三娘湾海域栖息有175头国家一级保护动物中华白海豚。面积135平方千米的茅尾海，是中国南方最大的天然蚝苗采苗和人工养殖基地。沿海有白鹭、灰鹤、沙鸥、红隼、小鸦鹃、水鸭等野生水禽。还生长有水草、芦苇、老鼠勒等种类繁多的植物。

（区水产畜牧兽医局）

水资源 2018年，钦南区拥有水域面积268.35平方公里，占总面积3%，淡水资源主要分布于“三江”流域、辖区内中、小型水库和地下水和优质的山泉水，水资源总量约30亿立方米。境内共有水库108座，中型水库4座，小(1)型水库21座，小(2)型水库83座。

（区水利局）

旅游资源 2018年，钦南区境内国家AAAA级旅游景区4家、国家AAA级旅游景区13家、全国工农业旅游示范点2家、广西旅游标准化示范单位1家，广西四星级乡村旅游区7家，广西五星级农家乐1个，广西四星级农家乐1个。五星级酒店1家，三星级酒店10家，旅行社20家。旅游景点主要滨海风光、山水景观、人文胜地、人造胜景和工农业休闲观光等构成。

滨海风光遍布钦南区沿海，以三娘湾、龙门群岛海上生态公园、茅尾海国家海洋公园和黄金海岸海滨浴场为代表。有碧海、沙滩、奇石、绿林、渔船、渔村、海潮、仙岛公园、七十二泾和近万亩连片生长的、被誉为海底活化石的红树林，以及被称为水上大熊猫的中华白海豚。

山水景观以那雾山森林公园为代表。那雾山怪石各异，嶙峋满山，如石龟、石蟒、夫妻石、卧仙石、罗汉石等均形似神俏。其山势较为平缓，植被浓厚。山脚有大片的杨梅、三华李果园，三华李肉质最好，清甜可口，入口无渣。钦南区因地制宜致力打造集“生态观光、休闲娱乐、山地运动、农事体验、宗教文化体验”于一体的生态休闲旅游区。

人文胜地以刘永福故居为代表，始建于1891年，又名“三宣堂”，是刘永福在越南抗法屡立战功，被越南王封为三宣提督而以此为荣命名建造。是一座充满民族特色和晚清风格的古建筑。

人造胜景有白石湖公园、园博园、钦州学院滨海校区和长融水世界等。白石湖公园有景观园林、水体、广场、陶艺馆、茶室、艺术沙龙构成，湖中有“白石印”音乐喷泉、水幕电影等。园博园用地面积约1380亩，遵循自然与人文、传统与现代、生态与城市相融相存的原则，突出“海”“陶”等元素。

工农业休闲观光点主要有钦州坭兴陶艺术馆、钦州保税港区国际商品直销中心、火龙果农业文化休闲园、台湾农民创业园、银湖山庄等。集产业、乡村文化、观光休闲、农事体验、旅游、教育等功能于一体。

【物产】 钦南区物产丰富，名优土特产众多。农林产品主要有水稻、玉米、甘蔗、木薯、辣椒、黄瓜、花生、大豆、红薯等。钦州海红米是特色产品。是全国著名辣椒产区。水果有三华李、火龙果、荔枝、龙眼、百香果、菠萝等；火龙牌火龙果获中国绿色食品发展中心认定为绿色食品A级产品，成为2008年北京奥运会推荐果品。林产主要丰产速生桉林浆及松脂等；牧产有牛、生猪、鸡、鸭、鹅及肉蛋；康熙岭等沿海滩涂的海鸭蛋是名优产品。水产品有北部湾大蚝、对虾、青蟹、石斑鱼“四大名产”以及鲍鱼、鱿鱼等600多种和各种淡水鱼类。是“中国大蚝之乡”。工业品有坭兴陶、成品糖、饲料、方便面、人造板、松香、松节油、中成药等30多种，坭兴陶是中国“四大名陶”之一。

【行政区划】 2018年年末，钦南区辖沙埠、康熙岭、犀牛脚、黄屋屯、大番坡、久隆、那丽、东场、那彭、那思龙门港11个镇，水东、文峰、南珠、向阳、尖山5个街道、28个社区居委会、130个村委会。行政区域面积2596平方千米（含钦州港经济技术开发区、北部湾华侨投资区），海岸线562千米。区人民政府驻金海湾东大街111号，距钦州市人民政府驻地5千米。

表 2　　2018 年钦南区镇、街道行政区域情况一览表

镇、街道	行政区域面积（平方公里）	行政村（个）	社区（个）	行政村、社区名称
沙埠镇	145.50	13	2	桥坪村、望埠村、分界村、坭桥村、平艮村、油埠村、明天村、沙寮村、海棠村、大岭村、油路村、大石古村、下南山村、沙埠社区、田寮社区
康熙岭镇	92.07	12	0	傍钦村、高沙村、西围村、新平村、诗家村、白鸡村、板坪村、横山村、长坡村、团和村、新营村、新南村
黄屋屯镇	226.70	16	1	屯南村、圩埠村、田寮村、西显村、屯显村、料连村、屯光村、屯北村、大冲村、金竹村、屯安村、屯利村、加其村、屯胜村、屯西村、塘营村、黄屋屯社区
大番坡镇	96.43	9	1	沙坡村、青龙村、葵子村、板桥村、大番坡村、辣椒槌村、大窝口村、六村、深坪村、茅坡社区
久隆镇	222.92	17	1	平新村、新明村、那庆村、水铺村、高桥村、丁屋村、青草村、白鹤村、大岭村、久隆村、黎屋村、沙田村、新圩村、高明村、石安村、荷木村、细岭头村、久隆社区
那丽镇	226.08	10	1	那丽社区、三篼竹村、崩塘村、那丽村、殿艮村、那雾塘村、马鞍岭村、充包村、芦荻竹村、土地田村、嫦娥垌村
那彭镇	291.38	13	1	清湖村、白沙村、那勉村、那蒟村、后立村、那里村、那彭村、六湖村、担拗村、英学村、屋背村、彭新村、凤凰岗村、那彭社区
那思镇	244.76	10	0	定蒙村、合江村、那思村、米子村、塘底村、那京村、扁陂村、禄宜塘村、茶蓝垌村、牛寮水村
水东街道	12.3		3	五里桥社区、东南社区、大沙垌社区
文峰街道	7.1		6	文昌社区、三宣堂社区、中山社区、江滨社区、东风社区、新隆社区
南珠街道	9.9		3	城西社区、高岭社区、鸿泰社区
向阳街道	3.6		2	城中南社区、新兴社区
尖山街道	83	5	2	西沟村、谷仓村、九鸦村、黄坡督村、黎头咀村、尖山社区、排榜社区
犀牛脚镇	275.4	14	5	犀牛脚村、大灶村、平山村、联民村、岭脚村、船厂村、沙角村、西寮村、炮台村、埠头村、岭门村、白路村、西坑村、大坪村、新联社区、丹寮社区、大环社区、乌雷社区、三娘湾社区
东场镇	181	7		上寮村、白木村、英窝村、高塘村、东场村、六加村、关塘村
龙门港镇	36.77	4		东村、西村、南村、北村
全区		130	28	

【人口】 2018 年年末，钦南区户籍总人口62.74万人（含三娘湾开发区、北部湾华侨投资区，不含钦州港开发区），其中城镇人口 20.14 万人，乡村人口 42.6 万人。按统计部门口径，全区常住人口 57.82 万人，其中城镇人口 34.73 万人，城镇化率 60.07%。人口出生率 13.1‰，人口死亡率 4.37‰，人口自然增长率 8.73‰。

【民族】 2018 年，钦南区有汉族、壮族两个世居民族，在常住人口中还有苗族、彝族、侗族、瑶族等 37 个民族(2010 年人口普查数据）。少数民族中以壮族人口居多，主要集中在黄屋屯镇和康熙岭镇一带，其他少数民族多因婚姻或工作关系入户钦南，以定居钦州城区居多。

【语言】 2018 年，钦南区境内世居民族的主要语言是汉语与壮语。汉族聚居的农村多使用汉语的粤语方言和客家方言，少量使用北方方言的“钦州正”和闽南方言的福建话等。壮族聚居的农村主要使用壮语、多数人还同时掌握粤语方言和客家方言。城镇居民一般用粤语（白话）、普通话交流。党政机关、中小学、酒店及部分企事业单位等办公时间多使用普通话。

【宗教】 2018 年，钦南区有佛教、道教、基督教、天主教 4 个宗教，经政府批准开放的宗教场所有钦州市基督教堂、钦州市天主教堂、康熙岭伏波庙、黄屋屯镇基督教聚会点、丽光场基督教聚会点、久隆镇基督教聚会点、龙门港镇基督教聚会点共 7 处，有教职人员 11 人，信教人数 7009 人，分布在钦州市城区、康熙岭、黄屋屯、丽光场、久隆、龙门港镇。

经济社会发展

【经济平稳增长】 2018年，钦南区实现地区生产总值302.9亿元，增长8.3%，增速排在全市第二。财政收入完成7.4亿元，增长14.9%，增速排在全市第二，一般公共预算收入4.3亿元，增长10.7%。固定资产投资完成166.9亿元，增长2.7%，总量排在全市第一。规模以上工业总产值下降2.9%，规模以上工业增加值下降0.2%。社会消费品零售总额94.6亿元，增长8.4%；城镇居民人均可支配收入34265元，增长6.7%；农村居民人均可支配收入13237元，增长8.4%。

【项目投资建设平稳较快增长】 2018年，钦南区列入2018年自治区层面重点项目共5个，年度计划完成投资1.5亿元，实际完成投资1.83亿元，完成年度计划的122%。市级层面重点项目共49个，年度计划投资27.82亿元，实际完成投资28.68亿元，完成年度计划的103%。根据自治区中央预算内投资项目精细化管理工作要求：2017年中央预算内实施8个项目，全部开工，项目累计完成投资1546万元，完成率100%；2018年中央预算内项目2个（易地扶贫搬迁和农村饮水工程），开工率100%，资金累计拨付191万元，拨付率94%，累计到位资金203万元，到位率100%，2017年度中央预算内投资项目建设得到自治区通报表扬。2018年，钦南区累计引进内外资到位资金78.43亿元，完成市力争任务78亿元的100.6%；其中实际利用外资3005万美元，完成市力争外资任务3000万美元的100.2%；签约引进超亿元项目8个。

【农业发展水平提升】 2018年，钦南区2018年，全区农林牧渔业总产值完成99.43亿元，增长3.2%，农林牧渔业增加值完成76.1亿元，增长5.2%；其中：农业产值完成23.12亿元，完成粮食播种面积32772公顷；渔业产值57.7亿元，水产品产量达47.46万吨，名特水产养殖面积达1.65万公顷，占渔业总产值的70%；牧业产值11.5亿元，肉类总产量4.75万吨，生猪出栏22.73万头，家禽出栏1798万羽，肉牛出栏0.9万头；林业产值5.37亿元，完成植树造林任务面积3.73万亩，占市下达任务的106.6%。特色农业示范区发展实现增点扩面提质升级，2018年创建自治区级示范区4个，县级示范区7个，乡级示范园12个，村级示范点54个，两个县级示范区顺利通过了自治区考评核验。现代化生态养殖场认定取得实效，7个畜禽养殖场申报，其中申报五星级1个，四星级2个，三星级4个。积极发展特色种植业，引种富硒红薯种植150亩，发展特色海水稻（海红米），种植500亩。农业品牌创建工作进展顺利，“钦州辣椒”和“钦州赤禾”获得国家农产品地理标志登记公示。农村土地承包经营权确权登记颁证工作有序开展，颁发证书5.4万户（本），完成颁证率78.9%，12个镇（场、街道）汇交数据通过自治区质检及验收。糖料蔗生产工作扎实推进，全区糖料蔗种植面积约9.5万亩，糖料蔗总产量32.2万吨，“双高”糖料蔗基地5个片区建成2019.42亩。

【工业经济发展加快】 2018年，钦南区工业经济发展总体平稳，园区建设持续推进，金窝工业园一区拟调整布局高端进口木材加工园，开展园区各项规划修编工作；农副产品加工园根据市住建委反馈的初步审核意见，进一步完善控规方案并已提交市住建委进行二次审核，园区规划环评编制工作已经启动。工业项目建设加快推进，智朗混凝土搅拌站和怀爱保温砂浆等项目相继开工建设，恒和饲料等10个项目相继开展续建，漓源饲料、海大饲料和智朗建材3个项目相继竣工投产。能源建设形成规模发展，中节能、龙源风电项目完成一基塔基建设，鑫金、通威、中肇新能源等光伏项目实现并网发电，光伏电站装机容量和发电规模在广西各县区排在前列。实施“惠企贷”业务，推荐3家企业向上申请贷款3550万元通过审批，争取上级专项资金1703万元投入企业建设，推荐4家中小企业向广西金融投资集团有限公司申请融资4390万元。漓源饲料、闵中木业和福晟电子（高新区）等11家工业企业实现新上规，完成市下达任务7家的157%，全区规模以上工业企业达75家，其中亿元产值企业30家，工业企业规模逐年扩大。

【全域旅游加快推进】 2018年，钦南区继续推进全域旅游建设三年行动计划，出台全域旅游品牌创建方案，那雾山成功申报为自治区地质公园，那雾山森林康养基地、那雾山生态园四星级森林人家通过自治区林业局验收评定，创建国家全域旅游示范区顺利通过自治区初审。加快推进自驾车旅游营地、旅游厕所、旅游标识等公共服务体系建设和旅游交通专线的标准化、规范化建设，旅游服务设施逐步完善。旅游品牌创建工作有序开展，全区共有国家A级景区16个(其中AAAA级3个，AAA级13个)，三星级以上酒店7家，星级乡村旅游区8家，星级农家乐14家。全年全区旅游产业实现总收入168.2亿元，增长36.1%；接待游客1684万人次，增长29.95%。

【现代服务业持续活跃】 2018年，钦南区第三产业在全区国民经济地位逐年提升，年内第三产业对经济贡献率达86%。积极培育规上和限上服务企业，不断壮大企业规模，正邦文化、燕山墓园、斗方云、东信易通科技等7家企业完成上规入库，万家绿农产品、龙屋加油站、玉柴机电、三和汽车等8家限额以下企业转为限额以上企业，超额完成全年任务。世诚东恒物流、东盟农产品批发大市场二期、新城吾悦广场等重点项目推进顺利，人和春天世贸广场实现盛大开业。电子商务加快发展，钦南区"党旗领航.电商扶贫"扶贫村特色农产品物流配送中心启动，建成村级电商服务点356个。组织商贸会展，活跃消费市场。相继举办大润发新春电商年货节、北部湾第四届"壮族三月三"民族文化美食节、钦州第14届汽车博览会和钦南区首届惠民商家联盟启动仪式等活动。商品房施工面积500.7万平方米，同比增加24.18%；商品房竣工面积44.08万平方米，同比减少20.1%；商品房销售面积98.74万平方米，同比增加46.31%；销售额58.3亿元，同比增加115.03%，商品房平均价格5904元，同比增长46.97%。

【城乡协调发展能力增强】 2018年，钦南区持续抓好保障性安居工程和农村危房改造。实施城市棚户区改造项目10个共314套，已全部开工建设，开工率100%；往年开工的棚户区改造基本建成195套，各镇政府、学校、卫生院住房条件得到改善。农村危房改造工程已开工794户，竣工569户，超额完成改造任务。农村改厨改厕工作扎实推进，农村改厕项目开工8206户，开工率102.58%，完工8069户，完工率100.86%；改厨项目共开工8020户，开工率100.25%，完工8014户，完工率100.16%。全区8个镇级污水处理厂实现稳定运营，为全区乡镇地区生活污水治理工作提供坚实保障。宜居乡村建设成效显著。积极组织各镇(街道)做好市级"清洁乡村"活动2018年第一次考核工作，获得两个全市"第一名"的好成绩；钦南区获县(区)级考核第一名，钦南区大番坡镇获镇级考核第一。

【征地搬迁稳步推进】 2018年，钦南区把服务市重大项目建设作为党委、政府的重点中心工作来全力推进，集中力量开展重点项目征搬攻坚。2018年完成新征土地1734.64亩，签订房屋搬迁协议224户，迁移坟山720丘拆除房屋106户。环城西路南段(集体土地部分)、安州大道中段、新兴西路延长线、钦州市屠宰场搬迁项目、金龙湾项目安置点、金岭加油站、扬帆南加油站、人和春天东面02地块、花之源项目一期等15个项目已净地交付业主建设使用，灵山沙坪至那丽公路、兰海高速改扩建工程、金州路、绿州路等一批重大项目快速推进。其中兰海高速改扩建工程列入自治区绩效考评，全区提前并超额完成土地征收、房屋搬迁、坟山迁移三项指标数。查处和控制违法占地1094宗，面积30.2万平方米，依法拆除违法建设482宗，面积15.29万平方米，有效打击违法建设行为。

【生态环境改善】 2018年，钦南区全力打好蓝天、碧水、净土保卫战，抓好中央环保督察"回头看"问题整改，环境保护工作不断加强。积极整治非法冶炼、非法采沙、非法用海、非法开采国家矿产资源整治行动，整治非法开采矿山8次，拆除洗矿点68处。水污染防治取得实效，全面清理钦江、大榄江、大风江和南流江支流等重要江河流域河道漂浮物，做好流域周围养殖场污染源搬迁工作，其中拆除钦江流域禁养区猪场336个，搬迁生猪2.5万头，饮用水源区环境进一步改善。中央环保督察"回头看"进一步落实，共接到群众举报案件共97件，完成整改83件，整改完成率90.1%。扎实开展大气污染防治"百日攻坚"行动，空气质量明显提升，城区空气优良天数达到336天，优良率92.4%，PM2.5下降8.6%。

【改革创新持续推进】 2018年，钦南区以供给侧结构性改革为主线，持续推进深化改革工作。区委、区政府印发出台《钦南区全面推进供给侧结构性改革实施意见》和《钦南区实施开放创新战略全面提升开放发展水平的决定》等纲领性文件，各项改革工作顺利推进。财税和投融资体制改革出台政府性债务风险应急处置预案，加大政府性基金预算与一般公共预算的统筹力度，预决算公开率达100%。机构改革陆续推进，国税、地税合并，钦南区税务局挂牌成立。深化“放管服”改革不断深化，行政审批制度和投资便利化不断深入，着力清理规范收费项目，共精简权力事项677项，精简比例25.3%。推行“智慧政务”，建立行政权力事项集中办理、行政权力运行流程动态管理、政务服务容缺受理机制，推进“减证便民”行动和“一事通办”改革。建设“互联网＋政务服务”，网上申报事项约占进驻事项的83%。深化医药卫生体制改革方面，及时启动医院药品“零差价”销售各项工作，建立科学补偿制度，药品收入占比由原来32%降至28%，医院药品收入同比下降27%，破除以药养医取得了预期成效。公务用车改革工作稳步推进，启动全区事业单位和国有企业公务用车制度改革工作，完成公务用车信息化服务平台建设和车辆安装北斗卫星定位终端。

【扶贫攻坚扎实推进】 2018年，钦南区实现贫困人口4307人脱贫，10个贫困村成功摘帽，顺利通过自治区脱贫攻坚大督查和“四合一”核查。完成建档立卡贫困户危房改造480户，全区没有出现有义务教育阶段学生因贫失学辍学的现象。安排1225万元扶持发展村级集体经济，36座村级光伏扶贫电站并网发电，“公司＋农户”产业帮扶持续推进，47个贫困村村集体经济收入全部达到3万元以上。推进贫困村饮水和道路建设，解决13个贫困村饮水难问题，开工建设扶贫道路53条。

【义务教育均衡发展达标区创建进展顺利】 2018年，钦南区投入资金3亿元推进校舍、室场建设和校园环境整治，投入1.2亿元装备完善义务教育学校图书、教学仪器设备，学校基础设施不断完善，城区学校“超大班额”问题全面解决，公开招聘教师150名，逐步缓解农村学校教师不足问题，该区于12月通过教育部的评估认定，义务教育基本实现均衡发展。

【社会综合治理扎实推进】 2018年，钦南区加强信访维稳工作，全面完成自治区交办的13件信访积案的化解任务；扎实推进社会综合管理创新，中心城区实现网格化、信息化全覆盖。严厉惩治和预防犯罪，开展扫黑除恶专项斗争。立案涉黑涉恶案件59起，破案47起，惩治涉恶团伙17个、103人，社会治安形势持续好转。

【社会各项事业协调发展】 2018年，钦南区社会就业保持稳定，年末城镇登记失业率1.77%；城乡居民基本养老保险参保14.97万人，城镇职工基本医疗保险参保2.95万人，城乡居民基本医疗保险参保46.23万人，城乡低保家庭发放低保金22.3万人次共5506.03万元，全面完成年度目标任务。抓好就业和社会保障工作。科技文体事业持续推进，全年专利申请667件，其中发明专利申请304件，拥有发明专利205件，占全市的37.2%，每万人发明专利拥有量全市第一。推动11个村级公共服务中心建设，年内建成4个。开展“壮族三月三”等各类节庆文体活动，“钦州海歌”和“钦州传统蚝豉制作技艺”列入第7批自治区级非遗名录；组织开展送电影下乡、送戏下乡，受益群众15万人次。强化食品药品安全监管，完成广西食品安全示范城市创建任务。推进残疾人事业发展，建成自治区级“阳光助残扶贫基地”。全面落实安全生产责任制，全年没有发生较大以上安全生产事故。

（区发改局）

政治文明建设

【政治建设六项重点任务落实】 2018年，钦南区把落实“两个维护”纳入2018年度落实主体责任工作清单，强化“两个维护”工作的落实。出台《区委关于贯彻落实“政治建设六项重点任务”常态化工作方案》，设立区委贯彻落实“政治建设六项重点任务”常态化工作组，对区直各单位和各镇（街道）党组织开展全覆盖的督导检查，促进“政治建设六项重点任务”全面从严、抓实抓细、常抓常严。全面开展基层党建“大排查、大整改”活动及镇村两级党组织书记抓基层党建述职评议考核，层层压紧压实“政治建设六项重点任务”责任。

【干部管理】 2018年，钦南区试行干部召回管理办法，加强干部管理。第一批召回25名“慵懒散”干部，实现从“不想管、不会管、不敢管”到“主动管、创新管、大胆管”的转变，干部作风明显好转。实行《股级干部选拔任用实施办法》，规范股级干部选拔任用程序。贯彻落实党中央、自治区党委和钦州市委关于机构改革期间干部人事调整的工作要求，坚持事业为上，突出政治标准，调整优化各级领导班子。全年共讨论干部7批次，其中提拔34人次，调整交流57人次，职级晋升46人次，选派挂职干部67人次。结合群团改革需要，选派兼职挂职干部7名，选优配强区总工会、团区委、区妇联等群团组织领导班子。突出实绩导向，注重政治历练和实践磨炼，把脱贫攻坚、征地搬迁、基层党建和信访维稳等基层一线作为蹲苗历练干部的主战场，全年共有14名在基层表现优秀、实绩突出的干部得到提拔重用。坚持党管人才原则，完善区领导联系优秀人才制度和事业单位引进优秀人才暂行办法，出台“区委联系服务专家实施方案”。实施人才队伍素质提升工程，推荐55名优秀年轻干部攻读上海海事大学MBA硕士学位，为年轻干部成长搭建平台。

【基层党建】 2018年，钦南区统筹实施农村基层党建“三聚三强”工程、村级组织阵地规范提升工程、学校和医院党建提档升级工程、机关党建活力提升工程、两新组织党建巩固提升工程的“五项工程”，深入推进抓党建促脱贫攻坚、促乡村振兴。整顿转化14个软弱涣散村级党组织，创星级村14个，调整撤换2名“三不”贫困村支书。“两站一中心”全年化解矛盾纠纷836件，层级联动解决问题2174个，服务群众12.28万人次，进一步解决“服务群众最后一公里”问题。整合1200多万元推进18个村级组织活动场所规范化建设，全区有142个村级办公楼面积超过200平方米，城市社区全部超过500平方米。抓点带面打造基层党建示范群，以进港公路等4条路线和城区为核心的“四线一城”党建示范长廊得到中组部和自治区调研组肯定。打造11个学校医院党建示范点，新建的138个党代表工作室形成了“五个好”品牌。创新“党员爱心驿站”“微心愿”网上平台等服务群众载体，新建39个两新党组织，“两个覆盖”达到100%，基层党建全面进步提升。

【正风肃纪和反腐惩恶】 2018年，钦南区全面推行“以单定责、照单履责、跟单考责、按单问责”的党风廉政建设主体责任清单制度，实现区、镇、村主体责任清单三级全覆盖。完善提升党建和廉洁工作站模式，得到上级纪委的充分肯定。推进国家监察体制改革试点工作，按时完成区监察委的组建；规范区委巡察机构建设，设立4个区委巡察组。配合钦州市委探索开展上下联动巡察、“三级联动”巡察、交叉巡察新机制，组织开展六届区委第三轮、第四轮巡察，巡察覆盖率达51.6%，涵盖2018—2020年所有预脱贫村。巩固发展反腐败斗争压倒性态势，全年共处置问题线索180件，立案141件，结案128件，给予党纪处分111人，政务（政纪）处分18人。抓作风建设，排查违反中央八项规定精神问题线索6件，立案15件，查处扶贫领域形式主义、官僚主义问题38件。深化扶贫领域腐败和作风问题专项治理，排查问题线索147件，立案66件。出台《关于运用监督执纪“第一种形态”的实施细则（试行）》，运用监督执纪“四种形态”，做到抓早抓小、防微杜渐。

【意识形态工作责任落实】 2018年，钦南区落实意识形态“一岗双责”工作责任制，出台《区委意识形态工作联席会议制度》《区委意识形态工作督查制度》《区委重大意识形态领域舆情事件应急处置机制》《区委意识形态工作问责机制》“两项制度两项机制”，解决意识形态工作“不会抓、不会管”的问题。按照“六有”标准，建立1个区级新时代文明实践中心和174个新时代讲习所，覆盖率达到100%，承办钦州市2018年意识形态工作培训交流现场会暨新时代讲习所揭牌仪式活动。加大宗教阵地管理，依法拆除和关闭7处违法宗教建筑、非法宗教集合场所，促进宗教工作健康有序开展。

【民主政治建设】 2018年，钦南区人大常委会坚持问题导向，围绕区委的决策部署和事关群众的切身利益问题，坚持正确监督、有效监督，把监督“一府一委两院”工作同支持他们依法履职有机统一起来，形成加强和改进工作的合力。年内，听取和审议“一府两院”工作报告16项，对1部法律开展执法检查，作出审议意见17项，开展专题调研17项，督办群众来信来访36件，配合自治区人大、钦州市人大开展检查、调研42次，发挥人大工作机关的职能作用。落实中央关于人大预算审查监督重点向支出预算和政策拓展的指导意见，审查2018年预算草案、预算调整方案和国民经济发展计划草案，听取和审议财政预决算报告、审计工作报告，优先保证民生和重点支出，规范财政收支行为。对审计查出突出问题整改情况进行跟踪检查，把审计查出问题整改单位作为重点跟踪检查对象，督促完善审计整改跟踪制度，确保审计监督工作取得实效，完成整改资金2839万元，整改率达到73%。听取和审议2018年上半年计划、预算执行情况报告，针对财政收支压力大、投资增长后劲不足等提出改进意见建议。根据预算法要求，首次把决算审查延伸到部门决算审查，推动财政资金实行绩效管理，发挥常委会计划和预决算审查监督评审专家库的作用，改进人大预决算审查监督方式。指导镇人大不断完善对镇级预算、决算的审查，加强对民生等财政专项资金、重大事项资金的使用监督，进一步加强各镇人大财经监督工作。坚持以破解难题、补足短板为监督工作出发点，促进“一府两院”改进工作，确保区委重大决策部署贯彻落实。听取和审议现代服务业经济工作报告，对“十三五”规划实施中期情况进行评估，跟踪检查关于工业园区建设审议意见研究处理情况，针对如何优化钦南区营商环境、加强园区建设、促进经济发展、补足社会事业短板等，提出多项意见建议。听取和审议创建现代特色农业示范区工作报告，促使实施规划和方案加快编制出台，加快推进乡村振兴战略贯彻实施步伐。跟踪检查创建国家全域旅游示范区公共服务体系建设、创建义务教育均衡发展示范区审议意见的落实情况，督促政府及职能部门继续加大力度，采取积极措施，有效促进问题的解决，助推创建工作顺利开展。四是跟踪监督脱贫攻坚审议意见落实情况，重点督办产业发展、村级集体经济、危房改造、控辍保学和自治区巡视组反馈问题的整改。针对“执行难”问题，听取和审议区人民法院民事、行政执行工作报告和区人民检察院民事、行政执行监督工作报告，根据常委会审议意见要求，“两院”进一步加强自身建设，完善执行工作机制，提高执行工作质效，促进社会和谐稳定。听取和审议公安派出所建设工作报告，跟踪检查提升公众安全感和满意度审议意见落实情况，要求加强基层派出所队伍建设、基础设施建设、装备配置，增加辅警数量，加大扫黑除恶和惩治违法犯罪力度，保障人民安居乐业、社会安定有序、基层政权巩固，提升群众的满意度和安全感。对预防未成年人犯罪法的贯彻实施情况进行检查，配合上级人大对多部法律法规开展执法检查，备案审查规范性文件2份，有效发挥“法律巡视”监督利剑作用，促使“一府两院”依法行政、公正司法。坚持常委会领导、人大代表接访和下访制度，及时转办、督办信访件，维护群众合法权益、社会和谐稳定。围绕全区发展大局，在行使重大事项决定权上把好关，确保做到与社会经济发展合拍，与党委、政府合力，与人民群众合心。分析研究钦南区的实际情况，依法审查和批准决算、预算调整方案和政府债务限额的议案，同意对全域旅游、义务教育均衡发展、脱贫攻坚等预算进行调整；要求政府增强防范和化解债务风险，加强政府债务管理，合理统筹安排使用政府债务资金，推动相关工作顺利开展。坚持党管干部原则和依法选举任免的有机统一，依法选举区监察委员会主任1名、副主任2名、委员2名，补选人大常委会委员2名、区人大代表3名、钦州市人大代表2名，接受辞职和任免国家机关工作人员34人次、法院陪审员3人次。坚持宪法宣誓制度，组织新任职人员向宪法宣誓3批次，强化人大任后监督，督促任职人员依法履职行权。 （区人大办）

【政务公开】 2018年，钦南区政府信息公开工作坚持以“公开为常态、不公开为例外”为原则，深入贯彻落实《中华人民共和国政府信息公开条例》《关于全面推进政务公开工作的意见》，按照《钦南区人民政府办公室关于印发2018年钦南区政务服务工作要点的通知》的工作部署，结合工作实际，推进行政决策公开、执行公开、管理公开、服务公开和结果公开，加强检查，重视培训，及时、规范、准确地向社会公开政府信息，保障人民群众知情权、参与权和监督权，推进政务公开工作常态化、制度化和科学化。充分利用钦南区政府门户网站信息公开第一平台作用，发挥“两微一端”新平台灵活便捷的优势，着力建设和宣传“钦南发布”“钦南之声”和移动客户端，不断创新公开方式，跟进当下时代的要求，满足公众不断变化的知情权。2018年，全区56个单位通过钦南区政务公开平台发布各类信息8991条，共收到依申请公开3件，按时办结3件。认真组织开展钦南区第六届政务公开日活动，到镇一级（康熙岭镇）零距离为群众提供政策宣传，现场受理和解答群众提出的政策咨询问题，活动当天共发放各类宣传资料8253份，现场接待群众咨询1657人次，现场解答问题815件。 （区政务办）

【推进改革创新，激发发展活力】 2018年，钦南区以供给侧结构性改革为主线，持续推进深化改革工作。区委、区政府印发出台《全面推进供给侧结构性改革实施意见》和《实施开放创新战略全面提升开放发展水平的决定》等纲领性文件，各项改革工作顺利推进。财税和投融资体制改革出台政府性债务风险应急处置预案，加大政府性基金预算与一般公共预算的统筹力度，预决算公开率达100%。机构改革陆续推进，国税、地税合并，钦南区税务局挂牌成立。深化“放管服”改革不断深化，行政审批制度和投资便利化不断深入，着力清理规范收费项目，共精简权力事项677项，精简比例25.3%。推行“智慧政务”，建立行政权力事项集中办理、行政权力运行流程动态管理、政务服务容缺受理机制，推进“减证便民”行动和“一事通办”改革。建设“互联网＋政务服务”，网上申报事项约占进驻事项的83%。深化医药卫生体制改革方面，启动医院药品“零差价”销售各项工作，建立科学补偿制度，药品收入占比由原来32%降至28%，医院药品收入同比下降27%，破除以药养医取得了预期成效。公务用车改革工作稳步推进，启动该区事业单位和国有企业公务用车制度改革工作，完成公务用车信息化服务平台建设和车辆安装北斗卫星定位终端。

（区发改局）

【行政审批制度改革深化】 2018年，钦南区开展行政审批事项取消下放和调整、监管、服务工作。取消行政审批事项8项，调整行政许可事项11项。承接自治区委托下放行政许可事项3项，依据法律法规设定为行政许可事项8项，保留为行政审批必要条件的中介服务事项目录43项，其中非行政许可已全部进行取消或调整。对不列为行政许可的事项，根据权责清单制度、简化优化公共服务流程等有关规定，按程序将符合条件的事项调为其他权力事项或公共服务事项，组织各部门认真做好取消、调整行政许可事项的落实和衔接工作，制定取消后事中事后监管措施8份。清理规范证明事项。针对烦扰群众的各种“奇葩”证明、循环证明、重复证明等问题进行自查、自清、自纠、自改，清理取消区财政局“国土部门在办理房地产权属转移时要求国资部门出具国有资产权属证明”1项。推进权责清单的深化利用和长效管理，强化权责清单动态调整机制。按照《广西各级政府部门权责清单管理办法》要求，推进建立权责清单动态调整、监督检查机制，根据法律、法规的废、立、改以及部门职能变化，及时调整完善政府部门权责清单。年内调整各镇人民政府权责清单106项。

（区编办）

【政治协商】 2018年，钦南区政协常委会履行“政治协商、民主监督、参政议政”三大职能，围绕“抢抓新机遇，加快钦南区物流经济协调发展”“加强财源建设，推进钦南区县域经济发展”等5个议题，开展调研活动，组织召开专题协商会、对口协商会和界别协商会，邀请区政府领导和相关部门领导与委员面对面协商议政，形成5份协商成果报送区委、区政府作决策参考，为加强钦南区财源建设、壮大村级集体经济发展、加快推进现代特色农业示范区创建等重点工作精准发力、议政建言。调研报告获得钦南区第四届哲学社会科学优秀成果奖一等奖1篇，二等奖2篇。抓好提案交办、承办、督办、考核等环节，形成各方重视、广泛协作、协调高效的工作机制，增强提案工作合力。年内召开3次重点提案督办协商会，主席会议成员和相关提案的委员共同视察提案办理现场，听取承办单位对10件重点提案办理落实情况的汇报，就提案办理中存在的问题，同承办单位进行协商交流。联合区委督查室和区政府督查室，组织开展提案协商督办活动，就农村垃圾整治、钦州骑楼街区保护开发等提案开展现场视察督办，提出民主监督意见，助推工作改进。按规定联合开展提案督办考核工作，促进提案承办单位严格按照“办理态度让委员满意，办理过程让委员满意，答复结果让委员满意，落实效果让委员满意”的要求，按时按质按量完成承办工作。区政协六届三次会议以来，共督办提案62件，办复率达100%，推动提案落实和成果转化。贯彻落实中共中央、自治区党委和钦州市委关于加强和改进人民政协民主监督工作的精神，配合钦南区委研究出台《关于加强和改进人民政协民主监督工作的实施意见》，建立完善民主协商、民主监督、专题视察调研、重点提案督办有机结合的工作机制，把民主监督体现在委员提案、大会发言、专题调研、专项视察等各项工作中。注重发挥协商式监督的优势和特色，在敢于监督和善于监督上下功夫，以保障民生为重点，规范有序开展监督性民主评议工作。组织政协常委开展民主评议钦南区农村改厨改厕工作，区政协主席会议成员分别带队，深入钦南区11个镇和丽光场、尖山街道，对2017年和2018年实施的改厨改厕建设情况进行监督性民主评议，提出改进工作的意见和建议，形成专项评议报告报送区委、区政府，促进相关职能部门进一步转变工作作风，助推惠民政策落实见效。组织引导广大政协委员，协调相关部门，围绕中心，服务大局，同心协力攻坚克难。区政协班子成员负责挂帅17个市、区重大项目，深入一线与工作人员一起研究、与征拆群众和谐协商，统筹协调相关部门，解决困难和问题，有效推进北部湾大道中马延长线、环城西路、新兴西路延长线等项目建设，助推市、区重大项目顺利实施。以区政协班子成员和区政协机关挂点联系的贫困村青龙村、犁头咀村、大番坡村、后立村、那彭村、塘底村、黎屋村为重点，做好联系户的帮扶工作。协调各帮扶单位，调动各方力量，精心谋划项目、发展产业，壮大村集体经济，按时按质完成了2018年脱贫攻坚目标任务。区政协办公室被评为钦州市"美丽广西"乡村建设(扶贫)工作先进集体(后盾单位)。制订《钦南区政协开展"优化营商环境走访调研企业"活动方案》，区政协班子成员带队到企业开展走访调研，及时了解企业的生产经营情况和发展中遇到的困难和问题，有效协调相关部门，协助企业解决用地、用工、融资难等问题。组织力量参与社会综治、平安钦南建设和提升群众安全感、扫黑除恶等活动，携手共建平安和谐家园。组织开展"温暖新春"爱心慰问、扶贫爱心捐款等活动，走访慰问60多人，送去慰问金和慰问品折合人民币3万余元。倡导委员和社会力量捐款捐物20多万元用于扶贫济困活动。　（区政协办）

精神文明建设

【文明创建引领新风尚】 2018年，钦南区紧紧抓住群众性精神文明创建活动这一载体，深入开展文明城市、文明单位、文明村镇、文明街道、文明社区、文明家庭评选活动，培育一批先进典型，不断提升市民文明素质和城乡文明程度。大力倡导"婚育新风""绿色生活""低碳出行""文明礼仪"之风，推进乡规民约、文明礼仪进农家，引导农民崇尚科学，反对迷信；尊重知识，反对愚昧；破除陋习，追求健康文明的生活方式。此外，紧紧抓住"城乡互动，共树新风"这一主题，深入开展区域共建、军民共建精神文明活动，注重发挥文明单位的辐射和提升拉动以及文明村镇的示范推动作用。群众性精神文明蓬勃发展，年内，全区有2个镇村进入了国家级文明村镇行列，9个镇村进入自治区级文明村镇行列，13个镇村进入市级文明村镇行列，在引领文明风尚、促进农村精神文明建设中发挥了重要作用。

【文明实践中心和新时代讲习所建设】 2018年，钦南区举行"新时代文明实践中心"揭牌仪式暨首场讲习活动。揭牌后，钦州市政协副主席、区委书记黄球结合钦南区实际和习近平总书记的扶贫情怀和有关脱贫攻坚的一些重要讲话精神，作"如何打赢脱贫攻坚翻身仗"专题讲习。全年开展新时代文明实践中心讲习活动4次。加强"新时代文明实践中心"建设，实践中心每月开展一次以上的实践活动。按照"六有"(有场地、有机构、有师资有制度、有标识、有资料)的标准，推进"新时代讲习所"活动，钦南区所有镇(街道)、村(社区)均完成"新时代讲习所"场地的确定，悬挂牌匾，覆盖率达100%，创建"新时代讲习所"174个。7月26日，钦南区首个"新时代讲习所"在尖山街道排榜社区正式揭牌，开展首场讲习活动。全年全区开展讲习活动600多场，受众约16000人。编印发放《惠民政策汇编》2万册作为讲习学习资料。

【文明城市创建】 2018年，钦南区丰富创建形式，创新载体，坚持把社会主义核心价值观融入精神文明建设全过程。开展丰富多彩的群众性文化活动和教育活动；利用市民学校、科普活动场所等载体，采取专题讲座、座谈、观看电教片等灵活多样的形式努力营造浓厚的学习氛围，从而把社会公德、职业道德、家庭美德和文明礼仪融入居民的日常生活中，进一步增强居民群众的学习意识、法律意识、成才意识和自立意识。以培育和践行社会主义核心价值观为主线，抓好公民思想意识建设。利用围墙、空地和电灯杆等安装宣传板报、宣传牌匾和张贴宣传画册，在辖区范围内加大营造创建文明城市活动氛围力度。年内，新制作创建文明城市宣传板报20版；社会主义核心价值观宣传牌匾335余块、关爱未成年人宣传牌匾、文明礼仪、市民、居民文明公约等宣传牌匾445余块。利用节日民俗、党员活动日、宣传活动周等，结合党员"双报到、双服务"和志愿服务，开展文明劝导、消费维权、医疗帮扶、法律咨询、创城文艺晚会等活动，大力宣传社会主义核心价值观、文明礼仪、清洁卫生等创城知识，不断提升市民文明素质意识，不断提高市民对创城的知晓率、参与率、幸福感和满意度。开展寻找"钦州好人”活动，推荐好人线索307条，其中黄群美、胡胜英等先进典型和先进人物，被授予“钦州市第三届道德模范”称号。开展2018年钦州市文明街道创建评比活动，其中文峰街道获得第一季度测评结果第一名。

【未成年人思想道德建设】 2018年，钦南区落实《全国未成年人思想道德建设工作测评体系》各项任务。建立健全工作机制，为未成年人思想道德建设工作提供组织保障。调整充实全区未成年人思想道德建设工作领导小组，成立相应专职机构，形成上下联动、互相配合、协调工作、齐抓共管的整体合力。落实相关制度，召开联席协调会议对工作进行专题部署；构建学校、社会、家庭“三位一体”的教育格局，发挥整体作用，通过邀请家长和交通、消防、边防和公安等部门与学校开展“共建”活动，从多角度加强青少年思想道德建设，形成多维的教育体系。组织开展系列道德教育实践活动，从思想上牢固防线。利用清明、端午、“六一”“七一”“十一”等重要节日组织开展网上祭英烈、学雷锋做美德少年、童心向党等活动；通过开展优秀童谣征集推广活动，向市文明办推荐149首童谣，促进良好品格的形成；开展第四届钦南区“美德少年”评选活动，评出30多名美德少年和10名十佳少年。开展传统文化进校园活动，邀请文艺书法志愿开展写字课、书法课，联合河南兰苑文学网上展示人和小学、三小的诗歌散文作品，钦州地方戏曲到校园巡演等方式促进学生对艺术的学习兴趣。申报自治区级、市级文明校园。年内，钦南区有2所学校获得自治区文明校园、3所学校获得市级优秀文明校园、3所学校获得市级合格文明校园。逐步推进阵地建设，为未成年人课余提供好的去处。按照中央、自治区、钦州市文明办的要求，建设完善乡村学校少年宫建设。年内，全区有6所中央公益金乡村学校少年宫，5所市本级乡村学校少年宫。推进心理健康教育工作，帮助未成年人培养健全人格。目前，区级未成年人心理健康辅导站心理健康教育专家和志愿者队伍，有兼职志愿者16人，不定期开展活动；心理辅导室，每周二至五（4:05—4:55）接待学生来访，帮助学生解决问题。净化社会文化环境，为未成年人健康成长营造良好环境。开展净化社会文化环境工作，抓好网吧管理、文化市场和校园周边环境的整治工作，为未成年人健康成长营造良好社会文化环境。重视特殊弱势群体，为未成年人办好事实事。组织各级各部门以及广大爱心志愿者开展关爱农民工子女、留守儿童、困难学生慰问帮扶活动。

【“我们的节日”主题活动】 2018年，钦南区开展“我们的节日”系列活动，利用社区文化场所，结合春节、元宵、“三月三”、清明、端午等节日民俗，组织开展“我们的节日——清明网上祭英烈活动”“我们的节日——端午”系列爱国主义读书教育主题活动等，缅怀先烈、经典诵读，大力弘扬中华优秀传统文化。节日期间，结合创城工作，开展市容环境卫生大整治行动，发动市民群众积极参与到创建工作中来。开展文明礼仪、遵守交通规则、文明劝导等宣传教育活动，增强广大居民的社会公德和生态文明意识，共同创造整洁、优美、舒适的生活环境。

【志愿者服务行动】 2018年，钦南区学习贯彻落实中共十九大精神和《志愿服务条例》，大力弘扬“奉献、友爱、互助、进步”的志愿精神，践行“学习雷锋、奉献他人、提升自己”的志愿理念，推动学雷锋志愿

2018年9月14日，钦南区举行文明城市创建晚会

（区委宣传部　供稿）

服务工作制度化、常态化长效化，继续扎实开展志愿服务活动，完善志愿者站点和队伍建设，共建成街道、社区两级志愿服务基地19个，组建志愿服务队53支，登记各类志愿者组织99个，注册志愿者总数4926人。通过组织开展系列活动，发放问卷10500多份，宣传手册和报纸累计9800多份，小礼品4440多份，参与人员3650人，大力宣传“学习雷锋、奉献他人、提升自己”的志愿服务精神，弘扬社会正气、树立时代新风。组织人员开展“手拉手·邻里守望”“文明礼让·交通劝导”“铲除小广告·从我做起”“博爱送万家”等志愿服务活动，同时其他各类志愿者也开展了常规性的志愿服务活动，如扶贫帮困、文艺下乡、科普宣传、“三关爱”、讲习所宣讲活动、关爱未成年人、法律援助、为民义诊等等，推动志愿服务体系不断健全完善。

（区文明办）

生态文明建设

【环保督查反馈问题整改落实】 2018年，钦南区整改落实中央环保督察组第一轮督察和“回头看”反馈的问题、群众投诉举报问题、国家海洋督察、国家林业督察反馈问题、自然资源资产审计出来的问题。对中央环保督察“回头看”发现的“小散乱污”冶炼企业污染问题，做到立行立改，连夜依法拆除康熙岭镇高沙村非法冶铝厂，用2天时间依法对15家“小散乱污”非法冶炼企业进行全部拆除。97件群众投诉举报件整改率达到90%以上。

【空气质量监测和整治】 2018年，钦南区根据《广西壮族自治区人民政府办公厅关于印发〈广西大气污染防治攻坚三年作战方案(2018—2020年)〉的通知》指示、钦州市环境保护局《关于印发〈钦州市环保局2018年大气污染防治工作分工表〉的通知》和《钦州市人民政府办公室关于印发钦州市2018年大气污染防治“百日攻坚”行动方案的通知》的统一安排，做好钦南区大气污染防治工作，督促各相关职能部门落实各自职责职能，推动“打赢蓝天保卫战”专项工作的高效完成。对夜市露天烧烤摊点严格落实长效管理机制。落实夜间巡查整治人员、工作职责，对顽固性的摊点以及易出现市容反弹的路段加强巡查和监管，巩固集中整治效果。全年发放书面《责令改正通知书》170余份，依法取缔夜市烧烤摊点110余处（次），依法登记保存一批占道经营工具。对泥头车辆继续采取“白＋黑”整治模式。要求城监大队重点对建筑工地车辆不密闭覆盖运输、轮胎带泥上路、抛撒滴漏污染路面造成扬尘等影响市容环境卫生情况进行综合治理，共检查违章泥头车辆320余辆次，教育司机、运输单位负责人250多人次，立案处罚违规泥头车辆17宗，罚款30650元。做好洒水降尘工作。督促环卫站明确司机负责路段，采用冲洗路面泥沙或者洒水降尘的方式，派管理人员到场监督管理，促使大气污染防治工作有效开展。每天安排6辆环卫洒水车负责辖区内的主要防控路段。全年，环卫站洒（冲）水作业共14250车水，洒（冲）水量约为11.4万立方米。

（区城市综合执法局）

【“生态乡村”活动巩固提升】 2018年，钦南区通过加大资金投入、完善保洁员管理机制、构建垃圾清运体系、强化督查问责等措施，不断夯实基础设施、稳定保洁员队伍、购置保洁设备，使全区“清洁乡村”工作不断走向常态化，“清洁乡村”活动效果不断得到巩固，同时加强对“生态乡村”项目加大后期管理力度，发挥好最大效益。1—3月，利用春节期间外出务工人员集中返乡与家人欢度春节的契机，开展农村保洁费收取工作。全区12个镇（尖山街道）共计收取保洁费372.39万元。组织开展环广西公路自行车世界巡回赛钦南赛段沿线乡村环境整治提升工作：钦南区乡村办制订《关于印发2018年度环广西公路自行车世界巡回赛钦南赛段沿线乡村环境整治提升工作方案的通知》，明确整治范围、整治任务、整治步骤、时间节点、责任单位，验收标准，大力推进“一清二拆三整理四围挡”工作。出动整治人员6838人次，投入经费126万元，清理沿线村庄的生活垃圾、建筑垃圾、绿化带及田间地头暴露在地表的垃圾和沿线范围内溪流、池塘、沟渠等堆积以及水面漂浮的各类垃圾216吨，搬迁沿线有碍观瞻的垃圾池、小型垃圾焚烧炉共5个，原来占用公路用地摆放的垃圾桶已经迁移到可视范围之外。区住建局协调组织区综合执法局、区城监大队等部门依法拆除沿线违法设置的小工场、养殖场、推土场、弃物场46个。拆除违章搭建的废品收购点、居住窝棚等临时搭盖32处。拆除沿线村庄废弃不用且濒临坍塌的杂物房、牛栏猪圈及残墙断壁等构筑物8处。开展沿线房前屋后整理活动32次，清理拆除沿线村庄违法违规设置的高杆广告、楼顶广告等大型户外广告12个。清除更换陈旧破损、影响观瞻的墙体广告、横幅标语216处。规范公路沿线建筑垃圾清运、运泥车辆撒漏、工地沙场围挡施工46处。强化督查，确保整治到位：每天派出督查组到赛道沿线开展覆盖式巡查，抓好沙埠镇黎合江至龙屋段个别脏乱差地点整治，以及田园环境卫生的整治，督促指导五镇和区直相关部门对赛道沿线区域内的环境卫生情况进行仔细全面检查；督促沿线保洁员做好日常保洁工作，保持环境卫生良好秩序。开展2018年蚝情节北部湾大道、沙井岛、主会场及沿路环境卫生的整治和提升工作，组织尖山街道800多人到上述地段开展环境整治和保洁工作，清理杂草、杂物、垃圾约160多吨，整理群众房前屋后杂物63处，更换更新宣传围挡450米。

【农村生活垃圾治理】 2018年，钦南区以康熙岭镇为试点，探索钦南区农村垃圾治理市场化管理新模式。康熙岭镇政府将辖区范围内的保洁工作承包给康熙岭镇温文营垃圾清运服务部，把保洁工具交由公司全权管理与使用，全面实行农村垃圾市场化运营，政府及村委负责监督保洁公司的日常保洁工作，督促各村委及时按程序把保洁经费支付到清运公司账户，由清洁公司统筹合理分配使用，确保资金落到实处。采取市场化管理新模式、社会力量参与的新模式，提高各村保洁员工作积极性，释放政府和村委大量的人力和精力，每年为全镇减少20万元的环境卫生整治经费开支。（区乡村办）

【水污染防治】 2018年，钦南区开展钦江久隆段河道漂浮物的清理工作；完成钦江污染源排查，对排查反馈问题督促指导辖区及时清理整治。年内，钦江流域关闭搬迁养猪场（户）334个（户），清理生猪24716头，累计清理养鸡场（户）74个（户），清理活鸡4364羽，累计清理养鸭场19个，清理活鸭34070羽。印发《钦南区人民政府办公室关于印发中央环保督察组反馈钦州市近岸海域水质下降问题钦南区整改方案的通知》《钦南区人民政府办公室关于印发钦南区大榄江2017年环境综合整治工作方案的通知》及《钦南区人民政府办公室关于印发钦南区南流江2017年环境综合整治工作方案的通知》，组织各职能部门对大榄江污染源进行整治，对大榄江进行综合整治，年内大榄江流域范围内无规模化养殖场，油麻角周边餐饮全部拆除，大榄江污水初步得到控制，水环境有所改善。组织实施南流江环境综合整治工作。制定畜禽养殖污染整治工作方案，成立畜禽养殖清理工作组，搬迁14个养鸭场，搬迁鸭93238羽；搬迁20个养鸡场，搬迁鸡222090羽；拆除那思集镇猪栏140个，搬迁生猪815头。开展大风江流域综合治理拔污专项工作，对位于大风江禁养限养区的畜禽养殖和水产养殖户进行全面摸排，动员禁养限养区内的养殖户在限期整改时间内进行整改。配合钦州市环保局等有关部门坚决按照自治区有关时间节点要求，推动以保护区内4个猪场和嘉兴建材的整治为重点的大风江饮用水源区环境问题整治。（区环保分局）

【节能减排】 2018年，钦南区工信局强化重点耗能行业、企业节能降耗的监督管理，提升工业发展质量。加强对该区广西登高集团钦州旭升水泥有限公司和广西钦州金锋水泥有限公司2家水泥行业企业开展阶梯电价政策执行情况的节能专项监察。加强规模以上企业能耗监管，规模以上万元工业增加值单位能耗比2017年同期同比下降21.45%。重视中央环保督察组督察发现的问题和交办的案件，拆除施工的“小散乱污”冶炼企业共15家。（区工信局）

【公共机构节能】 2018年，区机关事务管理局履行公共机构节能职能，组织辖区内单位创建节约、节水型机关。调整公共机构节能工作领导机构，明确各单位年度节能指标，建立健全节能目标责任制和考核评价制度，推动节能工作制度化、规范化。做好能耗统计报告工作。年内召开1次公共机构节能工作会议，举办1期全区公共机构节能联络员业务培训班。开展“节能宣传周”和“能源紧缺体验日”活动。到乡镇和区直有关单位进行节能工作检查和调研，促进节能工作落实。开展废旧回收进机关活动，设立废旧商品回收点，制定相关制度，并指导辖区内各单位开展活动。实施既有建筑面积节能改造8000平方米以上，组织沙埠中学、永福小学开展“绿色照明”节能改造及能源审计。推进新能源汽车的宣传及应用，预留新能源汽车充电桩32个。

（区机关事务管理中心）

2018年钦南区党政机关、人民团体、直属事业单位和驻钦南单位及主要负责人

中共钦州市钦南区委员会

书　记:黄　球
副书记:胡　颎(12月任职)
　　　　李　遥(女,任至10月)
　　　　饶文勇
常　委:李先煌
　　　　叶金芬(女)
　　　　邓善锋
　　　　张斯广
　　　　王　务
　　　　黄杰辉(壮族)
　　　　赖廷耀
　　　　韦长庆(壮族,3月、挂职)

钦南区人民代表大会常务委员会

主　任:陈仁雄(黎族)
副主任:黄志升
　　　　刘秀梅(女)
　　　　陈启华(女)
　　　　李　新

钦南区人民政府

区　长:胡　颎(代区长、12月任职)
　　　　李　遥(女,任至10月)
副区长:赖廷耀
　　　　韦长庆(壮族,4月、挂职)
　　　　梁　莲(壮族,女)
　　　　钟　松
　　　　黄云平
　　　　龙少艺

政协钦南区委员会

主　席:宋　翔
副主席:朱其友
　　　　廖春梅(女)
　　　　褚乃平
　　　　冯心奇
秘书长:罗宁忠

中共钦南区纪律检查委员会

书　记:张斯广
副书记:梁仁明
　　　　卜业仕

钦南区监察委员会

主　任:张斯广
副主任:梁仁明
　　　　卜业仕

区人民法院

院　长、党组书记:何显锋

区人民检察院

检察长、党组书记:颜家强

区委办公室

主　任:王　务

区委组织部

部　长:黄杰辉(壮族)

区委宣传部

部　长:赖廷耀

区委统战部

部　长:叶金芬(女)

区委政法委

书　记:邓善锋

区人民武装部

部　长:李先煌
政　委:何计灵

区委政策研究室

主　任:(暂缺)

区机构编制委员会办公室

主　任:朱　明(女)

区直属机关工作委员会

书　记:邓峰和

区委台湾工作办公室

主　任:黄忠解(壮族)

区委督查室

主　任:郭光杰

区委保密办(局)

主任(局长):劳景葆(壮族)

区委机要局

局　长:黄兴武

区精神文明建设委员会办公室

主　任:谢向东

区社科联

主　席:莫峥嵘(女、瑶族)

区文联

主　席:陈俍羽(女、壮族)

区社会治安综合治理委员会办公室

主　任:黄海新(区委政法委副书记兼)

区委维护稳定工作领导小组办公室

主　任:吴鉴彪

区防范和处理邪教问题办公室

主　任:邱昊兴

区非公有制经济组织和社会组织工委

书　记:林雄权(区委组织部副部长兼,任至11月)

区委老干部局

局　长:刘宏炎(区委组织部副部长兼)

区委党史研究室

主　任:周佳钿

区党员干部现代远程教育管理办公室

主　任:黎东桂

区事业单位登记管理局

局　长:吴　兰(女)

区绩效考评领导小组办公室

主　任:邓立平

区民族事务局

局　长:梁立强(壮族)

区宗教事务局

局　长:(暂缺)

区工商业联合会

主　席:程晓云(女)
党组书记:陈　森(区委统战部副部长兼)

区人大常委会办公室

主　任:周继勇

区人大常委会法制与内务司法专门委员会

主　任:余奕斌(女,任至11月)

区人大常委会财政经济专门委员会

主　任:甘　虹(女)

区人大常委会教育科学文化卫生与民族工作委员会

主　任:沈芳文

区人大常委会代表联络工作委员会

主　任:李翠玲(女)

区人大农业农村与环资城建工作委员会

主　任:陈传恒

区人民政府办公室

主　任:刘世纪(壮族)

区发展和改革局

局　长:黄如秀(女)

区工业和信息化局

局　长:邓德平(壮族)

区教育局

局　长:苏贤清

区科学技术局

局　长:李　友

区民政局

局　长:刘　进

区司法局

局　长:赵良钦

区财政局

局　长:林潮华

区人力资源和社会保障局

局　长:黄力盟

区住房和城乡建设局

局　长:李树伟

区交通运输局

局　长:陈兴扬

区水利局

局　长:朱　政(壮族)

区农业局

局　长:周　健(壮族)

区林业局

局　长:黄昌雄(壮族)

区文化体育广电局

局　长:陈钦晖

区卫生和计划生育局

局　长:陈福隆

区审计局

局　长:黄庆文

区水产畜牧兽医局

局　长:陈庆永(壮族)

区统计局

局　长:裴强廷

区安监局

局　长:黄其华(壮族,4月任职)
　　　　黄团源(壮族,任至2月)

区旅游局

局　长:陈世红(女)

区工商行政管理局

局　长:冯英光

区商务局

局　长:赖高帮(壮族)

区粮食局

局　长:冯咸永(壮族)

区信访局

局　长:钟凤活

区食品药品监督管理局

局　长:杨福东

区城管综合执法局

局　长:陈秀权

区法制办

主　任:宋志行(壮族)

区侨务办

主　任:符翠芳(女)

区调处办

主　任:陆　彦(副主任,3月任职)
　　　　黄其华(壮族,任至2月)

区应急办

主　任:胡华庆(女、壮族)

区政务服务中心办公室

主　任:黄瑞峰

区物价局

局　长:杨和东

区人民防空和海防办

主　任:黄仕宝(壮族)

区扶贫开发办公室

主　任:邓李起军(2月任职)
　　　　吴绍忠(壮族、任至2月)

区农机中心

主　任:庄庆友

区机关事务管理局

局　长:何　苇(女)

区水果局

局　长:苏美鉴(女)

区地震局

局　长:黄宝定(壮族)

区招商促进局

局　长:陈　冰(女、区接待办主任兼)

区糖蔗局

局　长:李林高

区接待办

主　任:陈　冰(女)

区二轻联社

主　任:黄文杰

党组书记:刘月东

区供销社

理事会主任:梁日建

监事会主任:姚伯才

区地方志办

主　任:曹传德

区水库移民局

局　长:罗伯钦

区土地房屋征收办公室

副主任:姚宝雄(2月、兼)

区查违办

主　任:蒙福溢(壮族、区政府办副主任兼)

区城建监察大队

大队长:张作燕

区环境卫生管理站

站　长:张家干

区档案局

局　长:李昌文

金窝工业园区管委

常务副主任:陆明波

区政协办公室

主　任:李　艳(女)

区政协经济科技委员会

主　任:李启昌

区政协文教体卫委员会

主　任:黄夏喜(壮族)

区政协提案法制委员会

主　任:钟海福

区总工会

主　席:叶金芬(女、兼)

党组书记:甲忠好

团区委

书　记:贾聚华

区妇联

主　席:杨国荣(女)

区科学技术协会

主　席:吴绍忠(3 月任职)

黎良宇(任至 1 月)

区侨联

主　席:谢启中

区残联

理事长:陈建成(壮族)

公安钦南分局

局　长:钟　松

政　委:余世军

国土钦南分局

局　长:陆　毅

海洋钦南分局

局　长:刘　政

环保钦南分局

局　长:黄如龙

区国税局

局　长:黄政海

区地税局

局　长:陈海燕

区公路局

局　长:陈绍天

各镇(街道)党委(工委)书记、镇长(主任)、人大主席(人大联络办主任)

沙埠镇

书　记:利国雄

镇　长:冯传春

人大主席:王　斌

康熙岭镇

书　记:黄镇恒

镇　长:李茂华

人大主席:冯永冠(壮族)

黄屋屯镇

书　记:邓良峰

镇　长:邓享流

人大主席:朱春宇

犀牛脚镇

书　记:刘超荣

镇　长:莫然婷(女、瑶族)

人大主席:黄业聪(任至 10 月)

东场镇

书　记:梁景华(11 月任职)

莫云军(任至 10 月)

镇　长:黄昱淇

人大主席:黄广光

大番坡镇

书　记:李儒河(壮族)

镇　长:柴淑忠

人大主席:彭定宝(3 月任职)

龙门港镇

书　记:谭弋飞

镇　长:梁忠铭

人大主席:刘月旭

久隆镇

书　记:郑世鑫

镇　长:黄业聪(11 月任职)

梁景华(任至 11 月)

人大主席:陆世福

那丽镇

书　记:黄　涛

镇　长:张元思

人大主席:韦鸿传(壮族)

那彭镇

书　记:符艳光

镇　长:周　洋(壮族)

人大主席:叶成果

那思镇

书　记:梁云龙(3 月任职)

陆　彦(壮族,任至 3 月)

镇　长:罗福梅(女、壮族)

人大主席:杨元金

尖山街道

书　记:劳愈朋

主　任:苏德信(壮族)

人大联络办主任:王远生

文峰街道

书　记:葛锦春(3 月任职)

黄成松(任至 1 月)

主　任:黄素明(女、壮族)

人大联络办主任:刘艳阳(女、壮族)

南珠街道

书　记:陈启燕(女)

主　任:韦棋宝

人大联络办主任:颜晓霞(女)

向阳街道

书　记:麦德军(3 月任职)

葛锦春(任至 3 月)

主　任:宋彩明(女)

人大联络办主任:巫兆坤

水东街道

书　记:符兆建

主　任:杨华平(女、壮族)

人大联络办主任:胡　颜(女)

(区委组织部)

党政机关

中共钦州市钦南区委员会

【概况】 2018年，中共钦州市钦南区第六届委员会(简称钦南区委)设书记1人，副书记2人，常委8人(含挂职)，委员33人，党代表193人。区委机关设区委办公室、组织部、宣传部、统战部、政法委、编办、直属机关工委、政策研究室、督查室、台办10个机构。在党代表大会闭会期间，执行上级党组织和同级党代表大会的决议，领导该区工作。是年，钦南区委围绕新时代钦州发展新目标新思路，推进“一机遇、三争创、四打造、六重点”的工作部署，全面完成全年各项目标任务，经济社会实现稳中有进、稳中向好。

重要会议

【区委六届五次全体会议】 2018年10月22日在钦南区召开。出席这次会议的有区委委员25人，候补委员5人。不是六届区委委员、候补委员的区人大常委会、区人民政府、区政协其他党员领导班子成员，镇(街道)党(工)委和有关方面负责人列席会议。全会由区委常委会主持。钦州市政协副主席、党组成员，区委书记黄球作了讲话。全会深入学习贯彻中共十九大和十九届二中、三中全会，全国“两会”及中央农村工作会议、自治区党委十一届四次全会、市委五届四次全会精神，全面贯彻落实习近平总书记视察广西重要讲话精神，审议通过《中共钦州市钦南区委员会关于实施乡村振兴战略的决定》。

【“不忘初心再扬帆”解放思想大讨论暨优化营商环境“服务企业年”活动动员会】 2018年4月16日召开。会议传达学习自治区党委书记鹿心社到钦州调研和在北海召开座谈会时的重要讲话精神，以及市委常委(扩大)会精神，贯彻落实市委、市政府“不忘初心再扬帆”解放思想大讨论暨“服务企业年”活动动员会精神，钦州市政协副主席、钦南区委书记黄球出席会议并作动员部署。

【区委全面深化改革领导小组会议】 2018年6月25日召开，钦州市政协副主席、区委书记、区委全面深化改革领导小组组长黄球主持会议并作重要讲话，区委全面深化改革领导小组成员出席会议。会议审议并原则上通过了《区委全面深化改革领导小组2018年工作要点》和《区委全面深化改革2018年督察计划》；听取2018年上半年全区全面深化改革工作情况、党的建设制度改革专项小组工作开展情况和群团改革工作开展情况汇报；传达学习了中央全面深化改革委员会第二次会议和十一届自治区党委全面深化改革领导小组第十次会议精神。

【2018年脱贫攻坚暨污染防治攻坚工作推进会】 2018年7月10日召开，钦州市政协副主席、区委书记黄球出席会议并讲话，区人大常委会主任陈仁雄，区政协主席宋翔等区四套班子部分领导出席会议。会议通报2017年县级扶贫开发工作成效考核发现的问题，对抓好钦南区整改工作和下一步相关扶贫工作作了部署，总结分析钦南区污染防治工作的现状、存在的问题和面临的形势，对污染防治工作作了安排和部署。会议强调，要提高政治站位，深刻认识脱贫攻坚和污染防治工作的重要性，将其作为压倒性的政治任务和民生工程来落实；脱贫攻坚和污染防治攻坚战都要聚焦短板补不足，必须坚持以问题为导向，坚决实施脱贫攻坚“七个一”和环保整改“五个一”措

施。锤炼硬的作风，坚持硬的标准，建立硬的机制，动真碰硬啃骨头，确保脱贫攻坚和污染防治攻坚工作扎实过硬。层层压紧压实责任，强化组织领导，打赢打好脱贫攻坚和污染防治攻坚战。

【年中工作会议暨县域经济发展、工业高质量发展、生态环境保护、乡村振兴推进、脱贫攻坚推进大会】 2018年7月30日召开。钦州市政协副主席、区委书记黄球，区长李遥在会上讲话，区委副书记饶文勇主持会议。区四套班子部分领导，区人民法院、区人民检察院主要领导，区直及驻钦南有关单位，各镇、街道及有关部门主要负责同志参加会议。会议深入贯彻落实中共十九大和十九届二中、三中全会精神，学习贯彻习近平新时代中国特色社会主义思想，以及自治区、市有关会议的精神，会上分析了钦南区当前的发展现状和发展形势，研究部署下半年工作以及县域经济发展、工业高质量发展、生态环境保护、乡村振兴推进、脱贫攻坚推进工作，动员全区上下打起十二分的精神，拿出十二分的状态，付出十二分的努力，坚定高质量发展不动摇，全力以赴完成全年目标任务，以优异成绩迎接改革开放40周年和自治区成立60周年。会议总结上半年钦南区工作。会议指出，上半年，钦南区上下坚决贯彻落实党中央、自治区党委决策部署，在市委、市政府的坚强领导下，扎实推进"一机遇、三争创、四打造、六重点"工作思路的实施，统筹做好稳增长、促改革、调结构、惠民生、防风险各项工作，全区经济社会保持持续健康发展。会议强调，要保持头脑清醒认清形势，要正视问题直面困难，进一步增强忧患意识和紧迫感，突出问题导向，奋起直追猛打，全力推动钦南区赶超跨越发展。要在园区建设上狠下功夫，推动工业高质量发展，下半年，要重点抓好进口木材加工园和农副产品加工园的建设，继续开展好优化营商环境"服务企业年"活动。要在生态环境保护上狠下功夫，做到彻底整改、常态化监管、严肃追责问责，坚决打好污染防治攻坚战；要在"三农"工作上狠下功夫，实施乡村振兴战略是中共十九大作出的重大决策部署，把实施乡村振兴战略摆在突出位置、摆在优先位置，把农村、农业、农民工作统筹做好，全力推动产业振兴、人才振兴、文化振兴、生态振兴、组织振兴；要在脱贫攻坚上狠下功夫，坚决打好脱贫攻坚翻身仗，认真落实好自治区约谈会和浦北现场会的要求，以及"百日集中大行动"的要求，继续把"七个一"措施落实到位；做好两大创建迎检工作，确保顺利通过评估验收。弘扬担当实干，狠抓工作落实，全力冲刺完成全年各项目标任务。会议对下半年经济工作的重点任务作了安排部署。会议要求，继续强化第一产业、第三产业的支撑作用，并全力促进工业发展，全力服务建筑业发展，全力以赴完成全年目标任务；提高政治站位，坚决把生态文明建设作为一项重要政治任务，坚决打赢生态环境保护的持久战；按照市委、市政府在全市脱贫攻坚工作暨"百日集中大行动"现场推进会上对当前扶贫工作的有关部署，全面组织整改工作，坚决打赢脱贫攻坚的翻身仗；保持社会和谐稳定，全面做好重大赛事、活动安保维稳工作，增强社会治安综合整治水平，维护群众合法权益，全面落实安全生产"党政同责、一岗双责"制度，深入开展隐患排查和专项整治，确保下半年安全生产形势稳定；切实抓好民生建设。

重要决策

【加快县域经济发展】 2018年1月23日印发《中共钦州市钦南区委员会 钦州市钦南区人民政府关于加快县域经济发展的实施意见》，部署钦南区县域经济提速提质、实现跨越发展。

发展基础设施，增强经济发展承载力 加快高等级公路的交通网络建设，形成县域内部、县域与周边县道互联通达。配合市做好沙坪至那丽（那彭至那丽段）一级公路，浦北至石埇二级公路等项目前期工作，积极推进项目建设。争取一批县乡道联网公路、旅游及工业园区道路及窄路加宽项目。进一步完善钦南区内部乡镇、旅游及工业园区道路联网、提升道路服务水平。到2020年实现镇镇通二级公路，自然村通硬化路比例达到90%以上。协助加快通用机场项目前期工作并争取在"十三五"期间开工建设。加强风能、太阳能等新能源项目建设管理，重点建设钦州康熙岭200兆瓦（一期60兆瓦）渔光互补光伏电站项目、钦州康熙岭300兆瓦（一期20兆瓦）渔光一体光伏电站项目、钦南低风速试验风电场工程项目、钦南风电场工程项目、钦南区风门岭风电场项目、钦南区康熙岭风电场等一批项目。实施农村饮水安全巩固提升工程，以解决贫困地区、贫困人口饮水问题为重点，在完成脱贫摘帽建设任务的基础上，兼顾面上的巩固提升。到2020年，农村集中供水率达到85.66%，自来水普及率达到80.49%，自来水水质达标率有大幅提升。实施高效节水灌溉工程，利用中央和自治区农田水利资金，发展高效节水灌溉，促进该区特色农业从传统粗放型经营方式向现代集约型经营方式转变。到2020年，新增高效节水灌溉面积1533公顷。开展高标准农田建设，提升耕地质量，建成旱涝保收农田，增强农业抗灾能力，提高粮食综合生产能力。加快县域宽带网络建设升级改造，扩大农村地区广播电视信息网络、光纤宽带网络覆盖范围，推进"三网"融合发展，加快信息进村进户，到2020年实现行政村光纤全覆盖，行政村通宽带及有线电视网络宽带业务覆盖率均达到100%，宽带网络达到全区平均水平，形成城乡一体化信息网络新格局。加强农村地区网络资源共享，推动云计算及大数据在政务服务、旅游、社会管理等领域的应用。推进区级电子政务云平台建设和应用，实现与市级平台有效对接。推进工业园区道路、供水、供电、排污等市政配套设施建设，完善园区配套功能，提升服务配套水平。积极向上争取并整合项目资金加大投入钦南台湾农民创业园和现代特色农业示范区，加大示范区内水、电、路、通信、绿化等公共设施建设，推进灌溉排涝渠道、治污排污设施、机耕运输道路等基础设施建设，完善农业机械、喷滴灌等生产设施装备和保鲜冷链等农产品产后服务设施，形成有效支撑示范区建设发展的基础设施和服务体系。

发展县域工业，加大工业的支柱作用 协调服务中马钦州产业园区、钦州保税港区、高新技术产业开发区，全面规划建设金窝工业园、黎合江工业园和食品科技园，重点抓好园区规划龙头作用，加快完善园区各项规划，坚持"多规合一"。做好钦南区土地利用总体规划与工业园区规划的衔接，把园区发展的用地纳入土地利用总体规划的预留范围，尽最大可能将用地矛盾消弭在用地需求产生之前。其中，金窝工业园重点布局新材料、纺织化纤、合成材料、物流和电子科技、木材深加工等产业，力争建设成为北部湾经济区中有影响的工业发展区域。创新工业园区管理和运营模式，整合优化园区管理机构，探索园区行政管理与企业管理相结合的管理方式和园区运营模式，支持有实力的企业开发建设"园中园"，增强园区的自主权和发展活力。促进园区创优晋级，支持金窝工业园一区创建自治区综合类经济开发区。到2020年园区工业产值占工业总产值比重达到70%以上。突出现有产业优势，促进制糖等传统产业转型升级，重点打造新材料产业、农副产品加工（含食品制造）产业、建材产业、石化下游产业、木材加工产业等产业。到2020年，争取将新材料产业、农副产品加工（含食品制造）产业、石化下游产业打造成超50亿元的优势特色产业集群。加快转变经济发展方式，积极培育战略性新兴产业，重点培育发展新材料、新能源、节能环保产业、电子信息、生物医药等产业。积极引进中国民营企业500强、中国企业500强、上市公司等强优企业，带动项目、资金、管理、技术进驻，提升县域企业的整体素质和竞争力。到2020年县域亿元以上达到60家，10亿元以上企业达到2家，20亿元以上达到1家。大力培育创业创新型企业，建设工程技术研究中心，创建1个科技企业孵化器，到2020年县域高新技术企业达到18家，争取我区创建知识产权试点示范区。培育打造以高新技术产业、科技服务、产城融合为特色的创新小镇，支持与科研机构、高等院校和企业合作研发中心。深入实施质量强区战略、大力培育名牌产品企业、开展技术标准创新，支持县域企业争创名优品牌和著名商标，力争"十三五"时期创广西著名商标企业4家、广西名牌产品企业2家。

发展现代特色农业，夯实农业基础性地位 以推进农业供给侧结构性改革为引领，发展特色优势种养殖业，提高产品质量，增加农业效益。重点发展粮食、糖料蔗、蔬菜、水果、青蟹、对虾、龟鳖、大蚝生猪、牛羊、奶水牛、家禽等特色优势产业，大力发展林下经济基地，通过龙头企业或合作社、家庭农场带动，扶持引导发展林下养禽、养蜂、养畜、种菌、种植药材等，打造一批具有区域影响力的农产品生产基地，形成"一村一品""一镇一业"特色优势农业产业格局。推进马铃薯主粮化，积极开展粮食高产创建活动。在全区范围内发展"双高"糖料蔗基地建设，2020年完成1.93万亩"双高"糖料蔗基地建设任务，逐步实现糖料蔗基地经营规模化、水利现代化、种植良种化、生产机械化；建设高产优质水稻产业区，全区良种覆盖率达到85%以上。大力发展农产品加工业，重点建设火龙果、大蚝、肉鸡、海鸭蛋等农产品精深加工基地，支持现有农产品加工企业开展技术改造和开发特色新产品，引导优秀加工企业向加工园区集聚，到2020年农产品加工业有较快发展，培育产值超亿元的农业产业化龙头企业4家以上。全面完成示范区建设2016—2017年两年行动目标任务，加强已认定示范区的动态规范管理，推进扩面提质，加快玛氏火龙果、虾虾乐、康熙岭万亩优质水稻、“双高”糖料蔗、中国龟谷等示范基地建设，到2019年钦南区建成1个以上自治区级示范区、1个以上市级示范区、2个以上县级示范区，每个有条件的涉农镇（街道）建成1个以上的乡级示范区。依托示范区，围绕钦南区农业优势资源和特色、重点建设钦南台湾农民创业园、广西钦州国家农业科技园区等现代农业产业园区，打造集循环农业、创意农业、农事体验等功能于一体的田园综合体，延伸农业产业链、价值链。创新示范区建设发展模式，推行“示范区+公司（合作社）+基地+农户”等紧密型利益联结机制及土地入股、合作经营、订单生产、代耕代种等新型利益联结模式，建立健全示范区管理运行体制机制。加强农产品“三品一标”建设，培育农产品区域公共品牌，申报注册地理标志保护产品、地理标志证明商标，支持农业产业化龙头企业创建国家级、自治区级品牌，争创一批国家级、自治区级农业标准化项目和地理标志保护示范区。积极推进农村一、二、三产深度融合发展。培育壮大农业产业化经营主体，到2020年农业产业化龙头企业达到20家，农民专业合作社400家，家庭农场达到30家。健全农村土地流转服务和管理网络、农村产权交易服务、农村金融服务等县域农业生产服务平台，深化农村土地承包经营权确权、经营性资产股份合作、农村集体经济等改革，2017年基本完成农村土地承包经营权确权登记颁证工作，激发农业生产活力。创新耕地丢荒治理模式，推进“小块并大块”土地整治，适度扩大规模经营，有效遏制丢荒现象，提高农业综合生产能力。

创建全域旅游示范区，提高旅游对县域经济的带动效应 实施全域旅游发展战略，到2020年，将钦南区创建为国家全域旅游示范区。力争新创国家AAAAA级旅游景区1家，国家AAAA级旅游景区突破5家。创建自治区生态旅游示范区1个，自治区级旅游度假区1个，广西四星级以上乡村旅游区突破9个。构建县域“外通内联”的旅游交通网络，形成“一小时”旅游交通圈。培育特色小镇，实施“一镇一特、一村一品”工程，推进创建1个旅游型特色小镇，培育和打造1个旅游产业集聚区。重点推进三娘湾—茅尾海沙井岛海洋产业集聚区、千年古陶城文化创意产业集聚区、久隆休闲农业与乡村旅游产业集聚区、环那雾山田园休闲特色农产品产业集聚区建设，促进集聚区内旅游企业密切合作，海洋旅游、文化创意、休闲农业、户外运动、健康养生等产业链配套协作与专业分工。升级培育以中华白海豚为代表的休闲度假旅游品牌、以三娘湾—茅尾海沙井岛休闲度假区为代表的高端滨海度假旅游品牌、以刘冯故居为代表的红色旅游品牌、塑造千年坭兴陶旅游品牌，提高核心竞争力。加强旅游演艺品牌建设，推动文艺团体紧扣历史、民族等主题，结合采茶戏、跳岭头、海（山）歌、舞青龙等特色民间文化活动，打造演艺旅游品牌。推进景区推进城市绿道、观景平台、亲水平台、凉亭、停车区、讲解标识、卫生系统、解说系统等游憩空间等公共休闲设施建设，促进景区提档升级；促进钦南区高品质旅游住宿设施改造升级，鼓励建设五星级酒店。积极发展以坭兴陶、海豚、海洋等为主题的主题酒店、度假酒店和露营、帐篷酒店；大力发展以古村落、庄园、民族村寨等为载体的特色民宿。推进建设三娘湾、茅尾海沙井岛、白石湖公园、东盟生态园、东盟花卉大世界、那雾山等一批山地型、湖畔型、滨海型、森林型和民俗型等不同主题的汽车旅游营地。大力推进旅游厕所建设和管理，涉旅场所应按照标准改造和新建体现地方特色的旅游厕所，国家AAAA级以上的旅游景区应建设第三卫生间。争取建设1家以上旅游集散中心，在主要旅游景区和旅游村设立旅游集散点，完善区级旅游公共信息咨询平台，建立县域旅游咨询服务数据库和网络。全面完善辖区内高速公路和旅游干线公路上的旅游交通标识，实现旅游标识系统的全覆盖。探索建立基于移动互联网的智慧旅游信息大数据平台。建立完善的旅游信息服务体系，实现重点旅游场所公共信息信号（4G信号、Wi-Fi信号）全覆盖。争取开发旅游APP应用软件，提供便捷的旅游信息服务和旅游电子商务服务。推进海洋与旅游融合，推动三娘湾、茅尾海、七十二泾、沙角等滨海休闲旅游带建设。推进文化与旅游融合，培育和建设一批历史文化旅游景区和文化生态村；推进农业与旅游融合，加快培育农产品生产企业、农村合作社等经营主体，促进农特产品向乡村旅游商品转化。推进体育与旅游融合，以赛事吸引游客。推进林业与旅游融合，促进森林公园、生态茶园、湿地公园等资源景区化和特色化开发。推进康疗养生与旅游融合，开展民族及地方特色的医药养生体验线路。推进工业与旅游融合，实现工业生产与旅游服务相融合。培育扶持旅游企业发展。到2020年，培育1个以上有特色有市场的主题旅游主打产品。

提升商贸服务业发展水平，促进现代服务业突破发展 强化龙头项目，龙头企业的核心带动作用，重点建设中国—东盟农产品大市场、广西东盟商贸城、北部湾建材城、安州汽配城、人和春天世贸广场等重点商贸流通项目建设。积极培育自治区级服务业品牌，对符合条件的现代物流集聚区、特色专业市场，申报自治区级现代服务业集聚区，落实补助资金、土地、税收、融资、人才等方面倾斜支持政策。加快推进北部湾华侨投资区综合物流园等重大物流项目建设，促进物流项目发挥效益，推动物流设施互联互通。支持冷链项目建设。在那丽、久隆、大番坡等重点镇建设一批工业品、农产品、家电产品等专业化物流园区，打造县域物流经济带。结合新型城镇化和城区、镇开发建设，在提升现有商贸设施的同时，积极引进有实力的商贸企业，在城区、重点镇区新建设一批综合批发市场和商贸综合体。重点建设中国—东盟农产品物流中心等项目，为港口物流企业提供配送、仓储、加工分拣、信息等综合服务。发展电子商务，重点建设广西东盟商贸城“东盟汇”“淘实惠”等特色电商集聚区，培育本土电商企业做大做强，打造特色电商服务品牌。开展农村电子商务扶贫，落实自治区关于促进物流业降本增效的政策措施，积极引进知名物流服务企业，推进县域物流公共信息平台，货物配载中心等标准化设施的建设和应用，大力发展智慧物流，促进县域物流业升级发展。积极引进快递物流企业，支持物流企业，电商企业与邮政企业、供销合作社等合作，在城区、镇、村布局收寄营业网点，建成区镇村三级物流配送网络，解决物流配送“最后一公里”问题，进一步促进农村电商和物流融合发展。完善电子商务进农村、进社区发展规划，实施“电子商务进万村工程”，鼓励农村、社区便民直销点和生产、销售、服务企业通过服务网站为居民提供商品和服务，促进网上消费。鼓励发展信息技术服务、节能环保服务、租赁和商务服务等生产性服务业。

推动新型城镇化发展，建设美丽宜居的城乡环境 到2020年，争取完成各镇城镇控制性详细规划编制。加大镇村规划编制力度，力争城镇化建设水平提升到新高度。实施百镇示范工程，重点发展大番坡镇、久隆镇、那丽镇、黄屋屯镇等镇，并申报列入国家级、自治区级重点镇。逐步开展金窝工业园区涉及的大番坡、东场镇总体规划的修改工作；力争上级资金支持，开展各镇控制性详细规划的编制工作。培育和打造一批工贸型、旅游型、现代农业型特色小镇，重点打造三娘湾滨海风情特色小镇、钦州坭兴陶创客小镇、茅尾海疍家风情小镇、那雾山森林公园、虾虾乐示范区等特色小镇的建设。加快城镇污水垃圾处理项目建设步伐，实施所有镇污水、垃圾处理设施全覆盖，加快推进6个污水处理厂项目、18个垃圾中转站项目建设，城镇生活污水集中处理率、生活垃圾无害化处理率达到90%。实施保障性住房建设。建成城镇饮用水源保护工程，全面解决城镇饮水安全问题。提高供水保障能力。加快村镇路网工程建设，到2020年，实现全区80%以上的村委会通班车或公交车；完善公路养护机制，探索县道县养、乡道镇养、村道村养的分级养护体制。不断推进区域整治常态化，深化完善三级考评制度，实施城市精细化管理。深入推进“美丽钦南”乡村建设。制订出台“美丽钦南·宜居乡村”基础便民专项活动实施方案，全面推进“三改”（农村改厕、改厨、改圈工程）、“六提”（农村道路通行、饮水安全、垃圾治理、村屯特色、住房安全、能源利用等六项水平提升工程）、“三增”（增强农村供电能力、通信能力、公共照明能力工程）工程，持续改善农村人居环境。加强农村环境综合整治，建设提升乡村基础设施，提高村落规划和居民设计水平，加大传统村落、古树名木等保护工作，深入挖掘乡愁记忆和乡土特色，促进农村生活条件、生态环境明显改善，建设文明、和谐、幸福新农村。

抓好招商引资攻坚战，建立开放合作新格局 健全招商引资工作机制，强化激励奖惩，提升各部门招商引资积极性。强化与市招商部门的联系对接，实现招商及项目信息共享。结合该区区位、资源优势，明确招商重点，完善招商项目目录，有针对选取重点区域及行业龙头企业，开展上门招商、小分队精准招商、展会招商、探索驻点招商、委托招商以及市场化奖励招商等多种招商形式。利用“投资钦南”“钦南发布”微信公众号及政府门户网站，广泛发布招商动态，政策及项目信息，探索实施“互联网＋招商”。坚持内外资并举，注重引进外商投资企业，重点在农业、旅游、物流、医疗服务等领域引进一批外资项目。完善招商引资服务平台和机制，优化投资营商环境，最大限度开放投资领域，做好重大项目建设服务工作，完善落实项目开、竣工条件，促进项目尽快投产见效。培育壮大中港皮业等外向型生产企业，大力实施品牌突围战略，支持县域优势企业开展品牌建设，申报争创“广西出口名牌”等品牌，支持企业开发自主知识产权产品。用好用足用活国家及自治区赋予该区的相关政策，加大对钦南区外贸企业的扶持力度。积极做好出口企业的培育、帮扶、引导工作，鼓励企业扩大规模，提高产品进出口额。优先支持中小企业、出口名牌企业、名优特产企业参加境内外各类商品展会，推动本地商品“走出去”。充分利用东盟平台，抓紧“一带一路”战略机遇，指导企业开拓国际市场。通过积极动员组织该区外贸企业参加中国—东盟博览会、东南亚国家商品博览会、广交会等大型展会，扩大钦南区外贸企业知名度，打开外销途径。

注重资源节约生态保护，构建特色生态经济体系　完善镇环保管理体制改革。建设区、镇(街道)、乡村(社区)四级环境监管网格体系。完善饮用水源林、自然保护区和其他森林资源的保护管理机制。完善成生态红线规定。全面推进“河长制”，推进钦江等重要流域沿线简历合作协同机制，按照水功能规划同环保流域生态环境。加强与周边区的对接协调，开展钦江、茅岭江等河流联合治理，建立联防联治机制。深入实施大气、水、土壤污染防治行动计划、加大大气、水、固体废物、重金属污染防治力度。全面治理乡镇、村小河和小沟“黑臭水体”。实施生态系统保护和恢复工程，保护和修复山水林田湖海湿地。开展江河湖库水系综合治理。实施森林保护“六个严禁”要求，加大生态环境执法力度。强化对钦南区节能减排降碳约束性指标的考核。以环境保护公用设施、工业园区等领域为重点，推进环境污染第三方治理。建设企业环境信用体系。开展生态环保补偿试点。强化工业节能减排降碳约束性指标的考核。以环境保护工业园区领域为重点，推行环境污染第三方治理。大力发展循环经济，推进制糖等行业循环经济发展，培育一批循环经济示范企业，争取开展工业园区循环化改造。

坚持民生共享，推进基本公共服务均等化　围绕自治区和钦州市的决策部署，精准实施脱贫攻坚“十大行动”。整合资源和力量，加大资金、项目等投入和政策保障，强化扶贫机构队伍，广泛动员社会各界参与扶贫。加强对扶贫对象的精准管理和动态管理，确保精准识别、精准帮扶。健全扶贫脱贫工作常态化巡查督导问责机制。确保到2018年如期完成“十三五”易地扶贫搬迁任务，到2020年实现农村建档立卡贫困人口全部脱贫，贫困发生率控制在3%以下。加大学前教育投入，重点推动镇村幼儿园建设，到2020年，实现每个村有一所公办幼儿园，设小学分校(教学点)的村开设幼儿班。全面推进创建义务教育均衡发展达标县攻坚工作，确保2017年通过自治区评估验收，2018年通过国家评估验收。实施高中阶段教育突破发展工程，重点推进市十四中、市十九中两所高中新建和那彭中学扩建项目，到2020年基本普及高中阶段教育。加快钦南区特殊教育学校建设，保障残疾儿童少年平等享有接受九年义务教育的权力。加强农村教师队伍建设，全面实施乡村教师支持计划，继续推进农村义务教育阶段学校特设岗位计划和农村小学全科教师定向培养计划。着力做好区直公立医院综合改革工作，进一步理顺医疗服务价格，推进编制、人事等制度改革。完善分级诊疗体系，逐步建立基层首诊、双向转诊、急慢分治、上下联动的分级诊疗制度。推进以县级医院为龙头组建医疗共同体、以医疗机构特色专科为支撑组建跨区域专科联盟，促进医疗资源流动和共享。实施基层医疗卫生机构能力建设行动计划，到2020年实现基层医疗卫生机构“三个全面达标”，群众区内就诊率达到90%以上；所有镇卫生院、社区卫生服务机构和80%的村卫生室具备中医药民族医药服务能力。加大县域全科医生和乡村医生队伍建设，到2020年每万人口有2名全科医生，农村每千服务人口不少于1名乡村医生，每个行政村卫生室至少有1名乡村医生。实施就业创业优先战略，进一步完善积极的就业创业政策体系，积极推动大众创业，万众创新，发挥创业带动就业的作用。统筹做好高校毕业生、农村转移劳动力、城镇就业困难人员、失地失海农民(渔民)、水库移民等重点群体就业服务。结合新型城镇化，开展支持农民工等人员返乡创业试点创建工作。推进重点企业和职业院校合作，创新人才“订单式”培养模式，开展新型学徒制试点，符合税法规定条件的企业培训费用给予税前扣除政策。加强公共就业创业服务体系建设，实现就业信息“村村通”。到2020年，推动新建设2个以上创业孵化基地。深入实施文化惠民工程，建设完善区—镇（街道）—村（社区）三级公共文化服务网络，加强坭兴陶、跳岭头、采茶戏等文化遗产保护传承工作，申报文化产业示范基地，推进文化体制改革创新，到2020年村综合性文化服务中心覆盖面达到80%以上，基本实现广播电视村村通。实施全民健身计划，完善县域公共体育设施，构建区—镇（街道）—村（社区）三级全民健身设施网络，实现每个社区有健身场地、村村有体育设施。深入推进建设平安县区、平安镇、平安村建设，创新社会治安综合治理机制，维护社会和谐稳定。大力培育社会组织，推动社会管理重心下移。创新重大活动食品安全保障模式，加强食品药品安全监管能力建设。推进安全生产领域改革发展，健全安全生产责任和管理制度，加强安全生产设施建设，加大监管执法力度，提高安全生产保障水平。

全面深化改革，构建高效便利的制度环境 开展扩权强镇改革，对吸纳人口多、经济实力强的建制镇特别是国家级、自治区级重点镇，研究赋予部分区级管理权限。完善乡镇“四所合一”运行机制，探索“多所合一”。完善市场监管模式，全面推行跨部门“双随机、一公开”联合抽查检查机制。根据自治区、钦州市的部署，配合落实市县空间规划编制，推进“多规合一”试点。抓好行政审批事项“接、放、管、服”工作。探索推行“互联网＋政务服务”模式，建立健全网上政务服务、行政权力网上运行、网上政府运行监督管理信息化等网上政府服务平台。进一步完善县（区）镇（街道）村（社区）三级政务服务体系。加大推广运用投资项目在线管理审批监管平台。深化推进商事制度改革，推行企业简易注销登记、“多证合一”等改革。创新县域基础设施投融资模式，支持开展县城基础设施投融资体制改革、重大市政基础设施政府和社会资本合作创新等试点。落实国家和自治区关于鼓励民间投资的政策，进一步放宽各类投资者进入县域养老、教育、医疗卫生、公共交通、市政、水利等领域投资的准入条件。探索政府和社会资本合作（PPP）模式。完善上市企业后备库，支持优势企业开展股改，在主板、“新三板”等挂牌上市，到2020年在“新三板”挂牌上市企业达到3家。积极构建新型政银担合作关系和“4321”风险分担机制，缓解融资难、融资贵问题，降低融资成本；持续推进农村金融改革，引导金融机构开发适合县域小微企业、新型农业经营主体的金融服务产品，开展农村承包土地经营权、宅基地使用权等抵押贷款试点，加快实施农村信用“四级联创”并尽快实现农户信用信息系统全覆盖。继续深化户籍制度改革，简化落户审批手续，全面推行居住证制度，建立健全与新型户籍管理制度相适应的公共服务政策体系，努力实现城镇居民公共服务常住人口全覆盖。围绕促进城乡一体化发展，稳妥推进以土地、房屋为重点的农村产权制度改革，开展农村房屋产权流转试点，探索建立农村土地流转托管和担保公司，探索开展农村“资源变股权、资金变股金、农民变股民”改革，推进建立城乡统一的建设用地市场和房屋产权流转制度。加快不动产统一登记。调整完善与新型户籍制度改革相适应的土地、教育、医疗、社会保障等配套政策，畅通农业转移人口进城的通道。推进农村社区建设试点建设。全面落实国家、自治区、钦州市和我区关于鼓励和支持非公有制经济发展的政策措施，按照“非禁即入”的原则，全面放开民营资本进入县域发展的行业和领域，引导民营企业向产业园区集中、向重点城镇集中。构建“亲”“清”新型政商关系，营造重商亲商护商的良好环境，促进非公有制经济健康发展。加大面向民企的招商，争取引进中国民企500强、民营上市公司等行业领军民营企业，注重引进一大批有实力、有前景的中小民营企业。全面实施返乡创业计划，鼓励和引导个体工商户向小微企业转型。到2020年力争非公经济的地区生产总值、固定资产投资、工业产值占全区总量的比重均在70%以上，非公企业吸纳就业比重超过80%，强化民营经济在促进县域经济发展的主体作用。

【开展“不忘初心再扬帆”解放思想大讨论】 2018年4月15日，印发《中共钦州市钦南区委员会办公室关于印发〈钦南开展“不忘初心再扬帆”解放思想大讨论工作方案〉的通知》，决定年内全区来一次大讨论，以进一步解放思想、深化改革、改进作风、增强本领、推进工作。围绕区委六届四次全会确定的“一机遇、三争创、四打造、六重点”工作思路，以“不忘初心再扬帆”为主题，认真分析和把握当前钦南改革开放发展面临的机遇和挑战，深入查找和整改各级领导干部和广大党员在理想信念、思想观念、工作作风、发展本领上存在的问题和不足，重整行装再出发，艰苦奋斗再创业，奋力谱写新时代钦南发展新篇章。要求在回顾钦南建区以来不平凡历程中不忘初心，在准确把握区委工作思路中牢记使命，在立足新时代、谋求新发展、展示新作为中扬帆启航。通过大讨论，要推动全区各级党政机关思想建设大提升、党员干部精神面貌大提振，全区营商环境大优化，重点要做到破慵懒，立实干；破畏难，立担当；破守旧，立创新；破自满，立争先。“四破四立”。

【实施乡村振兴战略】 2018年10月22日，中国共产党钦州市钦南区第六届委员会第五次全体会议通过了《中共钦州市钦南区委员会关于实施乡村振兴战略的决定》。坚持稳中求进工作总基调，牢固树立新发展理念，落实高质量发展要求，紧紧围绕统筹推进“五位一体”总体布局和协调推进“四个全面”战略布局，坚持把解决好“三农”问题作为重中之重，坚持走中国特色社会主义乡村振兴道路，坚持农业农村优先发展。按照产业兴旺、生态宜居、乡风文明、治理有效、生活富裕的总要求，围绕乡村产业振兴、人才振兴、文化振兴、生态振兴、组织振兴，深入推进质量兴农、环境优化、文化兴盛、治理提升、脱贫富民、改革创新、城乡融合“七大行动”，加强组织、规划、金融、人才“四大服务”，加快推进乡村治理体系和治理能力现代化，加快推进农业农村现代化，推动城乡全域均衡融合发展，让农业成为有奔头的产业，让农民成为有吸引力的职业，让农村成为安居乐业的美丽家园。到2020年，乡村振兴取得重要进展，制度框架和政策体系基本形成。农业综合生产能力稳步提升，高标准农田和“双高”糖料蔗基地建设任务全面完成，农业供给侧结构性改革取得积极进展，现代特色农业示范区建设增点扩面提质升级目标全面实现；主要农产品初加工转化率明显提高，农村一、二、三产业融合发展水平进一步提升，县域经济发展加快，向海经济不断壮大；城乡居民生活水平差距持续缩小，农村居民人均可支配收入比2010年翻一番以上，现行标准下农村贫困人口实现脱贫，与全国全区全市同步全面建成小康社会；农村基础设施水平明显改善，全面实现镇镇通二级路和村村（行政村）通水泥路，农村集中供水、宽带网络覆盖、供电可靠性和质量显著提高；城乡融合发展体制机制初步建立，城乡基本公共服务均等化水平进一步提高，城乡教育、医疗卫生、社会保障水平的差距不断缩小；“美丽钦南”乡村建设四个阶段目标任务全面完成，农村生活垃圾处理率、无害化卫生厕所普及率、农村生活污水治理率明显提高，村庄规划管理力争实现全覆盖，农村人居环境明显改善；农村发展环境进一步优化，农村对人才吸引力逐步增强；乡村优秀传统文化得到传承发展，农民精神文化需求基本得到满足；农村基层党组织建设进一步加强，乡村治理体系进一步完善；党的农村工作领导体制机制进一步健全；各级各部门推进乡村振兴的工作措施具体明确。到2035年，乡村振兴取得决定性进展，农业农村现代化基本实现。农业发展质量大幅跃升，基本建成农业强区；农村生态环境和人居环境质量大幅提升，美丽宜居乡村基本实现；乡风文明达到新高度，乡村治理体系更加完善；城乡基本公共服务均等化基本实现，城乡融合发展体制机制更加完善，农村创业就业环境根本改善，农村居民人均可支配收入达到全国平均水平，共同富裕迈出坚实步伐。到2050年，乡村全面振兴，与全国全区全市同步实现农业强、农村美、农民富。坚持党管农村工作，坚持农民主体地位，坚持农业农村优先发展，坚持绿色发展和谐共生，坚持改革创新典型引路，坚持因地制宜科学发展，坚持城乡融合发展。

推进质量兴农行动，全面推动乡村产业兴旺 坚持把发展现代特色农业作为乡村产业振兴的主要抓手，实施现代特色农业产业“10+3”提升行动，大力发展“名、特、优、新”现代特色农业。重点发展万亩火龙果、万亩百香果、万亩“双高”糖料蔗基地、万亩“海红米＋禾虫”、万亩富硒米、万亩蔬菜、万亩辣椒、万亩黄瓜、万亩竹笋、万亩花卉、万亩大蚝、万亩对虾、万亩“渔光一体”，以及万羽海鸭基地、万户龟鳖蛇等特种养殖的“十五个一万”特色规模农业。实施现代特色农业示范区建设增点扩面提质升级三年行动，围绕“十五个一万”，推进示范区对镇、村，对农、林、牧、渔业各类名特新品种，对富硒、休闲、有机循环农业等特色优势产业和农产品加工业的全覆盖，形成各类示范园区梯次分布的格局。巩固提升玛氏火龙果、虾虾乐等已有的示范区，加快创建现代特色农业村级示范点、乡级示范园、县级示范区和自治区级核心示范区，争取到2020年建成自治区级现代特色农业（核心）示范区3个以上，县级示范区4个以上，乡级示范园25个以上，村级示范点138个以上。支持有条件的示范区创建国家级、自治区级产业园、科技园、创业园和田园综合体。建设好国家级台湾农民创业园，力争建成全国优秀的台创园。坚持把乡村旅游作为特色旅游和全域旅游的重要支撑，持续巩固好广西特色旅游名县成果，坚定不移推进国家全域旅游示范区创建工作。充分挖掘钦南区山海特色资源和城郊优势，进一步加快乡村旅游发展步伐，提高乡村旅游发展质量，壮大乡村旅游发展规模。结合脱贫攻坚和现代特色农业，支持发展一批农家乐、渔家乐、森林人家等城郊休闲游，以及提升茅尾海作为“中国最美内海”、那雾山作为“北部湾畔第一峰”和钦陆公路乡村旅游带等乡村旅游品牌，主动融入“环首府生态旅游圈”，把钦南区建成全市乃至北部湾地区重要的乡村旅游目的地。重点推进旅游厕所、景区道路、旅游标识牌等基础设施建设，不断完善乡村旅游基础设施，提升乡村旅游吸引力和承载力。推出一批乡村旅游精品线路，形成以点带面、点面连线的乡村旅游发展格局。抓好旅游市场的规范管理，不断提高游客满意度。深化农业科技体制改革，加快完善农业科技创新体系建设。建立健全产学研协同创新机制，鼓励和支持高校院所在我区设立研究基地、科技园、实验室等创新载体。实施种业自主创新工程，建设好茅尾海、大风江大蚝种苗资源保护区，加大良种联合攻关，建立健全现代农、林、牧、渔业相适应的良种繁殖体系。落实农业科技创新专项计划，重点加强生态种养、农产品精深加工、森林质量精准提升、“互联网+农业”“无人机+农业”、生态循环农业、病虫害防治等农业林业关键技术攻关。推广“甘蔗(尾叶)—食用菌种植—有机肥”和“水稻秸秆生态循环利用”等技术，促进有机循环农业发展。开展好科技下乡活动，加强基层农技推广服务体系建设，探索建立公益性与经营性农技推广融合发展机制，完善事业单位科技成果使用处置和收益管理、探索科技人员兼职取酬等制度，鼓励科技人员到农村开展科技服务。实施品牌农业提升行动，建立完善农产品品牌征集、推荐、培育和保护体系，加强“三品一标”认证农产品的保护和开发，力争到2020年全区获认证无公害农产品35个以上，绿色农产品达2个以上，农产品地理标志产品9个以上，辣椒、海红米等通过国家地理标志农产品认定。落实农产品品牌扶持奖励政策，抓好农产品系列品牌创建工作，做好品牌宣传推介。支持企业争创驰名、著名商标和名优品牌，培育一批钦南农业行业品牌、区域公用品牌、企业品牌和产品品牌。做大做强“中国大蚝之乡”“南菜北运”基地、国家海洋牧场、海水稻、雷竹笋、春竹笋等品牌建设。实施产业兴村强镇行动，每镇结合各自实际，重点发展1—2个特色产业。各村均要形成一村一品。支持合作社、家庭农场、专业大户等新型经营主体发展初加工。重点抓好农副产品加工区和进口木材加工园区的规划建设，大力发展大蚝、火龙果、辣椒、黄瓜皮、海产品等特色农副产品深加工企业，切实提高农副产品增加值；依托港口进口木材优势，大力引进高端木材加工产业，延伸木材加工产业链条。依托东盟农产品批发大市场，推进农产品冷链物流项目建设，不断扩大农副产品销售市场。鼓励企业打造全产业链，支持农民专业合作社等发展加工流通。实施新型农业经营主体培育行动，大力培育发展新型农业经营主体和农业产业化联合体，提升农户组织化程度。加大对小农户扶持力度，引导龙头企业、合作社等与小农户建立利益联结关系。提升农民专业合作社规范化水平，鼓励发展生产、供销、信用“三位一体”的农民专业合作社联合社。加快培育新型职业农民，完善家庭农场认定办法，鼓励家庭农场参与现代特色农业示范区建设，支持其参与农村土地整理和连片开发并纳入政策扶持范围。到2020年，全区农民专业合作社达到570家以上，家庭农场达到40家以上。全面落实永久基本农田特殊保护制度，严守耕地红线。融合资金大规模推进农村土地整治和高标准农田建设，推动实施土地“小块并大块”，发展适度规模经营，推进休耕轮作试点建设。开展大中型灌区续建配套与现代化改造，加快大中型泵站更新改造，完善灌区末端渠系、田间配套、“五小水利”等小型农田水利设施，大力发展高效节水灌溉。实施防汛抗灾薄弱环节治理三年行动，加强病险水库治理、河海堤防建设。协助实施丝螺港避风锚地升级改造项目，推进犀牛脚中心渔港、龙门渔港建设，发展远洋捕捞，做大做强渔港经济区。引进先进适用农机具、水产养殖和海洋捕捞设备。加强农业信息化建设，实施信息进村入户、智慧农业林业水利工程，推进物联网和遥感技术应用。

推进环境优化行动，建设美丽宜居乡村 完善长效机制，巩固清洁乡村、生态乡村建设成果，严防环境卫生问题反弹，扎实推进宜居乡村、幸福乡村活动，打造“美丽钦南”乡村建设升级版。持续开展村屯绿化活动，选取一批条件相对优越的村庄，打造彰显特色林业产业、秀美森林景观、具有岭南特色的浓郁文化底蕴的山水田园和山海风光综合体。落实《广西壮族自治区乡村清洁条例》，健全保洁机制。落实农村人居环境整治三年行动计划，推进农村生活垃圾治理体系建设，坚持不懈推进农村“厕所革命”，着力实施清洁厨房、卫生厕所的改造工作，大力提升村容村貌，实现村屯“硬化、净化、绿化、亮化、美化”。加强公益林、天然林和古树名木保护，提高森林质量。做好天然商品林面积核实落界和公益林区划调整工作，大力营造乡土树种、珍贵树种、名优经济林和混交林，构建造林树种多样化、林分结构优化、树种布局合理、森林生态良好的资源培育体系，至2020年完成树种改造和低产林改造面积2000公顷，在确保钦南区速丰林资源优势情况下，树种结构趋于合理，森林蓄积量稳步增长，森林稳定性进一步增强，力争2020年全区森林覆盖率达到48%，2035年达到50%以上。加大封山育林力度，配合加强自然保护区建设管理和生态公益林保护，完善天然林保护制度，全面停止天然林商业性采伐。实施新一轮退耕还林、沿海防护林等林业重点生态工程，构建绿色走廊。全面落实河长制、湖长制。强化源头控制、水陆统筹、河海兼顾，系统推进水污染防治、水生态保护和水资源管理。落实最严格水资源管理制度、河湖水域岸线用途管制制度，科学划定江河湖海限捕、禁捕和砂石限采区域，科学划定水产畜禽禁养区、限养区和养殖区，加强入河入海排污口管理。实施钦江、大风江、茅岭江、大榄江、南流江等重点流域和茅尾海、三娘湾等近岸海域综合整治工程，强化红树林等湿地保护和生态修复，至2020年完成沿海滩涂人工修复红树林面积1000亩，改善近岸海域生态环境。实施农村生态清洁小流域建设，强化农村饮用水水源保护。践行“绿水青山就是金山银山”的理念，推行农业绿色发展方式。深入实施化肥农药零增长行动和农业面源污染综合防治行动，强化规模化畜禽养殖场污染防治和环境管理，推进散养密集区畜禽粪便污水综合治理和利用，严控农作物秸秆及生活垃圾露天焚烧。梯次推进农村生活污水治理，实现镇镇建成生活污水处理设施并有效运营，农村生活污水处理能力逐年提高。推进河湖水系连通、水土流失综合治理、河道渠道整治及沟渠疏浚，开展池塘生态化、鱼（虾、蟹）塘标准化改造。落实土壤污染防治行动计划，推进重金属污染耕地修复。妥善处置冶炼、化工等历史遗留废渣、废料、废水，消除环境隐患。强化“散乱污”企业综合整治，严厉惩治非法转移、倾倒和处置固体废物行为，严禁工业和城镇污染向农业农村转移。扎实推进“蓝天、碧水、净土”三大保卫战，坚决打好污染防治攻坚战。完善重点流域生态和生态公益林的补偿机制，探索在重点生态区域推行商品林赎买制度。健全耕地河湖海休养生息制度，全面落实南海休渔期制度，严厉惩治非法采砂和非法电炸毒鱼等行为。推行生态建设和保护以工代赈做法，提供更多生态公益岗位。实施复绿工程，做好矿山、石场、砖场等遗留生态问题的整改，全面落实生态环境保护责任制，将环境安全和环境质量列入镇（场、街道）党政正职和领导班子政绩考核，实行重大环境污染事件一票否决制，开展领导干部自然资源资产离任审计。

深入推进文化兴盛行动，培育文明乡风民风 加强农村思想文化阵地建设，建强用好“新时代讲习所”。弘扬红色基因文化，坚持教育引导、实践养成、制度保障三管齐下，以美丽乡村建设和脱贫攻坚为载体，采取“社区讲坛”“渔家讲坛”“海歌唱理论”“采茶”传唱新时代等符合农村特点的有效方式，开展基层理论宣讲活动，推动农村党员干部和群众深入学习习近平新时代中国特色社会主义思想。建立社会主义核心价值观宣传展示阵地，组织开展形式多样的实践活动，持续深入开展中国特色社会主义、中国梦和社会主义核心价值观宣传教育，弘扬具有岭南民族特色的英雄文化，加强爱国主义、集体主义、社会主义教育和民族团结进步教育。进一步实施公民道德建设工程，切实推进社会公德、职业道德、家庭美德和个人道德建设，通过评选一批道德模范、身边好人好事和好公婆、好媳妇、好妯娌等，开展寻找最美乡村教师、医生、村干部、家庭、最具发展潜力的农村致富带头人等活动，开展文明村镇、文明校园、文明家庭和星级文明户的创建活动，实施“传家训、立家规、扬家风”的行动计划，弘扬和传承优良家训家风。巩固“扫黄打非”进基层的工作成果。进一步加强对农村未成年人的思想道德教育，开展农村志愿服务活动，大力弘扬助人为乐、见义勇为、诚实守信、敬业奉献、勤劳节俭、孝老爱亲的传统美德。扶持打造具有岭南乡村特色的优秀传统文化，落实传统工艺振兴计划，保护好优秀农耕文化遗产，大力弘扬坭兴陶文化、刘冯英雄文化、海洋文化等，培育新乡贤文化。认真做好采茶戏、瓜皮制作、跳岭头等非物质文化遗产的保护及项目申报扶持工作。保护好各镇各村的文物古迹、古树、传统村落和建筑、民族村寨、农业遗产和灌溉工程遗产等，予以挖掘修缮保护，推动优秀农耕文化遗产合理适度利用。实施乡村非物质文化遗产使用发展工程，开展非遗进乡村、戏曲进村镇活动，办好蚝情节等节庆活动，组织开展乡村文化"一村一品"打造挖掘工作、农民丰收节、壮族"三月三"文化节等节会活动。建立健全乡村公共文化服务体系，推行乡村公共文化服务标准化、供给社会化的进程，到2020年全部完成村级公共服务中心建设。探索以区文化馆和图书馆为中心，镇文化站为分馆，村（社区）公共文化服务中心为服务网点的总分馆制。深入推进文化惠民工程，实现区镇村三级公共文化服务全覆盖，推进乡镇实体书店和数字影院建设，大力提升农家书屋质量和管理水平。注重先进文化引导，培养扶持引导乡村自发文艺队伍。不断巩固和壮大城乡文化阵地。既要"送文化"更要"种文化"，大力开展读书看报、写字绘画、体育健身等有益的活动，以群众喜闻乐见的形式将身边的事自编自演，以典型引路，抵制陈规陋习，用道德文化和舆论的力量营造健康向上的氛围，使公共文化的空间不断扩展，不断丰富农村群众文化生活和促进农村树文明新风。大力支持"三农"题材文艺创作生产，鼓励文艺工作者深入农村、亲近农民，创作出具有乡村特色、深受农民欢迎的优秀文艺作品和文化产品。坚持正面引导与专项整治相结合，常态长效整治不良习俗，重点遏制大操大办、厚葬薄养、人情攀比等陈规陋习，倡导喜事新办、丧事简办，推进移风易俗。建立健全村民议事会、道德评议会、红白理事会、禁毒禁赌协会等群众组织，广泛开展乡风评议，褒扬乡村新风。深入开展科技、文化、卫生"三下乡"活动，丰富农民群众精神文化生活，加强无神论宣传教育，加强农村科普，抵制封建迷信。

深入推进治理提升行动，促进乡村和谐稳定 实施农村基层党建"三聚三强"工程，落实选派第一书记、建强贫困村党组织特别是整顿软弱涣散班子、深入组织宣传群众、发展壮大薄弱村空壳村集体经济等四项任务，推动党组织覆盖面进一步扩大，服务领域进一步拓宽，充分发挥党组织的政治优势和组织优势，建强基层党组织战斗堡垒。深入开展村级党组织"星级化"管理，抓好受警示提醒的星级党组织的整改提高，力争到2020年，有80%以上的村党组织达到三星级以上，其中25%以上的村党组织达到四星级，20%以上的村党组织达到五星级。每年按照不低于10%比例持续倒排整顿软弱涣散基层党组织，选优配强村级党组织书记，对带富能力不强、不能胜任乡村振兴、群众反映强烈的村党组织书记，坚决调整撤换。区、镇、村逐级制定村级后备干部队伍建设方案，建立健全村级后备干部队伍台账，逐一落实培养措施，培养和储备一批由农村优秀青年党员组成的后备干部队伍。强化"联镇包村""两站一中心""层级联动"等作用发挥，多方筹集资金，加大阵地建设投入，推进村级组织活动规范化、标准化建设。建立从机关单位选派优秀干部到村担任党组织第一书记和乡村振兴工作队员的长效机制，健全配套服务机构和制度。加大在农村优秀青年农民中发展党员力度。加强农村流动党员管理，稳妥开展失联党员和不合格党员处置工作。深化落实抓基层党建述职评议考核制度，注重考核结果运用，将抓党建述职评议结果与干部年度考核相挂钩。全面落实村级组织运转经费保障政策，逐步提高村干部待遇。健全从优秀村党组织书记中选拔乡镇领导干部、考录乡镇机关公务员、招聘乡镇事业编制人员制度，探索村干部异地交流培养制度。推行村级小微权力清单制度，严厉整治侵害农民利益的不正之风和腐败问题。坚持法治为本，强化法律在维护农民权益、规范市场运行、农业支持保护、生态环境治理、化解农村社会矛盾等方面的权威地位。将政府涉农各项工作纳入法治化轨道，提高依法行政水平，推进法治乡村建设，加强农村普法教育，完善公共法律服务中心。推进综合行政执法向基层延伸，推进执法队伍整合、执法力量下沉，依法依规执法和文明执法。建立健全镇村调解、区仲裁、司法保障的农村土地承包经营纠纷调处机制，完善人民调解、行政调解、司法调解联动工作体系，落实"一村一法律顾问"制度，推进农村公共法律服务全覆盖。开展法治文化进乡村活动，提高农民法治素养。健全农村公共法律服务体系，实现法律援助和司法救助全覆盖。坚持以自治为基础，健全和创新村党组织领导的村民自治机制，规范村级各类组织的章程和工作规则，将村党组织的领导核心地位和领导方式等嵌入村级各类组织的章程和工作规则，切实加强村党组织对其他各类组织的领导。以村级各类组织换届或补选为契机，推动村党组织班子成员、党员按照法定程序兼任或担任村务监督委员会、集体经济组织、村级配套组织、农民合作组织负责人，提高村委会成员、村民代表、村民小组长中党员的比例。充分发挥农村妇联、共青团等群众性组织的功能，加大村民自治参与度，提高村委会决策民主参与度。规范村民监督委员会运行，全面落实“四议两公开”工作方法，建立民事民议、民事民办、民事民管的多层次基层协商机制，探索村民小组或自然村的村民新型农村自治方式。健全党务村（居）务公开制度，增强村规民约在农村治理中的作用。建立道德激励约束机制，建设道德讲堂、文化礼堂、村史馆（室）等文化阵地，挖掘农村道德规范，引导农民自我管理、自我教育、自我服务、自我提高，树立一批具有道德感召力量的乡贤典型，促进农村家庭和睦、邻里和谐、干群融洽。进一步加强和严格落实社会治安综合治理领导责任制，推进农村社会治安防控体系建设。深入开展扫黑除恶专项斗争，严厉惩治农村黑恶势力、宗族恶势力、黄赌毒盗拐骗等违法犯罪。完善自治、法治、德治相结合的联动体系，深化平安乡村建设行动计划。加强乡村红袖章治安巡防队伍建设，强化乡村治安巡防力量配备，实现群防群治，推进农村“雪亮工程”和区、镇（街道）、村（社区）三级综治中心标准化建设，健全运行机制，完善综治信息系统，全面实施网格化服务管理。加强农村警务工作，落实一村一警务助理。依法加大对农村非法宗教活动和境外渗透活动打击力度，依法制止利用宗教干预农村公共事务。加强农村消防、道路交通、安全生产、食品药品安全工作，持续开展农村安全隐患排查和治理。开展农村社会矛盾和“三大纠纷”精准排查精细化解。

深入推进脱贫富民行动，增强群众获得感幸福感 按照“核心是精准，关键在落实，确保可持续”的要求，全力开展精准脱贫攻坚三年行动。坚持“三级书记”抓扶贫，强化党政“一把手”负总责的脱贫攻坚责任制，增强政治担当和责任担当。加强贫困人口动态管理，做到应纳尽纳、应扶尽扶，精准实施“八个一批”脱贫攻坚和脱贫攻坚“十一大行动”，确保到2020年现行标准下建档立卡贫困人口全部实现脱贫、47个“十三五”贫困村摘帽。加强推进“雨露计划”，深化技工院校结对帮扶贫困家庭“两后生”职业培训专项计划。坚持扶贫同扶志、扶智、扶技相结合，改进帮扶方式方法，采取生产奖补、劳务补助、以工代赈等方式，激发贫困人口内生动力，推动贫困群众通过自己的辛勤劳动脱贫致富。加大特定贫困群众保障性的扶贫力度，解决学有所教、病有所医、住有所居等最基本的需求。落实脱贫后续扶持政策，提高贫困群众发展生产和务工经商的基本技能，实现稳固脱贫。健全农村就业信息综合服务体系，帮助有劳动能力、有就业意愿的贫困群众免费接受培训并实现转移就业。培育好区级“5+2”和贫困村“3+1”特色产业。大力引进和培育新型农业经营主体带动贫困户参与产业开发。依托资源优势，大力发展旅游扶贫和电商扶贫，促进产业融合，着力提高贫困户的产业覆盖率，力争实现全覆盖。推进技能培训，提升贫困群众发展生产和务工经商的基本技能。积极开展就业扶贫专项行动，推动就业意愿、就业技能与就业岗位精准对接，提高劳务组织化程度，引进和设立更多“扶贫车间”，让贫困群众在家门口就业增收。逐级制订发展壮大村级集体经济实施方案，因地制宜发展村级集体经济，持续加强对贫困村、集体经济薄弱村发展村级集体经济扶持力度，特别要抓好贫困村光伏发电项目和龟鳖养殖项目的跟踪服务。加强产业引导，重点培养和引进龙头企业，推行“公司＋基地＋村民合作社＋农户”模式，鼓励农业龙头企业与村民合作社融合联合，带动农户产业发展。建立健全经济联合社、村民合作社、经济合作社等农村集体经济组织，支持农村集体经济组织以自主开发、出租、合作等方式，统筹利用集体资源、资产、资金，盘活各类闲置资源，增加集体收入。培养一批懂经营、善管理的村级集体经济带头人。发挥村党组织对集体经济组织的领导核心作用，建立健全集体经济组织管理制度。开展不合法、不公平、不规范的村级集体经济“三不”合同清理，提高村级集体经济资产经营效益。实施“基础便民”专项行动，加快农村公路、供水、环保、电网、物流、信息、广播电视、宽带网络等基础设施建设。加强“四好农村路”建设，强化“建、管、护、运”工作，加快推进灵山沙坪至那丽、钦州至丽光场等二级公路建设，实现镇镇通二级路和村村（行政村）通水泥路，到2020年实现20户以上贫困自然村和村小学100%通硬化路。实施农村饮水安全巩固提升工程,支持贫困村、贫困户打饮用水井,解决人畜饮水困难和饮水安全问题。加快推进郁江调水工程。加强水源地保护,确保饮用水水质。提高贫困地区自来水普及率,全面建立农村饮水安全工程体系。推进新一轮农网改造升级工程,加快农村信息网络升级发行,加快数字乡村建设步伐。加强农村防灾减灾救灾能力建设。健全农村公路、水利等公共基础设施管护机制。抓好易地扶贫搬迁后续扶持工作,进一步完善高新区二期易地扶贫搬迁点的配套设施。严格落实易地扶贫搬迁安置点“八包”责任制,落实“一户一档、一户一帮、一户一策”,确保贫困群众搬得出、稳得住、能致富。落实搬迁后旧房拆除政策和土地增减挂钩政策,对旧房拆除的土地进行复垦、生态恢复。坚定创建国家义务教育均衡发展达标区不动摇。落实“双线四包”责任制,加大控辍保学工作力度,不断提升义务教育巩固率。改善农村办学条件,提高农村教育质量。优化农村学校布局规划,全面改善薄弱学校基本办学条件,加强乡镇寄宿制学校建设。发展农村普惠性学前教育。实施普及高中阶段教育攻坚计划。办好特殊教育和继续教育。健全学生资助制度,对在农村学校就读的家庭经济困难寄宿生给予生活补助。落实乡村教师支持计划,继续实施特岗老师招聘计划,定向培养农村小学全科教师。推进县(区)域内义务教育学校校长教师交流轮岗,实施选派城区学校骨干教师到乡村学校支教走教制度。实行义务教育教师“区管校聘”,建好建强乡村教师队伍。开展基层医疗卫生机构能力建设行动,加强乡镇卫生院标准化建设,推进乡镇卫生院中医馆建设,加大对承担公共卫生任务的农村医疗机构财政经费保障力度。加强农村医疗卫生队伍建设,继续实施农村订单定向免费医学生培养项目,开展基层医疗卫生机构全科医生转岗培训,大力培养全科医生,推动医疗卫生队伍“区聘镇用”,加大村医培训力度,完善村医养老补助政策。全面落实分级诊疗制度,构建市县(区)医联体和县(区)镇医共体。发展“互联网+远程医疗”。加强慢性病综合防控,推进农村地区精神卫生、职业病和重大传染病防治。完善基本公共卫生服务项目补助政策。加强村卫生室一体化建设、管理和维护。加大财政投入,切实加强镇村医疗人才队伍建设,实行乡村医生“镇聘村用”,推行乡村医生参与的家庭医生团队签约服务,提供基本医疗和基本公共卫生服务,提升妇幼、老人、残疾人等重点人群健康服务水平。深入开展乡村爱国卫生运动,积极创建卫生村镇,推动全民健身与全民健康深度融合发展。推进全民参保登记成果转化运用,落实统一的城乡居民基本医疗保险制度和大病保险制度,做好重特大疾病救助工作。落实城乡居民基本养老保险制度,做好待遇确定和基础养老金标准正常调整工作。统筹城乡社会救助体系,完善城乡最低生活保障制度,加快推进农村低保制度与脱贫攻坚政策有效衔接。引导符合条件的新型职业农民参加城镇职工养老、医疗等社会保障制度。推进农村养老服务中心建设,构建多层次农村养老保障体系,创新多元化照料服务模式,推动城乡社会养老服务均等化。健全农村留守儿童和妇女、老年人以及困境儿童关爱服务体系。加强服务农村老弱病残的公共设施建设,改善农村残疾人服务。

深入推进改革创新行动,激发乡村振兴新动力 巩固和完善农村基本经营制度,落实好第二轮土地承包到期后再延长30年的政策,全面完成农村土地承包经营权确权登记颁证工作。制订农村土地“三权分置”实施方案、农村产权流转交易市场建设方案和农村产权流转交易管理办法,落实集体所有权、稳定农户承包权、放活土地经营权。扎实推进房地一体的农村集体建设用地和宅基地使用权确权登记颁证。落实农民闲置宅基地和闲置农房政策。严格实行土地用途管制,不得违规违法买卖宅基地,严格禁止下乡利用农村宅基地建设别墅大院和私人会馆。调整完善土地出让收入使用范围,进一步提高农业农村投入比例。统筹安排生产生活生态用地,新增建设用地计划向农村新产业新业态倾斜,单列用地指标支持农村一、二、三产业融合发展。进一步完善设施农业用地政策。合理提高被征地农民分享土地增值收益的比例。制定稳步推进农村集体产权制度改革的实施方案,全面开展农村集体资产清产核资、集体成员身份确认,加快推进集体经营性资产股份合作制改革。科学制定农村集体经济组织成员身份确认办法,组建不同层级的农村新型集体经济组织,将农村集体经营性资产以股份或者份额形式量化到本集体成员,推动资源变资产、资金变股金、农民变股东,保障农民股份权利,增强集体经济发展活力。坚持农村集体产权制度改革正确方向,防止内部少数人控制和外部资本侵占集体资产。建立完善区、镇两级农村产权流转交易市场体系和信息服务网络平台,实现农村产权流转交易的公开、公正、规范运行。贯彻落实各项强农惠农富农政策,完善各项农业补贴政策。拓展供销合作社经营服务领域,加快基层社改造,推进社有企业改造升级,创新供销合作社联合社治理机制,打造综合性、规模化、可持续的为农服务体系。深化集体林权制度改革,完善集体林地"三权分置",推动项目使用林地审核审批改革,理顺自然保护区管理体制机制。深化小型水利工程管理体制改革,推进农业水价综合改革。建立健全实施乡村振兴战略财政投入保障制度,创新财政支农方式,通过政府购买服务、担保贴息、以奖代补、风险补偿等措施,发挥财政资金的引导和杠杆作用,撬动金融资本和社会资本投入农业农村。加强财政涉农资金统筹整合并形成机制,发挥区级涉农资金统筹整合的主体作用,在渠道不变、管理权限不变、用途不变的前提下,由区政府打捆项目、打包资金、整体推进,避免涉农资金重复投入。强化政府投资的公益性项目和基础设施项目向贫困村、"空壳村"倾斜,探索村民合作社组织实施农村基础设施建设项目,并持有和管护所形成的固定资产。

推进城乡融合行动,拓展乡村发展新空间 抢抓"一带一路"南向通道、向海经济和中国—东盟自贸区升级打造等重大机遇,抓好农业产业平台建设。发挥中马钦州产业园区、钦州保税港区、国家级台湾农民创业园等国家级平台对区域经济的辐射带动作用,提升发展金窝工业园、农副产品加工园,建设那丽等一批重点镇工业区。打造犀牛脚现代渔港经济示范区,大力发展海洋交通运输物流业、现代海洋渔业、滨海生态休闲旅游和海洋新兴产业。开展"数字经济建设",开展"互联网+流通""电商扶贫"行动,深化推进全国电子商务进农村综合示范县项目建设,健全以区级电商服务中心、镇级电商服务站、村级电商服务点为支撑的农村配送网络,抓好电商平台建设,大力发展农村电商。坚持"走出去""请进来",抓住中新互联互通南向通道建设机遇,发挥港口经济带动农业农村发展和促进农村劳动力转移就业的作用。建设钦州(东盟)农产品大市场等集聚区,构建农产品物流服务链。积极参与"一带一路"农业交流合作,深化与东盟国家以及粤港澳台等地区的农业合作,以国家级台湾农民创业园为依托,探索建设海峡两岸农业交流合作区。推进城镇扩容提质,加快产城融合区域建设。完善镇级公共服务设施,提升重点镇综合承载力和带动力。立足钦南区城郊和山海特色,开展培育沙埠坭兴陶创客小镇、大番坡滨海康养小镇、黄屋屯岭南特色壮乡小镇、康熙岭"渔光一体"特色渔业小镇、东场田园综合体小镇、龙门港休闲渔港小镇、久隆台湾特色农业休闲小镇、那丽特色农产品小镇等特色小镇工作,力争成功创建一个以上自治区级特色小镇。依托各镇农业特色,加强"一镇一品"的特色小镇建设。深化户籍制度改革,完善和落实推进农业转移人口落户城镇的政策措施,鼓励农业人口向城区、重点镇转移。稳步做好"镇改街、村改居",促进有能力稳定就业和生活的农业转移人口有序实现市民化。

加强党对"三农"工作的领导 健全党委统一领导、政府负责、农业农村工作部门统筹协调的农村工作领导体制。建立实施乡村振兴战略领导责任制,实行区、镇(街道)、村(社区)抓落实的工作机制。建立以党(工)委书记为组长的领导小组,党政一把手是第一责任人,实行区、镇(街道)、村(社区)书记齐抓乡村振兴。建立实施乡村振兴战略工作报告制度,各镇(场、街道)每年要向区委、区政府报告推进实施乡村振兴战略进展情况。建立镇(场、街道)党政领导班子和领导干部推进乡村振兴战略的实绩考核制度,将考核结果作为选拔任用领导干部的重要依据。各部门要按照职责,加强工作指导,强化资源要素支持和制度供给,做好协调配合,形成乡村振兴工作合力。加强"三农"工作干部队伍培养、配备、管理和使用,培养造就一支懂农业、爱农村、爱农民的"三农"工作队伍,把到农村一线工作锻炼作为培养干部的重要途径,注重提拔使用实绩优秀的干部,形成人才向农村基层一线流动的用人导向。推行村级小微权力清单制度。加强乡村振兴的政策宣传和典型宣传,营造推动乡村振兴的良好氛围。制定全区乡村振兴战略规划和实施方案,各镇(场、街道)要根据实际制定乡村振兴发展规划和实施方案,各单位要编制配套专项规划或实施方案。加强各类规划的统筹管理和衔接,实现乡村规划全覆盖。推行政府组织领导、村委会发挥主体作用、村民积极主动参与、技术单位指导的乡村规划编制机制,使乡村规划更符合乡村发展的实际,更具科学性、合理性和可操作性,乡村建设更符合村民意愿,体现村民意志。实施乡村规划建设许可制度,强化规划的执行,疏堵结合加强违法用地和违法建设的查违控违力度,严禁违法建房。制定金融服务乡村振兴的实施方案,鼓励和支持银行机构增加涉农贷款投放,推动金融产品及服务创新。开展金融服务进村专项活动,引导工商资本和金融资金投向农村。引导和鼓励银行机构创新以农村权益为抵押担保的信贷产品,发展“政银担”“政银保”“政银企”等合作模式。落实涉农企业股改、上市的扶持奖励政策,支持符合条件的涉农企业通过改制上市、发行债券、并购重组等方式融资和做大做强。创新政策性农业保险品种,持续推进农业保险扩面、增品、提标,探索开发土地流转履约保证保险等涉农新险种。加快农村信用体系建设,持续开展农村信用“四级联创”工作。完善政策性融资担保体系。优化农村创新创业政策环境,建立职业农民制度,实施新型职业农民培育工程,培育农民创业带头人。加强农村实用人才培训,支持农民专业合作社、专业技术协会、农业龙头企业等主体承担培训,大力培育“土专家”“田秀才”“致富带头人”。加强农业农村科技人才建设,鼓励支持农村专业技术人员申报高一级专业技术资格。加强与院校的合作,创新农村人才培养模式,为乡村振兴培养专业化人才。实施“归雁”计划,建立有效激励机制,以乡情乡愁为纽带,吸引支持企业家、党政干部、专家学者、医生教师、规划师、建筑师、律师、技能人才等返乡下乡服务乡村振兴事业;鼓励符合要求的公职人员回乡任职;发挥工会、共青团、妇联、科协、残联等群团组织的优势和力量,引导各民主党派、工商联、无党派人士等积极参与乡村建设。

区委办公室综合事务

【概况】 2018年,中国共产党钦州市钦南区委员会办公室(简称区委办)内设文电股、政工股、综合股、信息综合值班室和行政股。是年,区委办围绕区委决策部署,开展“规范细节,提升运行保障”“规范沟通,提升统筹协调”“规范辅政,提升参谋服务”“规范问效,提升督查成效”“规范文秘,提升综合写作”“规范流程,提升信息处理”“规范管理,提升队伍建设”为主要内容的“七规范七提升行动”,提高“三服务”水平,发挥办公室参谋服务、统筹协调、督促检查、运行保障等“四大职能”作用,服务全区工作。获评2016—2017年度自治区党委督查工作、自治区党委信息工作先进单位,2016—2017年度钦州市“美丽广西”乡村建设(扶贫)工作先进后盾单位。

【机要保密】 2018年,区委办严格执行24小时值班制度,做好以中央发电、紧急重要电报办理为重点的密码通信工作,做好自治区成立60周年、改革开放40周年大庆期间紧急重要电报的密码通信工作,确保各级党委政府指示政令安全畅通。推进密码通信主渠道建设、党政电视电话会议系统升级改造以及密码部门视频会议系统建设工作,提升密码通信服务保障能力。强化信息化建设,钦南区电子政务内网已通过验收并正常运行。做好会议技术保障工作,圆满完成了30次电视电话会议的视频技术保障工作。率先在全市完成国产化替代工作,积极协调争取落实财政资金105.6万元,11月底前完成全区33个单位52台单机的替代安装使用。扎实开展保密自查自评工作,今年5月在全区范围内启动开展了保密自查自评工作,并对全区29个单位进行了保密自查自评工作检查和指导,顺利通过自治区和市考评验收。认真开展保密宣传教育,采取开展保密专题培训、以会代训、学习保密宣传资料等形式对全区各单位开展保密宣传教育。加大保密监管和案件查处力度,全年共查处6起违法案件。开展保密专项检查工作,在全区范围内组织开展涉密网络和非涉密计算机电子邮件专项检查。

【后勤保障】 2018年,区委办统筹协调区委重大会务活动,高标准、严要求做好会前准备、会中跟踪和会后总结,提高办会水平。年内,办公室共参与筹办大小会议162次,编印服务指南、会议须知5次,发放各类通知累计达2863条(次),撰写各类工作方案98篇。优化工作流程,建立健全运行保障机制,不断提高工作效率。年内,圆满完成钦州市四家班子领导到钦南区调研、钦南区年中工作会议、自治区脱贫攻坚大督查、自治区扶贫“四合一”核查、国家全域旅游创建示范区初检、创建义务教育均衡发展区国检、创全国文明城市检查等92次重要会务活动的各项服务保障工作,参与接待各级领导和客商到我区考察调研活动49批次。加强规范化管理,做好区委公务用车管理、节假日值班值守、文件传递等各项服务工作。

【统筹协调】 2018年,区委办坚持推行和不断完善周工作计划报送制度、书记碰头会、四大办主任联席会议、信息通报机制、请示报告等制度,强化与区“三大办”、区委常委所在部门的工作沟通联络。认真制订“区委周工作计划”,统筹安排每周工作,切实做好全区性重要会议、活动的统筹安排,实现高效运转。认真执行书记碰头会和四大办主任联席会议制度,协助区委理清工作思路,提质增效。贯彻落实中央八项规定精神,强化会议活动和文件制发的统筹。严格控制发文数量,审核印发“区发”12件、“区办发”21件,发文数量低于绩效指标规定的“区发”不高于30件,“区办发”不高于90件的要求。严格会议活动的统筹,进一步转变会风,严控会议数量、会议规格、参会人数、会议时间,对会议时间和参会单位相近的会议统筹合并召开,精简会议,年内共参与筹办大小会议162次。进一步规范办文程序和文件审核,全面提高公文质量,确保公文处理工作高效运转。截至11月底,共准确办理公文3079件,其中处理上级文件954件、本级及其他文件2125件。完善钦南区党内法规工作制度,制定印发《中共钦南区委员会关于加强党内法规制度建设的实施意见》《区委办公室关于进一步规范公文处理工作提高公文质量的通知》《区委办公室、区政府办公室关于进一步加强中央文件管理工作有关事项的通知》三份文件。强化业务培训,开展了党内法规的专题培训,邀请市委副秘书长李云仙为全区党办系统办公室主任及业务骨干授课。截至2018年11月,已按要求审核并制发21份规范性文件,上报36份党内规范性文件备案材料。

【参谋辅政】 2018年,区委办根据区委“一机遇、三争创、四打造、六重点”的工作思路确定调研课题,深入开展调查研究,加强调查研究的针对性、实践性,提升参谋服务能力。6月,组成5个调研小组赴广西区内开展“大学习大调研”活动,年内完成推进特色小镇建设、加快现代特色农业发展、发展壮大村级集体经济、城市党建规范化建设等5个专题课题调研。牵头做好全区各项全面深化改革工作的统筹协调、业务对接、督促指导等工作。注重整体谋划,制定印发《区委全面深化改革领导小组2018年工作重点》,将全年改革目标细化为50项重点任务,明确具体责任分工和完成时限。加强对各专项小组牵头单位的沟通协调,出台《钦南区委全面深化改革2018年督察计划》,完善考核评价体系,确保中央、自治区党委、市委和区委全面深化改革各项重大决策部署落地见效。年内,共向26个单位约稿36篇,向市委改革办上报深改信息24篇。

【党史研究】 2018年,区委办做好文史资料征编和文献资料收集整理工作,做好钦南区委2017年工作纪要、钦南区大事记等党史资料收集编撰整理工作,编纂完成《钦南区革命老区发展史》初稿。利用节庆契机组织开展党史宣传教育活动,协助区委在全区范围内开展学习宣传贯彻中共十九大精神等。6月,组织调研组深入到全区各镇(街道)开展全面核查革命遗址遗迹情况,赴贵港和梧州学习考察当地加强党史教育基地的保护与利用、发展红色旅游等方面的先进经验做法,撰写完成《关于加强我区革命遗址遗迹保护与利用的调研报告》。

【督查督办】 2018年,区委办根据区委重大决策部署和重点工作,制定并下发《2018年钦州市钦南区级重大督查计划》,精准督查。对中央环保整改督查“下狠手”。深入辖区各镇(场、街道),对中央环保督查组现场督查指出的问题连续跟踪督查,连续蹲点,督促开展环保整改排查和整治工作,共拆除18家小冶炼企业。对脱贫攻坚整改“出重拳”。对扶贫工作后进人员进行集中培训,共集中办班5期,培训扶贫工作后进人员112人。不定期发布“红、黑榜”,“微红、黑榜”,共印发督查简报(暗访)2期,“红榜”2期,“黑榜”1期,“微红榜”发布2期。对贯彻落实党的十九大精神和习近平总书记视察广西重要讲话精神、贯彻落实中央八项规定、巡视(巡察)反馈意见整改落实情况、重大征拆项目、脱贫攻坚、义务教育均衡发展、特色旅游名县复核等13项重大督查事项开展督查128次,形成报告45份。抓好领导批办事项机制化、规范化、科学化建设,提高办理领导批示件的质量,一批群众关心、领导关注的热点、难点问题得到及时解决。截至10月,共办理上级领导批示件29件,本级领导批示件45件,做到件件有落实、事事有回音,办结率达100%。对防范一氧化碳中毒、防溺水工作、安全生产、防范政府债务风险、防范洪涝灾害、拖欠农民工工资等工作开展了专项督查,促进群众关心的热点、难点问题得到有效解决。进建立健全督查工作制度,出台《关于印发区委领导班子2018年挂牌督查重点工作事项的通知》，建立区委常委挂牌督查制度。扎实开展督查检查考核专项清理行动，坚决纠正形式主义、官僚主义，统筹规范钦南区督查检查考核工作。构建“大督查”工作格局，整合各部门工作人员参与督查，充分发挥职能部门人员专业作用和各类人员参与积极性，提高督查工作的针对性和实效性。在脱贫攻坚工作中，组建51人的督查队伍，促进脱贫攻坚各项工作的落实。持续跟踪督办抓落实，扎实开展“回头看”和“再督查”，通过现场核查、实地暗访、随机抽查，着力发现问题、解决问题、推动工作。强化督查成果运用，严格执行《钦南区督促检查成果运用实施办法》，充分运用好通报表扬和通报批评这一“尚方宝剑”，把督查通报和绩效挂钩，有效推进工作落实，年内共印发通报表扬1期，通报批评5期。

【文稿写作】 2018年，区委办注重资料积累，坚持“眼睛向下看”，组织写作人员深入一线调查研究，收集掌握第一手资料，确保信息真实可靠。完善文稿从任务下达、材料撰写、文稿报送和审稿等方面的细则要求，改变文稿质量不高、报送随意的情况。2018年12月，举办全区办公室系统干部“不忘初心再扬帆”综合能力提升培训班，邀请钦州市委的有关领导进行综合文稿写作的专题授课，为全区各机关单位、各镇（街道）办公室主任和业务骨干传授写作经验，进一步提升党办队伍写作水平。做好“传帮带”，不定期组织写作人员进行交流学习，共同研究探讨写作技巧和方式方法，让写作人员全程参与文稿的构思、修改等过程，缩短写作人员从入手到上手的时间。坚持办公室全员写作制度，通过自选题目或分配题目的形式，强化办公室人员的写作训练。年内完成区委全会工作报告、脱贫攻坚、全域旅游等重大文稿材料的撰写，每月收集上报钦南区大事信息。抓好写作班子建设，搭建钦南区重要文稿核心写作班子。

【信息处理】 2018年，区委办完善党委信息工作运行机制，出台《钦南区委办关于进一步规范党委信息和紧急突发事件报送工作的通知》，明确党委信息报送工作运行机制和信息报送要求。拓宽信息来源渠道，深入挖掘钦南区的信息资源，加强与区政府办的政务信息、区纪委机关的纪检监察信息、区委组织部的组工信息等信息渠道的互通有无，拓宽了党委信息的视野和广度。抓好信息业务培训，通过邀请市委信息综合室主任到该区进行授课、重点组织部分办公室主任到信息综合值班室阅文等方式，加强对全区党办系统干部的信息业务培训和指导，进一步提高了信息工作水平。采取有力措施，切实做好信息报送工作。突出抓好涉桂涉钦互联网信息报送工作，每个工作日上报互联网信息20条以上，每周上报调研信息及情况反映3条以上。抓好紧急信息报送工作，加强与各部门的沟通对接，尤其是完善与政法、宣传、总值班室、公安等部门之间的紧急突发情况信息报送研判和沟通机制，探索建立常态化、全天候的紧急信息报送沟通协调机制，确保紧急信息报送及时、准确。2018年度该区党委信息采用得分911分，创历史新高，在全区111个县区排名第13名，提前超额完成自治区、市下达的任务。2018年11月，被自治区党委办公厅评为“2016—2017年度党委信息工作先进单位”，党委信息工作获得了自治区党委办公厅的肯定。

【队伍建设】 2018年，区委办抓好意识形态工作，继续深入推进“两学一做”学习教育常态化、制度化，扎实开展“不忘初心再扬帆”解放思想大讨论，组织党员干部认真学习宣传贯彻中共十九大精神、十九届二中、三中全会精神和全国、自治区、全市党委秘书长、办公厅（室）主任会议精神，牢固树立“四个意识”、坚定“四个自信”，坚决做到“两个维护”，忠实践行“五个坚持”。办公室支部严格落实“三会一课”制度，每月开展一次党员活动日活动，先后组织开展美丽乡村环境卫生整治、“八桂先锋”在线答题、参观扶贫领域腐败和作风问题专项整治工作展等党员活动日活动，进一步增强党支部的凝聚力、创造力和战斗力。加强党办干部队伍业务培训。2018年11月，举办钦南区党办干部“不忘初心再扬帆”综合能力提升培训班，对160多名党办系统干部进行信息报送工作、办文办会、综合文稿撰写等党办业务知识进行培训。持续开展基层党政办规范化提升活动，组成工作组联系指导镇（街道）党办，不断提高该区党办系统规范建设水平。11月，到全区镇（街道）党办开展“两个维护”调研指导，有效指导提升基层党办规范建设水平。加强制度建设，对办公室的办文办会办事各项工作制度进行重新梳理，优化工作流程，完善各项规章制度，年内重新修订印发《区委办公室制度汇编》，形成办文、办会、信息、人事管理、保密、督查、后勤管理和党务工作等十大类93项制度。编印《钦南区党办业务工作手册》。贯彻落实中央八项规定精神，严格落实主体责任清单制度，组织领导干部集中学习《中国共产党廉洁自律准则》《中国共产党纪律处分条例》、观看廉政专题片和宣传展等，引导领导干部切实做到勤政为民、廉洁自律。（区委办）

组织工作

【概况】 2018年，中共钦南区委组织部（区委组织部）内设办公室、调查研究室、组织股、干部股、公务员管理股、干部教育股、干部监督股、组织员办公室、人才工作股、非公企业和社会组织党建股10个股室，下辖钦南区党员干部现代远程教育管理办公室和钦南区基层组织建设协调领导小组办公室。核定行政编制14人，实有9人。设部长1名，副部长3名。是年，区委组织部围绕全区发展大局，落实从严治党要求，真抓实干，开拓创新，全面推进领导班子建设、干部人才队伍建设、基层组织建设、党员队伍建设，加强村干部及驻村人员管理，为经济社会发展提供组织保证。

【组织概况】 2018年，钦南区设党（工）委25个，其中区直属机关工委1个，乡镇党委11个，街道工委5个，机关党委5个，非公企业党委3个。党组36个，党总支部45个，党支部647个，全区党员17817人，比上年净增2921人。年内，全区增加党员3944人，其中发展党员186人，转入组织关系3758人（三镇两村转回党员2881人）；减少党员1023人，其中转出组织关系881人，出党7人，死亡135人。全区党员人数中，男性党员13133人，女性党员1484人；在岗职工党员5612人，离退休职工党员2638人，农民党员9200人，其他党员984人；高中以上学历党员10942人。

【人才队伍建设】 2018年，钦南区坚持党对人才工作的领导，牢固树立党管人才理念。面向党政人才队伍、专技人才队伍、农村实用人才、非公企业管理人才先后开展各类培训班10余期，累计培训各类人才3000多人次，人才队伍素质持续提升。强化党政人才教育培训，举办全区组工干部培训班、脱贫攻坚工作专题培训班、中青年干部培训班等主体班次8期，培训人数达1640多人次。强化坭兴陶人才小高地建设。出台完善坭兴陶人才小高地管理制度，建立大师工作室，坭兴陶产业人才小高地有国家级大师4名，省级大师62名，市级大师101名，技师50多名。共有48位各级陶艺大师收带徒弟共128名。2018年3月，陆景平大师获得国家级非遗传承人称号。坚持实施区领导联系走访制度。将定期走访调研和电话沟通联系相结合，关心优秀人才工作生活情况，及时解决他们遇到的难题。2018年区四套班子领导干部走访慰问优秀人才32人次，电话沟通联系40余次。统筹人社、农业、统战、民政、教育、卫计等部门力量，抓好“六支人才队伍”建设，持续抓好人才队伍培训以及素质能力的提升。

【基层组织建设】 2018年，区委组织部围绕新时代党的建设总要求，履行党建主体责任，全面从严治党：一是突出“四个强化”，压紧压实基层党建主体责任。强化思想武装，推动开展习近平新时代中国特色社会主义思想和中共十九大精神培训56期，实现全员覆盖；强化领导责任，区委常委全覆盖分片联系指导镇（街道）和区直部委办局党组织开展基层党建工作；强化督查问效，针对各级巡视巡察反馈的基层党建突出问题，指导开展“大排查、大整改”活动，主动约谈

2018年7月20日，钦南区2018年农村党员乡村旅游专题培训班在钦州市海豚大酒店举行　（区委组织部　供稿）

基层党组织书记12人（次），推动整改问题300多个；强化干部管理，推动试行干部召回管理办法，召回25名“慵懒散”干部。二是实施“三项工程”，整体提升基层党组织建设水平。实施“三聚三强”工程，整顿转化了14个软弱涣散村党组织，创建了14个星级党组织（其中3个五星级），抓好带头人队伍建设，调整撤换2名不胜任、不合格、不尽职贫困村党组织书记，开展村“两委”干部培训36期，培训1500多人次，组织全体贫困村支书到百色学院培训，提升履职能力；实施村级阵地规范提升工程，统筹投入1200多万元，新建、改扩建18个村级组织活动场所，全区142个村级组织活动场所面积超过200平方米；实施机关党建活力提升工程，大力推行“机关党建+”，印发“菜单式”主题党日活动，增添了机关党建生机活力；统筹推进两新党建巩固提升工程和1个易地扶贫搬迁安置点党支部，提高了“两个覆盖”。三是打造“三个品牌”，不断创新基层党建工作平台载体。精心打造基层党建示范品牌，抓点带面打造了以“进港公路、钦防公路、南北二级路、钦陆一级路、城区”为中心的“四线一城”党建示范长廊，大番坡镇葵子村成为自治区党员干部教育基地；创新城市社区党建服务载体品牌，在城市社区全覆盖搭建“党员爱心驿站”，建立网上“微心愿”信息平台，结合“双报到双服务”，2018年以来累计为基层群众实现“微心愿”475个；打造党代表工作室品牌，设立138个党代表工作室，打造了16个示范点，推动全区驻室党代表提出建议392条，开展服务活动2463次，层级联动解决热点难点问题1025个，进一步提高了党代表在闭会期间的履职意识；四是抓好“三个力促”，切实提高基层党建促中心工作实效。抓好党建力促脱贫攻坚、促乡村振兴，严格做好新一轮第一书记和驻村工作队员选派工作，深入开展“党旗领航·电商扶贫”活动，全区特色产品年度销售额达1100万元。区委组织部牵头推进村级集体经济发展工作，大力推行“5+X”（“5”即到2020年所有贫困村集体经济收入达到5万元以上，“X”即因村制宜发展多个集体项目）村级集体经济发展模式，全区47个贫困村集体经济收入全部达到3万元以上（其中12个达到5万元以上），面上的空壳村全部消灭；抓好党建力促“三争创”，强力推进“三争创”，创建国家全域旅游示范区高分通过自治区初审；创建国家义务教育均衡发展区接连通过了“区检”“国检”。龙门蚝湾新创建为自治区级现代特色农业核心示范区；抓好党建力促社会和谐稳定，牵头协调解决党建工作站收集的19件热难点事项，推动全区“两站一中心”层级联动解决问题2372个，服务群众12.28万人（次）。

2018年9月11日，区委组织部在钦州市委党校举办2018年钦南区村（社区）党组织书记和村（居）委会主任培训班　（区委组织部　供稿）

【“两新”党建】 2018年，钦南区推进“两新”党组织组建巩固提升百日攻坚行动，全区共有“两新”党组织175个，年内新建28个。加大党建经费投入，精心打造半小时党建示范圈，创建自治区级1两新党组织示范点坭兴陶行业协会党总支部，创建裕华集团党支部等11家市级两新组织党建示范点。举办“成长·活力”大培训共30场次，培训非公有制企业出资人、党组织书记、党建指导员及党员1452多人次，组织企业开展“党旗领航，电商扶贫”活动7场，促进农特产品销售920万元。

【干部人事】 2018年，钦南区坚持严管和厚爱结合、激励和约束并重，精准科学选育用管干部，坚持认真贯彻落实中央、自治区和市委关于机构改革期间干部人事调整的要求，坚持事业为上，突出政治标准，调整优化各级领导班子，全年讨论干部7批次，共235人。结合群团改革需要，选派兼职挂职干部7名，选优配强了区总工会、区妇联、团区委等群团组织领导班子。为整治干部队伍中存在的不作为、慢作为、乱作为等问题，出台《钦州市钦南区干部召回管理办法（试行）》，年内对49人次在理想信念、为民服务、勤政务实、敢于担当等方面存在问题的干部实行召回管理。强化责任担当，推进领导干部能上能下。以问题为导向，坚决把政治上不坚定、工作上不作为、作风上不务实、廉洁上不干净的人调整下来。共调整了4名“下”的干部，其中降低一个职务层次任职1名，改任主任科员1名，免去所任职务2名。通过实实在在的“下”，以及对“下”的情形在多个场合用作反面典型，起到极大的警示作用。

【干部教育培训】 2018年，钦南区结合实际，不断提高干部教育培训工作的针对性和实效性，发挥干部教育培训主渠道和理论武装主阵地作用，不断开创干部教育培训工作的新局面，为加快推进钦南区经济社会发展提供人才保障。年内全区开展各类主体培训班次4期，累计培训890人次，各单位开展培训58期，累计培训7822人次。2018年3月在市委党校大礼堂举办了2期科级干部学习贯彻习近平新时代中国特色社会主义思想和中共十九大精神轮训班，先后邀请自治区级专家教授、市委党校教师进行专题授课，深入解读中共十九大精神和最新工作热点，累计培训745人。与钦北区、钦州港区联合举办青年干部培训班1期，培训优秀青年干部26人次。同时积极配合上级部门，完成领导干部调训工作。2018年，钦南区共组织参加上级部门举办的培训班16班次共43人次。其中组织9名领导参加自治区党委管理干部和县（市、区）党政正职学习贯彻习近平新时代中国特色社会主义思想和中共十九大精神轮训班等自治区级及以上11个班次的培训学习，组织34名领导干部参加包括全市组工干部业务培训班等5个市级培训班次的学习。

【干部监督】 2018年，钦南区加强对干部的监督管理，前移监督关口，强化干部日常管理。抓实干部提醒、函询、诫勉工作，坚持抓早抓小，对存在苗头性、倾向性问题的领导干部进行提醒谈话6名、函询8名。根据区委巡察反馈的股级干部选拔任用问题，出台《钦州市钦南区股级干部选拔任用工作实施办法》，规范了股级干部选拔任用程序。扎实开展党政领导干部承包经营农村土地问题专项清理，组织林业、农业、水产畜牧等部门，组成4个督查组，对全区所有镇（街道）和重点单位进行抽查，督促重点人员按时间节点及时清退。经统计，共有22名领导干部报告存在承包经营农村土地情况，已全部完成清退。全面开展区委管理干部报告个人有关事项工作，完成了个人有关事项报告在全区723名区委管理干部的全覆盖。严格领导干部出入境管理，2018新办证件9本，其中港澳通行证6本，护照3本，审批办理因私出国（境）17人次。

【远程教育】 2018年，区委组织部借助现有的远程教育平台，整合资源，积极探索“户外远教”模式，整合村级“十个一”［即一栋办公楼、一个党群（综合）服务中心、一个升旗台（或在村委办公楼顶设置插国旗位置）、一个舞台、一个篮球场、一个村卫生室、一个宣传栏（含党务村务公开）、一个党员活动室（含农家书屋）、一套远程教育终端设备和一套广播设备］活动场所以及文化信息资源共享工程设备，把远教终端站点移到露天广场、篮球场、舞台等村（社区）人员聚集的场所进行开放式播放，打造一批“远教广场”“远教影院”和“远教舞台”等“户外”模式亮点工程。同时，区远程办利用自身教学资源制片技术的优势，与农业、水产、科技等

2018年10月25日，自治区党代表到钦南区调研视察

（康熙岭镇 供稿）

部门合作，由这些部门提供师资、场地，联合制作符合当地的科学种养技术的视频课件，上传远教平台共享。钦南区借助“户外远教”站点开展农村实用技术培训230多场次，初步建立种植培训基地26个、养殖培训基地21个，组织群众开展各种文体活动420多场，受益党员群众达2万余人。依托党员远程教育平台，坚持远程教育与加强基层组织建设、拓宽农民增收渠道、强化乡村振兴，提升现代远程教育学用水平。到2017年，共建设“农家党校”远程教育终端站点135个，创建尖山街道家雷水产养殖自治区级远教基地和那丽镇芦荻竹市级远教基地，利用远教基地对党员群众进行培训，达到很好培训效果，共开展培训50多期、培训8000多人次。制作教学资源专题片50多部，入选每年的“广西百部党员专题片”10部。其中，获得国家级奖励1项，自治区级奖励15项。专题片《养虾养出小康村》被评为“第五届中国纪录片国际选片会”党建宣传类银奖节目；《海事缘》获得自治区一等奖；专题片《“军”令状》《养虾养出小康村》《我的事业在那片海》《洪家班》等10多部获得自治区二、三等奖。

【农村党员培训】 2018年，钦南区采取分级分类分层次培训的方式，对全区9000多名农村党员和800多名村干部进行全员轮训，引导党员干部自觉把思想和行动统一到中共十九大精神上来，坚定理想信念、增强党性修养、养成优良作风、提升素质能力，在实施乡村振兴战略、打赢脱贫攻坚战、推进农村改革发展中充分发挥先锋模范作用。全区共开展教育培训72场次，区级培训12场，教育培训党员16222人次，其中参加集中培训56学时以上的基层党组织书记有175人次，对村“两委”干部人均轮训累计不少于40学时共有980人次，参加集中培训32学时以上的党员数约有15623人次。共投入财政资金120多万元，投入党费20多万元。

【“两学一做”教育】 2018年，钦南区持续深入推进“两学一做”学习教育常态化制度化，坚持融入日常、抓在经常，取得扎实成效。把“两学一做”同日常“三会一课”、主题党日活动相结合，推行“机关党建+”，印发“菜单式”主题党日活动等主题实践活动，推动主题党日成为党内生活的重要载体和平台。党员领导干部切实发挥带头示范作用，带头参加支部活动，过好双重组织生活，带头讲党课。持续加强党员教育管理，开展学习贯彻习近平新时代中国特色社会主义思想和党的十九大精神轮训，实现党员干部培训全覆盖。举办党建廉洁工作站站长培训班暨7天封闭军训，开展村“两委”干部培训36期，培训1500多人次，提升履职能力，有效推进“两学一做”常态化制度化。

【村干部及驻村人员管理】 2018年，钦南区统筹推进村干部队伍管理建设，抓好带头人队伍建设，调整撤换2名不胜任、不合格、不尽职贫困村党组织书记，选好配强村干部队伍；加大培训力度，年内，共开展村“两委”干部培训36期，培训1500多人次，组织全体贫困村支书到百色学院培训，提高村干部综合素质；根据自治区和市委相关要求，及时落实村支书和主任补贴从1500元提升至1800元，其他“两委”干部补贴从1200元提升至1500元，提升村干部待遇保障；推行村干部年度党建述职，建立村干部绩效考核机制，激发村干部干事激情。钦南区工作队员派驻的村为147个，共选派脱贫攻坚（乡村振兴）工作队员365名，其中自治区选派工作2名、市级选派54名，港区选派11名，区级选派198名，镇级选派100名。区委组织部坚持多措并举、多方用力，选好、管好、用好驻村工作队员，扎实开展脱贫攻坚各项工作任务。贯彻落实教育培训机制，召开七次钦南区脱贫攻坚（乡村振兴）工作队管理和发展壮大村级集体经济工作调度会，及时传达了自治区、市两级的调度会议精神；召开工作队例会12次，先后举行工作队员业务培训会19场次，参训人员1118人次，开展了业务知识考试，对象为各镇（场、街道）的全体领导班子成员、挂村领导、村支书主任、全体工作队员，提高驻村工作队员抓实脱贫攻坚、带领群众脱贫致富和防范廉洁风险等能力。建强凝聚驻村队伍，制定印发《关于做好钦南区脱贫攻坚（乡村振兴）工作队员住村安排工作的通知》等文件，明确住村纪律，制作《实施乡村振兴、坚决打好脱贫攻坚战》和《致力精准脱贫、努力实现乡村振兴》两个展板，加强信息公开。加强监督管理，抓实驻村纪律，采取不分昼夜、不打招呼、不定路线的方式进行随机抽查，主要是针对村情、民情、扶贫知识及政策熟悉情况，住村后勤保障落实情况及队员履职工作，将督查工作贯穿全年的工作之中，明确每月下乡督查不少于12次（每周不少于3次），

2018年该区共下乡督查124次，派出督查组人员620人次，村级督查覆盖率100%，督查工作队员1402人次。充分发挥区级工作队微信群、工作分队微信群、广西脱贫攻坚大数据平台以及钦州智慧党建APP平台等网络载体优势，确保了通知、信息的上传下达顺畅，工作不脱节，集思广益，及时解决存在的问题。强化落实驻村保障，及时出台文件，调整提高工作队员伙食差旅补助标准，区、镇两级驻村工作队员伙食补助由每人每天40元提高至60元；争取到15万元专项资金，搭建电信信息管理平台，为全区工作队员(含工作队长、分队长)办理每人每月30元套餐2年期限的电信电话卡，协调解决帮助购买工作队员所需生活用品，确保降低驻村成本，落实“住得下”。

【党建创新】 2018年，钦南区打造基层党建示范品牌，推动各镇(街道)因地制宜创建2个以上基层党建示范点，抓点带面打造了以“进港公路、钦防公路、南北二级路、钦陆一级路、城区”为中心的“四线一城”党建示范长廊，大番坡镇葵子村成为自治区党员干部教育基地。创新城市社区党建服务载体品牌，在城市社区全覆盖搭建“党员爱心驿站”，建立网上“微心愿”信息平台，结合“双报到双服务”，2018年以来累计为基层群众实现“微心愿”475个，有关做法得到了广西日报等媒体宣传推介。三是打造党代表工作室品牌，设立138个党代表工作室，打造了16个示范点。带头履行党代表职责，推动全区驻室党代表提出建议392条，开展服务活动2463次，层级联动解决热点难点问题1025个，进一步提高了党代表在闭会期间的履职意识。

宣传工作

【概况】 2018年，中国共产党钦州市钦南区委宣传部(简称区委宣传部)内设有办公室、新闻股、宣传股、理论教育股、网络管理股、未成年人教育股。下设有区网络舆情监控中心1个二层机构。编制14个(行政编制7个，机关附属事业编制1个，区网络舆情监控中心事业编制6个)。在岗在编人员共11名。是年，区委宣传部宣传钦南区各行各业在发展中取得的新成效、新突破，提升钦南区的美誉度和影响力，开展系列主题社会宣传活动，营造社会发展的良好宣传氛围。以领导干部为重点，着眼于提高理论素养和领导能力，促进领导干部做学习的模范和表率。加强对各种社会思潮、热点问题分析研判应对，引导网络舆论的作用。围绕区委、区政府的中心工作推出系列报道，配合开展读书文化节、海歌唱理论、英模进校园、戏曲进校园、国际沙排球赛、国际环球自行车大赛广西钦州赛段、国防教育日、“壮族三月三”等重点活动的宣传报道工作，在各类媒体刊登播出稿件800多篇(条)。

【理论学习】 2018年，钦南区以制度建设为抓手，大力推进学习型组织建设。围绕学习宣传贯彻中共十九大精神和习近平新时代中国特色社会主义思想，加强理论武装。区委理论中心组集中学习(扩大)会6次。全年，开展对《习近平谈治国理政》第二卷进行专题学习，学习十九届二中、三中全会精神，专题学习《共产党宣言》，学习贯彻习近平总书记在中共中央政治局第五次集体学习和纪念马克思200周年诞辰大会上发表的重要讲话精神，学习习总书记在庆祝改革开放40周年大会上的讲话精神，学习解放思想大讨论活动必学内容，宗教理论和宗教政策学习等内容。7月25日—26日，承办钦州市2018年意识形态工作培训交流现场会暨新时代讲习所揭牌仪式。7月26日，钦南区首个“新时代讲习所”在尖山街道排榜社区正式揭牌，开展首场讲习活动。年内，钦南区成立新时代文明实践中心1个，全区镇(街道)、村(社区)成立新时代讲习所174个，覆盖率达100%。

【新闻宣传】 2018年，区委宣传部围绕区委、区政府的重点工作，对全区“创均”、创建国家全域旅游示范区、脱贫攻坚、“三争创”等工作，精心策划组织媒体记者在报纸、电视等进行报道，努力讲好钦南故事。配合钦州市媒体开展“40年40变　60年60人”系列报道，自治区60大庆期间，在《钦州日报》上开设4个宣传专版，展现钦南区经济社会发展的成就和亮点。全年在各类媒体刊登播出稿件1000多篇(条)。其中《城乡共享灿烂阳光》《干部转作风　发展加速度》《钦南区做好服务企业加减法》《扶志扶智齐上　输血造血并行》等一批重点策划的稿件分别在《广西日报》和《钦州日报》媒体刊登播出。

【社会宣传】 2018年，区委宣传部围绕区委、区政府的中心工作，创新载体，组织开展系列主题社会宣传活动,营造社会发展的良好宣传氛围。结合重大节庆活动,抓好改革开放40周年、自治区成立60周年、广西“壮族三月三”、广西公路自行车世界巡回赛及世界沙滩排球巡回赛、蚝情节、创建国家全域旅游示范区和广西特色旅游名县复核、脱贫攻坚等社会宣传工作,营造浓厚的社会舆论氛围。在公路主干道、城区主要街道设计制作了相关主题公益广告宣传牌,要求各镇(街道)、各有关部门运用公益广告牌、LED显示屏、楼宇电视等方式,在主要街道、重要公共活动场所、爱国主义教育基地等重点区域及时悬挂张贴、刊载刊播有关宣传标语,设置户外广告面积20000多平方米,宣传标语100多条,营造浓厚的社会氛围。同时抓好文艺宣传。组织文艺团队开展中共十九大精神、改革开放40周年、自治区成立60周年基层文艺演出,共演出30多场次,推动中共十九大精神走进基层。

【意识形态工作】 2018年,区委宣传部贯彻落实中央、自治区党委、市委关于意识形态工作的决策部署和指示精神,落实意识形态工作责任。把意识形态工作作为党的建设和政权建设重要内容。制定出台《钦南区委意识形态工作联席会议制度》《钦南区委意识形态工作督查制度》《钦南区委重大意识形态领域舆情应处置机制》《钦南区委意识形态工作问责机制》等“两个制度两个机制”文件。召开2018年钦南区委意识形态工作联席会议,贯彻和落实意识形态工作责任制。区委同区直各单位党组织、各镇(街道)党(工)委签订2018年钦南区意识形态工作责任书。7月,承办钦州市2018年意识形态工作培训交流现场会暨新时代讲习所揭牌仪式活动。9月,开展2018年度上半年意识形态工作责任制落实情况和“新时代讲习所”创建情况进行督查,对各镇(街道),部分区直单位落实意识形态工作主体责任、落实领导责任、加强意识形态工作研究和部署等情况进行专项督查,推动意识形态工作落地落实。

【网络舆情管理】 2018年,区委宣传部制定《钦南区网络评论员管理办法》,进一步明确网评员工作职责,指导网评员开展网上舆情监控研判和引导工作。全年网络舆情报告共8期,对网络出现的影响较大的网络舆情事件,做到及时发现准确研判、果断处理。“丽光学校学生疑似食物中毒事件”“钦州新汽车总站群体事件”,在第一时间向社会通报,合理引导舆论,推动事态向有利于妥善处置的方向转化。全年处理涉及钦南区网上不实信息500多条。

【新媒体建设管理】 2018年,区委宣传部认真做好“钦南发布”微信号和“钦南之声”微博的运营和编审工作。将“钦南发布”政务微信进行扩版增量,形成每周5期的推送频率,打造成集宣传性、新闻性、服务性和互动性为一体的钦南“移动宣传平台”。加强新媒体的建设管理,做好微信号和“钦南之声”微博的运营和编审工作。微博“钦南之声”编发微博188篇次,微信“钦南发布”编发新闻743篇次。

【社会主义核心价值观宣传】 2018年,区委宣传部充分利用围墙、空地和电灯杆等安装宣传板报、宣传牌匾和张贴宣传画册,在辖区范围内加大营造创建文明城市活动氛围力度。年内,制作创建文明城市宣传板报20版;社会主义核心价值观宣传牌匾335余块、关爱未成年人宣传牌匾、文明礼仪、市民、居民文明公约等宣传牌匾445余块。

【未成年人思想道德建设】 2018年,区委宣传部组织开展一系列道德教育实践活动,利用清明、端午、“六一”等重要节日组织开展网上祭英烈、学雷锋做美德少年、童心向党等活动;通过开展优秀童谣征集推广活动,向市文明办推荐149首童谣;开展第四届钦南区“美德少年”评选活动,评出30多名美德少年和10名十佳少年;开展传统文化进校园活动,通过邀请文艺书法志愿开展写字课、书法课,联合河南兰苑文学网上展示人和小学、三小的诗歌散文作品。全区有2所学校获得自治区文明校园、3所学校获得市级优秀文明校园、3所学校获得市级合格文明校园。该区有6所中央公益金乡村学校少年宫,5所市本级乡村学校少年宫。开展净化社会文化环境工作,抓好网吧管理、文化市场和校园周边环境的整治工作,为未成年人健康成长营造良好社会文化环境。

【精神文明创建】 2018年,区委宣传部利用节日民俗、党员活动日、宣传活动周等,结合党员“双报到、双服务”和志愿服务,广泛开展文明劝导、消费维权、医疗帮扶、法律咨询、创城文艺晚会等活动,大力宣传社会主义核心价值观、文明礼仪、清洁卫生等创城知识。开展寻找“钦州好人”活动,共推荐好人线索307条,其中黄群美、胡胜英等先进典型和先进人物，被授予"钦州市第三届道德模范"称号。协助各街道开展2018年钦州市文明街道创建评比活动，部署好新一轮自治区级、国家级文明城市迎检工作，组织召开"2018年钦南区创城工作会、钦南区2018年迎接创建全国文明城市动员会"等会议。

【志愿者服务行动】 2018年，区委宣传部开展志愿服务活动，完善志愿者站点和队伍建设，建成街道、社区两级志愿服务基地19个，组建志愿服务队53支，登记各类志愿者组织99个，注册志愿者总数4926人。通过组织开展系列活动，共发放问卷10500多份，宣传手册和报纸累计9800多份，小礼品4440多份，参与人员3650人，宣传"学习雷锋、奉献他人、提升自己"志愿服务精神，弘扬社会正气、树立时代新风。组织人员开展"手拉手·邻里守望""文明礼让·交通劝导""铲除小广告·从我做起""博爱送万家"等志愿服务活动。开展扶贫帮困、文艺下乡、科普宣传、"三关爱"、关爱未成年人等其他常规性的志愿服务活动，推动志愿服务体系不断健全完善。

统战工作

【概况】 2018年，钦南区委统战部（简称区委统战部）核定编制5名，其中行政编制4名，行政附属事业编制1名；在职干部职工4人，全部为财政（全额）拨款人员；离退休人员3人，其中离休2人，退休1人。是年，区委统战部服务全区经济社会发展大局，加强意识形态建设，鼓励支持引导非公有制经济发展，凝心聚力助推脱贫攻坚，推进民族宗教领域和谐，推动多党合作，加强海内外统战工作，联系各民主党派、无党派人士、党外知识分子、少数民族人士、宗教界人士、非公有制经济人士、新的社会阶层人士、出国和归国留学人员、港澳同胞、台湾同胞及其在大陆的亲属、华侨归侨及侨眷、其他需要联系和团结的人员等工作。

【民主党派和党外人士工作】 2018年，区委统战部助推各民主党派发展，配合各民主党派开展各类专题调研和民主监督工作。9月，组织民主党派人士、无党派人士等10人与区纪委联合开展钦南区扶贫领域腐败和作风问题专项治理工作巡查调研活动。1月，召开全区各界代表人士座谈会1次37人次；3月召开非公经济联系会议1次28人次；7月，举办全区非公有制经济人士代表培训班1期、60人次；推荐9名非公有制经济人士参加钦州市弘扬企业家精神教育实践活动暨2018年非公有制经济人士"不忘创业初心　接力改革伟业"理想信念教育培训班。进一步推进对新的社会阶层人士分级分类管理，做好分管领域中新的社会阶层人士摸底调查。

【民族宗教事务管理】 2018年，区委统战部开展民族宗教工作，维护民族关系和谐稳定。推进民族团结进步创建九进活动，完善城中南和屯南"民族之家""少数民族流动人口服务站"建设，增强多个民族间的情感，提高群众维护民族团结的自觉性。举办"壮族三月三·八桂嘉年华"、民族传统体育项目比赛、文化乐民联欢活动等系列活动，弘扬民族优秀传统文化，促进各民族的大团结。争取148万元资金，为黄屋屯镇11个少数民族集聚自然村修建道路、饮水工程等基础设施，惠及1562户、14820多人。进一步完善区、镇（街道）、村（社区）三级宗教工作网络建设，把宗教风险防控工作延伸到最基层。牵头多个部门对全区范围内进行大排查大整治，查处非法宗教行为3处、非法出版物4本。争取自治区财政资金10万元提升康熙

2018年2月1日，区委统战部举行2018年钦南区各界人士座谈会
（区委统战部　供稿）

岭伏波庙民族团结创建进宗教示范点建设，解决庙宇绿化、亮化问题。年内，实现涉民族宗教、涉事件零投诉。

【港澳台及海外统战工作】 2018年，区委统战部开展港澳台海外工作，维护海外关系和谐稳定。联络、服务台胞台属、侨胞侨属，走访散居归侨侨眷家庭61户，慰问三类困难归侨侨眷119人，出具归侨侨眷身份证明、中高考三侨生证明18份，公示核办"三侨考生"加分77份。借助钦州市海外联谊会平台，着力加强与海外重要社团、企业与重点人士的联络沟通，利用节庆与接访活动积极宣传和推介钦南，促进海峡两岸感情融和。认真服务好该区现有的华商企业，在扩场增资、经营环境、企业文化等方面为企业服务。年内，无涉港澳涉台、涉外案件、重大事件发生。

【党外干部工作】 2018年，区委统战部做好党外干部使用管理工作。全区科级以上党外干部共59人，其中区级党外领导4名，单位正职5人。提拔党外干部4名(2名无党派)，安排挂职9名，职级晋升5名。联合重庆社会主义学院举办党外干部培训班一期33人。

【非公经济工作】 2018年，区委统战部坚持服务非公经济"两个健康"发展，推动营商环境持续向好向善。开展"服务企业年"活动，区委统战部共走访企业活动33次，帮助解决工业园区道路硬化、建设用地等问题21个，解决广西非公有制经济服务平台反映问题22个。借助2018钦州市第二届网络文化节活动平台宣传该区非公企业典型3个。加强基层商会建设，联合区工商联表彰了钦南区2018年非公企业先进个人10名，优秀基层商会会长4名，先进商会4个，不断提升了商会组织的凝聚力和影响力。

【扶贫济困】 2018年，区委统战部引导民营企业、民营企业家和社会爱心人士参与扶贫攻坚、慈善公益等事业。动员民营企业参与钦南区"百企帮百村""党旗领航·企业扶贫"等活动捐赠、慰问、提供就业岗位和电商运营等方式帮助贫困村发展。"扶贫日"，37家爱心民营企业向该区贫困村捐赠了109.7万扶贫资金和折合人民币9.46万元的物品。6月，澳门广西钦州联谊会为黄屋屯镇圩埠村委捐资13万元，修建张中自然村至社山坪自然村的道路。

【探索建立扶贫车间】 2018年，区委统战部协助澳门广西联谊会、澳门针织企业在黄屋屯镇圩埠村建成外贸型制衣"扶贫车间"，由圩埠村委建厂房，供企业租用，工作岗位优先考虑圩埠村贫困户及村民，实现村民、村集体以及公司三赢的局面。年内，为贫困村群众提供30个就业岗位，帮助贫困户实现每月收入2000元左右。

（区委统战部）

2018年7月24日，区委统战部举办2018年钦南区非公经济人士培训班

（区委统战部 供稿）

机构编制

【概况】 2018年，钦南区机构编制委员会办公室(增挂区事业单位登记管理局牌子)(简称区编办)内设综合股、行政事业股2个职能股，行政编制5名，实有5人。其中主任1名，副主任2名，事业单位登记管理局局长1名。区事业单位登记管理局挂牌在区编办，下属事业单位为区事业单位登记中心，核定事业编制4名，实有人员4人。是年，区编办依法依规管理机构编制工作，贯彻落实十九大精神，开展全区机构改革前期工作，深化国家监察体制改革试点，开展生产经营类事业单位改革，深化行政审批制度改革，继续推进"放、管、服"，加

强机构编制实名制系统建设，促进电子化管理，做好事业单位法人年度报告公示，开展事业单位法人公示信息“双随机，一公开”抽查。

【机构改革前期工作】 2018年，区编办作为钦南区党政机关机构改革主要牵头部门，落实责任，组织实施，做好调查研究，加强与钦州市机构改革办的沟通汇报，参加机构改革培训会、座谈会、协调交流会，按照市县机构设置总体上下基本对应的要求，制订钦南区的党政机构改革方案。先后召开区机构改革领导小组会议和三次机构改革领导小组正副组长会议，审议通过《钦南区机构改革领导小组议事规则》《钦南区机构改革领导小组办公室工作细则》《钦南区机构改革领导小组办公室工作组职责》，讨论修改钦南区党政机构设置和《钦南区党政机构改革方案（草案）》。全区机构改革工作按市机构改革领导小组办公室和区机构改革领导小组要求的时间节点推进各项工作，确保在2019年3月底前基本完成钦南区机构改革任务打下坚实的基础。

【深化国家监察体制改革】 2018年1月，钦南区按程序设立钦州市钦南区监察委员会，撤销钦州市钦南区监察局和钦州市钦南区人民检察院内设机构反贪污贿赂局、反渎职侵权局、职务犯罪预防局，其机构、职能、人员转隶至钦南区监察委员会，从钦南区人民检察院划转11名政法专项编制到钦南区监察委员会，调整区纪委监察委机关9个内设机构，确保钦南区深化国家监察体制改革试点工作按时顺利完成。

【生产经营类事业单位改革】 2018年，区编办根据各级党委、政府的文件要求，稳妥推进生产经营活动事业单位改革工作。钦南区有生产经营类事业单位5个，按照政策要求，从易到难，按照各经营类事业单位不同情况实施改革。牵头制订《钦南在经营性事业单位改革实施方案》，按程序报区委、区政府审批下发。年内完成海岸律师事务所改革撤销工作，收回编制2名。按撤销、转企改制方式，对余下4个经营类事业单位由主管部门做好具体改革工作，确保到2020年完成改革任务。

【行政审批制度改革深化】 2018年，区编办开展行政审批事项取消下放和调整、监管、服务工作。取消行政审批事项8项，调整行政许可事项11项。承接自治区委托下放行政许可事项3项，依据法律法规设定为行政许可事项8项，保留为行政审批必要条件的中介服务事项目录43项，其中非行政许可已全部进行取消或调整。对不列为行政许可的事项，根据权责清单制度、简化优化公共服务流程等有关规定，按程序将符合条件的事项调为其他权力事项或公共服务事项，组织各部门认真做好取消、调整行政许可事项的落实和衔接工作，制定取消后事中事后监管措施8份。清理规范证明事项。针对烦扰群众的各种“奇葩”证明、循环证明、重复证明等问题进行自查、自清、自纠、自改，清理取消区财政局“国土部门在办理房地产权属转移时要求国资部门出具国有资产权属证明”1项。推进权责清单的深化利用和长效管理，强化权责清单动态调整机制。严格按照《广西各级政府部门权责清单管理办法》要求，推进建立权责清单动态调整、监督检查机制，根据法律、法规的废、立、改以及部门职能变化，及时调整完善政府部门权责清单。年内调整各镇人民政府权责清单106项。

【机构编制实名制系统建设】 2018年，区编办积极开展构编制实名制网络管理软件的推广应用，全区行政机关单位全部安装实名制系统软件。指导和督促各单位进行人员信息数据的录入和完善，做好实名制系统升级工作。全区机关、事业单位的机构编制数据已纳入实名制数据库，初步实现机构编制电子化，全区机构编制管理事项已基本实现在实名制系统中在线管理和应用，形成规范化管理。

【事业单位法人年度报告公示】 2018年，区编办每年1—3月为事业单位法人年度报告公示时间。做好区事业单位年度报告公示工作和事业单位法人统一社会信用代码制度改革工作，实行源头赋码，“多证合一”，区事业单位登记管理局积极宣传事业单位管理法律法规，督促单位办理。全区已进行年度报告公示469个，其中新设立登记6个，法人变更登记45个。

【事业单位法人公示信息“双随机，一公开”抽查】 2018年，区编办制订并下发《钦南区事业单位法人公示信息抽查工作方案》，规范制作《事业单位法人公示信息抽查通知书》《回执》《事业单位法人公示信息实地核查记录》。建立随机抽查机制以及随机抽查对象和执法人员名录库，上半年采取随机摇号等

方式对该区4个事业单位法人年度报告公示信息进行随机抽查，合格率达到100%。（阙兴千）

2018年10月28日，区委老干部局组织离退休干部开展敬老节游园活动
（区委老干部局　供稿）

老干部工作

【概况】 2018年，有离休干部37人（另有2人易入），其中男31人，女6人；处级8人，科级29人；行政17人，事业6人，企业14人；解放战争时期参加工作37人；85周岁以上37人；在县城安置32人，在乡镇安置3人，在农村安置2人。全区共有退休干部职工2467人，其中机关919人，事业1451人，企业97人；处级17人；科级532人，其他1918人。钦南区委老干部局（简称区委老干部局）内设机构有办公室1个，下属二层单位一个（钦南区老干部活动中心）。局本级核定编制3个（行政编2个，事业编1个），实有在职干部职工4人；区老干部活动中心核定编制3个，实有干部职工3人。钦南区关工委办公室设在区委老干部局。是年，区委老干部局抓好老干部政治待遇落实、生活保障待遇落实和老干部活动设施建设，关心关怀老干部，注重发挥老干部作用。

【离退休干部思想政治建设】 2018年，区委老干部局落实阅读阅文制度，继续为每位离休干部订阅《老年知音》《中国老年》，为老干部订阅《人民日报》《钦州日报》等30多种报纸杂志，在区老干部活动中心设立阅览室，供老同志阅读的文件及时供老同志阅读或通报。邀请离退休老干部代表参加年初的人大、政协例会，平时区委、区政府凡传达重要文件、召开重要会议、举办重大活动等都邀请老干部或老干部代表参加。区委、区政府领导多次到区老干部协会召开老干部代表座谈会，及时传达学习党和国家的大政方针，通报区委区政府对重大事项的决定和工作情况，听取老干部的意见建议。年内，组织老干部参加区委区政府召开的相关会议和活动5次，召开情况通报会3次，老干部座谈会6次。1月24日，邀请市委党校常务副校长马瑞到区老干部党校作中共十九大精神宣讲报告，引导广大离退休干部深刻领会中共十九大精神和习近平总书记治国理政新理念新思想新战略，自觉增强“四个意识”，统一思想、凝聚共识。2月27日，在老干部协会2018年迎春联欢会上，区委组织部部长黄杰辉向老同志们通报了全区经济社会发展情况。11月30日，组织老干部代表约40人参观学习灵山县老年大学，并到

2018年2月6日，区委老干部局到黄屋屯镇屯胜村委对老党员进行春节慰问
（区委老干部局　供稿）

大芦村接受传统家风教育，近距离学习灵山县老年大学的先进教学经验，感受大芦村“楹联第一村”的文化氛围，学习灵山荔枝核心示范园农业示范产业发展经验，丰富老干部的文化生活，有利于发挥老干部做力所能及的事情，为党和人民事业增添正能量。

【老干部生活待遇落实】 2018年，区委老干部局巩固和完善离休干部“三个机制”，离休费保障机制、医药费保障机制、财政支持机制有效运转。按时落实离休干部各项津贴补贴和护理费，保证离休干部医疗费按政策规定及时报销，特需费及健康休养费均列入财政预算，在政策范围内，老干部生活待遇全部得到及时足额落实。按照《关于提高生活长期完全不能自理和离休干部护理费标准的通知》文件精神，由区委组织部副部长亲自主持，组织老干部局、人社局、财政局等部门的领导干部召开了关于做好提高生活长期完全不能自理的离休干部护理费标准工作专题会，就护理费办理条件、审批程序和执行时间等事宜进行了深入研究讨论，保证我区42名离休干部提高护理费标准工作全部顺利进行。春节前夕，区领导亲自带队上门对全区42名离休干部、10名离休干部遗属、19名县处级退休领导和各老年协会领导等进行慰问，共发放慰问金8.56万元，慰问品1万多元，为老干部送去党和政府的温暖和关怀。中秋节期间也组织工作人员对离休干部、县处级退休领导和各老年协会领导进行走访慰问。7月16日—19日，组织工作人员到宁明、南宁等地看望慰问易地安置离休干部，了解了他们的生活情况和困难，为老干部们送上了慰问金，并向老干部宣传市区新的发展变化，转达区委、区政府对他们的亲切问候。老干部生病住院时及时探望，对生活在农村、生活有困难、长期伤病卧床的离休干部经常上门探望。11月，组织42名离休干部和17名处级退休干部进行健康体检，并建立健康档案。年内，共走访慰问老干部236人次，探望生病住院老干部30人次，接访来访老干部46人次，来信3件。

【老干部文化建设】 2018年，区委老干部局组织老干部开展各种联谊活动、文体竞赛活动和游园活动30多次。不定期举办象棋、乒乓球等比赛和诗书、绘画等活动，每周星期五为文艺活动日，每月最后一周星期五为激情演唱日。组织开展春节系列活动，举办新春联欢会、春节文艺会演、春节游园活动，举办乒乓球、象棋、麻将、歌舞等比赛，召开老同志2018年春节座谈会。组织开展“敬老月”系列庆祝活动，开展“敬老节”游园活动，召开80岁以上高龄老同志座谈会。区老干部协会夕阳红艺术团有歌舞队、采茶队、曲艺队、合唱团、6个舞蹈小组和1个创编小组，2018年结合“四城联创”“美丽钦南．生态乡村”建设，创编节目和送戏下乡13场(次)。组织离退休干部参加钦州市第五届离退休干部“多彩金秋”系列活动，130多名老干部参加乒乓球、门球、太极剑、象棋、麻将等项目和歌舞比赛，取得女子乒乓球团体第一名、个人第三名，地方戏曲类二等奖，中国象棋团体一等奖，个人二等奖，舞蹈三等奖。4月2日，钦州市老年大学钦南区分校正式开始办班，购置电钢琴、移动音箱等办学设施，开设舞蹈、声乐等6个班，有186名学员参加学习。

【老干部作用发挥】 2018年，区委老干部局继续为老干部发挥作用搭建平台，鼓励和引导离退休干部开展以“展示阳光心态，体验美好生活，畅谈发展变化”为主要内容的为党和人民的事业增添正能量活动，通过展示、实践、传播三个平台，展示老干部风采，开展志愿服务活动、传播好声音，为钦南发展

钦南区离退休干部参加钦州市第五届离退休干部“多彩金秋”系列活动

（区委宣传部　供稿）

点赞;创编节目并到各镇宣传演出,助力钦南区“四城联创”、精准扶贫和生态乡村建设。组织老专家下基层,组织离退休干部开展服务。组织老干部成立“五老”宣讲报告团和志愿者服务队,多次组织老同志进农村、进社区、进学校,开展法制宣讲和党史、国史专题报告。老干部针对经济社会发展热点难点课题进行深入调研,提出很多针对性、建设性很强的意见建议。老专家、老学者深入到基层、田间地头开展培训、指导农业生产;老科协科普讲师团围绕“青少年科普知识”“家庭伦理道德”“老年人健康养生”等课题深入学校和老年人中开展宣讲。1月23日,钦南区老干部协会在区老干部活动中心举行爱心扶贫惠民捐赠仪式,该区广大离退休干部踊跃捐款捐物,用实际行动为困难群众送温暖、献爱心,为精准扶贫贡献力量。本次活动共收到捐款7600元,衣物300多件。积极配合教育、公安等部门继续开展第三届“关爱明天,普法先行”活动,扎实开展未成年人普法工作。4月16日开始启动“传承红色基因,争做时代新人”活动,在久隆中心校等学校开展3场讲座。关注留守儿童,做好贫困青少年的帮扶工作,争取相关部门支持妥善安排好贫困少年黄晓群的学习、生活问题。和区教育局、文明办、妇联、团委等部门开展“美德少年”评选活动,树典型,立榜样,鼓励未成年人健康成长。“六一”节到黄屋屯屯胜小学和尖山谷仓小学开展了“老少同乐”活动,并慰问了农村贫困儿童和留守儿童。10月,与区教育局共同组织学生参加钦州市中小学“传承红色基因,争做时代新人”征文比赛活动。(区委老干部局)

机关党建

【概况】 2018年,中共钦州市钦南区直属机关工作委员会(简称区直机关工委)下辖基层党组织172个。机关党委5个,党总支19个,党支部148个,党员2994名。区直机关工委编制4人,实有6人。是年,区直机关工委落实党要管党、从严治党方针,机关队伍建设,机关思想建设,机关党的组织建设,机关党风廉政建设,机关制度建设,机关党建工作研究和党建信息化建设,履行职责,真抓实干,钦南区机关党的建设取得新进展。

【机关思想建设】 2018年,区直机关工委组织区直机关各级党组织集中学习宣传贯彻中共十九大精神、新党章、中国共产党纪律处分条例、习近平扶贫论述摘编等各类政治知识,维护以习近平同志为核心的党中央权威和集中统一领导。为全面深化改革和推进依法治国奠定思想基础。从留存党费中一次性印发放200本《钦南区机关党建应知应会知识及三会一课参考范本》、订1000本《习近平扶贫论述摘编》分发给各级党组织。举办1期党务干部培训班,培训党务干部48人;1期入党积极分子培训班,培训入党积极分子70人。组织机关党组织开展学习189次,培训党员干部8529人次。在全区机关党组织推行“三个一”学习制度,即基层党组织每年开展1次专题培训,每半年组织1次主题实践、每季度上1次党课;党员每月开展一次党员活动日活动,党员和入党积极分子日学1小时,月读1本书,年写1篇文章,营造浓厚的学习氛围。协调组织全区领导干部参加“时代前沿知识讲座”2期,为全区科级以上领导干部理论培训教育服务。

【机关组织建设】 2018年,区直机关工委以推动《新形势下党内政治生活的若干准则》的贯彻落实为抓手,规范机关党的组织建设。按照便于党员参加活动,党组织发挥作

2018年“七一”前夕区直属机关工委组织机关党员到刘永福故居参观学习 (区直机关工委 供稿)

用的原则，理顺党组织关系，确保党组织工作规范运行。是年，区直机关工委加强对纪律建设，针对中央对广西巡视“回头看”和自治区、钦州市巡视反馈的意见，开展机关党建“大排查、大整改”和“回头看”活动，确保整改落实到位。配备配强党组织领导班子48名，理顺党组织设置12个。新设立6个党支部，根据工作实际撤销2个党组织，整合钦南区供销社党总支部下属企业。指导区直机关党委结合实际，建设规范化党员活动室。按照“八有”标准建设党员活动室，22个机关单位建立了功能设施齐全的规范化、标准化党员活动室，60多个机关党组织设立了党员活动室；制作十九大精神宣传专版、党务公开等党建工作宣传专栏；配合区委组织部在钦南区欢乐农庄建设了自治区党建示范长廊，展示了区人社局、区人民检察院、区卫计局、区农业局等机关党建示范点。坚持规范“三会一课”、党费收缴、党员管理、党员学习等党内制度建设，发挥党支部的战斗堡垒作用和党员先锋模范作用。

【机关队伍建设】 2018年，区直机关工委加强区直机关党组织建设，提升党务干部的政治理论素质及党务工作业务水平，于5月、6月组织2期培训班，2期为机关党务干部培训班，1期为钦南区机关党建业务培训班。组织区直机关48名党务干部赴陕西延安、西安开展异地培训学习，参加钦南区机关党建业务培训班的党务干部人数150人。积极打造机关党建示范点，创建区人社局、区人民检察院、区卫计局、区水利局、区农业局等机关党建范点得到进一步巩固和提升。大胆探索和创建党建工作新载体，组织开展“三亮三创”党建主题实践活动，引导机关党员“亮身份、亮承诺、亮形象”，创岗位奉献先锋、创群众满意窗口、创优质党建品牌。共创优质党建品牌22个，创群众满意窗口25个，创党员先锋岗180个，实行党员亮身份亮承诺，1500多名机关党员开展公开承诺活动；组建45支党员志愿服务队，1000多名机关党员联系服务200多户困难家庭户，帮助挂点贫困村和贫困户开展脱贫工作，带领群众脱贫致富，开展服务活动384次，服务群众2548人次，办好事实事356件。贯彻发展党员控制总量、优化结构、提高质量、发挥作用的总要求，发展党员20名，培养积极分子70名，批准预备党员按时转正19名。落实党内关怀机制，在“七一”、春节等节日期间，组织慰问困难党员和老党员604人次，慰问金额121400元。为困难党员和老党员送去党的关怀和温暖。开展在职党员到社区报到为群众服务活动，组织机关1509名在职党员到14个城市社区报到，报到率达到90%以上，党员认领服务项目，开展党员志愿服务70多次，认领社区“微心愿”1246个，开展服务群众460多人次，解决群众反映强烈的热点难点问题130多件，实现了转变作风、服务基层、服务群众的目标。机关党员到社区开展卫生整治、治安巡防、宣传教育、微心愿等活动服务群众活动2548人次。

【机关党风廉政建设】 2018年，区直机关工委落实党风廉政建设责任制建设工作，制定《中国钦州市钦南区直属机关工委2018年党风廉政建设主体责任工作清单》，并认真抓落实。组织机关党员学习十九大精神和要求，学习《2018年党风廉政建设和反腐败工作要点》《中国共产党新的纪律处分条例》和《中国共产党廉洁自律准则》解读等有关文件精神。组织区直机关党务干部观看党风廉政警示教育片，邀请区纪委领导上党风廉政课，使区直机关党员筑牢自身预防腐败的思想道德防线。同时把廉政文化建设放在廉政工作的重要位置，深入推进廉政文化进机关、进班子、进岗位。要求区直机关单位在办公室内制作廉政警示牌，营造了浓厚的廉政文化氛围。抓纪律，转作风，着力提升工委自身建设。组织开展一系列集中学习活动，每人撰写2篇以上心得体会文章，完成1篇调研报告。班子成员带头征求意见，汇总梳理出在“四风”方面存在的突出问题9条。通过交心谈心，撰写对照检查材料，深入剖析存在的“四风”问题。针对存在问题，确定10项整改措施，落实具体责任人和整改时间。对“四风”突出问题进行专项整治，建立健全反对“四风”、改进作风的长效机制，强化制度执行力和刚性约束，使改进作风形成习惯，变成自觉行动，营造风清气正的工作环境。以抓党建促发展为目标，主动融入服务中心工作。参与党建工作的督查指导、整治市容市貌、征地搬迁、精准扶贫、美丽广西清洁乡村、新农村建设，较好地完成区委、区政府交给的工作任务。

【机关制度建设】 2018年，区直机关工委结合实际，建立组织会议制度、三会一课、党员教育管理制度、党课制度、党日制度、民主生活会制度、民主评议党员制度等12项组织生活制度，严格和规范了党内政治生活，促进了支部组织生活正常开展。并要求机关党组织制度上墙，严格按照党建工作制度开展机关党建工作，70多个机关党组织做到制度上墙。规范的党建工作制度，为区直机关党建工作的开展提供组织保障，从制度上规范了各项党建工作，做到以制度开展工作，以制度管理党员干部。

【机关武装工作】 2018年，区直机关工委按照区政府征兵办公室关于夏季征兵的工作要求，深入到辖区机关单位、学校开展征兵宣传工作，悬挂征兵宣传横额12条，印发征兵宣传提纲5100份，出版宣传板报10板，动员520名青年报名应征，25名青年入伍。按照钦南区人民武装部关于开展国防后备力量整组的要求，开展民兵整组工作，组织10名民兵参加区应急分队。

【机关党建工作研究和党建信息化建设】 2018年，区直机关工委加强机关党建工作研究和党建信息化建设。一是开展机关党建课题研究。以提高机关党组织履职能力研究、提高机关党组织党员队伍建设研究和落实全面从严治党主体责任研究等4个课题作为研究方向，组织区直机关党组织撰写理论文章，上报钦州市机关党建工作研讨会参评，其中工委撰写的《在巡察整改中提升机关党建质量的实践与思考》获优秀论文三等奖，营造了浓郁的建设学习型机关党组织的氛围。二是加大党建信息化建设力度。用好传统媒体和新媒体，加大机关党建宣传力度。组建了一支75名的机关党组织信息员队伍，上报钦南党建微信息300多条，在钦南党建微信刊登80多条。工委撰写党建信息40多条，在钦南党建微信刊登25条。钦南发布25条，发挥新媒体在党建工作中的功能和作用，“钦南检察”微信公众号推出“党旗领航·检徽熠熠”专栏。

【机关群团建设】 2018年，区直机关工委指导机关党组织在群团服务“窗口”设立党员先锋岗，促进党建带群团建设。如区人民检察院充分发挥党支部和党员在民生检察、检务服务、未成年人检察工作等方面的作用，建成“一站式”综合检务服务中心，成立广西首个未检机构，充分发挥共产党员在未检工作平台的先锋模范作用，建成了未成年人检察工作区，探索建立政府、检察机关与社会力量共同参与的未成年司法保护协作工作机制。联合钦州市救助管理站、钦州市三人行心理健康咨询有限公司开展“灵动海豚”流浪未成年人及涉案未成年人心理健康服务等项目，获自治区“青少年维权岗”“巾帼文明岗”“妇女儿童维权岗”等荣誉称号，促进党建带群团建设。

（庞媛娟）

对台工作

【概况】 2018年，中共钦南区委台湾工作办公室（简称区台办）编制2名，实有2人。是年，区台办贯彻落实中央对台工作方针政策，践行“两岸一家亲”的理念，开展走访慰问活动、做好涉台案件（事件）处理、服务台资台属个体私营经济发展、开展招商引资和两地交流活动。

【走访慰问】 2018年，区台办于春节期间对辖区内定居台胞、重点台属进行走访慰问，走访台属、台胞5户。到钦州市钦南沙埠台果休闲果场等企业进行走访。了解生产生活情况，宣传政策。

【台资台属个体私营经济服务】 2018年，区台办抓好台资台属个体私营经济的巩固与发展，引导台属用好用活台资台汇，加强与大户的联系、协调和服务工作，帮助解决生产经营中的实际问题，培育钦台农农业生态休闲有限公司、钦南台果农等台资台属休闲观光农业龙头企业，引导他们扩大项目，重点服务好钦南台果农做好示范创建工作，钦南台果农被评为自治区4A乡村旅游景区，获自治区旅发委给予50万元旅游发展奖励基金。

【招商引资】 2018年，区台办确立“以台引台、借力招商”的工作思路，加强与台湾岛内商会、协会、企业集团和各地台联、台资企业的联系，向台湾岛内和台商推介区上的亮点项目和优势项目，寻求与台商的交流和合作机遇。利用钦南壮族“三月三”少数民族节庆和台湾花莲市国兴幸福家园发展协会广西参访团在钦南参访机遇，宣传和推介钦南投资环境。年内参与接待台胞台商各类参访活动80多人次。

【信访服务】 2018年，区台办共接待回乡台胞2人次，处理各种涉台信件2封（件）。协同司法等单位调查处理、解决纠纷案件等方面3件，维护台商、台胞的合法权益。为台胞台属子女做好入学、升学等问题提供政策服务，4月，协调解决1名台胞子女就读问题。

（区台办）

钦州市钦南区人民代表大会

【概况】 2018年，钦南区各级人民代表大会9个，其中区人民代表大会1个，镇人民代表大会11个。钦南区六届人大常委会（简称区人大常委会）组成人员30人，其中主任1人、副主任4人、委员25人。区六届人大设法制与内务司法委员会、财政经济委员会2个专门委员会。设办公室、教育科学文化卫生与民族工作委员会、选举联络工作委员会、农业农村与环资城建工作委员会4个工作办事机构。办公室下设信息化管理中心1个事业单位。派出机构有水东街道人大代表联络办公室、南珠街道人大代表联络办公室、向阳街道人大代表联络办公室、文峰街道人大代表联络办公室、尖山街道人大代表联络办公室。年内，区人大常委会以习近平新时代中国特色社会主义思想为指导，全面贯彻落实中共十九大和十九届二中、三中全会精神，坚持中国共产党的领导、人民当家做主、依法治国有机统一，紧紧围绕区委决策部署和全区工作大局，发挥国家权力机关、工作机关、代表机关的作用，依法履职行权，积极推进钦南区经济建设、民主法治建设和各项社会事业全面发展。年内常委会召集召开区六届人大三次会议，召开区人大常委会会议8次，主任会议21次。听取和审议“一府两院”工作报告16项，对1部法律开展执法检查，作出审议意见17项，开展专题调研17项，督办群众来信来访36件，配合自治区人大、市人大开展检查、调研42次。

重要会议

【区六届三次人民代表大会】 2月6日，召开钦南区第六届人民代表大会第三次会议。出席大会代表共219名。会议分别听取和审议区长李遥作的政府工作报告、区人大常委会主任陈仁雄作的区人大常委会工作报告、区人民法院院长何显峰作的区人民法院工作报告、区人民检察院检察长颜家强作的区人民检察院工作报告。会议批准以上各项报告和计划报告、预算报告，并作出相应决议。会议选举张斯广为钦南区监察委员会主任，补选甘虹、陆世福为钦南区第六届人民代表大会常务委员会委员。

【区六届人大常委会会议】 2018年，共召开8次区人大常委会会议，即区六届人大常委会第11至第18次会议。

第11次会议 1月24日，召开区六届人大常委会第十一次会议。会议的议程：一是听取和审议钦南区第六届人民代表大会常务委员会代表资格审查委员会关于代表出缺情况和补选代表资格审查的报告；二是听取关于钦南区第六届人民代表大会第三次会议筹备工作情况的报告；三是听取和审议钦南区人民政府关于2017年财政预算执行情况和2018年财政预算草案的报告；四是听取和审议钦南区人大财政经济委员会关于2017年预算执行情况和2018年区级财政预算草案的初审报告；五是表决关于召开钦南区第六届人民代表大会第三次会议的相关决定（草案）。

第12次会议 2月7日，召开区六届人大常委会第十二次会议。会议的主要议程是表决区监察委员会副主任、委员和区人民法院人民陪审员的人事任命。

第13次会议 4月12日，召开区六届人大常委会第十三次会议。会议的主要议程：一是听取和审议钦南区人民政府关于该区义

2018年2月7日，选举产生钦南区首届监察委员会

（区委宣传部　供稿）

务教育均衡发展情况审议意见研究处理情况的报告;二是听取和审议钦南区人大常委会检查组关于跟踪检查义务教育均衡发展审议意见研究处理情况的报告;三是审议通过《钦南区人民代表大会常务委员会代表建议办理工作评议暂行办法(草案)》;四是接受辞职;五是人事任免。

第14次会议 6月27日,召开区六届人大常委会第十四次会议。会议的主要议程:一是听取和审议区人民政府关于该区开展创建现代特色农业示范区工作情况的报告;二是听取和审议钦南区人大常委会调研组关于创建现代特色农业示范区工作的调研报告;三是听取和审议区人民政府关于该区现代服务业经济工作情况的报告;四是听取和审议钦南区人大常委会调研组关于现代服务业经济工作情况的调研报告;五是听取和审议区人民政府关于提请审议批准2017年政府债务限额议案;六是听取和审议《钦南区人大财政经济委员会关于〈钦南区人民政府关于提请审议批准2017年政府债务限额议案〉的审查报告》;审议表决《钦南区人大常务委员会关于批准〈钦南区人民政府关于提请审议批准2017年政府债务限额议案〉的决议(草案)》;七是听取和审议钦南区人民政府关于工业园区建设情况审议意见研究处理情况的报告;八是听取和审议钦南区人大常委会调研组关于跟踪检查工业园区建设情况审议意见研究处理情况的报告;九是听取和审议区人民法院关于民事、行政执行工作情况的报告;十是听取和审议区人大常委会调研组关于区人民法院民事、行政执行工作情况的调研报告;十一是听取和审议区人民检察院关于民事、行政执行监督工作情况的报告;十二是听取和审议区人大常委会调研组关于区人民检察院民事、行政执行监督工作情况的调研报告;十三是审议人事免职议案。

第15次会议 8月28日,召开区六届人大常委会第十五次会议。会议的主要议程:一是听取和审议区人民政府关于2017年钦南区财政决算的报告;二是听取和审议区人民政府关于2017年钦南区本级财政预算执行和其他财政收支审计工作报告;三是听取和审议区人大财政经济委员会关于2017年钦南区财政决算审查结果的报告;四是听取和审议区人大财政经济委员会关于2018年审计查出突出问题整改清单和重点整改单位名录草案的审查结果报告;五是听取和审议区人民政府关于2018年上半年国民经济和社会发展计划执行情况的报告;六是听取和审议区人民政府关于2018年上半年预算执行情况的报告;七是听取和审议区人大财政经济委员会关于2018年上半年国民经济和社会发展计划、预算执行情况审查结果的报告;八是听取和审议区人民政府关于贯彻实施《中华人民共和国预防未成年人犯罪法》工作情况的报告;九是听取和审议钦南区人大常委会执法检查组关于检查《中华人民共和国预防未成年人犯罪法》贯彻实施情况的报告。

第16次会议 9月21日,召开区六届人大常委会第十六次会议。会议的主要议程是审议表决关于区人民检察院检察委员会委员、检察员的人事免职事项。

第17次会议 10月25日,召开区六届人大常委会第十七次会议。会议的主要议程:一是听取和审议区人民政府关于2017年度钦南区预算执行和其他财政收支审计查出突出问题整改情况的报告;二是听取和审议区人大常委会调研组关于2017年度钦南区预算执行和其他财政收支审计查出突出问题整改情况的调研报告;三是听取和审议区人民政府关于提请审议2018年钦南区预算调整方案(草案)的议案及说明,审查、批准2018年钦南区预算调整方案;四是听取和审议区人大财政经济委员会关于2018年钦南区预算调整方案(草案)的审查报告;五是听取和审议区人民政府关于公安派出所建设工作情况的报告;六是听取和审议区人大常委会调研组关于公安派出所建设工作情况的报告;七是听取和审议区人民政府关于全区提升群众安全感和满意度工作情况审议意见研究处理情况的报告;八是听取和审议区人大常委会检查组关于跟踪检查全区提升群众安全感和满意度工作情况审议意见研究处理情况的报告;九是听取和审议区人民政府关于精准扶贫工作报告审议意见研究处理情况的报告;十是听取和审议区人大常委会检查组关于跟踪检查精准扶贫工作报告审议意见研究处理情况的报告;十一是听取和审议区人民政府关于钦南区全域旅游公共服务体系建设情况审议意见研究处理情况的报告;十二是听取和审议区人大常委会检查组关于跟踪检查钦南区全域旅游公共服务体系建设情况审议意见研究处理情况的报告;十三是接受辞职;十四是听取和审议区人大常委会代表资格审查委员会关于代表出缺情况和补选代表资格审查的报告；十五是补选邹满丽、徐科峰为市五届人大代表。

第 18 次会议　12 月 26 日，召开区六届人大常委会第十八次会议。会议的主要议程：一是人事任免；二是听取和审议区人民政府关于钦南区国民经济和社会发展第十三个五年规划纲要实施情况中期评估报告；三是听取和审议钦南区人民代表大会财政经济委员会关于钦南区“十三五”规划纲要实施中期评估情况的调研报告；四是听取和审议钦南区人民政府关于区六届人大三次会议代表建议、批评和意见办理情况的报告；五是听取和审议区六届人大三次会议代表建议、批评和意见办理情况的报告。

重要工作

【人事任免】　2018 年，区六届人大常委会按照地方组织法和选举法的有关规定，做好任前调查了解、法律知识考试、主任会议讨论，供职发言、审议、表决等环节，依法补选区六届人大常委会委员 2 名，区人大代表 3 名，市人大代表 2 名，任免国家机关工作人员 39 人次。组织新任职人员进行宪法宣誓，强化任后监督，激励国家工作人员忠于宪法、遵守宪法、依法行政、正确履职。

表 3　　2018 年常委会任免国家机关工作人员名单

时间	会议	任免	姓名	职务
2 月 7 日	六届第 12 次	决定任命	梁仁明	钦南区监察委员会副主任
		决定任命	卜业仕	钦南区监察委员会副主任
		决定任命	黄时坚	钦南区监察委员会委员
		决定任命	谭　俊	钦南区监察委员会委员
		决定任命	谢启中	钦南区第六届人民代表大会法制与内务司法委员会委员（兼）
		决定任命	颜晓霞	钦南区第六届人民代表大会法制与内务司法委员会委员（兼）
		决定任命	黄文杰	钦南区第六届人民代表大会财政经济委员会委员（兼）
		决定任命	刘艳阳	钦南区第六届人民代表大会财政经济委员会委员（兼）
		决定任命	巫兆坤	钦南区第六届人民代表大会财政经济委员会委员（兼）
		决定任命	吴柏池	钦南区人民法院人民审判员
		决定任命	黄荣豪	钦南区人民法院人民审判员
		决定任命	甘兆斌	钦南区人民法院人民审判员
4 月 12 日	六届第 13 次	决定任命	韦长庆	钦州市钦南区人民政府副区长
		决定任命	刘　艳	钦南区人大常委会农业农村与环资城建工作委员会副主任
		决定任命	黄其华	钦南区安全生产监督管理局局长
		决定任命	苏德海	钦南区人民法院钦州港人民法庭庭长
		决定任命	陈　勋	钦南区人民法院钦州港人民法庭副庭长
		决定任命	杨　程	钦南区人民法院犀牛脚人民法庭副庭长
		决定任命	杨守全	钦南区人民法院立案庭副庭长
		决定任命	欧阳效锦	钦南区人民法院立案庭副庭长
		决定任命	易晓霞	钦南区人民法院刑事审判庭副庭长
		决定任命	刘茂科	钦南区人民法院民事审判第二庭副庭长
		决定任命	黎春梅	钦南区人民法院家事少年审判庭副庭长
		决定任命	宁蓉荣	钦南区人民法院执行局副局长
		决定任命	刘广强	钦南区人民法院审监庭副庭长
		接受辞职	谭宗展	钦南区人民政府副区长
		决定免去	黄团源	钦南区安全生产监督管理局局长

续表

时间	会议	任免	姓名	职务
4月12日	六届第13次	决定免去	刘广强	钦南区人民法院立案庭副庭长
		决定免去	周　胜	钦南区人民检察院检察委员会委员、检察员
		决定免去	韦志雄	钦南区人民检察院检察委员会委员、检察员职务
		决定免去	黄镇玲	钦南区人民检察院检察员
		决定免去	黄玉萍	钦南区人民检察院检察员
6月27日	六届第14次	决定免去	冯道远	钦南区人民检察院检察员、检察委员会委员、副检察长(挂职期满)
9月21日	六届第16次	决定免去	杨　璐	钦南区人民检察院检察委员会委员、检察员
		决定免去	杨庆满	钦南区人民检察院检察员
		决定免去	朱春福	钦南区人民检察院检察员
		决定免去	郭鼎建	钦南区人民检察院检察员
10月25日	六届第17次	接受辞职	李　遥	钦南区人民政府区长
		接受辞职	余奕斌	钦南区第六届人民代表大会常务委员会委员、人大法制与内务司法委员主任委员(退休)

【议案办理】 3月21日，钦南区人大常委会与政协钦南区委员会联合召开2018年人大代表建议和政协委员提案交办会。对区六届人大二次会议和区政协六届二次会议的代表建议、委员提案进行交办。区委副书记饶文勇，区委常委、区政府副区长韦长庆，区人大常委会副主任黄志升，区政协副主席冯心奇出席会议并讲话。2018年，区六届人大三次会议共收到代表建议102件，由45个单位承办。答复率达到100%。其中选取《关于深入镇卫生院调研和加大乡镇卫生院建设力度的建议》《关于广泛开展镇村较集中饮用水源安全隐患排查的建议》《关于违建、拆违如何有效进行依法行政的建议》等5件事关全区经济社会发展大局、群众反映集中、社会关注度高的代表建议，由区人大常委会领导领衔重点督办。

【公共财政监督】 2018年，区人大常委会首次把决算审查延伸到部门决算审查，推动财政资金实行绩效管理，改进和完善人大预决算审查监督方式，继续加强对预算编制、执行、调整、决算全程监督。年内听取和审议了钦南区2017年财政预算执行情况和2018年财政预算草案、2017年国民经济和社会发展计划执行情况与2018年国民经济和社会发展计划草案、2017年财政决算报告、2018年预算调整草案、2018年上半年计划和预算执行情况、区人民政府关于提请审议批准2017年政府债务限额议案等报告和议案。成立调研组，对2017年度区预算执行和其他财政收支审计查出突出问题整改情况报告进行了调研。审计查出问题总金额3885.38万元，完成整改金额2839.29万元。指导各镇人大对镇级预算、决算的审查，加强对民生等财政专项资金、重大事项资金的使用监督，乡镇人大财经监督工作走在全市前列，经验做法在全市推广。

【重大工作监督】 2018年，区人大常委会听取和审议现代服务业经济工作报告，对“十三五”规划实施中期情况进行评估，跟踪检查关于工业园区建设审议意见研究处理情况，针对如何优化钦南区营商环境、加强园区建设、促进经济发展、补足社会事业短板等，提出多项意见建议。听取和审议创建现代特色农业示范区工作报告，促使实施规划和方案加快编制出台，加快推进乡村振兴战略贯彻实施步伐。跟踪检查创建国家全域旅游示范区公共服务体系建设、创建义务教育均衡发展示范区审议意见的落实情况，督促政府及职能部门继续加大力度，采取积极措施，有效促进问题的解决，助推创建工作顺利开展。四是跟踪监督脱贫攻坚审议意见落实情况，重点督办产业发展、村级集体经济、危房改造、控辍保学和自治区巡视组反馈问题的整改，为打赢脱贫攻坚战贡献人大力量。

【司法工作监督】 2018年，区人大常委会对区人民法院民事、行政执行工作情况和对区人民检察院民事、行政执行监督工作情况开展专题调研。督促区人民法院落实好执行工作的各项指标任务，基本解决执行难问题，促进区人民检察院加强和规范执行监督工作，维护当事人合法权益和法律权威。对全区公安派出所建设工作情况进行专题调研。促进对我区基层公安派出所的基础设施和人员队伍建设。开展关于提升群众安全感和满意度跟踪检查。对区人民政府落实区人大常委会2017年审议报告中提出的意见建议办理情况进行跟踪检查。

【代表工作】 2018年，区人大常委会加强履职平台建设。建成镇、街道“人大代表履职活动中心”16个，村“人大代表之家”35个，社区“人大代表工作室”8个。在向阳、大番坡、沙埠、黄屋屯、久隆、那丽等镇(街道)打造了一批上档次的特色履职平台，多次接待广西区内外人大系统参观学习，成为该区乃至钦州市代表工作的一张名片，向阳街道“人大代表履职活动中心”被列为自治区示范点。开展代表活动。组织市、区人大代表开展集中视察活动3次，视察了该区义务教育均衡发展工作情况，考察北海市银海区和防城港市港口区乡村振兴、工业建设、生态保护、全域旅游等工作情况；组织召开“钦南区城区管理情况”民情反映会，指导各镇人大开展好代表向选民述职活动。

【自身建设】 2018年，区人大常委会加强机关党的建设。履行常委会党组主体责任，落实中央八项规定精神，进一步加强常委会及机关的政治、组织、作风、制度、纪律建设。加强干部队伍建设。加强培训学习，组织开展人大理论研究，2018年钦州市人大理论研讨现场会在钦南区召开，钦南区有4篇文章被评为优秀论文。宣传工作获自治区人大宣传工作二等奖。指导基层人大工作。组织制定标准，健全考评机制，以“四规范四提升”为抓手，全面推进镇(街道)人大规范化建设。

重要活动

【全区基层人大工作推进会议】 8月23日召开，会期1天。上午，会议组织参会人员到向阳街道“人大代表履职活动中心”、沙埠镇大石鼓村“人大代表之家”、大番坡镇茂盛小区茅坡社区“人大代表之家”、久隆镇“人大代表履职活动中心”进行观摩学习；然后召开会议。会议通报了上半年各镇(街道)人大工作规范化建设检查测评情况，总结上半年区、镇人大工作，部署下半年工作。下午，进行相关业务培训。区人大常委会主任陈仁雄，副主任黄志升、刘秀梅、陈启华、李新，人大各委室主任、副主任，各镇人大主席、副主席、专干，各街道人大代表联络办主任、专干(工作人员)等60多人参加会议。

【人大代表对城区市容市貌和环境卫生开展三级考评】 3月30日，区人大常委会组织部分人大代表，对城区市容市貌和环境卫生进行三级考评。当日，考评人员对水东、文峰、南珠、向阳4个街道辖区内的主要路段、重要节点、市容管理示范路段等路段进行仔细检查，主要检查道路清洁、市容市貌、环境卫生、美化绿化情况，现场进行评分。此次活动由区人大常委会主任陈仁雄带队，常委会副主任黄志升、李新参加。

【举办人大代表提升履职能力(青岛)培训班】 4月23日，区人大常委会组织常委会部分组成人员，部分市、区人大代表和人大机关干部赴青岛市人大代表培训服务中心举办钦南区人大代表提升履职能力培训班。培训班开设了《习近

2018年12月28日，区人大常委会主任陈仁雄(前右三)带领部分市、区、镇人大代表到防城港市港口区考察学习县域经济发展情况

(黄锋才　摄)

平治国理政新思路》《提高人大代表依法履职能力与基层治理》《科学战略海洋，建设海洋经济领军城市》等理论教学，安排了“人大代表进社区活动制度化运作”“青岛市规划”“青岛新能源企业参观”等现场教学。4月27日结束培训返钦。培训班由区人大常委会主任陈仁雄带队，常委会副主任陈启华、李新参加。

【人大代表民情反映会】 6月29日，区人大常委会召开“钦南区城区管理工作情况”民情反映会。会前，参会代表实地调研水东街道东方豪庭小区物业管理、南珠街道鸿泰社区曾子岭城中村管理、文峰街道文昌社区服务管理等情况。会上，来自辖区5个街道的35名区人大代表和居民代表纷纷结合自己的会前调研和平时收集了解到的有关资料踊跃发言，反映了社会治安、市容市貌环境卫生整治、城中村和老城区改造、居民小区物业管理等方面亟须解决的突出问题。并向区政府及相关职能部门提出完善市政设施，规划生活垃圾和建筑垃圾消纳场，积极开展市容卫生整治，整顿违建违搭、占道经营、乱停乱放等乱象等意见建议。区人大常委会副主任黄志升出席会议并讲话，区发改局、财政局、住建局、公安分局等相关部门派出分管领导参加会议。

【宪法日宣传活动】 12月4日，第5个国家宪法日期间，区人大常委会组织开展“坚定理想信念、重温宪法誓词”宣誓和宪法学习宣传活动。重温宪法宣誓活动由区人大常委会主任陈仁雄领誓，常委会领导班子成员、部分常委会组成人员，人大机关干部等人员参加。各镇设分会场，通过组织在圩场拉宣传横幅、张贴宣传标语、设板报展示、宣传车巡回宣传等方式，广泛深入开展宪法日新修订宪法学法普法宣传。

【代表视察调研】 12月28日，钦南区人大常委会组织市、区人大代表赴防城港区进行考察调研。在防城港区，代表们先后到防城钢铁项目基地、生态锂项目基地和企沙镇勒山古渔村进行视察调研，学习先进县区工业建设和乡村振兴的做法经验。代表们表示将积极借鉴，结合区情实际，为钦南发展提出更科学、更有针对性的意见和建议，共同促进经济社会繁荣兴盛。常委会主任陈仁雄，副主任黄志升、刘秀梅、陈启华参加考察。

（黄锋才）

钦南区人民政府

【概况】 2018年，钦州市钦南区人民政府设办公室、发展和改革局、工业与信息化局、教育局、科学技术局、民政局、司法局、财政局、人力资源和社会保障局、住房和城乡建设局、交通运输局、水利局、农业局、林业局、文化体育广电局、卫生和计划生育局、审计局、水产畜牧兽医局、统计局、旅游局、安全生产监督管理局、食品药品监督管理局、城市综合执法局、工商局24个工作部门，共挂牌、设立区政务服务办公室、应急管理办公室、信访局、法制办、外事侨务办、调处办、扶贫办、物价局、商务局、粮食局、人民防空和海防工作办公室、食品安全办公室12个机构，设立接待办公室、机关事务管理局、档案局、农机局、地震局、招商促进局、水库移民工作管理局、地方志办公室、二轻工业联合社、土地房屋征收办公室、水果局、糖蔗局和安置服务中心13个直属事业单位，设立有区查处和控制违法建设工作办公室、信访接待服务中心、金窝工业园管理委员会、钦州陶艺研究所、人民医院、城监大队和环卫站7个由区政府工作部门管理的事业单位。设立沙埠、康熙岭、黄屋屯、大番坡、久隆、那丽、那彭、那思、犀牛脚、龙门港、东场11个镇人民政府，水东、文峰、向阳、南珠、尖山5个街道办事处。

重要会议

【区政府常务会议】 2018年共召开18次，即第24—41次。

第24次常务会议 1月9日召开。会议传达学习中央、国务院、自治区党委、钦州市政府相关文件，要求全区各级领导干部要认真贯彻落实习近平总书记关于进一步纠正“四风”、加强作风建设重要批示精神，全区各级各部门要认真贯彻落实好李克强总理关于营改增工作的重要讲话精神，要进一步严格落实中央八项规定实施细则有关要求，坚决反对形式主义、官僚主义，杜绝弄虚作假。各级领导干部要带头深入基层、沉到一线，全面了解情况，深入研究问题，做到实事求是、务求实效。会议审议了《政府工作报告》（送审稿）《钦南区2017年国民经济和社会发展计划执行情况与2018年国民经济和社会发展计划草案的报告》《钦南区全区与区本级2017年预算执行情况和2018年预算草案的报告》等议题。

第25次常务会议 2月8日召开。会议传达学习中共十九届二中全会、自治区十三届人大一次会议和市纪委五届四次全会精神，要求全区各级领导干部要把学习宣传贯彻中共十九大精神作为首要政治任务，深入开展多种形式的学习宣传活动，要坚定自觉地贯彻落实自治区、市和区委、区政府重大决策部署，紧紧围绕中心、服务大局，着力解决发展不平衡不充分问题。要做好党风廉政建设和反腐败工作，持续开展扶贫领域腐败和作风问题专项治理，坚决惩治群众身边不正之风和腐败问题。会议审议《钦南区保留为行政审批必要条件的中介服务事项目录》《关于申报2018年农村义务教育阶段学校教师特设岗位计划和农村小学全科教师定向培养计划的请示》等议题。

第26次常务会议 3月8日召开。会议听取区扶贫办关于自治区党委第七巡视组反馈扶贫领域问题整改工作和2018年脱贫攻坚工作情况汇报，要求区政府班子领导高度重视自治区党委第七巡视组反馈钦州市扶贫领域5个方面17项突出问题的整改工作，在整改工作中发挥表率作用，扎实做好2018年全区脱贫攻坚工作。会议听取区发改局、财政局、工信局、商务局、住建局、统计局等单位关于我区2018年第一季度经济运行情况汇报，要求区政府班子领导、全区各经济部门相关责任人务必高度重视，齐心协力，力争2018年一季度经济社会发展实现“开门红”。会议审议了《关于编制〈钦南区安全生产“十三五”规划〉的请示》《钦南区关于进一步完善法律援助制度的实施意见》，等议题。

第27次常务会议 3月14日召开。会议审议《关于钦南区申报2018年政府债券的请示》《关于提请区政府审议我区2018年事业单位公开招聘工作人员计划的请示》《钦南区落实推行法律顾问制度和公职律师公司律师制度的实施意见》，以及区工信局、区财政局提交的推荐广西源丰达资源科技有限公司、钦州市和盛建筑材料有限公司、广西钦州星河食品有限公司办理“惠企贷”融资的问题等议题。

第28次常务会议 5月7日召开。会议审议《关于钦南区“创均”工作义务教育学校补充采购学生电脑的请示》《关于钦南区“创均”工作义务教育学校补充采购教师电脑的请示》《关于为那彭中学补充采购图书的请示》《关于申报2018年度小学教师公开招聘计划的请示》《关于要求上报2018年钦南区农村订单定向医学生免费培养和全科医生转岗培训计划的请示》《钦南区财政支农资金支持资产收益扶贫工作实施细则》《关于请求审定〈钦南区易地扶贫搬迁拆除旧房试点工作实施方案〉及〈钦南区易地扶贫搬迁拆除旧房奖励办法〉》《钦南区关于加强财政扶贫资金管理有关问题补充规定》《钦南区打击非法经营和反走私综合治理工作方案》《关于落实那雾山地质公园申报范围的请示》《关于要求把大番坡镇中心敬老院（五保新村）项目推行公建民营的请示》《关于提请审议印发〈钦州市钦南区人民政府关于印发钦南区各镇（尖山街道）国土规建环保安监站（综合行政执法队）权责清单的通知〉的请示》等议题。

第29次常务会议 5月18日召开。会议审议《关于请求对区聘代课人员执行全区最低工资标准的请示》《钦南区创建全域旅游示范区咨询服务方案》等议题。

第30次常务会议 6月7日召开。会议传达学习习近平总书记在全国生态环境保护大会上重要讲话精神，部署当前生态环境保护工作，专题研究落实中央环境保

2018年1月19日，钦南区召开六届人民政府第二次全体（扩大）会议

（区政府办　供稿）

护督察反馈意见整改工作。会议听取了环保钦南分局及各部门中央环保督察反馈问题整改情况汇报，部署了下一阶段的环保及迎接中央环保督察“回头看”工作。会议决定，要全力认真做好中央环保督察整改和迎接“回头看”工作。一是全面开展“回头看”。二是注重长效管理。三是落实整改方案。四是切实加强舆论宣传。五是严格执法。六是做好资料收集。会议要求，做好环境保护和中央环保督察整改工作要切实加强组织领导，严格考评问责。坚持以零容忍的态度，坚决开展好环境保护和中央环保督察问题整改，切实筑牢生态安全屏障。会议审议《中央环境保护督察“回头看”迎检工作方案》，研究了相关问题。

第31次常务会议 6月9日召开。会议研究中央环境保护督察“回头看”整改工作。会议指出，2018年6月9日下午，中央环境保护督察组到该区康熙岭、黄屋屯镇现场检查“两高”富锰渣冶炼等相关企业，督察发现的问题突出，触目惊心，必须以壮士断腕的决心、背水一战的勇气、攻城拔寨的拼劲，坚决打好打赢污染防治攻坚战，坚决把督察“回头看”发现的问题立即、彻底整改好。各镇（场、街道）及区各有关部门务必高度重视，举一反三，立即开展拉网式排查，按中央环境保护督察边督边改的工作要求立行立改。会议决定：一是立行立改、立即行动，打一场彻底拆除“小冶炼”企业的歼灭战；二是举一反三，彻底清查环境污染问题，坚决打好污染防治攻坚战；三是警钟长鸣、久久为功，打好污染防治持久战。会议明确了针对已经触犯法律的排污企业，由公安、环保等部门联合行动，重点督办，从严从快处置；针对其他排污企业，拆除和处罚双管齐下。拆除、清理污染源工作要依法依规按程序进行。

第32次常务会议 6月25日召开。会议传达学习自治区政府陈武主席、李彬副主席到钦州调研中央环保督察“回头看”反馈问题整改工作指示精神，听取环保钦南分局关于生态环境保护工作的汇报，研究中央环保督察组移交群众举报案件办理工作，审议《钦南区生态环境保护污染防治攻坚战行动方案》《钦南区脱贫攻坚“十三五”规划》《钦南区脱贫攻坚责任制实施细则》《关于调整钦州至北部湾华侨投资区二级公路路线走向的请示》《钦南区全域旅游发展规划及三年行动计划(2017—2022)》《钦南区创建义务教育均衡发展达标区省级评估反馈问题整改方案》《钦南区关于利用市属闲置校舍解决城区小学学位不足问题的方案》等议题，并学习《消防安全责任制实施办法》，听取消防工作汇报，研究当前消防安全工作。

第33次常务会议 7月6日召开。会议传达学习习近平总书记对打赢脱贫攻坚三年行动重要批示精神，自治区党委副书记、自治区扶贫开发领导小组副组长孙大伟在对2017年扶贫开发成效考核结果为三等的17个县（市、区）党政正职领导约谈会上的重要讲话精神。会议审议《钦州市钦南区农村饮用水安全巩固提升工程“十三五”规划》《钦南区50万元以下政府性投资水利工程项目实施建设管理暂行办法》《2018—2019年度钦南区限额内工程施工单位定点采购的工作方案》《2018年钦南区糖料蔗生产工作方案》《钦南区人民政府关于取消承接和调整一批行政许可事项的决定（送审稿）》《关于请求审定调整钦南区黄屋屯镇等12个镇（尖山街道）人民政府权责清单的请示》等议题。

第34次常务会议 7月17日召开。会议研究2018年国务院大督查迎检工作，要求区政府领导班子、各镇（场、街道）及各部门要切实提高思想认识，把此次大督查作为政府完善事中事后监管、提高政策执行力的重要举措及推动国家治理体系和治理能力现代化的重要安排。会议听取了钦南区2018年上半年安全生产工作汇报，部署了下半年安全生产工作，要求区政府班子领导、各镇（场、街道）各部门要夯实“党政同责、一岗双责、齐抓共管”的安全责任体系。会议审议了《关于取消、下放和调整一批行政许可事项的决定》《2018年钦南区关于中央环境保护督察组交办群众举报问题的整改方案》等议题，研究了中央环保督察“回头看”整改及群众举报件办理工作，要求区政府领导班子、各镇（场、街道）、各部门要切实履行环境保护“党政同责、一岗双责”责任，高度重视中央环保督察“回头看”指出问题和交办群众举报案件的整改工作，妥善处理各类环境纠纷案件。

第35次常务会议 7月26日召开。会议传达学习中央领导同志对防汛抢险救灾工作重要批示精神、《钦州市人民政府关于开展十大专项重点工作的通知》、钦州市2018年脱贫攻坚工作暨“百日集中大行动”现场推进会精神，研究部署钦南区防汛抢险救灾工作、推进十大专项重点工作和脱贫攻坚工作。会议审议了《钦南区国家海洋督察反馈问题整改方案》《关于审批“钦州市钦南区小型水利工程体制改革水库确权发证”的请示》《关于钦南区人民医院与钦州市第一人民医院合作共建“医联体”的请示》《关于请求实施那丽定蒙至彭新四级公路(环山路)项目的请示》《关于请求调整资金审批程序的请示》等议题。

第36次常务会议 7月31日召开。会议审议《钦南区党政机关和参公单位公务移动通讯补贴发放方案》、广西和富物业服务有限公司、广西鸿海砂石实业开发有限公司申请销售河砂布点问题等议题。

第37次常务会议 10月8日召开。会议审议《关于请求审定钦南区乡村公益性岗位开发管理工作实施方案》《关于要求拨款解决2018—2019学年度钦南区部分城区学校因招生增班而增加聘用教师的请示》《关于钦南区部分义务教育学校增设“创均”特色亮点功能室的请示》《关于拨付2018年环广西公路自行车世界巡回赛风貌改造配套补助资金的请示》等议题。

第38次常务会议 10月11日召开。会议分别听取海洋钦南分局、市海监支队一大队、区水利局、国土钦南分局、环保钦南分局、区财政局、区林业局、区工商局、区水产畜牧兽医局、区交通运输局、公安钦南分局等单位关于贯彻落实国家海洋督察反馈意见近阶段整改工作情况的报告,研究了相关问题。会议要求,各相关职能部门,各镇、街道要提高认识,高度重视,提高政治站位,认真按照《钦南区贯彻落实国家海洋督察专项督察反馈意见整改阶段性工作方案》指出的问题和整改要求,进一步明确责任分工,强化措施、落实责任、倒排工期、综合施策、确保按时按质完成整改任务,全力以赴抓好国家海洋督察反馈意见的问题整改,以强有力的整改手段和良好的整改实效迎接国家海洋督察“回头看”。会议还审议了《关于审批钦南区小型堤防工程确权发证的请示》《关于实施钦州至北部湾华侨投资区公路的请示》《关于提请2018年农村订单定向免费医学毕业生赵鹏先等9名同志办理聘用手续的请示》等议题。

第39次常务会议 11月7日召开。会议审议区教育局提交的关于补充采购“三镇两村”学校缺额仪器信息装备、“创均”整改音乐美术教室班班通设备、钦南区部分城区和农村学校新增学生图书问题,《钦南区本级财政性资金管理使用领域信用负面清单管理办法》《钦南区海域使用权审核(临时用海审批)制度》等议题。

第40次常务会议 11月20日召开。会议审议《关于2018年度第一批采矿权出让计划的请示》《关于请求审定〈钦州市钦南区党政机关培训费管理办法〉的请示》等议题。

第41次常务会议 11月27日召开。会议审议《关于提请审定印发〈钦南区人民政府关于承接一项行政许可事项的通知(送审稿)〉的请示》的议题,并研究了钦北区人民政府关于协调钦江红泥沟、罗泗可采区河砂开采相关问题。

第42次常务会议 12月21日召开。会议听取区整改办关于贯彻落实中央环保督察“回头看”反馈问题整改工作情况的报告,研究了相关问题。会议要求,要继续严格落实生态环境保护责任,狠抓环境污染治理,重点抓好钦江、大榄江、茅岭江、南流江流域水质提升,整治大风江等重点区域非法采砂行为,大气污染防治等重点问题治理,持续改善生态环境质量。要结合中央环保督察“回头看”问题整改工作,以问题为导向,加快推进生态环境保护体制机制建设。会议还审议《关于审定〈钦南区农村道路旅客运输班线通行条件审核细则〉请示》《关于请求审定〈钦南区“钦州海红米”种植方案(送审稿)〉的请示》《关于请求审定〈钦南区“钦州海红米”产业奖补实施方案(送审稿)〉的请示》《关于请求明确那雾山森林公园景区经营管理模式的请示》等议题。

【区六届政府第二次全体(扩大)会议】 2018年1月19日召开。会议审议了《政府工作报告》《钦南区2017年国民经济和社会发展计划执行情况与2018年国民经济和社会发展计划草案的报告》和《钦南区2017年财政预算执行情况和2018年财政预算草案的报告(送审稿)》。

重要决策和部署

【全面推进义务教育学区制管理改革】 2018年1月3日,区人民政府办公室印发《钦南区全面推进义务教育学区制管理改革工作方案》,以促进义务教育优质均衡发展为目标,树立优质均衡发展理念,坚持“改革创新、全面推进、城乡一体、资源共享、优质引领、提升质量”原则,通过创设义务教育学区制管理机制,实现学区内统一资源配置、师资调配、教学管理、教学研究、学校招生、质量评价的“六统一”,构建城区小学联盟、乡镇中学联盟、城区小学帮扶乡镇小学的深度合作模式,发挥优质教育资源的影响、辐射、示范及带动作用,不断缩小校际差距,破解“择校热”“大班额”等问题,不断满足人民群众日益增长的优质化、多样化教育需求,整体提升钦南区义务教育阶段学校办学水平和教学质量,统筹推进城乡义务教育一体化改革发展。

【开展第三次钦南区土地调查】2018年2月5日,印发《钦南区人民政府关于开展第三次钦南区土地调查的通知》。要求全面查清全区当前土地利用状况,落实土地调查、监测和统计制度,掌握真实准确的土地基础数据,满足钦南区经济社会发展和国土资源管理工作需要。按照国家、自治区和市的统一部署,第三次全区土地调查以2019年12月31日为标准时点。2017年12月至2018年1月底,完成本级土地调查领导小组机构组建、土地调查方案编制、经费预算安排、业务培训和舆论宣传等前期准备工作。2018年1月至2019年6月,组织开展并完成土地调查和数据库建设工作。2019年下半年,完成调查成果整理,并以2019年12月31日为标准时点进行数据更新,汇总形成全区第三次土地调查基本数据。

【制定台风灾害防御应急预案】2018年3月20日,区人民政府办公室印发《钦南区台风灾害防御应急预案》,预案要求以人为本,贯彻“安全第一,常备不懈,预防为主,全力抢险”的工作方针,在区委、区政府的统一领导下,坚持属地管理、分级响应、分部门负责的原则,以区、镇人民政府(街道办事处)为本行政区域防台风主体,实行各级人民政府行政首长负责制、分级管理责任制、部门责任制。遵循热带气旋自然规律,依靠科学技术,制定军民结合、全民参与的预案,科学、高效、有序地开展防热带气旋工作(简称防台风),有效防御和减轻热带气旋造成的灾害,最大程度减少人员伤亡和经济损失,保障全区经济社会协调、可持续发展。

【开展钦南区第二次全国污染源普查】2018年4月3日,区人民政府办公室印发《钦南区第二次全国污染源普查实施方案》,方案根据《第二次全国污染源普查方案》《第二次全国污染源普查部门分工》《广西第二次全国污染源普查实施总体方案》及国家有关技术方法和规定,统筹和规范实施钦南区第二次全国污染源普查工作,确保普查任务如期完成。普查工作目标是为了摸清辖区内各类污染源基本信息,了解污染源数量、结构和分布状况,掌握全区及区域、流域、行业污染物产生、排放和处理情况,建立健全重点污染源档案、污染源基本单位名录库、污染源信息数据库和环境统计平台,为进一步加强污染源监管、改善环境质量、防控环境风险和服务环境经济综合决策提供基本依据。

【做好森林火灾应急处置工作】2018年4月12日,区人民政府办公室印发《钦南区森林火灾应急预案》。根据《中华人民共和国森林法》《森林防火条例》《国家处置重特大森林火灾应急预案》《钦州市森林火灾应急预案》,为贯彻落实森林防火“预防为主,积极消灭”工作方针,切实做好森林火灾的应急处置各项工作,确保在处置森林火灾时,准备充分、反应迅速、决策科学、措施有力,把森林火灾造成的损失降到最低程度,特制订该预案。预案启动后,由区森林防火指挥部承担应急处置森林火灾的各项指挥工作。森林防火指挥部成员单位快速响应,按照职责分工,配合做好森林火灾扑救工作。

2018年8月7日,区委副书记、区长李遥(中)调研化解城区义务教育学校“大班额”问题

(区政府办　供稿)

【创建全国健康促进县(区)】 2018年5月2日,区人民政府办公室印发《钦南区创建全国健康促进县(区)工作实施方案》。以中共十八届五中全会提出的"推进健康中国建设"为引领,围绕全面建设"健康钦南"发展定位,坚持运用可行干预措施,进一步加大健康教育宣传力度,不断提高全区居民的生活品质和健康水平。工作目标是:一是实施"将健康融入所有政策"策略,相关部门制定有利于居民健康的公共政策,多部门联合开展健康行动。二是全区居民健康素养水平在全自治区平均水平基础上提高20%;成人吸烟率低于全自治区平均水平20%;经常参加体育锻炼人数比例达到32%以上;95%以上的学生达到《国家学生体质健康标准》合格以上等级。三是建设无烟环境。全区所有室内公共场所、工作场所和公共交通工具全面禁止吸烟,卫生计生机构和学校全面禁烟。四是全区30%的村(社区)符合健康村(社区)标准;健康家庭每个镇、街道达到5户及以上。五是全区60%的医疗卫生机构(包括综合医院、专科医院、公共卫生机构、基层医疗卫生机构、计划生育技术服务机构等)符合健康促进医院标准。六是全区50%的中小学校符合健康促进学校标准,教师、学生的健康素养水平在原有基础上提高20%。七是全区50%的机关和事业单位符合健康促进机关标准。八是全区20%的大中型企业符合健康促进企业标准。九是健康步道、健康主题公园等支持性建设指标达到国家级创建评价标准。十是有完善的覆盖城镇的健康促进工作网络,每单位、每社区有负责健康教育与健康促进工作专(兼)职人员和相应设备、场所、工作制度。

【粮食生产功能区和糖料蔗生产保护区划定工作】 2018年5月3日,区人民政府办公室印发《钦南区粮食生产功能区和糖料蔗生产保护区划定工作方案》。以永久基本农田为基础,以水土资源环境条件较好、农业基础设施比较完善的优势产区为重点,选择优质地块进行粮食生产功能区和糖料蔗生产保护区的划定,划足数量、划优质量、图地挂钩,切实将"两区"(粮食生产功能区、糖料蔗生产保护区)落实到田间地块,做到建档立卡、上图入库,实现信息化和精准化管理。任务目标:粮食生产功能区1.1万公顷(含钦州港0.13万公顷),糖料蔗生产保护区0.8万公顷(含钦州港667公顷和北部湾华侨投资区667公顷)。时间要求是2017—2019年用3年时间全面完成钦南区"两区"划定任务。

【推动易地扶贫搬迁拆除旧房试点工作】 2018年5月21日,区人民政府办公室印发《钦南区易地扶贫搬迁拆除旧房试点工作实施方案》。根据《自治区扶贫开发领导小组移民搬迁专责小组关于抓好易地扶贫搬迁拆除旧房试点工作的通知》、广西壮族自治区人民政府办公厅《关于做好易地扶贫搬迁拆除旧房有关工作的通知》文件精神,为深入贯彻落实自治区易地扶贫搬迁拆除旧房有关政策,推动全区易地扶贫搬迁拆除旧房、宅基地复垦和生态恢复工作,决定选定钦南区那彭镇那蒳村(11户)、沙埠镇油埠村(5户)作为钦南区旧房拆除试点,在2018年年内完成试点内的旧房拆除工作,以点带面,2019年年底完成所有搬迁贫困户(共262户)的旧房拆除工作。

【2018年钦南区政务服务工作要点确定】 2018年6月5日,区人民政府办公室印发《2018年钦南区政务服务工作要点》。按照自治区、市和区委、区政府关于深化"放管服"改革工作部署,全面推进行政审批制度改革,深入开展以"办事更便捷、审批更高效、管理更规范、服务更满意"为目标的"高标

2018年12月6日,区委常委、常务副区长胡颍(左三)到一线服务企业

(区政府办　供稿)

准、高品质、高效能”创建活动，加快推进政务服务全覆盖，行政权力运行全流程优化，政务服务事项跨部门跨地区跨层级全联动，政务服务过程全监管，政务信息全公开，创造良好的营商环境，更好地助力建设人民满意的服务型政府，为推动该区经济社会持续健康发展做出积极贡献。2018年钦南区政务服务工作要点包括：一是通过深化“放管服”改革，加快推动全区政务服务工作转型升级；二是加快推进“最多跑一次”改革；三是全力提升政务服务效能，助力优化钦南区营商环境；四是加快推进“互联网＋政务服务”工作；五是持续深化政务公开工作；六是全面加强行政权力运行监管。

【控辍保学义务教育巩固水平提高】 2018年6月6日，区人民政府办公室印发《关于进一步加强控辍保学提高义务教育巩固水平的通知》，持续巩固提高钦南区义务教育均衡发展成果，确保所有适龄儿童少年平等接受义务教育，确保2018年全区九年义务教育巩固率达到94.5%以上、建档立卡贫困户适龄儿童九年义务教育巩固率达100%。通知要求：一要落实法定职责，强化控辍保学责任担当。主要包括落实政府法定职责、落实教育系统责任、落实职能部门责任、督促家长履行法定义务；二要实行动态监测，建立行政督促复学机制。主要包括建立动态监测机制、落实辍学报告制度、落实依法劝返制度；三要提升办学水平，落实控辍保学保障措施。主要包括进一步优化义务教育学校布局、完善义务教育经费保障、加强义务教育学校管理、提高办学水平增加学校吸引力、深化教学改革激发学生学习兴趣、实施精准帮扶避免困难学生失学辍学；四要加强组织领导，确保控辍保学落到实处。主要包括加强组织领导、加强考核督导、加强舆论引导等。

【全域旅游品牌创建攻坚战】 2018年6月13日，区人民政府办公室印发《钦南区全域旅游品牌创建攻坚战实施方案》和《钦南区提升游客满意度攻坚战实施方案》，根据创建国家全域旅游示范区的工作要求，全面贯彻落实区委、区人民政府关于加快推进钦南区创建国家全域旅游示范区的决策部署，围绕钦南区创建全域旅游示范区的工作要求，以开展全区创建特色品牌活动为载体，进一步改善全区整体旅游环境，提升钦南旅游形象，加快钦南旅游业发展步伐，积极做好品牌创建工作，提升钦南区旅游发展竞争力，确保钦南区成功创建国家全域旅游示范区。全域旅游品牌创建攻坚战实施步骤和措施包括：一是前期工作准备阶段(2018年5月20日前)。相关部门向上级部门了解品牌创建的标准和申报时限。对符合申报条件的创建主体进行摸底调查，确定品牌创建地点。二是组织实施阶段(2018年5月21日至2018年7月21日)。指导、督促申报单位严格对照评定标准，逐条逐项搞好自查，找出存在问题，以问题为导向制定整改方案，在上级规定的时间内完成材料申报。三是迎检验收阶段(2018年7月22日至2018年9月22日)。各相关单位充分做好各项迎检准备工作，迎接上级工作考核组对创建工作的验收评定。提升游客满意度攻坚战主要措施包括：一是开展旅游环境综合整治行动；二是开展旅游公共服务功能完善提升行动；三是建立旅游网络舆情实时监控机制；四是建立健全旅游纠纷处置应急联动机制。

【第四次全国经济普查】 2018年6月28日，区人民政府印发《关于切实做好我区第四次全国经济普查工作的通知》，全面调查钦南区第二产业和第三产业的发展规模、布局和效益，了解产业组织、产业结构、产业技术、产业形态的现状以及各生产要素的构成，摸清全区全部法人单位资产负债状况和新兴产业发展情况，进一步查实各类单位的基本情况和主要产品产量、服务活动，全面准确反映供给侧结构性改革、新动能培育壮大、经济结构优化升级等方面的新进展、新情况。普查的对象是在我区范围内从事第二产业和第三产业的全部法人单位、产业活动单位和个体经营户。具体范围包括：采矿业，制造业，电力、热力、燃气及水生产和供应业，建筑业，批发和零售业，交通运输、仓储和邮政业，住宿和餐饮业，信息传输、软件和信息技术服务业，金融业，房地产业，租赁和商务服务业，科学研究和技术服务业，水利、环境和公共设施管理业，居民服务、修理和其他服务业，教育，卫生和社会工作，文化、体育和娱乐业，公共管理、社会保障和社会组织等。普查标准时点为2018年12月31日，普查时期资料为2018年年度资料。

【中小学生防溺水工作】 2018年7月2日，区人民政府办公室印发《关于进一步加强中小学生防溺水工作的紧急通知》。通知明确，要吸取

2018年7月31日，区委宣传部部长、副区长赖廷耀（左二）到钦州市第五小学第二校区检查建设进展情况　（区政府办　供稿）

近期市内中小学生溺水事故的教训，组织相关部门合力做好中小学生防溺水教育和管理工作，并加强督促检查。重点做好六大方面工作：一是加强宣传教育，确保防溺水工作警示到位；二是加强隐患排查，确保防控措施落实到位；三是加强日常巡查，确保重点区域管控到位；四是加强家校联动，确保校外监护到位；五是落实部门职责，构建齐抓共管工作格局；六是加强部门联动，健全应急管理和救援处置工作机制；七是加强督导检查，严格追究责任。

【钦南区商事制度改革联席会议制度建立】 2018年8月2日，区人民政府办公室印发《关于建立钦南区商事制度改革联席会议制度的通知》，联席会议主要职责包括：一是研究贯彻落实国家、自治区、钦州市关于商事制度改革的法律法规、方针政策的具体意见和措施，提请区委、区人民政府研究决策有关重大事项；二是研究制订全区商事制度改革的指导意见、实施办法、绩效考评、激励约束等制度性文件，部署实施相关工作；三是协调解决全区商事制度改革工作中的重点难点问题，推动建立与其他各项工作有效衔接、相互促进的工作格局和长效机制；四是指导和督促各有关部门结合工作实际深入实施商事制度改革工作；五是研究其他重大问题。通过建立钦南区商事制度改革联席会议制度，统筹推进全区商事制度改革工作，强化部门间协调配合。

【近江牡蛎（钦州大蚝）中国特色农产品优势区创建】 2018年8月16日，区人民政府办公室印发《钦南区近江牡蛎（钦州大蚝）中国特色农产品优势区创建工作方案》。目标任务是围绕中国特色农产品优势区的内涵与主要特征，以市场为导向，立足资源禀赋，加强技术支撑，强化质量管控，发挥品牌引领，坚持科学性、合理性、竞争性和引导性，突出地区特色，提升渔业特色产业，实现产业增效，农民增收，实现钦州市钦南区获得国家“中国特色农产品优势区”认定。工作内容包括强化大蚝养殖生态环境保护、规范大蚝养殖管理、夯实大蚝养殖产业基础、加强大蚝养殖监管、注重科技研发推广、推进特色生态渔业示范区建设、打造升级钦州大蚝品牌、制订钦州大蚝特优区规划八大方面。成立钦南区优势区建设工作领导小组，统筹推进中国特色农产品优势区创建工作。方案通过建立优势区领导挂钩联系制度、优化发展环境、强化考核管理、加强宣传引导、形成工作合力等多举措保障创建工作顺利开展。

【全国基层中医药工作先进单位创建】 2018年8月28日，区人民政府办公室印发《钦南区创建全国基层中医药工作先进单位实施方案》。工作目标是到2020年，全区基层医疗卫生机构中医药服务能力明显提高。全面形成以区人民医院和区妇幼保健院为龙头，以社区卫生服务中心、卫生院、村卫生室为主体，以社会资本举办的中医医疗机构为补充的中医药服务网络。实现基层医疗卫生机构中医药医疗服务、中医药人员配备、中医药适宜技术应用等达到国家标准。工作任务包括制定扶持政策措施、完善中医药服务网络、着力引进和培养中医药人才、提供中医药服务、推广中医药适宜技术、开展中医药基本公共卫生服务、开展中医药健康教育服务、加强中医药文化建设、加强中医药文化建设、加强中药产业化建设、提高城乡居民对中医药服务满意率和知晓率等。

【社区居家养老服务试点】 2018年9月13日，区人民政府办公室印发《钦南区社区居家养老服务试点方案》，部署社区居家养老服务试点工作。试点时间为2018—2019年。试点成功后形成长效机制，逐步带动其他社区发展居家养老服务，推动全区养老服务业实现新突破。全区选择2个社区实施试点。分别是钦南区文峰街道三宣堂社区和旧钦南区社会福利院。试点任务包括：一是建立养老服务机构。每个试点社区设立1个居家养老服务中心，为社区居家老年人提供周到、便捷、高效、体贴的专业化养老服务，满足老年人对生活照料、文体保健、休闲娱乐等方面的需求；二是实施政府购买服务。通过公开招标的方式实施政府购买社会服务，委托符合条件的社会组织提供相关服务。招标工作由钦南区民政局具体组织实施。服务项目包括日间托管服务、上门服务、中介服务、应急救助服务、健身康复服务、精神慰藉服务、文化生活服务、助餐配餐服务等。

【农村集体资产清产核资工作】 2018年9月25日，区人民政府办公室印发《钦南区全面开展农村集体资产清产核资工作的实施方案》。农村集体资产清产核资时间自2018年9月开始，到2019年6月底结束。清产核资对象是镇（场、街道）、行政村（社区）、村民小组集体经济组织及所属企业，包括未建立村、组集体经济组织或者村、组集体经济组织不健全，代行其集体资产管理职能的村民委员会、村民小组或其他单位，撤村建居后代行原集体经济组织职能的社区居民委员会，以及农村集体经济组织所属企业等。清产核资的范围包括农民集体所有的资源性、经营性资产和非经营性资产等。目标是通过清理，全面查实至2017年12月31日止，乡村组集体经济组织所有的“三资”（资金、资产、资源）存量、结构、分布和管理使用状况，达到账款、账实相符；通过依法界定所有权，明晰产权关系，建立登记台账，把应归集体所有的资产全部纳入管理范围，维护农民群众合法权益；通过建立台账及网络信息化平台，健全管理制度，及时反映集体资产开发利用和处置状况，实现农村集体资产动态化管理，促进集体资产保值增值和资源合理利用，维护农民群众合法权益，推动农村改革发展与社会和谐稳定。

【森林督查工作】 2018年9月28日，区人民政府办公室印发《钦南区2018年森林督查工作实施方案》。督查的目标任务是督促各镇（场、街道）落实保护发展森林资源目标责任制，严格执行各项森林资源保护管理制度，提升森林资源保护管理水平，推动钦南区生态文明建设。督查对象包括：各镇（场、街道）保护发展森林资源责任落实情况和依法履职情况；相关部门、企业、集体经济组织、个人等破坏森林资源问题。督查重点检查上一年度1月1日至12月31日森林资源保护管理情况、实时监测变化情况和历年存在问题未及时整改情况。以林地“一张图”为基础，应用自治区林政综合检查疑似图斑卫星图片等新科技，结合该区森林资源检查、监测和掌握全区森林资源变化动态，对破坏森林资源现象早发现、早处置，有效遏制违法破坏森林资源行为，落实上级森林督查的工作部署。

【“一事通办”改革】 2018年10月29日，区人民政府办公室印发《钦南区全面推进“一事通办”改革实施方案》，坚持以人民为中心的发展思想，围绕群众和企业到政府办事“最多跑一次是原则、跑多次是例外”的目标，推进“一事通办”改革，优化办事流程、减少审批环节和材料、压缩审批时限，实现利企便民目标，优化营商环境，助力全区经济社会发展。围绕“最多跑一次”目标，创新工作模式，优化审批

2018年10月31日，区委常委、副区长韦长庆（右二）组织第一书记到东盟商贸城开展“党旗领航·电商扶贫”活动　（区政府办　供稿）

流程。围绕利企便民目标,推进“一事通办”改革。围绕“一网通办”目标,提高政务服务信息化水平。按照规范化、标准化要求推进政务服务体系建设。健全政务服务“容缺受理”机制。持续开展“减证便民”行动。加强中介服务监督管理。全面深化政务公开。规范咨询投诉举报平台建设。强化事中事后监管和诚信体系建设。

【非洲猪瘟疫情应急预案】 2018年10月31日,区人民政府办公室印发《钦南区非洲猪瘟疫情应急预案》。预案编制目的是加强和规范对突发非洲猪瘟疫情应急工作的管理,及时有效地预防、控制和扑灭突发非洲猪瘟疫情,保障钦南区生猪养殖业健康发展。适用范围是适用于本区突发非洲猪瘟疫情的应急处置工作。对于超出区人民政府处置能力的突发非洲猪瘟疫情的处置和应对工作,按照《农业农村部非洲猪瘟疫情应急预案》和《钦州市突发重大动物疫情应急预案》执行。工作原则是按照属地管理的原则,实行政府统一领导、部门分工负责,切实落实防控工作责任制,联防联控,形成防控合力。坚持预防为主,贯彻“加强领导、密切配合、依靠科学、依法防治、群防群控、果断处置”的防控方针。按照“早、快、严、小”的要求,及早发现,快速反应,严格处理,减少损失。

【新型城镇化建设】 2018年11月7日,区人民政府办公室印发《钦南区2018年新型城镇化建设工作方案》。工作目标是到2018年年底,常住人口城镇化率达到60%,户籍人口城镇化率达到36.5%,城镇常住人口达到22万人,新增城镇常住人口达到2.9万人,农业转移人口和其他常住人口落户城镇数达到2.9万人。新增农业转移人口和其他常住人口落户城镇数达到1.4万人。农民工随迁子女接受义务教育比例达到100%,城镇新增就业人数达到2500人,城乡居民养老保险参保人数达到11.23万人,城乡居民基本医疗保险参保人数达到33.9万人。城镇污水处理率达到96.5%,城镇生活垃圾无害化处理率达到100%,城镇家庭宽带接入能力达到100兆字节,城镇社区综合服务设施覆盖率达到92%。人均城镇建设用地面积达到232.16平方米。城镇可再生能源消费比重达到5%,城镇空气质量优良天数比例达到88%。重点工作任务包括:一是加快提升常住人口和户籍人口城镇化率;二是加快农业转移人口市民化进程;三是加快融入北部湾城市群规划建设;四是提高城镇规划建设管理水平;五是加快推进新型城镇化建设;六是加快推进城乡一体化发展;七是推进新型城镇化重点领域改革。

【龙门蚝湾大蚝产业现代特色农业示范区建设】 2018年11月7日,区人民政府办公室印发《2018年钦州市钦南区龙门蚝湾大蚝产业现代特色农业示范区建设实施方案》。建设目标是按照广西现代特色农业示范区建设增点扩面提质升级建设要求,把钦南区龙门蚝湾大蚝产业示范区建设成为特色鲜明、效益显著、示范带动能力强的现代特色农业示范区。力争在2018年内通过自治区考评认定。主要建设内容包括大蚝标准化养殖区、天然蚝苗繁育区、大蚝科研科普教育基地、大蚝加工区、冷链物流仓储区、大蚝交易中心、生态休闲旅游区、配套基础设施建设等。

【“一事通办”改革联席会议制度】 2018年11月22日,区人民政府印发《关于建立钦南区加快推进“一事通办”改革联席会议制度的通知》。联席会议主要职责包括:一是贯彻落实区委、区人民政府关于加快推进“一事通办”改革的各项决

2018年11月3日,副区长梁莲(左三)到龙门港镇开展土地确权工作调研

(区政府办　供稿)

策部署，统筹协调解决改革中的重大问题，完成各项改革任务；二是加强联席会议各成员单位之间的信息共享；三是就重要问题及时向区人民政府报告并提出意见和建议；四是督促指导各级各部门推进“一事通办”改革任务落实；五是完成区委、区人民政府交办的其他任务。联席会议原则上每年至少召开1次全体会议，由召集人或副召集人主持；根据工作需要，可临时召集会议。联席会议由副召集人根据工作需要或成员单位建议，不定期召集有关成员召开专题会议，及时协调解决加快推进“一事通办”改革过程中遇到的困难和问题。在全体会议和专题会议召开之前，召开联络员会议，研究讨论联席会议议题和需要联席会议议定的事项。联席会议以纪要形式明确会议议定事项。重大事项经联席会议讨论后，由牵头单位上报区人民政府审定。

【困境儿童和留守儿童保障关爱】 2018年12月8日，区人民政府办公室印发《关于加强困境儿童和留守儿童保障关爱工作实施方案》。方案总体目标是建立健全与我区经济社会发展水平相适应的困境儿童分类保障制度、留守儿童关爱保护制度，加快形成家庭尽责、政府主导、部门协作、社会参与的困境、留守儿童关爱保障工作格局。到2018年，基层儿童服务工作网络覆盖所有贫困村；到2020年，全区建立覆盖城乡、上下联动、协调配合的基层儿童福利服务体系，全社会关爱保护困境儿童、留守儿童的意识明显增强，困境儿童数量明显减少、困境程度明显减轻，留守儿童得到更多关爱、安全更有保障，儿童成长环境更加优化。保障范围包括困境儿童和留守儿童。主要任务一是加强困境儿童和留守儿童监护工作。强化留守儿童家庭监护主体责任，发挥基层政府和村民自治组织作用，加强对家庭监护工作的引导。二是落实困境儿童监护职责建立健全困境儿童和留守儿童救助保护机制。加强源头预防、强制报告、应急处置、评估帮扶、监护干预、义务教育控辍保学。三是建立困境儿童分类保障制度。加强基本生活保障、加强医疗康复保障、完善教育保障。四是健全困境儿童和留守儿童保障关爱工作体系。健全工作网络、加强部门协同、充分发挥群团组织作用、鼓励支持社会力量有序参与、强化激励问责。

2018年6月21日，副区长黄云平（右四）陪同中央环保督察组到龙门港镇污水处理厂检查

（区政府办　供稿）

【公共资源交易环境优化】 2018年12月27日，区人民政府办公室印发《钦南区优化公共资源交易环境实施方案》。工作目标是坚持以问题为导向，以企业满意为目标，对标先进县区，在推进电子招投标运行、探索公共资源交易信息化监管模式等方面取得新突破，切实使服务对象办理公共资源交易事项提供材料最简、跑腿次数最少、办结时限最短、服务收费最少，办事效率明显提高，公共资源交易环境进一步优化，推进我区投资环境满意度不断提升。工作内容主要包括：一是推进房屋建筑和市政基础设施工程施工项目全面实施电子化招标投标；二是进一步优化完善国土资源网上电子平台功能；三是推行政府采购“政采云”网上交易；四是全面清理规范公共资源交易涉企收费；五是探索建立公共资源交易“标前”“标后”信息化监管模式等。

【投资项目审批建设优化简化】 2018年12月28日，区人民政府办公室印发《钦南区优化简化投资项目审批建设实施方案》，深化投资体制改革创新，进一步优化简化重大项目投资许可、用地报批、规划许可、施工许可、中介服务及其他相关事项，努力构建科学、便捷、高

2018年5月30日，副区长龙少艺（左一）深入帮扶企业（广西海大饲料有限公司）检查安全生产和帮助企业解决问题　　（区政府办　供稿）

效的工程建设项目审批和管理体系，推动项目审批大提速，为全区重大项目建设提供有力保障。重点工作任务包括优化项目投资许可办理、优化项目报批程序、优化施工许可流程、优化规范中介服务、简化投资许可程序、简化用地审批程序、简化规划许可程序、简化施工许可和竣工验收程序等。

【湿地保护修复制度实施】　2018年12月29日，区人民政府办公室印发《钦南区湿地保护修复制度实施方案》。树立和践行绿水青山就是金山银山的理念，坚持生态优先、生态发展，深化生态文明体制改革，全面保护湿地，修复提升湿地功能，规范利用行为，为营造山清水秀的自然生态和建设美丽钦南提供重要保障。坚持全面保护，分级管理，生态优先、合理利用，政府主导、社会参与，综合协调、分工负责，注重成效、严格考核等基本原则。主要任务包括健全湿地保护管理制度、建立湿地保护目标责任制、完善湿地修复制度、健全湿地监测评价体系健全湿地用途管控机制等。总体目标是强化湿地保护与修复，实行湿地面积总量管控，严格湿地用途监管，确保湿地面积不减少，维护湿地的生态功能，保护湿地的多样性，全面提升湿地保护与修复水平。到2020年，全区湿地面积不低于6.86万公顷，其中自然湿地面积不低于5.6万公顷，湿地保护率提高到45%以上。

重大活动

【非职业性一氧化碳中毒防范工作】　2018年1月15日，区人民政府办公室印发《关于进一步加强非职业性一氧化碳中毒防范工作的通知》，通过明确了职责分工、加强协调配合，坚持预防为主、狠抓防范工作，加强信息报告、确保信息畅通，加强督查、强化责任落实等多项措施，有效预防和妥善处置非职业性一氧化碳中毒事件，确保人民群众的生命和财产安全。

【货车非法改装和超限超载治理联合执法行动】　2018年2月28日，区政府办公室印发《钦南区2018年持续开展货车非法改装和超限超载治理联合执法实施方案》。开展整治货车非法改装和超限运输行动，营造良好的出行环境，保障人民群众生命财产安全和公路安全畅通。从2018年1月9日起，每个月不少于10天联合执法，执法范围包括：一是在钦南区辖区范围内设黎合江、高坳底2个固定执法治超点，同时在全区公路上开展流动性巡查治理工作；二是治超办要配合高速公路管理处在各个高速公路出入口设立治超点，做好高速公路超限车辆劝返等工作；三是在春节等节假日期间，除负责做好治超工作外，要负责做好春运等交通安全工作，营造良好的出行环境，保障人民群众生命财产安全和公路安全畅通。

【开展钦江水质提升行动】　2018年4月13日，区政府办公室印发《钦南区钦江水质提升行动方案》。部署钦江沿岸工业废水、生活垃圾、生活污水和畜禽养殖进行综合整治，杜绝污水直排、垃圾随意倾倒和农药污染，实现沿岸村庄环境整洁，生活垃圾得到有效处置，消除污染隐患。加大城市畜禽养殖场清理整治，于4月12日前完成城区内所有畜禽养殖场的调查摸底，4月30日前关闭搬迁城区内所有畜禽养殖场，关停大榄江流域周边所有违法企业和作坊。配合市直部门对城区黑臭水体进行整治，开展城区污水直排截流和推进城中村改造。2018年年底，钦江水质达到功能区要求，水环境明显改善。钦江水质提升行为分两个阶段，一是宣传动员阶段，时间为4月4日至4月25日；二是综合整治阶段，时间为4月26日至5月底。主要工作任务一是养殖场污染治理。开展畜禽养殖污染防治，采取有效措施，关闭搬迁城区内所有畜禽养殖场和水源保护区的规模养殖场，于2018年4月底完成。二是钦江两岸垃圾清运。对钦江河道两岸存在的建筑垃圾、生活垃圾、工业固废、农业污染源等固体废物进行清理和无害化处置。于2018年5月底完成并持续。三是大榄江流域周边企业整治。关停大榄江周边违法工业企业、餐饮企业、洗车场等。于2018年5月底完成。

【河道非法采砂专项整治行动】 2018年4月16日，区政府办公室印发《钦南区依法严厉打击河道非法采砂专项行动实施方案》。部署从2018年4月16日起至2018年12月31日，在全区范围内开展依法严厉惩治非法采砂专项行动。专项行动以维护正常的采砂管理秩序为目的，按照“规范有序开采，合理利用资源，保护生态环境，确保行洪安全”的要求，坚持“全面整治与重点整治结合，依法治理与规范管理结合”的原则，严厉惩治各种违法违规采砂行为，加强和规范持证开采活动，保证河道行洪安全，保护耕地和生态环境，促进全区经济社会可持续发展。专项整治范围包括辖区内所有违法采砂和超出合法范围采砂的企业（个人），主要任务包括取缔无证采砂、纠正超范围超深度开采、恢复被毁的相关设施、恢复耕地、建立采砂管理长效机制等。

【南流江环境综合整治】 2018年5月8日，区政府办公室印发《钦南区南流江环境综合整治工作方案》。部署抓好南流江流域水环境综合整治工作。确保“一年初见成效，两年显著见效，三年大见成效”，实现发展和环保“两不误”。根据《中央第六环境保护督察组反馈意见自治区整改工作领导小组办公室关于印发〈南流江环境综合整治工作方案〉的通知》《关于印发〈钦州市南流江环境综合整治工作方案〉的通知》要求，总体目标是2018年起，南流江江口大桥区钦州—北海交界监测断面水质达到Ⅲ类标准。

【春夏火灾防控工作】 2018年5月10日，区政府办公室印发《钦南区2018年春夏火灾防控工作方案》。5月10日至9月底，在全区集中开展春夏火灾防控工作。强化针对性火灾防控措施，确保钦南区消防安全形势持续稳定。春夏火灾防控工作分三个阶段开展：动员部署阶段(2018年5月15日前)。召开专题会议、印发工作方案，层层动员部署，明确职责，细化措施，广泛发动，营造氛围。全面实施阶段(2018年9月10日前)。按照确定的工作目标，精心组织，认真实施，定期视频调度、督导检查和分析通报，及时解决发现的问题，落实各项工作任务。总结考评阶段(2018年9月底前)。对春夏火灾防控工作情况进行汇总分析、自查自评，总结经验做法，固化工作成效，完善火灾防控工作长效机制。

【伏季休渔工作】 2018年5月28日，区政府办公室印发《钦南区2018年伏季休渔工作实施方案》。休渔海域为北纬12度至“闽粤海域交界线”的南海海域（含北部湾），休渔作业类型是除钓具外的所有作业类型，以及为捕捞渔船配套服务的捕捞辅助船。休渔时间是从2018年5月1日12时起至8月16日12时止。

【道路交通安全隐患大检查大排查大整治】 2018年6月4日，区政府办公室印发《钦南区道路交通安全隐患大检查大排查大整治工作方案》。通过开展大检查大排查大整治，全面系统排查整治道路交通安全隐患，着力解决道路交通安全管理存在的薄弱环节和突出问题，有效预防和减少道路交通事故的发生，全力遏制我区道路交通事故多发频发态势，营造安全和谐的道路交通安全环境，保障人民群众生命财产安全。整治时间为2018年5月22日至11月22日，为期半年。工作措施包括组织开展道路交通安全隐患大检查，组织开展道路交通安全隐患大排查，组织开展道路交通安全隐患大整治，加大宣传力度、提升守法意识等。

【开展“散乱污”企业和小作坊歼灭战专项整治】 2018年6月10日，区政府办公室印发《钦南区开展“散乱污”企业和小作坊歼灭战专项整治工作方案》。整治工作分三个阶段进行：摸底排查阶段是2018年6月8日—9日；整治实施阶段是2018年6月10日—15日；督促检查阶段是2018年6月10日—30日。目标是通过此次专项整治，严厉打击“散乱污”企业和小作坊环境违法违规行为，做好“散乱污”企业和小作坊治理工作，规范“散乱污”企业和小作坊作业行为，从源头治理抓起，迅速有效落实自治区、市关于中央生态环境保护督查“回头看”工作要求，切实改善全区环境质量。

【开展电动车火灾专项整治】 2018年6月20日，区政府办公室印发《钦南区电动车火灾专项整治工作方案》。整治时间为6月20日至8月31日，分为五个电动车销售市场整治小组、电动车停放管理整治小组、火灾隐患整治工作小组、网格化管理推进工作小组、宣传发动工作小组等五个工作小组，整治范围为全区电动车销售点，各居民住宅公共区域、人员密集场所、工业园区、人行道、村（居）民自建房、出租屋等电动车集中式、分散式停放区域、充电区域。

【实施“减证便民”专项行动】 2018年6月29日，区政府办公室印发《钦南区“减证便民”专项行动工作方案》。按照国务院、自治区和市的决策部署，在全区范围内开展“减证便民”专项行动。清理范围为区政府部门，镇人民政府，街道办事处，村（居）民委员会要求群众和企业在办理行政许可、行政征收、行政给付、行政确认、行政奖励、行政裁决和其他行政权力事项（以下统称依申请行政权力事项）和公共服务事项时，需提供的各类证明及其盖章环节。清理原则是坚持依法依规、合情合理原则，做到“六个一律”，即：凡是没有法律法规规章规定的，一律取消；法律法规规章有规定，但可以通过部门内部调查、信息共享、网络核验方式办理的，一律取消；凡是能够通过其他材料替代或凭有效证照证明办理的，一律取消；凡是能够通过申请人书面承诺、签字声明或提交相关协议办理的，一律取消；凡是各级政府各部门、乡镇人民政府、街道办事处、村（居）民委员会无权查证、无法开具的，一律取消；凡是自治区、市人民政府文件明确要求各级各部门取消的，一律取消。

【政务服务“一网通办”解决群众办事堵点问题专项工作推进】 2018年7月2日，区政府办公室印发《全区加快推进政务服务“一网通办”解决群众办事堵点问题专项工作实施方案》，为确保全区加快推进政务服务“一网通办”解决群众办事堵点问题专项工作取得实效，要求各有关单位要在2018年8月底，把第一、二季（涉及南区共40项）群众办事堵点问题全部解决，主要解决群众办事过程中涉及的教育、身份证明、商事服务、社保低保、就业创业、居住户籍等方面堵点问题。各有关单位要高度重视，切实履职尽责，对群众反映的涉及本地区、本部门的问题按时解决，并加强政务信息联通共用，切实提高企业和群众办事便捷性。

【开展自治区级健康促进社区创建活动】 2018年8月2日，区政府办公室印发《关于在全区开展自治区级健康促进社区创建活动的通知》，通过开展自治区级健康促进社区创建活动，充分调动社区居民的积极性，营造健康生活方式支持性环境，以科学为依据，从日常生活和工作入手，结合国家卫生城、慢病综合防控示范区建设及全民健身等活动，在社区范围内普及健康生活方式相关知识，提高居民整体健康水平，到2020年，实现健康社区达到20%的目标。

【实施2018年度水污染防治行动】 2018年8月16日，区政府办公室印发《钦南区水污染防治行动2018年度实施方案》。工作目标是2018年，我区市级集中式饮用水水源水质达到或优于Ⅲ类比例达到100%；全区地表水水质优良（达到或优于Ⅲ类）比例达到85.7%以上；钦江西监测断面消除劣Ⅴ类水体；辖区内城区黑臭水体整治完成比例达到100%；近岸海域水质优良（一、二类）比例及海水环境功能区水质达标率均达到66.7%以上。

【全区安全生产大检查】 2018年11月27日，区政府办公室印发《关于进一步做好全区安全生产大检查工作的通知》。采取“综合检查、专项检查、企业全面自查”方式进行，要求各镇（场、街道）、各有关部门要创新检查方式，在企业自查自改的基础上，主要采取不发通知、不打招呼、不听汇报、不用陪同接待、直奔基层、直插现场的“四不两直”方式，开展暗访暗查。对检查督查中发现的每一项问题和隐患，必须现场依法提出处理意见；对存在重大隐患的，要依法停产整顿并挂牌督办；对整改落实情况要进行跟踪督查，并严把高危行业企业复产验收关。

【“大棚房”问题清理整治行动】 2018年12月29日，区政府办公室印发《钦南区“大棚房”问题清理整治行动方案》，对占用耕地特别是永久基本农田建设非农设施，改变土地性质和用途的违法违规建设行为，依法依规进行全面清理整治。重点清理整治工商资本和城市居民到农村非法占用耕地变相开发房地产和建设住房行为。对在农业园区、农业大棚范围外，借设施农业之名占用耕地修建的别墅、休闲度假设施、商品住宅、“阳光餐厅”等非农设施，在农业大棚内违法违规修建的各类非农设施，全部拆除并复耕；对设施农业看护房或管理用房等生产附属配套设施占地面积超标准的，立即拆除非农设施部分和超占部分并复耕。对不占用永久基本农田和各类自然保护地，属设施农业未改变农业用途或部分改变用途已恢复农业生产，而未完善设施农用地备案手续的，立即依法依规申请办理设施农用地备案手续；对属已纳入土地例行督察、卫生执法检查或其他执法检查查处整改的，要严格按照相关执法程序依法整治整改。国土钦南分局要建立设施农业项目台账，对未经审批或备案的设施农业项目，要严格按相关规定督促其完善设施农用地备案手续。

区政府办公室综合事务

【综合协调】 2018年，区政府办公室围绕县域经济发展、乡村振兴、脱贫攻坚、义务教育均衡发展、创建全域旅游示范区、征地搬迁、环保整改等一系列中心工作和热点难点问题，区政府办加强统筹协调，全面组织实施，促进各项工作的开展。

【参谋服务】 2018年，区政府办公室全年共提供有价值的信息、建议近百条，起草领导讲话430多篇，落实领导批示260多份，参加专题工作会议和开展调研410多次，形成会议纪要和调研报告80多份，起草《政府工作报告》等重要文稿近30篇，为政府决策和工作指导发挥很好的参谋助手作用。

【文电办理】 2018年，区政府办公室从健全、完善办公室制度着手，不断规范办文、办会程序和流程，促进政务规范化。年内，处理各类传真、请示报告5100多份，处理来电13900多个，接各类上传下达通知7100余次，登记、阅送上级各类公文3400多份，审核各类文稿约1700件，接待群众600多人，组织各类以政府名义召开的会议600多个。

【政府督查】 2018年，区政府办公室全年配合市委、市政府督查室开展督查工作15次，开展中心工作督查120多次；全区受理来信117件，来访710人（次）；办理市委、市政府转来的领导批示件411件，督查件30件，办结率100%；办理区委、区政府领导批示件31件，督查件35件，办结率100%；承办的市政协五届三次会议提案84件，答复率100%；承办的市人大五届四次会议代表建议10件，答复率100%；承办区政协六届三次会议提案10件和区人大六届三次代表建议102件，答复率100%。

【政务信息和电子政务工作】 2018年，区政府办公室上报自治区的信息获采用共38条，共计得分36.5分，超额完成绩效考评要求15分的任务。钦南区电子政务外网建设项目通过验收，实现国家、自治区、市、县区、乡镇（部门）电子政务网络的互联互通。年底，全区101个单位已接入电子政务外网，并统一互联网出口，打下安全的网络基础和技术保障。区政府门户网站能够按照全国政府网站普查和自治区政府网站绩效评估指标要求，做好内容保障和安全规范管理。

（区政府办公室）

人力资源和社会保障

【概况】 2018年，钦南区人力资源和社会保障局（简称区人社局）内设办公室、行政审批股、财务管理股、工资福利股、就业促进股、社会保险管理股、军队转业干部安置股、专业技术人员管理股、劳动保障监察股、公务员管理股10个股室，下辖区人才交流服务中心、社会保险事业局、公务员专业技术人员考试培训中心、就业服务中心、劳动保障监察大队、丽光场华侨农场劳动保障事务所、职业技能鉴定中心、劳动人事争议仲裁院8个事业单位。行政编制12个，事业编制87个，实有71人。钦南区职工基本养老保险参保1.73万人，完成任务121.8%；累计征收25845万元，完成任务246.1%；发放待遇人数1.48万人，支付养老待遇34846万元。城乡居民基本养老保险参保14.97万人，完成任务100%；累计征收1070万元；发放待遇5.09万人，发放待遇7783万元。机关事业单位养老保险参保0.75万人，完成任务108.7%；累计征收13351万元；发放待遇人数0.33万人，支付待遇18876万元。城镇职工基本医疗保险参保2.95万人，完成任务113.5%；累计征收10660万元，完成任务130%；发放待遇1619万元。城乡居民基本医疗保险参保46.23万人，完成任务109.0%；累计征收9218万元；支付医保待遇24546万元。生育保险参保1.72万人，完成任务101.2%；累计征收896万元，完成任务256%；支付生育待遇644万元。失业保险参保1.03万人，完成任务103.0%；累计征收552万元，完成任务157.7%；支付失业金515万元。工伤保险参保1.46万人，完成任务108.1%；累计征收430万元，完成任务165.4%；支付工伤保险待遇168万元。

【公务员管理】 2018年，钦南区公务员法管理（参照公务员法管理）单位105个，公务员（参公）1500人。年内，区人社局推进公务员法实施工作。严格执行政策，把好公务员登记和参公事业单位工作人员登记关，年内完成全区18名公务员、参公工作人员登记审核工作。落实职务与职级并行。坚持以人为本，严格按职级晋升的条件确定符合职级晋升的公务员、参公工作人员，全区基层公务员符合晋升条件的能及时通过晋升职级来提高工资待遇。2018年，全区晋升副科级待遇16人。做好公务员全员培训，分别在4月、8月开展网络培训学习，全区1096名公务员（参公工作人员）完成学习和考试。做好2018年公务员（参公）招录考试工作，全区计划招录25人，在报名阶段，认真做好公务员考试报名资格审核的工作，共有364名考生报名参加考试，通过审核的人数为297人，最终缴费人数为297人，共有71名考生入围面试，经过面试资格审查，共有71名考生进行面试资格审查，8月全部完成2018年公务员（参公）招录工作；2018年全区有3名公务员办理辞职手续。

【事业单位管理】 2018年，钦南区严格执行事业单位新进人员一律实行公开招聘的有关规定。钦南区事业单位工作人员公开招聘工作由区人力资源和社会保障局负责，经过组织笔试、面试、体检和考察等工作，全程接受纪检监察、人大、政协监督，确保了各环节和程序的公平、公正、公开。全年钦南区通过公开考试聘用42名全额事业单位工作人员、11名差额事业单位工作人员、100名小学（幼儿园）教师、60名特岗教师。依据自治区的政策，对基层医疗卫生机构公开招聘建立“绿色通道”，通过“绿色通道”招聘的1人将充实到基层医疗卫生队伍。严格执行全科教师和全科医生培养规定，2018年钦南区和高校签订合同定向培养全科教师10人，2018年为9名农村订单医学免费毕业生办理聘用手续。推进事业单位人事制度改革。先后办理了233人的聘用手续。坚持按照“事业单位岗位设置”的规定，合理设置岗位，规范岗位管理。2018年全区14个事业单位完成岗位设置，124人竞聘上岗，616人完成岗位变动。全年全区有12名事业单位工作人员办理辞职手续。

【专业技术人才队伍建设】 2018年，钦南区组织5418多名专业技术人员参加继续教育学习考试，审核审批初级职称342人。钦南区职业技能鉴定中对经由本区定点培训机构实施开展培训的城镇登记失业人员、农村转移劳动力、大中专院校毕业生等1697人进行了职业技能鉴定，核发了初级（五级）职业资格证书1563本。组织发动200多名农民工报名参加开设的养老护理员、叉车司机、美发师、汽车维修工、砌筑工、钢筋工、中式烹调师、中式面点师、车工、钳工等10个工种的技能比赛。现场评判出一等奖10名；二等奖20名；三等奖30名；优胜奖140名。获得一、二、三等奖的60名选手推荐参加市级复赛。

【年度考核及统计】 2018年，区人社局严格按照考核程序，完成2017年度全区国家机关、事业单位工作人员年度考核工作。全区共85个机关、事业单位6020名国家工作人员参加年度考核，共评出优秀867人、称职391人、不称职1人；合格4510人、基本合格8人、不合格7人；未定等次236人。

【军转干部管理】 2018年，钦南区围绕军转安置、企业军转干部维稳、自方择业军转干部服务三大中心任务开展工作，组织免费健康体检38人，落实生活困难补助39人，实施个案救助11人，为38名军转缴费了大额医疗保险。2018年春节、八一建军节分别组织开展慰问军转干部39人，发放日常生活用品一批和慰问金3.85万元。

【就业和再就业】 2018年，钦南区实现新增就业人数2520人，完成钦州市下达目标任务2500人的100.8%；失业人员再就业人数721人，完成市下达目标任务720人的100.14%；就业困难人员再就业人数108人，完成市下达目标任务95人的113.68%；城镇登记失业率1.77%；农村劳动力转移新增就业人数3201人，完成市下达目标任务2870人的111.53%。积极推进城乡就业再就业。将钦南区辖区内的建档立卡农村劳动力录入系统实现劳动力数据系统化管理，并对数据库信息进行实时更新。有序开展职业技能培训，通过职业技能培训工作的开展，增强农村劳动者、返乡农民工的就业能力，促进了就业再就业。全年培训劳动力1951人，含建档立卡贫困人员191人（其中：易地扶贫搬迁贫困人员6

个培训班共39人)。全年举办33场现场招聘会,参加就业服务招聘的企业有300余家次,提供岗位工种1000余个,总计29540个岗位,为企业招聘人员500多人。落实扶持创业工作。推进创业孵化基地建设情况。支持农民工创业,以创业带动就业,更好地帮助农民工实现创业梦。全年扶持入驻孵化基地个体工商户85户(其中高校毕业生个体创业户有1户),带动就业170多人,发放创业孵化基地管理服务费5万元,审核拨付场租和水电补贴资金共56.24万元,累计发放毕业生贷款贴息0.73万元。审核发放创业担保贷款2笔、20万元,贴息9.4万元。对全区就业困难的高校未就业的毕业生开展实名登记,免费提供就业援助,提供就业指导、就业服务,提供公益性岗位等,为高校毕业生提供公益性岗位20个。扎实推进就业扶贫,助力脱贫攻坚,服务民生。坚持"特色产业带动就业、就近就地就业、服务脱贫"的原则,认定21家企业为钦南区就业扶贫车间,发放带动就业奖补资金84000元,吸纳我区建档立卡贫困家庭劳动力226人,为脱贫攻坚工作有效助力。开发乡村公益性岗位163人,有151人已上岗工作。做好就业服务信息网络联网建设工作,为城乡各类劳动者和用人单位提供就近就地、便捷高效的就业服务。完善公共就业服务便民规范工作。丰富完善"钦南区就业服务中心"公众号,为劳动者提供最新招聘信息。

【劳动保障监察】 2018年,区人社局先后开展农民工工资清欠专项行动、人力资源市场秩序专项行动、防暑降温专项执法和劳动合同集体合同签订检查等执法检查工作;全年共检查用人单位453多户,涉及劳动者约13265多人,接待群众来信来访352人次,协助处理市长热线25件,受理举报投诉案件51件,下达劳动保障监察询问书39份,劳动保障监察限期改正指令书13份,监察立案11件,结案11件(其中,移送公安机关侦查案件2件,涉及农民工147人,涉及金额243万元),为394名劳动者(含农民工)追回合法工资13231659元。

【劳动人事争议仲裁】 2018年,钦南区全年受理劳动人事争议案件185件,其中不予受理27件,年内立案受理158件,审结案件151件,结案率95.56%,涉案金额310.7万元,涉及农民工71人。案内调解结案123件,案外调解结案21件,调解率为83.72%。裁决结案33件,其中终局裁决9件,终局裁决率为32.14%。

【社保扶贫政策落实】 2018年,区人社局争取区政府支持,人社部门牵头,把社保扶贫责任落实到镇、村,压实责任,推进建档立卡贫困人口参加城乡居民医保、养老保险的参保和代缴工作。争取区财政落实资金387.14万元、137.76万元分别为建档立卡贫困人员代缴(补贴)医保、养老保险,全区建档立卡贫困人员医保、养老参保率和预脱贫村60周岁以上符合条件人员领取待遇率等3个100%。落实218.3万元为建档立卡贫困人员办理医疗兜底补偿商业保险,通过政府兜底保障机制,建档立卡贫困人员住院个人实际报销比例达到91%,门诊慢性病报销比例达到83%。

【社保待遇调整政策落实】 2018年,区人社局一是落实城乡居民基础养老金调整政策。从1月1日起,将全区城乡居民基本养老保险基础养老金最低标准由每人每月90元提高至108元,提高的18元为中央基础养老金。从7月1日起,将城乡居民基本养老保险基础养老金最低标准由每人每月108元提高至116元,提高的8元为自治区基础养老金。同时对65周岁及以上参保的城乡老年居民予以倾斜,每人每月加发老年基础养老金5元,从2018年7月1日起实行。完成调资人数54528人,补发金额1338.14万元。落实退休人员基本养老金调整政策。从2018年1月1日起,为2017年12月31日前按规定办理退休手续的退休人员增加基本养老金,完成待遇调整14242人,补发金额1231万元。落实离任村干部养老补贴调整政策。钦南区从2018年7月起提高离任村干部养老补贴标准,由'任期满一年每月15元'标准调整至'任期满一年每月18元'。完成调资人员1993人,补发金额20.45万元。落实离休人员生活补贴发放政策,为全区16名离休人员发放每年一次性生活补贴6.19万元。

【社保降费率和稳岗补贴政策落实】 2018年,钦南区继续落实自治区、市级关于社保惠企政策,切实减轻企业用工负担,助推实体经济企业发展。实施阶段性降低企业职工基本养老保险费费率政策,单位缴费比例由20%降至19%。对自治区级及以上产业园区的工业企业,由参保地同级人民政府予以单位缴费比例5%的补贴,为企业减负817万元。2016年5月1日至2019年4月30日，失业保险单位缴费费率由1.5%降至0.5%，为企业减负620万元。继续实施失业保险支持企业稳岗政策，发挥失业保险稳定就业功能，2018年全区有22家企业符合享受稳岗补贴条件，发放稳岗补贴40.3万元，惠及职工2299人。四是实施工伤保险浮动费率政策，年内调整工伤保险费率283家。同时，贯彻执行为925家用人单位的工伤保险单位缴费比例以现行费率为基础下调50%。

2018年7月30日，区委常委、常务副区长胡颍（右排左二）主持召开2018年钦南区第三批次项目评审会　　（区招商局　供稿）

【社保领域改革】 2018年，钦南区开展机关事业单位养老保险制度改革实施准备期费用清算和待遇重算工作，完成清算157家单位，按新待遇计发办法重算待遇414人。推进解决老农保清退并入工作，清退工作已基本完成。配合做好社会保险费征管职责划转工作，梳理现行社保缴费政策及现状，为税务部门提供数据资料，为征缴职责顺利划转打下基础。　（陆崇秋）

招商引资

【概况】 2018年，钦南区招商促进局（简称区招商局）内设办公室、综合信息股、项目管理股3个股室，核定编制10名，全为机关事业编制，实有10人，其中在职在编人员9人（参公人员7人，工人2人），主要负责组织协调全区性招商引资工作。是年，区招商局围绕区委、区政府“一机遇、三争创、四打造、六重点”的工作思路和部署，以优化营商环境“服务企业年”活动为引领，全力推进招商引资，强化项目服务，累计引进项目到位资金78.43亿元，完成市下达任务71亿元的110.5%。其中实际利用外资3005万美元，完成市下达外资任务2500万美元的120.2%，超额完成市下达的所有招商引资指标任务。

2018年9月12日，副区长黄云平（前排左一）代表钦南区在第15届中国东盟博览会上与北京东方园林股份有限公司代表签署合作协议
（区招商局　供稿）

【重大项目招商引资】 2018年，区委、区人民政府重视招商工作，区四家班子领导亲自带队到北京、广东、江苏、河南、浙江、湖北等重点区域开展精准招商12次。全年接待咨询客商150批次，洽谈意向项目45个。成功签约（备案）引进超亿元项目8个，项目总投资71.74亿元。引进世界500强企业阳光控股有限公司投资的项目——钦州阳光城，生态环保行业龙头企业北京东方园林环境股份有限公司投资的广西北部湾工业废弃物综合处置中心等一大批市场前景好、经济实力强、附加值高、科技含量

大的综合实力强的项目。

【投资服务】 2018年，钦南区贯彻落实《自治区党委办公厅自治区人民政府办公厅印发〈关于构建新型政商关系做好亲商安商工作的意见〉的通知》精神，建立完善招商引资项目代办服务平台、优化营商环境投诉举报平台、政企沟通服务三个服务平台，以优化营商环境“服务企业年”活动为引领，不断加大重大项目帮办服务力度，及时受理企业提交的请求事项及投资投诉事项，掌握了解项目建设中存在的问题并尽快协调解决，做到以优质的服务赢得人心，以高效的办事风格留住项目，确保项目“进得来、留得住、能发展”。年内，协助通威光伏、协鑫光伏争取自治区重大项目奖励资金89.164万元。协助北部湾工业废弃物处置中心、鑫丰家具、卜蜂莲花、海大饲料、凯正溢华、中节能等一批项目解决征地（租地）、前期手续办理、用工等一系列问题，促进企业开工、投产。

【项目储备策划】 2018年，区招商局加强项目包装策划前期工作调研，分析、评估钦南区产业特点及国内外市场发展趋势，围绕新能源、制造业、食品、林木业、标准厂房建设、旅游养生业、休闲度假业等重点产业，策划包装出20个符合钦南区发展要求，真正可操作的招商引资项目，充实招商引资项目库。

（熊 瑛）

信访工作

【概况】 2018年，中共钦南区委员会钦南区人民政府信访局（简称区信访局）内设秘书股、接访股、办信股3个职能股，核定编制4名，实有人员4人；下设钦南区信访接待服务中心，为区信访局管理的全额财政拨款事业单位，核定编制4名，实有人员3人。是年，全区共受理群众来信来访317批、878人次，其中来信153件，来访164批、725人次。

【积案处理】 2018年，区信访局落实积案化解责任，开展集中攻坚活动，全部办结自治区交办钦南区的13件信访积案，办结率100%，并按自治区信访局要求将有关结案材料录入全国信访系统平台。

【来信来访】 2018年，钦南区进一步规范信访秩序，畅通信访渠道，依托区信访接待服务中心，实现“一站式接待、一条龙服务、一揽子解决、一个流程办理、一个机制督查”的工作模式，确保来访群众反映的问题得到及时有效解决。继续在区处理信访突出问题及群体性事件联席会议24个重点成员单位各抽调1名责任心强、业务熟工作人员到区信访接待服务中心开展联合接访工作，每周安排3个单位。推进“阳光信访”工作的开展，钦南区以全国网上信访受理平台为依托，引导群众多上网、少走访，让“数据多跑腿，群众少跑路”，逐步把网上信访作为解决信访问题的主渠道，全面推进信访信息化建设，建立“网下办理，网上流转”的群众信访事项办理程序，将接待来访、办理来信、督查督办、网上投诉等全部信访事项放在网上流转，把受理、办理和结果等重要环节通过网络公开，建立信访事项的“可查询、可跟踪、可督办、可评价”的“阳光信访”机制。

【信访接待】 2018年，钦南区制订《关于2018年钦南区党政领导干部定期轮流接待群众来访的通知》，明确领导信访接待日，区委、区政府领导班子成员轮流在区信访接待服务中心接待群众来访，每月的15日由区委书记接访，30日由区长接访，每周一由区委、区政府其他班子成员一名领导轮流接访，推进钦南区领导干部定期接待群众来访工作步入常态化。

2018年5月28日，区委常委、政法委书记邓善锋（后排左一）接访来访群众

（区信访局 供稿）

【督查督办】 2018年，钦南区对一些重复访、越级访和上级交办的信访案件，做到主要领导亲自过问，分管领导亲自督办，对越级上访的信访个案和上级信访部门交办的信访案件，落实责任单位、责任领导。加大督查督办力度，有效促进信访问题的解决。严格按要求规范办理，提高办案质量，严格审核把关，分门别类，按时按质办结上报。不断加大立案、交办、督办力度，有效促进信访问题的解决。

（丁美琳）

政务服务管理

【概况】 2018年钦南区政务服务管理办公室为钦南区人民政府办公室设在机构，主要职责是贯彻执行《中华人民共和国行政许可法》等行政审批法律、法规；协调和监督各部门在区政务服务中心的日常行政审批工作；监督检查各进驻部门及其工作人员的行政审批行为；协调指导全区行政审批和政务服务中心管理工作，为乡镇政务服务中心提供信息服务和业务指导；负责组织开展全区政务公开、政府信息公开工作和政务审批代办服务工作等。内设有综合股、协调股、监督股、公开股以及区政务审批代办服务站，共核定行政、事业编制7名。现有工作人员12人，其中专职主任1人，副主任1人，管理岗位3人，专业技术人员2人，公益性岗位3人，自筹人员2人。钦南区政务服务中心建筑面积1400多平方米，进驻钦南区政务服务中心的单位有钦南区发改局、林业局、卫计局等区直单位共30个，国税局、地税局、公安分局和国土分局等市直单位共4个。19个单位设为独立窗口，14个单位设为综合窗口，1个单位（钦南区人社局）另设为政务服务分中心。钦南区政务服务中心以深入开展优化营商环境“服务企业年”活动为契机，推进行政审批体制改革，深化政务公开，强化政务服务监督管理，推进“互联网+政务服务”工作，全面提升政务服务质量和水平，助力优化钦南区营商环境。全年办理各类行政审批15141件，承诺提速60.96%、办理提速78.27%，满意率100%，制度执行率100%。

【行政审批管理体制】 2018年，区政务服务中心加强日常管理，严格落实行政审批首问负责制、限时办结制、责任追究制、一次性告知制、否定报备等制度，建立健全电话回访、投诉举报处理、中心进驻人员管理、红旗窗口、服务标兵评比等政务服务管理机制，通过采取定期和不定期巡查、召开纪律通报会、集中约谈、个别约谈、调阅行为监察视频、督促指导窗口印制一次性告知单、规范审批行为、做好办件录入，以及利用电子监察系统对审批过程和审批行为进行实时监控等方法，进一步强化纪律和效能监管，改进工作作风，进一步提升了政务服务行政效能和服务形象，为全区经济社会发展营造良好的政务服务环境。2018年，钦南区政务服务中心窗口工作人员未出现违法违纪行为，没有出现超时办结和群众投诉现象。

【清理优化行政审批事项】 2018年，钦南区推进行政权力事项集中办理，方便企业和群众办事。建立行政权力运行流程动态管理机制，不断优化服务流程，规范权力运行。开展“减证便民”行动，清理规范行政审批类证明事项，区级单位共梳理出证明事项和盖章环节598项、镇级26项、村级26项。建立政务服务容缺受理机制，区级单位可容缺受理事项共54项，镇级238项。推进“一事通办”改革，不断提升政务服务水平，分别于9月底向社会公布全区“一次性告知”（限时办结”“只需跑一次”“一次不用跑”3张清单和10月底向社会公布第一批涉及多部门“一件事情”清

2018年6月22日，区政务服务中心举办2018年钦南区政务公开业务培训班

（区政务中心　供稿）

2018年8月28日，区委常委、常务副区长胡颍（左四）到钦南区政务服务中心检查指导工作 （区政务中心 供稿）

单。钦南区共梳理出“只需跑一次”事项数量1278项、“一次不用跑”事项数量47项、“最多跑一次”事项比例98.22%；共梳理出单一事项数量521项，涉及多部门事项102项，已完成编制事项数量587项，完成比例94.2%。

【乡镇政务中心建设】 2018年，区政务服务中心加强对镇村级政务服务指导，推动基层政务服务平台建设。以整合资源、方便群众、改进作风、多办实事为目标，以“找得到人、办得成事”作为镇政务服务中心建设的立足点，不断拓展镇级政务服务的功能，推进镇级政务服务中心标准化建设。全区所辖16个镇级政务服务中心办公面积均能达到上级建设标准要求，基本满足群众需要和事项办理需求，各镇政务服务中心日常工作运行正常。

【深化政务公开】 2018年，区政务服务中心落实工作责任，加大政务公开力度，扩大公开渠道，督促指导各单位主动公开政府信息。今年以来共开展信息公开业务培训3期，培训180多人次，发布政府信息7800余条。组织钦南区第六届政务公开日活动，共发放宣传资料8253份，现场接待群众咨询1657人次，现场解答问题815件。

【互联网+政务服务】 2018年，区政务服务中心推进“互联网+政务服务”，逐步实现网上审批和数据共享。通过开通电子政务外网和使用并联审批平台，推进数据互联互通。设置网上办事专栏，与广西一体化网上政务服务平台统一入口链接，全面开展网上办事工作。年内，全区网上申报事项约占进驻事项的83%。启用新升级的政务服务业务通用软件V4.0系统开展行政审批，实现部分电子证照信息共享。 （区政务中心）

接待工作

【概况】 2018年，钦南区接待工作办公室（简称钦南区接待办）是钦南区人民政府直属事业编制正科级参公单位，核定事业编制4名，年底实有人数4人，正科级领导1名，主任科员1名，干部2名。2018年，全区接待宾客累计98批1078人次。

【考察调研组团与重大活动接待】 2018年1月，区接待办接待自治区扶贫“四合一”到钦南区进行检查核验工作组；5月，接待到钦南区开展义务教育均衡发展检查工作的自治区检查组，接待到钦南区进行督查的自治区自然资源资产审计发现问题整改督查组，接待到钦南区进行考核的自治区2017年度县域经济发展分类考核工作组；7月，接待到钦南区进行检查的自治区教育厅检查义务教育均衡发展迎国检查检查组，接待到钦南区进行调研活动台商一行35人；9月，接待到钦南区检查全域旅游特色检查组，协助做好东盟博览会接待工作；10月，接待莅临钦南区调研的靖西市党政代表团64人，接待到钦南区开展督查的中央信访工作督查组；12月，接待到钦南区进行检查工作自治区扶贫大督查检查组，接待到钦南区检查工作活动义务教育均衡发展国家检查组。

【规范接待】 2018年，区接待办严格执行中央八项规定，把勤俭办接待作为一种政治任务，去奢从简、注重实效，推行理性接待、绿色接待和低碳接待，秉承“有利公务、简化礼仪、务实节约、杜绝浪费”的接待工作原则，力求做到节俭、安全、热情、周到、得体，严格落实公务接待的服务对象、审批程序、工作流程、开支标准、经费管理、纪律监督等所有环节，规范地做好每次接待工作。

【突出钦南区特色】 2018年，区接待办在接待工作中突出钦南区特色，积极打造服务亮点。把接待餐饮作为突破口，摒弃高档奢华的菜肴，倡导“土、特、素”，重点推出以地方菜、农家菜、时令菜为代表的新菜品，凸显浓郁地方特色。

（区接待办）

外事侨务

【概况】 2018年，钦南区外事侨务办公室（简称区外侨办），有行政编制2名，事业编制1名。实有7人，其中在职干部3名，退休干部4名。是年，区外侨办开展外事服务、侨务信访、侨法宣传、侨眷服务和慰问走访活动。

【外事活动】 2018年，钦南区因公出国（境）3人。5月—6月，区委书记黄球赴新加坡参加改善营商环境专题培训班。8月，区长李遥赴巴西、阿根廷、智利随谭丕创市长团推介“一带一路”南向通道工作。10月，区商务局局长赖高帮赴澳门参加第23届澳门国际贸易投资展览会。

【劳务外派】 2018年，钦南区东场中学教师陈晓、黎明娟、李文棠、林泊、庞慧燕、裴晓芳，钦南区东场中心小学教师林洸莹，钦州市一小教师莫云凤，钦州市第五中学教师李肖秀、商本琼，钦南区沙埠中学江小东，钦州市人和小学教师黄勤，钦南区尖山中学教师翁玲玲，钦南区犀牛脚镇联民中小学教师张翠琴，共14人符合外派教师条件并获准派国外支教。

【城区散居归侨侨眷家庭走访】 2018年9月4日至9月22日，钦南区外侨办在钦南区城区开展散居归侨侨眷家庭走访活动，走访61户散居归侨侨眷家庭。结合侨情调查工作了解归侨侨眷的家庭情况，向每一户归侨侨眷宣传侨务工作政策，发放《中华人民共和国归侨侨眷权益保护法》小册子、侨法宣传传单、2018年华侨事业费使用政策宣传单，解答归侨侨眷关心的侨务政策相关问题，对走访发现的困难归侨侨眷6人纳入华侨事业费补助范围。

【侨务信访】 2018年，区外侨办重视信访工作，按照“投诉有门，受理有人，处理有期”的基本要求，以法律、法规、政策为准绳办理。年内，接待来信来访2件3人次，来电5人，办结7件。

【慰问走访】 2018年春节期间，区外侨办开展走访慰问困难归侨侨眷活动，对居住在城区的60岁以上贫困归侨侨眷、享受低保的归侨侨眷、长病的归侨侨眷三类困难归侨侨眷共119人进行慰问，送去慰问品共计29512元。10月，对119名困难归侨侨眷发放华侨事业费补助35700元，人均300元。

【侨法宣传】 2018年，区外侨办开展“侨法宣传角”侨法宣传。5月24日到那彭镇、10月19日到犀牛脚镇开展侨法宣传活动，现场发放《中华人民共和国归侨侨眷权益保护法》450多本，《侨法宣传资料》宣传单450多份，发放印制有侨法宣传知识的围裙130多条，抽纸1000多盒，环保袋400多个，解答咨询10多人次。

【侨眷服务】 2018年，区外侨办做好“三侨生”的审核工作，全年出俱归侨、侨眷身份证证明5份，中、高考三侨生证明13份，公示核实办理“三侨考生”加分77份，为他们的工作和学习提供方便。

（黄创东）

机关事务管理

【概况】 2018年，钦南区机关事务管理局（钦南区直属机关服务中心）（简称区机关事务管理局）内设机构办公室、财务股、房管股、公共机构节能监督管理股、保卫股、综合股、膳食股、车管股8个，编制42名，实有51人。是年，区机关事务局坚持“为机关服务、为领导服务、为干部职工服务”理念，履行“管理、保障、服务”职能，开展安全保卫、环境保洁、园林绿化、房屋、动力设备、会议室、机关食堂等管理与服务工作，提升后勤保障能力，确保机关平安与稳定。加强节能监督管理工作，完成公共机构节能降耗指标任务。

【公共机构节能】 2018年，区机关事务管理局履行公共机构节能职能，组织辖区内单位创建节约、节水型机关。调整公共机构节能工作领导机构，明确各单位年度节能指标，建立健全节能目标责任制和考核评价制度，推动节能工作制度化、规范化。做好能耗统计报告工作。年内，召开公共机构节能工作会议，举办1期全区公共机构节能联络员培训班。开展“节能宣传周”和“能源紧缺体验日”活动。到乡镇和区直有关单位进行节能工作检查和调研，促进节能工作落实。

开展废旧回收进机关活动，设立废旧商品回收点，制定相关制度，并指导辖区内各单位开展活动。实施既有建筑面积节能改造10000平方米以上，组织沙埠中学、永福小学开展“绿色照明”节能改造及能源审计。推进新能源汽车的宣传及应用，分别与国泰汽车租赁公司、北海爱威威新能源汽车服务公司、泰行众联新能源汽车有限公司、广西世龙百业汽车贸易有限公司合作推广新能源汽车的应用，联合打造钦南区公务用车租车平台，年内，建设新能源汽车充电桩32个。

【办公用房管理】 2018年，区机关事务管理局根据办公用房管理的最新要求，投入了资金制作、重新编排区行政中心大楼门牌，并配备了200余份办公用房使用管理卡，办公面积是否合理一目了然；更换区行政中心大门楼国徽以及办公楼大堂的行政中心各单位分布指示牌。参与广西壮族自治区机关事务管理局办公用房管理系统的调试录入，为办公用房统一管理打好基础。加强机关房产管理和水电保障服务，保证机关的正常运转。做好房屋管理及维修保养工作。门、窗、锁、桌椅等，能修则修，该换才换，做到既确保正常使用又不奢侈浪费。申请维修资金，对行政中心十一楼天面渗水、办公大楼墙体挂石等进行维修。做好原钦南区委党校相关资产的管理及出租房屋的管理调配。

【机关食堂管理】 2018年，区机关事务管理局完善机关食堂配套设施，提升机关食堂服务质量。建立完善管理制度，规范食堂服务人员、环境卫生、餐具消毒以及原材料的采购、验收、储藏、加工、出售等行为，把好食品卫生和质量关。加强管理，核算菜品单位成本，丰富食品种类，改善伙食质量。打造阳光食堂、放心食堂、健康食堂、节俭食堂、文明食堂。

【财务管理】 2018年，区机关事务管理局继续担负38个区直部门的经费收支核算及管理，年内资金流量约1206.25万元。经费收支平衡，资金略有结余。年内没有违反财经纪律现象发生。

【机关安全保卫】 2018年，区机关事务管理局加强治安防范，落实人防、技防、物防“三防”工作，加强保卫人员的安保意识教育培训，加强机关大院安全保卫工作。重新修改完善《钦南区行政中心大院车辆管理暂行规定》，对出入机关大院车辆实行凭证出入，确保机关大院车辆停放有序。创新工作方法，以固定值班岗位与流动巡查相结合，定时巡查与不定时巡查相结合，明哨与暗哨相结合，人防与技防相结合来提高安保措施。对来访人员，有询问、有登记、有检查、有反馈，对突发事件，有应急方案，确保机关平安稳定年内，共接待来访登记人员5600人次，协助区信访部门处置群众集体上访8批380人次，对大院消防器材安全检查2次。

【环境卫生和绿化美化】 2018年，区机关事务管理局抓好机关环境卫生和绿化美化工作。办公区坚持每天两次清洁，每周一次排查环境卫生死角，每月15日、25日卫生责任区大清除制度。对行政中心大楼外墙松动挂石开展防护工作，确保办公大楼的干部职工出入安全。开展自主育苗，年内节约绿化苗木资金2万余元。做好春季和秋季喷药消毒杀虫灭鼠，预防传染病的发生和流行。

【会场服务】 2018年，区机关事务管理局主办会议1场，协办各类会议700余场(次)。定期对各种音响、灯光设备、会议台、皮椅、座位椅等会议设施进行检查、清洁和维护。

【动力设备管理】 2018年，区机关事务管理局做好动力设备及相关设备、设施的检修和维保工作，保障区行政信息中心动力系统的正常运行。年内，对办公大楼各类照明灯具、电器、4台全年运行的电梯、供电线路等的一般性维修达上千次，消除安全隐患。

【公务用车管理和文件收发】 2018年，区机关事务管理局协助有关部门组建管理好钦南区区直机关公务用车综合保障服务平台，按照《钦南区四家班子应急、通信机要公务用车管理暂行办法》《钦南区直机关公务用车综合保障服务平台管理暂行办法》“两个办法”管理综合服务车辆，严格落实公务用车申请审批程序，确保应急、通信机要用车及时到位。切实做好车辆调配、使用管理台账，逐步建立健全公务用车管理服务资料库。严格机关文件和报刊收发工作的管理，做好保密工作，全年共转发机要信件500多份，均没有失密泄密和错发漏发事件发生。

【幼儿园、招待所管理】 2018年，区机关事务管理局加强下属城区幼儿园及市一招的工作指导和检查，帮助解决实际困难。指导制定

幼儿园办学特色及方向，加大招生力度。指导、监督市一招做好安全管理工作，节支开源，确保运行安全，职工稳定。（谭桂姝）

应急管理

【概况】 2018年，钦南区人民政府应急管理办公室（区应急指挥中心，区委、区人民政府总值班室）（简称区应急办）设3个内设机构，分别是值班股（区委、区人民政府总值班室）、协调处置股和应急管理股。下辖钦南区应急值守保障中心，有行政编制1名，事业编制5名，实有6人。是年，区应急办认真协调处置突发事件，及时报送市应急办，配合有关部门妥善处置各类突发事件，开展基层应急网格化管理体系建设，执行应急值班制度，组织开展应急科普宣教工作，完善钦南区应急预案修编，做好12345市长热线服务电话交办件的处理工作。

【突发事件信息报送】 2018年，区应急办协调相关部门开展突发事件应急处置和信息报送工作。年内接到323件突发事件信息（含续报），达到较大（Ⅲ级）级或敏感时期敏感信息需上报的有121件（含续报），其中，公共卫生事件类16条，社会安全类59条，事故类32条，其他类别10条。第一时间内报送钦州市应急办，配合有关部门处置各类突发事件。

【应急值班制度】 2018年，区应急办执行每日24小时在岗值班制度，确保不间断、不脱节。值班人员负责办公室日常工作，做好值班记录，遇有突发事件时，及时收集、报送紧急情况，协调相关部门开展应急处置工作，确保全区公共突发事件信息报送严谨高效、有情必报、快速反应、安全保密，无出现过误报、漏报、迟报现象。对各镇、街道以及区直各单位在节假日期间的值班情况进行抽查，促进值班工作落到实处。

【应急预案修编和应急演练】 2018年，区应急办组织协调区农业局、区水利局、食品药品监督管理局、地震局等部门修编《钦南区干旱灾害防御应急预案》《钦南区台风灾害防御应急预案》《钦南区食品安全事故应急预案(2018年修订)》《钦南区2018年度地质灾害应急预案》。组织开展食品安全应急演练、中小学地震应急演练活动。

【应急科普宣教】 2018年，区应急办重点做好防范一氧化碳中毒宣传教育工作。牵头组织制订《钦南区防范一氧化碳中毒工作方案》，组织召开协调会议，开展一氧化碳中毒宣传教育、信息报送、督促检查等工作，投入资金1万元印制发放宣传挂图5000份。4月中旬，协调区教育局开展抗震防震知识进校园宣传活动，组织钦州市第三小学、第四小学、实验小学进行模拟地震发生时以“如何逃生以及防止高楼倒塌砸人”为主题的宣传活动。组织全体干部职工到各镇、街道、各镇中小学分发各种应急知识挂图、悬挂应急横额，宣传各种应对突发事件的方法。组织开展企业安全生产大培训，对200多名企业负责人进行企业突发事件应急知识培训，提高企业主应急的意识和水平。

【市长热线服务电话处理】 2018年，区应急办办理市长热线交办、专办、督办工作，指定专人对接跟踪落实。全年接收处理市长热线服务电话共2023个，办结1976个，办结率为97.7%，在钦州市全市市长热线办理评定中连续评为A类。（黄政雄）

绩效管理

【概况】 2018年，钦南区纳入年度绩效考评的镇有11个，街道5个，区直部门79个，驻钦南单位1个。区绩效考评领导小组办公室（简称区绩效办）运用平衡计分卡管理工具，对各镇（街道）、各部门年度绩效目标实施情况进行跟踪落实和严格考评，完成全区全年各项绩效目标任务。

【绩效指标制定】 2018年，区绩效办结合各考评对象的类别和考评内容，制定不同的考核指标体系。各镇（街道）主要考核重点工作指标，主要包括区委、区政府下达的年度重点工作任务和上级考核指标任务。区直单位主要考核重点工作指标、职能性工作指标两大类。重点工作指标包括上级考核指标任务和区委、区政府下达的年度重点工作任务。除了考核重点指标及职能性工作指标外，还考核行政效能、政务服务、信息管理、保密工作等共性工作。镇、街道的重点工作指标，由区绩效办牵头组织区直相关考核单位进行任务分解和评分细则设置；区直单位的职能业绩维度的指标由考评对象按照全面履行职能的要求自行申报，区绩效办牵头组织审核；

共性指标由区绩效办商各数据采集单位统一制定。推动各部门量化工作目标，不能量化的，也要定性准确，明确各项职能指标设置依据、目标值、分值、计分方式、评分标准等指标管理要素，细化指标的管理职责，每项工作都保证落实到具体人员。

【过程管理】 2018年，区绩效办探索线上线下督查模式，加强对全区重点工作和重大项目的过程管理。依托绩效管理信息平台，实时在线监控核验全区重点项目建设进度、主要经济指标等情况，对工作推进缓慢的，及时预警，督促整改，提高实效。坚持月报告制度。要求各责任单位每月将绩效考评指标的进展情况、存在问题、应对措施等报区绩效办，由区绩效办整理上报，使区委、区政府随时掌控工作进展情况，督促有关部门及时查漏补缺，促进指标任务落实。强化督查通报，狠抓责任追究。坚持定期不定期开展绩效督查，发现履行职责不到位的，及时在全区范围内进行通报；造成严重后果或恶劣影响的，由纪检监察部门进行问责。在年终考评中，责任单位由于主观原因造成考核指标被扣分的，分别与单位负责人、分管领导、责任股室、责任个人的年度考核挂钩，并出台了相关配套管理文件。

自治区绩效考评年中核验组到钦南区开展核验工作

（区绩效办 供稿）

【年终考评】 2018年，区绩效办运用绩效管理信息平台，提高绩效管理的工作效率。通过将单位指标自评、指标考评数据采集、年终核验、考评数据汇总、考评结果反馈等整个流程同步进行线上操作，解决了传统技术手段与庞大工作量不相适应的问题，极大地提高了绩效管理的工作效率和部门日常管理工作的科学化、规范化水平。严格线下的考评流程，突出实效。严格开展单位自评、指标考核、满意度测评、年终核验、绩效加扣分审核等年终考评工作，确保考出实效。

【结果运用】 2018年，区绩效办实行“面子、位子、票子”三个挂钩，树立创先争优的工作导向。与“面子”挂钩。对考评结果先进的单位进行表彰，对落后的单位进行通报。将单位绩效考评结果与本单位主要领导年度考评挂钩，年度绩效考评结果为“优秀”等次的单位，单位主要领导在干部年度考核中符合评优条件的，可优先评定为“优秀”；年度绩效考评结果为“一般”及以下等次的单位，党政主要领导年度考核不能评为“优秀”。与“位子”挂钩。连续两年

2018年11月23日，区绩效办召开社会评价工作会（区绩效办 供稿）

绩效考评结果为“一般”及以下等次的单位，对党政主要领导进行诫勉谈话，连续三年绩效考评结果为“一般”及以下等次的考评单位，对单位党政主要领导进行组织处理。与“票子”挂钩。考评对象的年度绩效奖励按年度绩效考评结果分等次核发。“优秀”“良好”“一般”“不合格”的绩效奖励基数各相差20%。承接重点工作的第三、第四类单位绩效奖励基数在各等次基础上增加5%。通过强化考评结果的运用，使考评显优劣、考评定收入、考评出活力，把考评对象的思想引导到提高绩效、改进工作上来。（黄荣贵）

中国人民政治协商会议钦南区委员会

【概况】 2018年，中国人民政治协商会议钦南区第六届委员会（简称区政协）共有主席会议成员6名，委员166名，其中常务委员25名。机关工作人员25人。内设工作机构为“一室五委”：办公室、提案法制委员会、经济科技委员会、文教体卫委员会、文史资料和学习委员会、联谊委员会。是年，区政协融入钦南全面深化改革发展大局，把握团结和民主两大主题，创新履行政治协商、民主监督、参政议政职能，发挥协调关系、汇聚力量、建言献策、服务大局的作用。区政协荣获2018年度（广西）政协报刊宣传工作先进单位二等奖；区政协办公室荣获2016—2017年度全市“美丽广西”乡村建设（扶贫）工作先进后盾单位、钦南区第四届哲学社会科学优秀成果奖论文类三等奖1项，调研报告类一等奖1项，二等奖2项。

重要会议

【区政协六届三次全会】 2018年2月4日—6日，中国人民政治协商会议钦南区第六届委员会第三次会议在钦南区召开。区政协六届三次会议应到委员166人，实到委员161人。会议听取并批准区政协主席宋翔代表常委会所作的工作报告、批准副主席冯心奇代表常委会所作的提案工作情况报告。参会委员列席区六届人大三次会议，听取并赞同钦南区委副书记、代区长胡颍所作的政府工作报告，赞同区人民法院工作报告、区人民检察院工作报告以及其他报告。市政协副主席、中共钦南区委书记黄球出席开幕式，并作讲话。

【区政协常委会议】 2018年，区政协常委会年内召开4次常委会议。

六届七次常委会议 2018年1月26日，区政协召开六届七次常委会议。应出席会议的常委会组成人员25名，实到21名。会议的议程。第一节会议：(1)政治理论学习：传达学习市“两会”精神、习近平总书记在中纪委十九届二次全会精神、习近平总书记“1·5”讲话精神、中共十九届二次全会精神；(2)协商通过关于召开政协第六届钦南区委员会第三次会议的决定（草案）；(3)介绍有关人事事项；(4)分组讨论。第二节会议：(1)审议通过钦南区政协六届三次会议议程（草案）及日程；(2)审议通过钦南区政协六届三次会议秘书长、副秘书长名单；(3)审议通过常委会工作报告；(4)协商确定政协第六届常委会工作报告报告人（确定宋翔为报告人）；(5)审议通过政协第六届钦南区常委会关于提案情况工作报告；(6)协商确定提案工作报告报告人（确定冯心奇为报告人）；(7)审议通过有关人事事项；(8)协商通过六届三次会议编组办法和小组召集人名单；(9)协商通过钦南区政协常委会2018年工作要点；(10)协商通过《钦南区2018年度政协协商计划（草案）》；(11)协商通过钦南区政协六届三次会议列席人员的决定；(12)协商通过钦南区政协六届三次会议提交提案截止时间；(13)协商通过关于授权政协第六届钦南区委员会主席会议审议区政协六届七次常委会议未尽事宜的决定；(14)主席宋翔讲话。

六届八次常委会议 2018年2月6日，区政协召开六届八次常委会议。应出席会议的常委会组成人员25名，实到23名。会议的议程为：(1)听取区政协六届三次会议各小组讨论情况汇报；(2)审议通过区政协提案审查情况报告（草案）；(3)审议通过区政协六届三次会议关于常委会工作报告决议（草案）；(4)审议通过大会政治决议（草案）；(5)区政协主席宋翔讲话。

六届九次常委会议 2018年4月13日，区政协召开六届九次常委会议。应出席会议的常委会组成人员25名，实到22名。会议的议程为：(1)传达学习《中国人民政治协商会议章程（修正案）》；(2)传达学习市、区关于扶贫领域腐败和作风问题专项治理有关精神；(3)传达学习政协第十三届全国委员会第一次会议精神；(4)协商通过《中国人民政治协商会议钦州市钦南区委员会服务与管理委员暂行办法(修正案)》;(5)协商通过《钦南区政协委员联络站委员联动履职工作规程(试行)》;(6)协商通过人事事项;(7)区政协主席宋翔讲话。

六届十次常委会议 2018年9月26日,区政协召开六届十次常委会议。应出席会议的常委会组成人员25名,实到22名。会议的议程为:(1)副主席冯心奇讲解宪法(修正案);(2)学习习近平总书记在全国教育大会上的讲话精神;(3)学习《中国共产党纪律处分条例(新修订)》;(4)传达全区(广西)政协系统党的建设工作座谈会和自治区政协十二届三次常委会议精神;(5)区政协主席宋翔就贯彻落实会议精神提出建议;(6)政协常委视察本区委员联络站建设情况。

重要工作

【提案办理】 2018年,区政协六届三次会议以来共收到提案77件,经提审委审查立案62件,转"来信处理"13件,并案2件。在立案的提案中,联名提案8件,委员个人提案54件。按内容分类,提案涉及经济发展的13件、城镇建设的9件、社会保障和社会管理的8件、教育文化卫生体育的12件、市容环保的5件、社会治安和交通管理的6件、公共服务和食品安全的7件、其他2件。从办理落实情况看,提案所涉及问题已基本解决的29件,占承办总数的46.8%;列入规划或部门工作计划逐步解决的26件,占承办总数的41.9%;因条件限制暂不能解决的7件,占承办总数的11.3%。这些提案有情况、有分析、有对策,得到了区委、区政府和各承办单位的高度重视。3月16日,区委、区政府分管领导参加了2018年人大议案、政协提案联合交办会议,召集相关部门主要负责人交办提案,专题研究提案办理工作。区政府办公室等26个承办单位采取有效措施,加大提案办理工作力度,不断推动提案办理落实。8月底前,所有提案均按要求答复完毕,提案办复率为100%。

【视察调研】 2018年,区政协围绕区委"一机遇、三争创、四打造、六重点"的工作思路和全区经济工作会议精神,开展协商调研,积极建言献策。先后开展"加快我区现代特色农业示范区创建""加强财源建设 推进钦南区县域经济发展""关于挖掘历史文化底蕴,提升钦南文化品位""壮大村级集体经济 助力脱贫攻坚出成效""抢抓新机遇,加快我区物流经济发展"5个专题调研,并就这5个议题组织召开专题协商、对口协商、界别协商和提案办理协商,形成5份协商成果报送区委、区政府作决策参考,为加强该区财源建设、壮大村级集体经济发展、加快推进现代农业示范区创建等重点工作精准发力、议政建言。

【民主监督】 2018年,区政协贯彻落实中共中央、自治区党委和市委关于加强和改进人民政协民主监督工作的精神,深入调研,集思广益,配合区委研究出台了《关于加强和改进人民政协民主监督工作的实施意见》,建立完善民主协商、民主监督、专题视察调研、重点提案督办有机结合的工作机制,把民主监督体现在委员提案、大会发言、专题调研、专项视察等各项工作中,注重发挥协商式监督的优势和特色,在敢于监督和善于监督上下功夫,以保障民生为重点,规范有序开展监督性民主评议工作。年内组织政协常委开展了民主评议该区农村改厨改厕工作,由区政协主席会议成员分别带队,深入该区11个镇和丽光场、尖山街道,对2017年和2018年实施的改厨改厕建设情况进行监督性民主评议,提出改进工作的意见和建议,形成专项评议报告报送区委、区政府,促进相关职能部门进一步转变工作作风,助推惠民政策落实见效。

2018年2月4日,区政协委员视察学校 (区委宣传部 供稿)

【政协委员联络站建设】 2018年，区政协委员联络站的创新建设，得到区委、区政府的重视和大力支持，区委研究出台了《关于加强钦南区镇(街道)政协委员联络站工作的实施意见》，实现政协委员联络站从试点创建向规范化、制度化发展。认真贯彻落实好《实施意见》，坚持务实创新，积极为政协委员搭建履职新平台，探索履职新途径，充分发挥中共党员委员先锋模范作用和专业委员服务小组的引领带动作用，打造委员联络站“升级版”，推动政协组织创新履职提质增效。2018年7月，自治区政协副主席、党组副书记黄道伟到钦南区水东街道联络站调研，对钦南区基层联络站党建工作给予充分肯定，8月，区政协在“全区(广西)政协系统党的建设工作座谈会”上作了专题书面发言，得到了与会人员好评。市政协主席黄若萍对钦南区政协委员联络站的创新履职作出批示，认为“经验值得总结和推广”。注重发挥政协党组的核心作用，通过在委员联络站设立中共党员委员活动小组，创设“中共党员先锋岗”，开展“双报到双服务”活动，发挥中共党员委员示范表率作用，取得了良好的成效，年内，联络站共接待社区和各界群众200多人次，收集整理反映社情民意96件，协调解决群众反映的热点难点问题81个，委员联络站的建设和创新履职更贴近社区群众，得到社会各界的认可和点赞。

【队伍建设】 2018年，区政协党组认真履行全面从严治党主体责任，把管党治党工作与政协履职工作同部署、同落实，以党建新成效不断推动政协工作新发展，发挥区政协党组核心作用，把握正确的政治方向，落实从严治党责任、党风廉政建设主体责任和中央八项规定精神，加强意识形态建设，积极推动政协机关党支部规范化建设，切实加强党员的思想、组织和作风建设。深入开展“不忘初心再扬帆”解放思想大讨论活动，学榜样、树标杆，推动机关干部思想建设大提升、党员干部精神面貌大提振、工作作风大改进。始终把纪律挺在前面，坚决整治“四风”突出问题，巩固和拓展贯彻落实中央八项规定精神成果。组织开展扶贫领域腐败和作风问题专项治理，以及形式主义、官僚主义突出问题专项整治行动，持续查摆和纠正“四风”突出问题，研究出台了《钦南区政协机关干部召回管理办法实施细则》，推进作风建设深入开展。通过廉政谈心谈话、警示教育和学习交流等方式，督促机关干部职工严格落实中央八项规定精神，廉洁做事，干净做人，树立了政协机关良好形象，机关工作效能明显提升。

【钦南区政协文史馆建设】 为顺应文史工作在新形势、新阶段的发展，于2018年3月开始筹建钦南区政协文史馆，经过两个月的奋战，文史馆于5月底建成并对外开放。新建成的文史馆由光辉历程、履职成效、创新发展和历史展示四个部分组成，展出50多件实物、300多张图片，其他资料则收录在电子翻书中，全面展示了钦南区政协24年的光辉历程和丰富的履职成果。年内共接待了来自广西区内外各地政协和钦南区各党政机关的参观者9批、近500人。文史馆的建成，发挥着“存史、资政、团结、育人”的社会功能，成为文史资料工作研究交流的阵地、人民政协与广大群众交流互动的重要平台和社会各界了解钦南历史发展的重要窗口。

重要活动

【联谊交流】 2018年，区政协与钦州市政协上下联动，市政协统筹安排部分住钦的自治区政协委员和市政协委员，到钦南区政协委员联络站参加履职，共同开展委员义诊、公益慈善、政策宣传、优化营商环境座谈、知情建言协商等系列三级委员联动履职活动。与市政协联合举办“助力脱贫·服务发展”文艺晚会，将扶贫与扶志以喜闻乐见的方式深入宣传，助力脱贫攻坚。与灵山、浦北、钦北等兄弟县区政协加强交流，在探索加强委员服务管理、政协信息宣传、委员联络站创建等方面互相学习、共享经验、融合发展。加强与外地政协的联谊交流，组织专题调研组前往上思县、横县、柳江区、铁山港区等地考察学习，接待吉林省吉林市、内蒙古二连浩特市和五原县，河池市、武宣县、巴马县、邕宁区等地政协来访，宣传钦南区政协创新履职成效，推介州和钦南的良好投资创业环境，助力钦南开放发展。

政事纪要

1月3日，钦州市政协召开文史馆建设工作会议。区政协主席宋翔、副主席廖春梅参加。

1月8日，钦州市政协在钦南区政协委员向阳街道联络站，召开住钦的全国、自治区、市、县(区)四级政协委员进社区联动履职座谈会。会议由钦南区政协副主席朱其友主持,市政协主席黄若萍出席并作重要讲话。市政协副主席何敏成、陆崇友、黄球、林雪梅、李云昌,秘书长黄光发,住钦的全国政协委员张小玲,以及住钦的自治区政协委员、市政协机关领导、各县(区)政协主席、政协钦州港区联络处主任、市政协委员代表、钦南区政协主席会议成员、机关委室负责人和政协委员代表、社情民意联络员、居民代表参加会议。

1月12日,市政协召开中国人民政治协商会议第五届钦州市委员会第三次会议。区政协主席宋翔,副主席朱其友、廖春梅、褚乃平、冯心奇参加。

1月13日—14日,自治区政协十一届二十六次常委会议在南宁召开。区政协主席宋翔参加。

1月15日—16日,区政协组织工作小组分别对六个政协委员联络站进行年度考评。

1月17日,区政协副主席廖春梅带队到浦北县开展文史馆建设专题学习考察。

1月30日,区政协副主席廖春梅带队对该区义务教育均衡发展工作开展专题视察。

2月2日,市委组织领导干部在市中级人民法院参加旁听黄寿贵严重违纪违法案庭审。区政协主席宋翔,副主席朱其友、褚乃平、冯心奇参加。

同日,市政协副主席何敏成带队前往那彭镇开展2018年春节慰问低保对象、特困供养对象活动。区政协副主席廖春梅陪同。

同日,区政府召开钦南区全域旅游发展规划及三年行动方案规划评审会。区政协副主席廖春梅参加。

2月6日,在钦南区行政中心四楼大会议召开钦州市钦南区第六届人民代表大会第三次会议开幕大会。区政协委员列席。

2月7日,市政协主席黄若萍带队到大番坡镇青龙村开展2018年春节走访慰问活动。区政协副主席朱其友陪同。

2月27日,市政协组织镇(街道)委员联络站宣传报道组到区政协委员向阳街道联络站开展宣传报道工作。区政协副主席朱其友带队参加。

3月12日,大番坡镇召开2018年精准扶贫工作部署会。区政协主席宋翔参加并作讲话。

3月13日,市政协机关党员干部到大番坡村开展“党员先锋 植树造绿”主题党日活动。区政协副主席朱其友带领区政协机关部分党员参加。

同日,区政协副主席廖春梅带队到东兴市政协考察文史馆建设。

3月14日—17日,区政协副主席冯心奇带队到那丽、尖山等镇(街道)开展“壮大村级集体经济助力脱贫攻坚出成效”专题调研。

3月20日,市政协召开全市政协办公室系统工作交流会。区政协副主席朱其友带队参加,秘书长罗宁忠作会议发言。

3月21日,在区政协常委议政厅召开2018年人大代表建议、政协委员提案联合交办会。区委副书记饶文勇,区委常委、区政府副区长韦长庆,区人大常委会副主任黄志升,区政协副主席冯心奇出席会议并讲话。区政协秘书长罗宁忠主持会议。

3月27日—30日,区政协副主席冯心奇带领“壮大村级集体经济,助力脱贫攻坚出成效”专题调研组前往产业扶贫和贫困村村级集体经济发展工作先进的上林县、武鸣区等县(区)学习考察。

3月5日至4月17日,市委组织部在广西区委党校举办县处级领导干部进修班(64期)。区政协主席宋翔参加。

4月9日—13日,市委在市委党校举办五届市委第四轮、县区党委第三轮、乡镇党委试点推行巡察行政村(社区)“三级联动”巡察业务培训班。区政协秘书长罗宁忠参加,培训后参加六届钦南区委第三轮巡察工作。

4月10日,内蒙古巴彦淖尔市五原县政协副主席王介枫带队到钦南区学习考察。区政协副主席朱其友、冯心奇带队陪同。

4月11日,协助市政协陪同贵港市政协到钦南区向阳街道联络站、水东街道联络站学习考察。区政协副主席朱其友陪同。

4月23日—28日,市政协副主席何敏成率领调研组赴安徽省、江西省开展加强人民政协民主监督和基层民主协商工作专题调研。区政协主席宋翔参加。

4月25日,钦州市党外知识分子联谊会第一届理事会分理事会议召开。区政协副主席廖春梅、褚乃平参加。

4月26日,南宁市邕宁区政协副主席李汉奎带领考察调研组到钦南区开展学习考察。区政协副主席廖春梅带队陪同。

5月3日,区政协召开“壮大村级集体经济 助力脱贫攻坚出成效”对口协商会,区委常委、副区长韦长庆,区政协副主席冯心奇出席会议并作讲话。

5月3日,市政协、市总工会、钦南区政协、钦南区大番坡镇党委政府举办2018年“助力扶贫　服务发展”文艺演出活动。区政协主席宋翔带领班子领导、机关全体干部职工参加。

5月10日，吉林市龙潭区政协副主席王少琰率队到钦南区向阳街道政协委员联络站考察。区政协副主席朱其友陪同。

5月13日—19日，市政协在西安交通大学兴庆校区举办第五届钦州市委员会第三期委员培训班。区政协副主席朱其友、廖春梅、冯心奇参加。

5月24日，钦南区政协文史馆举行开馆仪式。区人大常委会主任陈仁雄(原区第四、第五届政协主席)，区委副书记、区长李遥，区六届政协主席宋翔、原区第三届政协主席冯保国出席开馆仪式。区长李遥和主席宋翔为钦南区政协文史馆揭牌。

6月5日—6日，在南宁召开自治区政协十二届二次常委会议。区政协主席宋翔参加。

6月9日—15日，市政协主席黄若萍、副主席何敏成率专题调研组赴内蒙古、甘肃等地市开展专题调研。区政协主席宋翔参加。

6月26日，市政协召开生态环境保护工作调研座谈会。区政协副主席冯心奇参加。

7月16日，自治区政协副主席黄道伟到区政协水东街道委员联络站调研视察。区政协主席宋翔、副主席廖春梅陪同。

7月17日，在市行政信息中心门前梦园广场开展集中观看“以案为镜”典型案例警示教育展览活动。区政协主席宋翔带领班子领导参加。

7月24日，崇左市大新县政协副主席黄大强率考察组到钦南区考察学习。区政协副主席朱其友陪同。

8月20日—25日，市政协副主席何敏成带队赴浙江省杭州等市学习考察生态环保建设工作。区政协副主席冯心奇参加。

8月30日—31日，全区(广西)政协系统党的建设工作座谈会在南宁召开。区政协主席宋翔参加。

8月30，区政协副主席廖春梅、褚乃平带队到南宁市良庆区开展物流经济那天那专题调研。

8月31日，区政协副主席朱其友、廖春梅带队到北海市铁山港区开展物流经济发展专题调研。

9月3日至8日，2018年钦南区政协“不忘初心牢记使命，做新时代合格政协委员”专题培训班在延安举办。区政协主席会议成员副主席朱其友、廖春梅、褚乃平、秘书长罗宁忠参加。

9月4日，江苏省句容市政协副主席倪定胜带队到钦南区向阳街道委员联络站学习考察，区政协副主席冯心奇陪同。

9月5日至7日，区政协主席宋翔到南宁参加自治区政协十二届三次常委会议。

9月18日，区政协召开“加强财源建设　推进钦南区县域经济发展”专题协商会。区政府副区长黄云平、区政协副主席朱其友出席会议并作讲话。

9月28日，市政协召开全市政协系统党建工作暨委员联络站建设推进工作座谈会。区政协主席宋翔、副主席朱其友参加。

10月11日—12日，区政协主席宋翔、副主席冯心奇带领区政协常委第一调研组前往南宁市江南区、柳州市柳北区、贵港市港南区等地综合物流园学习考察物流经济建设发展经验。

10月12日，市政协主席黄若萍前往大番坡村慰问百岁老人罗秀荣。区政协副主席朱其友陪同

10月15日—20日，市政协主席黄若萍率调研组赴新疆开展“一带一路”南向通道建设专题调研。区政协主席宋翔参加。

10月30日，区政协召开“加快现代特色农业示范区创建”专题协商会。区政协副主席褚乃平出席，区政府办、发改局、农业局等相关部门领导及经济、科技界委员代表参加会议。

11月23日，区政协召开知情明政工作会议，邀请区纪委等5个部门领导向区政协委员通报今年以来的工作情况和明年工作设想。区政协副主席朱其友出席并作讲话。

12月14日，防城港市港口区政协副主席林萍灼带队到钦南区考察地方特色文化建设，助推区域发展的经验做法。区政协副主席廖春梅陪同。　（区政协办公室）

纪律检查与国家监察

【概况】 2018年，中共钦南区纪律检查委员会(简称钦南区纪委)和钦南区监察委员会合署办公，履行纪检、监察两项职责，实行一套工作机构、两个机关名称，共设9个内设机构，分别为办公室(同时履行干部管理、干部监督、研究法规职能)、预防宣教室、党风政风监督室、信访室、案件监督管理室、案件审理室(案件申诉复查工作办公室)、第一、二、三纪检监察室;(另下

设二层机构区纪检监察电教信息中心。)区纪委监委机关共有31名行政编制;区纪检监察电教信息中心共有事业编制8名。区纪委班子设常委7名,其中书记1名、副书记2名、常委4名;监委班子设主任1名(纪委书记兼任)、副主任2名(纪委副书记兼任)、委员4名(其中2名由区纪委常委兼任),实有班子成员5名,其中书记兼主任1名,副书记兼副主任2名,常委兼委员2名。区纪委监委机关干部共有副处长级1名,正科长级2名,正科级非领导1名,副科长级9名,副科级非领导2名,科员6名;区纪委共有派驻(出)机构12家,编制36名[每个派驻(出)机构3名]。区委巡察办设在区纪委,列入区委工作机构序列,机构规格为正科级,行政编制5名,设立4个巡察组,每组落实行政编制2个。区委巡察办主任由区纪委副书记兼任。是年,钦南区纪委坚持以习近平新时代中国特色社会主义思想为指导,深入贯彻新时代党的建设总要求,牢固树立"四个意识",坚决落实"两个维护",忠实履行党章、宪法和监察法赋予的职责,坚持稳中求进工作总基调,实事求是、依规依纪依法正风反腐惩恶,党风廉政建设和反腐败工作取得重大进展和明显成效,巩固发展风清气正的政治生态,为钦南加快经济社会发展提供坚强保证。

【重要会议】 2018年1月9日,钦南区纪委召开领导干部承包经营农村土地问题专项清理工作会议,传达区委办、区政府办关于开展专项清理工作的通知精神,部署开展相关清退工作。1月11日,钦南区召开深化国家监察体制改革试点工作小组第二次会议,会议要求全区各相关单位要切实把思想统一到中央的决策部署上来,坚决完成改革试点工作任务。1月24日,召开2017年度落实党风廉政建设"两个责任"检查考核工作动员部署会,组织四个检查考核组,利用1个月左右时间对13个镇(街道)和15个区直单位2017年度落实党风廉政建设"两个责任"情况进行实地检查考核。1月29日,钦南区纪委召开全体干部会议,传达学习自治区纪委十一届四次全会精神。2月7日上午,在钦南区第六届人民代表大会第三次会议上,区委常委、区纪委书记张斯广当选为区监察委员会主任。当天下午,区六届人大常委会第十二次会议表决通过区监察委员会副主任和委员提名人选,区纪委副书记梁仁明、区纪委副书记卜业仕被任命为区监察委员会副主任,区纪委常委黄时坚、区纪委常委谭俊被任命为区监察委员会委员,钦南区首届监察委员会领导班子正式产生。2月8日,钦南区召开六届纪委三次全会,总结2017年纪检监察工作,部署2018年任务,审议通过张斯广代表区纪委常委会所作的《认真落实党的十九大全面从严治党战略部署,不断推动党风廉政建设和反腐败斗争向基层延伸》工作报告。2月13日,钦南区监察委员会揭牌。3月15日,钦南区召开纪检监察系统开展扶贫领域腐败和作风问题专项治理专题会议,研究分析当前钦南区脱贫攻坚工作中存在的问题,对下一阶段扶贫领域腐败和作风问题专项治理工作进行再部署。4月10日,钦南区召开全区开展扶贫领域腐败和作风问题专项治理自查自纠工作动员部署会暨专项治理工作第一次例会,总结交流前阶段专项治理工作情况,分析全区工作情况,研究部署下阶段工作,对推进专项治理、开展自查自纠工作再动员再部署。5月7日,钦南区纪委监委召开"不忘初心再扬帆"解放思想大讨论暨优化营商环境"服务企业年"活动动员会,传达学习自治区党委书记鹿心社到沿海三市调研和在北海召开座谈会时的重要讲话精神,以及市委常委(扩大)会精神,市政协副主席、钦南区委书记黄球在钦南区动员会上的讲话精神。5月16日,钦

2018年2月8日,钦南区召开六届纪委三次全会　　(区纪委　供稿)

南区召开扫黑除恶专项斗争强化监督执纪问责工作联席会议。6月7日，钦南区召开的落实党风廉政建设主体责任不严不实约谈会，通报2017年度落实党风廉政建设“两个责任”集中检查考核中发现的落实主体责任不严不实问题，并对相关单位主要负责人进行约谈。6月12日，召开钦南区生态环保领域责任追究工作协调会，研究部署责任追究相关工作。6月27日，钦南区纪委党支部召开“不忘初心再扬帆”解放思想大讨论专题讨论会，区纪委党支部全体党员对照“四破四立”深入查摆自身存在的突出问题，分析原因，提出下一步整改意见。6月29日，钦南区纪委党支部组织党员干部到灵山县第一个中共党小组诞生地丰塘镇修竹村开展以“重温入党誓词，弘扬革命传统”为主题的特色党日活动。7月6日，钦南区纪检监察系统开展消防安全培训演练。7月13日，钦南区召开2018年第二季度扶贫领域腐败和作风问题专项治理工作联席会议，通报全区专项治理工作开展情况，对进一步发挥扶贫领域责任单位联动协同机制作用，推进专项治理工作进行再动员再部署。7月17日，市政协副主席、钦南区委书记黄球，区委副书记、区长李遥率四套班子领导成员到市梦园广场参观由市纪委、市监委举办的主题为“以案为镜”的典型案例警示教育巡展。9月7日，钦南区召开纪检监察系统工作会议。9月11日，钦南区召开扶贫领域腐败和作风问题专项治理联席会议暨扫黑除恶专项斗争监督执纪问责工作会议。9月20日，钦南区召开2018年中秋、国庆节廉政提醒谈话会。9月25日，钦南区召开六届区委第四轮巡察工作布置会，由钦南区、钦北区各组建7个巡察组，钦州市委巡察工作领导小组提名，两区区委授权，实行“交叉巡察”。10月22日，钦南区召开深化扶贫领域腐败和作风问题专项治理工作第二次例会，要求各部门各单位要切实加强组织领导，搞好协调配合，妥善安排处理自查整改、服务配合中央专项巡视和专项治理工作关系，全面完成各项工作任务。11月27日，钦南区举办《中国共产党纪律处分条例》宣讲报告会，市纪委副书记、市监委副主任苏映作宣讲报告，钦南区四套班子领导、各镇（街道）和区直单位领导干部300多人参加报告会。11月29日，钦南区纪委监委召开安全审查调查及业务培训工作会议。12月5日，钦南区纪委监委会同区委政法委组织召开扫黑除恶专项斗争监督执纪问责工作协调会，总结分析钦南区专项斗争特别是监督执纪问责以及联动协调机制方面的工作情况，并对下阶段工作进行研究部署。12月29日，钦南区委召开反腐败协调小组会议，总结2018年反腐败协调小组工作开展情况和研究部署今后工作。

【纪检监察体制改革】 2018年，钦南区稳妥推进深化国家监察体制改革试点工作，如期完成机构设置、人员转隶、组建挂牌等工作，实现对所有行使公权力的公职人员监察监督全覆盖。加强政治和业务培训，制定纪法衔接5项制度，协调政法机关制定法法衔接7项制度，规范执纪执法文书格式，推动机构、职能和人员全面融合。调整优化规范内设机构设置，增设预防宣教室、案件监督管理室和第三纪检监察室。发挥合署办公体制优势，履行监督调查处置职责，运用各项调查措施，改革制度优势逐步转化为治理效能，全区监委立案6件，结案6件，取得良好政治效果、纪法效果和社会效果。

【中央“八项规定”精神落实】 2018年，钦南区纪委协助区委出台《钦南区委关于进一步贯彻落实中央八项规定精神的实施细则》等制度并监督贯彻落实，积极推进“不忘初心再扬帆”解放思想大讨论，把开展形式主义、官僚主义突出问题整治与深化扶贫领域腐败和作风问题专项治理相结合，与党风廉政建设责任制落实情况检查考核相结合，与巡察监督相结合，查处扶贫领域形式主义、官僚主义问题39件，约谈落实党风廉政建设主体责任工作不严不实的领导干部26人，责成向区委作出书面检查22人。各节假日，推送廉政提醒短信7600多条，明察暗访单位99个次，发现并纠正问题31个。排查违反中央八项规定精神问题线索6件，立案查处15人。

【审查调查】 2018年，钦南区在全区各单位独立门户网站增设“我要举报”平台，区纪委和镇纪委按“十个一”标准设立单独的办公室和专用接访场所。深入开展公开大接访、定期接访、带案下访等活动，广泛收集问题线索，共受理信访举报271件。充分发挥反腐败协调领导小组成员单位的作用，统筹推进区镇两级审查调查，推行纪检监察干部轮流接访和“纪检监察室+纪检组+镇纪委”办案模式。2018年，全区立案141件，同比增长8.5%。其中区本级立案44件，同比增长

83.3%；镇（街道）立案85件；派驻（出）机构立案12件。在“扫黑除恶”专项斗争中强化监督执纪问责，组织对2018年以来公安机关扫黑除恶专项集中惩治行动中逮捕、直诉涉恶犯罪嫌疑人127人和2017年以来查处的244件违纪案件进行逐一排查，收到涉黑涉恶信访件和问题线索3件，立案1件，开除公职1人。

【落实管党治党主体责任】 2018年，钦南区纪委协助制定区委常委会关于坚决维护以习近平为核心的党中央权威和集中统一领导规定、出台钦南区纪委开展“政治建设六项重点任务”专项监督检查工作方案，开展对学习贯彻习近平新时代中国特色社会主义思想、中共十九大精神和落实政治建设六项重点任务的监督检查，推动“两个维护”政治任务扎实落实到位。组织对全区各级党组织开展专项监督检查3次，及时督促整改问题33个，对落实“两个责任”不力的4个单位和26名领导干部进行问责，其中中央第五环保督察组“回头看”反馈问题整改问责立案3人，诫勉谈话3人。

【监督执纪“四种”形态】 2018年，钦南区纪委出台《关于运用监督执纪“第一种形态”的实施细则（试行）》，注重在案件查办、信访举报处置和巡察整改中强化“第一种形态”运用，“四种形态”共处置307人，各形态分别为180人、117人、7人、3人，分别占处置总人数的58.6%、38.1%、2.3%、1%。强化纪律教育，注重抓好受处分人员回访教育，开展各类警示教育大会680场次，组织宣讲团对新修订的《处分条例》进行巡回专题讲座63场，受教育党员1万多人。坚持“每月一通报”“一村一平台”模式，深入推进警示教育进“千村万屯”，在158个行政村（社区）设立典型案例曝光台，通报典型案例12批次、43件。

【党风廉政监督机制建设】 2018年，钦南区纪检监察机关通过强化“12345”（建设一条宣传长廊，全方位教育预警；发放两张卡，全天候收集廉情；强化“三级联访”等走访活动，全覆盖排查线索；深化“四查”活动，全视角监督检查；紧盯“五个重点”，全领域专项治理）工作举措，不断健全党建和廉洁工作站党风廉政监督机制。年内，全区37个党建和廉洁工作站共发放廉情跟踪卡3000多张，以脱贫攻坚“廉情跟踪卡”为监督载体，开展监督检查530次，“四访”（入村接访、田头走访、带信下访、上门回访）群众2676人次，收集信访举报21件，排查问题线索112件，转立案52件，转立案数同比增长100%，扶贫领域转立案数同比增长75%，推动党建和廉洁工作站提质增效。

【反腐倡廉宣传教育】 2018年，钦南区纪检监察机关在省级以上媒体发表稿件73篇，市级媒体256篇。深入开展专题教育。全区先后组织召开春节廉政提醒会、2018年钦南区科级领导干部学习贯彻习近平新时代中国特色社会主义思想和中共十九大精神轮训班等全区性教育活动，及时组织学习《党章》《中国共产党纪律处分条例》《中华人民共和国监察法》等党纪法规，教育党员干部4800多人。深入开展警示教育。组织区四套班子领导旁听黄寿贵严重违纪违法案庭审，以莫东培严重违纪案件开展警示教育。组织各单位各部门参观扶贫领域腐败和作风问题典型案例警示教育巡展，共教育党员干部15000多人次。深入开展典型教育。深入挖掘和宣传勤廉榜样，选树我区“勤廉榜样”4人，其中“不忘初心的‘拓荒牛’——钦南区那丽镇土地田村党总支书记刘信章”宣

2018年7月3日，区纪委党支部到灵山县第一个中共党小组诞生地丰塘镇修竹村开展以“重温入党誓词，弘扬革命传统”为主题的特色党日活动

（区纪委　供稿）

传片在市级媒体广泛宣传，钦南区人民检察院副检察长苏慧先进事迹在自治区纪委主办的《党风廉政教材》第5辑刊发。重点打造那丽村委等6个市级廉政文化建设示范点。

市纪委到钦南区开展第三批市廉政文化示范点验收工作

（区纪委　供稿）

【扶贫领域专项治理】 2018年，钦南区持续抓好中央纪委徐令义副书记在广西调研督导反馈问题、开展扶贫领域巡视巡察反馈问题和“五个一律”的整改落实。同时，强化区四家班子领导蹲点调研、干部召回管理、直查直办等工作措施，通过立体宣传、部门联动、点线结合，严肃查处“人情保”“错保”“死亡保”等违规违纪问题，民政、人社、财政等部门加强沟通协调和信息共享，开展拉网式“大排查、大清理、大整治”，共停发城市低保对象432户共897人、农村低保对象1876户共3458人，挽回国家损失52万元。对在开展城乡低保救助工作中存在优亲厚友、不作为、乱作为等问题进行严肃处理，共立案审查城乡低保领域违纪问题38件。通过小专项带动大专项，共排查扶贫领域问题线索175件，立案68件，立案审查科级领导干部5人，共结案54件，给予党纪政务处分54人，其他处理44人，追缴违纪资金约13万元。

【政治巡察】 2018年，钦南区明确区委巡察办为党委工作部门，设立4个巡察组，增加编制8个，任命巡察办主任、巡察组组长、巡察专员共7人。强化督促整改，以市委第五巡察组巡察久隆镇荷木村党支部反馈意见整改为契机，组织全区各单位党组织举一反三进行全面自查自纠，督促相关单位完成六届区委第二轮、第三轮巡察发现的416个问题的整改。配合市委探索开展上下联动巡察、“三级联动”巡察、交叉巡察新机制。年内，开展的六届区委第三、第四轮巡察共巡察15个区直单位、9个镇（街道）党（工）委并延伸巡察23个贫困村党组织，发现问题线索46条，转立案6件。全区巡察覆盖率（不含村、社区）达51.6%。

【纪检监察队伍建设】 2018年，组织制定《钦南区纪委监委领导班子关于进一步改进工作作风的实施细则》，以上率下改进工作作风。牢固树立“打铁必须自身硬”“信任不能代替监督”的队伍建设理念，深入开展干部家访教育活动，家访130人次，向纪检监察干部家属发放《助廉倡导书》，强化家教家风。落实三个《提名考察办法》，强化上级纪委对下级纪委领导，基层纪委和派驻机构履行“一季一报告”工作制度，完善内设机构主要职责、联系单位工作机制，促进“三转”到位。严格贯彻执行中央八项规定精神，坚决执行广西纪检监察干部“十自觉、十严禁”和钦州市纪检监察干部“五守则、十不准”。年内共处置纪检监察干部问题线索5条，予以了结2人，谈话函询2人，给予党内警告处分1人。

（区纪委、监委）

工商业联合会

【概况】 2018年，钦南区工商业联合会、钦南区商会（以下简称“区工商联”“南区商会”）有党组书记1人，主席1人，有专职兼职正、副主席13名，正、副会长14名，常委31名，执委64名。乡镇商会11个，街道商会2个，会员696个，其中企业会员97个，个人会员599人。区工商联机关编制3个，实有5人。是年，区工商联加强组织建设，按照“五好”县级工商联的创建标准，开展“五好”工商联创建工作，开展“四好商会”创建活动。

【队伍建设】 2018年，区工商联强化队伍建设，配合做好区委第一巡察组对工商联的巡察工作，组织机关干部参加自治区、市工商联及区委组织部等单位举办的培训，进一步提高干部队伍素质。加强会员队伍建设，按照坚持标准、确保质量、突出重点、优化结构的原则，吸收非公有制经济人士入会，年内发展新会员37人，并完善组织数据库、执委、常委、直属会员数据库，组织开展“庆三八”“送鸡苗”等会员活动，增强凝聚力和执行力。7月，区工商联强化非公经济人士的政治引领，与钦南区委统战部、钦南区工信局联合举办2018年钦南区非公经济人士培训班，60名非公经济人士参加培训。11月，举办钦南区非公经济人士成长讲座，提升全区非公有制经济人士整体素质，提高非公企业管理水平。启动钦南区弘扬企业家精神教育实践活动，引导企业家对照习近平总书记关于弘扬企业家精神的主要论述的有关要求，作优秀企业家精神实践者、弘扬者、传播者。

【参政议政】 2018年，区工商联会员有1名是自治区人大代表，3名是钦州市人大代表，2名是钦南区人大代表，2名是钦州市政协委员，13名是区政协委员，区政协设工商联界别。年内，区工商联协调区工信局、工商局和统计局编写《钦南区2017年非公有制经济发展报告》。区人大、政协“两会”期间，工商联界别的人大代表和政协委员共提出《关于以全域旅游为契机，扎实推进旅游基础设施建设的提案》《关于加强我市旧机动车交易管理的建议》《关于钦南区农村电商发展存在问题和建议》等提案、议案3件。

【会员服务】 2018年，区工商联以优化营商环境“服务企业年”活动为载体，全心全意服务会员企业。5—6月，开展走访基层商会和服务会员企业活动，了解到部分会员企业存在资金困难、销售不理想等问题，区工商联帮助解决实际困难，帮助钦州市锦丰华南实业有限公司解决资金困难问题。年内，共帮助会员企业解决问题18个。

2018年11月30日，区工商联举办钦南区非公经济人士成长讲座

（区工商联　供稿）

【光彩事业】 2018年，区工商联开展“万企帮万村”精准扶贫行动，教育和引导非公经济人士弘扬中华民族传统美德，主动承担社会责任，自觉履行社会职责，积极参与社会事务。12月，在广西“万企帮万村”精准扶贫行动台账管理工作进度情况通报中排名全区第一。通过区工商联的大力宣传和发动，全区非公经济人士积极助力脱贫攻坚和参与光彩事业。会员企业广西淘实惠电子商务有限公司深入推进“党旗领航·电商扶贫”活动，利用线上线下销售平台，促进贫困村农产品的销售，打通物流最后一公里，助推脱贫攻坚。年内，会员企业广西五祥农牧有限责任公司扶贫日捐款2万元，在“广西统一战线同心水柜”捐赠活动中，捐赠价值3万元水柜一个。广西众森医药集团有限公司扶贫日捐款10万元，参与“广西统一战线同心水柜”捐赠活动捐赠水柜10万元。据不完全统计，年内全区非公经济人士在扶贫、助学、敬老、济困等活动中，捐款捐物超过200万元。

【商会活动】 2018年10月，区工商联召开五届三次常委会，会议通过座谈会和参观考察活动的形式召开，讨论研究扶贫捐款、会费收缴和交流考察活动开展等事项，组织常委们和新会员代表参观考察广西钦保港国际商品供应链有限公司、广西众森医药集团有限公司和钦州台果园，加强非公企业间的沟通和联系，增长非公经济人士的见识。11月，召开五届三次执委（扩大）会议，60名非公经济人士参加会议。会议学习习近平总书记在民营企业家座谈会上的讲话，会议进行扶贫动员，对上一年度的先进商会、会长和个人进行表彰。同时，组织开展会员企业商品展示交流会，充分发挥工商联桥梁纽带助手作用，为企业的发展提供更加优质的服务。

【脱贫帮扶】 2018年，区工商联为贫困户争取政策扶持，发动贫困户参与雨露计划，组织企业家爱心助学济困、赠送生产资料。年内，开展春节和中秋慰问活动、“送鸡苗”精准扶贫项目帮扶活动、助力贫困户危房改造项目。全年为贫困户给予资金支持近10000元。年内，区工商联帮扶的1户贫困户实现脱贫。 （黄　婧）

2018年10月23日，区工商联组织工商联常委和新会员代表参观考察广西众森医药集团有限公司 （区工商联　供稿）

人民团体

钦南区总工会

【概况】 2018年，钦州市钦南区总工会（简称区总工会）下辖黄屋屯、康熙岭、久隆、那彭、那丽、那思、沙埠、大番坡、丽光场等基层工会；尖山、水东、南珠、文峰、向阳等街道办事处工会。2018年6月起，“三镇两村”（犀牛脚镇、东场镇、龙门港镇和六村、深坪）正式回归钦南区管理，区总工会按时与钦州港总工会办理了交接手续，完成所有交接工作。区总工会机关设办公室、职工服务中心、经费审查办公室3个工作部室，编制3个，实有人员3人。

【基层工会组织建设】 2018年，钦南区有570家基层工会组织，职工总人数53403人，共有会员52701人，其中农民工会员39881人。其中各镇、场、街道工会联合会有14家，乡镇街道机关工会16家，机关单位有50家，机关联合工会4家，涵盖单位51个；事业单位89家，国有企业2家，集体企业22家，私营企业312家，外资企业5家，非公有制联合工会5家，涵盖单位154个；村级联合工会16家，千里边海防联合工会8家，合作社联合工会27家。全区共建设了6个工会工作站，钦州市钦南区尖山街道片区工会工作站、钦州市钦南区文峰街道片区工会工作站、钦州市坭兴陶行业工会工作站、广西裕华建设集团工会工作站、钦南区尖山街道排榜社区工会工作站，新建立尖山物流园工会工作站。

2018年4月28日，钦南区2018年庆“五·一”职工运动会气排球比赛
（区总工会　供稿）

【职工书屋品牌示范单位建设】 2018年，区总工会指导钦州市钦南区尖山街道排榜社区工会工作站获得全国工会“职工书屋”示范点，犀牛脚镇工会联合会获得了全市工会“职工书屋”示范点。

【教育培训】 2018年，区总工会围绕全区转型升级和产业发展方向，开展“职工之家大讲堂”系列活动。实施职工素质提升工程。4月邀请钦州市政协副主席、总工会主席何敏成，为全区工会系统干部职工授课，6月在那彭镇开展贫困户种养殖培训班暨“职工之家大讲堂”深入村镇活动，推进钦南区特色种养殖业扶贫工程；11月在自治区总工会干部学校举办了为期5天的全区基层工会主席业务知识培训。全年邀请钦州市心理健康协会老师到各基层工会开展大讲堂开展了十期讲座。

【职工维权】 2018年，区总工会发

2018 年 11 月 27 日，钦南区总工会在犀牛角镇远程文化广场舞台举办学习宣传党的十九大和中国工会十七大精神暨“当好主人翁·建功新时代”送欢乐下基层演出活动　　（区总工会　供稿）

挥法律援助宣传工作的引导作用。进入黎合江工业区、物流园区等农民工相对集中的区域，加大法治宣传教育力度，以进入企业、集中宣传、张贴宣传标语、张挂横幅、发放宣传资料等多种形式，加强劳动用工、社会保障和治安管理等方面法律法规的宣传教育，提高干部职工、农民工、货车物流司机依法办事和依法维权的意识。

【职工医疗互助保障】 2018 年，区总工会深入单位企业宣传职工医疗互助保障，提高广大职工认识，促进职工群众积极参保。全年全区共有 126 个单位参加职工医疗互助保障，参保人数 6057 人。全年共理赔 100 份赔付申请，支付保障金共计 280690.16 元。

【精准帮扶】 2018 年，区总工会进一步加强对困难职工解困脱困的帮扶和保障力度，分三个小组到各基层工会，开展困难职工精准识别、精准帮扶工作，完善工会困难职工档案。实施困难职工精准帮扶，保证惠民政策用好用到位。落实自治区总工会关于对困难职工建档立卡资料信息采取无纸化建档的工作要求，方便基层工会组织和困难职工申报、完善身份信息，努力做到精准帮扶。

【职工文体活动】 2018 年，区总工会以“中国梦·劳动美”为主题，成功举办庆“五一”职工运动会；广泛深入学习宣传中共十九大精神，成功举办“不忘初心·拥抱新时代”钦南区庆“五一”职工文艺晚会、“携手共进新时代·同心共筑中国梦”广场大家乐文艺会演。6 月，在钦州湾广场下沉舞台举行以“携手共进新时代·同心共筑中国梦”为主题的钦南职工广场大家乐文艺会演。11 月，在尖山街道排榜社区和犀牛脚镇举办了两场学习中共十九大和中国工会十七大精神“当好主人翁·建功新时代”送欢乐下基层文艺晚会。

【送温暖】 2018 年，区总工会举行钦南区 2018 年“心系职工情、温暖千万家”集中送温暖活动，拉开全区工会系统开展春节送温暖活动的帷幕。此次集中慰问活动的有 70 多位代表参加。2018 年钦南区工会组织在春节期间，采取集中慰问和分散入户慰问两种方式，走访慰问困难职工、困难劳模、农民工 200 人，发放慰问款物资 60 万元。

【夏日送清凉活动】 2018 年，区总工会去物流货车司机、农民工相对集中的尖山物流园进行慰问，发放

2018 年 6 月 12 日，钦南区总工会“职工之家大讲堂”之家庭教育大讲堂走进钦州市第三小学　　（区总工会　供稿）

丹竹液、王老吉、冬瓜茶清凉饮用品达 0.26 万元，惠及货车司机、一线职工和农民工达 300 多人。

【金秋助学活动】 2018 年，区总工会围绕困难职工解困脱困工作重点，开展 2018 年金秋助学活动。经过领导班子严格筛选、开会讨论，资助 34 名品学兼优的学生予以 1000—3000 元 / 人资助金，共 7 万元。

【职工休养活动】 2018 年，区总工会 2018 年一共组织 22 名一线优秀职工到桂林、防城港疗养院参加休养活动。

【五一劳动荣誉】 2018 年，区总工会推荐陆景平获得自治区“广西工匠”称号；推荐钦南区人民检察院惠民热线办公室获广西工人先锋号；8 人获钦州市“五一劳动奖章”，1 个单位获钦州市“五一劳动奖状”，1 个单位获钦州市工人先锋号。

【“六一”慰问活动】 2018 年，区总工会在儿童节期间，钦南区总工会的领导干部深入到挂点联系贫困村开展庆“六一”慰问活动，为孩子们送上学习用品及生活用品等礼物，祝愿孩子们节日快乐，参加慰问的领导干部们与孩子们亲切交流，还鼓励他们要努力学习，从小树立远大志向和崇高理想，养成良好品行，早日成长为有理想、有道德、有文化、有纪律的祖国栋梁，长大后做一个对家乡、对祖国、对人民有用的人。

【全区工会工作推进会】 2018 年，区总工会 10 月 29 日，钦南区总工会召开全区工会工作推进会，全区 90 多个部门（镇、街道）总工会（工会联合会）主席、副主席，辖区重点企业、公司基层工会代表以及区总工会全体机关干部参加会议。会议总结了全区工会系统前三季度 6 大项工作完成情况，通报了存在的 3 个问题。部署了第四季度 5 个重点工作，明确了 3 大项工作措施，并对贯彻落实区委“六个一”工作进行了重申严求，积极发挥工会组织桥梁纽带作用。会议要求，全区工会要以更大的勇气抓改革、以更实的举措促发展、以更严的要求转作风、以更高的热情做服务，团结动员全区广大职工为实现新时期工会工作发展新目标做出新的更大贡献。与会人员也分别就相关工作进行了研讨。

【经审工作】 2018 年，区总工会进一步贯彻落实了《中国工会审计条例》，紧紧围绕工会工作中心，准确把握经审工作重心，不断创新经审工作思路，切实加大审查审计监督力度，在规范化建设、制度建设、实务审计等方面取得新进展，年初定计划、全年抓落实，2018 年对 29 个单位进行工会经费审计。

【女职工工作】 2018 年，区总工会加大对《女职工劳动保护规定》的宣传力度，坚持以工会组织建设带动工会女职工组织建设，切实把广大女职工组织起来，维护女职工权益。积极指导非公企业开展女职工集体合同签订工作，按要求完成女职工特殊权益保护专项集体合同的签订。

共青团钦南区委员会

【概况】 2018 年，钦南区有基层团委 31 个（其中镇团委 11 个，街道团工委 5 个，学校团委 14 个，区直机关团委 1 个，团工委 1 个，企业团委 1 个），基层团支部（总支）126 个（其中行政村团支部 133 个，社区团支部 25 个），区直机关团支部 20 个。区、镇（街道）两级团组织共配置专职团干部 21 名，编制外副书记 36 名，编制外委员 118 名。35 岁以下

2018 年 3 月 12 日，团钦南区委在钦州学院召开团聚青年·共谋发展——2018 年青年社会组织座谈

（团区委　供稿）

青年12.23万人，团员4036人。共青团钦南区委员会(简称团区委)内设办公室、组织部、宣传部、城乡部、学少部、权益部6个职能部室，钦南区合适成年人工作办公室1个事业单位机构，核定编制数5个，在岗人数5人，其中1名西部志愿者。是年，团区委加强共青团组织建设，重点推进青少年思想政治教育，青年创业就业，预防青少年违法犯罪工作，开展青年志愿者行动，关爱行动。

【团的建设】 2018年，钦南区各级团组织以学习十九大精神为主线，以团课、团日、组织生活会等为教育载体，开展"研读十九大报告 钦南青年话使命""践行新思想 拥抱新时代"和"青年大学习"等专题学习教育活动。内容包括主题演讲比赛、征文比赛、青年志愿者助力全域旅游创建活动、青年干部风采文艺晚会、新团员宣誓暨老团员重温入团誓词活动等。4月24日，在久隆镇中学集中开展新团员入团宣誓暨老团员重温入团誓词活动，团区委领导班子，各镇(街道)团委(团工委)书记，各中学团委书记，久隆镇中学全体团员共360人参加活动，纪念"五四运动"98周年和庆祝建团95周年，教育、引导广大团员青年继承和弘扬"五四"精神，发扬共青团员的光荣传统，增强对共青团组织的归属感和荣誉感，进一步激发广大团员青年爱党、爱国、爱团热情。5月3日，在钦州湾广场开展"学习践行十九大·青春逐梦新时代"青年干部风采文艺晚会，该区优秀青年代表汇聚一堂。6月4日，在东盟商贸城三楼的钦南区"青年之家"综合服务平台开展了"青年大学习"行动部署动员会暨专题学习活动。团区委班子领导、部分区直机关团组织和各镇(街道)团(工)委负责人参加活动。9月28日，召开全区学习贯彻习近平总书记"7·2"重要讲话精神暨"青年大学习"专题学习会议。组织全体参会人员进行团的十八大和团务知识测试，测试内容涵盖《中国共产主义青年团章程》、习近平"7·2"重要讲话精神，团的十八大精神及团务知识等应知应会相关内容，巩固团员青年们的学习成果以考促学、学用结合，提高团干部、团员青年的政治素养。12月25日—27日，在钦州市职业教育中心举办2018年钦南区"青春引擎"村(社区)团支部书记培训班。全区各镇(街道)团(工)委书记、村(社区)团支部书记共130人参加培训。

【共青团钦州市第五次代表大会代表选举】 2018年7月16日，团区委召开全委(扩大)会议，推选共青团钦州市第五次代表大会代表。按代表名额分配、条件和构成等相关要求，经过反复酝酿、差额选举产生出席共青团钦州市第五次代表大会代表41名。会议选举产生的团代表既有基层团干部，涵盖农林业、电商、青年社会组织、政法、科教文卫等领域的基层代表。要求当选的代表要在市团代会上积极反映基层团员青年的意见和要求，正确行使民主权利，认真履行好代表职责，充分展示钦南团员青年的良好形象。

【青少年犯罪预防】 2018年5月31日，团区委到九鸦小学开展"预防青少年违法犯罪趣味知识问答"为主题的预防青少年犯罪活动。围绕青少年都有哪些不良行为、如何预防未成年人犯罪、如何保护未成年人合法权益等进行问答并解读，结合小学生特点，以案释法、以法论事，有奖问答等形式深入浅出地向同学们说明青少年违法犯罪的危害性，使同学们明白什么可以做，什么不能做，教育同学们在日常学习和生活中要做一个知法、守法、合格的学生，提高安全防范意

2018年4月25日，共青团中央书记处书记尹冬梅(后排中)一行到钦南区调研预防青少年违法犯罪工作和社区团支部建设情况

(团区委 供稿)

识和自我保护意识，自觉抵制社会不良现象的侵袭，远离违法犯罪，树立正确的世界观和人生观。9月28日，钦南区预防青少年犯罪专项工作领导小组召开2018年钦南区预防青少年违法犯罪工作会议。区委常委、政法委书记邓善锋出席会议并作重要讲话，区综治委预防专项组成员单位分管领导、各镇(街道)综治办主任、预防专项组组长50人参加会议。

【少先队工作】 2018年4月4日，团钦南区委组织20名城区少数民族儿童到黄屋屯镇进行民族歌舞表演和参加趣味游园活动。通过组织我区城区少数民族儿童与民族地区少数民族留守儿童开展联欢游园活动，丰富了少数民族聚居地群众文化生活，活跃“壮族三月三”民族传统节日气氛，促进城乡少数民族儿童交流，促进各民族和谐团结，社会稳定发展。5月31日、6月2日、3日团钦南区委分别在沙埠镇油埠村、久隆镇石安村、沙埠镇田寮社区、康熙岭镇新营村、那思镇定蒙村、那丽镇芦荻竹村开展6场2018年“手拉手传递温暖·心连心共促成长”——关爱留守儿童暨“团小爱”活动，为153名留守儿童实现他们的微心愿。6月9日—13日，共青团钦南区委、钦南区教育局、区少工委联合举办2018年钦南区少先队辅导员培训班，全区各镇中心小学、九年制学校、区直各校少先队辅导员骨干50余人参加培训。6月16日，在2018年暑假即将到来之际，共青团钦南区委员会联合钦州市星泽文化艺术中心在钦州湾广场开展钦南区“点亮金色梦想　争当新时代好少年”暨青少年暑期自护教育文艺会演，引导青少年从小学习做人、从小学习立志、从小学习创造，进一步做好青少年暑期自护教育工作。9月27日，到大番坡镇青龙村开展“手拉手传递温暖·心连心共促成长”——“团小爱”关爱留守儿童活动。11月5日，共青团钦南区委、区教育局、区少工委主办，钦南区青少年校外活动中心、钦南区青年之家综合服务平台承办的2018年“金色鼓号扬梦想·争当新时代好队员”钦南区少先队鼓号队比赛暨庆祝广西壮族自治区成立60周年活动在钦州市体育馆举行。全区17个小学共1400多名少先队员参加比赛。11月5日，共青团钦南区委、区教育局、区少工委主办，钦南区青少年校外活动中心、钦南区青年之家综合服务平台承办的2018年“金色鼓号扬梦想·争当新时代好队员”钦南区少先队鼓号队比赛暨庆祝广西壮族自治区成立60周年活动在钦州市体育馆举行。全区17个小学共1400多名少先队员参加比赛。

2018年6月12日，共青团广西区委书记李楚(左二)一行到钦南区尖山街道排榜社区“青年之家”青少年综合服务平台开展调研活动

(团区委　供稿)

【青年志愿服务行动】 2018年2月7日—8日，团钦南区委在钦州市汽车南站开展“暖冬志愿服务行动”，各街道团工委每日组织青年志愿者到汽车南站开展志愿服务活动，主要以旅客及出租车司机为服务对象，针对便民服务、咨询引导、重点帮扶、防艾宣传、文明交通、应急救援6方面开展服务活动。2月9日—10日，团钦南区委组织青年志愿服务队到茅尾海高速公路收费站设立爱心服务站，为过往旅客免费提供必要的药品、衣服等物品和咨询引导、物品看护等服务，并讲解应急自救常识，营造“安全出行、人人有责”的良好氛围。3月5日，钦南区18个机关单位在年年丰广场开展2018年钦南区“青少年学雷锋志愿服务月”集中行动日活动。服务内容涉及就业创业，便民知识宣传，文明旅游志愿服务活动，免费便民服务消费者权益保护、法律宣传、食品药物安全、税法、交通安全、预防艾滋病、安全生产等。3月17日，开展青少年“走进新时代　实现新作为”共建绿色

2018 年 10 月 25 日，钦南区召开中国少年先锋队钦州市钦南区第三次代表大会 （区委宣传部 供稿）

钦南植树活动。4 月 27 日，联合团港区工委在那雾山森林公园举行“学习十九大·青年争先锋”暨青年志愿者助力全域旅游创建服务活动，来自钦南区、钦州港区的 210 名青年志愿者参加此次活动。7 月 20 日，组织青年志愿者来到刘永福故居开展“爱国主义教育”暨青年志愿者助力全域旅游创建服务活动，21 名大学生志愿者参与本次活动。8 月 3 日，联合钦南区河长制办公室、钦南区水利局在永福广场开展钦南区“保护母亲河 争当‘河小青’”助力河长制活动。团钦南区委副书记黄钰楠，水利局团委书记赵友维，钦南区河长制办公室代表黄丽萍，以及各镇（场、街道）团委书记或负责人，各镇（场、街道）、各单位青年志愿者、少先队员代表等近 180 人参加活动。

【青年联谊活动】 2018 年 3 月 17 日，团区委联合广西金融投资钦州分公司、钦州市四海农牧有限公司开展“青春相约·共建绿色钦南”暨单身青年交友联谊活动。让广大青年在互动交流中展示自我、传递情感。8 月 17 日，共青团钦南区委、共青团钦北区委联合钦州碧桂园天玺湾在钦州碧桂园天玺湾举办“团聚青春·爱在七夕”单身交友派对活动。为单身青年解决单身问题，丰富精神文化生活，凝聚青年干部力量，搭建青年干部交友、联谊平台。

【青少年成长关爱行动】 2018 年 2 月 3 日，团钦南区委携手广西华苑教育带着羽绒服、鞋子、书包、牛奶等爱心物资到久隆镇黎屋村开展“手拉手传递温暖·心连心共促成长”——“团小爱”关爱留守儿童活动。4 月 26 日，联合钦州碧桂园·安州府在白石湖公园开展“走进新时代·公益跑起来”公益跑活动。此次活动征集了千名热爱运动和来为公益做贡献的爱心人士参与，钦州碧桂园·安州府捐赠 3 万元的关爱留守儿童基金。6月 16 日，共青团钦南区委员会联合钦州市星泽文化艺术中心于在钦州湾广场开展钦南区“点亮金色梦想 争当新时代好少年”暨青少年暑期自护教育文艺会演活动。9 月 20 日第 30 个“全国爱牙日”期间，联合康美口腔、各大绘画培训机构 2018 年“爱牙杯”少儿绘画大赛暨“快乐护牙·健康成长”关爱农村留守儿童活动。增强和普及我市少年儿童学生口腔健康教育，让孩子从小养成爱护牙齿的好习惯，广泛动员少年儿童关注自己的牙齿，为广大少年儿童提供展示绘画才华的舞台，关注自己的口腔健康，快乐成长。11 月 17 日，共青团钦州市钦南区委员会携手阳光城·翡丽湾一起献礼改革开放 40 周年和自治区成立 60 周年，举办“为爱奔跑·一路阳光”公益跑活动。1000 名爱心人士参加公益跑，钦州阳光城翡丽湾 3000 元关爱留守儿童基金。

【助力脱贫攻坚】 2018 年，团区委组织开展共青团助力脱贫攻坚行动。投入资金 1 万元，帮助贫困户开展生产养殖。筹集资金 6 万多元、大米 1000 多斤，在全区 10 个贫困村开展“手拉手传递温暖·心连心共促成长”—“团小爱”关爱留守儿童活动，帮扶贫困留守儿童 300 多人。招募钦州学院 30 名优秀大学生深入全区 10 个贫困村开展助力脱贫攻坚志愿服务活动。2 月 8 日，团钦南区委领导班子深入黄屋屯镇屯西村和向阳街道新兴社区慰问困难党员、青少年和贫困户。送去慰问品、慰问金和节日祝福。

【政事纪要】 4 月 25 日，共青团中央书记处书记尹冬梅一行到钦南区调研预防青少年违法犯罪工作和社区团支部建设情况。共青团广西区委副书记郑胜景，钦州市政协副主席、区委书记黄球，团市委书记梁亮，区委副书记饶文勇等陪同调研。

6月12日，共青团广西区委书记李楚一行到钦南区尖山街道排榜社区“青年之家”青少年综合服务平台开展调研活动，区委副书记饶文勇陪同调研。

钦南区妇女联合会

【概况】 2018年，钦南区妇女联合会（简称区妇联）内设妇女儿童工作委员会办公室，下辖二层机构钦南区托儿所。行政编制3名，事业编制5名，在职在编干部3人，钦南区托儿所在职在编工作人员3人。钦南区妇女儿童工作委员会办公室挂牌在区妇联。全区11个镇、5个街道均设妇联。130个村委会、28个社区居委会均设有妇联组织，辖区内建立10个非公有制企业妇委会，3个非公妇联组织。全区有镇级专职妇联主席16名，副主席32名。是年，区妇联加强女性人才培养、扶持就业创业、加强妇女儿童权益维护、加强儿童家园建设、开展家庭教育大讲堂活动、完成妇联系统改革。区妇联分别荣获广西区、钦州市2018年关爱女性健康“两癌”保险工作优秀基层单位；杨国荣获广西“三八红旗手”荣誉称号。

【参政议政】 2018年，钦南区各级政府领导班子女干部配备率逐步提高，各级人大、政协代表女性比例稳定。是年，区四家班子中各有1名以上女干部，各镇、街道的党政领导班子中至少配备1名女干部；58.8%的区直部门领导班子中有女干部；区级以上女人大代表85人，占代表总数的35%；各级女政协委员51人，占委员总数的30.7%；全区村级“两委”均实现女干部配备率100%，女干部比例达26.7%；村（居）妇联主席进“两委”班子比例100%。

【女性人才培养】 2018年，区妇联举办基层妇女干部暨“桂姐姐宣讲队”培训班，提高妇女干部的整体素质，指导妇女干部参与村级事务决策管理，对学习贯彻党的十九大精神、中国妇女十二大精神、党建带妇建、廉政知识教育、妇女儿童业务及精准扶贫工作等方面进行培训。同时区妇联通过优先推荐，促进优秀女干部脱颖而出，是年，钦南区共有21名女干部得到提拔重用和交流岗位，其中3人任乡镇（街道）妇联主席。

【创业就业扶持】 2018年，区妇联发挥优势，开展了脱贫攻坚创业就业扶持政策宣传，先后到黄屋屯、那丽镇及高新区二期（异地搬迁安置点）等地开展“三八”维权周宣传活动的同时宣传创业就业等相关政策。区妇联还与区人社、扶贫等部门联系，邀请康之桥家政培训学校、钦福家政培训学校分别在那思镇定蒙村、沙埠镇油埠村开展二期“家政大篷车进村”活动，共有110名妇女参加了培训，其中建档立卡的贫困户13人，向参加活动的妇女宣传当前家政人员和月嫂需求情况，鼓励贫困村妇女进行就近转移就业，为贫困妇女搭建致富桥梁。发挥各级“巾帼科技示范基地”“巾帼脱贫示范基地”的积极作用，开展“送课堂送技能”等活动。广西区巾帼脱贫示范基地—钦州市钦南区得源水果种植专业合作社（嫦娥垌火龙果种植基地）利用奖补资金免费举办了3期火龙果种植、防病虫害技术培训班，培训妇女达580人次。

【妇女儿童权益维护】 2018年，区妇联深化“千万妇女学法律、弘扬法治促和谐”活动，利用自治区妇联的专项经费，通过购买社会组织的服务方式，深入各镇（街道）、部分村（社区）举办“妇女学法律　法制促和谐”“不让毒品进我家”“大手牵小手　平安带回家”等活动。年内，共开展维权宣传活动32场（次），发放宣传资料、物品32000多份，接受群众咨询180多人次。区本级妇联接待妇女儿童信访28件38人（次），调处率100%，调成率达到96%。

【妇联机构改革】 2018年，区妇联贯彻《中共中央关于加强和改进党的群团工作的意见》，落实全国、自治区妇联对新时期妇联工作的新要求，钦南区妇联改革任务涉及八大方面、23个小方面全部顺利完成，改革工作取得明显成效。妇联改革工作中的基层妇联组织设置、改变服务方式、区域化建设等工作得到了自治区妇联、市妇联的高度肯定。

【儿童家园建设】 2018年，区妇联按照自治区、钦州市妇联工作部署，开展为民办实事项目“儿童家园”项目建设。把创建“儿童家园”工作任务纳入妇联重点工作进行部署，制订了《2018年钦南区“儿童家园”创建工作方案》，明确了创建的目标任务、创建时间以及创建标准，按时间节点逐步推进“儿童家园”建设工作。主要领导负总责亲自抓,分管领导具体落实。年内,召开2次钦南区2018年建设“儿童家园”建设工作推进会,对“儿童家园”建设工作进行了布置和推进。加强培训,先后采取集中和分片的方式对全区的村(社区)“儿童家园”专兼职管理员培训,把“儿童家园”创建“七有”标准(“一有”:标识门牌。“二有”:固定场所,有建设前、后图片。“三有”:儿童娱乐、锻炼、游戏、学习设施设备。“四有”:管理人员。“五有”:管理制度和宣传板报,项目点不存在安全隐患。“六有”:定期开展儿童主题活动,运行管理正常。“七有”:“儿童之家”工作档案)进行详细讲解说明,强调创建中应该注意的问题,明确“儿童家园”创建的主体、目的及该项工作的主要作用及意义。加强调研督查,组成两个调研组,先后三次到建设现场进行调研督查,重点对自治区妇联下达建设的10个2018年预脱贫摘帽的贫困村进行详细调研督查。9月30日前,按照“儿童家园”建设的“七有”标准,34个“儿童家园”的创建任务全部完成,占建设任务数的100%。在建成的34个“儿童家园”中10个是脱贫摘帽贫困村。

【关爱贫困(留守)儿童活动】 2018年,区妇联进一步深化“关爱行动”和服务留守儿童的活动,联合钦州女企协、钦州市卫生心理协会等单位开展各项关爱活动。一是开展庆“六一”暨关爱留守儿童活动。由区四家班子领导分别带领区直及驻钦南各单位深入到“创均”挂点联系学校开展庆“六一”帮扶学校和慰问困难、留守儿童活动。据不完全统计,共慰问学校68所,贫困(留守)儿童等弱势群体518人,累计投入资金约35万元。二是区妇联争取钦州市女企业家协会支持,开展关爱留守儿童活动。9月20日上午,广西幸福实业有限公司董事长陈元芬一行深入康熙岭镇诗家小学和诗家五保新村慰问孤困儿童和老人。此次慰问活动为康熙岭镇诗家村22名孤困儿童每人送上800元的慰问金和价值100元的月饼。10月27日上午,市女企业家协会常务副会长黄昌菲深入久隆镇丁屋村“儿童家园”孤困儿童,为13名孤困儿童每人送上一件牛奶和800元的慰问金,并表示继续每年资助这13名孤困儿童每人800元,直到高中毕业。8月,为水东街道孤儿金拾梅筹措资金6700元,解决其大学就读费用。三是开展快乐成长活动。在10月10日至11月30日期间,联合钦州市心理卫生协会深入全区34个村(社区)“儿童家园”开展温暖关爱健康成长活动,志愿者和参加活动的儿童开展了互动游戏。通过手工折纸、绘画、网鱼、安全教育等活动开动儿童思维、向儿童讲授自我保护知识和加强儿童的团结友爱精神。

【家庭文明建设活动】 2018年,区妇联开展文明系列主题活动。一是持续开展寻找“最美家庭”活动。以弘扬文明家风为重点,推动寻找“最美家庭”活动向机关拓展。黄群美家庭获评第十一届广西“五好家庭”,李冬梅家庭获评广西区“最美家庭”。二是持续开展“家庭教育”大讲堂活动。会同文明办、教育局等部门共同研究和制订家庭教育开展的方案,确定每学期开学都在学校内开展一次家庭教育大讲堂。同时进一步完善社区家长学校的建设。3月7日举办全区“传承良好家风　创建最美家庭”宣讲会,共有250多名家长参加了宣讲会。“六一”期间,实验小学、人和小学等学校举办了家庭教育专家讲座,给家长以系统化的技巧教育孩子,真正达到“家校共建”促和谐。同时进一步完善社区家长学校的建设。“六一”期间在文峰街道文昌社区等3所社区家长学校开展了“亲子阅读品味书香庆六一”主

2018年4月24日,自治区妇联副主席伍艳娟(左一)到钦南区调研

(区委宣传部　供稿)

题活动，活动约有120个家庭300人参加。此外，结合“儿童之家”主题活动，分别在新建的34个“儿童之家”的活动中也开展了家庭教育讲座。三是评选表彰钦南区“第四届”美德少年。会同区文明办、教育局、关工委等单位共同组织评选表彰30名少年美德典型，引导少年儿童争做理想高远、品德高尚、充满活力和创造力的人，使儿童学有榜样赶有目标。四是会同区预防青少年违反犯罪专项组各单位合力开展“开学第一课”主题日活动。引导学生树立社会主义法治理念和法律意识，养成遵纪守法的文明行为。

【政事活动】 1月31日，钦州市人大常委会副主任陈丽丽在市人大常委会副秘书长曾思万、市妇联副主席沈芳、南区人大常委会副主任陈启华的陪同下，深入向阳街道城中南社区、尖山街道谷仓村分别慰问孤儿、贫困妇女。

4月24日，自治区妇联伍艳娟副主席一行到钦南区调研妇女儿童维权和两新妇女组织建设工作。钦南区委副书记饶文勇，钦州市妇联副主席姚海燕全程陪同，钦南区法院院长何显锋陪同在法院调研、介绍相关情况。

7月11日，自治区妇联副主席、党组副书记、巡视员陈映红一行在市妇联党组书记姚海燕的陪同下到钦南区开展基层妇联改革及“两新”组织创建妇联组织等工作调研。钦南区委副书记饶文勇全程陪同调研。

11月28日，自治区妇联副主席孔献玲一行到钦南区调研家庭教育和关爱未成年人工作，为“海豚知音”驻钦南区人民检察院工作站揭牌。钦南区委常委、宣传部部长、副区长赖廷耀陪同，钦南区人民检察院检察长颜家强陪同并介绍相关情况。

12月15日，老挝妇女联合会中央委员会副主席诗丽吉·布帕为团长的老挝妇女代表团一行15人，在广西区妇联副主席伍艳娟的陪同下，到钦南区那丽镇土地田村、钦南区人民法院参观考察“妇女之家”“儿童之家”建设和法治教育基地、妇女儿童维权岗、婚姻家庭矛盾纠纷人民调解委员会等工作情况，区委常委、宣传部部长、副区长赖廷耀全程陪同参观考察。

（区妇联）

钦南区归国华侨联合会

【概况】 2018年，钦州市钦南区归国华侨联合会（以下简称区侨联）是参照公务员法管理的群团机关。钦南区委核定钦南区侨联事业单位编制5人，实有在职在岗人员3名（主席1名、副主席1名，科员1名），退休干部6名。是年，区侨联开展侨务政策、法律法规的宣传教育工作，检查侨务政策、法规的执行情况，组织和协调对侨务问题的综合调查研究；依照《中华人民共和国归侨侨眷权益保护法》维护归侨侨眷、华侨华人在国内的合法权益，支持和协助合法权益受到侵犯的归侨侨眷、华侨华人要求有关部门依法处理；依照《侨联章程》和《中华人民共和国归侨侨眷权益保护法》（以下简称《侨法》），维护侨资、侨属企业的合法权益并做好跟踪服务工作；开展国内外联谊、文化交流工作，协助有关部门做好招商引资、招商引智工作和归侨安置点的生产生活、法律、文化、科技、卫生、体育等各项工作，指导乡镇负责侨务事务的干部开展业务工作。

【参政议政】 2018年，区侨联界共有钦州市协政委员2人，钦南区政协委员4人（其中常委1人），钦州市人大代表1人，钦南区人大常委1人。区侨联紧紧围绕区委和区政府工作大局，发挥侨界人才荟萃、智力密集、联系广泛的优势，深入调研，多渠道、多层次、多形式地集中侨界智慧为推动经济社会发展建言献策，积极参与涉侨政策法规的制定和执法监督检查，引导侨界群众有序参与社会管理和公共服务。钦南区侨联界人大代表和政协委员共形成议案1篇、提案1篇。

【服务地方经济建设】 2018年，区侨联到社区开展“进社区、先锋行”服务群众活动，共组织党员干部21人次到沙埠镇扬帆大道南延长线、15人次到联系点丽光华侨农场开展清洁活动。开展服务企业活动，走访侨资企业，听取企业负责人关于发展的意见和建议，及时了解企业发展情况，为企业出谋划策，积极帮助企业开拓市场。开展脱贫攻坚、精准帮扶工作，组织全体党员干部学习自治区、市和区三级脱贫攻坚、精准帮扶工作会议精神，每月1次到挂点联系的丽光华侨农场新屋管区开展帮扶工作，挂点联系的3户贫困户在2018年达到“八有一超”标准，全面脱贫。

【归侨服务】 2018年，区侨联开展春节“送温暖、献爱心”慰问活动，共筹集3600元慰问金、慰问品，对

21户归侨侨眷进行了慰问，了解困难归侨侨眷的生活生产情况，密切侨联组织同侨界群众的联系。落实“精准帮扶、共建侨界大家庭”的工作思路，协助钦州市侨联大力宣传博士张原天获奖学金精神，为钦南区39名优秀贫困归侨侨眷学生争取博士张原天获奖学金合计19500元。开展《侨法》宣传，维护归侨权益。参加钦南区科技活动周、钦南区科协科技文化卫生“三下乡”活动，分别在那丽镇、犀牛脚镇活动现场设立了《侨法》宣传点，向广大群众宣传了《侨法》等法律法规，引导群众依法表达诉求，依法维护利益，营造“知侨法、护侨益、聚侨心、促和谐”的良好社会氛围。开展秋季支助优秀贫困归侨侨眷学生活动，走访城区和丽光华侨农场学习优秀的贫困归侨侨眷学生，了解家庭经济情况，对收集的数据做好详尽比对权衡，全年支助优秀贫困归侨侨眷学生8名，合计发放助学金共4000元。

【对外交流与合作】 2018年，区侨联组织开展侨界联谊活动。4月，接待回乡省亲的澳大利亚、加拿大、美国华侨。7月，与防城港、北海市侨联联合开展2018年丹麦侨胞“寻根之旅”夏令营活动。侨界联谊活动增进侨胞间的交流沟通，架设友谊桥梁，增强海外同胞的文化认同感和家乡归属感，促进钦州与海外的交流合作。

【来信来访】 2018年，区侨联坚持依法维护广大归侨侨眷和海外侨胞在国内的根本利益，为侨服务。全年，接访1人次，电话咨询2人次，微信联系多次，为与海外亲人失联的侨胞找到亲人。 （区侨联）

钦南区科学技术协会

【概况】 2018年，钦南区科学技术协会（以下简称区科协）实有干部职工10人，其中在职在编人员7人，退休3人。设主席1人，副主席2人，主任科员1人。是年，区科协开展科协基层组织、科普中国e站建设，开展科技普及、科技培训和青少年科技教育工作。

【基层组织建设】 2018年，区科协建立健全乡镇、街道，村、社区科协组织，年内所有乡镇、街道科协重新挂牌，有科协负责人和兼职的科普工作人员，所有贫困村已成立科普惠农服务站，配备有科普员，通过科普员队伍传播科普中国的内容。

【科普中国e站建设】 2018年，区科协按照《中国科协办公厅关于印发科普中国e站建设及使用暂行办法的通知》要求，以科普信息应用为核心，按照“五有”的标准进行建设科普中国e站，年内在全区学校、社区、乡村和协会建设e站5个。

【科技普及活动】 2018年，区科协开展线上线下活动传播科普内容。以全国科技活动周、全国科普日活动、“八桂科普大行动”“青少年科技创新大赛”、机器人比赛、青少年科学节等大型科普活动为重点，带动钦南区通过在线、离线、线上线下结合等多种方式，充分利用科普中国云平台和内容信息，开展贴近属地公众需要的科普报告、科普讲座、科普培训、科普文化活动，以及编发科普宣传页、专栏等。是年，区科协在城区、镇已开展宣传活动8次，发放科普宣传资料10000多份（册），发放环保袋、水杯、围裙等宣传物品5000多个（条）。

【科技培训】 2018年，区科协投入精准扶贫工作，发挥科协优势，为帮扶村、贫困户提供科普惠农知识。年内开展科技助力精准扶贫“五个一”培训示范班5期，600多名群众参加培训，贫困户9人，投

2018年6月13日，区科协与市科协到黄屋屯镇举办狮头鹅养殖技术培训班 （区科协 供稿）

入培训资金 2.3 万元。

【青少年科技教育】 2018 年，区科协会同区教育局领导参加市四小第二届科学节活动启动仪式，并带领钦州市第四小学的领导和工作人员到浦北县学习参观，按“基层科普行动计划”建设标准，设置“一牌一站一栏二室一标识”，开展科普宣传和科普培训活动。钦州市第四小学发挥科普示范学校作用，促进全区中小学开展青少年科协创新、机器人大赛等科技创新活动的深入开展。 （区科协）

钦南区残疾人联合会

【概况】 2018 年，钦南区残疾人联合会（简称区残联）核定行政编制 4 人，实有 4 人。下设钦南区残疾人综合服务中心。有盲人协会、聋哑人协会、肢残人协会、智力残疾人及亲友协会、精神残疾人及亲友协会 5 个残疾人专门协会。镇街道残疾人联合会 16 个，全区有残疾人 4.3 万人，持有二代证的残疾人 15719 名，其中视力残疾 2530 人、听力残疾 1434 人、言语残疾 141 人、肢体残疾 7562 人、智力残疾 852 人、精神残疾 1624 人、多重残疾 1576 人（其中重度残疾 5092 人）。是年，区残联开展扶残助残、康复，农村实用技术培训，实施“阳光家园”计划，推进无障碍改造项目建设，支持残疾人就业创业，加强残疾人社会保障体系建设。

【基层组织建设】 2018 年，区残联把“残疾人之家”建设工作列为年度工作重点。在全区 129 个村委会建设“残疾人之家”129 个，“残疾人之家”建设覆盖率达到 100%。

【残疾人专项调查】 2018 年，区残联贯彻落实国务院残工委《关于开展全国残疾人基本服务状况和需求专项调查的通知》精神和自治区残联关于全区残疾人专项调查工作的安排要求，组织开展残疾人专项调查。全区 270 多名基层残联、村干部、专职委员、大学生志愿者，对全区 16183 名残疾人入户开展基本服务状况和需求专项调查工作，完成 15120 人的信息录入工作，并进行抽查复核，完成全区残疾人专项调查工作。为各级领导制定残疾人工作政策提供依据。

2018 年 3 月 7 日，区残联联合钦南区人民医院和钦州市精神病医院到康熙岭镇开展评残办证活动 （区残联 供稿）

【建档立卡贫困残疾人残疾证办理】 2018 年，区残联为方便贫困户残疾人办理残疾证，节省鉴定费用，减轻家庭负担。6 月 5 日，与钦州市精神病医院、钦南区人民医院到那彭镇彭新村委、那彭居委会和那丽镇，为贫困户残疾人进行免费鉴定、免费办理残疾证当天共免费办理了 21 本残疾证。

【扶贫领域专项巡察】 2018 年，区残联贯彻落实中央纪委和自治区纪委扶贫领域监督执纪问责工作电视电话会议精神，根据《自治区残联关于开展关于开展全区残疾人扶贫领域监督执纪问责专项巡察工作的通知》和《钦州市残联关于开展全市残疾人扶贫领域监督执纪问责专项巡察工作的通知》文件精神，在 9—11 月期间对党员扶残温暖同行项目、阳光助残扶贫基地项目、农村贫困残疾人实用技术培训项目、“阳光家园计划”项目、残疾人家庭无障碍改造项目、贫困成人残障者康复工程六大扶贫项目进行了专项巡察，每个项目随机抽查 10 户，通过进村入户与残疾人面对面交流的方式，了解项目帮扶情况、帮扶效果、项目覆盖建档立卡贫困户率情况、项目对脱贫摘帽工作发挥作用情况，查找和纠正存在的问题。

【康复服务】 2018 年，区残联做好农村贫困白内障患者复明手术工作，与卫生医疗部门协调，年内完成白内障复明手术200例，青光眼手术50例，救助脑瘫儿童15名，孤独症儿童23名，智力残疾儿童30名，精神病患者97名。实施听力残疾、智力残疾、孤独症和脑瘫儿童康复救助项目。康复服务和基本辅具适配任务数分别为1791人和621人，两项任务已超额完成1968人和637人。

【培训与就业】 2018年，区残联在全区3个乡镇开展农村残疾人实用技术培训班3期，共88名农村贫困残疾人接受火龙果、百香果栽培等技术培训。让更多的残疾人根据自身特点和乡土实际掌握各门实用技术，开展小规模的家庭种养，增加收入。鼓励残疾人自主创业，对有创业愿望、有创业能力、有创业项目并已开展项目投资的贫困残疾人进行资金扶持。年内，为全区116户贫困残疾人每户发放5000元的自主创业资金。为残疾人解决创业资金，使更多的残疾人走上自主创业致富之路。

【"阳光助残扶贫基地"建设】 2018年区残联继续做好"阳光助残扶贫基地"工作，在犀牛脚等镇辐射带动扶持100户贫困残疾人，每户发放蛋鸭苗60羽，饲料10包。

【"党员扶残 温暖同行"工程】 2018年，钦南区以"关注民生，关注基层，构建和谐"为主题，实施"党员扶残 温暖同行"工程。全区有137户贫困残疾人获"党员扶残 温暖同行"工程项目帮扶，每人获1000元的资金扶持，共发放资金13.7万元。

【阳光家园计划】 2018年，区残联完成自治区级项目的211名居家托养对象的审核工作，每名残疾人享受1500元的资金补助，全年共发放资金31.65万元；为"阳光家园计划"（中央资金部分）87名残疾人按1500元/人的标准购买托养服务。

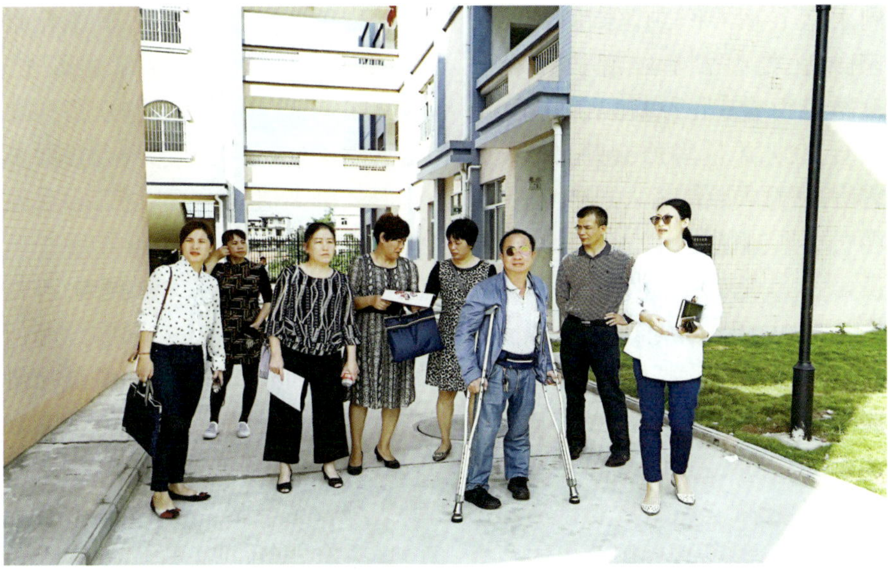

2018年11月7日，自治区残联到钦州市金光特殊学校调研残疾儿童补助问题
（区残联 供稿）

【无障碍改造项目建设】 2018年区残联共为78户残疾人家庭开展无障碍改造工作，每户获得补助4000元。

【彩票公益金助学项目】 2018年区残联为辖区的金光特殊教育学校85名在校寄宿生申请资金补助，帮助其解决学习、生活问题。三类残疾儿童入学率98.45%，促进全区特殊教育事业发展。积极做好47名残疾人及家庭子女大中专生的教育补助工作，使在读大学残疾人学生的"圆梦项目"实处造福残疾人。

【补贴发放】 2018年，区残联继续开展重度残疾人护理补贴和贫困残疾人生活补贴工作，协助区民政局组织召开各镇（街道）理事长专题工作会议，建立镇、（村）社区筛查工作机制，层层把关，各负其责。各镇（街道）残联在规定时间内将有关证件和证明材料上报县残联审核，再由区残联将材料移交区民政局审批。年内审核重度残疾人护理补贴对象4116人，已审核贫困残疾人生活补贴对象3393人。发放补贴元。为全区79名拥有残疾人机动轮椅车的残疾人申请发放燃油补贴，发放补贴20.54万元。

【信访维权】 2018年钦南区做好信访工作，维护残疾人的合法权益，维护社会稳定。专门设立《残疾人来电、来信、来访登记簿》，做到件件有回音、事事抓落实。

（区残联）

钦南区 文学艺术界联合会

【概况】 2018年，钦南区文学艺术界联合会（简称区文联）设办公室和组联部，在职3人，设主席1名，副主席1名。下辖作家协会、书法家协会、美术家协会、音乐家协会、舞蹈家协会、曲艺家协会、摄影家协会、文艺志愿者协会共8个文艺家协会，总人数383人，其中国家级会员2人，省级会员10人，市级会员47人。是年，钦南区文联联合党支部成立。区文联推进文化强区建设，在开拓创新中成立了，整合新时期的新兴文艺团体，加强对基层文艺家及广大文艺爱好者的服务与管理，充分发挥文联组织在推动全区文艺事业大发展、大繁荣中的积极作用，搭建了文艺惠民、文艺扶贫公共服务平台，团结和带领文联下属各文艺家协会组织开展迎新春送春联文化惠民活动、文化惠民"送欢乐、下基层"文艺演出活动、"书法传承进校园"文艺志愿者服务活动。鼓励支持文艺创作，坚持"双为"方向，坚持"双百"方针，坚持"三贴近"原则，形成文艺工作的新动力。区摄影家协会王立矶创作的作品《今天我要嫁人啦》在中宣部宣教局举办的"最美中国人"照片征集展示活动中被评为优秀作品。

【文艺活动】 2018年，区文联根据"组织、联络、协调、服务"的工作原则，本着"出作品、出精品、出人才"的文联宗旨，丰富基层群众精神文化生活，组织各文艺家协会开展多种形式的文艺惠民和文艺志愿服务活动。

迎新春送春联文化惠民活动 2018年春节前夕，区文联联合那彭镇政府、向阳街道、中国移动钦州分公司等有关部门单位，组织钦南区书法家，分别于2月5日在那彭镇广场、2月7日在钦州市年年丰广场举办了两场文艺惠民免费送春联活动，现场为群众免费书写赠送春联1600幅。

文化惠民"送欢乐、下基层"文艺演出活动 2018年1月起，区文联组织区音乐家协会、舞蹈家协会、曲艺家协会的精英骨干组成三支文艺演出队伍，分别深入到沙埠镇大石古村委、黄屋屯镇屯显村委、康熙岭镇高沙村委等地开展精彩纷呈的文艺演出活动。

"书法传承进校园"文艺志愿者服务活动 5月25日，区文联组织区书法家协会、区文艺志愿者协会到钦州市第四小学举办"书法传承进校园"志愿者服务活动，给150多名学生上书法基本知识教育课，书法家们给热爱书法的小朋友们现场指导书法技能。

2018年2月5日，区文联举行送春联活动　　（区文联　供稿）

【文艺扶贫】 2018年，区文联创新文艺扶贫工作形式，9月20日，区文联主办，广西古今拍卖有限公司协办，钦州市钦南国民村镇银行独家冠名的"国民村镇银行"中国书画、坭兴陶扶贫慈善拍卖会在钦州金湾大酒店21楼会议室举办，拍卖会上捐赠作品涵盖书法、国画、油画和坭兴陶更多个种类共71件。来自钦州各界爱心人士、爱心企业积极参与慈善拍卖活动，目的是通过这次举办扶贫慈善拍卖会，经过近3个小时的激烈竞拍，拍卖的精品全部名花有主，其中，以广西工艺美术大师王兆儒的篆体书法作品"容海纳川"最为抢眼，10000元起拍，最终以15000元竞得，将整个拍卖现场气氛推向了高潮。拍品71件，成交71件，成交率为100%，成交总价为138000多元。扶贫慈善拍卖会所筹集到的爱心善款，全数用于文化扶贫事业。

【文艺创作】 2018年，区文联区文联注意培养各文艺家协会会员及新兴文艺团体蓬勃发展、激发创作激情，精心选送各类优秀文艺作品参加各级文艺刊物发表及各类展览、评奖活动，取得丰硕成果。2018年钦南区美协主席包达海作品《海滩》荣获"广西魅力北部湾"美术作品优秀奖；钦南区摄影家协会杨春莲摄影作品《聚精会神》《如饥似渴》分别获2018年钦州市图书馆"寻找图书馆最美阅读空间、人文阅读"摄影比赛一等奖、优秀奖；钦南区音乐家协会副主席黎霞指导钦州市实验小学演唱组合，参加

2018年第十四届中国少年儿童歌曲卡拉OK电视大赛“快乐阳光”全国总决赛，以歌曲《童声嘹亮》获得金奖；2018年选送优秀学生绘画作品参加广西儿童画展；组织美协会员开展写生采风活动；组织选送优秀作品参加广西“魅力北部湾”美术作品展；组织绘画作品参加钦州市纪念冯子材180周年美术作品展和选送作品参加广西壮族自治区艺术作品展；选送优秀美术、书法、摄影作品参加市迎春书画展行等。组织区作协会员积极开展文学创作活动，在《钦州日报》等报纸杂志上发表一系列文学作品。

（陈俍羽　石昌营　梁　帅）

钦南区社会科学界联合会

【概况】 2018年，钦州市钦南区社会科学界联合会（简称区社科联），内设办公室、学会部和科普部，核定参公编制2名，在职在岗3人。是年，区社科联积极开展社会科学研究工作，充分发挥哲学社会科学在经济社会发展中的重要作用，瞄准学术发展前沿，开放知识视野，拓展思维空间，开拓创新，以新的理念和新的思维破解经济社会发展中遇到的难题，为全区经济社会发展和实现各项发展目标提供智力支持和保障，为钦南区经济社会又好又快发展做出新的贡献。

【理论引领】 2018年，区社科联加强理论学习，以各种形式深入学习中共十九大、习近平总书记系列重要讲话精神和自治区及市社科联工作会议精神，坚持用中国特色社会主义理论武装头脑，强化工作的使命感和责任感。开展中共十九大和新修订的《中国共产党纪律处分条例》基层宣讲活动，积极落实推动全面从严治党和维护意识形态安全两项重大政治责任。领导率先垂范，带头到那彭镇、东场镇、区建设局等镇和部门进行宣讲。

【智库建设】 2018年，区社科联积极发挥建言献策作用，策划“关于对农民征地补偿费使用问题的思考”等重点课题研究。举行第四届社会科学优秀成果评奖颁奖活动，评选表彰各类调研报告、理论文章共14名；推进社科研究成果转化工作，编印出版2期《钦南社会科学》和《钦南区第四届社会科学优秀成果作品集》等社科刊物；积极组织发动我区社科工作者参加冯子材100周年诞辰以及首届广西北部湾城市群发展论坛等各类社科征文以及论坛活动。

【社科普及】 2018年，区社科联宣传和推进马克思主义中国化、时代化、大众化和宣传普及社会主义核心价值体系工作，积极按上级要求，扎实开展社科普及周活动，在中山公园开展了“贯彻落实社科条例，践行核心价值观，助推五城创建”社科普及周主题活动，1000多位市民群众参加。协助市社科联举办了钦州市2018年“道德讲堂”总堂钦南分堂活动，邀请了钦州学院教授丁越华到该区开展中西方道德文化的比较与思考的主题讲座。积极指导社会科学普及示范基地开展各种主题社科活动。市、区级社科基地市三小举行10岁成长礼活动，收到了良好社会效果。

【学会管理】 2018年，区社科联执行章程有关规定，管理好活动、出版物和会员，积极发挥“联”的优势，深入学会指导依法办会，按章办事，不断加强指导和支持学会组织开展各种学术交流活动，拓展社团的辐射带动作用，营造良好的学术研究氛围。

【脱贫攻坚】 2018年，区社科联落

2018年5月16日，区社科联牵头在中山公园举办社科普及活动周主题活动

（区社科联　供稿）

2018 年 12 月 25 日，市、区两级社科联走进社区开展赠书活动

（区社科联　供稿）

实区委区政府决策部署，服从服务全区工作大局，转变作风，下基层扎实做好扶贫攻坚、美丽 . 钦南宜居乡村等区委、区政府交付的各项中心工作任务，积极助力钦南经济社会各项建设。

【自身建设】 2018 年，区社科联进一步提升队伍能力和水平。加强与各级部门的联络沟通，向先进地区学习取经。安排单位干部外出湖南考察学习社科工作经验，向钦州市以及其他县区学习取经。按照区委“四个一”的目标要求，认真开展社科系统“不忘初心再扬帆”解放思想大讨论活动。履行全面从严治党主体责任“一岗双责”。认真扎实抓好党风廉政建设主体责任制的落实，积极做好市委第三巡察组首轮巡察反馈意见整改和中央八项规定精神“回头看”等党风廉政建设工作，做到举一反三积极整改，建章立制，不断推动区社科机关作风效能建设，营造社科系统风清气正的政治生态。

（黄　海　王　玮　宁如雪）

法　　治

社会治安综合治理

【概况】 2018年，钦南区委政法委（简称区政法委）内设办公室、政工科、执法监督室、调研室机构，下辖区流动人口服务和管理办公室，合署办公单位3个（区综治办、区防范办、区委维稳办），代管区法学会1个群团组织。行政编制8名，事业编制9名，实有工作人员24人。是年，区政法委围绕发展经济的主题和维护社会稳定的大局，以落实领导综治责任制，创新社会管理模式，推进社会矛盾化解方式，完善社会治安防范体系，开展各类严打整治为措施，推进司法体制改革，加强政法队伍建设，进一步提升群众安全感和满意度，营造政治稳定、社会安定和经济发展社会环境。广西区群众安全感调查数据表明，2018年钦南区得分96.24%，广西区排名54名，钦州市第一名。广西区扫黑除恶专项斗争成效调查中，2018年钦南区指标得分94.25%，广西区排名第11名，钦州市排名第一。

【矛盾纠纷排查化解】 2018年，区政法委完善重大决策社会风险评估机制，对高新区二期项目、蓬莱大道南延长线项目等16个重大项目或决策逐一进行风险评估，有效从源头上消除矛盾隐患。发挥各级人民调解委员会、基层司法所和镇（街道）综治中心、道路交通事故纠纷调解中心、医患纠纷调解中心、消费者权益纠纷调解中心等机构的作用，努力化解各类矛盾纠纷。年内全区共排查各类矛盾纠纷1411起，受理1411件，调结1372件，调结率达97.24%。建立农民劳资纠纷、涉法涉诉、征地搬迁、“三大纠纷”和其他敏感群体等六大信访突出问题接访平台，牵头区领导按信访突出问题分类，集中到平台预约接访。将信访积案包给相关区领导，包案做好化解工作。年内，区四套班子领导共包案信访积案10件，办结10件，化解率达到100%。

【反恐防恐基础管控】 2018年，区政法委开展严打暴恐系列专项行动，防止钦南区成为涉恐人员潜入潜出的途经地、中转地和搭窝建点的藏匿地，守住钦南区不发生暴恐案（事）件的底线。全年开展涉恐排查68次，服务管理好到辖区经商广西区外人员60人次，收集和上报涉恐涉爆情报信息共16条；核查通过网络、微信等平台传播涉恐涉

2018年10月27日，区委常委、政法委书记邓善锋（左二）到向阳街道开展宣传活动　　　　（区委宣传部供稿　供稿）

爆、涉枪等有害信息2人，训诫教育2人；完善辖区10个反恐目标资料库并形成督导检查常态化；运用报刊、广播、电视和微信、微博等深入解读宣传《中华人民共和国反恐怖主义法》。

【预防和处置邪教工作】 2018年，区政法委以国保战略支撑点建设为契机，加大对邪教组织及人员的惩治、监管力度，确保辖区内无“法轮功”等邪教组织人员聚集滋事、公开练功、上访捣乱的现象发生。年内对41名邪教失逃人员开展“敲门行动”回头看专项行动；接报“法轮功”及其他邪教事件4起，立案4起，破案3起，抓获5人，行政拘留4人，缴获法轮功资料65份。

【风险隐患排查化解】 2018年，区政法委围绕敏感期和重大活动开展情报信息搜集研判工作，共收集情报信息1500条，上报国保支队1109条；在重大节假日、重大敏感期进行不稳定因素排查工作6次，排查出重点不稳定因素18起，排查重点人员51人，重点群体4个。全国两会和博鳌亚洲论坛、东博会峰会期间，在高速钦州西出入口设治安卡点，实行24小时执勤，加强查控堵截。共检查车辆22736车次，检查人员53903人，查获在逃人员1人，查处因冲卡行为阻碍执行职务案3起，行政拘留3人，收缴管制刀具、铁水管等一批。

【安保维稳】 2018年，钦南区建立50人的应急小分队，100人的应急处突特勤队伍；出动警力10635人次开展各项安保维稳工作，其中，出动警力1660人次，妥善处置各种群体性(苗头)事件15次；出动警力5775（次），圆满完成全国“两会”、高考等安全保卫活动84次；出动警力3200人次，配合党委政府维护征地拆迁、项目施工秩序82次，确保了金海湾西大街扩建项目油麻角安置点、白石湖菩提路等系列重点工程顺利推进。圆满完成了三娘湾迷笛音乐节、2018钦州国际半程马拉松赛暨健康中国马拉松系列赛活动、“两会”、博鳌亚洲论坛期间、2018年“东博会峰会”以及自行车、沙滩排球两个世界性赛事等安保维稳工作。

【扫黑除恶】 2018年，钦南区以扫黑除恶专项斗争为契机，带动“神剑3”等系列专项行动开展，形成对各类违法犯罪的高压震慑态势。全年破获涉恶犯罪团伙17个、103人；逮捕、直诉涉恶犯罪嫌疑人126人。广辟线索来源，把线索梳理排查贯串专项斗争全过程。共排查出涉黑线索130条，其中警情分析研判65条，日常工作线索25条，收到各类线索举报40条。整合力量资源，组建专业队伍。从各办案单位和派出所抽调精干警力30人，于3月5日成立以刑侦大队牵头的扫黑除恶专业队，通过整合网上合成作战、线索排查、线索研判、基础走访等侦查力量，不断提高整体作战能力。共抓获涉案人员130人，刑事拘留105人，逮捕直诉70人。集中力量，实行精准惩治。组织6次集中惩治行动，抓获涉案嫌疑人56名，缴获涉案刀具一批、子弹若干。

【严打整治行动】 2018年，钦南区开展主城区惩治保平安专项行动。确保“春节”“两会”期间钦南区治安大局持续平稳，1月，开展为期一个半月的主城区惩治保平安专项行动。其间，共立刑事案件254起，破案38起，刑拘93人，逮捕53人，5个参战单位共刑拘49人，占我区总刑拘数的52.69%。惩治涉枪涉爆犯罪，立涉枪案件7起，破8起，逮捕直诉8人，收缴涉案枪支14支。惩治多发性侵财犯罪，立侵财案件1003起，破侵财案件275起；逮捕、直诉传统侵财犯罪嫌疑人171人；电信诈骗案立271起破6起，逮捕、直诉5人；主办起诉跨区域侵财案件2串、9起。

【禁毒行动】 2018年，钦南区结合禁毒严打整治、“禁毒两打两控”、吸毒人员“大排查大收戒大管控”专项行动深入开展，瞄准目标案件，采取加强堵源截流、综合清查整治、动态管控等措施，确保整治力度和强度不减，不断推动禁毒工作上新水平。共破获毒品刑事案件74起，同比上升57.45%，其中重特大毒品案件3起(部级目标案件1起，厅级目标案件2起)；抓获毒品犯罪嫌疑人102人，其中当地外流贩毒6人，逮捕76人，同比上升65.22%。缴获各类毒品共18331.72克和制毒原料32.555公斤，同比上升383.37%。开展走访调查、集中清查、循线追查等形式，全面展开禁毒大排查大收戒大管控专项行动。每个月常态化开展4次大收戒统一行动，共查获吸毒人员491人，其中强戒388人，社区戒毒29人，行政处罚74人。

【惩治经济犯罪行动】 2018年，钦南区开展“神剑3号·打击传销雷霆行动”“国门利剑2018”联合专项行动。共开展清查统一行动7次，端掉传销窝点59个，教育遣返传销人员117人；立各类经济犯罪案件

63起、破案27起，其中传销案件立13起、破案10起(网络传销案件立6起、破案6起)；抓获各类经济违法犯罪嫌疑人226人。

【社会面“防控网”建设】 2018年，钦南区结合平安建设开展，通过全警夜巡、“一村一警务助理”、红袖章巡防队建设以及深入推广“平安白石湖.互联网+社区微警务”工作模式，狠抓群防群治工作。共配备“一村一警务助理”130名，建立警务微信群25个，发动758名村委会干部、网格员、警务助理、乡镇机关企事业单位治安负责人或治安积极分子，构建平安钦南模式。推进加油站、市级、区级治安保卫重点单位安装来访人员信息系统建设38套，校园入侵一键报警装置和紧急报警装置建设115套。122家旅馆全部安装旅馆业治安管理信息系统，辖区仅有的一家保安公司已安装广西保安服务监管信息系统，54间物流寄递业已全部安装“快递小哥”。在农村，推进“雪亮工程”建设。全区11个镇都建设有视频监控系统，共建设开通视频监控摄像头1053个。在城区，除维修完善好原有视频监控系统外，督促内部单位建设视频监控。共建设天网监控网点844个，卡口(电子警察)121处。年内通过旅馆业治安管理信息系统抓获网上逃犯57人；街面巡逻中共盘查嫌疑人员450人，从中发现违法犯罪嫌疑人员244名；缴获涉案车辆33辆，其中小汽车1辆，电动车、摩托车32台，缴获电动车电瓶20个。

【行业场所“安全网”建设】 2018年，钦南区加强对79个涉危爆物品单位(点)、71间物流、54间快递、298间行业场所以及51个内部单位、223个学校、23个金融网点、20个医院、32个加油站、2个运输公司共408台客运车、214台公交车等的安全监管，确保做到“四清”(即底数清、情况清、责任清、法律法规清)，着力提升防范、发现、控制违法犯罪能力，做到服务前移、教育跟进、监督到位。共检查网吧352多间次、特种行业2528间次、公共娱乐场所265间次、寄递企业326家次，物流企业193家次；责令整改物流寄递业2处、特种行业4间、娱乐场所6处、旅馆业8次。此外，加大对医疗机构安全管理工作，协助妥善处置医患矛盾纠纷3起化解3起。同时，加强春夏火灾防控、火灾隐患排查整治等重点消防目标工作，完成熟悉化预案30份，完成率62.5%。建成7个乡镇政府专职消防队，43家重点单位、7个街区社区建成微型消防站，6个集中区域建立消防安全联防协作组织，全区可调配专职消防员300多人，力量分布城区及8个乡镇。针对辖区高层、地下、城市综合体和石化企业开展实地演练30次，其中组织熟悉重点单位7次，夜间演练13次，出水演练18次。严格落实监督员“每日一查”制度，共检查单位1424家，同比上升51.9%；督促整改火灾隐患2354处，同比上升115.1%；下发责令改正通知书1196份，同比上升119.8%；下发行政处罚决定书26份，同比上升4%；下发临时查封决定书5份，同比上升25%；责令“三停”单位2家，同比下降100%；罚款180800元，同比上升285%；拘留1人，同比上升100%。

【“打击整治网”建设】 2018年，钦南区针对辖区黄赌警情多发影响群众安全感满意度的问题，从5月16日至8月底，开展扫黄打赌“百日攻坚战”专项行动，对群众反映强烈涉黄涉赌问题猖獗的重点地区，采取露头就打、打小打早的原则，全面开展打击整治，不断净化社会风气。工作中，采取“三个一”措施，即抽调精干力量20人组成一支专业队伍，对每周惩治成效情况进行一次通报，对阶段性警情仍高发、惩治效果不佳的单位领导班子进行一次集体约谈。6月27日，钦南区副区长、公安分局局长、督察长钟松集体约谈4个作战单位。年内，共立涉黄涉赌刑事案件9起、破案6起，刑事拘留20人，逮捕9人；办结涉黄涉赌行政案件194起，抓获违法人员744人，行政拘留477人，罚款267人；立破“利剑”打假、惩治环境污染刑事案件15起，其中破烟草案件5起，非法采矿案件2起(为分局成功侦办第一例案件)，环境污染案1起，非法经营成品油案件7起；刑事拘留23人，逮捕9人，起诉9人。

【综治中心建设】 2018年，钦南区在2017年年底完成区及所有镇(街道)、村(社区)综治中心建成并投入使用的基础上，年初区财政安排综治中心建设预算经费50万元，重点开展中心规范化建设。共建成并投入使用综治中心175个，其中，规范区级综治中心1个，规范镇综治中心6个，规范村级综治中心2个。

【网格化管理和综治信息化建设】 2018年，区政法委落实网格化管理工作经费50万元、综治信息化建设经费53万元，完善“网格化管理、信息化支撑、立体化防控、便民化服务”工作机制，推动社会治安防控力量下沉，全面提升基层组织服务群众、促进发展、维护稳定的能力和水平。在中心城区，实现网格化和信息化全覆盖；在农村，划分网格1679个，配备兼职网格员1679个，实现了区、镇（街道）综治信息化建设互联互通。截至2018年11月26日，全区共录入各项综治信息740656条，其中录入户籍人口553152人、流动人口8557人、重点人群2841人、实有房屋136878间、校园115所、重点场所780个，录入各类事件2019件（其中办结事件2001件），录入日常服务记录36344条。

【特殊人群服务管理】 2018年，区政法委协调推动镇（街道）、区级各部门加强刑满释放人员、社区矫正对象、吸毒人员、艾滋病人等各类特殊人群服务管理工作，加强和创新特殊人群服务管理方式，健全政府、社会、家庭三位一体的关怀帮扶体系。大力推动肇事肇祸等严重精神障碍患者救治救助和监护人以奖代补工作，落实到位严重精神障碍患者救治救助5万元、监护人以奖代补32万元的财政预算经费，救治救助肇事肇祸等严重精神障碍患者12人，与110名严重精神障碍患者的监护人签订《严重精神障碍患者监护人责任书》。

【青少年违法犯罪预防】 2018年，区政法委注重思想引领，开展青少年法治宣传教育；深入推进和完善未成年人司法工作一体化新机制，切实做好五类重点青少年排查和跟踪服务工作，促进合适成年人工作专业化，创新推进社会力量参与青少年事务，着力解决影响青少年违法犯罪的突出问题，推动预防犯罪工作取得了新的发展。

【铁路护路联防】 2018年，区政法委以“保安全，保稳定、保畅通”为主题，以抓防范、抓整治、抓协作、抓宣传为重点，深化平安铁路创建活动，大力开展以高铁危树为重点的专项整治，广泛进行爱路护路宣传，妥善调处涉路矛盾纠纷，全力抓好重点时期的安全稳定，实现了“五杜绝三控制一守住”工作目标，确保全区铁路安全稳定畅通。年内，清理整治全区高铁沿线危树2000多株，化解涉路矛盾15起；开展集中宣传活动4场次，发放宣传资料2万余份，营造舆论氛围和安全环境。

【学校及周边治安综合治理】 2018年，区政法委通过加强宣传教育、开展安全隐患排查整治、应急演练，加强矛盾纠纷排查化解，强化安全管理，辖区学校没有发生重大涉校政治事件、群体性事件、暴力恐怖事件以及群死群伤等安全事故，确保全区教育系统安全和谐稳定。据不完全统计，年内共排查各种安全隐患207处，投入整改资金310万元，完成整改安全隐患97处。

【政法综治宣传】 2018年，区政法委利用移动钦州分公司的短信平台，在每季群众安全感调查前，将该区开展惩治违法犯罪的情况编成短信，发给每位移动手机用户。结合“依法惩治侵害未成年人违法犯罪，加强对未成年人自爱自护自救意识和能力的培养教育的集中教育活动”，在春季、秋季学期开学初组织政法各单位、镇（街道）法制副校长包干深入全区217所中小学校（包括村级分校），开展“阳光校园，法治相伴”主题宣传教育活动。共举办法治讲座256场次，发放宣传资料20万份。组织镇（街道）村（社区）干部、区直及驻钦南机关单位干部职工上门入户开展群众安全感工作的宣传。开展扫黑除恶专项斗争“十个一”的集中宣传活动，统一印制宣传公告和宣传资料20多万份，在人口密集地、主要路口等重点地段显眼处悬挂了近1200多条宣传横幅和200多个宣传牌，发动100多家银行、商家等通过电子屏持续滚动播放宣传标语或宣传片，到9个镇（街道）开展巡回集中宣传1轮。同时充分利用电视、报刊、新媒体开展综治政法工作宣传。

【司法体制改革】 2018年，钦南区推进内设机构改革，坚持“一类事项原则上由一个部门统筹、一件事情原则上由一个部门负责”原则，科学设置好内设机构。推动完善政府购买服务工作机制，探索司法辅助事务外包，努力解决“案多人少”的突出矛盾。落实以审判为中心的刑事诉讼制度改革，构建新型检警、检法、检律关系，共同维护司法公正和法治权威。深入学习贯彻修改后的刑事诉讼法，探索建立协调衔接机制，实现监察委员会调查与检察机关刑事诉讼无缝衔接。

【群众胜诉权益保障】 2018年，区政法委建立《钦南区基本解决执行难联席会议制度》，与房产、土地、公安、工商、银行等相关职能部门联合，实现信息共享、工作联动，通过微信公众号、微博、门户网站等推送和通报执行工作情况。年内，区法院共联动化解涉党政机关执行案件11件，执结标的金额24.74万元；及时发放司法救助资金，化解执行积案，累计发放91件、12.9万元共132人受惠。开展执行攻坚"百日风暴"专项活动，重点惩治有能力而拒不履行行为，提高执行权威。继续加强信用惩戒力度，发布失信被执行人名单215人，限制高消费2089人次；推动打击拒执行动常态化，罚款15件、93万元，拘留29人次，依法追究拒执罪刑事责任2人。加大涉金融债权案件等涉民生案件的执行力度，增强群众获得感。共清理涉金融债权案件数为77件，到位标的1713.82万元；执结涉民生案件31件，执行到位标的252.27万元；快速执结并集中兑现了钦州市某房地产开发有限公司拖欠卫某梅等15人违约金等民生案件。

【政法队伍建设】 2018年，区政法委组织政法各部门开展创先争优和"好干部、善执行"、政法干警核心价值观教育等活动，采取岗位练兵、专业培训等方式，组织政法干警参加全员培训，有效提高政法队伍的整体素质、执法能力和水平，进一步提高和增强全体干警的思想政治觉悟、宗旨观念。深入开展从严治警"五查五整顿"专项行动，全面查摆政法干部干警思想，着力整顿理想信念滑坡问题；全面督查纪律问题，着力整顿有令不行问题；全面查找作风问题，着力整顿不严不实问题；全面查找担当问题，着力整顿不作为、乱作为问题；全面查摆管理问题，着力整顿领导责任落实不力问题。如共出动督察警力110人次，督察所队181个次，对民警着装不规范、缺勤、枪支管理不规范、环境卫生差、执行"四个一律"等方面存在问题要求立即整改。通过强力开展政法队伍建设，政法队伍呈现新气象。年内政法各部门共有125人次和40个集体荣获各级表彰，区普法办被全国普法办授予"全国法治县(市、区)创建活动先进单位"，区人民检察院获"全国检察宣传先进单位"、先进基层检察院，未成年人检察部获评"全区检察业务优秀集体"。

（区委政法委）

公　安

【概况】 2018年，钦州市公安局钦南分局(简称公安钦南分局)管辖面积2310平方公里，常住人口627429人，辖区有16个镇(场)、街道办，126个村(居)委会，海岸线562公里；内设办公室、政工科、督察纪检、情报中心、国保大队、治安大队、户政科、法制大队、未成年人警务大队、禁毒大队、巡逻大队、经侦大队、刑侦大队等13个科、室、大队、中心，公安行政派出所12个、边防派出所10个(2018年改制)。2018年，钦南区四个季度单项安全感综合排名在广西区分别位列第57名、76名、52名、38名，年度安全感以96.24%综合排名第54名，名列钦州市第一；钦南公安队伍满意度在全广西111个县区中综合排名第17位，名列钦州市第二；年度全区扫黑除恶专项斗争成效调查以得分94.25排名广西区11位，名列钦州市第一。分局队伍已连续十年未发生重大违法违纪问题，年内队伍"零违纪"。

【经济犯罪侦查】 2018年，公安钦南分局围绕"打击、参谋、服务"三大职能，着力夯实经侦基础工作，开展"神剑3号·打击传销雷霆行动""国门利剑2018"联合专项行动，坚持服务经济建设，服务发展稳定大局。侦办总涉案金额过亿的"8·27"传销案件，逮捕传销团伙成员8人。年内，立各类经济犯罪案件84起、破案33起，其中传销案件立17起、破案11起(网络传销案件立8起、破案8起)。抓获各类经济违法犯罪嫌疑人388人，其中刑拘80人，逮捕25人，移送起诉人28人。抓获5名在逃嫌疑

2018年1月19日，钦南公安分局组织召开警风警纪座谈会

（钦南公安分局　供稿）

人。开展清查统一行动14次,端掉传销窝点83个,刑事拘留33人,逮捕10人,教育遣返217人。

2018年12月11日,钦南公安分局民警在园博园卡点执勤

(钦南公安分局　供稿)

【刑事侦查】 2018年,公安钦南分局以扫黑除恶专项斗争为龙头,带动“神剑3”等系列专项行动开展,形成对各类违法犯罪的高压震慑态势。年内,钦南区共立各类刑事案件1665起,破案540起;抓获各类违法犯罪嫌疑人4759人,刑拘680人,逮捕548人,直诉87人,破获团伙43个、248人,抓获逃犯107人(其中6名为区厅千名督捕逃犯)、追缴赃款赃物折款402万元。其中破获涉黑涉恶案件47起,破获涉恶犯罪团伙17个、103人。逮捕、直诉涉恶犯罪嫌疑人129人。侦破自治区委政法委督办、钦州市唯一一起涉恶犯罪集团案件,破获陈某培等13人依托天使名车俱乐部非法高利放贷、暴力讨债的恶势力犯罪集团,该犯罪集团累计在钦州恶意讨债9起(造成1人轻伤二级),累计在南宁恶意讨债4起。涉案13人已全部依法判决。立涉枪案件5起、破案6起,逮捕直诉7人,取保候审1人,收缴涉案枪支30支。成功侦破全市年内首例、公安部认定的跨省网络贩枪系列案即梁某虹非法买卖枪支弹药案,缴获枪支6支,刑拘12人、逮捕3人。

【禁毒工作】 2018年,公安钦南分局紧盯严打涉毒、管控吸毒、防毒教育三大战场,扎实开展禁毒严打整治、“禁毒两打两控”“力响扫毒”攻坚战等专项行动深入开展,确保整治力度和强度不减,不断推动禁毒工作上新水平。年内,共破获毒品刑事案件79起(重特大毒品案件6起。其中公安部目标案件1起,厅级目标案件3起),抓获毒品犯罪嫌疑人114人,其中逮捕92人,移送起诉95人。抓获吸毒人员757人,其中强制隔离戒毒637人,社区戒毒35人,行政处罚85人。抓获外流贩毒人员6人。新发现吸毒人员65人。缴获各类毒品20.3公斤和制毒原料32.55公斤。缴获枪支4支,实弹3发,射钉弹100发。破获公安部督办的“10·14”专案,为钦州历年来第一起利用物流快递的特大跨国贩毒案件,抓获涉毒犯罪嫌疑人5名,共缴获疑似毒品3.75千克、涉案车辆4辆。年内在白石湖公园建设“钦南区毒品预防宣传教育基地”,加强全民禁毒宣传。每个月常态化在全区范围内同步开展4次大收戒统一行动,加强对犀牛脚镇和文峰街道2个重点整治地区的排查整治。

2018年1月26日,钦南公安分局召开返赃大会

(钦南公安分局　供稿)

【治安管理】 2018年,公安钦南分

局检查网吧352多间次、特种行业2528间次、公共娱乐场所265间次、寄递企业326家次，物流企业193家次，责令整改物流寄递业2处、特种行业4间、娱乐场所6处、旅馆业8次。加大对医疗机构安全管理工作，协助妥善处置医患矛盾纠纷3起化解3起。消防检查单位3996家，督促整改火灾隐患8954处，下发责令改正通知书3407份，下发行政处罚决定书77份，下发临时查封决定书34份，责令“三停”单位36家，拘留10人。从2018年5月16日至2018年8月底，开展扫黄打赌“百日攻坚战”专项行动，对重点地区及人员全面开展打击整治。全年受理治安案件3075起，办结824起，治安行政处罚1005人。涉黄涉赌刑事案件立11破6起，刑事拘留20人，逮捕9人，取保候审1人；办结涉黄涉赌行政案件214起，抓获违法人员803人，行政拘留500人，罚款303人；“利剑打假”、环境污染刑事案件立19起，破9起，刑事拘留26人，逮捕11人，起诉11人。其中立食品案件1起；立破假药案件1起，刑事拘留1人，逮捕1人；立烟草案件7起，破5起，刑事拘留7人，逮捕4人，起诉4人；立破非法采矿案件2起，刑事拘留5人，逮捕2人，起诉3人；立破环境案件1起，刑事拘留4人，逮捕4人，起诉4人；立成品油案件7起，刑事拘留9人。成功侦破公安部、环保部督办的“6·9”康熙岭镇铝锭冶炼厂污染环境案，辗转五省多市累计几千公里，抓获涉案犯罪嫌疑人4人，批准逮捕并移送起诉。组织整治钦江城区沿线非法排污行动，配合政府相关部门清理生猪6021头，关停养殖点74个，关停三个排污口，整改存在问题6处，教育有关负责人员达24人次。

【户政管理】 2018年，公安钦南分局深化“放管服”改革，推动各项便民利民举措的落地和深化户籍制度改革工作，优化营商环境，为钦南区总投资70亿元17个重大项目建设保驾护航。年内，共发放户口簿16960本，发放迁移证810张；办理出生登记入户9322人、死亡2574人、迁入1450人、迁出2044人、市内变动18103人、漏报补录524人、多报删除604人、流动人口登记7994人；居住证18469张、登记出租房屋2155间、居民身份证30860张（其中军人二代证151张）、审核签发省内异地居民身份证1371张及跨省异地居民身份证341张、办理异所、异地居民身份证2601张、临时身份证办理3188张；登记境外人员2394人，抓获“三非”境外人员158名。为无户口人员登记户口389人，登记贫困家庭无户人员落户182人；为企业办理集体户2个，为企业人员办理居住证509张、异地身份证406张。

【警卫安保】 2018年，公安钦南分局抓好重要对象警卫和重大活动安保工作。年内，建立50人应急小分队，100人应急处突特勤队伍；出动警力10972人次开展各项安保维稳工作，其中，出动警力1660人次，处置各种群体性（苗头）事件15次；出动警力6012人次，完成全国“两会”、高考、中央代表团到钦考察等安全保卫活动85次（其中一级警卫2次、二级警卫3次、三级警卫6次）；出动警力3300人次，配合党委政府维护征地拆迁、项目施工秩序88次，确保了金海湾西大街扩建项目油麻角安置点、白石湖菩提路等系列重点工程顺利推进。举全局之力确保改革开放40年、自治区成立60周年、“东博会峰会”、三娘湾迷笛音乐节以及半程马拉松赛、环广西自行车巡回赛、沙滩排球赛3个世界性赛事等系列重大活动的安全。

【公安科技】 2018年，公安钦南分局依托情报、网安、技侦、视侦等资源，分析研判，深挖线索，同步上案，警种联动策应，实现基层警务

2018年1月23日，钦南区久隆派出所举行新办公楼启用仪式

（钦南公安分局 供稿）

工作改善和提升。速破龚某某被寻衅滋事案、王某某等人寻衅滋事案、周某某等人寻衅滋事案、黄某某被故意伤害案等一系列重特大案件及在社会上影响恶劣的案件。年内，通过合成作战共推送各类线索2720条，协助破获刑事案件301起，占分局破案数的55.74%。协助抓获556人，其中逮捕345人；串并案件24串109起，破获系列盗窃团伙13个，破获涉恶类团伙16个；已落地待抓捕278人。推进情报信息基础工作，通过情报平台协助各办案单位抓获在逃人员89人，临时布控102人，协助抓获刑嫌人员115人；强化109平台数据采集和微察系统应用工作，采集社会信息1996271条，采集手机3113台内容数据7465075条，收集上报情报、动态信息900多条，完成"一机两用"整改检查及技术支持达207余次；不断推进互联网阵地管控工作，完成上报各类当地网络舆情、专项信息856条，落地核查网络舆情信息96条，落地查人87人。

【法制建设】 2018年，公安钦南分局坚持"案件审核一案一评""每周考评"和"季度考评"机制，严把案件审核评议关。年内，共审核各类行政案件780起，行政复议案件2起；受理行政复议3起，出庭应诉行政诉讼2起，刑事复议案件3起，国家赔偿申请3起。建立健全执法制度，完善《钦州市公安局钦南分局关于规范派出所跨辖区查处案件工作规范》等文件，印发《办案区使用情况登记簿》等台账资料，实现执法办案场所网上视频监督指导工作常态化，把"四个一律"落到实处。以评促学，以训促学，强化培训促进民警素质提升。开展"涉案车辆"专项检查工作，加强涉案财物管理，规范执法活动，有效解决涉案财物管理不规范、无主财物越积越多等突出问题。

【未成年人警务】 2018年，公安钦南分局对全国首创的"钦南未警模式"进行提档升级，在已有的基础上创立"一室""一站""一心"工作新模式。8月，未成年人警务大队联合广西佳和社会工作服务中心成立钦州市公安系统首个公益性"指南针"社工服务站。

【公安宣传】 2018年，公安钦南分局在各类媒体上稿236篇，通过微信、微博、网站等新媒体平台发布信息856篇/次，同时积极协调钦州360、钦州网、掌尚钦州等钦州本地新媒体转发。专门制作了安全防范公安宣传片，对有大LED视频屏的年年丰广场、大润发商城、建材城等7个场所赠送U盘滚动播放该宣传片；发动辖区75个户外小LED广告屏的商场、酒店宾馆、医院等要求滚动播出扫黑除恶、防盗抢骗等公安宣传标语。不定期开展提升安全感满意度法制宣传活动，通过播放安全防范视频、发放宣传资料、设置咨询台等形式，向咨询群众详细讲解各种安全防范方法，引导群众举报各类违法犯罪行为。2月5日，配合央视记者拍摄的"百变车牌"在央视《今日说法》栏目播出，宣传钦南分局及时破获金海湾东大街砸车窗抢劫案。11月3日，广西卫视《广西新闻》播出钦南分局破获一起特大跨国物流快递贩毒案件的新闻，向全区各级领导和群众展示了钦南警方的良好形象。年内共发放扫黑除恶、安全感满意度等宣传资料50多万份。

【公安信访】 2018年，公安钦南分局按照"公安信访专项活动'三项基础建设'验收标准"的要求，加强软硬件建设，信访工作总体水平得到有效提升。共受理群众来信来访150件(其中中央巡视组转办件1份)，其中立案诉求39件，不受理111件。

【警务督察】 2018年，公安钦南分局紧密围绕全国"两会"、上合峰会、东盟博览会、"60周年大庆"期间安全保卫行动督察以及扫黑除恶、"神剑3号"专项督察和各项重大警务部署，深入开展各项专项督察、现场督察和随案督察。年内，出动警力715人(次)，开展现场督察和专项督察626次(其中明查575次，暗访51次)，发各类通报65份，受理核查检举控告件62起，查结59起，不实投诉58起，查实1起，未结3起。发现纠正问题94件，提出建议97条，纠正警容风纪72人(次)。

【精准扶贫】 2018年，公安钦南分局结合精准扶贫工作，将"进百家门、访百家人、知百家情、排百家忧、解百家难"的"五百"走访群众活动作为一项常态化的工作常抓不懈。按照"321"工作要求，分局对结对帮扶的72户扶贫对象开展经常性地走访、慰问、帮扶，年内31户预脱贫户以过硬的质量顺利通过自治区脱贫攻坚大督查和扶贫开发成效"四合一"实地核查，贫困户满意率100%。

【公安队伍建设】 2018年，公安钦南分局结合"两学一做""不忘初心、牢记使命”“五查五整顿”等活动，践行中共十九大精神，着力提升民警素质、落实从优待警、从严治警。在2018年钦州市公安机关大比武中，钦南分局代表队以过硬的业务素质和实战能力勇夺团体总分、射击、警情处置等三项第一名，体能、法律法规竞赛两项第三名以及“优秀组织奖”。全年，钦南分局有29个集体、41人次获市局、区公安厅以上表彰。分局队伍连续十年未发生重大违法违纪问题，年内队伍“零违纪”。

（钦州市公安局钦南分局）

检　察

【概况】 2018年，钦南区人民检察院（简称钦南区检察院）内设具有独立编制机构12个，分别是：办公室、政工科、侦查监督科、公诉科、未成年人年检察科、民事行政检察科、控告申诉检察科、检察技术科、案件管理办公室、司法警察大队、派驻那丽检察室和后勤服务中心。内设未具有独立编制机构1个，“惠民检察热线”办公室。有中央专项政法编制40个，在职在编37人，其中副处级1人，正科级6人，副科级6人，科员24人。员额检察官13人，检察官助理10人，书记员5人，司法行政人员3人，法警4人。是年，钦南区检察院从严治检，抓好检察队伍建设，服务经济发展大局，维护社会和谐稳定，惩防并举、推进反腐倡廉建设，强化监督、促进司法公正，深化改革、规范保检察权运行。年内，获得市级以上表彰的集体、个人共28项（次），连续三年获评全国检察宣传先进单位，未成年人检察部获评“全区检察业务优秀集体”，苏慧获最高人民检察院记个人一等功。

【服务经济社会健康发展】 2018年，钦南区检察院把检察工作放在经济社会发展大局中去谋划和推进，为钦南区经济高质量发展提供优质的司法服务。制订《关于切实履行检察职能为优化营商环境“服务企业年”活动提供司法保障的实施意见》，领导班子成员直接联系服务民营企业7家，深入企业走访服务18次。注重平等保护各种所有制企业合法权益，批准逮捕破坏市场经济秩序犯罪嫌疑人32人，起诉37人。围绕防范化解重大风险、精准脱贫、污染防治“三大攻坚战”，积极发挥检察职能作用。防范经济、金融风险，依法惩处非法吸收公众存款、集资诈骗等严重危害金融安全犯罪。对重大敏感案件严格按照“三同步”原则妥善处理，开展风险评估1063件。参与脱贫攻坚战，选派2名青年干警担任第一书记和扶贫工作队员，43名干警与59户、242名贫困户结成帮扶对子，挂点帮扶村年内共有17户77人实现脱贫。着力惩治污染环境犯罪，批准逮捕此类犯罪嫌疑人21人，提起公诉39人，其中，依法对中央第五环保督察组督察发现非法炼铝“6·9污染环境案”的4名犯罪嫌疑人提起刑事附带民事公益诉讼，追偿生态环境损害赔偿248万，是钦州市检察机关首例刑事附带民事公益诉讼案件。开展涉食品药品安全领域公益诉讼及专项立案监督活动，督促食药监督部门依法履职，对辖区“美团网”“饿了么”等第三方网络外卖平台及入网餐饮企业进行整顿查处，下线不符合规定的餐饮企业14家。着力维护农民工合法权益，向法院提出支持农民工讨薪的起诉意见1件并获采纳。加大对特困刑事被害人救助力度，通过司法救助助力脱贫攻坚，共救助刑事被害人7人，发放司法救助金8.7万元，避免刑事被害人因案致贫、返贫问题发生。

【刑事检察及维稳】 2018年，钦南区检察院扎实开展扫黑除恶专项

2018年9月30日，钦州市钦南区检察院举行12309检察服务中心揭牌仪式暨“走近12309，检察为民新体验”主题活动　（区检察院　供稿）

斗争，始终保持对黑恶势力严打高压态势，严惩聚众斗殴、寻衅滋事、暴力讨债等黑恶势力犯罪，批准逮捕涉恶类犯罪嫌疑人64人、起诉37人。对自治区高级法院、自治区检察院、公安厅挂牌督办的陈立培等13人暴力讨债涉恶犯罪集团提起公诉，取得强大的震慑效应。依法严惩严重刑事犯罪，在“平安钦南”建设中发挥检察职能作用，依法履行批捕、起诉等职能，批准逮捕各类刑事犯罪嫌疑人614人，提起公诉676人。突出惩治影响群众安全感犯罪，依法起诉危害公共安全犯罪嫌疑人34人，故意伤害犯罪60人，“两抢一盗”等多发性侵财犯罪209人，毒品犯罪112人。主动化解社会矛盾，践行新时代“枫桥经验”，落实“谁执法，谁普法”责任制，完善检调对接、刑事和解等工作机制，促成矛盾化解38件50人。加强涉法涉诉信访工作，受理来信来访287件，妥善处理集体上访6件、63人。打造“12309”检察服务中心，构建线上线下一体化检察服务综合平台，努力为群众提供“全方位”“一站式”服务。

2018年6月15日，钦南区检察院联合多部门召开钦南区公益诉讼联席会

（区检察院　供稿）

【未成年人检察】 2018年，钦南区检察院深化未成年人检察社会支持体系建设，在钦州市儿童福利院等建立“海豚之家”未成年人观护基地，在学校、司法所等设立多个不同功能的观护站，对涉罪未成年人进行监管并提供社会服务和技能培训，6名涉罪未成年人纳入基地进行观护，矫正其不良心理和行为。深化“灵动海豚”心理健康服务项目效果，39组个案及家庭纳入服务项目，提供心理健康服务89人次。组建“启明星”法治巡讲团，深入25所学校开展法治宣传。未检工作在广西未成年人关爱保护服务体系建设推进会上作经验发言。

2018年1月16日，区检察院成功调解一起诈骗案，为尧某等二十多位被害人追回百万诈骗款获赠锦旗

（区检察院　供稿）

【刑事诉讼监督】 2018年，钦南区检察院严把案件事实关、证据关、程序关和法律适用关，对不构成犯罪或证据不足的，依法不批捕117人、不起诉23人。加强刑事立案和侦查活动监督，依法监督立案13件14人，纠正侦查活动违法10件，纠正漏捕8人，纠正遗漏罪犯18人，纠正遗漏罪行10件。加强刑事审判监督，对认为确有错误的刑事裁判提出抗诉3件，法院采纳抗诉意见并改判4件，获评广西检察机关“精品刑事抗诉案件”1件。

【民事审判和行政诉讼监督】 2018年，钦南区检察院围绕提请抗诉、检察建议和执行监督三项基本职能，构建多元化民事行政诉讼法律监督格局。发出执行监督检察建议7件，再审检察建议1件。执行监督检察建议已被法院采纳8件，再审检察建议已被法院采纳2件，法院改判3件。

【公益诉讼】 2018年，钦南区检察院落实中共钦南区委区政府关于支持检察机关开展公益诉讼工作的意见，营造开展检察公益诉讼的良好环境。围绕生态资源和环境保护、食品药品安全等重点领域突出问题，发出诉前检察建议5份，相关职能部门完成整改3件，督促国土部门拆除违法建筑物9000多平方米，恢复耕地104亩。以钦江、大风江、茅岭江流域水资源和岸线资源保护为重点，开展“钦江水资源与环境保护”专项活动，督促环保部门整治屠宰行业持续超标排污问题，17家屠宰场停业整改，治理恢复被污染水资源。

【检察调研信息宣传】 2018年，钦南区检察院针对院党组工作部署，积极向区委、区政府或者其他部门报送各类请示、报告等7份，为上级机关和领导提供决策和参考依据。共编发情况反映51期，市院采用25条，1条信息获自治区人民检察院党组书记、副检察长蒙永山批示。在《检察日报》《公诉人》《广西法治日报》等各级媒体上发表检察宣传文章104篇。在省级以上期刊发表论文9篇，有2篇论文获省部级表彰，有3篇论文获评钦南区社会科学优秀成果奖。持续稳步运营门户网站和“两微一端”平台，其中，在门户网站发布消息123条；微信公众号“钦南检察”编发各类文章230期464条，总阅读量23万+，38次入围广西检察机关周榜20强，稳居全区检察系统第一方阵；官方微博发布微博234条，新闻客户端推送检务信息229条，累计阅读量96万。

【检察改革】 2018年，钦南区检察院推进司法责任制改革，科学设置办案组织，将85%的人力资源配置到办案一线，实行“捕诉一体”办案机制，建立扁平化司法办案模式，确保检察权高效有序运行。深化综合配套改革，出台《司法办案内部监督暂行办法》《检察官办案质量评查办法》等制度，强化对检察官司法办案监督，确保办案质效。入额院领导带头办理重大、疑难、复杂案件，共办理各类案件226件。发挥惩治腐败职能作用，坚决支持国家监察体制改革，主动配合做好反贪、反渎和预防部门职能划转及人员转隶工作，划转政法专项编制11个，确保转隶前后思想不乱、工作不断。抓好职务犯罪检察工作，出台《支持配合国家监察体制改革试点办理职务犯罪案件工作办法（试行）》，职务犯罪案件办理与监察委实现有效衔接，共依法办理职务犯罪案件2件2人。

【检察队伍建设】 2018年，钦南区检察院把政治建设摆在首位，落实全面从严治党主体责任，建立新时代讲习所，学习贯彻中共十九大精神和习近平新时代中国特色社会主义思想，推进“两学一做”学习教育常态化、制度化，引导干警树牢“四个意识”，坚定“四个自信”，做到“两个维护”。坚持抓党建带队建，党建与业务工作同谋划、同部署、同考核，创新“党建+”模式，推动党建与业务工作深度融合，促进了各项检察业务工作协调发展。贯彻落实新时代检察工作总要求，开展“敢担当、比奉献”季度标兵评选活动和“破难题、补短板、强弱项”专项活动，努力营造创先争优良好氛围。抓好干部教育培训工作，推行岗位素能基本标准，选派干警参加各类专业培训87人次。以发生在身边的典型案例为反面教材，部署开展“警示教育暨纪律作风整顿月”活动，突出问题导向，剖析问题根源，抓好问题整改。强化纪律作风整顿，出台《钦南区人民检察院纪律作风督察办法》，严格执行钦南区干部召回管理制度，整治检察队伍中存在的“庸、懒、散、慢、浮、贪”等不作为、慢作为、乱作为问题，从严从实监督管理队伍。

【接受各界监督】 2018年，钦南区检察院主动接受人大监督，全面落实钦南区六届人大三次会议决议，逐条梳理人大代表对检察工作的意见建议，认真对照整改并及时反馈。加强与人大代表经常性联系，开通人大代表、政协委员联络热线电话、微信号，及时通报检察工作动态。邀请人大代表参加检察开放日等活动21人次，走访人大代表18人次。主动接受政协民主监督和社会监督，配合自治区政协组织各民主党派人士到该院调研座谈，邀请政协委员、人民监督员视察检察工作17人次。向社会公开案件程序性信息1276件，终结性法律文书518份，发布重要案件信息38条。

审 判

【概况】 2018年，钦州市钦南区人民法院（简称钦南区法院）内设8个审判（执行）业务庭（局）和4个行政综合管理部门，辖钦州港和那丽2个基层人民法庭。现有行政编制人员86人，事业编制人员5人，其他聘用人员91人，其中法官39人。在行政编制人员中，具有研究生学历5人、本科学历78人、专科学历5人、其他学历3人。2018年共受理各类案件5514件，审执结5340件，结案率96.84%。是年，钦南区法院依法开展刑事审判、民商事审判、行政审判，加强审判执行工作，打造特色司法服务，推进司法改革创新，规范审判管理，加强队伍建设。年内全院共审结各类案件3684件，结案率96.2%。执结执行案件1417件，结案率98%，到位标的10426.39万元。年内获各级表彰集体7个，个人8人次。其中，国家级个人表彰1人次；自治区级表彰集体3个，个人表彰3人次；获市级表彰集体4个，个人表彰4人次。

2018年12月27日，钦南区人民法院依法对陈某培等13名被告人犯寻衅滋事罪、非法拘禁罪一案进行公开宣判　　（区法院　供稿）

【刑事审判】 2018年，钦南区法院依法惩治刑事犯罪，维护社会稳定。审结各类刑事案件470件、573人，结案率96.51%。其中，审结暴力犯罪和侵财类犯罪案件250件、319人；审结经济犯罪案件18件、24人；审结破坏环境犯罪案件22件、34人；审结妨害社会管理秩序犯罪案件106件、117人。开展“扫黑除恶”专项活动，依法对恶势力集团陈某某等13人涉嫌寻衅滋事、故意伤害罪案件进行提前介入和公开审理，依法判处刑罚。

【民商事审判】 2018年，钦南区法院化解民商事纠纷，维护当事人合法权益。审结民商事案件3124件，结案率96.00%。注重保障民生，审结涉民生纠纷案件329件；保护契约自由，审结合同纠纷案件2207件；注重维护婚姻家庭和谐，审结家事纠纷案件313件；注重案件审理社会效果，共调撤民商事案件1076件，调解率35.12%。

2018年5月23日，自治区高级人民法院党组书记、院长黄海龙（左二）率调研组一行6人到钦州市钦南区人民法院钦州港人民法庭进行调研指导　　（区法院　供稿）

【行政审判】 2018年，钦南区法院依法审理行政案件，助推法治钦南建设。审结行政诉讼案件90件，结案率100%。受理国家赔偿案件4件，审结4件，结案率100%。继续推进和完善涉重大项目、征地拆迁和拆违纠纷联动处理机制，加强行政协调和解工作，妥善化解行政争议。年内，共参与涉法工作协调会67人次，为区委区政府重大项目和重大事件的决策提供法律建议20条，有效促进项目及时顺利开展。

【案件执行】 2018年，钦南区法院着力破解执行难题，兑现当事人胜诉权益。执结执行案件1417件,结案率98%,到位标的10426.39万元。开展执行攻坚“百日风暴”专项执行活动,通过采取院领导包片、包案制度,加大拘传、拘留等强制措施和重点惩治拒执行为,提高执行权威。建立执行工作与财产保全衔接配合机制和规范网络司法拍卖,提升审判执行效能,缓解“执行难”。加大司法救助力度,体现人文关怀。紧扣第三方评估标准,完善执行管理制度,提升执行工作规范化水平。年内,共发布失信被执行人名单215人,限制高消费2089人次;罚款15件93万元,拘留29人次,依法追究拒执罪刑事责任2人。服务企业快执显成效,1300多万案款执行到位。8月28日,钦南区法院为企业开通绿色通道,专案专办,快速执结一起涉企债权纠纷案件,为申请执行人执结到位1300万元。申请执行人代表杨某送来一面写有“高效执行·服务大局”八个大字的锦旗致谢。

【改革创新】 2018年,钦南区法院开展“质效提升年”活动。以党建引领促审判为工作思路,建立完善审判管理五项制度,全面提高审判质效。进一步落实司法责任制改革,建立健全专业化审判团队,优化人员配置。完善案件分配机制,提高办案效率。年内,员额法官人均结案数为136件,院领导主办案件437件,办结431件,结案率98.63%。统筹推进司法责任制配套改革。全面推进人员分类管理改革,完成法官、法官助理和书记员职务序列等级确定工作。共确定各级法官39名,法官助理13名,书记员12名;晋升法官9名。积极推进绩效工资制度改革,落实法院干警相关职业待遇政策。稳步推进法院内设机构改革。根据最高法和区高院的文件要求,结合钦南区法院实际,制定内设机构改革方案,上报上级法院审批通过。

【营商环境优化】 2018年,钦南区法院立足审判职能,把握服务重点,协调、支持项目建设和企业发展,保护非公经济主体合法权益,护航“一带一路”门户港建设。年内,共审结非公经济案件283件,执结涉企案件194件,实现企业债权1330.32万元。派员协助政府征地拆迁、环境整治工作,有力推进白石湖景区菩提路整治等一批重大项目的进展。

【诉讼服务环境改善】 2018年,钦南区法院按照上级法院要求,加快新型服务中心信息化建设,在诉讼服务大厅新增导诉一体机、自助查询机、自助售货机、便捷充电机,升级了LED显示屏等便民设备,完善便民设施,为当事人提供一站式服务。

【社会综合治理创新】 2018年,钦南区法院发扬新时代“枫桥经验”,利用“婚调委”等平台作用,共诉前调解和联调案件1430件,达成协议323件,涉案金额3649.51万元。落实普法责任,依托青少年法制教育基地、巡回法庭等平台作用,开展“开学第一课”“扫黑除恶专项斗争巡回集中宣传”“全民禁毒宣传月”等主题法律宣传活动36场次,举办模拟法庭3场,发放宣传资料1.2万余份。钦南法院喜获钦州市创建“零犯罪学校”先进单位荣誉称号。3月30日,在钦州市第三届“关爱明天 普法先行”——青少年普法教育活动中,钦南区人民法院被评为全市创建“零犯罪学校”先进单位。

【加强队伍建设】 2018年,钦南区法院以“两学一做”制度化、常态化、教育活动,“五查五整顿”专项整治活动和“不忘初心、牢记使命”主题教育活动为抓手,加大队伍思想政治教育,坚定队伍理想信念,营造风清气正的廉政氛围。

【推进智慧法院建设】 2018年,钦南区法院升级改造视频会议系统和视频监控专网,配套升级会议室硬件设备、科技法庭设备等,深化信息化水平。是年,钦南区法院11个科技法庭、93个视频监控摄像头、远程接访、远程会议系统全部接入高院平台。建设档案数字化数据库,完成档案扫描49280件;落实电子卷宗随案生成和深度应用工作,实现案件电子卷宗同步生成。

【深化司法公开】 2018年,钦南区法院全面推进“四公开”:审务信息公开、审判流程公开、庭审活动公开、裁判文书公开,提升司法公信力水平。2018年,共庭审直播案件844件、上网公开裁判文书4635件,发布微信190条,微博1191条,在钦州和广西电视台播出专题报道10期,创新拍摄首部以农民工讨薪为题材的微电影《天道有情》,传播司法正能量。

【接受监督】 2018年,钦南区法院坚持党对法院工作的绝对领导,对人大代表政协委员提出的意见建议做到件件有落实,事事有回应。加强与人大代表、政协委员联络，邀请代表参加公众开放日活动4人次，定期书面向人大报告法院工作；接受社会监督，邀请新闻媒体、社会团体等参观法院、观摩庭审活动120人次。扩大人民陪审员参审范围，提高群众参与司法工作的代表性和覆盖面。年内，人民陪审员参审案件1148件，参审率达100%。

【政事纪要】

钦南区法院开展2018迎新春送温暖扶贫慰问活动和扶贫工作 1月30日，钦南区法院党组成员、副院长韦民带领该院部分干警代表到钦南区那思镇牛寮水村，为该院帮扶的贫困户们送去化肥、杀虫剂等新春慰问品，同时向贫困户们送上钦南区法院全体干警的关怀与祝福。开展“扶贫攻坚工作”。发动干警为贫困户募集捐款捐物，帮助挂点帮扶村实现脱贫引产。

自治区妇联副主席伍艳娟一行到钦南区法院调研妇女儿童维权工作 4月24日，广西壮族自治区妇联副主席伍艳娟一行到钦南区法院，对妇女儿童维权岗建设工作情况进行调研。钦州市妇联副主席、党组成员姚海燕，钦南区委副书记饶文勇，钦南区人民法院党组书记、院长何显锋等领导陪同调研。伍艳娟副主席充分肯定了该院妇女儿童维权岗工作多年来取得的优秀成绩和荣誉，尤其是对钦州市青少年法制教育基地受益面广、开展法治活动效果显著表示赞扬。

自治区平安建设督查调研组到钦南区法院大番坡镇茂盛小区法官工作室调研 5月21日，自治区综治办综治二处处长林雄率自治区平安建设督查调研组一行6人到大番坡镇茂盛小区法官工作室进行督查调研。钦州市委政法委副书记、市综治办主任黄定俊，钦南区委常委、政法委书记邓善锋，区法院党组成员、副院长韦民等领导陪同调研。

自治区高院黄海龙院长到钦南区法院钦州港法庭调研指导 5月23日，自治区高级人民法院党组书记、院长黄海龙率调研组一行6人到钦州市钦南区人民法院钦州港人民法庭进行调研指导。钦州市委常委、政法委书记林庆山，钦南区党委副书记、区长李遥，钦南区委常委、政法委书记邓善锋，钦南区人民法院党组书记、院长何显锋陪同调研。黄海龙院长要求，要充分利用信息化建设，提高庭审效率，充分锻炼法官助理，让他们参与到庭审中，以储备优秀的员额法官后补人选。

钦州市中院李忠林代院长到钦南区法院调研指导工作 6月8日，钦州市中级人民法院党组书记、代院长李忠林，钦州市中级人民法院党组成员、执行局局长韩卫东等一行3人到钦南区人民法院，就该院审判执行工作进行调研。钦南区委常委、政法委书记邓善锋，钦南区人民法院党组书记、院长何显锋参加调研。

自治区高院调研组到钦州港法庭调研司法改革落实情况 7月12日，自治区高院咨询委员会主任、自治区高级人民法院原院长黄克，自治区高级人民法院党组成员、副院长卢上需率调研组一行到钦南区人民法院钦州港人民法庭，实地走访调研了法庭的基础建设情况和司法改革落实情况。钦州市委常委、政法委书记林庆山，钦州市中级人民法院党组书记、代院长李忠林，钦南区委常委、政法委书记邓善锋，钦南区人民法院党组书记、院长何显锋陪同调研。

自治区法学会李沛芬书记到钦州市青少年法制教育基地督查指导工作 7月25日，自治区法学会党组书记、常务副会长李沛芬率督查组一行到钦州市青少年法制教育基地，参观了基地的运行以

2018年7月25日，自治区法学会党组书记、常务副会长李沛芬（左三）一行到钦南区钦州市青少年法制教育基地，参观基地的运行以及宪法建设情况

（区法院　供稿）

及宪法建设情况。钦州市司法局党组书记、局长梁家顺，钦州市司法局党组成员、副局长黄祖达，钦州市法学会党组成员、副会长莫贻凤，钦南区委常委、政法委书记邓善锋陪同视察。李沛芬表示，希望钦州市有关单位充分发挥基地的教育示范作用，继续加大宣传力度，让全市青少年都能接受法制教育，了解宪法。并要将宪法教育向村镇一级延伸，以展板的形式把宪法理念送进每一个自然村，让宪法至上的概念在每一个人的心里生根发芽。

自治区高院执行局局长梁文华到钦南区法院督导“基本解决执行难”工作 7月27日，自治区高院执行局局长梁文华、执行第一庭副庭长廖雄强到钦州市钦南区人民法院，督导该院“基本解决执行难”工作开展推进情况，并看望慰问了奋战在一线的执行干警。钦州市中级人民法院副院长张元成，钦南区人民法院党组书记、院长何显锋陪同督导检查。

钦州市委政法委林庆山书记到钦南区法院督导“基本解决执行难”工作 8月14日，钦州市委常委、政法委书记林庆山到钦南区法院督导“基本解决执行难”工作。钦南区委常委、政法委书记邓善锋，钦南区法院党组书记、院长何显锋，钦南区法院党组成员、副院长韦民陪同。

老挝检察代表团到钦州市青少年法制教育基地参观考察 8月23日，老挝人民民主共和国琅勃拉邦省检察院检察长邦伦·曼尼翁等10人组成的老挝检察代表团到钦州市青少年法制教育基地参观考察。钦州市检察院党组成员、副检察长贾文宇，钦南区委常委、政法委书记邓善锋，区法院党组书记、院长何显锋，区检察院党组书记、检察长颜家强等领导陪同。

钦南区法院家事少年庭荣获“全区法院家事审判工作先进集体”荣誉称号 2018年1月—8月，钦南区法院共受理家事纠纷案件416件，审结372件，结案率89.42%，其中调解结案98件，撤诉72件，调撤率40.32%，所判决家事纠纷案件无一出现信访闹访。在广西壮族自治区高级人民法院发文对全区法院家事审判工作先进集体和先进个人予以通报表扬的通报中，钦南区人民法院家事少年审判庭被授予“全区法院家事审判工作先进集体”称号。

钦南区法院调研课题荣获全区法院优秀调研成果三等奖 在自治区高院《关于表彰2016—2017年度全区法院优秀调研成果的通报》中，钦南区法院报送的调研课题《离婚诉讼中妇女权益保护的证实研究——以钦南法院2015—2017年审结的离婚案件为样本》获全区法院优秀调研成果三等奖。

青海省政协副主席、法学会会长王晓勇一行到钦州市青少年法制教育基地考察 9月14日，青海省政协副主席、法学会会长王晓勇一行6人到钦州市青少年法制教育基地考察。自治区法学会党组书记、常务副会长李沛芬，钦州市委常委、政法委书记、法学会会长林庆山，市政协副主席何敏成，市委政法委副书记、法学会党组书记蓝群胜，钦南区委常委、政法委书记邓善锋，钦南区法院党组书记、院长何显锋陪同考察。

自治区“七五”普法中期督查组到钦州市青少年法制教育基地督查普法工作 9月26日，自治区司法厅政治部组织培训处处长卿旭阳率自治区“七五”普法中期督查考核组一行四人到钦州市青少年法制教育基地督查基地开展普法工作的情况和取得成效。钦南区委常委、政法委书记邓善锋，钦南区法院党组成员、副院长韦民，党组成员、政工科科长苏崇信陪同督查。

2018年8月23日，老挝人民民主共和国琅勃拉邦省检察院检察长邦伦·曼尼翁（右二）一行10人到钦州市青少年法制教育基地参观考察

（区法院 供稿）

钦南区法院首起涉恶犯罪案件开庭 11月29日，钦南区人民法院一审依法公开开庭审理被告人陈某某、班某某、陆某某、吴某某、王某某、郭某某、黄某某、黎某某、曾某某、苏某某、伍某某、吴某某、符某某涉嫌犯寻衅滋事罪、故意伤害罪一案。该案由钦南区人民法院刑事审判庭庭长黄文辉担任审判长，与审判员陈明耀、审判员易晓霞共同组成合议庭，钦南区人民检察院副检察长宾斌、检察员梁艳华出席法庭支持公诉。钦南区委政法委、法院、检察院、公安、司法局班子领导，部分人大代表、政协委员，各镇(街道)综治办主任、派出所所长，被告人亲属、媒体记者等100余人旁听庭审。

老挝妇女代表团到钦南区法院参观考察 12月15日，由老挝妇女联合会中央委员会副主席诗丽吉·布帕担任团长的老挝妇女代表团一行15人到钦南区参观钦州市青少年法制教育基地、妇女儿童维权岗和钦南区婚姻家庭纠纷人民调解委员会调解室。自治区妇联副主席伍艳娟，钦州市妇联主席姚海燕，钦南区委常委、宣传部部长、副区长赖廷耀，钦南区妇联主席杨国荣，钦南区法院副院长邱曼莉等领导陪同。

钦南区人民法院依法公开宣判一起涉恶案件 12月27日，广西壮族自治区钦州市钦南区人民法院依法对陈某某等13名被告人犯寻衅滋事罪、非法拘禁罪一案进行公开宣判。对恶势力犯罪集体的首要分子陈某某、班某某，以二人犯寻衅滋事罪、故意伤害罪分别判处有期徒刑五年和四年六个月；对恶势力犯罪集团的骨干分子陆某某、吴某某、苏某某，以三人犯寻衅滋事罪分别判处有期徒刑二年一个月至二年七个月不等；对恶势力犯罪集团的一般成员王某某、郭某某、黄某某、黎某某、曾某某、伍某某、吴某某、符某某，以其参与的犯罪分别判处有期徒刑一年二个月至二年九个月不等。钦南区委政法委、法院、检察院、公安、司法局班子领导，部分人大代表、政协委员，被告人亲属50余人旁听了宣判。

（区法院）

司法行政

【概况】 2018年，钦南区司法局(简称区司法局)内设办公室、政工股、基层工作股(行政审批股)、社区矫正工作股(刑释人员安置帮教工作股)、法制宣传股、法制股、社区矫正警察大队。下辖尖山司法所、沙埠司法所、黄屋屯司法所、康熙岭司法所、大番坡司法所、久隆司法所、那丽司法所、那彭司法所、那思司法所、丽光场司法所、文峰司法所、南珠司法所、向阳司法所、水东司法所、龙门港司法所、东场司法所、犀牛脚司法所17个派出机构；法律援助中心1个下属机构。局编制50个，实有人员37人。有律师事务所5家，执业律师人数39人。是年，区司法局扎实开展人民调解工作，深入开展法治宣传教育和依法治理，推进法治钦南建设，加强对特殊人员的管理，优化法律服务，加强司法行政队伍建设。2018年，钦南区被全国普法办授予“全国法治县(市、区)创建活动先进单位”；大番坡司法所被司法部授予“全国先进司法所”；区司法局局获得市级集体三等功1次；沙埠司法所获得市级“先进集体”；2人被司法部授予“全国人民调解工作先进个人”称号；2人入选广西信访矛盾纠纷人民调解专家库；1人获得市级“个人三等功”，8人获得市级“先进个人”；向阳司法所所长曾伟丽、大番坡司法所所长李代俊的事迹获得《钦州日报》和钦州电视台的专题报道。

2018年5月14日，区司法局组织党员干部到钦南区行政信息中心二楼大堂参观扶贫领域腐败和作风问题的典型案例展览

（区司法局 供稿）

【法治宣传教育】 2018年，区司法局联合相关单位在年年丰广场、永福广场、各乡镇主街开展网络诚信、宪法、禁毒、铁路安全、扫黑除恶等法治宣传活动40多次；组织局机关干部和各司法所兼职法治副校长组成法治宣传组到辖区中小学校开展法治进校园宣传教育活动61场次，受教育学生约2万多人次。2018年以来，全区充分运用多种形式，广泛开展普法依法治理工作，全区共出动法治宣传车650多车次，广播宣传2500多次，发放各种宣传资料53万份，拉横额930条，张贴标语1600条，受教育人数达42万人。

【人民调解】 2018年，钦南区161个村(社区)均建立人民调解委员会，17个镇(场、街道)，4个行业性专业性人民调解委员会，总共配有人民调解员903名。全区各级人民调解组织以开展矛盾纠纷精准排查和精细化解专项活动为平台，采取定期例行排查和敏感时期重点排查相结合，层层落实排查调处纠纷责任制，把纠纷排查调处工作的责任落实到各级领导和调解人员身上，对排查出来的纠纷做到早疏导、早化解，把矛盾和问题化解在镇、村、队，有效遏制矛盾的激化和扩大。年内，全区182个人民调解委员会开展排查3296次，排查各类矛盾纠纷1662起，调解成功1613起，调解成功率97.05%。

【社区矫正】 2018年，钦南区接收社区服刑人员130人，在矫社区服刑人员175人。区司法局贯彻落实《社区矫正实施办法》《广西壮族自治区社区矫正实施细则》等相关法规。严格监督规范执法，实施分级分类管理，加大日常监督管理工作力度，对在社区矫正期间违反监督管理规定的社区服刑人员依法实施惩戒，对12人给予警告。加强重要节假日和敏感期间社区服刑人员的监管工作，丰富学习内容，创新教育形式，提高教育矫正质量，加强教育矫正工作。年内共组织社区服刑人员进行集中教育3124人次、社区服务2838人次、个别教育1820人次、走访教育2964人次。加强社区矫正信息化建设，全力推进视频点名系统、社区矫正远程视频督查系统建设和局机关视频会议本地服务器建设工作。年内，共投入60多万元，全面推进局应急指挥中心、视频会议本地服务器、局机关和基层司法所社区矫正视频监控系统建设及应用工作，配备了200万高清监控摄像头、视频录像机和硬盘。

【安置帮教】 2018年，区司法局对刑满释放人员进行建立完善无缝对接，信息平台录入，建立台账，对刑满释放回乡人员登记造册，建立一人一档，做到有帮教计划、有帮教记录、有思想情况分析、有跟踪监督措施、有帮教责任人。完善对刑释解教人员的重点帮教和一般帮教管理防范措施，对刑满释放人员精准核实“三无人员”(“三无”指无家可归、无亲可投、无业可就人员)，做好“三无”人员的衔接管控工作。与监狱机关和公安机关联合开展刑满释放人员排查工作，建立衔接手续，杜绝管理盲区。加大安置帮教力度，对在监狱服刑、刑满释放人员有特殊困难的子女上学难、生活经济困难协调指导办理享受低保金及纳入扶贫对象，引导民营企业、社会组织、社会志愿者队伍等各方面资源和力量参与安置帮教工作全过程，形成全社会参与安置帮教工作的良好氛围。全年，钦南区共接收刑满释放人员386人，建立帮教人员档案386宗，列入帮教人员386名，帮教率100%。与共青团区委组织开展“青年志愿者彩虹桥行动”，组织钦州籍各大中专院校共42名青年志愿者以社会实践的方式，利用寒暑假返乡期间到家所在地的司法所，协助司法行政机关开展社区矫正、安置帮教、人民调解、法律宣传、法律

2018年11月30日，区司法局结合社区新时代讲习所活动开展宣讲课

(区司法局 供稿)

援助等一系列参与社会治理和服务群众的志愿活动。

【社区戒毒】 2018年,区司法局完善调整各镇、街道成立社区戒毒工作站领导机构,建立完善钦南区社区戒毒工作、钦州市药物维持治疗门诊文峰社区服务中心延伸服务的社区戒毒工作。钦南区社区戒毒、社区康复有吸毒人员2319人,其中强戒人员523人、社区戒毒人员21人(有社区戒毒、康复决定书的有23人)。实际吸毒人员1773人。在钦南区戒毒中心药物治疗服食美沙酮人员有112人,加强对在社区进行戒毒康复人员教育、帮扶、管理。

【一村(社区)一法律顾问制度建设】 2018年,区司法局充分整合资源,组织律师(基层法律工作者)到未有法律顾问的17个村(社区)担任法律顾问,至此该区60名律师(基层法律工作者)与158个村(社区)签订服务协议,受聘为村(社区)的法律顾问,覆盖面达到100%。村(社区)法律顾问参与修订涉法文书15件,接受群众法律咨询596次,处理群体性纠纷10件,参与调解纠纷32件,承办法律援助案件21件,代理诉讼案件5件,协助处理其他涉法事务1件,使3起集体上访案件得到息访。

【法律援助服务】 2018年,区司法局以规范化建设为重点,抓好法律援助网络体系,进一步提升法律援助服务质量。依托11个乡镇,5个街道,1个华侨农场司法所、130个村(社区)以及工会、共青团、妇联、残联、老龄委、法院、人社等单位及部门建立了法律援助工作站点,实现一镇一站(工作站)、一街道办一站(工作站)、一村(社区)一点(便民服务联系点)、一组(村民小组、居民小区)一员(联络员),按“规范、务实、便民、高效”的总要求,围绕落实“六有”工作目标,统一购置了宣传资料架,制作了工作站牌及职责牌,做到运行顺畅,方便困难群众申请和获得法律援助。是年,钦南区法律援助中心共办理了各类法律援助案件共受理各类法律援助案件共计158起,为受援人挽回经济损失共计202.36万元。共接待群众来信、来电、来访、解答各类法律咨询86起/132人次,其中“12348”热线42余人次。年内,全区律师、法律工作者积极履行法律援助案件58件(其中刑事案件20件、民商事案件38件),咨询32件,代写法律事务文书2件,调解案件1件,参加社会服务及其他社会公益活动共5次,受到当事人及其他社会公众的多次表扬。

【扫黑除恶专项斗争】 2018年,区司法局定期召开领导班子会议和全局干部职工会议,专题部署“扫黑除恶”专项斗争,形成扫黑除恶专项斗争的整体合力。组织全系统党员干部签订《扫黑除恶专项斗争承诺书》,切实增强全体干部“四个意识”,坚定打赢“扫黑除恶”攻坚战的决心。班子成员分别到基层司法所、村级人民调委会、律师事务所开展调研,形成调研报告,对区司法行政系统如何在扫黑除恶专项斗争中发挥作用提出针对性措施,做好扫黑除恶专项工作。做好社区服刑人员的安全隐患大排查和管控帮教工作。年内,区司法局基层各司法所对社区服刑人员开展扫黑除恶集中教育训诫会71场次,参会人数746人。开展扫黑除恶专项行动法治宣传教育活动。年内,区司法局分别到沙埠中学、那思镇街上和米子村、黄屋屯镇、犀牛脚镇、年年丰广场开展禁毒和扫黑除恶宣传活动,发挥法治宣传教育职能。全年开展扫黑除恶专题宣传活动17场,悬挂横幅14条,制作宣传展板两块,固定宣传牌1块,LED滚动宣传4块,发放宣传单15000份,开展现场咨询13场,新媒体宣传78篇,开展训诫会71场,讲习会1场,在微信公众号推送42条扫黑除恶信息,发布28条相关微博。开展矛盾纠纷扫黑除恶“大排查、大调处”活动。清明节期间,区司法局把矛盾纠纷的排查调处工作与扫黑除恶专项斗争工作相结合,深入各镇(街道)、村(社区),帮助化解矛盾、指导工作、送法上门、摸排线索,引导群众揭发检举“村霸”、宗族恶势力、“保护伞”等黑恶势力违法犯罪线索,配合公安机关,成功惩治黄屋屯镇大冲村委黄姓与康熙岭镇傍钦村委石角村方姓涉恶坟山纠纷、那思镇那思村委科叶垅岐山被茶兰垌下双山村民小组部分村民侵占等一批恶势力。发挥律师作用,指导律师参与“扫黑除恶”专项斗争工作。2018年,区司法局召集辖区内的律师召开扫黑除恶专项会议2次,统一思想认识,切实增强律师参与扫黑除恶专项斗争的责任感、使命感。引导辖区律师从维护社会稳定的高度,依法履行代理、辩护等职能,参与扫黑除恶专项斗争,实行涉黑案件代理报告制度、集体讨论制度,印发《钦南区律师办理黑社会性质组织犯罪案件请示报告制度》,掌握涉黑案件律师刑事辩护工作动态,提高刑事辩护的质量。年内,区司法局共收到律师办理涉黑涉恶案件请示报告6件,11月15日、12月3日,钦南区律师代理的涉黑涉恶案件分别在钦北区人民法院、东兴市人民法院审理,区司法局派出分管领导及相关工作负责人旁听,以案代宣,增强律师政治意识。

【重大案件的讨论和化解】 2018年,区司法局参与调处城西南珠大厦陈某权触电死亡、那彭陈某娟医患纠纷、钦州市林科所务工人员黄某工亡赔偿纠纷、那丽芦荻竹罗姓与合浦西场叶姓的坟山纠纷、沙埠泥桥村委班姓与钟姓的坟山纠纷、康熙岭长坡村赵姓与田和杨姓的坟山纠纷、钦州市建村城业主与麦德来公司的纠纷、长融意外触电事故、东场和富沙场人身损害赔偿纠纷等重大矛盾纠纷化解。

【重大项目征地拆迁建设服务】 2018年,区司法局服从大局,服从于区重大项目建设用地的需要,及时抽调司法所长和业务骨干,参加新城控股项目、钦陆一级公路、新三中南安置房项目、茶山江安置房项目、那丽非法采砂等项目的征地拆迁工作。是年,区司法局共抽调干警参与拆迁工作80多人次。

(区司法局)

法治政府建设

【概况】 2018年,钦南区法制办公室(简称区法制办)有行政编制3个,实有3人。是年,区法制办审查规范性文件9件,出具法律意见40件(次);立案受理行政复议案件15件;办理行政诉讼案件58件,审查把关"三大纠纷"案件11件,为区政府审查有关合同、协议等文书68件,组织294人进行行政执法人员资格(续职)考试。

【规范性文件审核】 2018年,区法制办负责对规范性文件草案提出合法性审查,经合法性审查后报请区政府常务会议集体讨论决定。区人民政府制定的规范性文件,及时向市政府、钦南区人大常委会报送备案,镇人民政府,区政府工作部门的规范性文件向区政府报送备案。是年,区法制办审查规范性文件9件,出具法律意见40件(次)。

【行政复议和应诉】 2018年,区法制办严格按照《中华人民共和国行政复议法》的规定,在行政复议中,以事实为依据,以法律为准绳,认真把好审查具体行政行为的事实、程序和适用法律关,不受当事人其他方面的影响和压力,依法作出行政复议决定,维护和监督行政机关依法行政,维护公民,法人和其他组织的合法权益。依法向人民法院和听证当事人提供具体行政行为的事实和依据,为区政府提供法律服务,维护政府的形象和权威。年内,区法制办共受理行政复议案件15件,已办结12件。其中维持8件,不予受理3件,被申请人自行撤诉1件。出庭应诉案件58件,其中法院已审结并维持50件,撤销8件。

【法律咨询与合同审定】 2018年,区法制办按照《国务院关于印发全面推进依法行政实施纲要的通知》《国务院关于加强市县政府依法行政的决定》和《广西壮族自治区人民政府关于贯彻落实全面推进依法行政实施纲要的意见》的要求,参与政府法律事务工作,确保区人民政府行政重大决策的合法性。通过从完善合同条款、明确合同双方权利和义务、增强合同的灵活性和可操作性等方面提供专业法律服务。年内为钦南区食品科技产业园投资开发合作协议书、园丰畜禽屠宰加工及冷链物流体系项目投资协议书和互联网+食品集中采购配送中心项目投资协议书等68多件合同协议进行审查把关,审查把关"三大纠纷"案件11件。

【执法监督】 2018年,区法制办加强行政执法和执法监督的管理,确保行政执法机关严格依法行政。加强对规范性文件的备案审查,强化政府内部的层级监督。区人民政府的规范性文件制定颁布后,区法制办及时收集有关材料,依法将规范性文件报送市法制办备案,并在区政府门户网站公布。钦南区依法行政工作领导小组办公室定期对区直各行政执法单位行政执法案卷进行抽查评查,对个别单位在依法行政工作和行政执法案卷工作中存在的问题要求其限期整改。年内,区法制办开展执法监督1次,抽查评查5个单位,检查5个单位行政处罚案卷15卷,行政许可案件6卷,行政强制案件1卷,限期整改1个单位。

【执法培训】 2018年,区法制办按照全区行政执法人员资格考试的要求,对全区行政执法人员进行了网上集中培训,累计全年培训

300 人次。

【依法行政考核】 2018 年，区法制办制定 2018 年法治政府建设工作要点、考核指标，并将任务细化分解。年底开展全区法治政府建设考核，考核 16 个镇、39 个区直部门法治政府建设工作。经考核，各镇人民政府和区直有关部门的依法行政考核均达到 90 分以上。

【法制队伍建设】 2018 年，区法制办鼓励和支持法制办工作人员学习业务知识，充分发挥法制办在依法行政方面的参谋、助手和法律顾问作用。是年，根据十八届三中全会关于推行法律顾问制度的精神，区政府从广西金湾律师事务所聘请两名律师作为区政府常年法律顾问。（区法制办）

“三大纠纷”调处

【概况】 2018 年，钦南区调解处理土地山林水利纠纷工作办公室（简称区调处办）内设综合股、调处股、行政编制 4 名，实有人员 4 人。是年，区调处办依法开展“三大纠纷”（土地、山林、水利三大纠纷）调处工作，化解矛盾纠纷，服务全区经济社会发展，维护社会稳定。

【案件排查调处】 2018 年，区调处办对钦南区各乡镇（含钦州港区）的“三大纠纷”进行排查，找出急于调处的案件，群众有上访苗头，影响到项目开发建设的案件进行先行调处，确保维护社会稳定。着力解决群众生产生活的矛盾纠纷案件，做到早介入，早调处，把矛盾纠纷解决在基层，解决在萌芽状态，力求做到调结一案，稳定一片，确保矛盾纠纷不漫延。维护国有林场的合法权益，为国有林场创造稳定的发展环境，正确处理好国家与集体、个人之间的利益。钦南区全年发生“三大纠纷”案件 13 件，其中 10 件做出处理决定，3 件双方同意调解意见，达成协议。

【服务重点项目建设】 2018 年，区调处办围绕服务经济建设大局，加强项目建设过程中矛盾纠纷的排查和调处工作力度，做到早介入、早调处。重点对大番坡东盟金融商务区、钦州中石油昆仑燃气有限公司（钦州大番坡分输站工程）和国营广西钦廉林场涉及的项目林地纠纷进行调处。依法依规对大番坡东盟金融商务区的土地权属进行确权，对大番坡分输站工程征地款纠纷进行协议达成。对一时无法调结的采取“搁置争议、保全证据、支持开发、利益不变”的原则，对当事人进行耐心劝解，并签订不阻止施工、同意先开工后调处协议书。有效推进项目建设，维护社会稳定。

【来信来访接待】 2018 年，区调处办把接待来信来访工作作为了解案情、沟通群众、教育群众的一个渠道来对待，每年的双月第一周派人到钦南区信访中心接待群众，在本单位也安排有一位专门接待的领导接待来访群众，对他们的诉求认真倾听，热心解答。全年接待来信来访 100 多人次。

【行政复议和行政诉讼应诉】 2018 年，区调处办抓好代政府参加行政复议和行政诉讼应诉维护区政府的权威，保证行政行为合法性。全年收到行政诉讼申请应诉 20 件，出庭应诉 19 件，法院判决 19 件维持调处办处理决定。在法定期限内办结 19 件。（区调处办）

国防建设事业

人民武装

【概况】 2018年，钦南区人民武装部（简称区人武部）内设军事、政工和后勤3个科。下辖19个镇（街道、丽光场、机关）基层武装部，每个镇、街道基层武装部配1名武装部长和1名武装干事。年内，区武装部着重抓好干部队伍建设、改革强军教育、国防潜力调查、民兵整组、军事训练、后勤建设等各项工作的落实，区人武部整体建设水平有新的发展与提高。5月，参加全市组织的民兵骨干“四会教学”比武，该区取得团体总分第一的好成绩；6月，参加分区半年考核暨比武竞赛，取得团体总分第一的好成绩；11月7日，区人武部代表广西110个人武部，接受中央军委国防动员部关于民兵调整改革落实情况检查评比，在量化评分中，区及乡镇总分451分，取得396分的好成绩，得到中央军委国防动员部检查组及广西军区领导的高度肯定。

【党委班子建设】 2018年，区人武部把党委班子的建设作为重中之重来抓。年内党委班子成员带领全体干部、职工认真学习贯彻中共十九大精神，组织开展了“传承红色基因、担当强军重任”及“不忘初心、牢记使命”主题教育活动，进行和平积敝大起底、大讨论、自整改，使党委班子成员的思想更纯洁、更可靠，提高党委班子的综合素质与建设水平。

2018年2月9日，区委常委、常务副区长胡颍（右）到区人民武装部慰问

（区委宣传部 供稿）

【民兵队伍建设】 2018年，区人武部按照“一队多用、一专多能”要求，采取“依地域编兵、依专业编兵、依岗位编兵”的模式，抓好钦南区民兵组织建设，确保民兵调整改革落地见效。11月7日，区人武部代表广西110个人武部，接受中央军委国防动员部关于民兵调整改革落实情况检查评比，在量化评分中，区及乡镇总分451分，取得396分的好成绩，得到中央军委国防动员部检查组及广西军区领导的高度肯定。根据钦南区所担负的任务，及时修订完善各类各级战备方案，加强各类各级战备值班，确保“上传下达”。严格按照大纲要求，抓好干部年度军事训练和民兵骨干训练。5月，参加钦州市组织的民兵骨干“四会教学”比武，钦南区取得团体总分第一的好成绩。按照上级赋予的民兵训练任务，钦南区完成694名训练任务。7月，组织的远海民兵一连训练，得到广西

军区好评。

【征兵】 2018年，区人武部按照“一季征兵、全年准备”的要求，组织兵役登记，联合公安、教育部门掌握适龄青年、在校大学生和高中生的数量情况，督促青年本人进行兵役登记，确保登记率达到99%；搞好征兵精准宣传。在春节前后给回家过年的大学生每人发一份征兵宣传册，深入辖区内的每所大中专院校及高中进行国防教育并解读征兵的优惠政策，印发2万余份征兵宣传册在闹市及集镇上发放，建立适龄青年微信群、QQ群，实施点点、面对面政策解答，每个乡镇安排一台车作为征兵宣传车进行巡回宣传。抓实应征报名、上站体检、政治考核、入户家访、择优定兵各环节落实，既考虑兵员质量、也考虑五率考评量化情况，确保五率考评不被扣分。严格组织役前训练。按照“参训单位100%，参训人数多于应征集人数20%”的原则，年内组织双合格人员进行役前训练，通过训实军人基本仪态、摸清体能基础、了解入伍动机，有28名人员被淘汰。做到“依法征兵、廉洁征兵”，没发现违法违规行为。

【精准扶贫和双拥共建】 2018年，区人武部落实上级扶贫攻坚会精神，持续抓好所帮带贫困村及贫困户的脱贫工作，为康熙岭镇新营村7户贫困户落实医保资助、低保、雨露教育计划、转移就业、产业扶持、异地搬迁等政策，年内全部脱贫。牵头协调民政部门落实双拥有关规定，重点抓好现役和退役军人信息采集、悬挂光荣军属牌匾、慰问伤残军人及军烈属、送立功喜报及维护军人军属权益活动，全年为8名军人及军属协调解决涉法纠纷及邻里矛盾问题。 （区人武部）

消　防

【概况】 2018年，钦州市钦南消防救援大队编制警力42人，实有警力30人。下辖新兴中队，管辖钦南区11个镇，5个街道，16个社区，管辖面积2553平方公里，人口56.8万人。是年，钦南消防救援大队立足岗位练兵，抓好思想政治和廉政建设，加强消防宣传，开展灭火救援、火灾防控、消防安全专项整治和拥政爱民活动，服务钦南区经济社会发展。全年共接出警174起，其中火灾59起，抢险救援121起，共出动消防车辆489辆次，出动警力2420人次、抢救被困人员88人，疏散人员238人，抢救财产价值427.8万元，参与处置“8·31”天然气罐车事故、“金港车船回收拆卸有限公司火灾”等事故救援。

【灭火救援】 2018年，钦南消防大队共接警出动230次，其中火灾91起，抢险救援139起，共出动车辆705辆次，出动警力3406人次、抢救被困人员114人，疏散人员77人，抢救财产价值186.5万元，在执勤过程中未出现人员伤亡事故。并成功参与处置“1·19”钦州市海豚湾大厦火灾、“6·3”钦崇高速路硫黄货车火灾等事故救援，坚决完成了春节、国庆等重要节日和全国“两会”、中国—东盟两会、环广西公路自行车世界巡回赛、自治区成立60周年等重大活动消防安保任务。

【火灾防控】 2018年，钦南消防大队推进人员密集场所、石化企业、劳动密集型企业、大型综合体、电动车停放场所等专项整治工作，开展消防安全大排查大整治，年内，检查单位3328家，督促整改火灾隐患6559处，下发责令改正通知书2756份，下发行政处罚决定书64份，下发临时查封决定书23份，责令“三停”单位25家，罚款301800元，拘留8人，发生火灾91起，死亡2人，伤1人，直接财产损

2018年1月19日，海豚湾大厦灭火救援　　（区委宣传部　供稿）

失1239517元。处理群众火灾隐患举报投诉26起，受理简易火灾事故调查37起，一般火灾事故调查6起。钦南区结合自治区政法委打造综治“平安建设”示范工程及安居惠民消防安全社区升级创建工作机遇，全面落实消防安全“网格化”管理工作。将消防工作与社区综治工作相结合，建立以政府为主导，全面推广的工作机制，规范各项制度，明确网格消防责任。全区5个街道办，16个社区全部实现消防网格化管理，年内推动综治办落实消防网格员经费补助办法，以每人每月200元标准，年内共落实补足11.8万元，有效提升消防网格员工作积极性。根据年度消防重点工作，辖区重点单位组建消防微型站及兼职消防队伍58个。并实现区域性联防联治，共实施网格排查2785次，检查单位5879家，发现整改火灾隐患2415处，开展宣传47个次。有效提升钦南区消防安全工作精细化管理。

【执法服务】 2018年，钦南消防大队协调各部门深入开展高层建筑回头看、三合一群住房等消防专项检查、春夏火灾防控等多项整治行动。组织重点单位开展“6111”消防安全重点示范单位活动，积极推动重点单位落实消防安全“户籍化”管理、“六加一”措施、“三表一报告”和消防安全评估、建筑消防设施定期维护保养等工作措施，通过互联网每月定期公布消防安全不良行为信息。全年办理消防设计审核13起，消防验收13起，开业前消防安全检查84起。开展设计备案、竣工验收备案抽查42次。落实“优化营商环境，服务企业年”活动，消防设计审核、验收、安检、设计备案、验收备案时限分别压缩61%、75%、82%、84%、69%，安检证件变更当场办结率100%。实现消防服务“程序最简、距离最近、时限最短、体验最优”目标。

【消防宣传】 2018年，钦南消防大队创新消防宣传理念，探索更新宣传方法，不断提升宣传效果。先后开展了消防安全“九进”“消防站开放”等活动共计39场次，开放消防站12次，开展公益消防知识竞赛活动1次，组织青年志愿者进行消防公益宣传5次，开展消防安全培训活动32场(次)，发放宣传资料20万份，利用媒体、大型户外广告播放宣传消防公益信息560多条，发送短信息10万多条。推动中、小学校、党校等院校将消防安全纳入培训课程，对区级党政机关、行业部门、国有企业以及街道乡镇、社区负责人培训率达68%，对重点单位消防安全责任人、管理人、消防专(兼)职人员培训率达100%，重点单位消防安全宣传“三提示”和员工“一懂三会”，知晓率达到80%，派出所专兼职民警培训率达100%，微信关注人数13570人，全区16个社区均评选消防宣传大使。

2018年1月19日，海豚湾大厦灭火救援　　（区委宣传部　供稿）

【营房装备建设】 2018年，大队领导采取主动向政府领导汇报，邀请相关部门到队调研的方法，争取地方党委政府支持。2018年大队业务预算经费150万元，人员经费保障达5.7万/人·年，业务经费及政府专职消防员经费到位40万元，经费到位率26%。财政局批复大队应急救援装备购置费30万元，水域救援装备购置费10万元，消防车购置款70万元，执法车辆购置款12万元，消防监督执法办公场所建设款10万元，中队营房维修款14万元，消防车辆购置还款55万元、返还全年罚没款50万元。

（钦南区消防救援大队）

海防工作

【概况】 2018年，钦南区人民防空和海防工作办公室(简称区人防和海防办），内设综合股、人防指挥股、海防管控股三个股室，有干部4人。在沿海乡镇建立了镇、村两级海防工作领导小组，负责领导组织本级海防工作，沿海各镇增挂海防工作办公室牌子，村委会挂海防工作站牌子，海防组织建设延伸到村一级，夯实海防工作的组织基础。是年，区人防和海防办加强海防管控，开展海防基础设施建设，人防疏散基地建设，推进人防“五进”活动，夯实人防工作的基础。

海防管理

【海防管控】 2018年，钦南区人防和海防办加大国防知识宣传力度，协调和支持海防成员单位抓好钦南区海防管控工作，维护钦南区边防辖区社会治安稳定和正常入境秩序。支持钦南区边防大队在边境地区开展各类违法整治行动。坚持实行海防管理信息联络机制，与公安、边防、武装等海防委成员单位做到信息及时互通，每月以简报形式相互通报海防沿线的情况，及时掌握沿海地区的敌情社情，不定期编制简报向上级汇报。年内向上级办报送信息175份，信息采用得分在广西区内排名靠前。获“2018年度边海防信息工作二等奖”。

【基础设施建设】 2018年，钦南区人防和海防办完成海防执勤道路建设任务，解决当地群众行路难问题，促进当地经济社会发展和社会稳定。投入20余万元对已建成的海防执勤道路进行维护，对道路的路面陷塌和边坡塌方进行及时修复，确保海防执勤道路的畅通。挑选有资质、业务熟悉、信誉度佳的工程队组成海防执勤道路维护工程队，每月到各个已建海防基础设施项目巡查，开展清理路面、水沟和去除杂草等常规维护工作，确保钦南区海防执勤道路运行良好，时时畅通。

人民防空

【人防工程建设】 2018年，钦南区人防和海防办新建、完善疏散地域，配发战备物品，配备应急包、帐篷及各种常用应急工具，完善接收安置点的建设，夯实人防工作的基础。10月，拨给南珠街道办、丽光场14个基层人防组织建设经费共35000元，发挥基层人防组织在志愿者队伍管理和培训、人口疏散地域建设等方面的领导和组织作用，加强基层人防宣教工作。

【人民防空宣传教育】 2018年，钦南区人防和海防办加强人防宣传和教育，继续深入推进人防宣传教育“五进”（进机关、进学校、进社区、进企业、进网络）活动，分发《中国人民防空》《广西人防》等宣传资料，人防防灾应急知识进一步得到普及，增强人民群众的国防意识。

【人防专业队伍建设】 2018年，钦南区人防和海防办组织文峰、向阳、水东、南珠四个街道共60人组成的人防志愿者参加钦州市人防办组织的军事训练，增强志愿者遂行应急能力。

【防空袭紧急疏散演练活动】 2018年9月18日，钦南区人防和海防办配合市人防办在人和春天小区举行人民防空疏散演练，以人防标志、人防警报、人员应急疏散、公共安全知识、地震时正确的逃生方法、台风与暴雨等防灾减灾知识为主要宣传主题，增强人民群众的国防观念和安全意识。

（黄仕宝　郑兰安）

经济调节·市场监管

发展改革管理

【概况】 2018年，钦南区发展和改革局（简称发改局）有内设股室9个，在职人员8人。下属事业单位3个（分别为钦南区西部开发办公室、钦南区投资咨询服务中心、钦南区深化医药卫生体制改革办公室），在职人员8人。是年，区发改局围绕市委“建设‘一带一路’南向通道陆海枢纽城市，加快构建大开放、大通道、大港口、大产业、大物流新格局”和区委“一机遇、三争创、四打造、六重点”的工作思路，强化政策措施和经济分析，推动经济稳增长。加强督促指导，抓好固定资产投资。贯彻项目月报制度，强力推进项目建设。包装项目，积极向上争取资金。抓好服务，优化项目审批时限。统筹抓好社会民生。年度计划目标编制、经济运行管理、重大项目前期准备与服务。全力抓好经济社会发展各项工作，全区经济社会实现稳中向好。实现地区生产总值302.9亿元，增长8.3%，增速排在全市第二；财政收入完成7.4亿元，增长14.9%，增速排在全市第二，一般公共预算收入4.3亿元，增长10.7%；固定资产投资增长2.7%，总量排在全市第一；规模以上工业总产值下降2.9%，规模以上工业增加下降0.2%；社会消费品零售总额94.6亿元，增长8.4%；城镇居民人均可支配收入34265元，增长6.7%；农村居民人均可支配收入13237元，增长8.4%。

【年度计划目标编制】 2018年，区发改局根据钦州市下达钦南区的指标任务，综合分析钦南区社会经济发展形势，细化分解2018年经济社会发展目标任务到各责任单位，形成《钦南区人民政府关于下达2018年主要经济社会发展目标任务的通知》和《钦南区人民政府关于印发2018年〈政府工作报告〉重点工作任务部门分工方案的通知》，确保全面完成年度主要经济社会发展目标任务。

【经济运行管理】 2018年，区发改局开展年度工作任务目标分解工作，拟定并下发《钦南区人民政府关于下达2018年主要经济社会发展目标任务的通知》《钦南区人民政府关于印发2018年〈政府工作报告〉重点任务落实分工方案的通知》，分解年度主要经济社会发展目标任务。加强经济运行分析，认

2018年11月12日，区发改局到康熙岭镇通威光伏建设工地了解项目建设情况　　（区发改局　供稿）

真做好季度经济形势分析工作，总结经济运行特点，研究查找经济运行中存在的矛盾和问题，提出解决问题的意见和建议，为领导决策提供参考。

第一产业 2018年，钦南区农林牧渔业总产值116.7亿元，增长5.4%，农林牧渔业增加值76.1亿元，增长5.2%；其中：农业产值24.2亿元，粮食播种面积32772公顷；渔业产值73.5亿元，水产品产量47.46万吨，名特水产养殖面积24万亩，占渔业总产值的70%；牧业产值11.5亿元，肉类总产量4.64万吨，生猪出栏22.73万头，家禽出栏1798万羽，肉牛出栏0.9万头；林业产值5.37亿元，植树造林面积3.73万亩，占钦州市下达任务的106.6%。特色农业示范区发展实现增点扩面提质升级，创建自治区级示范区4个，县级示范区7个，乡级示范园12个，村级示范点54个，两个县级示范区顺利通过自治区考评核验。现代化生态养殖场认定取得实效，7个畜禽养殖场申报，其中申报五星级1个，四星级2个，三星级4个。引种富硒红薯种植150亩，发展特色海水稻（海红米），种植500亩。农业品牌创建工作进展顺利，“钦州辣椒”和“钦州赤禾”获得国家农产品地理标志登记公示。农村土地承包经营权确权登记颁证工作有序开展，颁发证书5.4万户（本），颁证率78.9%，12个镇（场、街道）汇交数据通过自治区质检及验收。糖料蔗生产工作扎实推进，全区糖料蔗种植面积约9.5万亩，糖料蔗总产量32.2万吨，“双高”糖料蔗基地5个片区建成2019.42亩。

第二产业 2018年，钦南区工业经济发展总体平稳，园区建设持续推进，金窝工业园一区调整布局高端进口木材加工园，年内开展园区各项规划修编工作。农副产品加工园进一步完善控规方案，提交市住建委进行二次审核，年内启动园区规划环评编制工作。工业项目建设加快推进，智朗混凝土搅拌站和怀爱保温砂浆等项目相继开工建设，恒和饲料等10个项目相继开展续建，漓源饲料、海大饲料和智朗建材3个项目相继竣工投产。能源建设形成规模发展，中节能、龙源风电项目完成一基塔基建设，鑫金、通威、中肇新能源等光伏项目实现并网发电，光伏电站装机容量和发电规模在广西各县区排在前列。实施“惠企贷”业务，推荐3家企业向上申请贷款3550万元通过审批，争取上级专项资金1703万元投入企业建设，推荐4家中小企业向广西金融投资集团有限公司申请融资4390万元。漓源饲料、闵中木业和福晟电子（高新区）等11家工业企业实现新上规，完成市下达任务7家的157%，全区规模以上工业企业达75家，其中亿元产值企业30家，工业企业规模逐年扩大。

第三产业 2018年钦南区第三产业在国民经济地位逐年提升，第三产业对经济贡献率达86%。积极培育规上和限上服务企业，不断壮大企业规模，正邦文化、燕山墓园、斗方云、东信易通科技等7家企业完成上规入库，万家绿农产品、龙屋加油站、玉柴机电、三和汽车等8家限额以下企业转为限额以上企业，超额完成全年任务。世诚东恒物流、东盟农产品批发大市场二期、新城吾悦广场等重点项目推进顺利，人和春天世贸广场实现盛大开业。电子商务加快发展，钦南区“党旗领航·电商扶贫”扶贫村特色农产品物流配送中心启动，建成村级电商服务点356个。组织商贸会展，活跃消费市场。相继举办大润发新春电商年货节、北部湾第四届“壮族三月三”民族文化美食节、钦州第14届汽车博览会和钦南区首届惠民商家联盟启动仪式等活动。

【县域经济发展】 2018年，区发改局牵头做好2017年县域经济发展分类考核，协调中马产业园、钦州市高新区以及区直各相关单位，完成六大项24小项指标的数据填报、材料收集等工作，通过自治区考核组的考核验收。拟定《中共钦州市钦南区委员会 钦州市钦南区人民政府关于加快县域经济发展的实施意见》。

【固定资产投资】 2018年，全区固定资产投资增长2.7%，总量排在全市第一。第一产业对全区固定资产投资的贡献率为46%。第一投资增长较快，比上年增长36.1%，第一产业贡献率为46%。第二产业完成投资较上年下降2.5%，第三产业项目完成投资较上年同期增长2.9%。民间投资表现活跃，比上年增长1.1倍，占固定资产投资的比重达79.1%，拉动全区固定资产投资42.7个百分点，为钦南区固定资产投资发展助力。房地产开发投资完成额增长28.9%，增速较上年上升26.4个百分点。全区商品住宅投资较上年增长39.1%，增速较上年提高29.7个百分点，比房地产开发投资增速高出10.2个百分点。土地购置费增长2.6倍，拉动房地产开发投资增长12.3个百分点，成为房地产开发投资稳步增长的主要力量。

【重大项目前期准备与服务】 2018年,区发改局实行重大项目建设、中央预算内投资项目建设月报制度,及时掌握项目推进情况及存在困难,主动向上级、本级相关部门汇报对接项目推进工作。组织项目参加联合审批,帮助企业协调解决问题,认真做好并联审批系统应用工作。按照“五个简化”新要求,制定新的审批流程、告知清单以及办事指南,并督促国土、住建等部门按“五个简化”新要求分别制定投资许可、用地审批、规划许可、施工许可新的审批许可流程、告知清单以及办事指南并向社会公布,并严格按照新要求执行,提高服务质量。牵头、配合开展优化营商环境“服务企业年”活动,推进全区政务信息系统整合共享,协助钦州市发改委编制物流产业中长期规划,打造物流经济,支持A级物流企业申报,积极争取用地、用海、用林指标,推进园区建设,扎实抓好服务企业工作。发挥部门优势,服务能源企业发展。康熙岭鑫光光伏实现全容并网,通威光伏二期项目顺利推进,犀牛脚西坑光伏项目、中节能、龙源风电项目开工建设,华电风门岭、康熙岭凯正槛桦风电项目完成规划修编。协调推进中石油昆仑公司大番坡分输站完成主体建设,预计明年投入运营。

【重大项目建设】 2018年,钦南区中央预算内投资项目2个,总投资239万元,申请中央预算内资金203万元。自治区层面重大项目共3个,计划新开工项目(东方园林)广西北部湾工业废弃物综合处置中心目前完成核准、用地预审、社会稳定风险评价、初步选址在做开展用地报批;续建项目(协鑫)广西钦州康熙岭200兆瓦渔光互补光伏电站,已并网60兆瓦,完成投资5100万元;预备项目(中节能)钦南区风电场工程,完成林地批复、电网接入系统批复等手续,开工建设。2018年市级层面重点项目总投资5000万元以上重点项目建设任务49个,年度计划投资27.8亿元,已完成28.68亿元,完成年度计划的103%,龙门蚝湾、智朗混凝土、红龙龟鳖养殖等一批项目开工建设;龙门港水产园、松山乡村世界等一批续建项目有序推进,通威二期、漓源、海大饲料等一批重大项目竣工投产。

【资金筹措】 2018年,区发改局统筹做好项目策划包装上报工作,2017年获得中央预算内投资项目9个,项目总投资3077万元,获得中央预算内投资1994万元。2018年中央预算内投资项目2个,总投资239万元,申请中央预算内资金203万元。组织编制2019年中央预算内投资计划草案,申报2019年中央预算内投资计划项目共25个,总投资17.55亿元,拟申请中央预算内资金16.39亿元,涉及重点镇污水处理厂提升改造项目、镇级垃圾压缩转运站、废弃物综合处置中心项目、犀牛脚烟台小学教学楼、那彭镇中学、农村学校周转宿舍、钦南区中医院、海堤水利工程、饮水工程等。

【现代服务业发展】 2018年,区发改局围绕营业收入1000万元以上或者从业人员50人以上入统标准,组织开展规上服务业企业入库工作。全区申报自治区统计局规上服务业7家(其中其他营利性服务业4家),7家全部符合上规入统的条件,完成钦州市下达的绩效指标任务。

【精准扶贫】 2018年,区发改局牵头制定《钦南区人民政府办公室关于印发钦南区易地扶贫搬迁工作及“拉网式大覆盖”大巡查工作自查任务分解表的通知》《钦南区人民政府办公室关于印发钦南区易地扶贫搬迁拆除旧房试点工作实施方案的通知》和《钦南区人民政府办公室关于印发〈钦南区易地扶贫搬迁拆除旧房奖励办法〉的通知》,为移民搬迁专责小组成员单位开展工作提供有力保障。牵头开展就业技能培训6期,举办招聘会2场。达成就业意向185人,实现“智、志”扶贫。

【全面深化改革】 2018年,区发改局扎实推进深化体制改革工作。开展经济体制改革和开放合作改革工作,起草《关于全面推进供给侧结构性改革的实施意见》启动钦南区事业单位和国有企业公务用车制度改革工作,印发出台《钦南区公务用车改革方案》等一系列政策文件,对企事业单位公务用车制度改革政策进行解答。按照自治区、钦州市车改办的统一部署,完成钦南区公务用车信息化服务平台建设和车辆安装北斗卫星定位终端。医疗体制改革顺利推进。全面推行以按单病种付费为主的多元复合式医保支付方式改革,严格执行医疗服务价格和药品零差价制度,启动药品零差率销售,诊疗、双向转诊机制、卫生人员双向流动机制不断健全。年内,全区通过钦州信用信息共享平台归集行政许可和行政处罚信息数据29801条，其中行政许可25343条，行政处罚4458条；重点领域信息及“红黑名单”制度报送240条。

【为民办实事】 2018年，区发改局牵头编制《2018年钦南区人民政府为民办实事项目实施方案》，谋划社保惠民、健康惠民、教育惠民、水利惠民、安居惠民等十大类43个项目，计划投入资金54900.96万元，一大批利民、惠民的好项目得以实施，持续保障和改善民生。

【发展规划编制】 2018年，区发改局贯彻落实乡村振兴战略工作。牵头编制钦南区乡村振兴战略规划(2018—2022年)。协调沟通各乡镇(街道)和各部门积极申报项目，收集整理《钦南区乡村振兴产业发展基础设施公共服务能力提升三年行动计划2019年实施计划项目表》，上报各类乡村振兴项目60多个。组织开展“十三五”规划实施中期评估工作，完成《“十三五”规划实施中期评估报告》拟稿工作。 （区发改局）

物价管理

【概况】 2018年，钦南区物价局(简称区物价局)内设价格综合股、商品价格管理股、收费管理股、价格监测股，下辖区价格监督检查分局、区价格认证中心两个二层机构，实有16人，是区发展和改革局挂牌机构。2018年，区物价局加强市场价格监管，维护市场价格稳定；加强价格监督检查，维护人民群众利益；加强收费管理，规范收费行为；落实医疗服务价格改革，推进惠民政策落到实处；开展价格认证，拓展价格服务新领域。办公地址：钦州市二马路129号。

【价格管理】 2018年，区物价局推进医改政策落实。按照上级部门布置，及时将有关医改政策文件落实到位，转发了医院医疗服务价格调整的相关文件给钦南区人民医院、钦南区妇幼保健院及乡镇卫生院。开展医疗收费检查，督查医改政策执行情况。通过随机抽取门诊及住院病人病历及收费明细清单，进行分析比对，并查看价格管理有关台账资料情况，定期对各公立医院的药品价格及医疗服务项目收费执行情况进行现场走访督查。重点督查药品零差率执行情况、医疗服务项目价格调整执行情况以及相关医疗服务价格公示情况。

【价格监督检查】 2018年，区物价局建立健全市场公平竞争制度体系，印发公平竞争实施制度1份，实施方案1份，牵头与相关部门联合发文8份，营造钦南区市场公平竞争环境。5月到黄屋屯镇开展纪念价格法实施20周年暨反垄断法实施10周年宣传活动，向群众解读价格政策，解答群众价格咨询，发放印有价格法、反垄断法内容的宣传手册500余份，以及印有明码标价标语和价格监督举报方式的精美礼品500余件，切实增强广大群众的价格法制观念和维权意识，营造倡导价格诚信、反对价格欺诈的良好氛围。加大城区停车收费监督检查力度，解决群众反映强烈的停车乱收费问题，指导城区四大农贸市场制作停车收费明码标价牌，规范收费秩序。深入开展钦南区医药服务价格行为检查，全年检查12个医疗单位，纠正不规范收费6项，查处两家卫生院乱收费行为，罚没金额共4120元。开展教育收费专项检查，全年检查小学8所，中学4所，进一步规范学校收费行为，着力解决群众反映强烈的教育乱收费问题，减轻学生家长负担。加强价格举报工作，畅通群众诉求渠道。保持“12358”价格举报电话畅通，节假日和重大活动期间坚持值守制度，及时受理和查处价格举报案件。全年受理价格举报案件7件，办结7件，办结率100%。

【收费管理】 2018年，钦南区行政事业性收费涉及主管单位12个，收费项目21项。区物价局结合钦南区实际，制定本级的行政事业性收费，经营服务性收费清单，更新收费单位收费情况信息，在网站或其他平台向社会公布。开展年度行政事业性收费和经营服务性收费统计报告工作，规范收费行为。根据《关于做好2017年度收费情况报告工作的通知》文件精神，该局对钦南区209个收费单位的行政事业性收费情况的相关数据加以统计、分析。据统计2017年度行政事业性收费总额为3569.3342万元。全面加强对收费单位报送的收费项目、标准，严格审核。2018年春季学期，该局按照文件要求对钦南区第一幼儿园、那丽镇中心幼儿园的收费标准进行审定，抓好钦南区民办幼儿园的收费备案，规范收费管理秩序。做好清费减负政策落实。贯彻落实国家、自治区各项有关收费政策，对中央、自治区明令取消、免征、暂停收费的行政事业收费项目，要取消的坚决取消，对保留的收费项目，明确要求各部门必须在限定的幅度内收费，严禁将收费项目分解搞变相重复收费。及时转发收费文件，督促执收单位落实到位，切实减轻企业和社会负担。全年钦南区落实国家、自治区明令取消、停征(止)、降低、免收(征)的行政事业性收费项目8个、减轻企业和社会负担。

【价格认证】 2018年，区物价局把好认定受理、现场勘验、市场调查、价格测算、认定结论五个环节，确保现场勘验真实合法，调查材料客观可信，认定结论真实准确。年内，共完成涉案物价格认定270件，认定标的额437.69万元，为全区公、检、法等司法机关、行政执法机关和仲裁机构提供办案依据；完成应税物价格认定87件，认定标的额6697.36万元，为钦南区税部门依法对应税物征税提供认定标的价格依据及价格咨询等服务工作。

【价格监测与预警预报】 2018年，区物价局严密监视市场动态，强化节假日价格监测。每月安排6次至8次到不同乡镇市场巡查，关注市场价格动态变化，重点监测粮、油、肉、蛋、菜、液化气等群众生活必需品，以及汽油、钢材等56种重要商品价格。夯实基础科学管理，提高价格监测质量。全面、及时地采集并上报各类监测品种信息，预测分析市场价格走势。是年共向市局报送价格分析4份，向区委、区政府报送《钦南价格》4份，为区委、区政府科学决策提供重要依据。启动社会救助和保障标准与物价上涨挂钩联动机制，及时向困难群众发放临时价格补贴。2018年2月—3月钦州市价格单月同比涨幅分别达到6.1%、6.3%，符合启动联动机制条件之一，按照区政府要求，及时转发文件到财政局、民政局、人社局，向享受国家定期抚恤补贴对象、城市低保对象、城市特困对象、城镇失业人员发放17.05元/人·月，向农村低保对象、农村特困对象发放10元/人·月。据统计，2月份向27029人发放31.34万元，3月向23979人发放26.89万元。做好生猪、台风价格应急监测，强化价格预警功能。4月份，全区生猪市场价格出现异常波动，生猪价格持续下滑的现象，根据区委、区政府工作部署，组织人员分别到那丽镇、久隆镇、东风市场、城东市场、兽医站、养猪场等地进行调查了解，重点针对生猪及相关商品市场进行价格调查。先后到钦南区部分乡镇对市场价格进行监测和提醒告诫。向区委办报送《关于近期钦南区猪肉市场价格波动的调查及分析》信息一份，对维护市场价格稳定提出建议，为政府部门宏观调控提供科学依据。

（区物价局）

审　计

【概况】 2018年，钦州市钦南区审计局(简称区审计局)设有办公室(法规综合股)、财税审计股(行政事业审计股)、经济责任审计分局、固定资产投资审计股、社会保障审计股、农业与资源环保审计股(企业审计股、金融外资审计股)，设有下属事业单位经济责任审计办公室、公共投资审计中心。编制31人，实有26人。是年，区审计局履行审计监督职责，开展财政、农业与资源环保、固定资产投资和经济责任审计，完成审计项目12个，查出问题金额4978.15万元，其中应上缴财政51.15万元，应归还原渠道资金2.85万元，应调账处理金额430.13万元。移送司法机关、纪检监察部门处理事项3件。提出建

2018年4月4日，区审计局开展党日活动，组织全体干部职工到牛圩坡烈士陵园缅怀先烈

（区审计局　供稿）

议37条，提交审计工作报告、信息12篇，被采用12篇。对钦州市钦南区交通局原局长任期经济责任审计和钦州市钦南区林业局原局长任期经济责任审计分别获全市审计机关优秀审计项目二等奖和三等奖。

2018年12月28日，区审计局开展道德讲堂活动（区审计局　供稿）

【财政审计】 2018年，区审计局以“健全政府预算体系、完善预算制度、规范资金分配、提高预算执行水平和财政资金绩效水平”为目标，完成2017年度区本级预算执行和其他财政收支审计、区教育局部门预算执行审计以及2018年1—3季度的重大政策措施跟踪审计。年内，采用左右互动的工作格局，将“同级审”与专项资金审计、部门预算审计等项目相互结合，结合重大政策工作要求，组织开展本级预算、部门预算执行审计项目，以3个季度重大政策措施跟踪审计项目，对村级集体经济和易地扶贫搬迁资金管理和使用情况审计。组织审计人员深入全区各镇、村及项目审计现场，检查、核实，揭露存在的突出问题。创新审计思路，运用大数据审计，实现信息成果共享，提高审计工作效率，助推重大政策措施和重大项目落实。查出预算编制不完整、部分支出安排不够合理，不能充分反映围绕国家政策及钦南区各项工作重点、非税收入未及时足额上缴国库1669.7万元、未及时足额收缴预算收入176万元、未按规定比例从土地出让收益中安排保障性安居工程资金150.60万元、未按规定使用国有土地出让金1084.93万元、部分预算单位支出比例偏低等问题。全年完成财政审计项目5个，查出问题金额3720.15万元，提出审计建议10条。

2018年10月26日，区统计局召开钦南区新时代基层统计工作规范化建设动员暨业务培训会议（区统计局　供稿）

【农业与资源环保审计】 2018年，区审计局首次开展领导干部自然资源资产管理离任（任中）情况的审计，对钦州市钦南区大番坡镇领导干部自然资源资产管理离任（任中）情况的审计，查出问题10个，提出建议3条。制订《实施方案》，聘请外部专家，评价领导干部任期内所在地区自然资源资产管理和生态保护总体情况，审计内容涉及贯彻执行中央生态文明建设方针政策和决策部署方面、遵守自然资源资产管理和生态环境保护法律法规方面、自然资源资产管理和生态环境决策方面、履行自然资源资产管理和生态环境保护监督责任方面。促进领导干部在生态环境保护和污染防治工作中守法、守纪、尽责，促进加快生态文明建设，推动行程人与自然和谐发展的现代化建设新格局。通过审计，该镇违法占用耕地、造成水体污染等损毁自然资源行为得到遏制，推动生态环境得到有效改善。

【固定资产投资审计】 2018年,区审计局抓质量和风险管理,严格落实责任,严防虚报冒领,高估冒算,开展公共投资审计工作为政府及各部门节约大量的建设资金。年内完成固定资产投资审计项目51个,全部审计项目总审计金额为20397.94万元,总审计金额(审定金额)为16392万元,核减工程造价金额合计4004.38万元。

【经济责任审计】 2018年,区审计局实施领导干部的经济责任审计项目。科学安排审计项目,做到财政预算执行审计、财务收支审计、专项资金审计等结合起来,使各个审计项目之间互相利用审计成果,提高审计效能。加强工作协调配合,增强经济责任审计效果。在审计项目开展之前,首先听取组织、纪检监察等部门的意见和建议,明确审计目标,确定审计重点,有的放矢地编制审计实施方案,在审计过程中,针对需要查清的问题,及时到相关部门了解情况,获取线索,并在审计中据此深入查证;审计项目结束后,及时向相关部门反馈审计成果,促进审计成果运用。全年审计单位5个,审计领导干部6人,查出问题金额1258万元。

【专项资金审计(调查)】 2018年,区审计局按照钦州市审计局统一部署,开展钦南区财政扶贫资金管理和使用情况审计。组织审计人员深入全区各镇、村及投资项目审计现场,认真检查、核实,抽查乡镇数量占钦南区乡镇总数88%。抽查扶贫项目33个,其中:产业扶持项目1个,阳光助残基地扶持项目1个,扶贫道路工程项目31个,涉及财政扶贫资金779.9万元。审计发现钦南区财政扶贫资金在执行国家扶贫政策方面、在资金管理和使用方面、在项目建设和管理方面、在村级集体经济方面4大类、11个问题,提出建议4条。

【队伍建设】 2018年,区审计局注重对干部职工的教育培训,安排足够资金保障干部培训工作需要。参加审计署、区厅组织的审计基础知识培训、市局开展各项审计培训、钦南区组织的各类干部教育培训学习,确保干部参加培训不少于2次。根据本年度党组学习中心组学习计划和干部职工学习计划,结合干部能力提升工程,“两学一做”学习教育,组织干部职工集中学习政治理论和审计业务知识,提高干部职工的知识水平,适应当前审计工作形势发展的需要。通过周例会、业务培训会、在线学习、自学、以老带新等形式加强对审计人员的专业知识培训,通过知识的积累,使审计人员的业务知识得以提升,进一步转变审计理念,为审计工作的规范开展打下坚实基础。加强对审计业务质量的管控,成立审计项目审理领导小组,在出具审计报告之前,通过审计业务审理会加强对审计项目的“会诊”,使审计报告定性准确、程序规范,审计理念在规范中不断得以创新。严格按审计有关法律法规制度开展工作,规范流程,严格现场管理和风险防范,树立质量优先和底线意识。

【精神文明建设】 2018年,区审计局开展“审计核心价值观”教育,培育文明审计理念,为下一步争创自治区级文明单位创造条件。

【廉政建设】 2018年,区审计局党组书记与各股室、下属事业单位的负责人签订《2018年钦南区审计局党风廉政建设工作责任书》、制定《钦南区审计局2018年度党风廉政建设主体责任工作清单》。

(区审计局)

统　计

【概况】 2018年,钦南区统计局(简称区统计局)内设办公室(法规股)、综合社贸股、工交能源投资股、农村经济股和钦南区农村社会经济调查队、钦南区普查中心、钦南区统计数据管理中心。行政编制5人,事业编制15人。其中,中级7人,初级职称6人。全区有镇(场)、街道统计站17个。是年,区统计局完成第四次全国经济普查摸底工作和人口变动情况调查工作,开展统计调查、统计信息服务、统计规范化建设、统计法制建设和统计“四大工程”建设。被钦州市统计局评为2018年度综合统计工作二等奖,在全市2018年度16项统计专业报表综合评比中获5项一等奖。

【第四次全国经济普查】 2018年,区统计局通过召开全区宣传动员会议和推进会,印发《钦南区人民政府关于切实做好我区第四次全国经济普查工作的通知》,成立领导小组等,有效推动前期工作。在做好宣传动员工作的同时,开展单位清查阶段“两员”选聘和业务培训。全区清查阶段共核查10100家单位,其中法人单位8384家,产业活动单位1716家,个体工商户

187389户,完成第四次全国经济普查单位清查工作。

【人口变动情况调查】 2018年,区统计局开展年内人口变动调查工作中,全区共调查10个普查小区,组织10名普查员入户调查。做好宣传,抓好业务培训,派专业人员深入普查小区指导入户登记和PDA录入工作,确保调查工作不出现瞒报、漏报现象。全区完成登记户数508户,完成登记人数2507人,出生人口30人,死亡人口9人,完成人口变动情况调查工作。

【统计"四大工程"建设】 2018年,钦南区基本单位名录库管理系统共有法人单位9528家,产业活动单位2505家。名录库内一套表法人单位共258家,其中工业73家、建筑业40家、房地产业51家、批发零售业61家、住宿餐饮业7家、服务业26家。新入库企业43家,其中工业11家、建筑业10家、房地产业7家、限额以上贸易企业7家,规模以上服务业8家。固定资产投资5000万以上项目212个,其中新增48个。名录库工作达到了两个100%。(统计"四大工程"建设:一是真实完整、及时更新的基本单位名录库,二是统一规范、方便填报的企业一套表制度,三是安全畅通、便捷高效的联网直报系统,四是功能完善、统一兼容的数据采集处理软件系统)

【GDP预测预警和数据衔接】 2018年,区统计局以预测预警GDP为龙头,协调各方,完成全区季度、年度GDP核算工作。根据核算新要求,监控关键的重点数据变化,及时协调,注意挖掘各行业对GDP的贡献和拉动潜力,为GDP增长服务。

【统计调查】 2018年,区统计局开展9项调查项目:1.农业统计。以钦南区17个镇(街道)上报的农业资料为基础,核算农林牧渔业总产值116.7亿元,增长5.4%。2.工业统计。规模以上工业企业73家,工业总产值160.8亿元,下降2.9%。3.投资项目统计。投资项目共有331个,累计完成167亿元,增长2.7%。4.房地产统计。房地产64个项目,销售额完成58.30亿元,增长115.03%,销售面积98.74万平方米,增长46.3%。5.建筑业统计。建筑企业40家,完成总产值252.27亿元,下降-18.9%。6.批发零售业统计。批发业实现社会消费品零售额1.73亿元,增长16.8%;零售业实现社会消费品零售额89.05亿元,增长7.3%。7.住宿餐饮业统计。住宿业实现社会消费品零售额0.17亿元,下降15.8%;餐饮业实现社会消费品零售额3.64亿元,增长39.7%。8.重点服务业统计。重点服务业26家,其中,4家其他营利性服务企业营业收入3282.9万元,实现增长161.9%。9.城乡住户调查。以50户为样本,推算出2018年度全区农村居民人均可支配收入为13237元。以50户为样本,对全区城镇居民人均可支配收入调查,推算出2018年度全区城镇居民人均可支配收入为34265元。

2018年10月12日,黄云平副区长(左一)到水东街道办事处检查指导钦南区第四次全国经济普查清查工作　　(区统计局　供稿)

【统计信息服务】 2018年,区统计局根据目标考核需要,跟踪区委区政府目标考核指标,按月进行监测、评估、分析和反馈,按月编发《钦南区统计月报》手册11期,共550册.编发《2016年钦南区社会经济要情手册》,编辑《统计分析报告》《统计工作报告》20期,共1000份。接受社会公众的来电、来人、来函咨询80多人次。

【统计信息化】 2018年,区统计局加强统计信息化。一是统计网站建设和维护常态化。共发布信息93条,平均每月发布信息5条以上,提供及时准确的信息服务。二是加强了信息安全管理。建立机房管理制度，完善日常维护制度和信息审核载入制度，对不符合要求的媒介不得与网络设备接触；将全局25台计算机设备安装防病毒软件、桌面管理系统，定期进行病毒检测，严管防火墙端口管制。

【统计规范化建设】 2018年，区统计局加强统计规范化建设组织领导，成立新时代基层统计规范化建设工作领导小组，派出业务人员分别到各镇（街道）、企业进行实地指导。召开钦南区新时代基层统计工作规范化建设动员暨业务培训会议。制订《钦南区新时代基层统计工作规范化建设实施方案》，健全制度建设，促进工作行为规范化，加快新时代统计工作规范化建设工作步伐，区级、镇级和"四上"企业统计工作规范化建设得到有效提升。年内，14家规模以上企业被评为广西新时代基层统计工作规范化示范单位。

【统计法制建设】 2018年，区统计局开展专项检查1次，重点检查了批零住餐企业、投资项目，现场检查单位达11个。组织统计法规培训班1期，120多人参加；组织参加全国统计专业技术资格考试37人，其中报考初级职称13人、中级职称27人。 （宁启龙）

工商行政管理

【概况】 2018年，钦州市钦南区工商行政管理局（简称区工商局）内设机构有办公室、市场与合同规范管理股、法规与行政执法督查股、消费者权益保护股、企业个体经济监督管理股（行政审批股）反不正当竞争执法与商标广告监督管理股、财务股、人事股8个股室，以及经济检查大队和"12315"消费者申诉举报中心2个直属机构，下辖城北工商所、钦州工商所、沙埠工商所、尖山工商所4个城区工商所与久隆工商所、那丽工商所、那彭工商所、那思工商所、黄屋屯工商所、大番坡工商所、康熙岭工商所7个乡镇工商所，全区工商系统有干部职工65人。截至2018年12月31日，钦南区登记各类市场主体6684户，同比增长26.3%，登记注册资本108314万元，同比增长43.27%。其中，钦南区新增企业1493户，注册资金311200.039万元，同比分别增长24.42%，67.9%；新增农民专业合作社49户，注册资本8852.5万元；新增个体工商户5141户，注册资本38599.092万元，同比分别增长29.37%，23.7%。是年，区工商局优化市场准入环境、市场竞争环境和市场消费环境，荣获自治区工商局、自治区人社厅记集体二等功、全市"美丽广西"乡村建设（扶贫）工作先进后盾单位"称号。

【营商环境优化】 2018年，区工商局推进商事制度改革，市场营商环境不断优化。推进登记注册便利化改革，实现私营企业登记全程电子化。开展登记注册提速行动，压缩办照时间。基层工商所办理个体工商户登记注册立等可取，进驻政务中心的工商登记事项大部分提速了75%，得到群众的认可，连续10次获得"红旗窗口"。落实工商登记事项"一次性告知（限时办结）""最多跑一次""一次不用跑"3张清单和"一事通办"办事清单，接受群众和社会监督，提高办事效率，进一步优化营商环境，不断激发市场活力。截至2018年11月30日，钦南区共有市场主体38201户，注册资金共1952510.3282万元，其中新增个私经济市场主体6292户，比去年同期增长28%，新增个私经济注册资本216765.9943万元，比去年同期增长53.6%。

【"双随机、一公开"监管】 2018年，区工商局运用协同监管平台

2018年9月18日，区工商局开展便民服务活动，送营业执照上门

（区工商局 供稿）

的双随机系统进行“双随机、一公开”的操作，实现市场主体和检查人员随机分派、谁检查谁录入，做到全程留痕，确保责任可追。对于随机抽取被检查主体及随机分配执法检查人员，全部纳入平台进行管理，所有抽查结果及时登录广西协同监管平台录入检查结果，确保通过国家企业信用信息公示系统向社会公示。年内开展广告经营户抽查1次，从234户广告经营户中抽出30户，比例达12.8%。开展珠宝、建筑材料、热水器的质量抽检1次，对25批次的商品进行抽检。开展双随机农资抽检3次，对24个批次的农资商品进行抽检，立案3起，处罚3万元。开展成品油抽检1次，在辖区内抽检8户加油站进行抽样8个批次样本，其中3个柴油，5个汽油，抽检结果全部合格，完成辖区成品油质量监测任务。开展“双随机、一公开”综合抽查工作1次。对部分领域企业双随机定向抽查。国家市场监管总局抽取的全区经营范围为类金融、教育培训、医疗美容、环保、知识产权代理5个领域的企业；全区工商系统企业登记事项双随机不定向检查。全区存续的企业、外国企业常驻代表机构、在中国境内从事生产经营活动的外国（地区）企业，抽查比例为2%，两项抽查事项共抽查企业195户。

【无照经营行为查处】 2018年，区工商局组织各工商所开展无照经营查处取缔工作，出动执法车辆80多台次，执法人员350人次，各类经营户3000户，责令改正通知书90份，引导无照经营户自觉补办营业执照180户，立案查处无照经营案件38起，罚款8.58万元。

【商标品牌保护】 2018年，区工商局提高商标品牌建设与服务能力。加大商标法宣传力度，利用3.15消费者权益保护日在北职校开展商标咨询宣传活动，重点宣传新商标法。推进“品牌兴区”战略实施。进村入企，开展多层次商标宣传，对在市场上已有较高知名度的商标，通过与企业负责人座谈方式，倾听企业对工商部门商标管理工作的意见和建议，指导企业加强商标管理和品牌建设，争创钦州地理标志商标。年内，钦南区有注册商标550件，普通类注册商标申报269件，获得注册175件。获得广西著名商标7件。

2018年10月29日，区工商局在犀牛脚镇开展执法检查

（区工商局　供稿）

【商标监管】 2018年，区工商局成立钦南区打击侵犯注册商标专用权和制售假冒伪劣商品专项整治行动工作领导小组，采取多项措施，对侵犯注册商标专用权违法行为进行查处，全年出动执法人员62人，车辆15车次，开展保护“壳”牌机油、“福旺饼干”、手机配件等注册商标专用权专项执法行动，立案10件，结案10件，案值1.19万元，罚款共2.64万元，没收侵权商品一批，有力地打击侵权假冒行为，维护注册商标权利人的合法权益。

【广告监管】 2018年，区工商局开展对医疗、药品、保健食品、金融投资等事关广大群众身体健康和生命财产安全的虚假违法广告的整治。办结广告案件4件，罚款3.8万元。通过平台对广告进行监测。登录国家工商总局广告监管平台，查看钦南区是否有违法广告，对广告数据进行监测。

【打击传销和规范直销】 2018年，区工商局保持惩治传销的高压态势。在政法委的统一部署下，联合钦州市公安局钦南分局对人和春天、七里香溪、天和府邸、东方豪庭等小区开展惩治传销专项执法行动共15次，出动执法人员322人次，车辆81台次，检查涉嫌传销窝点95个，端掉传销窝点79个，对涉嫌传销窝点进行停电停水32个，教育遣返传销人员共216人,办结传销案件24件,罚没款共5.49万元,公安机关刑拘32人,依法逮捕10人。通过开展一系列专项整治行动,有效地惩治传销违法行为,维护正常的市场经济秩序,促进社会和谐稳定。开展创建“无传销社区(村)”活动,全区创建“无传销社区(村)”156个,创建率达到95%。开展规范直销工作。开展对直销企业销售网点的“双随机 一公开”抽查工作,从26户直销企业服务网点经营户中随机抽取8户作为被检对象,所占比例为30%,开展直销企业的约谈工作,约谈直销企业网点5户。

【企业年报公示】 2018年,区工商局扎实推进2017年度市场主体年报公示工作。截至6月10日,全区企业应年报8185户,年报6280户,年报率76.73%;个体工商户应年报22304户,已年报16126户,年报率72.3%,排名第五;农民专业合作社应年报394户,已年报364户,年报率92.39%。

【个体私营经济】 2018年,钦南区个体私营企业35837户,比上年同期增加8730户,增长32.21%。其中城镇23779户,增长28.57%;农村12051户,增长40%。从业人员127992人,比上年同期增加73490人,增长134.8%。注册资本1491424.808万,比上年同期增加564484.73万元,增长60.9%。

【个体工商业】 2018年,钦南区个体工商户从事第三产业26689家,从业人员50804人,资金数额147894.3898万元,分别占全部个体工商户的97.4%、95.8%、96.69%。其中,批发零售贸易业、餐饮业发展最突出,户数20235家,从业人员38033人,资金数额90767.5959万元,分别占第三产业总数的78.17%、78.5%、74.35%;个体工商户从事第一产业的802家,从业人员2347人,资金数额25805.61万元,分别占全部个体工商户的2.9%、4.4%、16.87%。

【消费者权益保护】 2018年,区工商局以“国际消费者权益日”为契机,以“品质消费 美好生活”为主题,组织开展系列宣传活动。通过在钦南区老年大学开展老年人消费教育大讲堂活动、在那丽镇开展“消费维权乡村行”宣传活动、联合钦州梦之岛在百货商场开展“3·15”员工知识竞赛、在钦州市白马汽车城举办汽车领域消费维权知识专题讲座等系列活动,努力营造诚信经营、放心消费、科学消费、品质消费、美好生活的氛围。聚焦流通领域商品质量,以消费诉求热点为导向,组织开展珠宝、建筑材料、热水器的质量抽检共25批次。依法受理消费者投诉,促进消费纠纷和解。全年受理申诉、举报件443件,其中申诉240件,举报92件,全国互联网投诉111件,挽回经济损失20.43万元,办结443件,办结率100%。

【队伍建设】 2018年,区工商局坚持用习近平新时代中国特色社会主义思想武装头脑、指导实践。坚持把深入学习贯彻中共十九大精神作为首要政治任务,深刻学习领会习近平新时代中国特色社会主义思想的科学内涵、精神实质和实践要求,在学懂弄通做实上下功夫,切实做好党的工作。实行机关党建目标管理。总支部与区直属机关工委签订责任状,与各支部签订党建工作责任状,完善工作机制,明确工作重点,使全局党建工作初步形成了支部书记总负责、支委配合、党小组积极参与的工作机制。严格三会一课制度。狠抓学习,提升党员素质,各支部按时按质召开三会一课,并按照要求做好会议记录。开展党建主题活动。每季度按时间要求到社区报到,结合工商工作业务开展服务社区活

2018年5月23日,区工商局参加钦南区第六届政务公开日活动

(区工商局 供稿)

动，取得了较好的效果。组织开展学习贯彻习近平新时代中国特色社会主义思想的专题党课、深入尖山社区服务市场主体开展年报工作、服务非公有制经济发展宣传等党员活动日活动，全年有250多人次参加党员活动日活动。

（区工商局）

2018年12月26日，钦州市创建国家食品安全示范城市暨农村食品安全治理现场推进会在钦南区召开（阮春强　摄）

食品药品监督管理

【概况】 2018年，钦南区食品药品监督管理局（简称区食药监局）内设办公室、行政审批股、综合协调股（应急管理股）、食品生产安全监管股、食品流通安全监管股、餐饮安全监管股、药品药械安全监管股7个股室。设钦南区食品药品稽查大队，下辖17个镇、丽光华侨农场、街道食品药品监督管理所。在主要行政村建立90个食品药品安全工作站和45个食品药品安全监管点。人员编制101名，（行政编5个，参公事业编96个），实有人员92人。各镇、场、街道食品药品监管所共有兼职协管员151人。是年，钦南区没有发生重大食品药品安全事故，钦南区食品药品监督管理局获得自治区食品药品监督管理系统集体二等功。

【食品药品安全责任落实】 2018年，钦南区委、区政府加强落实食品药品安全责任，落实食品安全党政同责，出台《钦南区食品安全党政同责暂行规定》，明确党委和政府的职责，提高食品安全工作格局，食品安全工作纳入各级党委政府和部门绩效考核内容。层层压实责任。钦南区政府、各镇（场、街道）及区食安委成员单位、各行政村、各自然村（村民小组），每年分别层层签订《食品安全工作责任状》。形成纵向到底、横向到边落实各级政府食品安全职责格局，筑牢食品安全网底。全面落实经营者的食品安全主体责任。明确经营者应负的职责。各级监管部门与食品经营者签订食品安全工作责任状。

2018年5月3日，区食品安全委员会全体（扩大）会议暨国家食品安全示范城市创建工作推进会（李丹萍　摄）

【食品生产监督管理】 2018年，区食品药品监督管理局对全区食品生产企业进行风险分级分类监管，督促企业落实食品安全主体责任，建立健全食品生产经营企业自检制度，鼓励企业自身建立企业质量检测机构和质量监控制度，确保引进的原辅材料和出厂产品批批自检合格。是年，食品生产环节抽检308批次，不合格10批次。

【食品流通监督管理】 2018年，区食品药品监督管理局督促商场超市、菜市场严格落实进出货台账制度、质量管理制度和市场准入制度，对不符合入市标准的食品一律不予销售。完成商场超市和农贸市场的三类农产品准入，进一步统一了农贸市场准入挂牌公示制度。2018年，食品流通环节抽检1308批次。开展和完成976批次“4份/千人”食品安全抽检工作。

【食品餐饮监督管理】 2018年，区食品药品监督管理局提高食品安全监管效率，提高监管覆盖率，不留盲区死角，创新开发“消费者食品安全评价”系统和“互联网+学校及机关食堂食品安全”监管系统、钦南区食品药品监管平台系统、重大活动食品安全保障模式。监管手段的创新，有效地将监管、宣传触角从城市延伸到农村。全年，餐饮服务环节抽检326批次，不合格3批次；餐具环节抽检59批次，不合格5批次。

【保健食品化妆品监督管理】 2018年，钦南区加强保健食品、化妆品监管，开展保健食品、化妆品日常监管和专项整治，开展功能饮料类、流通领域保健食品标签标识和宣传、化妆品“颜色行动”等专项整治，落实索证索票和台账制度，查处违法违规保健食品、化妆品，规范保健食品、化妆品经营市场秩序。年内，保健食品环节抽检3批次，化妆品环节抽检10批次。

【药械保化监管】 2018年，区食品药品监督管理局做好日常监督管理工作。严格经营许可和GSP认证。对辖区的药品、医疗器械零售批发企业、各医疗机构都进行了全面的监督检查，覆盖率达到100%。实施零售药店药品安全信用分类管理，加强涉药单位从业人员培训。开展药品安全专项整治，组织开展药品医疗器械安全专项整治，开展特殊管理药品复方制剂专项检查、装饰性彩色平光隐形眼镜的企业专项整治、医用超声仪器专项整治等。开展违法广告专项整治行动；加大药品医疗器械抽验和不良反应监测力度。年内，药品流通环节抽检15批次，医疗器械环节抽检3批次。

【行政审批】 2018年，区食品药品监督管理局共受理办结食品药品经营3063件，其中食品经营许可2083件，食品生产许可20件，小餐饮登记558件，小作坊登记159件，注销许可243件。食品摊贩备案122件。

【举报投诉受理】 2018年，区食品药品监督管理局共受理群众投诉举报235件，立案调查11件，办结率100%，做到事事有着落、件件有答复。

【案件稽查】 2018年，钦南区食品药品监督管理局共立案查处食品药品违法案件126件，行政处罚121件，有力地打击了食品药品违法经营行为。

【食品安全宣传】 2018年，区食品药品监督管理局加大食品药品科普知识宣传力度，做好舆论引导工作。组织开展“12331”宣传日活动、食品安全知识宣传周活动等。举办食品从业人员食品安全知识科普宣传活动。春、秋两季“开学第一课”常态化，提高学生食品药品安全意识。各镇、街道基本上建立食品药品科普宣传基地，便于群众对食品药品安全知识的了解。

【应急保障】 2018年，区食品药品监督管理局强化应急处置保障工作，完成重大活动食品安全保障工作任务。积极落实钦南区食品药品事项的应急预案，提高各级领导和干部应急处置水平，组织开展“两会两节”食品安全演练，中高考、重大活动食品安全保障推演活动，提高监管人员的应急处置能力。做好壮族“三月三”、国庆、中秋、中考、高考期间等重大活动食品安全保障工作。

【国家食品安全示范城市、广西食品安全示范城市创建】 2018年，区食品药品监督管理局开展钦州市创建国家食品安全示范城市工作，把好田间、养殖基地到食品生产、食品流通、餐桌等环节食品安全关，对照创建标准要求全面做好各环节创建工作，打造示范种植基地、养殖基地、示范食品生产、示范超市和农贸市场、示范食堂，久隆等食品安全示范镇等100多个示范迎检点。

（区食品药品监督管理局）

安全生产监督管理

【概况】 2018年，钦南区安全生产监督管理局（简称区安监局）内设办公室、行政审批股（安全督查股）、监管一股、监管二股、监管三股、应急救援股、作业场所职业安全健康监督股7个股室，下辖钦南区安全生产执法监察大队1个下属事业单位。编制16个，实有工作人员18名，是年，区安监局落实安全生产“党政同责、一岗双责”，开展安全生产综合监管、非煤矿山、危险化学品、烟花爆竹、职业健康安全检查，开展企业标准化建设，安全生产月宣传活动，研究部署安全生产工作，确保钦南区安全生产形势持续稳定向好，营造社会经济持续健康发展安全环境。年内，钦南区共发生各类生产安全事故101起，死亡37人，受伤88人。其中：水上交通事故1起，死亡1人，受伤1人；铁路交通事故2起，死亡2人；工商贸其他事故3起，死亡2人，受伤1人；建筑施工事故5起，死亡3人，受伤3人；道路运输事故87起，死亡28人，受伤81人；其他行业事故3起，死亡1人，受伤2人。

【落实安全生产“党政同责、一岗双责”】 2018年，钦南区根据《钦南区安全生产“党政同责、一岗双责”暂行规定》明确各级党委、政府和部门在安全生产工作中的责任，按照“五级五覆盖”（“五级”：省级、市级、县级、乡级和行政村级；“五覆盖”：“党政同责”全覆盖、“一岗双责”全覆盖、“三个必须”全覆盖、政府主要负责人担任安委会主任全覆盖、各级安监部门向同级组织部门通报安全生产情况全覆盖）的要求，明确各级党委、政府和部门对安全生产工作的责任，要求各级党委、政府和部门班子成员要按照“管行业必须管安全，管业务必须管安全，管生产经营必须管安全”的原则，加强对分管领域安全生产工作的领导。各级各单位进一步建立完善安全生产领导、工作决策、应急处置等保障机制，全面落实安全生产“党政同责、一岗双责”。钦南区委常委会、区政府常务会议每季度定期听取安全生产工作汇报，研究布置安全生产工作。年内政府与各镇（场）、街道办事处及有关部门主要负责人签订安全生产责任书51份。

【安全生产综合监管】 2018年，区安监局落实日常监管工作，定期开展每季度2次的例行检查。坚持“三个必查”（一是现场作业人员持证上岗情况必查；二是安全生产事故隐患排查整治填写情况必查；三是现场作业面情况必查）。加强综合监管督促协调工作，协调钦州市交警一大队、二大队、区交通局运管所、区农机局等区交通联席办成员单位，组成联合检查组，对辖区内的3家客运站（公司）、公交公司、5家危运公司进行反复检查。加强客运公司春运、元旦和全国“两会”期间客运安全工作的督促落实，对驾驶员、客运车辆进行排查，不允许没有资格的驾驶员、没有检验合格的车辆进入客运工作。严格对乘客物品违禁品检查，决不让违禁品上车。加大交通执法和安全宣传教育，及时纠正违章行为，确保行车安全。重点查处交通违章非法营运，及时纠正和查处货车、农用运输车、拖拉机、摩托车违法违规行为，纠正违章120多宗。扣押非法搭客摩托车30多辆。教育群众要文明驾驶、安全乘车，遏制和减少各类事故的发生，保障了人民生命财产安全。积极做好安全生产大检查督查工作。贯彻落实国务院、自治区和市安全生产电视电话会议精神和相关文件的各项工作部署。积极协助钦南区安委办做好全区各镇（街道）安全生产综合督察和根据国务院安委会、自治区安委会和市安委会的要求进行安全生产大检查综合督察工作，督查的范围是全区各镇（街道），督查对象是各镇（街道）人民政府（办事处），以及非煤矿山、交通运输、建筑施工（包括专项工程施工）、危险化学品、烟花爆竹、粉尘作业、消防、城镇燃气、特种设备设施等行业领域的企业和人员密集场所，重点检

2018年1月16日，钦南区举行重大活动食品安全保障应急演练

（邓以营 摄）

查建立安全生产大检查工作责任制，层层落实责任措施，广泛宣传发动，组织全面开展自查自改的情况、重点检查对中共十九大期间安全生产工作动员部署、责任落实和强化安全防范措施的情况等。

【非煤矿山安全检查】 2018年，区安监局检查31家非煤矿山企业，下达执法文书37份，责令整改存在问题32项。其中现场检查记录27份，责令限期整改指令书5份，整改复查意见书5份。抓好企业安全生产主体责任的落实。通过召集各非煤矿山业主开会、培训以及日常的巡查等多种形式，向各矿山主要负责人和安全管理人员宣传、解读国家有关矿山企业安全管理的法律、法规以及标准规定，指导、协助企业层层落实安全生产责任制，制定各种操作规程，明确各岗位职责，建章立制，加大投入，加强隐患排查治理，加强对员工的培训，并做好安全保障。提高广大业主及从业人员的安全意识。全年出动车辆58辆次，派出检查人员62人次，辖区内各非煤矿山巡查72次。持续推进和不断完善安全风险分级管控和隐患排查治理双重预防机制建设。推进双重预防机制建设。推动试点单位双重预防机制建设取得实效，总结经验，实现以点带面、循序渐进、全面推动。强化安全生产标准化建设，开展新一轮企业标准化建设，建立以安全风险分级管控和隐患排查治理为核心的标准化体系，保持体系持续有效运行，及时发现和解决安全生产问题，循序渐进，不断提高安全生产水平。强化重大隐患排查治理。对照《金属非金属矿山重大生产安全事故隐患判定标准（试行）》，深入排查治理重大隐患。督促矿山企业落实事故隐患排查治理的主体责任，对本企业矿山生产系统安全生产条件进行“回头看”全面排查。加强对露天矿山边坡、排土场和尾矿库排洪系统、坝体等区域和设备设施排查，及时发现并消除事故隐患。加大政府购买安全生产技术服务力度，聘请专家或机构“会诊”排查隐患。严密汛期安全监管。及时部署汛期安全生产工作，督促企业做好汛前检查、除险加固、汛期监控、台风暴雨防范、大雨暴雨停产撤人、汛期值班值守等系列工作，重点防范边坡坍塌、山体与排土场滑坡、垮坝溃坝等事故。落实全区尾矿库汛期安全监管责任单位和责任人名单，明确每一座尾矿库汛期安全监管和治理工作责任，特别是黄屋屯镇政府对无主尾矿库监管的主体责任，加强4个无主尾矿库闭库销号前汛期督导检查，确保安全度汛。持续推进安全与环保专项整治。于2018年6月开始的中央环保大督查对钦南区进行了督查，区安监局根据权责配合环保、国土部门对辖区内的小型露天采石场进行了执法大检查，完成群众举报到督查组交办的案件共六项，全部督促整改完成。继续推进无主库及停用尾矿库的专项治理。对未完善闭库手续的无主库，制订闭库治理方案实施治理，9月30日，黄屋屯镇四座尾矿库全部完成闭库注销手续。集中开展建设项目安全设施“三同时”专项整治。对全区近3年来审批的建设项目“回头看”，对已审批的不按国家标准规范编制矿山建设项目开采初步设计、以矿山开采设计方案或矿产资源开发利用方案代替开采初步设计的矿山建设项目安全设施设计要重新审批。严厉惩治小型露天采石场设计为分台阶开采而实际为分层开采、分层开采最大开采高度超过60米等不按批准的设计施工违法违规行为。辖区内各非煤矿山企业落实企业安全生产主体责任基本到位，安全形势平稳，未接到任何辖区内非煤矿山企业发生安全生产事故的报告，

【危险化学品安全监督检查】 2018年，区安监局举办2期知识培训班，组织危险化学品生产、经营企业主要负责人等各类人员148人参加学习培训，提高安全管理人员的安全生产管理能力，进一步落实企业安全生产主体责任。元旦过后，组织对钦南区4家危化生产企业储存装置进行排查。元旦、春节期间，按照上级的部署和要求，对本辖区危险化学品企业安全生产进行全面检查，检查36家危化品生产经营单位，下发现场检查记录36份，下发责令整改指令书和整改复查意见书各1份，确保辖区危化企业的安全稳定。清明、“五一”期间，对本辖区危险化学品企业安全生产进行检查，检查15家危化品生产经营单位，下发现场检查记录11份，责令限期整改指令书4份，整改复查意见书3份，确保钦南区危化生产经营的安全稳定。中秋、国庆期间，按照上级的部署和要求，对本辖区危险化学品企业安全生产进行全面检查，检查13家危化品生产经营单位，下发现场检查记录12份，责令限期整改指令书1份，确保钦南区危化企业的安全稳定。根据《钦南区人民政府办公室关于印发钦南区危险化学品安全综合治理实施方案的通知》要求，在全区开展涉及危险化学品企事

业单位基本情况摸排，印发涉及危险化学品安全风险的行业品种目录，明确开展68个行业摸排的责任部门。

【烟花爆竹安全检查】 2018年，区安监局根据《国家安全监管总局关于进一步加强监管监察执法促进企业安全生产主体责任落实的意见》要求，加强监管监察执法，促进企业安全生产主体责任落实，督促推动企业建立完善企业全员安全管理体系和安全生产制度，实行全员安全生产责任制度。深入推进生产经营企业安全标准化建设，更好地发挥标杆示范引领作用。督促企业落实重点部位和总仓库防超员超量视频监控，实行高温雷雨季节停产制度。配合区有关部门将非法生产经营烟花爆竹问题突出的地区列为危爆物品安全管理重点地区，进一步完善工作机制，强化手段措施，持续保持“打非”高压态势。发挥群众监督举报的积极性主动性，建立重点企业管控机制，依托安委办，研究部署并督促落实强化“打非”工作措施，不断提高工作合力与实效。严格延期换证审查，不符合安全发展规划要求的，一律不予审查。加强新增烟花爆竹批发企业的审批工作，不符合要求的一律不审批。定期通报执法情况，依法依规从严执法，严肃事故隐患查处。严格执行重大安全事故隐患判定标准，发现重大事故隐患违法行为的，一律依法责令企业停产整改。推进职业健康监管一体化执法，督促企业落实职业病防治主体责任和制度措施。加大宣传培训力度，做好《烟花爆竹生产经营安全规定》（总局令93号）和《烟花爆竹生产经营单位重大事故隐患判定标准》宣传贯彻，结合督查检查，推进贯彻落实和企业主体责任落实。

【职业健康安全检查】 2018年4月—6月，区安监局贯彻落实自治区安监局《关于开展〈职业病防治法〉网络宣传学习活动的通知》文件精神，组织危险化学品、非煤矿山、烟花爆竹、工矿商贸等用人单位开展学习《中华人民共和国职业病防治法》等法律法规和配套规章、标准，职业病防治的主体责任，劳动者提高职业卫生自我防护意识和能力。节假日期间开展监管执法工作。在元旦、春节期间，按照自治区、市、区元旦、春节假日期间开展安全生产大检查工作方案要求，重点开展对非煤矿山、水泥制造、砖瓦石材建筑材料、金属冶炼、陶瓷制造、木材家具加工等职业病危害严重行业领域13家企业进行执法检查，下发现场检查记录12份，整改复查意见书1份。五一期间，按照自治区、市、区“五一”节假日期间开展安全生产大检查要求，重点开展对非煤矿山职业病危害严重2家企业进行执法检查，下发现场检查记录2份。4月，组织钦南区的危险化学品、非煤矿山、烟花爆竹、工矿商贸企业主要负责人参加钦州市安监局举办的职业健康培训，学习职业健康基本知识和法律、法规，要求各位企业主要负责人认真落实企业职业病防治的主体责任。推动企业落实职业危害防治主体责任，全面掌握企业作业场所职业危害的状况，不断改善企业作业场所职业卫生条件，控制、减少和消除职业危害，保护广大劳动者生命安全和身心健康。加大力度推进企业职业危害申报工作，12月底，钦南区有179家企业完成网上申报，基本完成存在职业危害因素的企业申报工作。针对职业危害严重企业，积极推进企业开展职业病危害控制效果评价，推进职业病危害控制效果评价和危害因素检测工作。9月，广西钦州市金锋水泥有限公司完成职业病危害控制效果评价。对职业危害一般的加油站积极推进开展职业病危害因素检测，6月，有3家加油站完成职业病危害因素检测并形成报告。

【应急救援】 2018年，区安监局推进应急救援工作，完善应急救援管理体制建设，完善修订应急救援预案，听取专家、管理部门意见，不断提高预案的合理性和可操作性。在“安全生产月”“法制宣传月”期间，向广大群众宣传讲解应急救援法律、法规，预防避险、自救、互救、减灾等知识，增强人民群众忧患意识、应会责任意识。根据工作要求，督促企业开展应急演练和相关业务知识及技能培训，开展防火、道路安全知识等知识讲座和技能培训，提高应急救援人员的的救援能力和处置能力。6月中旬，区安监局和企业开展联合演练，演练预案落实，增强企业职工的应急处置能力。针对不同时期，不同特点，进行排查整治。做到各分管领导亲自抓，责任股室具体抓，排查有计划、检查结果有记录、隐患整改有方案、安全措施有保障，消除各类灾害和事故隐患。全年有16家企业进行安全生产应急预案备案登记。加强各类信息收集、上报，做到早预防、早发现、早上报，及时、正确、妥善处理，直报率达到90%以上。

（曾　德）

财政·税务

财　政

【概况】 2018年，钦南区财政局（简称区财政局）是钦南区政府主管全区财政工作的综合经济部门，承担着全区财政资金收支管理、财税政策和财务制度制定、会计管理、国有资产管理、实施财政监督等任务。局机关设置22个股室，12个下属二层机构，下辖13个基层财政所。是年，区财政局按照中共钦南区委“一机遇、三争创、四打造、六重点”工作思路，坚持稳中求进工作总基调，财政系统干部职工合力攻坚，克难奋进，圆满完成了各项财政工作任务，各项财政改革稳步推进，财政管理科学化精细化水平明显提高，财政职能得到有效履行，为全区经济社会实现平稳快速发展提供了有力的财力保障。区财政局2018年获钦州市电影文化建设管理服务工作“先进集体”称号。

【财政收入】 2018年，全区组织财政收入74245万元，完成预算的108.39%，比2017年64593万元、增加9652万元、增长14.94%。一般公共预算收入42923万元，完成预算的99.83%，比2017年增加4136万元，比2017年增长10.66%。其中：税收收入30314万元，非税收入12609万元。上划中央收入19833万元，比2017年增加2646万元，比2017年增长15.40%。上划自治区分享税收收入6691万元，比2017年增加948万元，比2017年增长16.51%。上划市收入4798万元，比2017年增收1922万元，比2017年增长66.83%。政府性基金收入7639万元，比2017年同期增加428万元，同比增长5.94%。

【财政支出】 2018年，钦南区财政总支出221800万元（含上级追加、上解、不含基金），主要项目是：1.一般公共预算支出206915万元；2.上解支出4239万元；3.债务还本支出4708万元；4.安排预算稳定调节资金727万元。一般公共服务支出21171万元，完成年度预算的101.32%，同比增长30.07%；国防支出219万元，完成年度预算的81.72%，同比增长15.26%；公共安全支出5465万元，完成年度预算的97.75%，同比增长25.52%；教育支出56202万元，完成年度预算的104.19%，同比增长18.79%；科学技术支出434万元，完成年度预算94.55%，同比下降65.5%；文化体育与传

2018年5月28日，区财政局到广西澳华农牧科技有限公司调研企业生产经营情况

（其财政局　供稿）

媒支出799万元,完成年度预算的30.31%,同比下降22.43%;社会保障和就业支出35510万元,完成年度预算的97.93%,同比增长18.46%;医疗卫生与计划生育支出33438万元,完成预算的88.95%,同比增长6.05%;节能环保支出2433万元,完成年度预算的79.48%,同比增长316.61%;城乡社区支出10160万元,完成年度预算94.88%;同比增长6.13%;农林水支出23512万元,完成年度预算91.11%,同比增长2.06%;交通运输支出3238万元,完成年度预算的100.62%,同比下降52.43%;资源勘探信息等支出1082万元,完成年度预算172.02%,同比增加20.49%;商业服务业等支出1984万元,完成年度预算623.9%,同比增长97.22%;金融支出69万元,完成年度预算81.18%;国土海洋气象等支出446万元,完成年度预算33.71%,同比增长7.99%;住房保障支出8629万,完成年度预算102.12%,同比增长18.16%;粮油物资储备支出1130万元,完成年度预算729.03%,同比下降30.2%;其他支出19万元,完成年度预算的8.12%,同比增长533.33%;地方政府债务付息支出966万元;债务发行费用支出9万元。政府性基金支出16262万元,完成年度预算53.37%,与上年同期对比增长10370万元,主要是因为2018年新增土地储备专项债券资金支出7000万元。

【保障和改善民生】 2018年,钦南区加大支持脱贫攻坚力度,筹集包括整合涉农等各项扶贫资金16395万元;加大推进义务教育均衡发展,统筹整合资金11414万元用于义务教育均衡发展;支持全域旅游创建,安排资金5500万元完善旅游配套设施建设;筹集资金支持环境保护工作,共计筹集拨付资金1600万元;投入资金2373万元支持创全国文明城市;投入资金80万元支持创建现代农业示范区建设;统筹资金95710万元持续稳步推进全区乡村振兴工作;按照中央和自治区及市委、市政府的决策部署,安排资金1605万元,大力支持公安、检察、法院等政法部门重点项目建设,切实做好该区扫黑除恶专项斗争经费保障工作和政法、综治、公安等相关工作的经费保障。

2018年12月5日,区财政局到康熙岭镇新南村调研特色产业"潮禾红米"生产情况 (区财政局 供稿)

【财政改革】 2018年,区财政局继续深化和完善部门预算、国库集中支付制度改革,清理单位往来账户2016年度以前的结转资金2256万元,确保将闲置、沉淀的财政存量资金用于全区重点项目;全年承接136个项目评审,工程送审总造价36806万元,审定总造价35367万元,审减1439万元,审减率3.91%;继续推进政府采购制度改革,采购计划金额32555万元,实施采购金额29879万元,节约资金2676万元,资金节约率为8.2%,实施限额内工程施工实施单位定点采购,减少采购程序环节,提高政府采购效率。全区141个村委(社区)实行村级财务委托代理工作,完成全区144个村委(社区)的98%(不含四个街道办)。安排村级一事一议资金2380万元。扶持村级集体经济发展试点村四个,资金800万元;安排村级公共服务运行维护机制建设试点资金130万元。引进培育县域金融机构,创建"三农金融服务室"125个、"三农金融服务综合室"示范点11个;加快发展县域新型金融机构,为钦南国民村镇银行向上级争取2018年度广西县域涉农贷款增量奖励资金98万元,争取2018年度农村金融机构定向费用补贴资金1083万元;加快政府性融资担保体系建设,安排政府性融资担保体系建设预算资金1500万元;加大扶贫贷款发放力度,累计办理小额扶贫贷款1296户,发放贷款金额4991万元;与农信社签订的小额贷款财政贴息按季度进行结息的协议,累计贴息544万元;积极推进涉农保险工作，开展四大类9个项目的政策性农业保险；加强县域信用体系建设，建立农村信用信息平台，并启用系统导入农户户主信息63305条；深入推进农村信用信息数据库，创建了6个信用镇，覆盖率达54.55%，创建信用村共66个，覆盖率达52.8%，创建信用户共50714户，覆盖率达56.51%。

【财政监督】 2018年，区财政局规范公务卡使用管理，公务卡刷卡报销额550万元，和上年538万元基本持平，现金提取额1112万元，比2017年同期1578万元下降29.53%；强化国库集中支付动态监控，纳入动态监控资金17.73亿元，同比增长16.80%，预警资金259万元，比2017年同期283万元下降8.48%，动态监控警示和纠偏作用进一步增强；加强财政扶贫资金监督职责，制定扶贫项目资金检查方案，分别于1月、3月、4月、5月、7月、11月对财政扶贫资金支出使用情况开展了督查检查；开展全区工资津贴补贴发放情况督查检查。

【服务经济发展】 2018年，钦南区预算安排工业园区基础设施专项建设资金10000万元；预算安排1500万元县域工业发展专项资金；争取上级专项资金1703.08万元投入全区企业建设，壮大发展企业生产；加快实施"惠企贷"业务，推荐5家企业向上申请贷款，获批4家，获批金额4550万元；帮助4家中小企业向广西金融投资集团有限公司申请融资，申请融资4390万元；支持"个转企、小上限"，2018年争取自治区服务业发展专项资金85万元；2018年部门预算安排"个转企、小上限"企业补助奖励资金10万元，并追加安排"个转企、小上限"企业补助奖励资金8万元。

【财源建设】 2018年，区财政局创新和完善财政支持企业发展的相关政策，增加财政服务企业发展的质量，支持工业企业做大做强，加快建设搞活流通、扩大消费和促进外经贸发展的长效机制，不断强化保障粮食安全的财政政策，加大力度保障安全生产，创新财政支持方式，促进非公经济发展，完善专项资金管理方式改革，促进全区培育地方财源长效机制良性运行，协助重点行业主管部门研究起草和完善扶持重点行业发展的配套办法和操作细则，深入开展优化营商环境"服务企业年"活动。加强重点税源监控力度和政府非税收入管理，努力实现应收尽收，促进全区财政收入平稳增长，进一步提高地方财政收入质量。全区累计实现财政收入74245万元，完成全年预期目标68500万元的108.39%，同比增长14.93%，其中，一般公共预算收入实现42923万元，完成年度预算的101.72%，同比增长10.66%。实现地方税收收入30314万元。开拓财源、加强政府非税收入管理，实现非税收入12609万元。

（区财政局）

税　务

【概况】 2018年，根据机构改革方案，撤销钦南区国家税务局、钦南区地方税务局，合并组建钦南区税务局（简称区税务局）内设办公室、法制股、财务管理股、税政股、社会保险费和非税收入股、税源管理股、收入核算股、纳税服务股、税收风险管理股、征收管理股、人事教育股、纪检组、机关党委、信息中心14个职能股室，第一税务分局、第二税务分局、沙埠税务分局、那丽税务分局、南珠税务分局、尖山税务分局6个派出机构。在职在编干部职工共151人，其中原国税81人、原地税70人，非在编43人。是年，区税务局依照《中华人民共和国税收管理法》的规定，服务钦南区经济发展，组织税收收入、防控税收风险、加强税收征管、落实税收改革，开展纳税服务、加强绩效管理。

【组织收入】 2018年，区税务局抓好组织收入，坚持"依法征税，坚决不收过头税，坚决防止和制止越权减免税，坚决落实各项税收优惠政策"的组织收入原则，突出组织收入工作职能。加强重点税源和新增税源管理，稳住税收收入大头。加大堵漏增收工作力度，开展税收专项整治，堵塞征管漏洞，做到应收尽收。2018年，钦南区税务局组织收入区政府口径收入62316万元，同比增收10352万元，增长19.92%，实现组织收入平稳增长。

【税收优惠政策落实】 2018年，区税务局严格按照税务行政许可审批的程序，做好增值税防伪税控系统最高开票限额的行政许可审批工作。落实税收执法公开公示制度。对增值税防伪税控最高开票限额审批情况、税收违法行为处罚、欠税管理、纳税信用等级评定、出口退税分类管理等工作严格实施公开公示制度，及时、定期通过外部网站发布，使税收执法标准、过程、结果、纳税人应该享受的服务措施一目了然，保障纳税人和社会各界的知情权，促进依法诚信纳税。落实出口退税规范。严格按出口退税规范和分类管理的要求办理免抵退税，优化服务，利用各种信息手段对出口企业进行税收宣传和税收新政策及信息资料的传递，对企业推行出口退税无纸化，及时为出口企业办结退税。全年共为八户生产企业审核办理免抵退税4141.76万元(其中：退税4634.75万元，免抵税482.49万元)，比去年同期4272.10万元增加845.14万元，增长19.78%。四是落实个人所得税改革过渡期政策。成立并及时调整个税改革专项工作领导小组，成立6个专项工作组，人员保障到位。制定贯彻落实个人所得税改革过渡期政策工作方案和任务分解表，向钦南区政府汇报个人所得税改革的情况和意义，争取支持。并按要求组织征管、纳服等相关人员特别是办税厅人员多次参加上级局举办的专项业务培训并自行组织学习。发送手机短信提示信息1178户/次，办税大厅专人辅导，下户宣传，认真解答纳税人问题。集中组织纳税人进行扣缴客户端培训，600多人次参加培训学习，确保个税系统扣缴客户端软件顺利推广上线。

【依法治税】 2018年，区税务局贯彻落实国家的税收法律法规和有关税收管理制度，提高对依法行政工作重要性的认识，规范税收执法权行使，促进严格规范公正文明执法。按规定成立钦州市钦南区税务局税务内控机制建设、依法行政工作领导小组等4个议事机构，依机制和职责开展法制日常管理和履行系统的内审督查工作，有针对性地解决和破解难题，排除各种隐患，有效防控组织收入、执法管理、干部管理和社会管理等“四大风险”的发生。根据上级督察当前工作重点要求，制订《钦南区税务局关于落实上级督察事项的督导方案》，牵头组织税政、纳税服务、征管、税收风险管理、税源管理股等股室，开展对“放管服”“个税改革”等税收新政策落实情况的重点督查，根据《税务系统内部控制监督平台》提示的执法风险事项及时督查，查清形成执法风险的原因，跟踪整改工作，为规范执法、促进工作落实、提高工作绩效，发挥机制防范作用。

【税收宣传】 2018年，区税务局组织相关部门认真学习全面实施营改增以来相关文件，在税务登记、税种核定，身份界定等基础工作的开展中，审核纳税人资料，核对录入的税务信息。在税务总局对自治区税务局进行督查发现问题后，区税务局积极开展自查，发现对部分纳税人营改增身份界定有误后及时进行修正，2018年度，区税务局累计完成身份界定800余户次，确保纳税人的发票领用、纳税申报等事项得以顺利进行，保证了全面推开营改增工作的平稳过渡。根据《国家税务总局关于成品油消费税征收管理有关问题的公告》《国家税务总局关于进一步做好成品油消费税征收管理工作的通知》等相关文件的要求，邀请技术服务单位的技术人员到区税务局会议室对纳税人开展相关培训工作，共计27户次。对系统升级、自行开票、录入库存等事项进行一一辅导，让纳税人全面掌握发票开具的操作能熟练掌握并正确操作，与纳税人交流政策执行中遇到的问题，并及时解答纳税人在培训过程中提出的问题。针对部分纳税人在填写《营改增税负分析测算明细表》时会出现逻辑错误、错误填写表格内容等问题。加强对纳税人的辅导力度，通过入户宣传、电话辅导、现场发放资料、举办“纳税人学堂”等多种方式对纳税人进行辅导。对于已经出现的表格填写错误，区税务局根据上级下发的错误问题清单及时开展核查，指导纳税人正确填写表格，督促其办理申报数据的更正，及时修正错误。辅导334户企业纳税人正确使用商品编码，规范商品码开票，营造良好的开票环境。根据《国家税务总局关于全面推行增值税发票网上申领有关问题的通知》要求，加强对B级以上纳税人宣传，开展增值税发票网上申领工作五是辅导纳税人网上申领发票。进一步优化纳税服务，提高纳税人领用发票便利性，创新纳税人申领增值税发票渠道，实现纳税人和税务机关“双减负”。对纳税人发票开具是否规范、税务机关对纳税人已开具的发票进行专项检查，检查发现存在疑点的291户次，按照相关规定及时处理，营造良好的经营环境。

【税收管理】 2018年，区税务局统筹分析风险任务，定向开展风险应对工作，利用增值税发票管理新系统对企业数据进行提取分析，为风险应对工作强化支撑点，通过约谈、核查等手段开展风险应对。根据总局、区局和市国税局下发的各项重点税收风险事项，区税务局共下达20批次风险应对任务，组织

25 次应对工作，推送下达的风险纳税人 269 户，完成风险应对执行任务的纳税人 269 户，查出实际有问题纳税人 269 户，命中率 100%。针对实际有问题的风险纳税人，区税务局查补入库税款 1678.31 万元，其中增值税额 1556.03 万元，企业所得税 13.33 万元，车辆购置税 1.65 万元，其他税费 107.29 万元；入库滞纳金 5.17 万元。

【机构改革】 2018 年，区税务局在自治区税务局、钦州市税务局党委和地方党委政府的正确领导下，按照全区和全市税务局工作会议及国地税征管体制改革工作部署，推进税务机构改革，撤销钦南区国家税务局、钦南区地方税务局，合并成立钦南区税务局。钦南区国家税务局设置 13 个正股级内设机构（含另设机关党委、纪检组），6 个副科级派出机构，1 个正股级事业单位。机构合并后，在职在编干部职工共 151 人，其中原国税 81 人、原地税 70 人，非在编 43 人。10 月 29 日，到岗到位，实现同一股（室）同址办公，完成股室职责划转、工作交接、人员到位、公文系统人员信息配置等工作。区税务局提请钦州市钦南区人民政府于新机构挂牌成立之日，召开国税地税征管体制改革座谈会，邀请钦南区各单位相关领导出席会议，通报机构改革事宜，加强与钦南区各单位交流合作，确保税收工作开展。根据改革工作部署，推进社保费和非税收入征管职责划转，与财政、人社和人民银行等部门建立联席会议制度，制发工作应急预案等相关工作制度，相互协调、相互配合，形成工作合力。加强与社保部门的沟通联系，选派业务骨干进驻市社保局征缴大厅跟班学习，做好社保数据清洗，推动金三社保子系统平稳上线。

【个人所得税改革】 2018 年，区税务局贯彻落实落实党中央、国务院关于个人所得税改革要求，稳步推进个人所得税改革。成立国家税务总局钦州市钦南区税务局个人所得税改革专项工作领导小组，统筹抓好个税改革各项工作任务的落实。开展对纳税人的宣传辅导和系统内的培训工作，建立个人所得税管理专业团队和培训师资队伍，应对个人所得税税制改革不断深入和企业环境持续变化的经济新态势。严格执行 5000 元的基本减除费用标准，发挥税收调节收入分配的作用。

【税收服务】 2018 年，区税务局加强税收服务，压缩办税时间，推行网上申领发票，信用登记为 A、B 级的纳税人都可以申请使用网上申领发票并取消了纸质发票验旧。开展网上办理代开发票事项，扩大小规模纳税人自行开具增值税专用发票试点范围，推行电子发票、委托邮政等第三方代开普通发票及代征税款等事项。推行实名办税，减少办税人员合法身份的相关证明材料情况。增值税一般纳税人完全采集 1551 户，完全采集率 98.41%，领用发票小规模企业和个体工商户完全采集 5193 户，完全采集率 96.97%。结合自治区税务局、钦州市税务局部署安排，对办税大厅咨询台进行优化改造，打造“大咨询”服务理念，将导税台和辅导区及网报区进行结合，优化办税力量配置，提升咨询导税水平。

（区税务局）

工　业

工业信息化

【概况】 2018年，钦南区工业和信息化局（简称区工信局）内设办公室、信息产业和糖业股、工业规划股、经济运行股、科技与投资股、中小企业发展股、节能与循环经济股共7个股室，编制13个，实有13人；下设钦南区节能监察中心和钦州坭兴陶工艺美术研究所2个二层机构，编制10个，实有10人。是年，区工信局围绕区委、区政府的工作思路，坚持稳中求进的工作总基调，开展优化营商环境“服务企业年”活动，鼓励工业企业上规扩产，加快实施“惠企贷”，推进全区工业经济稳步发展。全年完成规模工业总产值160.78亿元，完成333亿任务的48.28%，同比减2.93%。规模企业增加值33.28亿元，同比减0.2%。规模工业企业75家，其中高新区12家，中马产业园2家，保税港1家，钦南区60家。亿元产值企业30家，其中南区26家，高新区3家，中马产业园1家。年内新上规工业企业11家，完成7家任务的157.14%，其中南区完成9家，完成5家任务的180%。

【工业规划】 工业园区规划开发建设情况：该区现规划园区有金窝工业园、黎合江工业园、农副产品加工园和那丽产业园共4个园区。金窝工业园一区调整布局为高端进口木材加工园，年内钦州市政府安排市级相关部门开展园区各项规划修编工作。农副产品加工园完成2.81平方公里地形图测量，农副产品加工园控规方案已根据市住建委反馈的初步审核意见进行完善，形成正式的控规设计方案，提交钦州市住建委进行二次审核。启动园区规划环评编制工作，完成编制单位招标工作，完成环境监测外业工作已经。那丽产业园开展前期工作，尚未启动开发建设。黎合江工业园已停止新项目准入布局。

2018年8月9日，区工信局到企业了解生产经营情况

（区工信局　供稿）

【企业上规入库】 2018年，区工信局抓好企业上规入库培育，年内龙源风电、中节能风电等项目落地建设，海大、智朗等投资超亿元项目竣工投产，通威光伏、中肇新能源项目实现全容并网，漓源饲料、闽兴木业、利顺电子等11家企业上规入库，完成钦州市下达任务的157%，是钦州市唯一完成新上规任务的县区，夯实工业发展基础。

【工业项目建设】 2018年，区工信局推进项目建设，1月，广西智朗建材有限公司智朗混凝土搅拌站项目开工建设。3月,广西怀爱保温建材有限公司怀爱保温砂浆项目开工建设。钦州金雨伞防水科技有限公司金窝科技园项目,广西巨申投资有限公司铜管钢管加工基地项目,广西华汇新材料有限公司镍业加工项目,钦州得劳斯住人集装箱项目,广西新海丝木业有限公司家具生产项目,广西海大股份有限公司饲料生产项目,钦州市漓源饲料有限公司饲料生产项目,钦州市恒和农牧科技有限公司饲料生产项目,钦州鑫金光伏电力有限公司广西钦州康熙岭200兆瓦(一期60兆瓦)渔光互补光伏电站项目,钦南区乐家工业废渣综合利用项目等10个项目续建。钦州市漓源饲料有限公司饲料生产项目3月竣工投产。广西海大股份有限公司饲料生产项目7月投产。广西智朗建材有限公司智朗混凝土搅拌站8月试产。

【工业园区基础设施建设】 2018年,区工信局推进园区设施建设工作。秀英路项目完成全路段清表、软基处理、雨污水管网、箱涵和路基工程建设。高薪街项目完成全路段清表、软基处理、路基挖填方、雨污水管铺设、强弱电管沟和路基工程建设。凤凰支路完成道路立项、选址、设计、招标等前期工作。450米硬化道路和排水沟完成建设。黎合江工业园排污设施工程主要建设园区收集管网约2500米、一体式泵站一个、输送管网约2400米,污水输送到园博园临时提升站,工程造价约300万元。园区内部收集管网工程和园区外部输送管网全部完成建设,一体化泵站设备安装就位,6月15日进行试运行。协调供电部门加快东场至排岭变电站约2200米的供电线路建设,解决投产项目的用地需求。排岭变电站改造工程投入运营。金窝工业园凤凰路供水管网供水主干管完成800米建设。黎合江工业园供水管网约2000米改造工程完成。

【优化营商环境“服务企业年”活动】 2018年,区工信局推进“县域工业提升工程”。坚持创新驱动意识、质量品牌意识、问题导向意识。开展优化营商环境“服务企业年”活动。了解企业生产经营及项目建设等方面存在的困难和问题,对企业存在的问题,制定具体措施,帮助4家诚实守信、有发展前景的中小企业组织材料申请融资,融资金额共6350万元,其中有3家企业共获得3550万元贷款支持。搭建银企平台,为1家企业获得100万元的短期信用借款。受理4家企业向广西金融投资集团有限公司申请融资,申请资金共4390万元,其中有3家企业共获得2590万元贷款支持。进一步提升中小企业高层管理人员的整体素质,组织辖区企业145人参加广西促进非公经济发展报告会、中小企业促进法宣暨企业融资培训会、“保驾护航助企发展”活动会、市工信委服务企业活动座谈会和钦州市、自治区工业高质量发展银企对接会。

【中央环保督查整改】 2018年,区工信局督促指导混凝土搅拌站和水泥厂按要求进行整治。4家混凝土搅拌站正在搭建原料堆场铁棚,5家出入口安装有车辆自动冲洗平台,5家购买防尘雾炮机,1家混凝土搅拌站和1家水泥企业有固定洒水车辆。对“散乱污”企业甄别整改。11月14日,全区66家“散乱污”企业按标准整治56家,1家搬迁,8家停产整顿,1家进行升级改造。推进燃煤锅炉整治及能效提升工作。对辖区内6家企业使用10蒸吨/小时以下燃煤工业锅炉进行整改,淘汰6台工业燃煤小锅炉14蒸吨。落实2018年6月9日中央环保督查组反馈问题,按照区委区政府的统一部署,全面拆除15家“散、乱、污”的小冶炼厂(含2家选矿厂)。

【节能减排】 2018年,区工信局强化重点耗能行业、企业节能降耗的监督管理,提升工业发展质量。加强对广西登高集团钦州旭升水泥有限公司和广西钦州金锋水泥有限公司2家水泥行业企业开展阶梯电价政策执行情况的节能专项监察。加强规模以上企业能耗监管,规模以上万元工业增加值单位能耗比2017年同期同比下降21.45%。高度重视中央环保督察组督察发现的问题和交办的案件,加强工业企业大气污染防治整治工作,开展拆除施工的“小散乱污”冶炼企业共15家(其中,6月10日已完成拆除3家,6月11日完成拆除3家,6月12日已完成拆除9家)。

【安全生产】 2018年,区工信局加强安全生产管理工作,落实安全生产责任制,明确职责和任务,确保安全生产责任落实到位。年内,与各糖厂、直属企业签订《2018年度安全生产责任书》《2018年度消防安全责任书》,制定《2018年安全生产工作计划》,细化安全责任制,做到任务明确,责任到人,措施到位,工作有力,确保安全生产的稳定局势。以“安全生产月”为契机,推动企业宣传教育力度,夯实安全基础。开展以“加强安全法治、保障安全生产”的“安全生产宣传月”活动。6月15日，参加区安委办组织成员单位在黄屋屯镇街上开展“安全生产咨询日”。活动当天，发放安全生产月活动宣传材料600余份，接受咨询将近100多人次。下属企业、工业园区企业纷纷开展“安全生产月”活动的宣传，利用多种形式进行宣传，张贴安全标语100多条，出墙报3期，拉横额10多幅，宣传安全生产知识、法律法规，使企业职工对安全生产法律法规及有关安全防范措施等安全知识有了更深的了解，安全意识得到进一步提高，营造人人“关注安全、关爱生命”的社会氛围。经常深入直属企业、制糖企业、黎合江工业园区工业企业开展安全生产大检查和日常不定期的安全生产督查，在检查中及时指出被检单位存在安全的薄弱环节，提出整改意见，限时整改，使企业增强安全意识，加强安全工作的整改落实，有效防范和遏制重大事故发生。全年到各工矿工企业开展130次，开展安全生产检查118次，其他服务企业活动14次。出动车辆将近90台(次)，出动人员300多人次，发出现场检查整改文书100多份。

制糖工业

【概况】 2018年，钦南区有广西欧亚糖业有限公司(以下简称公司)属下的广西那彭欧亚糖业有限公司、广西钦州市钦江欧亚糖业有限公司、广西钦州市犀牛脚欧亚糖业有限公司三家制糖企业(犀牛脚糖业有限公司2018年没有恢复生产)。年内，广西欧亚糖业有限公司日处理甘蔗能力8500吨，年处理糖料蔗可达102万吨，年产糖量30万吨，主要产品有白砂糖、赤砂糖，副产品为桔水、除髓甘蔗渣。公司拥有员工650人，其中技术人员88人。通过质量、食品、环境安全管理体系的认证。生产基本上实现自动化、信息化的管理，实现节能降耗、清洁生产、环保达标排放的目标，是广西制造业信息化工程示范企业，全国首批农产品加工示范企业、钦州市首批农业产业化重点龙头企业。钦州市纳税大户之一。

【广西那彭欧亚糖业有限公司】 位于钦南区那彭镇，采用亚硫酸法生产工艺，具有日榨5000吨生产能力。2017/2018年榨季蔗区甘蔗种植面积4.05万亩，按“经营规模化、生产机械化、种植良种化、水利现代化”的四化标准建设“高产、高糖”双高基地，通过土地流转方式，推动甘蔗生产模式的转型，建成“双高”基地面积2670亩。2017/2018年榨季榨蔗量13.01万吨，产糖量1.41万吨，工业产值8853.15万元。

【广西钦州市钦江欧亚糖业有限公司】 位于钦州市钦南区坭桥路88号，具有日榨3500吨生产能力。采用碳酸法和亚硫酸法双轨生产工艺，是广西沿海地区唯一一家采用碳酸法工艺生产绵白糖的制糖企业。2017/2018年榨季蔗区甘蔗种植面积5.31万亩，按“经营规模化、生产机械化、种植良种化、水利现代化”的四化标准建设“高产、高糖”双高基地，通过土地流转方式，推动甘蔗生产模式的转型，建成“双高”基地面积372亩。2017/2018年榨季榨蔗量15.32万吨，产糖量1.83万吨，工业产值10353.36万元。

矿产品加工业

【概况】 2018年，钦南区矿采选行业企业有27家，其中规模企业11家，其中黑色金属矿采选业有广西钦州方隆矿业有限公司、钦州市永佳环保材料有限公司、钦州市钦南区新平冶炼厂3家。有色金属矿采选业有广西钦州市金联达矿业有限公司、钦州市中南矿业有限责任公司、钦州长宇矿业有限公司、钦州源丰达矿业有限公司、广西创大矿业投资集团有限公司、广西远方矿业有限公司、钦州六丰矿业有限公司、广西广保矿业有限公司8家。由于矿源多来自越南等东南亚国家，成本高，产品销售价格低，市场不景气，年内钦州市中南矿业有限责任公司、钦州长宇矿业有限公司、广西创大矿业投资集团有限公司、广西钦州市金联达矿业有限公司、广西远方矿业有限公司生产处于不正常状态。

【广西源丰达矿业有限公司】 2012年2月成立，地址位于钦州市钦南区金窝工业园区内，占地面积120亩，公司2014年开工建设“年产40万吨钛锆产品加工项目”项目已于2015年10月初试产。公司在越南、印尼、斯里兰卡等国家均有采购线路，经营的产品广泛应用于钢材、涂料、焊材、陶瓷、耐火材料等的原材，带动下游产业的发展。主要生产钛矿、钛精矿、金红石、锆英砂等矿产品，产品主要销售于济南、百色、浙江、钦州等多家公司。2018 年有员工 30 名，完成产值 5129 万元，同比增长 78%。

建材工业

【概况】 2018 年，钦南区建材工业主要包括水泥、水泥制品、混凝土、加气混凝土砌块等行业。规模工业企业 15 家，钦州市华德建材有限公司、钦州北部湾混凝土有限公司、钦州市钦南区海特水泥制品厂、广西盛凯新型建材有限公司、钦州市宏冠建筑材料有限公司、中德顺混凝土有限公司、钦州市兴信混凝土有限公司、钦州市广联混凝土有限公司、钦州市长荣混凝土有限公司、钦州福凯混凝土有限公司、广西智朗建材有限公司等 11 家混凝土搅拌企业。广西港基管桩有限公司水泥制品 1 家。广西登高集团钦州旭升水泥有限公司、广西钦州金锋水泥有限公司 2 家水泥制造企业。钦州市和盛建材建筑材料有限公司 1 家加气混凝土砌块企业。

【钦州市钦南区海特水泥制品厂】 成立于 2007 年，位于钦州市钦南区工业园内，企业注册资金 1059 万元，企业净资产 2800 万元。配有 2 台 180 立方米 / 小时的搅拌系统，17 台混凝土运输车辆，1 台 37 米输送车泵，1 台 46 米输送车泵，3 台车载泵，2 台散装水泥运输车，3 台 50 铲车等所有设备全新购置。设有混凝土专项试验室。搅拌站生产生活办公用房建筑面积 5000 多平方米，全厂占地 60 多亩。2018 年完成产值 5709 万元，同比增长 35%。

【广西登高集团钦州旭升水泥有限公司】 成立于 2009 年 6 月。位于钦州市钦南区黎合江工业园，占地 80 亩。投资 1.5 亿元在钦州市钦南区河东黎合江工业园内建设一条年产 100 万吨水泥粉磨站生产线，2010 年 8 月建成投产。设计生产能力为年产 60 万吨 P.O42.5 和 40 万吨 P.C32.5 水泥，其中散装水泥占 70%，年均产值达 2.5 亿元。2018 年完成产值 5642 万元。

【钦州市和盛建筑材料有限公司】 是一家主要生产蒸压加气混凝土砌块的新型建筑材料企业，位于黄屋屯镇，项目占地 52000 平方米，综合楼建筑面积 4000 平方米，厂房建筑面积 8000 平方米，总投资 8500 万元。年产轻质砂加气混凝土砌块 60 万立方米，主要产品有：和盛牌 B05、B06、B07 级轻质砂加气混凝土砌块。公司引进目前国内先进的加气混凝土砌块生产线两条，拥有两套全自动 6 米切割机组，10 条 Φ2.85*38 米蒸压釜及行车、磨机、锅炉等完整配套设施。产品辐射南宁市及北部湾沿海周边城市，广泛用于工业与民用建筑中，是国家建设部推广的最新型墙体材料。2018 年完成产值 8390 万元。

【钦州市宏冠建筑材料有限公司】 位于广西壮族自治区钦州市钦南区黎合江工业园，项目占地 32 亩，总投资 3700 万元，建厂房及配套用房 2500 平方米，年设计生产能力 60 万立方米，实际年生产能力可达 50 万立方米。公司下设综合部、生产部、营销服务部、检测试验室三部一室。2018 年有员工 60 人，其中专业技术人员占员工总数的 45%，拥有现代化的 60 型商品混凝土生产线双机，生产线二条，混凝土泵车一台，混凝土配送罐车 20 台。全年完成产值 5533 万元，同比增长 252%。

【钦州市广联混凝土有限公司】 2004 年成立，位于黎合江工业园一区，占地约 107 亩，主要从事预拌商品混凝土的生产与销售业务。有两条 SICOMAHZS300 生产线，日产可达 5000 立方米标准混凝土，年产 80 万立方米商品砼。拥有容积 12 立方米运输车 16 辆，三推 47 米混凝土泵车两台，车载式混凝土泵三台，中联拖泵一台，三推、柳工铲车各一台等车辆设备，能够满足各种大型建筑物建设的需要。2018 年有管理人员 11 名，工程技术人员 19 名及操作人员 50 多名。2018 年完成产值 6593 万元，同比增长 614%。

【钦州市长荣混凝土有限公司】 2006 年 2 月 22 日成立，经营水泥、预拌商品混凝土、水泥预制件、建筑装饰材料等。2018 年完成产值 2376 万元，同比增长 8%。

【钦州北部湾混凝土有限公司】 位于钦州市钦南区西郊工业园区，总投资规模 4854 万元，2011 年 8 月开工建设，2012 年 5 月竣工投产，项目建设内容如下：项目征地 48.7 亩，总建筑面积约 7500 平方米，建设 2 条砼自动搅拌生产线，购置砼泵车、混凝土搅拌运输车、自卸翻斗车、铲车等设备及配套建设办公楼、仓库、养护间等相关附属设施。2018年完成产值4680万元,同比增长72%。

【广西钦州金峰水泥有限公司】位于黎合江工业园,占地面积60亩,总投资人民币3100万元,年生产能力60万吨,2018年有职工68人。2007年2月建成投产,建有科研、开发、质控中心大楼、办公大楼、职工宿舍楼(套房)及篮球场等活动场地厂区绿化面积达20%以上。采用微机全自动化生产控制整个生产流程,采用最先进的收尘设备进行收尘。选用华润、海螺大型集团旋窑生产的优质熟料,掺加符合国家标准的混合材料及外加剂,通过科学配方,生产符合国家标准高质量的P.O42.5、P.C32.5悦铧牌普通硅酸盐、复合硅酸盐散装、袋装水泥。产品覆盖北部湾,出口东南亚。2018年完成产值2910万元,同比增长9%。

食品加工业

【概况】 2018年,钦南区有食品加工企业25家,其中制糖企业3家、淀粉企业2家、米粉加工企业1家、饼干加工企业1家、方便面加工企业1家、黄瓜加工企业3家、水果加工企业1家、海鸭蛋加工企业10家。水产品加工企业3家。从业人员共2000人,2018年工业总产值约4.2亿元,规模以上食品加工企业6家,工业总产值约3.5亿元。那彭欧亚、钦江欧亚、犀牛脚欧亚、海华科技、玛氏食品、锦丰实业等食品加工企业年内获得钦州市市级农业产业化龙头企业称号。钦南区海鸭蛋将新技术与传统工艺结合,把海鸭蛋加工成黄泥咸蛋、灶灰咸蛋、五香咸蛋、麻辣咸蛋、松花皮蛋,丰富海鸭蛋的花色品种,海鸭蛋的销路和销量不断扩大,远销北京、上海、武汉、南宁等地,年销量达300多吨。随着国家经济结构调整、增速逐渐放缓影响,市场竞争越发激烈,钦南区农产品加工企业整体规模较小、加工技术落后、产品结构单一,年内企业生产经营困难,糖料蔗加工、黄瓜皮加工、海鸭蛋加工、大蚝加工、火龙果等主导加工业呈现出效益下滑、开工不足和市场萎缩。企业融资困难。在当前经济运行压力加大的情况下,商业银行信贷门槛高、手续杂、额度少、周期短,信用担保资金未完全向农产品加工企业倾斜,企业虽然通过各种渠道筹资、融资,但资金短缺的矛盾一直没有得到有效缓解,束缚一些有良好市场前景、对种养业带动作用明显的企业。产品市场价格低位运行,企业加工销售利润降低,生产积极性不高。特别是企业用工成本不断攀升给企业生产经营带来的压力较大。

【广西钦州星河食品有限公司】位于钦州市黎合江工业园区,占地近7000平方米,建筑面积6400平方米,2012年6月建成投产。主要生产鲜米粉、包子馒头、西式糕点、豆制品等4大类产品共30多个品种。设计生产能力为可生产各类鲜米粉40吨、包子馒头、西式糕点3万多个、豆腐3000多公斤。2018年有员工80多人,技术人员10人。生产、检验、配送、环保设施配套安全。共有鲜米粉、蒸煮糕点、烘焙糕点、豆制品生产线7条,具有食品QS生产许可证3个。拥有专业配送车辆9辆,配送网点100多个,配送网络已覆盖钦州城区及邻近乡镇。是钦州市阳光食品采购定点供应单位,广西A级食品卫生单位,钦州市消协"诚信单位",钦州市食品行业协会副会长单位,钦州市食品行业协会生产分会长单位,钦南区食品行业协会常务副会长单位。2018年实现产值1620万元,收入1841万元,利润100万元,税金19.05万元。

林产工业

【概况】 2018年,钦南区有各类木材加工经营企业141家,其中锯材类加工企业48家,旋切单板类加工企业66家,木片类加工企业24家,胶合板类企业3家,年内有67家木材加工经营企业因为经营状况不善或者土地问题处于停产、半停产状态,正常生产的各类木材加工企业74家(正常生产的锯材加工企业27家,胶合板企业3家,木片加工企业19家,旋切单板企业41家,其中进口木材加工企业7家)。木材加工企业生产的产品有建筑用锯材、旋切单板、木片、胶合板以及少量的家具产品。木材加工经营企业加工经营的木材主要来源于本地产的桉树以及从国外进口的松类木材。年内,木材加工企业的木材消耗总量为63万立方米,其中桉树消耗量为21万立方米,进口木材消耗量为42万立方米。各类木材加工企业加工经营情况:锯材类产品产量为25万立方米，平均销售价格为900元/立方米，产值2.25亿元；木片类产品产量为6.3万立方米，平均销售价格为900元/立方米，木片销售产值0.567亿元；单板类产品产量为8.98万立方米，平均销售价格为1050元/立方米，产值为0.9429亿元；胶合板类产品产量为10.5万立方米，平均销售价格为1847元/立方米，产值1.94亿元；家具类产品产量为0.15万立方米，产值为0.105亿元。全年各类木材加工产值达5.8亿元，提供2325个就业岗位，创造税收700多万元。

【钦南区瑞宏板业有限公司】 位于钦州市南北高速公路那丽出口附近，占地达4万多平方米，总投资5000万元人民币。生产车间占地面积25000平方米，综合办公楼1000多平方米，宿舍楼3500多平方米，拥有国内先进生产线13条，现有员工185人。公司从原材料开始质量控制，采购优质一级板芯、优质的单板木皮，采用先进生产设备和技术工艺。生产"森富力"、"英威"品牌产品。2018年销售收入6842万元，净利润105.20万元，缴纳税金281万元。

（区工业和信息化局）

表4　2018年钦南区规模以上工业主要产品产量表

	单位	产量	增长%
钛矿	吨	632550	7.4
饲料	吨	365114	144
精制食用植物油	吨	159943	14.2
成品糖	吨	32414	8.9
鲜、冷藏肉	吨	46923	−5.1
淀粉及淀粉制品	吨	20780	−44
纱	吨	2572	−10.8
锯材	立方米	43410	18.3
单板	立方米	124078	
人造板	立方米	742331	308.1
纸制品	吨	133947	−40.7
磷酸（含量85%）	吨	79882	−18.4
合成复合肥料（实物量）	吨	9757	11.9
松香	吨	24806	−30.6
松节油	吨	1917	−11.4
中成药	吨	9930	14.8
初级形状的再生橡胶	吨	13390	−20.1
塑料制品	吨	6056	−58.8
水泥	吨	283123	−24.8
商品混凝土	立方米	2167890	29.5
预应力混凝土桩	米	1123909	45.6
蒸压加气混凝土板	立方米	408951	326.9
生铁	吨	18065	−57.3
钢材	吨	360274	−27.2
钢结构	吨	13979	−82
金属包装容器	吨	2320	−14.4
金属冶炼设备	吨	7307	−15
变压器	千伏安	616457	
原电池及原电池组（非扣式）	万只	107372	−7
灯具及照明装置	套（台、个）	8353146	3.2
自来水生产量	万立方米	4011	10.1

二轻集体工业

【概况】 2018年，钦南区二轻工业联合社（简称区二轻联社）内设机关行业股、人事信访股、计财股3个职能股室，参公事业单位，编制16名，在职15人。下属企业25个，职工2610人，其中在职740人，退休1870人。

【企业经营与管理】 2018年，区二轻联社创新资产经营模式，首次实行捆绑投资改造租赁，投资资产收益已远超租金收益。坭兴厂签订500万元项目投资改造合同；造纸厂签订300万元的项目投资合同；金龙酒家二马路临街铺面改造已经完成。筹建二轻集体资产公司，开创钦州市先例。打破长期以来不能解决的厂长终身制，制定《钦南区二轻系统干部职工挂职锻炼工作办法（暂行）》，首次实行干部交流挂职。这在全广西二轻系统属先例。在全广西首创成立职工委员会，健全民主管理、民主监督制度，解决职代会难以依法履行职责、对厂长监督缺失的老大难问题。年内，区二轻联社实现工业总产值12608万元，与2017年同比增加2.4%；纳税700万元，与2017年同比增加14%.

【企业维稳】 2018年，区二轻联社强化责任担当，解决一批久访不息的信访积案。解决历年来制革厂、汽配厂、造纸厂等企业职工多次因养老、医保缴费持不同意见到联社集体上访的问题；多年来坭兴厂退伍军人越级上访的问题也得到解决，连续3年没有出现集体赴邕上访。成功化解多年未能息访的积案2起，平息建材厂部分职工10多年来到各部门上访。

【安全生产】 2018年，区二轻联社与下属25家企业签订《安全生产责任书》，安全生产检查形成制度，每季度组织安全生产检查一次，排查安全隐患，确保了全年无事故。

（梁　军）

坭兴陶

【概况】 2018年，钦南区共有坭兴陶企业440家（含工作室），其中生产企业243家，工作室197家。各级工艺美术大师169人，李人帡、利成世是中国工艺美术大师，陆景平、黄海基是中国工艺美术行业艺术大师。广西工艺美术大师、陶瓷艺术大师共64人，市级工艺美术、陶瓷艺术大师101人。坭兴陶国家非物质文化遗产传承人1人（李人帡），广西非物质文化遗产传承人2人（陆景平、卢德辉）。钦州非物质文化遗产传承人10人（肖文生、张芝候等）。广西坭兴陶技师42人，坭兴陶行业从业人员超过10000人，全年产值约10亿元。年内，钦州承坭斋陶艺有限公司设计生产的《壮乡行》茶具以其独特广西壮乡文化，在2018年巴拿马太平洋万国博览会上获得金奖，再现钦州坭兴陶百年前的荣耀。成伟平作品《宝瓶》在2018年庆祝自治区成立60周年征文中获征文比赛三等奖。

【钦州坭兴陶文化创意产业园建设】 2018年，自治区工信委拨付资金350万元支持园区基础设施建设，将坭兴陶文化创意产业园列入全自治区重点特色园区之一。钦州市开投集团公司完善相关管理制度，动员坭兴陶企业入驻园区，年内新增入园坭兴陶企业28家，累计入园企业119家。在园区举办元宵灯会、中国新歌声海选、大师工作室谈陶论艺、国庆节陶艺活动、陶艺体验等相关活动，活动吸引各界人士约10万余人次参观千年古陶城。千年古陶城（坭兴陶文化创意产业园）入选全国中小学生研学实践教育基地、自治区文化产业示范园区。

【坭兴陶人才培养】 2018年，孔雀西南飞广西钦州坭兴陶产业人才基地和广西钦州坭兴陶研究院在钦州承坭斋陶艺有限公司挂牌，为钦州坭兴陶行业发展凝聚大量专业型人才。各坭兴陶企业继续开展大师带徒工作，共有48名各级陶艺大师收徒128人。各企业开展和区内外高校合作，培养人才。组织人员参加全国技艺大赛，3人获"全国陶瓷行业技术能手"称号。开展老艺人寻访活动，建立老一辈老艺人档案。

【钦州承坭斋陶艺有限公司】 位于广西钦州市南珠东大街，占地面积15亩，厂房8000平方米，总投资3000多万元，净资产2600多万元，是一家集各种坭兴陶产品生产、科研、开发经营于一体企业，有钦州承坭斋研究院、钦州承坭斋陶艺技术培训学校、孔雀西南飞钦州坭兴陶人才培养基地、钦州市坭兴陶技艺党员服务站。通

坭兴陶制作　（钦州承坭斋陶艺有限公司　供稿）

坭兴陶作品水浒传

（钦州承坭斋陶艺有限公司　供稿）

过 ISO9001：2000 国际质量体系认证。自治区旅游局授予广西工业旅游示范基地，“承坭斋”商标，获广西壮族自治区商务厅颁发的商品进出口许可证。有茶具、花瓶、花盆、文具、熏鼎、仿古等 600 多种产品，遍销区内外，远销北京、上海、广州、扬州、杭州、香港、澳门和台湾等。公司坭兴陶作品融入广西各少数民族历史传说、民族服饰、崇拜图腾、名胜古迹、自然风光，壮锦、绣球、铜鼓等元素，有较深文化底蕴。作品“民族团结宝瓶”展示广西各少数民族的悠久历史、风土人情和秀丽风光，蕴含广西各族人民融合一家，维护统一，共同发展，团结进步。被广西区政府作为赠送给恭城、金秀、龙胜、三江等 12 个少数民族自治县成立县庆礼品。“连心碗”为 2006 年第三届东盟博览会迎宾礼品，2008 年作为东盟博览会贵宾礼品指定生产商，2010 年获国家地理标志保护产品，2012 年，产品被国家民族委员会、财政部、中国人民银行指定为“十二五”期间民族特需商品生产企业，2012 年在玉林市首届工艺美术精英作品展获特殊贡献奖，获 2015 年度广西最具影响力十大特产。在中国工艺美术协会举办的历届全国工艺品交易会获“金凤凰”创新产品大奖赛中，累计获得各类金、银、铜奖项达 90 多个。产品多次作为全国各种奖项、活动的颁奖礼品、纪念品等。2018 年，制作完成大化县民族团结宝瓶、设计创作中国四大名著系列超高超大坭兴陶花瓶、《壮乡行》茶具等作品。《壮乡行》茶具以其独特广西壮乡文化，在 2018 年巴拿马太平洋万国博览会上获得金奖，再现钦州坭兴陶百年前的荣耀，获得社会各界的普遍赞誉以及业界认可。成伟平作品《宝瓶》在 2018 年庆祝自治区成立 60 周年征文中获征文比赛三等奖。2018 年，“孔雀西南飞广西钦州坭兴陶产业人才基地”和“广西钦州坭兴陶研究院”在钦州承坭斋挂牌。2018 年有员工 120 多人，年产值 3000 多万元，创税 50 多万。

（钦州承坭斋陶艺有限公司）

农林·水利

农业

【概况】 2018年，钦南区农业局（简称区农业局）内设办公室、政策法规股、生产股、科技教育股、糖蔗股、信息股、农安股，下设区农业行政执法大队、区经管站、区种子管理站、区农技站、区植物检疫站、区作物病虫测报站、区土壤肥料工作站、区农业环境保护站、区农民科技教育培训中心、区农产品质量安全监测管理站、区农业区划工作站。是年，区农业局创新现代特色农业示范区建设、开展农村土地承包经营权确权登记颁证、产业扶贫产业富民工作、推进农村土地流转、培育发展新型经营主体、开展行政执法、农产品质量安全监管、农民培训。粮食播种面积3.28万公顷，完成目标任务的102.2%，粮食总产14.61万吨，完成目标任务的109.9%。甘蔗1.13万公顷，总产量62.57万吨。农村居民可支配收入13315元，农业总产值达25.35亿元。

【粮食安全主体责任落实】 2018年，区农业局落实粮食安全行政首长责任制考核要求，抓好各镇（场、街道）粮食安全主体责任落实，推动层层签订粮食安全责任书。推进耕地地力保护补贴等强农惠农政策，保护农民种粮积极性，稳定粮食播种面积。

2018年，钦南区大力发展海红米种植　　（区农业局　供稿）

【富硒红薯生产】 2018年，区农业局引种富硒红薯生产。利用钦南区沿海乡镇，沙质土壤，富含硒、铁等微量元素，土质黏重，特别适合红薯生长等特点，在犀牛脚镇埠头村委采取“公司＋基地＋合作社＋农户”模式引种积极引种紫罗兰、七里香、西瓜红等富硒红薯150亩，大力发展富硒红薯种植，打造钦南区富硒红薯品牌。

【特色海水稻种植】 2018年，区农业局发展传统特色品种钦州海海红米（毛禾、赤禾、潮禾、咸粘、铁锤、深水莲，糙米赤红色或淡赤红色，故称钦州海红米）种植。采用钦州海红米＋禾虫（沙蚕）等综合种养绿色高质高效生产模式，在钦南区康熙岭镇、犀牛脚镇、大番坡镇、黄屋屯镇、东场镇、那丽镇、尖山街道大量沿海滩涂，大风江、钦江、茅岭江沿江潮田（涨潮时有海水灌入的稻田）生产钦州海红米和自然繁殖的高品质海水产品禾虫，促进高品质水稻和高品质水产品生产，增加农民收入。

【农业技术推广】 2018年，区农业局调优粮食品种结构，因地制宜在那丽、那彭、那思等乡镇大力推广水稻与椒种轮作、辣椒间套种玉米等生产模式。推广引进以代耕代种模式发展早稻生产。在康熙岭镇坪板村委大村、屯窝等村屯连片种植350亩优质高产早稻；在康熙岭镇长坡村委六条树、樟木根、板坪村委那沙等村屯连片种植450亩优质高产早稻。

【农业保险】2018年，区农业局结合农业政策性措施，增加农业保险范围。除水稻外，把辣椒等经济作物列入保险范围。全区投保面积2.23万亩，完成计划任务的85.83%，其中早稻保险投保1062.8亩，晚稻保险投保21252.1亩；辣椒投保221.5亩。确保全区水稻播种面积在58.7万亩以上，谷物总产量保持在16.6万吨以上。

【特色农业示范区建设】2018年，区农业局根据自治区党委、政府关于做好全区现代特色农业示范区建设增点扩面提质升级工作部署及自治区《现代特色农业示范区建设增点扩面提质升级三年(2018—2020年)行动方案》要求，进一步增加、巩固和发展钦南区现代农业示范区，做好增点扩面提质升级工作。指导和协助各示范区建设，新创建一批自治区级、县级示范区，乡级示范园及村级示范点，创建钦州市钦南区康海科技渔光一体示范区、钦州市钦南区龙门蚝湾示范区、钦州市钦南区五祥养猪产业示范区、钦州市钦南区东盟花卉世界休闲示范区4个自治区级示范区。创建钦州市钦南区大海猫田园休闲农业示范区、海纳绿洲海水养殖产业示范区、钦州市钦南区松山乡村世界休闲农业示范区、钦州市钦南区红龙生态养龟示范区、钦州市钦南区创钦养羊示范区、钦州市钦南区协鑫渔光一体农业示范区、钦南区那丽辣椒产业示范区7个县级示范区。创建乡级示范园12个，村级示范点54个。

【农村土地承包经营权确权登记颁证】2018年，钦南区全区有农业生产的11个镇(场)、3个街道办事处，139个行政村，1868个村民小组，农业人口27.38万人。第二轮承包农户数6.84万户。测量承包地块58.44万块，测量面积45.68万亩。年内，全区完善土地承包合同67220户，建立健全土地承包经营权登记簿67220份，完成确权家庭耕地地块58.44万块，面积41.68万亩，占家庭承包耕地面积93.2%。10月14日通过自治区确权办验收组考评验收。完成印制证书5.4万本，颁发证书5.4万户(本)，完成颁证率78.9%。全区12个镇(场、街道)汇交数据通过自治区质检及验收。

【产业扶贫】2018年，区农业局按照精准扶贫“十一有一低于”和“八有一超”“五个一批”要求，制定2018年钦南区特色产业扶贫工作方案，抓好全区“5+2”和贫困村“3+1”特色产业发展，推进产业扶贫发展工作。立足本地农业发展实际，突出发展特色产业，确定钦南区猪、鸡、桉树、茄果类、糖料蔗5个特色优势产业上报自治区审定，瓜类、鸭2个自选产业。全区47个贫困村每个村重点发展“3+1”个特色产业，全区有劳动能力的贫困户发展有1个以上的特色产业，特色产业认定由各贫困村结合自身情况遴选认定，以发展特色产业带动贫困村、贫困户增收脱贫。那丽、那彭、那思、沙埠、久隆、黄屋屯、东场、犀牛脚等镇贫困村3个特色主导产业主要是辣椒、猪、鸡、糖料蔗、桉树为主，康熙岭、大番坡、尖山等镇(街道)3个特色主导产业以猪、鸡、水产养殖(海鸭蛋)3个特色主导产业为主，1个自选产业以鸭、虾蚝为主。做好已发展有产业的贫困户的以奖代补工作。年内第一批产业奖补工作已经完成，第一批奖补贫困户户数1888户，奖补金额580万元。第二批奖补贫困户户数1010户，奖补金额264万元。

【产业富民工程】2018年，区农业局推进产业富民“五个一”工程，推进乡村振兴战略的实施。全区130个行政村(居委会)全部编写村级经济计划，培育130个带动农户增收的新型农业经营主体，发展130个100亩以上的规模化、标准化、生态化种植基地(或达到规模养殖标准的养殖基地、休闲农业、乡村旅游点或农产品加工、冷链物流项目)，112个行政村(居委会)建设有电子商务服务点，119个行政村(居委会)发展一个5000元以上村级集体经济项目。

【农村土地流转】2018年，钦南区根据钦州市人民政府办公室《关于印发钦州市农村产权流转交易市场建设实施方案的通知》精神以及结合钦南区实际，印发《钦南区农村产权流转交易市场建设实施方案》。抓好久隆镇农村产权流转交易服务站建设工作，开展农村土地承包经营权流转的指导和管理工作。年内，全区农村土地流转面积9.55万亩，占农户承包地总面积21.9%，涉及农户2.1万户，占农户总数28%。其中，以出租形式流转

7.62万亩，占流转面积的79.8%；以转包形式流转1.78万亩，占流转面积的18.6%；已转让方式流转0.04万亩，占流转面积的0.4%；以其他方式形式流转0.11万亩，占流转面积的1.2%。流转土地中流转给专业大户或农民专业合作社、龙头企业3.88万亩，占流转面积的40.6%；农户间相互流转5.67万亩，占流转面积的59.4%。

【农村集体资产清产核资】 2018年8月，钦南区制订《钦南区人民政府办公室关于印发钦南区全面开展农村集体资产清产核资工作的实施方案》，明确目标任务、工作要求、实施步骤、时间节点，部署农村集体资产清产核资。区农业局举办业务培训班，对全区159名村级清产核资负责人及2037个村民小组清产核资负责人进行业务培训，确保年内完成159个村委会，2037个村民小组农村集体资产清产核资工作。全区有661个村组完成清产核资工作，661个村组正在填报全国农村集体资产清产核资系统，填报率30%。

【“菜篮子”工程基地建设】 2018年，区农业局抓好城郊无公害蔬菜生产基地示范建设，建设常年蔬菜基地面积2200亩。主要抓好沙埠、尖山、康熙岭、久隆等城郊镇的无公害蔬菜基地的示范建设，积极向上级争取项目，投入资金进行基地建设，发展蔬菜生产。在基础设施建设和生产种植等方面给予扶持，带动更多社会资本投入，稳定钦南区蔬菜种植面积，提高全区蔬菜自给能力、保障质量安全，促进蔬菜产业提档升级。

【农民专业合作组织建设】 2018年，钦南区开展龙头企业和开展农民专业合作组织和家庭农场财务核算管理能力建设及指导工作。做好农业企业、农民专业合作社和家庭农场会计代理记账服务工作，提高企业、合作社和家庭农场管理能力。利用企业、合作社和家庭农场发展的现代农业产业，带动钦南现代农业生产发展。年内，市级农业产业化重点龙头企业有21家，市级重点龙头企业资产总额18亿元，龙头企业从业人员1981人。年内新增农民专业合作社12家，全区农民专业合作社累计发展到554家，实有成员2.7万人，社员出资总结14.01亿元。全区累计发展家庭农场39家，家庭农场经营面积1000亩。

【农业行政执法】 2018年，区农业局加强农资市场的监管。联合工商、公安、检察院等部门开展春季农资打假活动，派出执法队员到农资经营点对化肥、农药等农资进行质量抽检，严厉查处坑农骗农违法经营行为。开展农资打假专项治理工作。2018年以来，该局共出动执法检查人员560人次，出动车辆122台次，检查农资经营单位和摊点475个次，质量抽检8个肥料、7个农药样品，农药标签抽样40个，立案5起，已结案4起。有效地规范了农资市场经营秩序。处理好农民上访投诉，维护农村社会稳定。调查处理多起农药药害、稻田污染等纠纷，经派员调查取证，协商调解处置处理，为农户挽回经济损失，维护了农民的权益，做好上访农民解释说服工作，妥善解决问题，维护了农村社会稳定。

【农产品质量安全监管】 2018年，区农业局完成自治区级、市级下达的农产品检测任务。完成自治区下达区级定性检测（酶试剂快速检测法）样品检测任务2100个，检测合格率100%。日常例行检测（卡片快速检测法）样品1210个，检测合格率100%；重要时段节假日例行检测样品235个。镇级监管站完成检测样品任务8928个，检测合格率100%。完成自治区、市级下达到该区县区级平均月检175个样品及乡镇级平均月检65个样品的检测任务。做好重大节假日期间抽检工作。在元旦、春节、“三月三”、清明节、“五一”、中秋、国庆等重大节假日期间，开展节假日检测样品235个，检测合格率达100%。三是抓好大宗农产品上市安全监管检测。3月—5月，坚持每天派出检测人员深入那丽辣椒批发市场和辣椒黄瓜等大宗农产品生产大田进行抽检，经检测监管，无一例农产品质量安全事故发生。四是加强“三品一标”基地及产品认证工作。新增“三品一标”无公害农产品认证产品6个（广西键森有机农业开发有限公司辣椒，钦州市大风江农业综合开发有限公司辣椒，紫京生态产业园厚皮甜瓜，钦州市钦南区德一果蔬专业合作社杨桃、厚皮甜瓜，那雾山绿宇观光有限公司茶叶）。配合自治区农业厅、市农业局做好已获证农产品复查换证工作，复查认定钦州市钦台农农业综合观光休闲有限公司、钦南区胜裕蔬菜种植专业合作社等多企业和合作社，复查认证无公害农产品6个。

【农产品地理标志申报】 2018年，区农业局推进农产品地理标志申报工作。投入16万元开展农产品品牌建设，申报“钦州辣椒”和“钦州赤禾”国家地理标志农产品，“钦州辣椒”产品标志通过认证。“钦州赤禾”11月20日通过自治区专家评审，12月5日通过国家级专家评审。

【实用技术培训】 2018年，区农业局围绕产业扶贫和产业富农，深入到村委特别是贫困村广泛开展大众化普及性培训，开展农村实用技术培训320期，培训教师进村732人次，培训农民29800多人次，其中现代农业实用技术培训18520人次，农村党员培训737人、贫困户380户。印发各种技术资料达48000多份，科技书籍2502册。承担自治区新一届村“两委”干部示范培训任务100人，其中现代农业种植技术示范培训50人，新型农村经营主体示范培训50人，人均累计受训时间不少于32学时。培育新型职业农民350人，其中生产经营型新型职业农民125人，培训时间15天；专业技能型职业农民225人，培训时间7天。采取集中室内培训、基地或田间观摩实训、入户指导、电话跟踪回访及通过微信群解答疑问等方式对2016和2017年培训合格的484名新型职业农民进行后续跟踪服务，其中生产经营型335人：蔬菜产业151人，水稻产业55人，海水养殖（对虾）产业26人，水果产业103人。专业服务型150人：农家旅游服务员105人，村级动物防疫员45人。全年，开展新型职业农民后续跟踪服务集中培训六期275人，其中农家旅游服务员67人，蔬菜产业75人，海水养殖（对虾）产业36人，水稻产业50人，橘柑产业47人；入户指导420人次，电话跟踪回访622人次，微信群解答疑问152个。组织全区技术指导员在本局开展远程教育、新技术培训共6期；分类别、分产业培训做好培训计划，分批次选派25名基层农技员到梧州农校、广西柳州畜牧兽医学校、河池农校参加为期5天的集中培训；选派9名项目管理人员和技术骨干到部级农技员培训基地参加为期5天的集中培训。

【粮食生产功能区划定】 2018年，区农业局牵头负责，会同区发改局、财政局、国土资源钦南分局等部门开展宣传发动、调查摸底、组织培训学习。制定并报区政府同意印发了全区粮食生产功能区划定工作方案，将粮食生产功能区划定任务分解到各镇（场、街道），5月，召开钦南区粮食生产功能区划定工作动员会。至11月底，已完成全区粮食生产功能区底图制作和实地勘查，形成全区粮食生产功能区16万亩的空间分布草图。12月中旬，在全区有划定任务的各行政村张榜公示粮食生产功能区空间分布图。

【信息进村入户工程】 2018年，区农业局落实“互联网+农业”措施，做好信息进村入户工程工作。2018年钦南区列入首批推进县（区），市下达目标任务是112个行政村每个行政村分别建设3个益农信息社（1个标准站、1个专业站、1个简易站），建成1个县（区）级运营中心。重点推动公益服务、便民服务、电子商务和培训体验服务等四类服务在一个平台协同运行，服务延伸到村、信息精准到户，以信息化引领驱动农业现代化加快发展，培育改造提升“三农”新动能。创建60个以上示范社，全区行政村益农信息社建设覆盖率达到100%。目前，已建成县区级级运营中心1个，完成益农信息社建设站点320个，其中标准站112个，专业站109个、简易站99个。并于10月份顺利通过自治区考评验收。

【农作物病虫害防治】 2018年，区农业局全区2018年以来农作物各种病虫发生面积479.49万亩次，防治面积466.52万亩次，防治率97.30%。挽回粮食损失33570吨、油料损失315.76吨、水果损失20122.8吨、蔬菜损失21396.4吨，挽回其他经济作物损失152650.64吨。编发《病虫情报》22期，共1256份。中长期预报准确率98.12%，短期预报准确率97.52%。巡回各镇指导防治246人次，接受咨询3.12万人次。举办统防统治现场会5次，办培训班38期，印发宣传挂图、明白纸等技术资料1.2万份，培训农技员462人次，培训农民2456人次。积极开展统防统治及植保新技术试验、示范及推广。大力开展绿色防控示范工作，推广频振式杀虫灯86盏，黄板1100片，果蝇性诱捕器1750只，示范面积700亩，发放绿色防控技术宣传资料2600多份。

【农业面源污染防控】 2018年，区农业局开展化肥农药零增长工作，推广测土配方施肥技术68.32万亩次，其中减少了化肥的使用总量，亩均节本增效58.32元以上；大力推广秸秆还田技术，推广面积46.5万亩次，达到改良土壤，少施化肥，减少大气污染的效果。开展作物病虫害统防统治工作，推广绿色防控技术，减少农药施用量。实现绿色防控技术覆盖率达到25%，水稻

表 5　　钦南区主要农作物面积产量表

	单位	2018 年	2017 年	增长 %
农作物总播种面积	公顷	76721.97	76208	0.67
粮食作物面积	公顷	32771.97	33029.83	−0.78
粮食总产量	万吨	14.61	14.13	3.40
油料总产量	吨	3129.27	3574	−12.44
甘蔗面积	公顷	11298	11258	0.36
甘蔗总产量	万吨	62.57	65.05	−3.81
水果面积	公顷	8757	8385	4.44
水果总产量	万吨	5.9067	5.5189	7.03
森林覆盖率	%	51.62	50.83	1.55

等主要粮食作物病虫害实施统防统治面积达 14.9 万亩次，专业化统防统治覆盖率达到 35%。加强对高毒、高残农药的监管工作。强化对高毒、高残农药的监管，降低化学农药使用量，依法严厉打击违法销售、使用高毒农药的行为，生物农药、高效低毒农药逐步替代化学农药，科学施药技术水平不断提高，农药利用率达 38%，农药使用量增长率控制在 1% 以内。加强宣传培训，不断提高农业面源污染的防治技术。2018 年以来，共举办化肥使用量零增长行动、农作物病虫害绿色防控技术等相关培训班 36 期，农业面源污染防治技术培训班 2 期，培训农民 890 多人次，接受群众咨询 4600 多人次。现场发放化肥减量增效措施、科学安全用药、农作物病虫害绿色防控技术、农产品质量安全告知书、农业作物秸秆禁烧倡议书等宣传资料 6900 多份。有效防控农业面源污染。开展第二次全国农业（种植业）污染源普查。根据县级农业源普查、平地和坡地主要种植模式及减排措施调查要求，完成全区 120 个典型地块入户调查、现场核查工作，全部调查资料已通过审核并通过系统上报市级相关部门。　（区农业局）

水果生产

【概况】 2018 年，钦州市钦南区水果局（简称区水果局）内设编制 7 个，实有人数 7 人。是年，区水果局开展水果项目建设，水果技术培训，优果工程建设，加强水果流通服务。年内，钦南区水果种植总面积 13.13 万亩，水果产量 5.9 万吨，年产值 2.3 亿元，农民人均水果收入 465 元。全区果园改低创高 1.5 万亩、品种结构调整 0.25 万亩，完成 0.1 万亩新品种示范建设。

【水果项目建设】 2018 年，钦南区获得钦州市财政扶持项目资金 42 万元。共实施 3 个水果项目建设，分别在那丽镇实施火龙果标准园建设示范项目；在久隆镇实施了金亿源东槐杨梅项目；在久隆镇实施紫京农业生态特色水果基地建设项目。各个项目都已实施完成并起到很好的示范带动作用。

【水果技术培训】 2018 年，钦南区水果科技人员下村下基地指导水果生产，举办水果技术培训 11 期，接受果农咨询 1200 人，发放技术培训资料 4500 多份，帮助 300 名果农解决水果生产难题。通过组织开展科技、文化、卫生“三下乡”活动、“农民科技培训活动”和“十月科普大行动”等新的科普主题活动，重点培育发展农业特色优势产业，引进、开发、推广标准化种植新技术。

【优果工程建设】 2018 年，钦南区分别在那丽、久隆、沙埠镇建立 4 个

2018 年 7 月 20 日，区水果局组织参观百香果育苗场

（区水果局　供稿）

2018 年 7 月 26 日，区水果局举办水果技术培训　（区水果局　供稿）

火龙果标准园示范点，示范面积 0.5 万亩；建设火龙果水肥一体化及节水技术示范点 3 个，示范面积 0.15 万亩；建设荔枝标准化果园示范点 2 个，示范面积 0.12 万亩。引进良种一个，为全区水果良种化和高效益栽培打下坚实基础。

【水果流通服务】 2018 年，区水果局在全区举办 3 次水果产品信息展览，通过举办钦州水果电商交流会、水果品尝会，水果品质比赛等，以水果专业合作社为重点，为群众提供准确的水果流通信息，确保水果生产销售顺畅，水果有种有收有效益。

【水果加工】 2018 年，钦南区水果加工产业有：火龙果酒、火龙果醋等系列产品加工，百香果酒、桑果酒和其他水果酵素的泡制等，加工量 7350 吨。　（黄秀礼）

糖蔗生产

【概况】 2018 年，钦南区糖蔗局（简称区糖蔗局）内设办公室、生产技术股 2 个股室，有编制 9 名，实有人员 10 人，局领导班子成员 3 人。全区糖料蔗种植面积 9.5 万亩。2017/2018 年榨季糖料蔗农业产量 32.2 万吨，蔗农种蔗总收入约 16000 万元，蔗农人均种蔗总收入约 2918 元。

【甘蔗种植】 2018 年，钦南区出台《钦南区人民政府办公室关于印发 2018 年钦南区糖料蔗生产工作方案的通知》等文件，明确了糖料蔗种植任务、产量目标任务，落实“双高”基地建设扶持办法，提高镇、村抓好糖料蔗生产和蔗农种蔗的积极性。是年，全区糖料蔗种植面积 9.5 万亩，同比增长 5.56%。

【良种推广】 2018 年，钦南区通过大力宣传良种补贴等办法，推广种植桂柳 05136、桂糖 42 号、粤糖 93/159 等优良品种，全区良种种植面积占有率达 95%。

【榨季服务】 2018 年，钦南区召开 2017/2018 年榨季砍运榨工作动员会，出台《钦南区人民政府办公室关于印发钦南区 2017/2018 年榨季管理工作实施方案的通知》，组织相关部门加强蔗区管理，维护和稳定榨季秩序。加强企业兼并重组工作的指导，全程跟进协调欧亚公司重组兼并工作，积极配合推动中粮集团、南华集团联合收购欧亚糖业公司工作。2018/2019 年榨季由中粮集团以来料加工的形式开榨，榨季结束后蔗款已顺利兑现完毕。2017/2018 年榨季欧亚糖业公司拖欠蔗农的 9932 万元蔗款目前还未兑现，待欧亚公司兼并重组工作完成后兑现。

【政策性糖料蔗种植保险】 2018 年，区糖蔗局采取深入农户宣传、举办培训班等措施，提高蔗农参保积极性，完成政策性糖料蔗种植保险面积共 7.93 万亩。年内，受“山竹”“百里嘉”等台风影响，因灾受损糖料蔗面积约 2.17 万亩，赔付金额约 59.28 万元，减少蔗农因灾经济损失。

【“双高”糖料蔗基地建设】 2018 年，区糖蔗局推进“双高”基地建设。经营规模化、水利现代化、生产机械化、种植良种化等“四化”项目建设进度突飞猛进。2018 年，全区累计落实建设“双高”基地面积已超 20000 亩，降低了甘蔗种植生产成本，提高了甘蔗产量，增加了蔗农种蔗效益。

【糖料蔗生产保护区划定】 2018 年，自治区下达钦南区糖料蔗生产保护区划定工作任务面积 12 万亩。钦南区高度重视，强化领导，深入动员，广泛宣传，积极协调自治区国土规划设计院，组织领导干部深入各镇村队和田间地头，按照工作流程，初步划定12万亩糖料蔗生产保护区，按要求进行公告公示。

林　业

【概述】 2018年，钦南区林业局（简称区林业局）内设办公室、森林防火办公室、林政股、营林股，下属事业单位森林病虫害防治检疫站、林业技术推广站、农村能源站、林业综合执法大队、山林纠纷调解处理工作站、森林消防队8个林业事业单位和12个乡镇林业站。干部职工107人，其中，具有中级专业技术资格18人，初级专业技术资格14人，高级工7人，中级工19人。是年，区林业局培育壮大森林资源，实施自治区金山银山工程森林质量提升项目，加强森林资源管护，深化林权制度改革，推进绿色产业发展，加强森林防火，依法行政、依法治林，开展林业生态扶贫，发展林业经济。全年造林2486.67公顷，完成中幼林抚育面积7000公顷。义务植树70万株。退耕地还林历年累计造林面积1800公顷，保存面积1783公顷。年末，全区林地面积11.12万公顷，森林覆盖率51.62%，森林活立木蓄积量562万立方米。林业固定资产总投资3.78亿元，林业产值5.37亿元，比上年增长11.21%。

【植树造林】 2018年，钦南区推进造林绿化和中幼林抚育，生态成果持续发展。全年完成植树造林任务面积2486.67公顷，占市下达任务的106.6%，其中荒山造林面积109.75公顷，人工更新造林面积1062.31公顷，萌芽更新面积1316.81公顷。树种种植结构调整完成面积35.37公顷，占任务面积的53.1%。中幼林抚育完成面积7000公顷，占市下达任务10万亩的105%；全民义务植树70万株，占市下达任务70万株100%。

【林木采伐管理】 2018年，区林业局严格执行森林采伐限额制度，2018年上级下达年度采伐限额85.8万立方米（含金光公司），年内完成木材发证采伐林木蓄积量52.93万立方米，出材39.38万立方米。加强森林资源调查监测，完成2017年度林地及森林资源数据库变更工作。强化源头监管，严格执行伐区巡查制度，开展日常巡查，对林木采伐、木材运输和加工等环节重点核查。重点惩治乱砍滥伐、无证运输木材和收购不合法来源木材等违法行为。查处林业案件74宗，其中行政案件42宗，罚款48.6917万元，移交森林公安的刑事案件32宗。对100个伐区进行伐中、伐后检查。检查55家木材加工企业的收购木材来源情况。

【林地管理】 2018年，区林业局加强林地资源管理，完成国家林业局检查组指出2016年度保护发展森林资源目标责任制和林地管理存在问题整改，涉及案件大部分已依法查处。根据自治区林业厅下发的2017年度疑似变化图斑卫星影像，组织各镇林业站开展了外业核查工作。经核查，全区共有疑似变化图斑1761个，经调查共有242个违法图斑，其中，涉及行政案件127个，刑事案件115个。

【林地变更管理】 2018年，钦南区申报建设工程项目征占用林地60宗，审批办结38宗，经国家林业局、自治区林业厅审核批复，行政许可征占用林地58.57公顷（含钦廉林场），收取森林植被恢复费917.12万元。审核审批临时使用林地104.39公顷，预收森林植被恢复费1137.67万元。

2018年7月18日，区委副书记、区长李遥（左一）调研林业项目选址
（区委宣传部　供稿）

【古树名木保护管理】 2018年,区林业局投入古树名木管护经费7.36万元(上级下达资金7.26万元,区级投入资金0.1万元),加强古树名木保护管理,完成古树名木调查222株,对3株古树进行养护管理。

【陆生野生动物养殖经营许可管理】 2018年,钦南区持证从事陆生野生动物驯养繁殖和经营的单位19个,其中年内新增2个。

【山林纠纷调处】 2018年,区林业局加强林权纠纷调处,确保林区社情民意稳定。全年立案调处林权纠纷10件,结案9件,调结率90%。处置群体事件3起,处理办结林权证信访事项21件,劝阻越级上访7次28人,接待群众来访350人次,处理群众来信36封。

【林产加工业】 2018年,钦南区着力推进木材加工产业建设,培育龙头企业,壮大林业经济,木材加工经营厂(场)141家,木材加工实现产值5.28亿元。其中,人造板完成产量10.5万立方米,产值1.38亿元;旋切单板产量8.98万立方米,产值0.94亿元;木片产量6.3万吨,产值0.56亿元;其他木制品产值2.4亿元。

【林下经济产业】 2018年,区林业局积极引导林下经济发展,通过农民专业合作社、龙头企业、种养大户的带动,促进林下经济规模壮大。侧重发展壮大养蛇等驯养繁殖野生动物产业,全区有19家养殖场持有驯养繁殖许可证,其中蛇类养殖场16家、竹鼠养殖场2家,山鸡养殖场1家。主要采用林—禽、林—畜、林—蛇、林—菌和竹笋、松脂采集加工等模式发展林下经济,全年年实现产值17.5亿元。

【林业有害生物防治】 2018年,区林业局完善监督系统,强化林业有害生物防治。扎实建设林业有害生物监测网,对各监测点人员进行培训指导,提高监测水平。突出抓好松材线虫病、薇甘菊、红树林害虫等重大灾害除治工作,全面落实防控责任。按照自治区林业厅的部署,对全区122万亩林木开展林业有害生物普查,林业有害生物成灾198.73公顷,成灾率2.44‰,低于自治区下达的4.2‰;无公害防治率为98.8%,高于自治区下达82%的控制指标;测报准确率为95%,高于自治区下达的90%的控制指标;种苗产地检疫率为100%,高于自治区下达的99%的控制指标;全年种苗产地检疫率和森林植物调运检疫率均为100%。种苗产地检疫65批次,签发森林植物调运检疫证书15865份,木材调运检疫17.79万立方米。

【安全生产】 2018年,区林业局落实责任,保障生产安全,履行安全生产属地管理和行业管理责任,督促各类林业生产经营单位落实好安全生产主体责任和安全生产教育培训,加强对重点领域、重点部位、重点环节的管控和隐患排查治理。开展"有限空间"、粉尘、危险化学品、生产经营单位落实安全生产主体责任情况等专项检查,对55家木材加工企业进行安全生产大检查,下达整改意见书18起,全区林业企业全年没有发生安全事故。

【林业执法】 2018年,区林业局加大执法检查力度,严厉打击破坏森林资源行为。全年完成44个建设项目使用林地审核审批项目,其中临时占用林地项目11个,占用林地101.27公顷;长期用地项目31个,使用林地面积63.09公顷。共征收森林植被恢复费2126.36万元。查处林业行政案50起,罚没款109万元。

【生态公益林建设】 2018年,钦南区纳入森林生态效益补偿的公益林面积2.78万亩,区林业局落实生态公益林管护责任,与公益林权属单位(个人)签订公益林管护合同,明确管护责任,森林生态效益补偿各权属单位和个人均按生态公益林管理办法及管护合同约定进行管护。兑付生态公益林补偿资金52.03万元。开展生态公益林管护,为林农提供就业岗位,增加农民收入,改善林区生态环境,维护林区稳定。加强红树林湿地保护和修复工作,全年人工种植红树林211亩。

【森林防火】 2018年,钦南区加强森林防火,落实森林防火责任机制,贯彻"预防为主、积极消灭"工作方针,全面落实森林防火行政首长负责制和部门负责制"两项制度",确保预防措施落实到位,县区联防、村屯联防、业主联防等机制作用明显。年内发放防火宣传单2.6万份,到各镇、村、组张挂防火宣传标语横幅80多条,在各中、小学学校进行防火宣传18次。全年全区发生森林火灾15起,火场总面积47.61公顷,受害森林面积32.22公顷,森林受害率0.35‰,低于自治区控制指标0.8‰。没有发生重特大森林火灾,没有森林火灾持续时间超过36个小时的情况。

【集体林权制度改革】 2018年，区林业局开展集体林地林权证查漏补缺，推进实施政策性森林保险试点、发展农民林业专业合作组织、推进林业投融资改革、培育规范森林资源资产流转市场等集体林权制度配套改革，激发林业发展活力。全年更改错漏林权证978本。政策性森林保险投保19.66万亩，其中公益林3.41万亩，商品林16.25万亩，受灾林农共获赔18.55万元。

【速丰桉商品林采伐管理改革】 2018年，区林业局继续实施速丰桉商品林采伐管理改革，年内审核审批速丰桉商品林采伐申请6317份。

【农村能源建设】 2018年，钦南区实施钦南区业胜生态种养合作社生猪养殖场沼气工程，自治区财政投资项目为钦南区康达猪场粪污集中处理项目、钦南区自然绿种养合作社集中供(肥)气项目、黄屋屯镇哥大养殖场农村有机垃圾分类处理项目4个大型沼气项目，项目总投资528万元，其中中央预算内投资150万元，自治区配套资金101万元，项目业主自筹277万元。加强生态能源建设。2018年我区农村沼气工程项目有4个，年内，所有农村沼气工程项目已完成建设任务，全区沼气年产气量达到450万立方米。

【队伍建设】 2018年，区林业局选拔调12名二层机构领导干部，调整了二层机构部分人员的工作岗位，推进队伍人员优化组合。

（区林业局）

水　　利

【概况】 2018年，钦南区水利局(简称区水利局)内设办公室(人事教育股)、计财股、水政水资源股(行政审批股)、水土保持股、农田水利股、防汛抗旱指挥部办公室，农水站、工管站、水保站、水政监察大队、质安站5个直属事业单位，管辖长江灌区水电管理处、荷木灌区水电管理处、海河堤管理站、那挖耳水库管理所4个事业单位。辖康熙岭镇水利站、黄屋屯镇水利站、尖山街道办水利站、沙埠镇水利站、大番镇水利站、久隆镇水利站、那丽镇水利站、那彭镇水利站、那思镇水利站、犀牛脚镇水利站、龙门港镇水利站、东场镇水利站12个乡镇级水利机构。全区水利系统实有编制117个，在职干部职工129人，其中：财政拨款105人，自筹人员18人，临时聘用人员9人。是年，区水利局开展防洪水利工程项目和农村饮水安全工程建设、实施农业水价综合改革，抓好防汛抗旱，加强水政、水资源管理和水土保持工作，全面推行河长制。

【标准海堤建设】 2018年，钦南区犁头嘴海堤标准化建设工程计划总投资10500万元，其中中央资金5250万元，自治区资金2625万元，地方配套2625万元。年内开工建设海堤长度10.792千米，完成全部的土方填筑和内挡墙砌筑，完成一期Ⅰ标段、Ⅱ标段和二期Ⅱ标段工程，累计完成投资约90%。

【中小河流治理】 2018年，钦南区建设滩营河新营、兆雅防洪整治工程。计划投资774万元，其中中央资金619万元，县配套155万元。年内完成主体工程施工。建设大风江流域那彭镇防洪工程。工程全长1126米，计划投资742.85万元。年内完成40%投资。

【水库除险加固】 2018年，钦南

2018年7月1日，区长李瑶(右二)到那思镇开展洪潮江水库环保整治工作调研

（那思镇　供稿）

区对老如塘、跌牛窝、响水滩、油甘冲、深龙、丰坑6座水库薄弱环节小(2)型水库进行除险加固工程,拨付资金989.1万元,其中中央资金421万元,自治区资金373万元,地方配套195.1万元。工程10月全面开工建设,累计完成投资约50%。计划2019年汛期前完工,使水库恢复原有的库容及功能,保护下游人口生命财产安全及保证下游耕地的灌溉需求。于4月开工建设红坎水库改建工程,该工程概算总投资684.28万元,铁路部门出资建设,年内完成70%投资。

【农村饮水安全建设】 2018年,钦南区利用中央资金36万元,自治区资金24万元中央预算内资金开展钦南区农村饮水安全巩固提升工程项目建设。利用中央资金18万元,自治区资金12万元,承接钦州港饮水工程,工程年内全部完工。项目投入使用后受益人口共1560人,其中贫困村人口53人。投入资金79万元,开展黄屋屯镇和大番坡镇自治区预算资金农村饮用水项目,工程已全部完工投入使用,受益人口1699人,其中贫困人口35人。投入资金200万元,开展9个区本级扶贫专项资金农村饮用水项目,工程已完工投入使用,受益贫困人口135人。投资50万元,实施康熙岭镇傍钦村委饮水乡村振兴水利项目,受益人口921人。完成自治区水利发展资金23.5万元投资,实施钦南区2018年自治区资金农村饮水维修养护工程,受益人口1591人。

【小型农田水利设施建设】 2018年,钦南区完成2017年小型农田水利设施建设补助资金项目,总投资1212.54万元,其中中央资金300万元,自治区资金550万元,区本级配套100万元,受益企业自筹262.54万元。新增和改善灌溉面积8700亩。11月,开工建设2018年小型农田水利设施建设项目,计划总投资749.99万元,其中中央财政资金400万元,自治区财政补助资金200万元,钦南区本级配套资金60万元,受益群众投工投劳89.99万元。项目分5个工程实施,年内完成总投资的80%。

【水利工程修复维护】 2018年,钦南区投资160万元,完成55处海河堤水闸维修工程。利用2017年度中央财政补助公益性水利工程维修养护项目资金36万元,完成康熙岭围标准海堤堤顶路面维修养护。

【防汛抗旱】 2018年,区水利局做好各项防御应急预案的修订工作,调整充实各级防汛抗旱指挥机构,抓好水库水电站监测预案、运行调度方案、应急预案和责任人,落实水库水电站"四个全覆盖"。组织签订水库防汛安全领导责任状,组织做好各水利设施汛前、汛中、汛后安全检查工作,坚持做好水库值守人员实行24小时值班值守,落实值守经费,抓好防汛物资储备和防汛抢险应急队伍的建设,提高全区整体物资储备能力及抢险应急救灾能力。开展防汛防台风检查和督查,第22号台风期间,派出8个由成员单位领导任组长的督导检查组赴各镇(场)、街道开展防御台风"山竹"指导和检查工作。加强对水库水电站、海河堤、海上渔船回港避风、人员上岸,滨海旅游、近海养殖人员上岸避风、地质灾害隐患点、山洪灾害隐患点、低洼地带、在建工地建筑工棚和高空作业工程以及户外广告牌防风加固等情况进行督查检查。发布预警信息共计2000多条,涉及相关行政责任人220多人,转移9233人,涉及海上人员5352人,1550艘三无船只全部回港避风。全力保障人民群众生命安全,最大限度地减少极端天气灾害造成的损失。

【水政水资源管理】 2018年,区水利局抓好执法队伍建设、水法规宣传、严格水资源管理、水事案件查处、打击非法采砂等工作和水行政审批,抓好水资源和水保规费征收,加大水保执法力度,防治结合,落实水土保持"三权一方案""三同时"制度,防止产生人为因素水土流失,全面推进水利综合执法工作。推进"三条红线"控制的实施。做好水资源保护规划,强化入河排污口监管,应对水污染事件,制定水污染工作预案,切实维护群众用水安全。实施取水许可制度,依法征收水资源费。掌握取水户的生产经营和用水、退水情况,促进水资源保护和可持续利用。年内征收水资源费90多万元。投入钦江、大榄江河岸环境卫生整治行动,协调相关街道和社区做好宣传发动,结合中央环保督察整改和乡村环境治理工作,先后出动冲锋舟和打捞船,组织50多人次在钦江一带进行江面巡查及清理,清理漂浮杂物约4吨。配合钦州市水利局开展钦江、大榄江沿岸把水、盐埠、菠萝桥、乌龟闸一带进行堤岸垃圾清理,共清理建筑、生活垃圾和杂物约2500吨。通过整治,钦江、大榄江堤岸乱倒乱堆垃圾杂物的现象得到了有效遏制,推进了生态文明建设。开展河道环境整治工作,依法打击大风江、茅岭江和钦江流域的非法采砂和非法设置砂场行为。全年组织集中整治行动10多次，累计出动2000多人次，捣毁非法砂场200多个次，依法查扣非法运砂船18艘，损毁采砂设备5套，查扣非法砂源约1.2万立方米，查扣砂场铲车7台，销毁沙场装卸设备和机具一批。打击整治河道非法采砂和非法设置砂场的行为，遏制乱采乱掘现象，维护河道采砂管理秩序和水生态环境。做好行政审批工作全年完成各类涉水行政审批3宗，参与涉水项目选址和评审等前期工作10多项，水土保持方案审批7份。接待群众来访，今年以来，共接待来访群众60多人次，受理电话来访事项39件、市长热线69件、环保督察及海洋督察整改事项41件。

【水土保持】 2018年，区水利局规范水土保持项目动态监管工作，据《国家水土保持监督管理规划(2018—2020年)》任务部署，开展生产建设项目集中区水土保持“天地一体化”动态监管工作，收集71个项目的相关资料，利用遥感影像对地表扰动区域进行现场核查，现场核查水利部下发图斑600多个。征收水土保持补偿费143.27万元。

【推行河长制】 2018年，钦南区内16个镇(街道)共41条河流设置了共145张公示牌(包括钦江、洪潮江)，聘用社会义务监督员共52名，通过聘请社会义务监督员开展对河湖保护的监督工作，加大社会公众的监督参与度。按全面推行河长制工作的部署要求，建立全区区范围内流域面积50平方千米以上和50平方千米以下的河流及河流上所建水库的基本名录信息，完成全区河长制信息系统录入工作。按照河长令要求开展巡河工作，年内区领导人均巡河2次以上，16个镇(街道)41条河流，镇(街道)河长人均巡河3次以上，巡河次数820次。

【河湖保洁】 2018年，钦南区聘用保洁员52名，每日组织开展河湖日常保洁、河道垃圾清理行动。印发《钦南区钦江流域水环境综合整治工作方案》，开展钦江水面漂浮物打捞整治活动，使钦江水面保持干净整洁。针对钦江水面水葫芦大量繁殖造成水污染的情况，全年出动120人次，组织开展水葫芦清理工作，共清理江面漂浮物100多吨。开展南流江支流洪潮江水库的排查和整治。组织工作队对库区周边环境卫生进行整治，不定期对库区周边公路沿线、村庄的积存垃圾、杂物和废弃物进行清理。每月开展镇村环境集中整治活动2次，出动60多人次，开展库区周边的村庄、水源区、河流、农田等综合整理，清理各类垃圾约3吨，改善库区周边村庄、水源区环境卫生。组织开展钦南区“保护母亲河　争当‘河小青’”助力河长制活动，动员广大青少年争当“河小青”，协助河长开展水资源保护、水污染防治、水环境治理、水生态修复等工作。

【河湖综合治理与生态修复】 2018年，钦南区开展河湖综合治理和生态修复工作，印发张贴《关于禁止在市区从事畜禽养殖活动的通告》约750份，对辖区内钦江沿线的51处污染源(主要是养殖猪)涉嫌违法建设进行了查处，书面下发《违法建设公告》51份，查处面积3913.8平方米。钦江流域累计完成关闭搬迁养猪场(户)315个(户)，完成92.6%，清理生猪24502头，完成98.4%；累计清理养鸡场(户)74个(户)，清理活鸡4364羽，完成87.0%；累计清理养鸭场16个，清理活鸭25570羽，完成79.6%。累计拆除养殖场150个(户)，面积约37108平方米。

【小型水利工程管理体制改革】 2018年，钦南区按照“责权一致”原则，深化小型水利工程权属制度改革。对属此次改革范围内的454项水利工程进行权属制度改革。完成428处小型水利工程权属证的发证工作，发证率达到94.3%。落实工程管护主体和责任454个，签订管护主体责任书454份，达到100%。

【农业水价改革】 2018年，钦南区建立健全农业水价形成机制，促进农业节水和农业生产方式转变，成立领导小组，印发《钦南区农业水价综合改革实施方案》，2018年度该区农业水价综合改革实施面积合计1万亩。项目区分别是：钦南区玛氏火龙果产业(核心)示范区高效节水工程8000亩，石东竹围无核荔枝生态示范基地滴灌示范片项目2000亩。年内，对改革项目片区开展小农水产权制度改革、完善供水计量设施等工作。由于该区高效节水灌溉的项目涉及的镇比较多，所有权难以确定，因此改革试点推行先确定使用权、管理权，后再确所有权的创新做法。

【全域旅游示范区创建支持】 2018年，区水利局专题研究钦南区水利风景区规划工作，多次召开专题会议。经调研，犁头嘴海堤沿线有红树林生态保护区、白鹤栖息地、滩涂、观鹤台、康王庙、茅尾海滨海浴场、钻石海鲜城、疍家风情小镇等景观且交通便利，具备较高的水利风景区开发价值，年内，已把钦南区犁头嘴海堤以水利风景区建设项目向上申报，并开展设计编制规划招投标工作。

【政事纪要】 3月14日，李遥区长带领区四家班子领导及区直机关单位干部70多人到钦灵灌区青年水闸东干渠(金海湾东大街渠段)进行兴修水利。

同日，自治区水利厅督查组到钦南区督查农村饮水安全等水利工程专项清理整治的进展情况，督查采用工作督导和项目建成相结合、座谈监理和实地查勘相结合的方式。

4月3日，自治区2018第一次河长制湖长制工作督导组(李乔臻、夏自能、唐希、姚冬秀等)对钦南区河长制工作进行了督导检查。

2018年5月9日，钦州市副市长李磊岩到钦南区防汛物资仓库检查防汛工作，钦南区副区长梁莲陪同检查。

5月16日，钦州市政协副主席、钦南区委书记黄球到钦南区水利局开展防汛工作调研。

8月1日，自治区水利厅副厅长顾跃一行5人到钦南区开展农村水利工作督查。

8月6日，钦州市市长谭丕创一行人到钦南区沙埠镇田寮水库、钦南区防汛物资仓库检查防汛工作，区长李遥陪同检查。

8月29日，钦南区防汛办、水利局、久隆镇等单位在久隆镇荷木水库坝头的包竹坪村开展2018年度钦南区水库水电站防汛减灾联合演练。

9月15日，国家应急部工作组方志勇(应急管理部救灾司副巡视员)一行3人及自治区检查组周运逵(自治区政府应急办专职副主任、自治区政党办公厅党组成员)一行6人，到钦南区犀牛脚渔港、钦南区防汛物资储备仓库等地检查指导双台风防御工作。

9月28日，钦州市副市长李磊岩一行到久隆镇荷木水库开展国庆节节前安全生产工作检查。

10月18日，钦南区丰坑水库除险加固工程开工。

10月25日，钦南区老如塘水库除险加固工程开工。

10月29日，钦南区深龙水库除险加固工程开工。

11月1日，钦南区响水滩、跌牛窝水库除险加固工程开工。

12月5日，完成钦南区小型水利工程确权发证工作。

(区水利局)

农业机械化

【概况】 钦南区农业机械化管理局(简称钦南区农机局)是管理全区农业机械化的事业单位。内设管理股、科教股、人事秘书股，有编制10个，实有人员10人。直属二层机构有农机安全监理站、农机技术推广站、农业机械学校，有编制29个，实有人员23人。管辖黄屋屯镇、康熙岭镇、大番坡镇、沙埠镇、久隆镇、那彭镇、那思镇、那丽镇、犀牛脚镇、东场镇、龙门港镇、丽光华侨农场、尖山街道13个镇(场、街道)农业机械化推广站(简称农机站)，有编制50个，实有人员42人。是年，钦南区农机局落实国家购置补贴政策，大力推广先进适用的农机化新技术、新机具，加快社会化服务体系建设，加强农机安全监督管理，发挥农业机械在农业生产中的主力军作用。

【农业机械装备】 2018年，钦南区农业机械总量进一步增长，装备结构进一步优化。全区共计有63151台(套)农业机械，总动力达到344117千瓦。其中：大中型拖拉机638台/27328千瓦；小型拖拉机4387台/47172千瓦；耕整机1818台/9760千瓦；微耕机1658台/6959千瓦；耕整地机引农具3630台；水稻机动插秧机43台/124千瓦；甘蔗种植机4台；机动植保机467台/1559千瓦；中耕培土机75/419千瓦；农用水泵4345台；节水灌溉机械50套；水稻联合收割机319台/12814千瓦；机动割晒机442台/686千瓦。农业动力机7244台/55993千瓦。其中：排灌机械4366台/31369千瓦；农副产品初加工动力机械2878台/24624千瓦。多功能拖拉机2834台/49269千瓦。饲料草加工机械751台/2507千瓦。水产养殖用增氧机26330台/39115千瓦；投饵机30台/24千瓦；用于水产养殖的柴油发电机组792套/13185千瓦。用于农田基本建设机械117台/7783千瓦。全年各类农机购置投入3873万元，全区农业机械总作业值达84899万元。

【农机管理与服务】 2018年，钦南区农机局认真履行职责，加强农机监管，不定期到辖区各镇(场、街道)开展农机质量、安全生产集中整治和专项检查及补贴农机具质量保障督导等工作，指导农业机械投入农业生产和抗灾救灾工作，引导农民购置适合当地使用的农业机械。特别是在春夏耕季中，组织工作组，深入一线，到镇、村、户了解机耕情况，督促机手下田作业，解决机手在耕作中遇到的困难，为群众抢耕、抢插，确保粮食增产、农民增收。充分发挥农业机械在农业生产和农村经济中的作用。全年共有2504人次农机技术人员深入农机专业合作社、农机大户、田间、地头送技术、送服务，指导帮助农民调试、维修拖拉机等机械，为农机手检修农机具24825台(套)次。投入农业生产各类农机具17100台(套)次，完成机耕面积64866公顷；完成机播面积6153公顷；完成机收面积21787公顷。全年水稻耕种收综合机械化水平达73.78%。

【农机补贴】 2018年，钦南区农机局重视农机购置补贴工作，建立目标管理机制。与各镇(场、街道)农机站签订目标责任书，细化任务，明确责任，同时建立与局挂钩联系人制度，形成人人有压力、共同抓落实的工作格局；做到早安排，早部署。农机局多次组织召开了全区农机补贴工作会议，积极开展农机补贴培训工作，对工作做了全面部署，强调要突出重点，培育亮点，关注风险点。在3月23日、5月7日、10月19日，共3次组织各镇(场、街道)农机站站长及业务骨干参加农机购置补贴会议，解读政策、系统操作、业务知识等；建立责任追究机制，“谁办理、谁负责，谁核实、谁负责，谁签字、谁负责”。责任追究覆盖补贴申请、审核与审批、公示与核实、档案管理等全过程，确保资金落到实处；利用农机年度检验和开展农机技术培训会的时机，邀请所在地政府领导和村委干部参加，积极开展农机购置补贴宣传，扩大了农机补贴工作的社会影响；在农机购置补贴专栏、网站公告有关补贴内容。将《钦南区2018—2020年农机购置补贴方案》《农机购置补贴额一览表》、实施范围、补贴目录、补贴金额、补贴程序及相关要求等及时公布；积极利用互联网进行远程示范操作，保证农机购置补贴工作人员政策熟悉，业务精通；加强宣传。印发宣传资料，分发各镇(场、街道)农机站，张贴到村委和人多聚集的地方，同时利用“机手安全学习日”、“3·15消费者权益保护日”、“科技活动周”、“政务公开接待日”等活动与群众进行面对面讲解，增强宣传效果。是年，共发放农机购置补贴223万元，受益农户517户，补贴机具1993台(套)。

【农机培训】 实施购机补贴政策以来，农民购买农业机械不断增加，许多新式农机具得到有效应用。为了保证新购置农机的农机手能及时掌握到操作技术，区农机部门立足农村，面向农民，以“实际、实用、实效”为原则，贴近农民要求，最大限度地满足农民对农机使用开展多层次、多样化的培训，采取现场会讲解、开培训班授课、实际操作培训等形式传授技术给农民。2018年，共举办水稻机械化插秧现场培训会、甘蔗机种演示会、农机驾驶培训及其他各类培训班共25期，培训各类农机人才达2135人次。其中，培训农机操作手1274人次。开办2期农机驾驶培训班，培训农机驾驶员40人，复训农机操作员510人，农村党员农机手培训班2期，共培训150人。

【农机安全监理】 2018年，区农机局始终绷紧安全生产这根弦，坚持“安全第一、预防为主、综合治理”方针，坚决克服一切麻痹松懈思想和侥幸心理，强化农机安全生产监管责任落实，严格实行农机安全生产“一岗双责，失职追责”制度，坚持把农机安全生产责任落实到镇村基层。把农机安全生产监管“三盯”责任落实到个人。层层签订农机安全生产责任状。做到安全生产责任横向到边、纵向到底，级级有人抓，层层有人管，形成了一级抓一级，逐级负责，层层落实的良好局面。主动与安监、交警等有关部门协作，开展各项专项整治活动，从严从重查处拖拉机违法违规行为，力求做到全面治理，标本兼治。是年，共检验各类农业机械2519台；拖拉机入户85台，联合收割机12台。区农机局分别与农机监理站、农机站签订2018年度农机安全生产目标管理责任状；农机监理站分别与2519名农机手签订2018年度农机安全责任状。全年组织开展宣传教育活动112次，出动宣传车112辆次，农机宣传员567人次，展出农机安全知识宣传及农机事故典型案例展板15块，悬挂横幅17条，发放宣传资料23000余份，受教育群众达25000多人。开展农机安全检查186次，出动农机监理人员930人次，联合其他部门开展联合执法10次，出动安监、交警人员52人次，共检查各种拖拉机

1863台次，查处拖拉机违法违章行为174起；有效地从源头上消除农机安全生产事故隐患，确保全区农机安全生产。

【农机技术推广】 为进一步提升钦南区农业机械化水平，深入贯彻中央一号文件精神，牢固树立“情系农村、服务农业、造福农民”的农机推广理念。区农机局把农机新机具新技术推广工作作为重点工作来抓。2018年推广农业机械1993台(套)，其中耕整地机械129台，拖拉机25台，联合收割机22台，水产养殖机械1212台(套)，茶叶修剪机604台，插秧机1台(套)。召开甘蔗生产机械化技术现场演示会2次80多人。召开水稻机械化技术现场演示会3次150多人，举办村两委干部培训班2次140多人，举办农机站干部业务知识培训班2次60人，举办农机产品质量投诉监督业务知识培训班1次30人。开展农机产品质量集中整治和专项检查1次，开展“3·15”农机打假宣传活动1次，放心农资下乡宣传活动1次，抽查农机销售点、维修点5家，接受群众咨询200多人次，向群众发放宣传资料1000多份。

【农机专业合作社】 2018年，区农机局组织引导农机专业合作社，以承包租赁、代耕代种等模式，促进农村丢荒水田流转和规模经营，建设优质水稻全程机械化生产示范基地，解决丢荒水田集中耕种经营等问题。积极支持农机合作社发展，如在土地比较平坦的康熙岭镇群兴农机专业合作社流转丢荒水田650亩进行全程机械化耕作。那丽镇溢林农机专业合作社，久隆镇中明农机合作社，承包丢荒土地种植甘蔗，两合作社共流转丢荒耕地3500多亩发展甘蔗种植。通过农机购置补贴、水稻机械化项目等手段帮助合作社购买了耕整机、插秧机、植保机、收割机、烘干机等设备。通过农机集约化经营带动土地规模化经营，实行代耕、代收，打破户与户的界限，形成区域化种植，规模化经营；开展农机社会化服务，以提高作业效率，降低作业成本，促进农民参与土地流转。农机合作社在土地流转承包中取得良好收益，也为农民增加了收入，合作社不断壮大发展对周边农民起到了很好的带动作用，使越来越多的农民参与到投资农机、转包流转土地中来，改变原小农生产规模，推动土地规模化经营的有序健康发展，促进农村劳动力转移，使农民尽快脱贫致富。 （章年党）

表6 **2018年钦南区各镇农业机械总动力情况表**

单位名称	农业机械总动力(千瓦)			
	总计	柴油机	汽油机	电动机
钦南区	344117	277278	5153	61686
黄屋屯	28659	26162	467	2030
康熙岭	35107	22812	754	11541
尖山	17809	8660	1030	8119
大番坡	19756	13584	398	5774
沙埠	34377	25455	179	8743
久隆	27812	25205	398	2209
那彭	22639	20764	517	1358
那思	16971	15906	154	911
那丽	24686	21458	399	2829
丽光场	14828	13265	266	1297
东场	16961	12122	293	4546
龙门港	33234	29758	5	3471
犀牛脚	51278	42127	293	8858

表 7

2018 年钦南区各镇拖拉机拥有量情况表

单位名称	拖拉机			
	1. 大中型(22.1 千瓦以上)		2. 小型(22.1 千瓦及以下)	
	台	千瓦	台	千瓦
钦南区	638	27328	4387	47172
黄屋屯	5	327	249	2896
康熙岭	11	521	535	5802
尖山	1	59	77	853
大番坡	25	926	156	1876
沙埠	61	3449	520	5398
久隆	59	3498	543	5637
那彭	79	2987	641	6720
那思	47	2218	422	4406
那丽	133	4986	568	6228
丽光场	119	4398	250	2407
东场	45	1776	184	1863
龙门港			4	58
犀牛脚	53	2183	238	3028

表 8

2018 年钦南区种植机械拥有量情况表

单位名称	三、种植业机械															
	(一)耕整地机械										(二)种植机械					
	1. 耕整机		2. 微耕机		3. 机引犁	4. 旋耕机	5. 深松机	6. 机引耙	7. 铺膜机	8. 联合整地机	1. 水稻插秧机		其中:乘坐式插秧机		其中:秧苗移栽机	2. 甘蔗联合种植机
	台(套)	千瓦	台	千瓦	台	台	台	台	台	台	台	千瓦	台	千瓦	台	台
钦南区	1818	9760	1658	6959	830	1935	2	846	17		43	124	6	40	0	4
黄屋屯	522	2157	763	3012	79	172		73								
康熙岭	295	1539	113	520	61	279		96			5	32	3	28		
尖山	61	263	43	175	24	61		21								
大番坡	51	220	4	16	12	68		12			10	22				
沙埠	182	1462	62	276	78	281		84	3		6	15				
久隆	88	597	135	530	57	341		42			2	4				2
那彭	99	387	237	1006	84	165		78	5		1	3				
那思	31	121	89	401	8	165		7								
那丽	48	262	41	203	217	163	2	248	6		8	20	2	8		2
丽光场	24	88	35	180	86	114		101	3		6	14	1	4		
东场	160	729	109	492	124	95		84								
龙门港						2										
犀牛脚	257	1935	27	148		29					5	14				

表 9　　2018 年钦南区收获机械拥有量情况表

单位名称	七、收获机械											
	1. 谷物联合收割机		(1)稻麦联合收割机		(2)玉米联合收割机		2. 采茶机		3. 机动割晒机		4. 甘蔗提升机	
	台	千瓦	台	千瓦	台	千瓦	台	千瓦	台	千瓦	台	千瓦
钦南区	319	12814	319	12814			5	8	442	686	71	1686
黄屋屯	32	1547	32	1547					8	12	8	200
康熙岭	28	1303	28	1303							9	238
尖山	4	224	4	224							1	25
大番坡	14	720	14	720					16	24	4	59
沙埠	36	1320	36	1320					44	69	6	108
久隆	50	2286	50	2286					85	130	1	25
那彭	19	610	19	610					54	81	4	126
那思	28	576	28	576			5	8	32	49	12	300
那丽	38	1413	38	1413					98	161	7	146
丽光场	23	531	23	531					27	41		
东场	19	1100	19	1100					26	41	8	184
龙门港												
犀牛脚	28	1184	28	1184					52	78	11	275

水产·畜牧业

水产渔业

【概况】 2018年，钦南区水产畜牧兽医局内设办公室、渔业生产管理股、渔业行政执法监督管理股、畜牧与饲料股、防疫股、检疫监督与医政药政股6个股室，机关行政编制7名，机关事业编制1名，实有15人。下辖钦南区水产技术推广站、钦南区动物产品检疫站、钦南区动物卫生监督所、钦南区动物疫病预防控制中心、钦南区畜牧站和沙埠镇水产畜牧兽医站、尖山镇水产畜牧兽医站、康熙岭镇水产畜牧兽医站、黄屋屯镇水产畜牧兽医站、大番坡镇水产畜牧兽医站、龙门港镇水产畜牧兽医站、东场镇水产畜牧兽医站、久隆镇水产畜牧兽医站、犀牛脚镇水产畜牧兽医站、那丽镇水产畜牧兽医站、那彭镇水产畜牧兽医站、那思镇水产畜牧兽医站及城区水产畜牧兽医站。全区水产养殖面积16496公顷，水产品产量44.16万吨，同比2017年增长1.98%。其中，海水养殖面积13586公顷，产量33.56万吨，同比2017年增长4.86%；淡水养殖面积2910公顷，产量2.05万吨，同比2017年增长5.53%。渔业经济总产值69.21亿元，同比增长3.5%。

2018年9月3日，区水产畜牧兽医局陪同区委常委、区委办主任王务（坐左二）检查大蚝生产情况　　（区水产畜牧兽医局　供稿）

【养殖结构调整】 2018年，钦南区在做好大面常规渔业品种养殖的基础上，重视名优、特、奇、新品种的开发，推动渔业生产结构的战略性调整。全年名特水产养殖面积达24万亩，其中大蚝养殖面积15.63万亩，产量27.4万吨，同比增长5.3%；对虾养殖面积6.9万亩，产量3.42万吨，同比增长8.5%，罗非鱼养殖面积2.2万亩，产量2.53万吨，同比增长3.2%，名特水产产值已占渔业总产值的70%以上。

【现代特色农业（核心）示范区建设】 2018年，区水产畜牧兽医局围绕“产业兴旺、生态宜居、乡风文明、治理有效、生态富裕”的总要求，抓好龙门蚝湾、中国龟谷（钦州）、虾虾乐、钦南区康海科技等核心示范区创建工作。钦州市龙门蚝湾核心示范区经前期的筹备于2018年12月4日自治区评审组进行了现场评审，并通过核验。钦州市虾虾乐稻渔业生态综合种养开发项目实施方案已上报市级，已通过审核并实施。项目已基本完成了所有工程量，已通过验收。钦南区康海科技现代特色农业（核心）示范区项目已通过建设设计规划评估，现已进入项目的建设实施阶段，具体分两步：一是将通过项目评估的项目，进行公示，采用招标方式，引进社会资金，加快项目的实施建设；二是积极推进“三位一体”建设。持续推进核心示范区发展建设，由示范区辐射周边的区域，带动周边区域养殖业向现代特色模式发展，提高废弃物综合利用，降低养殖污染，提高养殖效益。

【水产畜禽养殖污染整治】 2018年，区水产畜牧兽医局根据区政府的指示，配合各镇对江河、水库网箱非法养殖、拦网非法养殖的摸排调查工作。成立工作领导小组，组织二层单位、各镇站开展水产养殖尾水排放宣传、水产养殖水质监测排放及摸底调查水产养殖情况。年内出动2645人次，发放宣传资料7481份，排查池塘数量9909个，排查池塘面积99759.78亩。落实自治区环保厅改善饮水源水质的要求，按钦州市政府水质综合治理工作部署，成立养殖污染整治工作领导小组，开展摸底调查、发动宣传、清理搬迁工作。年内，根据全区划定的禁养区域，通过摸底调查，猪场有474家，生猪存栏37670头；鸡场有94家，存栏69993羽；鸭场有38家，存栏97660羽；鹅场1家，存栏800只。目前完成搬迁的猪场有375家，清理生猪29024头；清理鸡场78家清理鸡48413羽；清理鸭场20家，清理鸭52307羽；清理鹅674羽。

加强南流江整治，做好宣传发动和排查摸底工作。累计排查到养殖户174户，养鸡47户、620353羽，养鸭39户、282722羽，养猪87户、1476头，养牛1户、22头，养鱼73户、2357只网箱。配合那思镇政府发放、张贴养殖场关停（搬迁）通知书143份，签订畜禽养殖场关停（搬迁）承诺书27份，网箱养鱼关停（搬迁）承诺书11份。全力配合那思镇政府采取有力措施进行整治。搬迁10个养鸭场，搬迁鸭63000羽；搬迁9个养鸡场，搬迁鸡5万余羽。共拆除猪栏104个，搬迁生猪732头。

区水产畜牧兽医局开展服务进社区活动（区水产畜牧兽医局　供稿）

【水产养殖业第二次全国污染源普查】 2018年，区水产畜牧兽医局根据自治区、钦州市的工作部署，8月，编制《钦南区水产养殖业第二次全国污染源普查工作方案》。下发《关于成立钦南区水产养殖业第二次全国污染源普查工作机构的通知》，成立钦南区第二次水产养殖业污染源普查工作领导小组、专家组和质量核查组。开展对全区所有池塘养殖、网箱养殖、围栏养殖，鱼、虾、贝、蟹等主要水产品养殖过程中污染物产生量和排放量进行收集。全区共组织39名普查员、7名普查指导员（含审核员4名）开展普查工作。共普查1330户，普查海水池塘养殖面积81078.15亩，网箱养殖267.69亩，浅海筏式养殖48624.94亩，滩涂养殖面积84300.19亩（其中文蛤养殖面积为19908亩）；淡水池塘养殖面积16793.63亩，工厂化养殖7.73亩，网箱养殖面积116.88亩。掌握钦南区水产养殖分布、结构和现状，按时按质完成污染源普查任务。

【基层农技推广项目】 基层农技推广项目实施时限为2018年8月至2019年8月，建设试验示范基地数2个钦州市钦南区金窝众信养殖专业合作社和钦州市钦南区兴牧种猪场，推广生态养殖技术模式、畜禽粪污资源化利用技术模式2项符合优质安全、节本增效、生态环保等要求的养殖技术模式。项目聘请专家5人，农技推广人员54名和示范户49户，以“包村联户”为主要形式的工作机制和“专家＋农业技术人员＋科技示范户＋辐射带动户”的技术服务模式，手把手、面对面和示范户、辐射户开展技术培训，指导养殖户开展生产工作。项目采取专家定点联系、技术指导员包村联户和联系大户制，每月不少于15天到户指导。推进中国农技推广APP运用，将基层农技人员培训、示范基地建设和示范主体培育等农技推广补助项目实施情况进行线上动态展示。以实施基层农技推广项目为契机，以家雷水产养殖有限公司、富上富畜牧有限公司、广西五祥农牧有限责任公司等龙头企业为依托，实施科技兴农计划，开展标准化养殖、畜禽养殖污染减排、林下养殖、渔业科学混养等各类科学养殖新模式培训。年内安排编制内基层农技34人异地参加培训5天，科技特派员举行养殖方面的技术培训共8场，培训人数达379人次。

【科技培训与推广】 2018年，钦南区举办《2018年钦南区重大动物疫病防控技术培训班》参加人次152人；《钦南区非洲猪瘟防控技术暨村级动物防疫员培训班》参加人次186人；《钦南区水产畜牧产品质量安全监管培训班》参加人次172人；12月3日，在贫困村久隆镇石安村举办非洲猪瘟防控技术培训班，培训人员达37人次；12月13日，举办加强非洲猪瘟防控工作培训班，培训人员包括从局到二层机构、乡镇站的技术人员、监管人员，规模养殖场业主、散养户业主代表，屠宰场负责人等，培训人员为85人次。

【中国龟谷（钦州）项目建设】 项目位于钦州市钦南区久隆镇平新村，广西钦州市钦南区台湾农民创业园内，钦陆公路旁，离钦州城区10公里。规划项目用地3000亩，投资15亿元，按照“市委市政府要求高起点规划、高水平运营、高效率推进”的原则加快推进项目建设，打造集“生态养殖、科研服务、物流商贸、产品加工、休闲旅游、产业示范”六位一体的名贵龟鳖产业园，打造钦州市农业产业化发展的“百亿产业”和全国龟鳖品牌。项目的建成，有利于推动龟鳖产业转型升级，促进一二三产业整合发展，提高龟鳖产业的综合效益，增加财税、扩大就业，带动下岗职工、家庭妇女、农民脱贫致富，促进社会和谐，打造钦州新的名片。2018年，广西兴联投资置业有限公司对中国龟谷项目累计投入资金6721万元。

表10　**2018年钦南区渔业生产基本情况表**

指标	单位	本期累计	上年数据	增减(%)
一、水产品总产量	吨	441460	432896	1.98%
海洋捕捞	吨	83735	91715	−8.70%
远洋渔业	吨	0	0	
海水养殖	吨	335550	320001	4.86%
淡水捕捞	吨	1715	1792	−4.30%
淡水养殖	吨	20460	19388	5.53%
二、水产养殖面积	公顷	16300	16587	−1.73%
海水养殖面积	公顷	13390	13366	0.18%
淡水养殖面积	公顷	2910	3221	−9.66%
三、机动渔船		—	—	
艘数	艘	1070	1190	−10.08%
总吨位	总吨	41382	37642	9.94%
功率	千瓦	50871	50759	0.22%

表 11　　2018 年钦南区渔业经济总产值表

指标	单位	本期累计	上年数据	增减(%)
渔业经济总产值	万元	733199	708861	3.43%
一、渔业	万元	692190	668771	3.50%
海洋捕捞	万元	97205	99565	−2.37%
海水养殖	万元	450561	428560	5.13%
淡水捕捞	万元	2788	2760	1.01%
淡水养殖	万元	41524	39326	5.59%
水产苗种	万元	100112	98560	1.57%
二、渔业工业和建筑业	万元	8870	8776	1.07%
水产品加工	万元	8340	8256	1.02%
渔用机具制造	万元	0	0	—
其中:渔船渔机修造	万元	0	0	—
渔用绳网制造	万元	0	0	—
渔用饲料	万元	530	520	1.92%
渔用药物	万元	0	0	—
建筑	万元	0	0	—
其他	万元	0	0	—
三、渔业流通和服务业	万元	32139	31314	2.63%
水产流通	万元	14425	14223	1.42%
水产(仓储)运输	万元	540	536	0.75%
休闲渔业	万元	1320	1295	1.93%
其他	万元	15854	15260	3.89%

畜牧业

【概况】 2018 年,钦南区全年生猪出栏 23.3 万头,同比 2017 年 19.55 万头增长 19.20%;家禽出栏 1663.32 万羽,同比 2017 年 1657.70 万羽增长 0.34%;其中肉鸡出栏 1388.19 万羽,同比 2017 年 1332.85 万羽增长 4.15%;肉牛出栏 1.029 万头,同比 2017 年 1.05 万头减 1.98%;山羊出栏 1.55 万只,同比 2017 年出栏 120 万只增 29.11%。全区肉类总产量 46906.07 吨,同比 2017 年 44146.85 吨增长 6.25%,禽蛋产量 13351.21 吨,同比 2017 年 9352.83 吨增长 42.75%。

【项目建设】 2018 年,钦南区钦州市富上富畜牧有限公司投资 8 万元,建设现代生态养殖示范场项目,广西创钦农业科技有限责任公司投资 10 万元,建设生态养殖示范区项目,钦州市钦南区那彭镇宏易生猪生态养殖示范基地投资 10 万元,建设生态养殖示范基地项目,钦州市钦南区旭元生态种养专业合作社投资 10 万元,建设生态养殖标准化示范创建项目,广西五祥农牧有限责任公司采用“公司 + 农户 + 基地”的方式投资为 1615 万元,新建猪场 19 个。钦州澳华进出口贸易有限公司投资 1 亿元,在丽光场华侨投资区建设肉牛养殖隔离场,该场规划占地面积 7.09 公顷,年内完成 12 栋、建筑面积 3.26 万平方米牛舍建设,可存栏肉牛 6000 头。

【现代生态养殖认证】 2018 年,钦南区推动养殖场提质升级,年内,广西创钦农业科技有限公司等 8 家养殖场,通过现代生态养殖认证,其中 1 个场是五星级、3 个四星级、4 个三星级。生态养殖改善畜禽养殖污染,完成 2018 年自治区下达的认证任务。

【特色养殖】 2018 年,钦南区发展海蛋鸭特色养殖,全区有海蛋鸭养殖大户 102 户,海蛋鸭存栏量为 25.3 万羽,年产蛋量 4182 吨,其中康熙岭镇海蛋鸭存栏 10 万羽,年产蛋量达 1653 吨。推行生态养畜养禽等新型养殖技术,在那丽镇推行高架网床生态养羊,结合“微生物+”处理技术,实现规模畜禽养殖粪污就地消纳、污水零排放,实现环境得到保护,养殖效益得到提高的双赢局面。

【行政执法】 2018年,钦南区加强产品质量安全监管。根据自治区、钦州市工作要求,认真做好水产畜牧产品质量安全例行抽样、送检工作,定期或不定期加强对备案养殖企业安全用药、养殖产品、加工产品和动物检疫申报点、生猪定点屠宰场、家禽交易市场流通产品监督和检查,确保按时间节点完成自治区、市下达的各项水产畜牧产品监测任务,力争全年水产畜牧产品(含兽药、渔药、饲料投入品)质量安全例行监测合格率、药物残留抽检合格率均达90%以上。加强动物产地检疫及屠宰检疫申报点监督检查工作,各检疫申报点能够按照动物检疫申报“三实名“制度,严格按照凭《动物检疫申报单》来进行检疫申报,未有发生买卖检疫证明、“隔山开证”、不规范出证等违法行为。加强屠宰检疫监督检查力度,严格农村食品安全监督管理工作的宣传及检查,全年印发食品安全宣传标语1500份,横额7条,各类宣传活动5场次26人次。年内,立案查处动物卫生监督案件11起,罚没款0.8679万元;立案查处兽药案件2起,罚没款4.21万元。

【动物防疫免疫与监测】 2018年,钦南区根据自治区、市重大动物疫病防控工作计划,按照“政府保密度、部门保质量”的要求,抓好动物疫病防控工作。2018年钦南区全年共发放禽流感疫苗H5N7共1779.92万毫升、养殖场自购备案使用疫苗93.85万毫升,免疫家禽2892.57万羽次;猪口蹄疫疫苗69.62万毫升,免疫生猪O型口蹄疫30.36万头次;牛口蹄疫疫苗4.81万毫升,免疫牛1.83万头;羊口蹄疫疫苗1.75万毫升,免疫羊0.74万头,免疫密度100%;小反刍兽疫疫苗0.86万头份,免疫羊0.57万头;狂犬疫疫苗2.15万头份,免疫家犬2.07万头;猪瘟疫苗98.38万头份,免疫生猪47.3万头次;蓝耳病疫苗55.9万头份,免疫生猪43.4万头次;新城疫疫苗2608.62万羽份,免疫2460.46万羽次。确保各种动物疫病免疫密度常年保持在99.5%以上。制订《2018年钦南区重大动物疫病监测实施方案》《2018年钦南区“两病”监测实施方案》,明确了监测的具体方法、措施、任务要求等。全年共监测12个镇的63个村委共387户养殖户、32个规模养殖场,采样猪血清407份、牛血清470份、羊血清502份、禽血清7526份。共检测口蹄疫346份、合格327份;检测猪瘟281份,合格247份;检测布病1033份,合格1033份;检测结核病405份,合格405份;检测禽流感6544份,合格5022份;检测鸡新城疫982份,合格681份。同时对该区12个镇、24个村共362户农村散养户和23个规模养殖场进行动物疫病流行病学调查。通过监测、流行病学调查,掌握该区动物免疫抗体水平、疫情动态,对结果深入分析,及时向上级汇报和提出建议,并根据疫情动物态作出预报预警,为上级部门做出决策提供可靠依据。

【非洲猪瘟防控】 2018年8月,全国出现首例非洲猪瘟以后,区水产畜牧兽医局及时开展非洲猪瘟的排查,实行排查日报告制度,全区共排查规模养殖场和专业户3014场次,排查生猪636033头次;排查自然村2367个,散养户18370户次,共排查生猪157282头次;排查屠宰场230场次,排查生猪42125头。印发防控技术资料、张贴宣传挂图等,发放宣传资料3937份,挂

区水产畜牧兽医局举行钦南区“传递爱心守护健康全国兽医在行动”主题活动

(区水产畜牧兽医局　供稿)

宣传横幅20条,张贴宣传挂图923份。组织开展钦南区非洲猪瘟防控技术培训班二期,培训人员316人次。年底尚未发现有非洲猪瘟疑似病例。

【生猪养殖】 2018年,钦南区生猪饲养量为46.65万头,养猪业逐渐由散养向规模、由传统向现代生态养殖。年内生猪出栏23.30万头,规模养殖出栏数是7.85万头,占33.7%。有18家养猪场通过广西畜禽现代生态养殖场认证。

【生猪养殖补贴】 2018年,钦南区对能繁母猪和育肥猪保险补贴,母猪保费60元,育肥猪保费是30元,保费中财政补贴80%,养殖户自己承担20元。2018年投保能繁母猪7182头,育肥猪92825头。财政补贴资金257.25万元

【广西五祥农牧有限责任公司】 位于钦州市钦南区久隆镇,地理位置优越,交通便利。养殖基地占地275亩,建筑面积52529.8平方米,建有母猪后备栏6048.6平方米,分娩栏5727.3平方米,配种舍2814平方米,公猪栏288平方米,办公及生活用房1638平方米,饲料加工及贮藏仓140平方米,种猪展示厅120平方米。养殖基地实行猪栏舍内环境温湿自动控制、自动投料。养殖基地设施与设备齐全,拥有电脑、养猪、猪精液检测分装、Herdsman种猪遗传育种评估系统等智能化生产设备25台套;拥有母猪定位栏600多个,产床250多张,保育床120多张;有冷风机、水帘降温设施和抽风100多台套;配备有自动饮水系统,消毒设施,建设有观猪厅、出猪台等配套设施;配备有解剖室、药品储备室等配套设施。公司现存栏美系长白、大白、杜洛克原种基础母猪4000头,年出栏种猪2万多头,商品猪3万多头。公司采用"公司+农户+基地"的方式发展生猪生产,即公司提供猪苗、饲料、兽药、技术指导,养殖提供场地、劳力,猪大后公司保价回收统一销售。荣获水产畜牧主管部门颁发"自治区水产畜牧行业重点龙头企业""农业部生猪标准化示范场""自治区无公害产地认定证书""钦州市农业产业重点龙头企业""广西壮族自治区健康种猪场""广西畜牧兽医学会推荐优秀品种""广西畜牧兽医学会科学养猪特别贡献企业""广西养猪行业十强企业""广西创新计划科技种养大王"9项荣誉。2018年,钦南区辖区内共建有58个养殖基地,生猪存栏3万头以上。

【三鸟养殖】 钦南区三鸟养殖主要是鸡鸭鹅,2018年三鸟饲养量2348.54万羽,三鸟中鸡饲养量较多,2139.94万羽,鸭饲养量是416.32万羽,鹅是5.05万羽。

【钦州市富上富畜牧有限公司】 成立于2012年8月,注册资金1200万元,在钦南区久隆镇平新村委建成"钦州市自动化蛋鸡养殖示范基地",公司蛋鸡养殖示范基地位于钦州市钦南区久隆镇平新村委看牛坪,占地20亩,建设有4栋730平方米的全封闭全自动蛋鸡养殖栏舍,每栋能饲养蛋鸡2万羽,3栋870平方米全封闭半自动蛋鸡养殖栏舍,每栋能饲养1蛋鸡万羽,1栋609平方米育雏栏舍,每批可育雏2万羽,有大型专用鸡蛋储存仓库,办公楼、员工宿舍区、饲料加工场所、专用变压器等附属设施。生产设施建筑面积6200平方米,附属设施建筑面积700平方米。于2015年12月被农业部评为"蛋鸡标准化示范场",2016年获钦州市水产畜牧业"十佳龙头企业"称号,2016年被评为"广西壮族自治区畜禽现代生态养殖场"。2016年由钦州市钦南区扶贫办牵头,公司、37名农户与银行签订精准扶贫项目贷款资金182万元,至2018年,按合同约定支付三期共21.84万元的分红。2018年,公司蛋鸡存栏产蛋鸡10万羽,青年后备蛋鸡2万羽,年产鸡蛋约1800吨。

【牛羊养殖】 2018年,钦南区牛饲养量是2.35万头,羊饲养量是2.01万头。

【钦南区广西创钦农业科技有限公司】 公司养羊基地位于钦州市钦南区那丽镇充包村委那旺江牛甘坑岭,基地2016年建成投入使用,建成标准化钢结构羊舍5000多平方,生活、办公区1000多平方,公司同时在那雾塘村、犀牛角镇建设两个养殖示范小区。公司主导产业为肉羊示范养殖及推广,经过不断地摸索,组建"公司+基地(养殖小区、农户)+村集体经济"的发展模式,通过在贫困村建立养殖小区,充分利用村集体的产业发展资金,扩大山羊养殖规模,提高村集体经济收入。2017年公司购进600多只隆林黑山羊和努比亚黑山羊种羊进行繁殖,2018年繁殖销售黑山羊小羊羔1400多只,实现销售收入120多万,组织销售成品黑山羊2900多只,实现销售收入450多万,利润58万多元。

(张少明　钟昌艳)

表 12

2018 年钦南区各镇畜牧业生产情况表

单位:万头

	牛(存栏)		生猪(存栏)		存栏量	
	合计	其中:肉牛	合计	能繁殖母猪	山羊(万只)	三鸟(万羽)
总计	1.49	0.73	14.61	1.64	0.42	779.63
文峰	0	0	0	0	0	0
向阳	0	0	0	0	0	0
南珠	0	0	0	0	0	0
水东	0	0	0	0	0	0
尖山	0.04	0.03	0.05	0		10.31
沙埠	0.13	0.04	3.45	0.38	0.06	106.3
久隆	0.26	0.12	1.98	0.44	0.05	61.93
黄屋屯	0.28	0.13	1.62	0.05	0.07	62.38
康熙岭	0.06	0.05	0.98	0.04	0	48.46
那丽	0.04	0.02	1.15	0.2	0.11	132.73
那彭	0.16	0.09	2.13	0.28	0.09	219.99
那思	0.07	0.07	0.65	0.04	0.02	56.66
大番坡	0.07	0.03	0.46	0.05	0	6.32
丽光场	0.04	0.01	1.04	0.06	0	27.83
犀牛脚	0.22	0.08	0.62	0.07	0.02	17.43
东场	0.12	0.06	0.42	0.03	0	27.22
龙门港	0	0	0.06	0	0	2.07

续表

	当年出栏					肉类总产量(吨)			
	肉猪(万头)	肉用牛(万头)	三鸟(万羽)	其中鸡	鸭	合计	猪肉	牛肉	禽肉
总计	21.35	0.51	1705.83	1364.46	202.8	47544	15117	674	31323
文峰	0	0	0	0	0	0	0	0	0
向阳	0	0	0	0	0	0	0	0	0
南珠	1	0	0.44	0.44	0	670	660	0	10
水东	1	0	5.28	5.12	0.16	802	590	0	211
尖山	0.9	0	34.24	1.6	19.57	1383	525	6	822
沙埠	3.98	0.06	95.59	79.85	8.75	4720	2919	43	1735
久隆	3.53	0.14	112.42	83.04	19.22	4916	2727	151	1973
黄屋屯	1.49	0.06	78.62	55.83	13.02	2515	823	80	1527
康熙岭	1.67	0	28.49	18.72	3.51	1903	980	98	799
那丽	1.86	0.02	404.8	338.9	39.75	9521	1410	98	7955
那彭	1.24	0.1	463.61	425.3	23.76	9140	834	54	8193
那思	0.78	0.04	268.8	220.68	27.52	4900	625	41	4202
大番坡	1.14	0.01	30.15	19.39	7.47	1392	788	7	585
丽光场	0.96	0.01	93.64	77.93	9.52	2419	919	35	1457
犀牛脚	0.85	0.02	28.02	6.58	13.57	1285	645	20	607
东场	0.69	0.05	55.18	24.62	16.89	1663	472	41	1130
龙门港	0.26	0	6.55	6.46	0.09	317	200	0	117

乡村振兴

乡村建设

【概况】 2018年，钦南区根据《“美丽广西”乡村建设重大活动规划纲要(2013—2020)》和《“美丽钦州”乡村建设重大活动规划纲要(2013—2020)》阶段活动安排以及自治区、钦州市《宜居乡村活动指导意见》和四个配套文件，紧紧遵循区委“一机遇、三争创、四打造、六重点”的工作思路，巩固“清洁乡村”“生态乡村”建设成果，推进“宜居乡村”建设。

2018年4月11日，钦南区召开钦南区“美丽钦南·宜居乡村”活动工作推进会暨业务培训会（区乡村办　供稿）

【产业富民】 2018年，钦南区围绕“产业富民”活动(2017—2018年)提出的“五个一”目标和“十项进村行动”任务，培育新动能，扶持新主体，拓宽新渠道，完成“产业富民”专项活动各项目标任务。全区130个行政村(居委会)全部编写村级经济计划，130个行政村(居委会)全部培育带动农户增收的新型农业经营主体(专业合作社、家庭农场、种植大户等)，打造139个100亩以上的示范种植或养殖基地，122个行政村(居委会)，村村发展1个村级集体经济项目，22个行政村村集体经济年收入达到2万—3万元，62个行政村村集体经济年收入达到3万元以上，其他的有0.5万—2万元以上的集体经济年收入。年内，全区村集体经济收入469.6万元。112个行政村(居委会)有电子商务服务点。促进种植业结构调整和三品提升、生态养殖和林下经济。2018年粮食生产任务指标是粮食播种面积58.7万亩，总产量16.6万吨。实际完成粮食作物面积60万亩。其中水稻38.63万亩，玉米7.18万亩，薯类(鲜薯)12.50万亩，豆类面积1.69万亩。经济作物已完成面积35.53万亩，其中甘蔗22.31万亩，花生2.63万亩，木薯9.98万亩，其他0.61万亩。年内，全区水果种植面积达到了20.89万亩，其中优质水果面积17.8万亩，良种覆盖率达85%以上，水果年产量7.9288万多吨，优质果品率达75.3%。乡镇农产品快速检测样品完成率100%，2018年复查认证无公害农产品8个，年内新增“三品一标”无公害农产品认证产品6个(广西键森有机农业开发有限公司辣椒，钦州市大风江农业综合开发有限公司辣椒，紫京生态产业园厚皮甜瓜，钦州市钦南区德一果蔬专业合作社杨桃、厚皮甜瓜，那雾山绿宇观光有限公司茶叶)。创建万亩辣椒标准化示范区，获得富硒认证以及“钦州辣椒”农产品地理标志产品申请登记。全区生态养殖比率达79.16%，完成50%的任

康熙岭镇板坪村海红米基地放鱼苗立体种养　（龙彪彪　摄）

务数。建成钦州市钦南区苏屋壹养殖专业合作社和钦州市钦南区钦凤禽畜专业合作社2个林下经济提升示范基地，主要是养殖肉鸡，在2018年自治区林业局关于“产业富民”林下经济示范基地验收检查评比中获得优秀等次。全区区市级农业产业化重点龙头企业有21家，年内新增农民专业合作社12家，全区农民专业合作社累计发展到554家，累计发展家庭农场39家，家庭农场经营面积1000亩，专业服务型和专业技能型职业农民225人。新创建一批自治区级、县级示范区，乡级示范园及村级示范点，钦州市钦南区康海科技渔光一体示范区、钦州市钦南区龙门蚝湾示范区、钦州市钦南区五祥养猪产业示范区、钦州市钦南区东盟花卉世界休闲示范区4个为自治区级示范区。钦州市钦南区大海猫田园休闲农业示范区、海纳绿洲海水养殖产业示范区、钦州市钦南区松山乡村世界休闲农业示范区、钦州市钦南区红龙生态养龟示范区、钦州市钦南区创钦养羊示范区、钦州市钦南区协鑫渔光一体农业示范区、钦南区那丽辣椒产业示范区等7个是县级示范区。全区47个贫困村均派出科技特派员，达到贫困村科技指导全覆盖。久隆镇启动自治区农村产权流转交易市场建设。年内全区农村土地流转面积9.35万亩，占农户承包地总面积29.3%，涉及农户2万户，占农户总数33.7%。扶持、引进钦州市洲通米业有限公司，钦州市钦南区粮食储备库，钦州绿野蛋品有限公司，钦州市海绿食品有限公司，广西海鸭子生态农业投资有限公司，钦州市钦南区那丽林化厂，钦州市钦南区瑞宏板业有限公司等加工企业。建设位于久隆镇高明村钦州市钦台农农业综合观光休闲有限公司内钦台农地头冷库1个。落实“互联网+农业”措施，做好信息进村入户工程工作。2018年钦南区列入首批推进县(区)，年内在112个行政村中每个行政村建设3个益农信息社(1个标准站、1个专业站、1个简易站)，建成1个县(区)级运营中心。重点推动公益服务、便民服务、电子商务和培训体验服务等四类服务在一个平台协同运行，服务延伸到村、信息精准到户，以信息化引领驱动农业现代化加快发展，培育改造提升“三农”新动能。在实施社会化服务方面，2018年钦南区农村劳动力转移就业新增人次任务数是2870个，到目前已完成3201人，完成率111.5%。全区“一村一品”“一乡一业”的农村产业格局初步形成。全区农村居民人均可支配收入为13237元，同比增长8.4%，全区所有行政村基本实现“五个一”目标，农民收入稳定，

2018年2月27日，钦州市2018年“美丽钦州·宜居乡村”工作现场会，沙埠镇政府工作人员介绍沙埠镇大海猫山水花园开展产业富民情况

（区乡村办　供稿）

农村活力显著增强。

【服务惠民】 2017年至2018年12月，钦南区投入村级综合服务中心建设379.25万元，全区130个行政村“村级综合服务中心”共配备协管员443名，其中村干兼职438人，专职5人，全部签订了服务协议。130个行政村全部设有服务窗口，共454个；配备电脑220台、打印机156台，档案柜160个，全部达到有人员、有场地、有设备、有流程、有网络、有经费的“六有”标准。2017年至2018年12月，累计更新农村劳动力资源数据库信息200290条，发布招聘和培训信息15879条，培训和就业人员信息登记4956人次。做好社会保险经办服务，实现“四个不出村”和实现服务城乡居民社保“三到位”。全区社保卡持有人数约25万人。年末，农村居民社会保险新增参保登记人数21856人，转移注销社保关系3616人次。城乡居民养老保险参保率90.3%；城乡居民医疗保险参保率97.55%；符合条件的60周岁以上参保老人100%享受养老保险待遇，完成上级下达的任务指标。提高保障标准和补助水平，做好城乡居民最低生活保障服务工作，全区共配备低保协助服务管理员144名。对全区符合救助条件的建档立卡贫困户或非贫困户，经本人及其家庭成员自愿申请，按程序100%纳入最低生活保障范围。落实城乡最低居民生活保障标准提标，确保城市居民最低生活保障标准不低于620元/月·人。农村居民最低生活保障标准不低于3600元/年·人。提标后执行的城市低保人均补助水平达到每人每月374元；农村低保人均补助水平达到每人每月196元，达到自治区的标准要求。全区共配备儿童福利督导员144名，依托“儿童家园”等公共服务平台开展困境儿童保障工作，为全区6047名留守困境儿童提供服务。2017年至2018年12月，全区建档立卡贫困户家庭子女享受学前教育免保教费1726人，建档立卡家庭寄宿生享受义务教育生活补助3402人，建档立卡贫困户家庭子女免除学杂费146人。全区所有行政村全部建立卫生室并配备1名乡村医生，实现全覆盖。村卫生室配备乡村医生人数253人。全区电视综合与广播综合实现行政村全覆盖，全年组织文艺演出260场，放映农村公益性电影3120场。建立完善“一村一法律顾问”制度。全区内有60名律师及基层法律工作者与30个村（社区）签订服务协议，受聘为村（社区）的法律顾问，覆盖面达到100%。2017年至2018年12月，全区开展各类矛盾纠纷排查4856次，完成任务（3120次）156%；调解各类矛盾纠纷3662起，成功3556起，调解成功率97.1%，超过指标任务2.1个百分点。

【基础便民】 2018年，钦南区改厨开工8048户、开工率100.6%，完工8048户、完工率100%。改厕开工8165户、开工率102.06%，完工8147户、完工率99.78%，完成全区“两改”任务。年内，钦南区完成2017年建设的8个镇级垃圾治理项目，10个村级垃圾收运处理项目，年底通过竣工验收。全区建成8座项目投资为1000万元/座污水处理规模均为500吨/天，污水处理厂。年内新建屯级道路104.096公里，其中脱贫摘帽贫困村中集中居住20户以上的未通路自然村扶贫道路54公里。全区农村自来水普及率已达75.15%，2017年脱贫摘帽的8个贫困村，年内全部解决群众饮水困难问题。全年开工建设农村危房改造811户（建档立卡贫困户678户），竣工587户（建档立卡贫困户492户）。新增沼气管道化用户100户，完成签约率60%。年内全区所有村屯均已完成电网改造。加快实施宽带通信村村通工程，加强通信基站和网络建设，推动光缆入村入屯入户，提高宽带通信网络覆盖能力，提升宽带接入速率，加强贫困村屯信息网络基础设施建

2018年8月24日，区乡村办到那丽镇对该镇“美丽广西”乡村建设活动进行指导检查（区乡村办　供稿）

设。年内建设完成自治区2018年下达的沙埠镇平艮村委会龙屋村、那丽镇芦荻竹村委会芦荻竹村、那彭镇后立村委会后立村、那里村委会那里村、久隆镇青草村委会青草村5个农村公共照明项目。

【文化乐民】 2018年，钦南区大力推进镇级文化站和村级公共服务中心建设，整合基层现有资源，在全区11个镇都建设了综合文化楼，建成村级公共服务中心76个，乡镇文化站免费开放书刊阅览室、文化信息资源共享服务室、多功能活动室。全区达到三级站以上的共有3个，其中一级站是久隆镇文体广电站，二级站是大番坡镇文体广电站，三级站是那思镇文体广电站。年内开工建设11个村级公共服务中心项目，大番坡镇大番坡村公共服务中心，完成六个一建设任务，投入使用。犀牛脚镇西寮村建好办公楼、篮球场、戏台。东场镇白木村建好办公楼。其他8个项目点进行场地平整。年内，全区组织开展“和谐之声”文艺演出进农村、“采茶大戏苑”、“农村基层文艺会演”、“广场大家乐”、“社区大舞台”、体育比赛等各类惠民演出活动共计122场次，各镇(场、街道)开展文体活动共481场次，惠及群众13万多人。加快推进广播电视村村通向户户通升级，全区各村电视综合覆盖率均达到98.5%以上，群众可以免费收看中央、自治区及市、县10套电视节目。全区直播卫星设备录入完成率100%，设备安装发放完成率100%。全年全区免费电影播放836场，义务多放123场次，受益群众29.2万人次。年内对全区112家农家书屋实施出版物补充更新。全区共建有村(社区)农家书屋144家，每家藏书2000—2500册，每周开放时间不少于5天。积极整合文化信息资源共享工程和党员远程教育等资源，全区行政村实现“村村通”互联网。全区所有行政村都组建有体育队和文艺队，区文化馆和区老体协不定期对村级文体骨干开展培训，组织开展基层文化骨干培训班2期。利用暑期开展各项免费培训活动共5期。各镇(街道)文化站按照相关工作要求，辅导业余文艺队21支，组织开展文艺活动65次，出版宣传板报19期，举办培训班17期，培训人员近千人次。开展“壮族三月三”民族传统节日系列文艺活动共4场次。全区文化馆对全区各行政村的非物质遗产项目进行普查登记，促使非遗文化产物保护与继承。

【“清洁乡村”“生态乡村”活动巩固提升】 2018年，钦南区通过加大资金投入、完善保洁员管理机制、构建垃圾清运体系、强化督查问责等措施，不断夯实基础设施、稳定保洁员队伍、购置保洁设备，“清洁乡村”工作不断走向常态化，“清洁乡村”活动效果不断得到巩固。全年收取保洁费372.39万元。区乡村办制定《关于印发2018年度环广西公路自行车世界巡回赛钦南赛段沿线乡村环境整治提升工作方案的通知》(钦南乡村办发〔2018〕11号)出动整治人员6838人次，投入经费约126万元，清理沿线村庄的生活垃圾、建筑垃圾、绿化带及田间地头暴露在地表的垃圾和沿线范围内溪流、池塘、沟渠等堆积以及水面漂浮的各类垃圾216吨，搬迁沿线有碍观瞻的垃圾池、小型垃圾焚烧炉共5个。区乡村办联合区住建局协调组织区综合执法局、区城监大队等部门依法拆除沿线违法设置的小工场、养殖场、推土场、弃物场46个。拆除违章搭建的废品收购点、居住窝棚等临时搭盖32处。拆除沿线村庄废弃不用且濒临坍塌的杂物房、牛栏猪圈及残墙断壁等构筑物8处。开展沿线房前屋后整理活动32次，清理拆除沿线村庄违法违规设置的高杆广告、楼顶广告等大型户外广告12个。清除更换陈旧破损、影响观瞻的墙体广告、横幅标语216处。规范公路沿线建筑垃圾清运、运泥车辆撒漏、工地沙场围挡施工46处。每天派出督查组到赛道沿线开展覆盖式巡查，抓好沙埠镇黎合江至龙屋段个别脏乱差地点整治，以及田园环境卫生的整治，督促指导五镇和区直相关部门对赛道沿线区域内的环境卫生情况进行仔细全面检查；督促沿线保洁员做好日常保洁工作，保持环境卫生良好秩序。区乡村办负责统筹组织尖山街道开展2018年蚝情节北部湾大道、沙井岛、主会场及沿路环境卫生的整治和提升工作。从11月21日至30日，组织尖山街道800多人到上述地段开展环境整治和保洁工作，清理杂草、杂物、垃圾约160多吨，整理群众房前屋后杂物63处，更换更新宣传围挡450米，为活动的开展创造良好的卫生环境条件。

【农村生活垃圾治理】 2018年，钦南区以康熙岭镇为试点，探索钦南区农村垃圾治理市场化管理新模式。康熙岭镇政府将辖区范围内的保洁工作承包给康熙岭镇温文营垃圾清运服务部，把保洁工具交由公司全权管理与使用，全面实行农村垃圾市场化运营，政府及村委负责监督保洁公司的日常保洁工作，督促各村委及时按程序把保洁经费支付到清运公司账户，由清洁公司统筹合理分配使用，确保资金落到实处。通过采取市场化管理、社会力量参与的新模式，提高各村保洁员工作积极性，释放政府和村委大量的人力和精力，每年为全镇减少20万元的环境卫生整治经费开支。

（区乡村办）

脱贫攻坚

【概况】 2018年，钦南区扶贫开发办公室（简称区扶贫办）是钦南区人民政府负责扶贫开发的常设机构，区扶贫办内设综合股，下辖钦南区扶贫信息培训服务中心，编制8名，实有7人。钦南区有建档立卡贫困户4310户，贫困人口18197人，经自治区认定的贫困村38个。6月，钦州港代管犀牛脚镇、东场镇、龙门港镇和大番坡“六村”“深坪村”回归钦南区管理。有建档立卡贫困户5796户，贫困人口25079人。是年，中共钦南区委、钦南区人民政府把脱贫攻坚列为全区实施的三大攻坚战之一，调整充实钦南区扶贫开发工作领导小组、领导小组办公室和综合协调、基础实施等10个专责小组。全区955户、4305人脱贫，10个贫困村脱贫摘帽。

【责任落实强化】 2018年，钦南区提高政治站位，实行区镇村三级书记抓扶贫机制，形成区负总责、镇（场、街道）为主体、村具体实施、帮扶单位全面参与，以及社会力量积极参与的脱贫攻坚工作格局。年内，区委常委会先后14次，区政府常务会先后8次研究脱贫攻坚工作，学习贯彻习近平总书记关于扶贫工作的重要论述重要指示批示精神、中央关于脱贫攻坚的重大决策部署，以及自治区、市的重要工作会议精神和重要文件并进行层层传达贯彻落实，对各项目标任务进行了再明确、再安排、再部署，进一步明确责任单位、责任清单、责任人、任务完成时限。集中征订一批《习近平扶贫论述摘编》分发各各部门、各镇（场、街道），要求列入学习计划，层层组织学习。区级各部门、各镇（场、街道）先后召开党委（组）会议、干部职工会议，把习总书记和自治区领导讲话精神层层传达到各级扶贫干部和广大群众。定期组织第一书记、工作队员及村“两委”干部就习近平总书记关于扶贫工作的重要论述和三年行动实施意见进行知识测试，进一步巩固学习效果，以学习的精神实质为指导促进脱贫攻坚各项工作。

2018年12月，黄屋屯镇金竹村委“文化乐民助力脱贫”文艺晚会

（区委宣传部　供稿）

【基础工作强化】 2018年，钦南区抓实贫困人口动态调整，应纳尽纳、应返尽返，杜绝错退、漏评。分层分类全覆盖培训扶贫干部，全区共举办扶贫干部培训班26期，培训3000多人次。强化扶贫信息录入，确保贫困户《帮扶手册》、“双认定”表、扶贫信息系统数据与实际一致。

【帮扶力量强化】 2018年，钦南区精准选派新一轮钦南区脱贫攻坚（乡村振兴）工作队员364名（含第一书记47名），实现每个贫困村至少有3名区级以上单位选派的干部驻村，每个面上村至少有2名干部驻村（其中至少1名为区级以上单位选派），充实脱贫攻坚和乡村振兴工作力量。对恢复管理后“三镇两村”加强帮扶力度，及时对其驻村工作队员和帮扶干部进行了充实调整。注重凝聚社会帮扶力量，发动爱心企业和爱心人士参与捐资助贫，“国家扶贫日”发动了37家爱心企业捐资109.7万元，干部职工捐资14万元。

【资金保障】 2018年，钦南区严格贯彻落实好有关资金管理要求，提高资金拨付下达效率，确保按时间节点完成支出目标要求。截至11月15日，全区共筹措财政扶贫资金15733万元，累计拨付14116万元，支出进度89.72%。加强资金扶贫使用的监管管理，确保资金使用安全。

【宣传发动】 2018年，钦南区编印两万多册《钦南区精准扶贫涉农惠民政策》发到广大贫困户手中，组织送戏下乡、三方见面会、设置户外广告牌、宣传脱贫榜样人物，加大政策宣传解读力度，激发贫困群众的内生动力。同时，在中央、自治区、市媒体刊登的扶贫类稿件90多篇。9月，邀请中国新闻社、光明日报社、广西日报社等中央、自治区媒体采访团开展“走进钦南·聚焦脱贫攻坚”采访活动。

【产业扶贫】 2018年，钦南区安排1370万元财政资金专门用于扶贫产业奖补，激励和支持贫困户发展扶贫产业。集中资源，做大做强区本级“5+2”（猪、鸡、桉树、茄果类、糖料蔗、瓜类、鸭）特色产业和村级“3+ 1”特色产业，贫困村特色产业覆盖率均已达到80%以上。每个贫困村均培育了3—5名致富带头人，均成立有1个以上的专业合作社，通过“合作社＋贫困户”模式带动贫困群众种植“钦州海红米”。全区培育18家扶贫龙头企业，红龙公司吸纳带动33户贫困户发展龟鳖养殖。旅游扶贫带动明显，通过发展休闲农业和乡村旅游业，带动251户、贫困户997人创业就业，帮助40户、贫困户246人达到脱贫标准。加强产销对接，深入推进“党旗领航·电商扶贫”，全部贫困村均设有电商服务站。组织开展第一书记特色农产品展销活动，依托电商企业淘实惠超市扶贫农产品专柜，线上线下销售贫困户农产品。

【易地扶贫搬迁】 2018年，钦南区2017年完成262户、贫困户1043人的易地扶贫搬迁安置工作。根据自治区统一安排，钦南区从年内不再安排有易地扶贫搬迁任务，主要是做好搬迁户后续帮扶工作。落实好“八包”责任制，制订《钦南区易地扶贫搬迁后续扶持工作方案》，成立以区长为组长的区后续扶持工作领导小组。区委、区政府领导多次就抓好安置小区管理和后续帮扶问题工作作了部署安排，提出了要求。在安置小区成立了沙埠镇桥坪新村村民小组，与区城发公司共同管理小区的日常事务。落实奖补政策，鼓励搬迁贫困户继续利用原有的耕地、林地等资源发展特色种养产业。同时加大创业就业帮扶，年内开展创业、就业技能培训6期，招聘会2场，帮助48人实现就业。在安置点旁设立就业车间1个，实现19人就近就业。

【村集体经济发展】 2018年，钦南区47个贫困村中，村级集体经济收入3万元以上的有45个，其中5万元以上的2个。年内预摘帽的10个贫困村村集体经济全部达到3万元以上摘帽标准。加大财政支持力度，全年区财政安排了800万元扶持16个未脱贫的贫困村（每村50万元）和350万元扶持35个面上空壳村（每村10万元）用于发展村级集体经济项目。经过严格把关和充分论证，确定光伏发电和龟鳖养殖为钦南区各贫困村村集体经济的两个主要项目。年内，全区有36个贫困村投入资金近1000万元与通太光伏公司等企业签订合作协议，发展光伏项目，70个村投入资金1100多万与红龙生态公司签订合作协议，发展养龟产业。开展依法依规集中清理村级集体签订承包时间过长、价格过低的明显不合法不公平不规范的“三不”合同，共清理了312个，有效推动低值集体资源的再盘活。

【基础设施建设】 2018年，钦南区根据对贫困村的摸底调查，按缺什么补什么的原则，编制落实835个项目补充完善项目库。突出扶

2018年1月28日，钦南区开展“党旗领航·电商扶贫”活动

（区委宣传部　供稿）

贫道路和饮水工程建设。在通行政村道路已全部水泥路的基础上，2018年安排债券资金2066万元开工建设扶贫道路53条，建成65公里。年内，20户以上自然村通沙石路以上达到80%以上。筹集200多万元，用于贫困村饮水工程的建设、修复和维护，解决13个贫困村1750人的饮水安全问题。继续推动基础设施建设，全面提升贫困村容村貌，完善公共文化、互联网、电商金融等农村公共服务设施。在项目实施过程中，严格进行招投标程序，规范实施，加强监督，按时按质完成。

【住房教育健康“三保障”政策落实】 2018年，钦南区加大奖补力度，出台《钦南区建档立卡贫困户2018年农村危房改造奖励方案》，通过“早改多补”的措施促使贫困危改户尽快开工、尽快完工。为加快建设进度，各镇（场、尖山街道）采取统一聘请施工队的办法，对辖区无能力自主建房的危改贫困户统一施工、全程帮扶。10月30日，129户预脱贫危改户全部竣工入住。按照“一个都不能少”的工作目标，落实控辍保学“双线四包”工作机制。连续召开两次控辍保学工作会议，组织开展3次地毯式全面摸排。层层签订控辍保学目标责任书，压实责任。在做好劝返的同时，加强跟踪管理，确保劝返效果。落实贫困学生资助政策，做到应补尽补，限时补齐。经排查，全区因病、因残失学总人数193人，已劝返151人，因病因残等其他个人身体原因失学的共有42人。其中通过办理送教上门15人，办理休学、免学24人，经治疗后正常入学3人，全区没有出现有义务教育阶段学生因贫失学的现象。2018年春季学期资助贫困户子女学生1550人，资助资金107.7万元。落实“雨露计划”补助933人次，发放金额141.5万元，补助寄宿生943人共58.8万元。全区建档立卡贫困人员应参加城乡居民医疗保险20443人，参保20443人，参保率100%。10个预摘帽村城乡居民医疗保险应参保24688人，已参保24342人，参保率98.5%。落实218万元专项财政资金，通过帮助贫困户购买商业保险等方式，确保贫困户住院治疗费用报销的比例达90%以上，特殊慢性病门诊治疗费用报销的比例达80%以上。开展贫困户家庭医生签约服务达到100%。全区每个贫困村均按标准建设一批卫生室，配备1名以上乡村执业医生。

【深度贫困村强化帮扶】 2018年，钦南区制订《钦南区久隆镇荷木村深度贫困村脱贫摘帽工作方案》。区委组织部部长增挂联系荷木村，增派多1名工作队员，两名突击队员。加大财政资金的帮扶力度，投入帮扶资金105万元用于发展村级集体经济。年内，荷木村有集体经济项目3个，全年收入4.5万元以上。统筹200多万元修建从荷木村委通福旺自然村7.5公里的“断头路”。投入40多万元用于饮水安全提升工程建设。统筹各单位资金80多万用于村级公共服务中心的建设，项目正在扎实推进。

【帮扶政策落实】 2018年，钦南区着力落实医疗、养老、助残和低保等政策，精准扶持到户到人。建档立卡贫困人员参加城乡居民养老保险应参保18934人，参保率100%；60周岁以上（含）符合领取待遇条件的人员100%享受养老保险待遇。开展综合保障性扶贫行，为贫困残疾人提供上门残疾评定、办证、补证等服务，年内评残429余人。开展“阳光家园”项目，受助197人，受助资金35.85万元。抓农村低保制度落实，全区纳入低保范围贫困户低保对象2352户、5695人，发放低保金708.92万元，实现应保尽保。

【就业强化帮扶】 2018年，钦南区加强培训就业组织化服务。开设育婴师、中式面点师、创业培训等41个职业技能培训班，组织贫困人员参加培训188人（含易地扶贫搬迁贫困人员39人）。组织企业到各镇、村举办各种招聘会27场次，实现贫困人员转移就业920人。大力开展扶贫车间工作，认定21个扶贫车间，帮助贫困人员176人实现就近就地就业。开发公益岗位帮助贫困人员扩大就业，开发乡村公益性岗位共计144个，有效帮助贫困人员就业增收。

【党建引领】 2018年，钦南区注重选好配强村党组织书记，调整撤换2名贫困村党组织书记。创建贫困村三星级以上党组织11个。投入165万元，对软弱涣散党组织进行巩固提升。新建、改扩建贫困村村委办公楼11个。

【问题整改】 2018年，钦南区针对中央、自治区的各类扶贫督查反馈的存在问题，先后召开了6次区委常委会进行研究部署。对的存在问题，举一反三，制订整改方案，逐项分解细化，逐项制订整改措施，形成问题清单和责任清单，按清单抓好整改，销号管理。

【专项治理】 2018年,钦南区通过强化宣传、深入排查,从严执纪审查、党委巡察、从快追究责任、通报曝光、蹲点暗访等措施,深入开展扶贫领域腐败和作风问题专项治理工作。年内,全区共排查扶贫领域问题线索123件,立案61件,通报曝光典型案例9批、30件。研究出台《钦南区脱贫攻坚工作责任追究结果运用与绩效挂钩的实施方案》,把问责结果与年度绩效进行挂钩。对责任心不强、工作不到位的人员实施召回,按程序进行问责。 (褚永娟)

水库移民

【概况】 2018年,钦南区水库移民工作管理局(简称区水库移民局)是钦南区人民政府直属的正科级财政全额拨款事业单位,履行全钦南区水库移民安置工作的管理、协调、监督、检查、指导职能。全额拨款参公事业编制5名(局领导2名),内设办公室、安置股等2个科室。实有人员9名,其中:在职在编人员5名(局领导2名,科员2名,办事员1名),聘用人员4名。涉及钦南区移民的大中型水库共有13座,全区大中型水库移民涉及9个镇、45个村民委员会、221个村民小组,后期扶持人口25923人。

【基础设施建设】 2018年,区水库移民局开展水库移民后期扶持项目建设,改善移民村屯基础设施,美化居住环境,提高库区移民生产生活质量,脱贫致富。向自治区、钦州市两级水库移民部门申报后期扶持项目资金共2384.3万元,开展大岭一队水库移民新村、木棍田水库移民新村、倒立水库移民新村、白水塘水库移民新村、新明迁安新村等5个"为民办实事"新村建设项目和33个、硬化长度50.75千米的村屯道路硬化项目。年内完成总工程量的100%。

【库区矛盾纠纷排查处理】 2018年,区水库移民局根据库区移民具体情况,到村屯走访移民群众,了解群众的疾苦,在政策上给予帮助解决实际问题。能及时化解的及时化解,不能及时解决的向上级领导汇报。建立移民矛盾纠纷排查台账,每月上报一次。做好维护库区稳定工作,发现问题及时处理,做到遇事不推诿、矛盾不上交,耐心听取移民群众意见,了解群众呼声,排查各种不稳定因素,努力把矛盾化解在萌芽状态,把问题解决在基层。年内接待水库移民来信来访10次、26人,移民反映的诉求都得到及时答复。

2018年9月10日,区水库移民局陪同上级领导到久隆镇新明村委迁安移民新村检查村屯道路建设项目 (区水库移民局 供稿)

【水库移民后期扶持工程】 2018年,区水库移民局没有新增水库安置工程。水库移民后期扶持资金发放主要依据水库移民后期扶持人口核定登记成果和后期扶持方式确定成果进行,按每人每年补助600元的扶持规划,当年下达补助1555.38万元。对符合要求的移民全部以直补方式按时发放,发放金额1522.89万元。

【水库移民资金监管】 2018年,区水库移民局加强水库移民资金管理,制订水库移民资金"安保工程"实施工作方案及实施细则,明确年内水库移民资金管理安保工程的工作内容及任务,开展水库移民系统涉农资金专项整治活动。制定钦南区水库移民系统涉农资金专项整治活动实施方案,规范项目资金的使用与管理。加快水库移民资金使用进度。结合全区水库移民系统涉农资金专项整治自查自纠工作情况,制订水库移民资金使用进度和工作方案,解决水库移民资金结存闲置问题,加快水库移民资金使用进度,定期自检自查资金支付完成情况,确保全区涉农资金安全高效运转。

(区水库移民局)

国土·建设·环保

国土资源管理

【概况】 2018年,钦州市国土资源局钦南分局(简称区国土分局)内设行政秘书股、党政办公室、土地规划与耕地保护股、矿产资源开发管理股、土地利用股、地籍管理股、地质环境保护股、土地权属纠纷调处办公室、执法监察股9个股室,土地征收征用中心、执法监察大队等2个二层机构。领导班子设局长1名,副局长3名,纪检监察员1名,执法监察大队大队长1名。机关编制数14人,实有10人。执法监察大队参公事业编制14人,实有14人。土地征收征用中心未核定编制数,实有在编人数14人。是年,区国土分局落实耕地保护责任,加强耕地和基本农田保护,保障建设用地、服务经济社会发展,实施土地整治和耕地提质改造项目,加强"双高"基地建设试点工作,惩治国土资源违法行为,加大违法案件查处力度,加强矿产资源管理和监督,开展地灾防治。年内上报建设用地预审项目14宗,面积9.77公顷,获预审批复14宗,面积9.77公顷。全年供应土地18宗,面积23.54公顷,土地出让收入共5557.63万元。其中挂牌出让土地4宗,面积15.33公顷,金额5311万元;划拨供地13宗,面积8.2公顷,金额232.89万元,农村宅基地供地14宗,面积0.13公顷。

【建设用地规划利用】 2018年,区国土分局开展钦南区土地利用总体规划调整完善和城镇周边基本农田划定及全域性基本农田划定工作。土地利用总体规划调整完善通过市级评审。

【闲置土地利用】 2018年,区国土分局抓好盘活存量建设用地,全面盘查存量土地、推进土地盘活经营工作,盘活存量土地55.65公顷,超额完成市级下达的48公顷任务,盘活率达115.94%。做好闲置土地处置工作,对已供项目土地进行清查,发现涉嫌闲置土地11宗,完成整改10宗。2013—2017年国务院和自治政府累计批准钦南区新增建设用地(含城市、乡村批次用地和单独选址项目用地)386.34公顷,已供应土地303.23公顷,供地率为78.49%,高出自治区下达指标12.49个百分点。

【用地审批】 2018年,区国土分局落实钦南区委、区政府的工作部署,建立重点园区和重大项目用地保障机制,对重大项目实行"一地一方案",对钦南区项目做到应保尽保。2018年钦州市下达钦南区

2018年10月24日,国土钦南分局召开国土资源领域支持脱贫有关政策学习培训会 (区国土分局 供稿)

用地指标17.6公顷，安排6个项目，共计使用14.73公顷用地指标。审批建设用地预审项目14宗，面积9.77公顷，获预审批复14宗，面积9.77公顷。严格临时用地审批，共审批2宗临时用地项目，用地面积1.49公顷。已按时间要求组织材料上报自治区国土厅，完成市级下达的报批任务。

【耕地综合管护】2018年，钦南区共划定永久基本农田3.07万公顷，比市国土资源部门下达30500公顷永久基本农田保护任务多183.35公顷，超额完成上级下达的保护任务。

【耕地补充】2018年，钦州市国土资源局下达钦南区100公顷旱改水工作任务，作为市政府考核区政府、市局考核钦南分局绩效指标。年内立项160公顷。开工建设东场镇高塘村提质改造(旱改水)土地整治项目，预计新增耕地38.92公顷，完成沙埠镇平垠村、泥桥村提质改造新增耕地128.68公顷项目招投标工作。

【土地增减挂钩】2018年，区国土分局完成增减挂钩潜力调查面积2000多公顷。2017年以来，钦南区推进城乡建设用地增减挂钩项目2个，实施总面积50.9905公顷，可提供增减挂钩节余指标近50公顷。

【土地开垦】2018年，钦州市下达钦南区469公顷补充耕地任务指标。年内，实施规模147.76公顷的钦南区大番坡镇大窝口村、板坪村市级土地开垦项目，完工并通过验收，确认新增耕地面积89.5481公顷。实施规模745.9公顷的钦南区丽光农场土地开垦项目，完工并通过验收，确认新增耕地面积406.3166公顷。

【国土资源监管】2018年，区国土分局严格履行国土资源监管职责，全力配合完成环保督查各砖厂、采石场销号任务，联合区拆违办等相关部门开展非法采洗矿专项整治行动，重点惩治黄屋屯镇北振一带的非法开采、洗矿行为，共拆除非法采矿点11个，拆除洗矿机械63套，捣毁其他非法采(洗)矿设备一批，没收矿产品一批，黄屋屯镇非法采洗矿行为已得到有效遏制，保护生态环境。

【违法违规案件查处】2018年，区国土分局将日常执法巡查与土地矿产卫片执法检查相结合，严厉查处违法用地用矿行为，全年共查处违法案件86宗，收取罚没款260万元，没收违法建筑物10.98万平方米，拆除2.39万平方米。

【不动产统一登记】2018年，区国土分局受理不动产登记1070宗，办结1067宗，办结率99%，年内两次提速不动产登记办理，实现注销登记、查封登记即时办结，一般抵押登记5个工作日办结。

【“双高”基地建设】2018年，自治区下达钦南区“双高”基地建设面积3300亩。年内落实及动工建设面积2019.42亩，达到自治区绩效考评完成年度50%的任务要求，其余任务正在落实地块中。

【地灾防治】2018年，国土分局深入开展地质灾害隐患点排查，切实做好辖区13个镇(场)、街道45个村、102处隐患点及45个易发区地质灾害防治工作，全年成功处置地质灾害突发事件4宗，无因灾伤亡事故。执行汛期及强降雨天气24小时值班制度，推进地质灾害防治项目工程实施及验收。在2017年立项推进的康熙岭镇长坡小学不稳定斜坡应急治理工程通过初验。确定2018年自治区下达东场中学153万元不稳定斜坡应急治理项目实施单位。大番坡狗岭石场治理项目获自治区国土厅批准，治理经费80多万元。

【那雾山自治区级地质公园申报】2018年，钦南区将那雾山打造成集观赏性、稀有性、科学性为一体的地质遗迹保护和旅游观光胜地，形成钦南旅游名片。10月29日，广西壮族自治区国土资源厅组织专家组对钦南区那雾山自治区级地质公园申报材料进行评审，11月19日作出同意批复，明确要求要遵循“在保护中开发，在开发中保护”的原则，按照原国土资源部地质公园的建设要求，2年内完成地质公园规划的编制和地质公园的建设。

【信访调处】2018年，国土分局受理信访件22宗，涉及违法用地违建问题5宗，涉及非法抽沙采洗矿问题4宗，涉及征地问题1宗，涉及耕地保护问题2宗。全部办结上级交办的5宗信访件。全部办结网上交办的信访件，没有被红灯警告。

【法律法规宣传】2018年，区国土分局组织、参与“6·25”土地日，“4·25”世界环境日，安全生产月等纪念日活动，累计出动宣传车50多车次，张挂横额36条，发放宣传资

料2000余份，取得明显的宣传效果，提高广大群众依法用地、用矿法律意识。（国土钦南分局）

城乡建设与管理

【概况】 2018年，钦南区住房和城乡建设局（简称区住建局）内设办公室、城建股2个行政股室；下辖质安站、建管站、招投标站、规划站、房管所、墙改办、环管办、住房资金管理中心、小城镇建设服务中心9个事业单位；设计室、综合技术服务中心、钦南区第一建筑公司3个直属企业。编制38个（行政编6个、参公编10个、事业编22个），实有行政和事业人员43人。是年，区住建局开展镇级污水处理厂、农村危房改造、保障性安居工程、农村垃圾处理设施建设和农村改厨改厕，加强建设监督管理。

【城乡规划建设】 2018年，区住建局组织修编完成那丽镇总体规划，规划编制面积166.09平方公里，其中建设用地面积26.36平方公里，包括那丽镇区、华侨投资区、那丽产业园三个部分。协助修编钦南区食品科技园控制性详细规划。开展龙门港镇总体规划修编工作。做好城镇规划区内的建设用地规划许可证、建设工程规划许可证和村庄规划区内乡村建设规划许可证的审批核发工作，以及出具镇村规划建设相关手续。年内共核发及出具“建设用地规划许可证”182宗，建设用地面积32.97万平方米；“建设工程规划许可证”222宗，建筑面积44.54万平方米；乡村建设规划许可证11宗，建筑面积0.21万平方米；出具建设工程竣工规划验收合格单68宗；建设项目的选址意见35宗，选址总面积约1072.60亩；送电线路路径走向的意见6宗；建设用地、建筑规划设计要点23宗；项目总平面布置图49宗。

【安全生产管理】 2018年，区住建局督促施工和监理单位履行职责，落实安全生产制度和措施，实施安全生产动态扣分，把落实安全设施推向工具化，用层层跟进办法监管施工安全。年内全区在建工程项目34个，建筑总面积15.28万㎡。全年监督在建工程项目34个，开展专项检查11次，组织质量安全扬尘专项检查10次，检查工程65项次，发出整改通知书38份（其中停工整改11份），整改质量安全扬尘隐患共211项。对违反施工安全生产管理规定和不履职行为，发出安全生产动态扣分通知书36份，对11个施工企业、10个监理单位和相应的项目负责人、专职安全员、总监理工程师共进行了36次动态扣分，同时，曝光违法违规典型案例2起。工程质量和施工安全受控，无质量安全事故，安全生产工作稳步推进。

【工程质量管理】 2018年，区住建局按照住建部和住建厅的工作部署，加强建筑市场监管，开展工程质量安全监督检查，推进质量满意度四年提升专项活动，加强对施工安全“严管重罚、惩防并举”措施。监督在建工程项目63个，面积70.03万平方米；监督竣工工程验收59个，总建筑面积17.29万平方米，工程验收合格100%。

【城镇化建设】 2018年，区住建局实施加快城镇化发展战略，进一步改善人居和发展环境，着力落实镇级污水处理厂运行工作，全区8个镇级污水处理厂实现稳定运营，保障全区乡镇地区生活污水治理，提升乡镇生活污水处理能力。

【宜居乡村建设】 2018年，区住建局围绕建设“宜居乡村”的工作要求，投入资金10万元，分别在久隆、沙埠、那丽、那彭四个乡镇的五个村委实施5个村屯公共照明项目，提升农村宜居水平。扎实推进农村改厕改厨工作，2018年，自治区下达钦南区农村改厨改厕任务为16000户（其中农村改厨任务8000户，农村改厕任务8000户），农村改厕项目共开工8206户，开工率102.58%，完工8069户，完工率100.86%，改厨项目共开工8020户，开工率100.25%，完工8014户，完工率100.16%。农村卫生厕所及清洁厨房在全区范围内进一步得到普及。

【保障性安居工程建设】 2018年，区住建局持续做好棚户区改造工作，稳步推进新型城镇化建设。钦南区全年新开工棚户区改造任务10个项目共314套（含2017年新增16套），项目全部开工建设，开工率为100%。基本建成棚户区改造120套（户）任务，完成基本建成棚户区改造195套（户），基本建成率162.5%。分配入住公共租赁住房172套任务（往年政府投资公租房），全区完成分配入住219套，分配入住率127.32%。

【房地产管理】 2018年，钦南区按照市物业管理工作要求及钦南区2018年物业管理工作要点，提升物业服务素质、强化监管力度、规范管理程序、提高服务水平为目标，推动物业管理工作的健康发展。全区共有住宅小区80个，住宅面积510万平方米，辖区实施物业管理的企业65家，注册物业服务企业43个，成立业主委员会的小区17个，实施专业化物业管理的小区有65个，物业管理覆盖率81%。全区目前有自治级物业管理优秀小区3个、市级物业优秀小区2个。全年办理物业管理区域16个，住宅物业小区物业管理项目招标16个，监督指导小区业主委员会成立3个。

【农村危房改造】 2018年，区住建局按照上级文件要求，规范农村危房改造工程的危房认定，危改户申报、公示、审核、审批程序和工程建设行为。细化和落实农村危房改造农户申请、村评议公示、乡镇审核公示、区（县）级审批公示等相关程序，严格检查农村危房改造信息公开情况，是否落实村级评议公示、乡镇审核公示、区（县）审批公示等“三公示”。确保程序规范有序、公开透明。自治区全年下达钦南区农村危房改造任务共741户（建档立卡户653户），开工794户（建档立卡户665户），开工率107.15%，竣工569户（建档立卡户480户），竣工率76.79%，拨付补助资金803万元。（区住建局）

征地搬迁

【概况】 2018年，钦南区土地房屋征收中心（简称区征收中心）内设综合股、征收征用股、计财股、监察股4个股室，编制45个，实有40人。是年，区征收中心配合对接各镇、街道，指导服务工作前移一线，加强业务培训，打造专业化队伍，全力服务重点项目，开展项目攻坚活动，加快对项目资金的结算，破解安置历史遗留问题。年内，完成新征土地1734.64亩，签订房屋搬迁协议224户，迁移坟山720丘，清表交地1703.61亩，拆除房屋106户（栋），建筑面积　平方米。

【项目实施】 2018年，钦南区实施的征收项目62个，环城西路南段（集体土地部分）、安州大道中段、新兴西路延长线、钦州市屠宰场搬迁项目、金龙湾项目安置点、金岭加油站、扬帆南加油站、人和春天东面02地块、花之源项目一期等15个项目已净地交付业主建设使用，灵山沙坪至那丽公路、兰海高速改扩建工程、金州路、绿州路等一批重大项目快速推进。其中兰海高速改扩建工程列入自治区绩效考评，钦南区超额完成土地征收、房屋搬迁、坟山迁移三项指标数。

【安置就业】 2018年，钦南区范围申报就业用地7个，面积约336亩，累计已获批复选址的安置和就业用地共150个，面积共5470.8亩。收集安置房办证初审材料约85户，报送正审安置房36户，办理安置户（房）建设用地规划许可证和工程规划许可证40户（宗），累计办理安置户（房）建设用地规划许可证和工程规划许可证540户（宗）、宅基地安置户（房）不动产权证共263户（宗）。为环城西路等8个搬迁项目48户、422人办理安置分户130户，切实解决了安置户后续办证问题。为子材西大街项目、高岭片区安置小区等54个项目办理了征地社保手续。搬迁户选择宅基地141套，选择“以购代建”502人（购房88人，纯货币补偿414人）。办理失地证1013份。着手解决茂盛小区安置就业历史遗留问题、安置商铺分配问题等。

【队伍建设】 2018年，钦南区实施2017年9月7日颁布的《钦州市集体土地征收及房屋搬迁补偿安置管理办法》钦南区征搬项目的补偿标准介于新旧标准更替时期，为确

2018年1月11日，区长李逕（左二）到重点项目现场调研

（区委宣传部　供稿）

保执行政策不偏不倚不走样，采取集中培训、现场培训等方式，加强对征搬工作人员尤其是一线人员在政策法规、工作技能、查违控违、依法强征、回建安置办证、项目概算方案编制、资金管理等方面的业务培训，不断提高政策理论、党风廉政建设水平和工作业务素质，为服务全区的征搬工作的提供坚强保障。2018年3月9日，举办钦南区2018年征地搬迁业务培训班，区长胡颍和区纪委驻区政府办纪检组组长林希山做专题授课，全区14个镇、街道约300名征搬一线人员参加培训。

【社会维稳】 2018年，区征收中心在重大节假日及其他重要时段，安排人员配合各镇、街道做好社会维稳工作。及时处理、答复群众有关征地搬迁方面信访件、市长热线等20多份，接待上访群众200多人次。上报市征收办议题121个，报区征拆议事会议题32个，形成会议纪要8份，有效破解一批个案问题、历史遗留问题。

【服务企业年活动】 2018年，区征收中心开展服务企业年活动，做到“四破四立”，克难攻坚、敢于担当，切实改善营商环境，增强企业活力。由单位主要领导带队，先后深入台创园、金窝工业园、市创业公司、市城投公司，了解企业在征地搬迁中遇到的困难，协商解决办法和应对措施。10月29日，与滨海置业集团、沙埠镇政府到中央民族大学附属中学钦州国际学校项目现场，协调解决项目用地的征地搬迁工作，完成项目范围内约245亩土地的清表并交付业主建设。主动服务联系挂点企业。5月22日，到向阳街道办与联系挂点企业上沙新城项目业主广西中杰置业有限公司召开座谈会，就中杰公司在土地使用证的办理、土地的征收补偿等问题进行沟通并提出解决的建议，共同为企业的发展出谋划策。

（区征收中心）

查违控违

【概况】 2018年，钦南区查处和控制违法建设工作办公室（简称为区查违办），内设综合股、协调股。查违办核定事业编制23个（行政管理8个，后勤15个），在职在编19人，聘用22人，实有41人。年内，区查违办加强日常巡查，加强违法建设综合治理，严肃查处违法建设，开展城乡建设法律法规和政策宣传工作，维护《中和人民共和国土地管理法》《中华人民共和国城市规划法》《广西壮族自治区实施〈中华人民共和国城市规划法〉办法》等城乡规划法的实施，完成钦南区委、钦南区人民政府交办的各项重大工作任务。

【日常巡查】 2018年，区查违办加强日常巡查工作。出动510余车次、2550余人次，联动城监、各镇（街道）查违队伍开展辖区巡查工作，强化巡查密度，掌握违建者动向、苗头及时处置，从源头上杜绝新增违法建设。

【查违宣传】 2018年，区查违办深入村（居）开展《土地管理法》《广西壮族自治区实施〈中华人民共和国城乡规划法〉办法》等法律法规和政策宣传工作95次，通过车载高音喇叭广播、宣传卡册、宣传板报、发放资料等多种宣传方式向群众宣传违法建设知识。

【违法建设拆除】 2018年，全区依法拆除违法建设482宗，面积15.29万平方米。拆除围墙2宗，长2950米。

【环保整治】 2018年，区查违办出动300车次、1500人次，参加辖区惩治非法采砂专项行动60次，拆除60个抽沙点和20个卖沙点。出动64车次、320人次，深入黄屋屯镇惩治非法开采矿山8次，拆除洗矿点68处。

【项目建设维护】 2018年，区查违办出动480车次、2400人次，参加各重大项目建设维护性工作70次，顺利推进白石湖菩提路项目、环城西路段项目、尖山北仑加油站项目、兰海高速黄屋屯段扩建等重点项目建设。

【脱贫攻坚】 2018年，区查违办投入3725元开展春耕帮扶及慰问活动，送水泵和饲料等农具一批，共计734元。

（区查违办）

市政管理综合执法

【概况】 2018年，钦州市钦南区城市管理综合执法局（简称区城管局）内设办公室、行政审批股、市容环境股和执法监督股、综合股、计划财务股6个股室，编制3人，实有21人。下辖钦南区城建监察大队、钦州市钦南区环境卫生管理站、钦南区燃气供应站。是年，区城管局开展市容环境卫生综合整治、环境卫生管理监督考评、市政公厕建设以及市政设施排查等各项工作，推进城市环境卫生管理制度建设、探索城市管理体制改革。

【环境卫生和市容市貌管理】 2018年，区城管局组织开展各街道间交叉考评共12次，协助人大代表、政协委员、党代表开展1—3季度的区级考评工作，检验敦促街道做好市容管理工作及街道内部考评。全年完成道路清扫保洁933万平方米，收集城市生活垃圾(含中转站)10万余吨，开展各专项整治，劝导教育违章占道经营流动摊点12000多摊次，劝导教育13000多人次；依法取缔流动摊点1700余处(次)，依法登记保存桌子420余张、凳子650余张、电动三轮车100余辆等一批占道经营工具。清理“牛皮癣”约19000多处(张)。做好节假日、区委重大活动月期间、2018年钦州国际马拉松赛暨健康中国马拉松系列赛市容和环境卫生保障工作，使市民得到良好的城市环境体验。

【市政基础设施管理】 2018年，区城管局加强对辖区内市政设施的日常巡查，做好统计收集工作。收集、统计好辖区断头路、小街小巷硬化及各处排水防涝工程等实施情况的相关数据，及时维护市政设施打基础。及时报送市政设施损坏情况，协助做好市政公用设施维护。年内向钦州市市政局书面请示硬化道路8条，排污沟建设10条。通过电话、微信等多种渠道上报损坏井盖11个，申请协调解决公厕问题4处，与市路灯处对接更换损坏路灯5处。通过到各街道实地考察及沟通交流新的形式，了解各街道社区需要改造的市政设施问题，及时向市市政局报告并对各街道进行施工。收集关于县域经济考核中需提供的部分数据，并协助解决市长热线1个。年内完成4座改建公厕的水箱改装，2座公厕改建工程。

【执法监督】 2018年，区城管局依法依规抓好执法监督工作，严格规范案件审查，抓好案卷制作工作，强化案件审核。全年核审行政处罚案件1182份，其中规划类1114份，市容类68份，确保案卷制作准确规范。开展现场督察工作，对施工工地出口防尘及泥头车运输情况、乡村违法建设立案情况、打击各乡镇燃气违法经营行为、夜市摊点整治活动进行督察48次。增强业务技能素养，组织执法人员进行相关法律法规培训12次并牵头举办钦南区城市管理综合执法队伍素质能力提升培训班，提高执法队伍的业务素质。细心接访、应诉答复相关行政复议、行政诉讼案件，全年接待来电来访群众243人次，当事人陈述申辩110人次，应诉城市规划强制案件2个，答复行政复议申请4个。

【燃气安全管理】 2018年，区城管局抓好燃气站和燃气管理工作。深入发挥“以查促管”的作用，密切与相关部门的配合，打击燃气违章行为，确保各镇液化气市场安全生产的安全有序。每月不定期组织由燃气站、城监人员、当地政府等人组成的安全生产检查小组，对辖区内燃气领域安全生产进行大检查。重大节假日期间成立联合执法组对全区12个燃气二级供应站和4个供应点进行安全生产大检查。年内对无证经营点发“责令改正通知书”2份，责令整改通知书1份，扣物通知5份，暂扣液化石油气瓶182瓶，开展燃气安全生产大检查11次，检查11个镇(场)有经营许可证燃气经营网点，检查站点138个次，查出安全隐患4个，即时全部整改。全年面向17000余户居民宣传预防一氧化碳中毒相关知识，完成率达90%，实现了全区燃气安全生产“零”事故。

【大气污染整治】 2018年，区城管局从开展夜市露天烧烤摊点和泥头车辆整治、加强道路清洗洒水三方面入手，完成大气污染整治工作。对夜市露天烧烤摊点严格落实长效管理机制。落实夜间巡查整治人员、工作职责等，对顽固性的摊点以及易出现市容反弹的路段加强巡查和监管，进一步巩固集中整治效果，书面发放《责令改正通知书》170余份，依法取缔夜市烧烤摊点110余处(次)，依法登记保存一批占道经营工具。对泥头车辆继续采取“白＋黑”整治模式。重点对建筑工地车辆不密闭覆盖运输、轮胎带泥上路、抛撒滴漏污染路面造成扬尘等影响市容环境卫生情况进行综合治理，共检查违章泥头车辆320余辆次，教育司机、运输单位负责人250多人次，立案处罚违规泥头车辆17宗，罚款30650元。继续做好洒水降尘工作。明确司机负责路段，采用冲洗路面泥沙或者洒水降尘的方式，派管理人员到场监督管理，促使大气污染防治工作有效开展。每天安排6辆环卫洒水车负责辖区内的主要防控路段，洒(冲)水作业共14250车水，洒(冲)水量约为11.4万立方。

(区城管局)

环境卫生

【概况】 2018年,钦南区环境卫生管理站(简称区环卫站)内设办公室、财务股、生产管理股、水上保洁股、渣土管理股、设备设施管理队。财政全额拨款事业编制67个,实有58人。负责钦州城区钦南区管理范围内街道和那思、那彭、那丽、久隆、康熙岭、黄屋屯6个镇清扫保洁、生活垃圾的收集、运输和主要街道的洒水降尘和冲洗、保洁;负责大番坡、沙埠、尖山街道部分生活垃圾的运输;钦南区管理城区范围内公共厕所、垃圾中转站、保洁船、垃圾桶等环境卫生设施运营管理;钦江三桥至四桥范围水上保洁。

【垃圾清运】 2018年,区环卫站负责钦州城区钦南辖区和钦南区那思、那彭、那丽、久隆、康熙岭、黄屋屯6个镇中转站垃圾转运,大番坡、沙埠、尖山街道部分生活垃圾运输。年内,垃圾清运车辆由15辆增加到18辆,其中5辆负责城区四个垃圾转运站的清运工作,8辆负责城区及周边共110个垃圾点77个垃圾斗331个垃圾桶的垃圾清运,3辆密封车负责久隆、康熙岭、黄屋屯镇垃圾清运,2辆挂斗负责其他乡镇垃圾收运工作。城区垃圾做到日产日清,乡镇集中到中转站的垃圾及时清空,垃圾按照要求进行密闭化运输,生活垃圾压缩转运率达100%。全年清运垃圾量约11.5万吨,垃圾清运量同比去年增长13%。

【城市道路抑尘】 2018年,区环卫站安排6辆洒水车工作线路,增加道路继续清扫班次,减少道路尘埃。加强道路冲洗,减少路面尘埃。对3个空气监测点周边的路段及钦南区主要街道,正常天气每天4班次从7:30至21:30,14个小时不间断洒水。大气扬尘黄色预警天气,每天洒水降尘由4班次增加到5班次,从早上7:30至次日凌晨1:30,18个小时不间断洒水。6辆洒水车,预计2018年洒水约14250车次,洒水量约11.4万立方。洒水量同比去年增长13%,为推进大气污染防治工作提供强有力保障。

【道路清扫】 2018年,区环卫站安排现有5辆清扫车的作业班次,每天出工1班次,上午安排5辆车,有计划安排机械清扫作业。2018年起,由于工作量加大,增加下午1班次,有计划对主次干道分批次全覆盖轮扫,日常日清扫面积约45万平方米。遇到重大活动,加班加点机械清扫,减少尘土确保街道干净。2018年,预计出动清扫车2520车次,清扫泥沙、树叶、纸巾等垃圾约1550吨。

【垃圾分类推广】 2018年,区环卫站把摆放在街道上的垃圾桶,按照可回收、不可回收两类垃圾桶配对摆放,所有垃圾桶都黏贴有对应垃圾分类标识,方便市民群众分类丢垃圾。及时更换分类标识模糊、破损的垃圾桶100个、贴垃圾分类标识200张,贴文明劝导标语200张,对垃圾桶进行清洗,摆放整齐,确保垃圾桶完整、干净、整齐。选择锦绣家园小区、北投集团小区作为试点小区,在这两个小区内分别配置可回收垃圾桶、不可回收垃圾桶、厨余垃圾桶3种不同垃圾的收集容器,分类配备一定数量的收集容器,小区居民分类将垃圾丢进对应垃圾容器后,由保洁员按时上门收集。加大垃圾分类宣传工作,组织干部职工上门入户发放垃圾分类宣传资料500份。

【日常保洁】 2018年,区环卫站负责保洁面积172万平方米,精心组织保洁员开展日常清扫保洁工作,确保责任区干净、整洁。为解决钦南区新增街道清扫保洁问题,整体提升辖区整体环境卫生水平,区环卫站向区政府请示,将12条新增街道(面积79万平方米)纳入区环卫站保洁范围,具体为:金海湾西大街、敏昌大街、安州大道延长线、北部湾大学南门路、园博园规划一路、古陶大道、进港大道、鸿亭街、望州路、白石湖安州大道延长线、南珠东大街、环城东路。区环卫站保洁面积由172万平方米增加到251万平方米。随着保洁面积扩大,区环卫站及时充实环卫队伍,加强街道管理,及时解决日常保洁中出现的各种问题,在环卫工人的努力下,街道保洁质量逐步提高。

【钦江水上保洁】 2018年,区环卫站负责钦江四桥至三桥段水上保洁,发挥现配备的2名水上保洁员作用,保洁船还能使用时,安排保洁员在江面打捞漂浮垃圾,保洁船损坏不能使用后,安排保洁员捡拾涨潮时搁在浅滩的垃圾,水上垃圾漂浮较多时,加强突击整治,缩短垃圾在江面漂浮时间,日打捞垃圾约0.6吨,为提升钦江水质作出应有贡献。

【公厕管理】 2018年，区环卫站管理公厕30座，含旅游公厕1座。每天都安排公厕保洁员轮流冲洗，保证每座公厕每天至少冲洗2次以上，及时清理公厕内垃圾，摆放公厕用品，公厕有损坏及时维护维修，不定期抽取化粪池粪便，确保公厕干净、无异味。全年抽粪27车135吨。加强旅游公厕管理，该公厕配备专职保洁员，每天不限次数冲洗，保证公厕内外干净，无乱涂乱画，保持公厕各种标识完整。

【安全生产责任制落实】 2018年，区环卫站加强安全生产管理，强化责任担当，站主要领导总体抓、分管领导具体抓。明确责任，分级负责。成立站安全生产领导工作小组，一级抓一级，时刻盯紧重点股室、重点岗位安全问题。再次，每月召开站安全生产会议，每月开展安全生产大检查、法定节假日及重大活动有专项检查，发现安全隐患及时落实整改。时刻绷紧安全生产这根弦。安全生产工作与绩效、评优评先挂钩。全年召开安全生产会议15次，发整改通知30份，事事有落实，件件有回音，实现大事不出、中事不出、小事不出。

【垃圾费征收管理】 2018年，区环卫站不定期组织收费员学习收费工作相关政策、文件，牢记收费标准，熟练掌握办法和技巧，提高收费员综合能力，确保工作效果不断提高。做到应收尽收，杜绝乱收费，加强管理，实行收支两条线，严格管理发票签领和核销，杜绝公款截留或挪用。年内，区环卫站的非随水垃圾处理费征收任务是8万，2018年1月—10月，随水征收垃圾费收取822万元，2018年1月—11月，不随水征收垃圾费收取22.3万元，超额完成垃圾费不随水费征收任务。 （区环卫站）

环境保护

【概况】 2018年，钦州市环境保护局钦南区分局(简称区环保分局)为市环保局派出机构，编制3名，实有1人。是年，区环保分局贯彻环境保护基本国策，以改善环境质量、保障环境安全为目标，加大排查整治力度，解决全区环境存在的热点难点问题，为钦南区经济社会发展创造良好环境保障。

【环保责任落实】 2018年，区环保分局制订环境保护网格化监管工作实施方案，督查指导各网格单位按照方案要求对辖区内的环境安全和质量进行跟踪检查，确保区域环境安全。狠抓违规违建项目的清查和整治，按照“一岗双责、党政同责”的要求，责成各相关职能部门，制订整治工作方案，强力推进整治工作，确保整治工作有效落实。

【环保投诉案件办理】 2018年，区环保分局配合钦州市环保局处理水、气、噪声等环保问题396件。市长热线处理卡、“12369”电话投诉，中央环保督察组“回头看”群众投诉案件，做到件件都处理，单单有回复，保证在限期内完成并答复投诉人。对辖区企业进行检查，在检查过程中督促企业担负主体责任，对排查出来的问题要求企业限期进行整改。结合市环保局各项专项行动的工作安排，对辖区内的企业进行日常检查和监管，确保辖区环境安全。

【土壤防治】 2018年，区环保分局根据《关于商请提供钦州市土壤污染防治行动计划实施情况相关材料的函》《钦州市人民政府办公室关于印发钦州市土壤污染防治行动计划工作方案的通知》文件要求，核实土壤污染，防治重点企业用地污染，对重点监管区域详查，确定广西钦州钦锰冶炼有限公司因从事过有色金属行业生产经营活动，将广西钦州钦锰冶炼有限公司所在地块列为疑似污染地块，与第三方公司合作开展相关工作。

【危险废物规范化管理】 2018年，区环保分局执行危险废物转移报批手续和危险废物转移联单制度。严格要求辖区内企业按照国家有关规定，经相关环保部门批准后，填写维系废物转移单，方可转移该危险废物。配合钦州市环保局对辖区内涉危企业开展危险废物规范化管理安全隐患整治专项检查工作。通过调查，进一步摸清辖区工业危险废物的种类、分布、行业来源和贮存、处置情况，提高了危险废物源项识别水平，有效指导企业全面、准确开展危险废物申报登记工作，为加强辖区危险废物规范化管理奠定基础。配合市环保局验收绿盛源、超威废旧电池回收，给医疗废物处置中心更换经营许可证。督促辖区内需要整改的企业进行整改，核实整改情况。8月，钦州市环保局对钦南区辖区内企业进行年度考核，均达到优秀。10月底，广西区环保厅对钦南区危险废物规范化管理进行年度考核，考核成绩均达到区厅要求。

【钦江综合整治】 2018年，区环保分局配合各相关部门投入畜禽养殖场的全面整治清理及搬迁工作，开展钦江久隆段河道漂浮物的清理工作；配合完成钦江污染源排查，对排查反馈问题督促指导辖区及时清理整治。全年，钦江流域累计完成关闭搬迁养猪场（户）334个（户），完成98.2%，清理生猪24716头（包含王中海养猪场的3467头生猪），完成99.3%。清理养鸡场（户）74个（户），清理活鸡4364羽，完成87.0%。清理养鸭场19个，清理活鸭34070羽，完成95.6%。

【大榄江综合整治】 2018年，区环保分局牵头制定印发《钦南区人民政府办公室关于印发中央环保督察组反馈钦州市近岸海域水质下降问题钦南区整改方案的通知》《钦南区人民政府办公室关于印发钦南区大榄江2017年环境综合整治工作方案的通知》及《钦南区人民政府办公室关于印发钦南区南流江2017年环境综合整治工作方案的通知》，协调组织各职能部门对大榄江污染源进行整治，大榄江流域范围内无规模化养殖场，油麻角周边餐饮全部拆除，大榄江污水初步得到控制，改善水环境。

【南流江支流调查和整治】 2018年，区环保分局根据《中央第六环境保护督察组织反馈意见自治区整改工作领导小组办公室关于印发〈南流江环境综合整治工作方案的通知〉》《关于印发〈钦州市南流江环境综合整治工作方案〉的通知》的文件精神，制订印发《钦南区人民政府关于印发钦南区南流江环境综合整治工作方案的通知》，对南流江整治工作保持高压态势，切实组织实施南流江环境综合整治工作。指导制定畜禽养殖污染整治工作方案及成立畜禽养殖清理工作组。年内搬迁14个养鸭场，搬迁鸭93238羽；搬迁20个养鸡场，搬迁鸡222090羽；拆除那思集镇猪栏140个，搬迁生猪815头。

【大风江饮用水源区环境问题整治】 2018年，区环保分局根据钦州市中央环境保护督察问题整改工作领导小组办公室的统一部署，配合大风江流域综合治理拔污专项工作，协同有关部门对位于大风江禁养限养区的畜禽养殖和水产养殖户进行全面摸排，动员禁养限养区内的养殖户在限期整改时间内进行整改。配合钦州市环保局等有关部门坚决按照自治区有关时间节点要求，推动以保护区内4个猪场和嘉兴建材为重点的大风江饮用水源区环境问题整治。钦州市嘉兴新型建材有限公司、五祥猪场、钦州市棋望农牧有限公司洪达猪场、三禾猪场和万宁猪场完成搬迁。

【农村环境综合整治】 2018年，区环保分局指导久隆镇根据《环境保护厅关于开展2017年农村环境综合整治工作的通知》以及市环保部门对钦南区农整项目的批复要求，加快推进农村环境综合整治项目建设。年内，久隆镇4个农村综合整治项目主体全部安装完成，目前正在接入管网。指导那思镇农村环境综合整治项目有序推进。项目主体已经完成，管网已全部接入，并进行试水。指导康熙岭镇及尖山街道按照桂财建〔2017〕166号和钦市财建〔2017〕116号文件精神和区政府常务会的会议精神，加快村级集中式污水处理设施建设，主体建设已全部完成，管网正在铺设中。

【空气质量监测和整治】 2018年，区环保分局根据《广西壮族自治区人民政府办公厅关于印发〈广西大气污染防治攻坚三年作战方案（2018—2020年）〉的通知》的重要指示、钦州市环境保护局《关于印发〈钦州市环保局2018年大气污染防治工作分工表〉的通知》和《钦州市人民政府办公室关于印发钦州市2018年大气污染防治“百日攻坚”行动方案的通知》的统一安排，区环保分局以中央环保督查为契机，做好钦南区大气污染防治工作，积极督促各相关职能部门落实各自职责职能，推动“打赢蓝天保卫战”专项工作的高效完成。在去年检查〈中华人民共和国大气污染防治法〉实施情况活动的基础上，总结钦南区2017—2018年应对秋冬季重污染天气联防联治暨整治城市扬尘专项行动的经验与不足，加大钦南区重点区域扬尘整治工作力度，通过加强城市道路扬尘污染控制，降低和消除城市内扬尘污染，遏制PM10、PM2.5的反弹超标。配合有关部门加强夜市露天烧烤摊点整治、加强泥头车辆“抛洒滴漏”整治、严格控制农作物秸秆及垃圾露天焚烧和严格监督相关企业的废弃排放。协助推动固定源废气挥发性有机物监管工作的开展，配合市环保局建立辖区内VOCS排污单位名录库，督促排污单位开展

VOCS 自行监测工作，推进钦南区的大气质量持续改善。

【全国第二次污染普查工作】 2018年，区环保分局牵头成立分管副区长为组长的普查领导小组，统一领导和组织协调各相关部门开展工作，领导小组下设区污染源普查办公室，负责处理日常工作。组织印发《钦南区人民政府办公室关于成立第二次污染普查工作办公室的通知》（钦南政办函〔2017〕79号），协调各个相关单位抽调技术业务骨干开展普查，普查工作有序推进。（区环保分局）

海洋管理

【概况】 2018年，钦州市海洋局钦南分局（简称钦南海洋分局）内设办公室、财务股、人事绩效股、海域和海岛管理股、海洋环境保护股。代管辖区尖山镇、康熙岭镇、大番坡镇、那丽镇、龙门港镇、东场镇、犀牛脚镇7个海洋站。属钦州市海洋局派出机构，编制3人，实有人数31人。是年，钦南海洋分局加强海域管理、加强海域环境监控；在全国开展“扫黑除恶”专项斗争背景下推进海洋航道、锚地的整治。积极开展养殖用海规划，推进犀牛脚深水养殖用海招拍挂工作。开展海洋法律法规宣传、提高辖区海洋管理水平，推进海洋事业发展。

【海域管理】 2018年，钦南海洋分局贯彻落实国家海洋专项督察反馈意见整改方案，对临时用海进行现场核查，发现问题及时整改。拟定临时用海审批制度，报钦南区政府审定。加大巡查力度，对辖区内工程用海进行事后监管。完成辖区内无居民海岛开发利用现状的调查154宗，掌握2017年前已开发无居民海岛的利用情况。开展围海养殖调查813宗，围填海项目68宗，完成辖区围填海现状调查任务，掌握围填海的审批状态、用海主体、利用现状等信息，为进一步严格管控围填海、妥善处理围填海历史遗留问题提供决策依据。受理工程用海审批5宗，受理养殖用海审批43宗（其中已发证14宗），完成养殖用海年审33宗，收取海域使用金约164.6万。开展养殖用海招拍挂工作，对4968公顷（约7.452万亩）犀牛脚镇三娘湾南深水养殖区域挂牌出让。

2018年3月26日，区海洋分局到茅尾海开展养殖用海调查

（区海洋分局　供稿）

【钦南海洋分局扩容】 2018年，钦南海洋分局根据《中共钦州市委员会　钦州市人民政府关于钦州港区不再代管钦南区部分镇村的决定》的精神要求，6月1日，钦南区恢复对犀牛脚、东场、龙门港镇及大番坡的六村、深坪村委（“三镇两村”）的管理，钦南区海洋分局受市局委托接管“三镇两村”，完成各项工作交接。

【海洋法律法规宣传】 2018年，钦南海洋分局开展《中华人民共和国海域使用管理法》《中华人民共和国海洋环境保护法》等法律法规以及《钦州市海洋功能区划》规划的宣传，发挥基层海洋站点作用，利用各乡镇站点亲近群众的特点，发放解析各类法律法规及规范性文件。在全区广泛开展海洋法律进渔村、进渔港码头、进渔排“海洋法律三进”以及海洋法律咨询、海洋法律讲座等专题活动。利用科技宣传周、海洋宣传月等活动，在街头、社区、码头张挂横幅、发放宣传资料、现场解答问题等方式开展专题宣传活动。

【“扫黑除恶”专项斗争】 2018年，钦南海洋分局以开展扫黑除恶专项斗争工作为契机，结合《钦州市人民政府办公室印发关于清理整治港口、航道、锚地等海域非法养殖设施工作方案的通知》文件要求，在固定办公场所张贴《钦南区扫黑除恶办公室关于开展扫黑除恶专项斗争的通告》，制作40多条扫黑除恶行动暨清理整治航道的宣传横幅，在各沿海镇、村悬挂宣传；拟定《钦南区人民政府关于清理整治港口、航道、锚地等海域非法养殖设施的通告》，通过扎制宣传车、悬挂横幅、张贴通告、喇叭播放、入户宣传、媒体宣传等形式广泛开展扫黑除恶和航道清理整治宣传工作；制作500多条"航道范围，占用必拆"字样的彩旗，插放在海上非法养殖物上，明确拆迁范围，动员养殖户自行迁移。

2018年5月23日，区海洋分局与钦州港区开展"三镇两村"海域管理移交接管工作
（区海洋分局　供稿）

【海洋环境监控】 2018年，钦南海洋分局针对辖区内重点监控源城镇排污口和海岸线落实每周不少于2次，每月不少于5次的巡查制度。对辖区海岸环境进行巡查监控，重点监视陆源污染物入海排污口以及海岸线的海洋环境情况变化，检测海洋生态环境、海水变化情况、海水潮位变化、海水污染情况等海洋自然灾害以及可能发生的人为污染事故，填写海洋环境巡查记录表以及排污口巡查情况表，建立自身相关巡查相片、资料、数据库。做到巡查监控无死角，实现防控一体化。检查围填海项目落实海洋环境保护情况；走访督促围填海业主严格落实海洋环境保护工作，要求项目业主定期开展海洋环境跟踪监测报告工作。利用好海洋日、安全生产日的宣传活动，积极向当地群众、企业单位宣传《中华人民共和国海洋环境保护法》和《广西壮族自治区海洋环境保护条例》以及海洋灾害防灾减灾知识。严把环评核准审批审查关，落实环境影响评价和环境保护"三同时"制度。

2018年4月17日，海洋分局在大番坡镇开展项目用海调研工作
（区海洋分局　供稿）

【防灾减灾】 2018年，钦南海洋分局根据《中华人民共和国突发事件应对法》《中华人民共和国海洋环境保护法》国家海洋局《风暴潮、海浪、海啸和海冰灾害应急预案》《广西壮族自治区风暴潮、海浪、海啸灾害应急预案》《钦州市风暴潮、海浪、海啸灾害应急预案》《钦州市突发公共事件应急预案》《钦南区突发公共事件应急预案》等文件精神，对辖区沿海的风暴潮、海浪和海啸灾害的预警预报和灾害防御。在5月至9月雨季、台风多发季节期间，制订《钦州市海洋局钦南区分局汛期、风暴潮应急值班表》，明确责任，落实分工。协助做好海洋环境监测和防灾减灾宣传工作，向群众宣传防灾减灾的重要性。做好防汛防台风准备工作，针对洪水、台风的危害制定防范抢险的值班制度，掌握洪水、台风的动态，及时报告和传播信息，做好群众生产安全及出海船只避风等工作。全年有效应对洪水、台风袭击，无海洋方面灾害发生。　（苏金欢）

交通·贸易

交　通

【概况】 2018年，钦南区交通运输局（简称为区交通局）为钦南区人民政府工作部门，属行政机构。内设办公室、行政审批股（政策法规股、安全和应急管理办）、公路规划股（农村公路建设办）、财务审计股、交通战备办公室5个股室。人员编制6名（行政编制5名，机关事业编制1名），其中局长1名，副局长2名。下属钦南区公路路政管理大队、钦南区县乡公路管理所、钦南区航运管理所、钦南区地方交通规费征收稽查所、广西国营丽光华侨农场交通管理站5个事业单位。有干部职工189人，其中，在职141人，退休49人。钦南区境内有高速公路125.5公里，一级公路46.5公里，二级公路131.844公里，三级公路108.007公里，四级公路752.671公里。辖区内所有行政村全部通硬化路，80%自然村通硬化路，由钦南区县乡公路管理所负责养护的公路里程1046.977公里。

【交通基础设施建设】 2018年，钦南区加强交通基础设施建设，计划投资12354万元建设县乡联网路项目3个，年内完成投资363万元。其中，计划投资1986万元建设那丽镇经定蒙至那彭镇彭新四级公路23.1公里，10月开工建设，全年完成投资310万元。计划投资9318万元，建设钦州至北部湾华侨投资区26.4千米二级公路，12月实现开工清表建设，前期投入工作经费53万元。计划投资2293万元，建设扶贫道路项目53个，66.3公里，9月开工，年内完成投资1265万元。续建桥梁项目1个，建成大荫小桥1座32米，2018年5月竣工验收，完成投资91.26万元。投资65万元建设路面加宽工程1个5千米，10月动工建设，12月竣工验收。投资503万元，建设公路安全生命防护工程118.15千米、处治隐患里程84.17千米，9月动工建设，12月竣工。

【公路养护】 2018年，钦南区县乡公路管理所管养公路总里程1046.977公里（其中：县道229.268公里，乡道530.168公里，村道287.541公里），县道优良路率达到45%，乡道优良路率达到34%，村道优良路率达到27%。县道好路率45%，农村公路列养率100%，晴雨通车里程率达100%，绿化率50%。

【交通执法管理】 2018年，区交通局加强公路路政执法管理。加大货车综合治理，重点开展“百吨王”货车的治理，依法维护路产路权。全年组织路政执法人员上路巡查10118多人次，立案查处案件751起，结案751起。依法审批埋设管线、增设平面交叉道口、设置广告标牌等路政许可5起，处理路产损赔2起，治理超限运输车辆730余台次，其他处罚案件14起，共收取路产赔补偿款14650元，处罚罚没款4769296元。出动执法人员6700多人次，加强道路运输执法，检查运输车辆93621辆次，查处纠正各类违章行为18720起（其中无道路运输证运输68起，营运客车违章案件1247起，营运货车改装及其他各类违章案件17405起）。吊销违法超限超载车辆的道路运输证516本。出动执法人员1000多人次，加强水路运输执法，组织检查渡口码头、横水渡船安全检查24艘次，对辖区内的企业检查14次，对运输船舶从事非法采砂行为开展集中惩治行动，对17艘非法运输船舶采取了行政执法处理，执行完毕13起，罚没款收入36.5万元。

【公路、水路运输】 2018年，钦南区全年完成客运量576.82万人次，旅客周转量37203万人公里，分别比2017年同期增5.15%和5.32%；

其中春运、清明、“五一”、国庆中秋等节假日客运量52.12万人。全年货运量4993万吨，货物周转量869546万吨公里，分别比2017年同期增9.83%和9.07%；增加开通客运班车的建制村8个，共有122个建制村通客运班车，通达率占133个建制村总数的91.7%；货运输业户7096户(其中企业161家)；拥有客运车辆327辆(12162座位)，货运汽车11552辆(124459吨位)，客、货运运力分别比2017年增、持平；汽车及摩托车维修企业(户)共77家(一类2家、二类44家，三类27家、摩托车修理4家)。新增二类维修企业2家，三类2家；辖区各驾校全年为社会培训合格驾驶员共7239人。完成运输企业质量信誉考核企业154家(其中客运5家，货运104家，维修企业40家、驾培学校5家)，占应考核企业172家的89.53%；年度审验营运车辆9692辆，占应审验车辆11622辆的83.4%；核发IC卡3963张。清理不符合规定的黄标车210辆，注销不符合经营条件的运输业户847个、共1141辆营运货车；水运完成货运量2408.7万吨，同比减少0.3%，完成货运周转量4148万吨公里，同比减少11.4%。

【新钦州汽车总站投入使用】 2018年，按国家一级道路客运站标准设计建设、总用地面积55688平方米、总建设面积13359平方米、设计集散能力日发车班次657班、日发送旅客1.6万人次的新钦州汽车总站，9月15日正式对外运营。

【交通安全】 2018年，区交通局突出抓好春节春运、“两会”、“壮族三月三”、清明、端午节、中秋、国庆、第15届中国—东盟博览会、中国—东盟商务与投资峰会“两会”期间的安全生产管理工作，重点组织开展渡运安全月、治超宣传月、全国安全生产月、道路交通安全专项整治大行动、平安交通“百日行动”、“水上交通专项整治”、“打击非法抽砂和非法采矿联合执法”等活动，重点对黄屋屯镇的非法车渡、文峰街道办把水渡、六湖大桥、老虎岭大桥、黄屋屯镇西显大桥的施工现场进行全面整治。共组织开展安全生产大检查5次，共检查船舶93艘次，检查车辆1452辆次，检查运输企业124家次，检查客运站34家次，排查危运企业42家次，查堵危险物品进站192件，烟花爆竹17.7万头。与钦州港对接，钦州港代管的2道渡口、4艘渡船完成交接管理。全年全区交通运输安全工作总体形势良好，没有安全责任事故发生。 （钟　磊）

表13

钦南区全社会交通运输情况表

	单位	2018年	2017年	增长(%)
一、汽车				
1. 载客汽车	辆	327	336	-2.68
载客量	客位	12162	12619	-3.62
2. 普通载货汽车	辆	11552	11086	4.2
载重量	吨位	124459	118486	5.04
其中：大型	辆	5631	5363	5
二、公路				
1. 公路客运量	万人	576.82	608.1	-5.1
2. 公路客运周转量	万人/公里	33942	39292	-13.62
3. 公路货运量	万吨	4993.4	4546	9.84
4. 公路货物周转量	万吨/公里	869546	797263	9.07
三、水路				
1. 水路客运量	万人	0	7.1	—
2. 水路客运周转量	万人/公里	0	97.03	—
3. 水路货运量	万吨	2408.7	2402	0.3
4. 水路货物周转量	万吨/公里	3039526	2794360	8.77

（区交通运输局提供）

公路管理

【概况】 2018年，广西壮族自治区钦州钦南公路管理局（简称钦南公路局）内设办公室、政工科、养护与工程管理科、安全与国有资产管理科、财务科5个职能科室和钦南路政执法大队。下辖黎合江养护站、那丽养护站和黄屋屯养护站3个养护站和1个养护机械作业队。职工和离退休人员共159人。其中在职职工79人、离休人员1人、退休职工79人。管养钦州市钦南区辖区内国省干线和主要县道公路，总计222.151公里。其中国道3条，G228线37.020公里，G242线35.433公里，G325线31.75公里；省道4条，S210线38.412公里，S312线13.518公里，S313线52.367公里，S515线13.651公里。水泥路面148.994公里，沥青路73.157公里。

【公路养护】 2018年，钦南区地方公路养护里程1040.9公里。其中，钦南公路管理局管养的公路里程211.186公里，年末优良率为56.71%。年内，钦南公路局投入资金4.92万元，完成原X234线南蛇塘至宗匡（新S210线）路基大中修工程。投入资金11.3万元，完成2018年桥涵大中修工程（新S210线乌勒弓至后立公路K0+700钢筋砼盖板涵）。投入资金23.94万元，完成2018年标志标线工程项目。投入资金22.66万元，完成辖区桥梁维修工程。计量支付219.60万元，完成原X234线南蛇塘至宗匡公路（新S210线）丹竹江桥危桥改造工程项目。计量支付1516.81万元，完成2018年环广西公路自行车世界巡回赛赛道整治工程。年内，完成级配料填补坑槽25854.2平方米，沥青混合料铺补坑槽133599.8平方米（折算后），清挖水沟塌方698.45立方米，清理水沟18600米，清理路肩积砂160177米，清理路肩水沟杂草382.357公里。其中G242线甘其毛都至钦州公路（原X329线）创建公路示范路路段共疏通边沟920米，浆砌片石排水沟290米，补充完善道口桩260根。全部路线优良路率为56.71%。

【桥梁养护管理】 2018年，钦南公路局管养一类桥2座共245.6延米，占总养护桥梁长10.22%；二类桥22座共1017.021延米，占总养护桥梁长42.3%；三类桥24座共1141.51延米，占总养护桥梁长47.48%。加强桥梁日常养护，保持桥面整洁，排水畅通，及时处理桥面轻微病害，及时做好桥梁信息系统更新工作。年内对S313线丁屋桥伸缩缝损坏、桥面露筋、桥台砼剥落等现象进行了修复；对G325线清窝桥、高滩桥、那王江桥、牛骨港桥等7座桥梁伸缩缝进行了清理，并更换橡胶条；对G228线大灶江桥伸缩缝橡胶条进行了修复；及时完善辖区沿线桥梁缺失标志及信息牌等。二是严格执行桥梁经常性检查制度，每月对辖区范围内48座桥梁至少进行1次桥梁经常性检查，并及时填写检查记录表；三是根据定期检测病害发展轻重、施工难易程度及费用情况，完成G325线线关冲桥、龙屋桥，G228线鹿耳环大桥、平山江中桥，S312线高桅立交桥，S313线白鹤桥等10座桥梁腹拱座及拱底面、八字翼墙、桥面、伸缩缝等维修工作。

【安全生产】 2018年，钦南公路局强化安全监管责任，突出隐患排查和治理，年内共开展安全生产检查和隐患排查33次，参加人数149人次，整改管养路段边坡路基塌方塌陷、桥头跳车、水泥砼路面碎板凸板、路面坑槽等严重病害隐患25处；对管养路段南宗线的丹竹江桥（四类危桥）实施改造和维修加固，并对各线桥梁进行认真检查和安全监管，其中修复5座桥梁伸缩缝共496.9米，加固改造2座桥梁的栏杆（防护墙）约100立方米。加强安全教育培训，定期开展安全考核，年内共出版宣传墙报4期，在管养路段沿线悬挂宣传横幅80多条，在易发事故路段设置安装5块永久性公路安全宣传标牌；组织干部职工开展安全生产事故应急救援演练1次，参加各级组织的安全学习和培训2期，自行组织安全学习培训2期，共80人次参加安全学习。同时，配备完善安全保卫、消防设施、避雷设备、养护机械和职工工作防护用品等安全设备，建立应急装备、物质储备库，储备一定的应急器材和材料，保持应急队伍健，全全年无安全责任事故发生。

【路政管理和超限治理】 2018年，全年辖区内共发生路政案件47起，查处47起，查处率为100%。其中查处车辆损毁路产案件6起，办理及年审许可项目15起，超限运输案件25起（其中现场查处超限车辆11辆，后续处理14辆，卸载或分装货物115.56吨）。清理非公路标志92块，疏通人为堵塞水沟498米，清理堆积物1处40平方米。收取赔偿款 19290 元，补偿款 52150 元，罚款 17150 元。赔、补、罚款共 88590 元。路政宣传月活动共悬挂横幅 6 条，发放宣传资料 550 份，出动宣传车 1 辆；参加钦南区政府组织的联合治超，出动 301 人次，查处车辆 645 辆，卸载货物 8679.72 吨，收取罚款 258.95 万。开展“创建示范路活动”，加强对路域环境的综合治理，共投入机械 22 台次，出动人员 207 人次，整治非法道口 13 个，共计 175 米。拆除非公路标志 33 块，清理堆积物 191 平方米。

（薛诗虹）

商业贸易

【概况】 2018 年，钦南区商务局（简称区商务局）内设综合股和商贸运行股 2 个科室，有行政编制 5 名，实有人员 4 人。下属钦南区商务稽查大队 1 个参照公务员管理事业单位，有事业参公编制 11 名，实有人员 11 人。是年，区商务局开展商贸流通服务，促进外贸进出口，加强区域合作，服务项目建设，加强商务监管执法。全年全区实现社会消费品零售总额 94.58 亿元，同期增长 8.4%。分地域看，城乡消费品市场同步增长，城镇消费品零售总额 91.2 亿元，增长 8.3%；乡村消费品零售总额 3.4 亿元，增长 10.4%；分行业看，批发业实现消费品零售额 1.7 亿元，增速 16.8%；零售业实现 89 亿元，增速 7.3%；住宿业收入实现 0.17 亿元，增速 -15.8%；餐饮业实现 3.6 亿元，增速 39.7%。

【流通服务】 2018 年，区商务局做好商贸流通服务工作，促进全区商贸流通业快速发展 1 月，举办大润发 2018 年新春电商年货节和钦南区“党旗领航·电商扶贫”扶贫村特色农产品物流配送中心启动仪式。4 月，在黄屋屯镇举办钦南区“2018 年北部湾第四届‘壮族三月三’民族文化美食节”活动和举办 2018 年钦州第 14 届汽车博览会。6 月，举办 2018 年钦南区首届惠民商家联盟启动仪式活动。

【外贸进出口】 2018 年，钦南区新增对外贸易经营者备案登记企业 21 家。主要以皮革制品、纺织品、矿山机械为出口商品，年内新增精油、袋泡茶、松香等出口产品。出口国有欧美、俄罗斯及东南亚各国。进口国主要为东南亚、澳大利亚等。钦南区 2018 年全年进出口任务 4.56 亿元，实际完成 51403.72 万元，同比增长 23.78%。其中：出口额为 13823.54 万元，同比增长 47.33%；进口额为 37580.17 万元。同比增长同比 16.9%。

2018 年 6 月 15 日，区商务局到辖区企业调研　（区商务局　供稿）

【区域合作】 2018 年，区商务局做好支持中小企业提升国际化经营能力项目，优化贸易结构和提高企业竞争力项目及支持对外投资和经济合作项目的申报工作。为全区外贸企业申报中央外经贸发展专项资金中小企业提升国际化经营能力项目及优化资金项目资金共计 22.76 万元。利用外资情况，商务口径全区（含高新区）利用外资 822.24 万美元。

【项目建设】 2018 年，区商务局以项目建设为重点，推进商贸流通市场体系建设。提升年年丰、大润发等城市商业经济体；推进世诚东恒物流、东盟商贸城一期续建、东盟农产品批发大市场二期、新城吾悦广场建设。人和春天世贸广场 11 月开业。

【成品油管理】 2018 年，区商务局开展成品油经营企业年检初审，年内完成 36 座加油站初审。做好加油站水污染防治，全年完成加油站地下油罐防渗改造的加油站 18 座。

【电子商务与电商扶贫】 2018 年，区商务局深入推进电子商务与电

2018 年 8 月 6 日，区商务局到犀牛脚市场开展市场调研

（区商务局　供稿）

商扶贫工作，通过“淘实惠”网络平台，全区已建成村级网点 318 个。举办大润发 2018 年新春电商年货节和钦南区“党旗领航．电商扶贫”扶贫村特色农产品物流配送中心启动仪式。

【上规入统】 2018 年，区商务局积极服务企业，优化营商环境，大力动员企业入库。全年任务 8 家，辖区内广西钦宝供应链管理有限公司、钦州尊友汽车销售有限公司、广西吉森汽车销售有限公司等 9 家企业已作为限上企业入库。

【商贸展销】 2018 年，区商务局提高企业竞争力，组织企业参加自治区商务厅举办的 2018 中国广西（斯里兰卡）商品博览会，拉动外贸企业的经济效益发展。

【执法监管】 2018 年，区商务局依据有关法律法规，对辖区成品油市场、单用途商业预付卡、再生资源回收、商务食品安全等执法监管。以日常检查和配合联合专项行动相结合，对辖区内经营企业进行检查，对较轻的违法违规行为给予警告，教育和责令改正，监督落实；对违法违规犯罪行为逾期拒不改正的，视情节重的，给予处罚。全年共出动执法次数 111 次，出动执法人员 412 人，检查经营企业 350 家。

（区商务局）

供销合作商业

【概况】 2018 年，钦南区供销合作社联合社（简称区供销社）为参照公务员法管理事业单位，设立理事会和监事会，理事会为执行机构，监事会为监督机构，理事会主任为单位法定代表人。内设理事会办公室、综合业务股、财统审计股和监事会办公室，定编人员 15 人，实有人员 14 人。新成立 3 个基层供销社监事会，增加 3 名基层监事。区供销社系统（简称全社系统）包括辖地的基层供销社系统和所属的社有企业。区供销社系统下辖沙埠供销社、黄屋屯供销社、康熙岭供销社、那丽供销社、那彭供销社、那思供销社、久隆供销社、大番坡供销社、龙门港供销社、犀牛脚供销社 10 个基层供销社，有钦南区供销总公司、钦南区富农农资有限责任公司、农业生产资料公司、土产日杂公司、果品食杂公司、供销社民族贸易中心、钦南区众力资产有限责任公司、钦南区宏云电子商务有限责任公司 10 个直属公司，中南明珠糖果厂、那丽丽珠食品厂 2 个社办厂。共 1203 人（含离退休人员），其中在册职工 396 人（在职人员 127 人，下岗人员 269 人），退休人员 807 人。区供销社承担政府防汛物资储备管理工作，委托下属企业土产日杂公司储备政府防汛物资二十多种，是钦南区政府防汛物资最大储备仓库。年内，监事会专题调研报告被钦州市供销联社授予一等奖，监事会报送的社情民意信息中，2 篇入选中华全国供销总社信息，3 篇入选自治区供销联社信息。

【供销社综合改革】 2018 年，区供销社完成土地托管服务共 6748 亩，比去年增加 7.6 倍。发展农村电子商务，打造“网上供销社”。电子商务运营销售达 3782 万元，比上年增加 35 倍。发展专业合作社和农业合作联社。年内发展各类农民专业合作社 8 个，建设县级农业专业合作社联合社 1 个。解决供销社地方政策性亏损 895.5 万元历史遗留问题。发展农村现代商品流通，完成年度经济指标。年内农村商品销售额达 77273 万元，比去年总销售增长 105%。区供销社五项综合改革指标全部通过自治区、钦州市绩效考核验收，获钦州市供销合作社综合业绩考评二等奖。

【商品购销与“新网工程”建设】 2018年，区供销社系统完成销售总额77237万元，其中，农资销售26396万元，日用消费品销售39126万元，农副产品购进3840万元，再生资源回收购入1120万元，利润总额78万元，全部完成钦州市供销合作联社下达的商品购售任务。新改造建设黄屋屯供销社屯利综合服务社，新建那思供销社综合服务站、久隆供销社综合服务站、犀牛脚供销社综合服务站。

【固定资产投资】 2018年，区供销社加强固定资产项目投资。黄屋屯供销社旧大院棚户区改造项目，占地面积5297平方米，建筑面积11929平方米，计划总投资2080万元，完成投资额300万元；那丽供销社旧住宅棚户区改造项目，占地面积1873.51平方米，建筑面积4077平方米，计划总投资571万元，完成投资350万元；那思供销社棚户区改造项目，占地面积343平方米，建设面积1246平方米，计划总投资201万元，完成总投资140万元；那丽丽珠食品厂旧厂址棚户区改造项目，占地面积2125平方米，建筑面积6840平方米，计划投资1191万元，年内完成投资200万元；久隆供销社为农综合服务站项目，计划总投资50万元，建设面积255平方米，年内完成投资33万元；犀牛脚供销社为农综合服务站项目，建设面积250平方米，计划总投资37万元，年内完成投资26万元。

【农资供应】 2018年，区供销社系统农资总销售额为26396万元，其中，尿素销售28345吨 碳铵12387吨，磷肥26268吨钾肥销售8694吨，各类复合肥销售10630吨，农药销售612吨。

【农村土地托管】 2018年，区供销社系统完成土地托管服务共6748亩。其中，黄屋屯供销社引领强农种植专业合作社，开展松树林地托管业务，托管土地面积1500亩。那思供销社通过志茂种植专业合作社和聚力专业合作社联合社，开展速生桉林地的土地托管，土地托管面积达3100亩。那丽供销社领办的明鑫牛大力专业合作社进行牛大力种植，土地托管360亩。沙埠供销社领办旭源农民专业合作社联合社开展经济林地土地托管400亩。犀牛脚供销社通过犀联专业合作社进行土地托管300亩。那彭供销社在那荀村白马岭托管土地1500亩。

【为农综合服务平台建设】 2018年，区供销社改造升级黄屋屯供销社屯利综合服务社，改建面积2000平方米；久隆供销社建设综合服务站，建设面积255平方米；犀牛脚供销社建设综合服务站，建设面积250平方米；那思供销社建设综合服务站，建设面积230平方米。

【农民专业合作社】 2018年，区供销社系统引领创办8个农民专业合作社。其中，沙埠供销社创办益群养殖专业合作社、领办泓润水产养殖专业合作社，犀牛脚供销社创办犀联种植专业合作社、领办钦犀种养专业合作社，大番坡供销社创办春明种植专业合作社，那彭供销社领办周星火龙果专业合作社、胜丰禽畜养殖专业合作社、康熙岭供销社领办群兴农机专业合作社。新组建钦南区同发农业专业合作社联合社。推进那思镇合江村的产业扶贫，采取“公司+专业合作社+农户+基地模式”的发展模式，发展山泉豆角80亩，在那思镇全镇推广。

【电子商务】 2018年，区供销社成立钦南区宏云电子商务有限责任公司，与钦州市淘实惠电商平台、新村淘电子商务公司合作，已在钦南区建设300多个电商网点，年内电子商务运营总额达3782万元。

【棚户区改造项目】 2018年，区供销社向上级争取棚户区项目的改造建设资金，改善经营设施和职工居住环境。那思、那丽、黄屋屯社和那丽明珠厂，获得中央棚改项目扶持资金585.9万元，办完手续，年内全部开工建设，其中那丽、那思两社已建好第一层，棚改项目顺利推进。

【基层社改造】 2018年，各基层社盘活闲置资产或旧门店，增加企业收入。大番坡供销社拆除旧瓦房门店搭建钢棚，建设门店和办公室，改善农贸市场经营和办公环境，增加了企业收入；久隆供销社拆除原旧农资门市部和大院内瓦房，建设一间1000多平方米的日用消费品超市，企业收入由原来不足1万元提高到7万元；康熙岭供销社改造原办公楼和大院，建设了一间1000多平方米的日用消费品超市，企业每年增加收入7万元；黄屋屯社屯西综合服务站建设150平方米；那彭社综合服务站建设约120平方米。 （区供销社）

粮食流通

【概况】 2018年，钦南区粮食局（简称区粮食局）内设发展计划股、财务股、行政审批股和办公室4个职能股室，行政编制5名，实有5人。全区粮食系统有钦南区储备粮管理公司、钦南区军粮供应站、钦南区粮食储备库和钦南区城区粮食储备库，有干部职工41人。年内，钦南区粮食系统开展直补订单粮食收购、粮食流通监督检查、粮油应急演练、实施粮食应急保障体系建设，以“抓收购、保供给、稳粮价”为重点，落实国家惠农政策，完成全年粮食直补订单2000吨收购任务；确保储备粮规模，完成储备粮补库3000吨任务。

【直补订单粮食收购】 2018年，钦南区储备粮订单粮食收购总量为普通中籼稻2000吨（早籼稻1000吨、晚籼稻1000吨），区粮食局对各收购点进行严格检查，做到每天一检查，监督检查各收购点严格执行粮食质价政策，有效保护粮农的利益。2018年直补订单粮食收购任务2000吨（其中早籼稻1000吨、晚籼稻1000吨），8月15日已完成1000吨早籼稻收购任务，1000吨晚籼稻收购任务计划在12月25完成。

【粮食流通监督检查】 2018年，区粮食局开展粮食收购资格检查4次，粮食质量检查2次，粮油库存检查2次，其他检查4次，共出动人员30人次，检查企业9个次。检查中没有发现违规操作行为。

【粮食应急保障体系建设】 2018年，区粮食局按照《粮食流通管理条例》和《钦南区粮食应急预案》规定，落实储备粮油应急储备制度，2015年入库5000吨轮换储备粮，年内完成收购3000吨，销售2800吨。每月开展储备粮油巡查和日常检查，确保全区储备粮数量真实、粮油品质质量安全。加强应急保障网点全覆盖建设，签订大米525吨、食用油10吨、应急加工稻谷1000吨、速食面5吨、饼干100公斤等各项应急粮食供应储备。全区各街道、乡镇应急供应网点共18家，应急加工网点1家，确保每个乡镇、街道至少有1家应急供应网点。

【粮油应急演练】 2018年，区粮食局模拟突发自然灾害情景开展粮油应急演练。10月下旬，按照《钦南区粮食应急预案》要求，模拟特大洪涝灾害，成品粮货源短缺情景下，开展保障粮油供应，稳定粮油市场，各项演练科目圆满完成。

【粮食应急设施建设】 2018年，钦南区粮食储备库日产50吨应急大米加工厂建成投产，完善全区粮食安全体系，应对各种重大突发事件、严重自然灾害提供保障有力供应。

【粮食储备项目建设】 2018年，区粮食局续建钦南区粮食储备库12500吨仓容项目。该项目总投资1500万，新建粮食仓库2幢7间，面积3780平方米，仓容12500吨。自治区财政储备粮库建设资金拨付100万元，11月23日和12月6日进行招投标，12月10日开工建设。年内，获自治区拨付资金40万元，实施钦南区粮食储备库维修项目，完成投资32万元。

【粮食质量安全检验检测体系项目建设】 2018年，钦南区投资200万元（中央资金100万元，地方配套100万元）用于粮食质量安全检验监测体系项目建设，年内完成100万元检验检测仪器设备采购。

（区粮食局）

文化体育·旅游业

文化体育

【概况】 2017年，钦南区文化体育广播电视局（简称区文体局）内设办公室、文化体育股、行政审批股，下辖钦南区文化执法大队、钦南区文化馆、钦南区图书馆，编制21名，实有人。是年，区文体局开展公共文化体育设施建设，开展各类节庆文体活动，组织农村公益性电影放映、开发园区电影放映、爱国主义教育电影放映1734场次，累计观影人数超53万人次；抓好区文化馆、区图书馆以及各镇文化站的免费开放；围绕“清源”“净网”“秋风”“固边”“护苗”五大专项行动任务推进“扫黄打非”进基层工作。全区公共图书馆1个，图书总藏量2万册。广播人口覆盖率为97%，电视人口覆盖率达到95%。

【节庆文体活动】 2018年，区文体局在春节期间组织开展1次群众游园活动、3场贺新春文艺演出专场；举办2场2018年迎新春挥春惠民活动。主办钦南区欢度“壮族三月三”民族传统节日活动文艺演出。在“五一”期间举办钦南区职工篮球赛和气排球赛；国庆期间举办“广场大家乐”群众文化活动钦南区专场演出；重阳节在那丽那雾山森林公园举办登山节和非物质文化遗产系列活动；配合市体育局开展世界沙滩排球巡回赛、环广西国际自行车巡回赛等一系列活动；组织农村公益性电影放映1734场，开发区电影放映405场、爱国主义教育电影1329场，累计观影人数达530408人次。5月，精编排《秦土情》《懒汉脱贫》《月亮湾》和《海豚的故乡》4个节目参加庆祝自治区成立60周年暨第六届全区基层群众文艺会演钦州选拔赛，其中古筝独奏《秦土情》获器乐类一等奖；小品《懒汉脱贫》获戏曲类二等奖；小组唱《月亮湾》和《海豚的故乡》获声乐类三等奖。11月，选送《党的恩情永不忘》《不攻自破》《把钦州带回家》3个高节目参加钦州市庆祝自治区成立60周年传统民族民间文化展演暨第九届“欢乐田园”农村文艺会演，取得较好成绩，其中，歌伴舞《党的恩情永不忘》获表演一等奖，小品《不攻自破》获二等奖，女声小组唱《把钦州带回家》获三等奖。

【文化惠民活动】 2018年，区文化馆开展“和谐之声”送文艺下乡演出活动50场。年内，指导各镇（街道）文化站组织开展文化乐民、

2018年5月28日，钦南区太极拳三级社会体育指导员培训班在一马路体育馆举办，学员在认真学习技能

文化惠民、服务惠民等文体活动约264场次，受益观众近15万人次；组织开展基层文化骨干培训活动3次，累计培训人员200人次；利用暑期等继续开展各项免费培训活动。其中有书画培训班、书法培训班、音乐培训、舞蹈培训班共4个班次，共4期，参训人数达200多人；区图书馆开展送书下乡活动2次，图书馆借阅达到8000多人次，阅览室上网650人次，全区12个乡镇（街道）文化站按照相关工作要求有序开展工作，辅导业余文艺队21支，出版宣传板报22期，举办培训班4期；利用文化站的多功能活动室、书报刊阅览室、信息资源共享室等公共空间设施场地免费开放，免费提供书报刊借阅、群众文艺演出活动、公共文化资源配送和流动服务、青少年校外活动等。全区各行政村均组建体育队和文艺队，不定期对村级文体骨干开展培训，选送优秀骨干到自治区、市培训。传承优秀文化，弘扬钦南区民族民间传统采茶戏，丰富人民群众的文化生活，区文化馆在各镇、街道，开展“戏曲进乡村”巡回演出，让农民群众在家门口就能看到喜闻乐见的文艺演出。

【公共文化服务中心建设】 2018年，钦南区11个镇文化站建有综合文化楼，全区76个行政村建有村级文化服务中心。年内动工新建11个村级服务中心，3个已建成投入使用，其余8个正在按进度进行施工建设。年内，区文体局为全区2009—2017年建成使用73个村级公共文化服务中心配备文化专管员，强化基层公共文化服务管理，建立完善群众文化需求反馈机制，提高农村公共文化服务水平。

【公共体育设施建设】 2018年，区文体局落实公共服务体育基础设施村（屯）级标准篮球场地15个和9条全民健身路径工程场地考察和申报，利用民间体育场馆和全民健身营运中心，建立跆拳道训练基地。加强对训练网点指导、督促、检查及落实工作。落实2018年村级服务中心建设项目场地，抓好2017年村级服务中心建设项目。完成自治区、钦州市2018年公共体育基础设施建设完成情况暨南区人均体育场地面积1.50平方米的绩效任务。全面掌握现有体育场地数量、分布和使用情况及其发展变化新特点。完成钦州市体育局下达的2018年国民体质监测100人的监测任务。

【全民健身运动】 2018年，区文体局协助做好钦南区2018年“壮族三月三·民族体育”系列比赛。5月，联合区工会组织举办钦南区“庆五一”机关、企事业单位职工气排球、篮球赛，来自机关、企事业单位63支队参加。5月31日，组织钦南区老体协文艺队到那丽镇嫦娥垌村小学开展六一儿童节慰问留守儿童，为她们送去文体慰问品和文艺表演。5月28日，举办社区太极拳三级社会体育指导员培训班。6月20日，举办社区体育骨干社会体育指导员培训班。7月11日，举办了钦南区太极扇三级社会体育指导员培训班。7月19日，举办钦南区健身气功五禽戏、寿城吸氧操三级社会体育指导员培训班。培养基层体育骨干，提高全区三级体育指导员水平，服务社区、农村体育工作。

【文化市场监管】 2018年，区文体局开展元旦春节、全国“两会”期间、广西“三月三”期间、健康暑期、国庆、十九大期间文化市场及“扫黄打非”“扫黑除恶”等各类专项整治行动的和日常检查。执法大队出动执法人员1877人次，检查文化经营单位938家，立案调查10件，办结8件，行政处罚1.2万元。收

2018年4月30日，在2018钦州国际半程马拉松赛暨健康中国马拉松系列赛（钦州站）中，钦南区组织老年人参加健身走活动

（区委宣传部　供稿）

缴一批涉及盗版、色情、六合彩等非法出版物，办理具有较大影响的新潮网吧、新湖网吧两起接纳未成年人案。全面推进“扫黄打非”网格化管理工作，实施“扫黄打非”进基层活动，开展学校周边环境综合治理工作，收缴一批非法安装卫星接收设备，杜绝和减少境外不健康的电视节目在我区的违法传播。年内荣获自治区文化厅2016—2017年度广西文化市场重大案件办案单位，文化市场综合执法大队执法员陈建辉代表钦州市参加第二届广西文化市场综合执法技能竞赛获团体二等奖和移动执法及网络案件办理优胜奖。（区文体局）

档案工作

【概况】 2018年，钦南区档案局（馆）（简称区档案局）是参照公务员管理的钦南区政府直属事业单位，局（馆）合一，“两块牌子，一个机构”，领导职数为一正两副，编制7名，内设办公室、业务指导股、档案管理股3个股室，主要履行档案行政监督指导和档案保管利用两大工作职能。是年，区档案局开展档案宣传、档案业务培训，全区精准扶贫档案、土地确权档案整理归档，档案馆年度考核测评，档案查阅服务和政府信息公开查阅点工作。开展区档案馆建设项目的前期工作。

【档案宣传】 2018年，区档案局在“6·9”国际档案日期间，与钦州市档案局在那丽镇联合举办《档案见证历史——纪念改革开放40周年档案史料展》展览活动，通过照片、文书、实物等档案史料，展现改革开放发展变化，提高全社会的档案意识，收到较好的社会效果。

【档案业务培训】 2018年4月12日，区档案局举办1期档案综合管理系统培训班，对各镇（场）、街道办事处扶贫办档案管理人员进行业务培训，扶贫档案管理人员业务素质得到巩固和提高。此外，还注重抓好扶贫档案示范点（大番坡镇）建设，通过以点带面，推动全区精准扶贫档案工作的全面开展。

【土地确权档案】 2018年，区档案局多次深入到钦南区农业局开展土地确权档案工作调研，指导土地确权档案整理归档工作，做好跟踪服务，规范档案整理，土地确权档案顺利通过上级检查验收。

【区档案馆建设项目】 2016年，区档案馆项目着重办理档案馆项目初步设计报批、项目用地使用权报批手续，为争取2019年中央项目下达创造了条件。

【易地搬迁档案指导】 2018年，区档案局为了切实抓好高新区扶贫安置点易地搬迁档案的整理，根据《自治区扶贫开发领导小组关于印发全区易地扶贫搬迁安置点包点领导责任制工作实施方案的通知》要求，制订《钦南区2018年易地搬迁档案整理工作方案》，按照方案要求指导档案归档整理，钦南区易地搬迁档案顺利通过了自治区扶贫开发领导小组的检查验收。

【档案利用】 2018年，区档案局接待查档及咨询人员人649（次），查阅和利用档案资料788卷（册、份），为全区经济建设、婚姻事务、养老办理、化解社会纠纷等方面提供了原始的历史凭据。

【《广西档案60年》编写】 2018年，区档案局按照自治区档案局、钦州市档案局的工作要求，开展《广西档案60年（钦南）——前进中的钦南档案事业》编制工作。

【《2018年档案利用效果汇编》编写】 2018年，区档案局群众档案的查阅利用情况进行拟写、汇总，编制形成档案利用效果汇编。

（李昌文）

地方志工作

【概况】 2018年，钦州市钦南区地方志编纂委员会办公室（简称区方志办）设置秘书股、编辑出版股、联络指导股、地情古籍股4个职能股。核定人员编制5名，实有人员5人。年内，区方志办按照国务院《地方志工作条例》赋予的工作职责和区委区政府工作部署，开展志书编修、年鉴编纂，完成《广西年鉴（2018）》《广西图鉴（2018）》和《钦州年鉴（2018）》组稿工作，完成《钦南年鉴（2018）》编纂出版。开展调查研究，收集地情资料，整理旧志，提供地情咨询服务。

【《钦州市钦南区志》编修】 2018年，区方志办根据自治区、市、县（区）三级专家评议稿意见，对《钦州市钦南区志》评议稿进行修改、整理及补充完善。明确工作任务，协调有关部门做好资料补充收集工作。利用社会力量,聘请4名地方志方面的专家、学者参加修志。年内,补充资料30多万字,图片25张。

【《钦南年鉴(2018)》编纂出版】 2018年,区方志办开展《钦南年鉴(2018)》编纂出版工作,年初,对《钦南年鉴(2018)》进行谋划、确定年鉴条目框架、制定年鉴编纂方案。3月草拟编纂方案,4月报区政府审核印发《钦南年鉴(2018)》编纂方案,开展年鉴资料收集工作。6月,对各供稿单位的稿件进行编辑,编写大事记、搜集编辑图片资料等。8月与出版社、制作单位签订出版、印制合同。9月,完成编纂,送出版社审核,12月出版。

【《广西年鉴(2018)》《钦州年鉴(2018)》组稿】 2018年,区方志办按自治区方志办、钦州市方志办工作部署,开展《广西年鉴(2018)》《钦州年鉴(2018)》组稿工作,收集钦南区2018年政治、经济及社会发展方方面面情况,编辑成文稿,按时报送到各编辑部。

【地情资料搜集整理及咨询服务】 2018年,区方志办根据区委办要求,协助区委党史办做好《革命老区发展史》编写工作,搜集、撰写"钦南区大事记""钦南发展概况"等,提供大量史料。为区农业局提供关键史料,成功申报辣椒中国国家地理标志产品和申报潮禾米提供服务。到全区各镇开展地情调研,收集整理资料,开展少数民族文化挖掘保护等工作。为多个单位和个人查找资料提供服务;开展地情咨询服务。 (黄　婷)

旅游建设与管理

【概况】 2018年,钦南区有国家AAAA级旅游景区4家、国家AAA级旅游景区13家、三星级以上酒店7家,星级乡村旅游区8家,星级农家乐14家。钦南区旅游局(简称区旅游局)内设办公室,在编人员9人。下辖旅游质量监督所(执法大队)。是年,区旅游局围绕"海路山"的发展思路,深入挖掘特色旅游资源,优化旅游市场,强化旅游行业管理和队伍建设,旅游规划及开发建设,开展旅游宣传、旅游节庆活动、旅游业务培训,旅游设施建设,创建国家全域旅游示范区,推动"旅游+"多产融合,旅游产业链逐步形成,旅游对经济增长的拉动作用明显。9月,高分通过广西特色旅游名县复核。12月,顺利通过国家全域旅游示范区初审。全年旅游人数1640.59万人次,同比增长26.59%;旅游消费162.77亿元,同比增长30.86%。

【旅游发展规划编制】 2018年,区旅游局编制完成《钦南区全域旅游规划及三年行动计划(2018—2020)》《钦州市钦南区旅游产品开发专项规划(2018—2020)》《钦州市钦南区旅游公共服务专项规划(2018—2020)》《钦州市钦南区营销推广专项规划(2018—2020)》,明确下一步钦南区旅游业发展的奋斗目标和工作任务。编制《钦南区那丽镇大山口村修建性详细规划》《钦州市那雾山旅游景区详细规划》《松山乡村世界景区详细规划》以及黎屋村等三个贫困村的规划。

【全域旅游公共服务体系建设】 2018年,区旅游局规范完善旅游交通标识系统,在辖区的一级公路、二级公路、高速公路及出入口、城区内的交通要道和通往主要景区沿线设置旅游交通标识牌。完善康悦旅行社、汽车总站2个旅游

2018年12月19日,钦南区创建全域旅游示范区初审末次会议

(区旅游局　供稿)

咨询服务中心以及金湾加油站、欢乐农庄、银湖山庄3个旅游驿站。永福观景台、和谐塔2个观景台设施。加快智慧旅游建设,在3个国家AAAA级旅游景区安装二维码语音导览系统。大力推进厕所革命,投入专项资金100多万元进行厕所建设,新建厕所8座,改建厕所4座。

2018年1月25日,市政法委书记林庆山(左三)率队到钦南区调研那雾山环山路项目建设 (区委宣传部 供稿)

【旅游交通服务设施建设完善】 2018年,钦南区旅游交通网络逐步改善。区内有7个高速路出口,有钦州火车东站、汽车西站、汽车南站,汽车总站今年已正式投入使用。钦灵公路、滨海公路、扬帆大道等一级道路可通各主要景区所在镇。另外,那雾山森林公园登山步道建设已建设完成,23.1公里长的那雾山环山公路已获得交通厅批复下达计划,7公里长的那雾山景区下山公路正在。二是旅游交通标识系统逐步规范完善。逐步规范完善了在辖区的高速公路、一级公路、二级公路的旅游交通标识牌(包括自驾车服务标识牌),以及高速公路出入口、城区内的交通要道和通往主要景区沿线的旅游交通标识牌。三是公共交通建设有新进展。通往景区公交专线2条、客运班线线路2条、有七十二径、三娘湾客运码头2个、2018年开通了火车东站至三娘湾景区的共享电动汽车,共享电动单车、人力单车可到主城区内各景区,为游客提供快速便捷出游服务。

2018年7月2日,自治区双创评估组到东盟生态园开展创建广西特色旅游名县和国家全域旅游示范区指导工作 (区旅游局 供稿)

【旅游景区建设】 2018年,区旅游局开展品牌创建,提升景区档次,辣椒槌滨海旅游度假区创建为国家AAA级旅游景区,龙门蚝湾创建为广西四星级乡村旅游区,荔景山庄创建为广西四星级农家乐,大海猫创建为广西休闲农业与乡村旅游示范点。建设完成那雾山森林公园登山步道,全长23千米长的那雾山环山公路建设规划获得自治区交通厅批复,那雾山7千米景区下山公路正在建设。

【招商引资】 2018年,区旅游局赴深圳开展深圳华侨城集团等企业招商会,开展云贵川渝滨海特色旅游宣传推介和招商引资活动,赴北京市西部发展控股有限公司就钦州坭兴陶特色小镇合作建设开展招商,签订合作协议。

【旅游业务培训】 2018年,区旅游局组织人员开展全域旅游与产业扶贫培训、"双创"工作业务培训、农村党员大培训、旅游安全生产台账专题培训等相关培训，培训区直各责任单位、钦南区各景区、酒店、旅行社等单位负责人约300人次。推进校政合作，与桂林旅游学院、钦州学院建立友好合作关系，两所学院分别在钦南区旅游局建立实训基地。

【旅游安全检查】 2018年，区旅游局开展旅游消防安全工作检查，明确责任，完善制度。开展元旦、春节、"五一"、中秋、国庆等重大节日旅游安全生产联合专项检查整治工作。加强日常隐患排查工作。落实节假日旅游安全生产责任制度，安排专人值班。开展蚝情节、九月九跳岭头节、中秋节等重要节庆期间执法工作。加强宣传培训，建立健全安全宣传网络加强对各旅游企业人员的业务培训，提高整体素质，造就过硬的宣传队伍。在企业员工、城乡群众、机关干部中开展旅游安全生产知识宣传活动。

【旅游饭店、旅行社管理】 2018年，钦南区主要有北部湾钻石海鲜城餐馆、万颐酒店、志伟饭店、钦州皇庭三娘湾度假酒店、德国餐厅、印象北部湾餐厅、天鹰海鲜城、天鹰啦莎莎特色餐馆、豪宜酒店、大海猫酒店10家旅游饭店。有康悦旅行社、神舟旅行社、泰禾旅行社、亚太旅行社4家旅行社。区旅游局督促辖区内旅游企业制定消防安全管理制度、应急处理等制度。在元旦、春节、"五一"、中秋、国庆等重大节假日开展旅游安全生产联合专项检查，指导各类旅游企业做好安全生产台账，诚实守信，规范经营。

【旅游宣传推介】 2018年6月23日—29日，区旅游局赴云南、贵州、四川、重庆开展滨海特色旅游推介，开展区域旅游合作现场交流活动。9月26日—28日参加在厦门市举办的中国广西—越南广宁旅游宣传推介活动，5月7日—10日到深圳、珠海开展旅游宣传推介。邀请《广西日报》、广西新闻网、钦州新闻网、钦浪网等多家媒体代表深入实地参观采访钦南区部分旅游景点，提升钦南区旅游业的影响力。

【主要旅游活动】 2018年，钦南区举办系列旅游节庆活动，推动旅游发展。4月16日，在黄屋屯镇屯镇开展一年一度的"三月三"民族传统品牌活动，"壮族三月三"文艺演出、"壮族三月三"北部湾民族美食活动同时开展，组织山歌爱好者进行对唱、组织岭头队进行岭头表演、组织少数民族进行民俗表演、民族特技表演、民族歌舞演唱。4月18日，在那丽镇那雾山举办钦南区那雾山"壮族三月三·八桂嘉年华"系列活动，组织少数民族群众学生旅客开展系列活动竹杠迎客、龙狮闹春、民族歌舞演唱、民族传统体育项目互动趣味游园活动。4月21日—22日，2018北部湾（钦州）迷笛音乐节在"中华白海豚之乡"——广西钦州三娘湾激情开唱。阳光、沙滩、海风、白海豚，以及挤爆全场的人们，与"唐"和"战国"两个舞台构成北部湾一道特殊的风景。近10万国内外游客和乐迷参加。10月17日，2018年环广西自行车世界巡回赛北海—钦州赛段在钦州举行，全球18家顶级自行车俱乐部，120名知名自行车手参加了参赛。11月24日—12月2日，2018钦州蚝情节隆重开幕，该届蚝情节主题是"蚝情庆丰收·欢乐在钦州"，围绕"以蚝会客、以蚝传情、以蚝引商"的目标，推出开幕式、农业（水产）、旅游、文化艺术、体育和商贸六大类共17项主题活动。挑战2018人同时吃大蚝、2018人人体多米诺骨牌两个争创世界纪录的项目，吸引2518名海内外人士共同参与，邀请全球世界纪录认证

钦南城区一角 （龙彪彪 摄）

公司—WRCA世界纪录认证机构进行认证。

【旅游指南】

钦州一日游 A线:刘永福故居—黄金海岸海滨浴场—仙岛公园—保税港国际商品直销中心—三娘湾—白石湖公园。B线:亚洲火龙果休闲园—那雾山森林公园—大海猫山水花园—松山乡村世界。C线:园博园—千年古陶城—刘永福故居—坭兴陶艺术馆—白石湖公园。D线:那雾山森林公园—那雾山生态园—台果休闲园—白石湖公园。

钦州二日游 那雾山森林公园—东盟生态园—三娘湾(住三娘湾)—保税港国际商品直销中心—仙岛公园—园博园—刘永福故居—坭兴陶艺术馆—白石湖公园。

钦州三日游 A线:坭兴陶艺术馆—刘永福故居—仙岛公园—保税港国际商品直销中心—三娘湾(住三娘湾)—那雾山森林公园—那雾山生态园—白石湖公园(住钦州市区)—园博园—松山乡村世界—灵山大芦古村。B线:园博园—白石湖公园—八寨沟—欢乐农庄—黄金海岸海滨浴场—仙岛公园—保税港国际商品直销中心—三娘湾(住三娘湾)—亚洲火龙果休闲园—冯子材故居—坭兴陶艺术馆—刘永福故居(住钦州市区)—五皇山国家地质公园—大朗书院—公猪脊景区。C线:坭兴陶艺术馆—刘永福故居—仙岛公园—保税港国际商品直销中心—三娘湾(住三娘湾)—那雾山森林公园—那雾山生态园—白石湖公园(住钦州市区)—园博园—八寨沟—防城港。D线:坭兴陶艺术馆—刘永福故居—八寨沟—冯子材故居—碗窑梨花谷—白石湖公园(住钦州)—园博园—保税港国际商品直销中心—三娘湾(住三娘湾)—那雾山森林公园—那雾山生态园——北海银滩。

(区旅游局)

教育·科技

教　育

【概况】 2018年，钦南区公办中小学共163所，其中：小学148所(另含小学教学点85个)，九年一贯制学校3所，初级中学10所，完全中学1所，特殊教育学校1所；公办学校在校生共77529人，其中：小学生62160人，初中生14887人，高中生396人，特殊教育学生149人。每万人口在校生：幼儿园418人，小学995人，普通初中446人，高中阶段326人。全区在职教师：小学专任教师3323人，师生比为1∶18.7。普通初中专任教师1101人，师生比为1∶13.5。普通高中专任教师21人，师生比为1∶18.8。全区公办中小学校园面积175.7万平方米，其中小学校园占地面积131.9万平方米，生均面积21.22平方米；中学校园占地面积43.8万平方米，生均面积29.42平方米。全区公办中小学运动场面积68.3万平方米，其中小学运动场占地面积52.9万平方米，生均面积8.51平方米；中学运动场占地面积15.4万平方米，生均面积10.34平方米。全区公办中小学校舍总面积62.4万平方米，小学校舍建筑面积43.8万平方米，生均面积7.05平方米；中学校舍建筑面积18.6万平方米，生均面积12.49平方米。钦南区教育局(简称区教育局)内设办公室、人事股、计财基建股、基教股、行政审批股、区政府教育督导办6个股室，下辖招生办、教研室、电教仪器站、勤工俭学办、资助办、教育工会、职成教办、督导办、学前中心、教师培训中心，10个二层机构。共有编制56名，实有70人。全区普通小学学龄儿童入学率100%，“三残”儿童入学率98.45%，初中毛入学率99.68%。小学生辍学率0%，普通初中辍学率1.32%。小学毕业生升学率99.98%，初中毕业生升学率86%。义务教育巩固率96.36%。2018年，区教育局获广西生源地信用助学贷款突出贡献单位、钦州市2017—2018年度义务教育阶段“控辍保学”先进单位、钦州市义务教育阶段教育教学质量管理评估二等奖，钦南区获“全国义务教育发展基本均衡县(区)”称号。

【学前教育】 2018年，全区共有公办幼儿园171所(其中区直属幼儿园2所，分别是钦州市幼儿园、钦南区第一幼儿园；镇中心幼儿园12所，城区小学附属幼儿园1所，村小学附属幼儿园及附属幼儿班156

2018年9月7日，市政协副主席、钦南区委书记黄球(左二)到市实验小学二校区开展慰问活动

(区教育局　供稿)

2018 年 12 月 18 日，国家督导评估组专家深入到犀牛脚镇岭脚小学开展实地核查　　（区教育局　供稿）

所），全区公办幼儿园（含附属幼儿班）在园幼儿 10646 人。

【民办教育】 2018 年，全区民办学校共 66 所（民办九年制学校 3 所，民办小学 5 所，民办幼儿园 58 所），民办学校学生共 12958 人（其中初中生 493 人，小学生 2443 人，幼儿 10022 人）。

【特殊教育】 2018 年，钦南区有特殊教育学校 1 所，原学校位于钦州市民生街（市二小校园内），8 月整体搬迁至建设路西延长线（蓝天丽都小区后面），占地面积 11309 平方米，绿化面积 2468 平方米，运动场地面积 4420 平方米，校舍面积 4693 平方米。学校有 19 个教学班，共有三类残疾学生 149 人。

【教育经费的收入与支出】 2018 年，钦南区教育经费总收入 54862 万元，比上年多收入 6352 万元，增长 13.09%，其中财政拨款收入 53722 万元，比上年多收入 6443 万元，增长 13.63%；非税收入 1140 万元，比上年减少 111 万元，增长 -8.87%。教育经费总支出 54862 万元，比上年多支出 6352 万元，增长 13.09%，其中财政拨款支出 53722 万元，比上年多支出 6443 万元，增长 13.68%；非税支出 1140 万元，比上年多支出 -111 万元，增长 -8.87%。总支出中，工资福利支出 34286 万元，商品与服务支出 7883 万元，对个人和家庭补助支出 1600 万元，基本建设及其他资本性支出 11093 万元。

【教师队伍建设】 2018 年，钦南区新招聘了 140 名教师（其中特岗教师 50 名，从代课人员和社会青年中招聘小学公办教师 90 名），定向培养小学全科教师 10 名，有效缓解了教师队伍总量不足、结构不合理的问题。2018 年，通过“国培计划”“区培计划”“校本培训”等平台，积极组织开展教师全员培训工作。年内，组织教师参加（县）区级及以上层次的各类培训达 4000 多人次。

【办学条件改善】 2018 年，钦南区教育系统实施义务教育、学前教育等续建工程项目共 86 个，建筑面积 49039 平方米，2018 年计划投资 4016 万元。续建项目工程进展顺利，年内完成投资 4016 万元，占计划总投资的 100%。2018 年，新增教育固定资产投资项目 3 批，总投资 10359 万元（其中：2018 年农村义务教育薄弱学校改造计划项目资金 8916 万元；2018 年农村义务教育学校校舍维修改造资金项目

2018 年 3 月 12 日，区长李遥（右三）到久隆镇新圩小学调研“创均”工作　　（区教育局　供稿）

343万元；学前教育新建奖补资金1100万元）。开工土建项目82个，完成投资6500万元。

【义务教育发展基本均衡区创建】 2018年，钦南区围绕入学机会、保障机制、教师队伍、质量与管理等四个方面加快推进义务教育发展基本均衡区创建工作。2018年5月顺利通过省级督导评估验收，12月顺利通过国家督导评估认定，荣获“全国义务教育发展基本均衡县（区）”称号。

【教育教学管理】 2018年，区教育局进一完善《钦南区深化课堂教学改革创建优质高效课堂方案》，继续推进“三主”（学为主体，导为主法，练为主线）课堂教学改革，引导各校勇于实践、大胆探索，打造新课堂，切实提高课堂教学的实效。创新教研活动形式。全区建立了城区、郊区、东部、西南四个教研片区，形成了具有区域特色的联片教研新机制，积极组织开展同课异构、教学比赛、课例研讨、专题交流、专题视导等活动，加强教师交流合作，实现优势互补，共享教研资源，促进了城乡教学均衡发展。对义务教育学校教学质量进行检测，加强教学质量跟踪管理。2018年，区教育局获钦州市义务教育阶段教育教学质量管理评估二等奖。

【招生制度改革】 2018年，区教育局实施按学区对口招生。科学划分学区，制订《2018年钦南区城区小学招生工作实施方案》，严格义务教育相对就近免试入学的原则，严禁义务教育阶段学校开设重点班、以考试方式选拔学生。推进考试制度改革，贯彻落实《2018年广西北部湾经济区四市同城中考统一考试工作方案》，严格规范中小学考试安排，完善学生综合素质评价制度。继续实施《钦南区全面推进义务教育学区制管理改革工作方案》，全区中小学共成立11个学区，开展相关学区制改革工作。

【构建学校章程】 2018年，全区中小学校以校长负责制为主体，成立了校务委员会，建立教职工代表大会和家长委员会，民主参与学校内部治理结构。2018年秋季学期起，全面推进学校章程建设，各校经教师代表大会、公示等程序，初步构建本校学校章程。

【教育惠民政策实施】 2018年，全区中小学校认真做好各类贫困学生的建档立卡、申请、审批和资金申请工作，落实学前教育“入园补助”、义务教育“两免一补”、高中阶段“库区移民子女免学费”和“国家助学金”等在校家庭经济困难学生资助政策。2018年，共落实并发放各类学生资助资金802.54万元（其中建档立卡贫困生受助197.95万元），受资助学生12601人次（其中建档立卡贫困生2849人次），有效保障家庭贫困学生接受教育的权益。是年，区教育局荣获广西生源地信用助学贷款突出贡献单位。

（黄新俊　曹雄杰）

科学技术

【概况】 2018年，钦南区科学技术局（简称区科技局）内设办公室、农业科技股、工业科技股、知识产权股，行政编制4名，在职干部职工7人。下辖区科技情报研究所，编制2名，实有2人。年内全区新增国家高新技术企业7家，组织申请专利744件，建立市级工程技术研究中心2家，获自治区级科技计划项目立项4项，获得市级科技项目6项，共44万元，组织科技合作对接9次。实施产学研科技合作项目3个，转化运用重点科研成果3项。

【科技特派员管理】 2018年，区科技局选派贫困村科技特派员26名，选派到钦南区的47个贫困村开展科技服务。科技特派员深入基层一线开展技术咨询、技能培训、发放科技书籍、推广新技术、新品种等活动。根据钦南区当地农业产业发展和农民的需要有针对性地开展培训，年内，实地开展科技服务593次、604天；技术指导471次，试验示范次数101次，举办培训班26期，培训1371人次。

【科技创新】 2018年，区科技局建立钦州市坭兴陶节能工程技术研究中心、钦州市坭兴陶挂件研制工程技术研究中心2家市级工程技术研究中心。组织科技合作对接9次。实施产学研科技合作项目3个。

【科技项目管理】 2018年，区科技局组织广西钦州千秋陶业有限公司、钦州坭兴陶艺有限公司、广西钦州市品艺堂坭兴陶有限公司等公司参加自治区、钦州市科技项目申报工作。向自治区申报《环保纸角铁的研发及产业化》《城镇生活垃圾焚烧发电关键技术及成套设备的研发》《多媒体广播单频网抗干扰无线信号成帧调制关键技术的研发》等科技课题项目8项。其中,获自治区级科技计划项目立项4项,获自治区财政科技项目资金128万元;获钦州市科技计划项目立项6项,获项目资金44万元,带动企业科技投入480万元。

【知识产权】 2018年,区科技局组织申请专利744项,其中:申请发明专利320项,申请实用新型专利329项,外观专利95项。年内,全区拥有发明专利216件,联合上级科技部门开展专利执法检查活动3次,检查商品526件,涉及专利商品52件,发现涉嫌假冒专利商品9件,结案9件。

【高新技术企业培育】 2018年,区科技局开展对全区企业情况摸底调研和科技创新、专利申请、高新技术企业培育等科技指导服务。组织广西金虹环保包装科技有限公司、广西澳华农牧科技有限公司、广西钦州奇福保温冷冻设备有限公司、广西远景资源再生股份有限公司共4家企业开展国家高新技术企业重新认定工作。组织广西钦州玛氏食品有限公司、广西华利达建筑有限公司、广西钦州泥兴陶艺有限公司、钦州海诺尔环保发电有限责任公司、广西怀爱保温建材有限公司、广西良将自动化工程有限公司、钦州市天地和肥业有限责任公司、钦州佳友影视传媒有限公司共8家企业开展国家高新技术企业首次认定工作。其中,广西金虹环保包装科技有限公司、广西澳华农牧科技有限公司、广西远景资源再生股份有限公司共3家企业获得国家高新技术企业重新认定;广西钦州玛氏食品有限公司、广西华利达建筑有限公司、广西钦州泥兴陶艺有限公司、钦州海诺尔环保发电有限责任公司、广西怀爱保温建材有限公司、广西良将自动化工程有限公司、钦州市天地和肥业有限责任公司共7家企业首次被认定为高新技术企业。

【科技宣传】 2018年,区科技局组织实施和参与开展"2018年全国知识产权活动周""2018年全国科技活动周广西活动暨第二十七广西科技活动周创新驱动发展成就展第八届广西发明创造成果展览交易会""十月科普大行动"等科技活动。组织钦州海鸭蛋产业技术开发示范、坭兴陶特色文化保护传承与智慧旅游产品开发的研究、火龙果产品深加工技术研究与应用、坭兴陶烧制工艺的再次窑变的研究、高密度环保仿实木方柱新产品研发、钦州黄瓜皮产业提升综合技术开发示范共7个项目参加创新成果展。组织开展技术合同认定和创新成果转移转化对接活动。组织钦州市技术转移中心在钦州市同创孵化器会议室举办技术合同认定登记培训班,科技活动周期间,组织广西良将自动化工程有限公司、广西钦州玛氏食品有限公司等企业开展科技成果对接活动,促成一批科技成果在该区辖区内转化应用。开展科技、文化、卫生"三下乡"活动。5月24日,组织卫计、水产、农业、文体、地震、农机、科协等10多个部门,在那彭镇举办2018年全国暨广西科技活动周科技、文化、卫生"三下乡"活动,开展农业新技术、重点解答农村常用种养技术和防治病虫害技术、农业法律法规、医疗卫生防艾、防震减灾常识等咨询,发放科学种养、禽兽防病、知识产权、卫生知识等资料,开展科技、文化、卫生"三下乡"活动期间,共悬挂宣传横幅4条,发放宣传资料10000多份册,发放防治艾滋病用具物品500件(盒),接待群众咨询2000多人次,展出科普展板6块。

【科技扶贫】 2018年,区科技局以科技创新为动力,以推进现代特色农业发展为主线,发挥人才优势和技术优势,促进农业增效、农民增

2018年5月24日,区科技局到那彭镇开展科技三下乡活动

(区科技局 供稿)

收和农村科技进步，引导贫困农户发展百香果、柑橘、竹笋、水稻、辣椒、海蛋鸭、对虾等种养殖特色优势产业，建立柑橘、百香果、辣椒、海蛋鸭、对虾等科技示范基地15个，全年引进新品种19个，推广应用新技术21项。

【科技成果转化】 2018年，区科技局组织钦南区部分企业与钦州学院、钦州农校、钦州市林业科学研究所等大专院校、科研院所开展科技对接活动，引导企业与高等院校、科研院所签订技术合作合同，提高企业自主创新能力，落实"一种多媒体广播单频网抗干扰无线信号成帧调制方法"、"一种工业除尘设备灰斗"、"一种鱼塘用风吹投料的实现方法"和"一种成熟柑橘树用的肥料及施肥方法"4项科技成果在钦南区进行落地转化。完成钦州市下达给钦南区的绩效指标任务的130%。（区科技局）

防震减灾

【概况】 2018年，钦南区地震局（简称区地震局）属参公正科级事业单位，内设综合管理股、监测预报与震害防御股，承担本行政区域内防震减灾工作政府行政管理职能。编制2人，实有人数3人，局长1人，副局长1人，干部1人。是年，区地震局开展地震监测预报，抗震设防管理，地震应急救援和演练，地震安全示范社区和防震减灾科普示范学校创建和防震减灾宣传。获自治区市县防震减灾工作综合评比三等奖。

【地震监测预报】 2018年，钦南区范围内设立有地震宏观观测点27个，在沙埠镇油埠小学、康熙岭中学、那彭中学、那思中学、久隆小学建有地震烈度速报与预警站5个。在久隆镇建有1个地震基准站，在那丽镇建有1个地震基本站。是年，区地震局重点关注做好地震前兆信息的收集、宏观异常情况的核实，参与上级地震部门举办的震情分析会商会议，推进地震预测预报工作的经常化和规范化。配合市局推进广西首个地震海啸预警综合观测站（大番坡镇）施工建设，目前已进入设备调试阶段。区地震局加强对久隆基准站、那丽基本站和沙埠油埠小学5个学校地震速报预警站日常巡查维护，确保站点运转正常。

【抗震设防管理】 2018年，区地震局执行第五代《中国地震动参数区划图》的要求，从设计、施工、监管等环节把好工程抗震设防关，做好自查和整改工作，确保防震减灾工作开展。年内，按时办结39宗申请开展建设工程抗震设防建设工程，实行零收费。组织核验全区356户农村危房改造项目，符合抗震设防要求。指导推进尖山街道九鸦村搬迁安置点"钦州市农村民居防震保安工程"试点建设工作，年内完成任务的90%。协助开展钦州市主城区建筑物抗震性能普查工作，年内完成第一期任务。

【地震应急救援】 2018年3月13日，在沙埠镇平银村发生1.9级地震，没有造成财产损失和人员伤亡。地震发生后，区地震局第一时间内作出有效应对工作，按照应急预案向区政府和市地震局报告情况，向震区的镇政府、村委会、宏观测报员初步了解情况，派出调查组赶赴震中位置开展灾情核查和现场应急工作。第二天会同钦州市地震局、市电视台深入村里开展地震灾情调查和监测工作，向群众发放防震减灾知识科普读本，宣传防震避险知识。

【地震应急演练】 2018年，区地震局联合区教育局指导各中小学开展地震应急演练。共组织全区124

2018年9月29日，区地震局联合区科协等单位开展科普进社区活动
（区科协 供稿）

所学校所有师生参与演练，有效提高广大师生的防震减灾知识和逃生技巧。同时，督促落实全区每个学校每个学期开展一次以上的地震应急演练，提高中小学生的防震避灾意识和自救互救能力。

【地震安全示范社区和防震减灾科普示范学校创建】 2018年，区地震局开展地震安全示范社区和防震减灾科普示范学校创建活动。按照《民政部　中国地震局　中国气象局关于印发〈全国综合减灾示范社区创建管理暂行办法〉的通知》要求，完善创新，把已成功创建国家地震安全示范社区大番坡镇茅坡社区推荐为“全国综合减灾示范社区”，那丽镇那务塘小学成功创建年度自治区防震减灾科普示范学校。

【防震减灾宣传】 2018年，区地震局结合“科技三下乡”、“5·12”减灾日、“八桂科普大行动”等时机，分别到向阳街道城中南社区、钦州湾广场、年年丰商场、犀牛脚镇等开展防震减灾科普宣传，共播放宣传片2部，组织讲座3场，发放宣传手册、单、挂图8300多份，接受咨询1600多人次，直接受众9800多名。做好地震题材电影《我要去远方》宣传工作，张贴电影海报20多处，组织防震减灾工作领导小组成员单位、防震减灾示范社区、示范学校和地震宏观测报员等30多人观看影片。组织沙埠中学和犀牛脚中学学生参加2018年广西防震减灾知识竞赛钦州选拔赛，分别荣获三等奖和优秀奖。　（区地震局）

卫生健康·人口和计划生育

卫生健康

【概况】 2018年，钦南区卫生和计划生育局（简称区卫计局）设办公室、人事股、财务审计股、规划信息考核股、科技宣教股、医政管理股、基层卫生股（初级保健股）、妇幼健康股、政策法规股（执法监督股、行政审批股）、疾病预防控制股（应急安全股）、人口服务股、爱国卫生股内设12个职能科室，代管钦南区红十字会、钦南区计划生育协会。下辖钦南区直属机关计划生育办公室、钦南区流动人口计划生育服务站、钦南区防治艾滋病工作办公室、钦南区人民医院、钦南区妇幼保健院、钦南区疾病预防控制中心、钦南区卫生计生监督所、南珠社区卫生服务中心、向阳社区卫生服务中心、文峰社区卫生服务中心、水东社区卫生服务中心、那丽镇中心卫生院、黄屋屯镇中心卫生院、久隆镇中心卫生院、犀牛脚镇中心卫生院、东场镇卫生院、龙门港镇卫生院、大番坡镇卫生院、康熙岭镇卫生院、沙埠镇卫生院、那思镇卫生院、那彭镇卫生院、尖山卫生院、丽光卫生院24个事业单位。行政村卫生室145个。局机关行政编制11名，配备局长1名，副局长2名。全区医疗卫生单位人员共计1653人（编制内742人），专业技术人员1412人，占85.42%，其中：高级职称31人、中级职称188人、初级职称860人。是年，钦南区坚持预防为主，提升人民群众健康素质。大力推进健康促进，倡导全民健康素养行动，加强重大疾病防治，提升应急能力。深化医改，加快形成基本医疗卫生制度框架。推进分级诊疗制度建设，推进城市公立医院综合改革，推进复合型支付方式改革，建立健全综合监管制度。优化健康服务，增强人民群众健康获得感。提升医疗质量和服务水平，提升基层卫生服务能力，全面加强基础设施建设。

【基层卫生医疗机构建设】 2018年，钦南区辖区13个乡镇卫生院，占地总面积70892平方米，业务用房总面积32212平方米，乡镇卫生院业务用房达标率为84.62%。一体化村卫生室共有145个，其中80平方米的65个，100平方米的80个，现有乡村医生313人，每个村卫生室均有负责人及聘用村医进驻开展基本公共卫生服务。钦南区卫计系统自2012年至2018年中央自治区下达投资基层乡镇卫生院项目共33项，总建筑面积23280平方米，已全部开工，完工30项，总投资5105万元，12月底，到位资金4544万元，资金到位率为89.02%。12月底，累计完成投资4232万元，完成总投资计划的82.90%，中央和自治区下达的投资卫生基层医疗机构基建项目完工率达到90%。

【基本药物使用及药品招标配送】 2018年，钦南区各镇（场）卫生院（中心卫生院）、各社区卫生服务中心严格执行国家基本药物制度，合理使用基本药物。所有药物采购均经单位药事管理委员会商讨编制药品采购目录，按规定统一网上进行采购。采购流程合理，没有擅自采购非中标药品替代中标药品的现象，严格按中标价采购、严格执行零差率销售。各卫生院建立健全药事管理制度、编制药品采购目录，制作发送采购订单，对到货药品进行检查验收并进行网上确认。药品储存严格按照养护要求进行管理。全区镇（场）卫生院基本药物网上采购率98%。2018年，各镇（场）卫生院网上招标采购基本药物金额2599万元。各镇（场）卫生院（中心卫生院）、各社区卫生服务中心购进使用的药品均为国家规定的基本药物和广西增补药物，实行药品网上集中统一采购、统一配送，基本药物（广西增补药品）按购进价销售，取消药品加成，实行“零差率”销售。

【居民健康档案建设】 2018年，钦南区建立城乡居民纸质健康档案500228份，全部实行规范化电子管理，建立规范化城乡居民电子档案信息495886条，电子建档率91.63%。

【健康教育】 2018年，钦南区各镇卫生院、村卫生室均设立健康知识宣传栏，定期开展卫生咨询和健康讲座，发放宣传教育资料140629份，播放音像资料8056次，播放时间50855小时，更换健康教育宣传栏1046次，开展健康主题日咨询活动累计178次，接受健康咨询23157人次，举办健康教育讲座累计508次，参加讲座11165人。

【免疫规划接种】 2018年，钦南区免疫规划接种各疫苗接种率均在99%以上。基础免疫疫苗接种99%以上，其中：卡介苗接种率99.93%，乙肝疫苗接种率99.78%，脊灰疫苗接种率99.81%，百白破疫苗接种率99.97%，麻疹疫苗接种率99.94%。加强免疫疫苗接种率：其中麻疹加强免疫疫苗接种99.73%。百白破加强免疫疫苗接种率99.97%。扩大免疫疫苗接种率：其中乙脑扩大免疫疫苗接种率99.80%，A群流脑扩大免疫疫苗接种率99.77%，A+C流脑扩大免疫疫苗接种率99.77%，甲肝扩大免疫疫苗接种率99.72%。

【儿童健康管理】 2018年，钦南区加强0—3岁儿童系统管理，儿童“四病”（佝偻病、小儿腹泻、小儿贫血、小儿肺炎）的防治及学龄前儿童体检工作，对发现的体弱儿及儿童“四病”进行专案管理，对于查出的各种疾病及时进行治疗。全区应管理0—6岁儿童67005人，已纳入管理儿童6130人，儿童健康管理率91.49%；系统管理60305人，系统管理率90%。年内，全区累计活产婴儿8194人，访视新生儿人数7938人，新生儿访视率96.88%；0—6岁婴幼儿均建立《广西儿童保健手册》，将信息录入《广西桂妇幼卫生信息管理系统》，规范建立儿童电子档案。

【孕产妇健康管理】 2018年，钦南区有产妇8134人，对怀孕12周之前的孕妇建册7290人，早孕建册率89.62%；产前健康管理率80.47%。钦南区孕产妇系统管理重点加强高危妊娠管理，严格做好高危妊娠的筛查、随访、追踪、转诊和上报等工作，对重度高危妊娠实行首诊医生报告制和严密的随访跟踪。孕产妇系统管理6807人，系统管理率83.69%；新法接生8194人，新法接生率100%；住院分娩活产数8194人，没有非住院分娩现象，住院分娩率100%；高危妊娠4558人，高危发生率56.04%；高危住院分娩4558人，高危住院分娩率100%。产后访视产妇7824人，产后访视率96.19%。

【老年人健康管理】 2018年，钦南区65岁（含65岁）以上在家常住老年人53843人，随访评估与指导老年人36094人，开展健康体检管理36251人，健康管理率67.03%。

【慢性病健康管理服务】 2018年，钦南区累计确诊为高血压46000人，纳入健康管理13749人，规范管理高血压患者13749人，规范管理率81.44%。Ⅱ型糖尿病患者确诊糖尿病人数3957人，完成规范管理高血压患者2591人，规范管理率85.25%。

【严重精神障碍患者管理服务】 2018年，钦南区累计发现确诊严重精神障碍患者登记在册2269人，规范管理1917人，规范管理率84.48%，严重精神障碍检出率4.19%，全部纳入健康管理，健康管理覆盖率100%。

【传染病疫情报告与突发公共事件报告管理】 2018年，钦南区基层医疗机构登记传染病患者407例，填报传染病报告卡407份，报告及时率100%，报告突发公共卫生事件1例。

【结核病健康管理】 2018年，钦南区发现疑似肺结核病人和肺结核病可疑症状者445例，经初治拍片确诊为肺结核患者47例，结核病检出率10.56%。检出涂阳病人13人，涂阳病人检出率27.66%；治疗新涂阳病人12人，治愈率92.31%；报告患者和疑似患者的总体到位率92.37%。辖区同期经上级定点医疗机构确诊并通知基层医疗卫生机构管理的肺结核患者人数151人，管理151人，管理率100%。

【中医药健康管理】 2018年，钦南区开展中医药健康管理工作，老年人中医药健康管理覆盖人数30293人，健康管理率达56.26%。0—3岁儿童30678人，儿童中医药健康管理人数18950人，健康管理率达61.77%，达到工作目标。

【家庭医生签约服务】 2018年，钦南区17家基层医疗卫生单位均按辖区人口数，网格化成立相应家医服务团队管理，全区基层医疗卫生单位开展签约服务的家庭医生492人，组建家庭医生服务团队112个，采取分片包干，逐个展开的方式签约工作。该区总服务人口约54万人。2018年共签约服务人数223955人，签约率41.94%，重点人群签约率66.41%。农村建档立卡贫困人口24055人，签约24055人，签约率100%。

【疾病预防控制】 2018年，钦南区重点传染病预防控制和免疫规划工作，全区没有鼠疫、霍乱等甲类传染病发生，报告法定传染病累计4657例，发病率为874.39/10万，地方病无新发病例；实施结核病归口管理，年内，发现结核病进行全程督导和全程管理治疗，治愈率达92.31%；全区共报告手足口病1325例，其中重症病例14例，无死亡病例发生。

【艾滋病防控】 2018年，钦南区艾滋病防治工作坚持预防为主、综合治理，落实《钦南区遏制与防治艾滋病“十三五”行动计划》各项措施，推动防治艾滋病各项工作深入开展。继续开展防治艾滋病宣传教育，主要针对高危场所、流动人口和农民工开展全方位、多层次的宣传，营造示范区人人参与艾滋病防治氛围。全区累计发放宣传材料20700万份，制作或更新宣专栏、广告牌15板，通过电视台、电台、户外大型液晶显示器播放防艾宣传公益广告，直接或间接覆盖各类人群约20000万人，提高各类人群艾滋病防治知识知晓率。钦南区努力控制艾滋病新发感染和病死率，提高艾滋病患者生存质量，2018年全区新发现报告艾滋病感染者和病人165例，不高于2013—2015年报告病例平均数(175例)，下降5.71%；艾滋病在治病死率为0.84/百·人年，不高于1.5/百·人年，达到全区艾滋病防治工作考核核心指标要求。确保艾滋病疫情不反复、不反弹。

【地中海贫血防治】 2018年，钦南区落实防治地中海贫血资金4万元。年内，全区通过婚检和孕检开展地中海贫血筛查27180人，发现阳性5680人，发现阳性人员中：由婚检发现的1385人，孕期发现的4295人。地中海贫血为双阳692对，双阳中已经怀孕的597对，提前完成本年度双阳地贫基因诊断转诊任务(669对)，转诊成功率96.67%。

【传染病防控】 2018年，钦南区加强肝炎、痢疾、伤寒、乙脑、流脑、狂犬病、钩体病等传染病防治知识宣传，提高群众对传染病的自我防控意识。加强对霍乱、鼠疫监测工作，开展疾病防控疫情监测，及时掌握各种传染病疫情动态。全年报告乙脑病例0例，狂犬病病例2例，未发现有霍乱病人。

【医疗机构规范化管理】

改善医疗服务 2018年，钦南区重点做好优化诊区设施布局，营造温馨就诊环境；推行预约诊疗服务工作；努力改善医院急门诊环境和流程；开展便民门诊服务；落实同级医疗机构检查、检验结果互认机制。

实施分级诊疗工作 2018年，钦南区积极开展分级诊疗工作，明确分级诊疗转诊程序。开展了改善医疗服务行动计划、医院感染管理、护理质量与安全管理、医院和基层医疗机构医院感染管理等一系列检查、开展了医疗安全管理与风险防范专项整治。建立分级诊疗制度，通过加强基层首诊、双向转诊、急慢分治，建立上下联动的诊疗机制。严格执行基层首诊制度和双向转诊制度，要求首诊医师加强临床评估工作，无条件或无救治能力的，根据患方要求转诊至相应的上级医院，确保双向转诊工作的顺利运行。

医师定期考核、医师资格考试报名工作 2018年，钦南区做好医师定期考核工作，年内参加一般程序业务水平测试86人；2018年度卫生专业技术资格考试报名251人(其中中初级士:70人，初级师:132人，中级:49人)；护士执业资格考试报名72人；2018年医师资格考试各类考生报名共184人；做好住院医师规范化培训考试工作，年内参加住院医师规范化培训报名40人；其中中医专业住院医师规范化培训结业考核8人。促进医师管理规范，提高医师理论知识和技能。

卫生行政许可 2018年，受理卫生行政许可117家，审批发放公共场所卫生许可证117家(其中宾馆旅店20家，美发美容店68家，商场4家，KTV2家、影剧院3家、游泳场所2家、公共浴室16家)，发证审查率100%。

【药品集中招标采购】 2018年，钦南区各镇卫生院建立并严格执行基本药物采购制度，所有药物采购均经单位药事管理委员会商讨编制药品采购目录后，严格实行网上采购，采购价格执行中标价，无违规情况；各镇卫生院对药品的采购均通过规定的管理信息系统进行，采购流程为各镇卫生院编制药品采购目录，制作发送采购订单、对到货药品进行检查验收并进行网上确认。没有擅自采购非中标药品替代中标药品的现象，没有采购非中标品种情况；区直各医院通过自治区药品招标信息平台来统一采购，严格按照采购流程进行采购，实现药品统一招标及采购配送互联网交易；民营医院为自主采购。

【行风建设】 2018年，钦南区卫计局党组、纪检组与局属各单位签订了《钦南区卫生和计划生育局2018年度党风廉政建设和反腐倡廉责任书》，明确责任，落实到各分管领导、责任单位，实行一级抓一级，层层抓落实的局面。开展示警教育活动，组织干部职工集中观看警示教育片。做好受处分人员回访教育和解除处分工作，对1名受处分人员全部给予按时解除处分，使他们放下思想包袱，继续安心工作。组织钦南区卫计系统干部职工在元旦、春节、中秋等节前召开了廉政约谈专题会议。

【农村医疗卫生】 2018年，钦南区13个卫生院（中心卫生院）、145所政府办村卫生室全面实施基本药物制度。城市对农村卫生对口支援。开展对基层医疗卫生人员的培训，提高基层医疗机构的业务水平。妥善解决乡村医生养老生活部分补助。年内，强化基本公共卫生服务，政府通过购买服务的形式村卫生室承担40%的任务，为广大农村地区群众开展健康档案建档、慢性病管理、老年人健康管理和传染病防治等基本公共卫生服务，提高农民群众的健康水平，建设群众满意的乡镇卫生院。

【社区卫生】 2018年，钦南区4个城市社区卫生服务中心承担城市居民公共卫生服务均等化项目实施工作，建立居民健康档案14959万份；开展公众健康咨询活动43次；出版宣传栏数49期；参加健康教育讲座49次，参加人数1682人次；开展儿童保健15062人、孕产妇保健1348人、老年人保健8844人、慢性病管理4928人、重性精神疾病患者管理428人。开展城市社区卫生签约服务活动，开展多种医疗卫生服务，强化社区卫生的作用，着力“社区首诊”制度的实施，提高分级诊疗水平。

【爱国卫生】 2018年，钦南区开展第30个爱国卫生月活动，贯彻落实钦州市2018年自市区卫生创建申报工作，做好环境卫生综合治理和除“四害”工作。开展“清洁乡村·健康同行”活动，围绕创建自治区文明城市、国家园林城市有关目标，组织开展创建工作。

【卫生计生监督协管】 2018年，区卫计局做好区卫生监督协管工作，确保国家基本公共卫生服务项目顺利实施。加强人员培训。11月14日，举办全区基本公共卫生服务卫生监督协管知识培训班，培训卫生监督协管员78人，主要培训生活饮用水监督、学校卫生、学校传染病防控、艾滋病防治、医疗市场监管、职业卫生、食品安全事故等方面卫生知识。加强卫生监督指导。组织专业技术人员对全区17所乡镇卫生院、社区卫生服务中心的卫生监督协管工作进行指导检查。全区各类学校本底数178所，开展卫生监督巡查256次；生活饮用水供水单位本底数25家，开展卫生监督巡查100次；巡查医疗机构本底数182所，卫生监督巡查364次。

【公共场所卫生监督】 2018年，钦南区有C级住宿业20家，量化20家；C级游泳场所2家，量化2家；沐浴场所16家，量化16家；C级美容美发场所68家，量化68家。对游泳池池水水质抽检4份，合格率100%。浸脚消毒池检测余氯4份，合格率100%。区卫计局开展公共场所卫生监督检查，抓好艾滋病、控烟等工作。全区有公共场所经营单位489家，其中宾馆旅店110家，美发美容店323家，商场9家，沐浴场所43家，游泳场所4家。公共场所卫生监督建档489家，建档率100%。年内，现场审查117家，审查率100%，经现场卫生审查合格发放卫生许可证117家。对所有公共场所进行巡回监督检查1轮以上，重点对其经营环境卫生状况、公共用品的消毒管理、从业人员的持证情况、卫生制度落实情况进行监督检查，对检查中发现的问题提出限期整改措施，督促其加强自身管理，增强责任意识。下达监督意见书23份，对违法经营的13家公共场所进行行政处罚，共罚款12400元。

【消毒产品卫生监督】 2018年，区卫生计生监督所对城区药店、副食批发店、超市进行消毒产品监督检查，检查药店20家，超市5家，未发现有不合格消毒产品。

【生活饮用水卫生监督】 2018年，钦南区开展全区生活饮用水卫生监督检查工作，全区有集中式供水单位24家，其中镇级集中式供水10家，二次供水14家。年内，对供水单位监督覆盖率100%。在重大节假日、重大活动期间，区卫生计生监督所加强生活饮用水卫生监督工作，累计出动汽车12辆次，卫生监督员37人次，检查供水单位24家次。巡回检查全区生活饮用水集中式供水单位10家20户次，下达卫生监督意见书12份。

【学校卫生监督】 2018年，钦南区开展手足口病、艾滋病防控等卫生监督专项检查工作，检查全区城区范围内中心小学及农村学校。各学校均制订有《应对手足口病、甲型H7N9流感应急防控工作方案》等传染病防控制度；建立法定传染病疫情报告档案，落实有专人负责，建立有学生健康体检档案，预防接种证查验工作，做有学生晨检记录、学生因病缺课登记；出版有防病宣传专栏，艾滋病宣传专栏。高考期间，组织卫生计生监督员对我区高考考点学校的饮用水和传染病防控监督检查，预防突发公共卫生事件和传染病发生，保证高考顺利进行。

【放射源卫生监督】 2018年，钦南区对全区社区卫生服务中心及所有乡镇卫生院的放射科室进行检查。加强对开展放射诊疗工作的医疗机构的监督检查，重点检查放射诊疗机构的放射诊疗许可证和放射工作人员证持证情况；新、改、扩建放射诊疗项目预评价和控制效果评价及审查；放射防护用品配备、个人剂量监测、健康检查及档案建立情况；放射防护监测、警示标志设置情况；放射事故应急预案情况，放射诊疗制度的执行情况等。累计检查医疗机构20家，其中持有放射诊疗许可证16家；持有放射工作人员证29人；16家放射诊疗单位配备个人防护用品，18家放射诊疗单位放射诊疗场所的入口处悬挂有警告标志，有18家放射诊疗单位的设备开展放射诊疗工作场所检测。全区18家放射诊疗单位的放射工作人员开展个人剂量监测。对检查中发现的问题，卫生计生监督员下达卫生监督意见书，要求相关放射诊疗单位进行整改。

【手足口病防控监督】 2018年，区卫生计生监督所开展手足口病防控专项检查活动，检查公立医院19家，疾控机构1家。各医疗卫生单位制订有手足口病防控工作方案及工作预案，成立防控工作领导小组和应急救治专家组，建立传染病疫情报告制度，落实专人管理传染病疫情报告，疫情网络直报系统每天24小时畅通，并设立专用疫情报告电话，能及时启动发热门诊、体温检测站、预检分诊点，并对发热病人进行登记工作。各医疗单位加强医务人员手足口病防控知识培训，出版手足口病防控知识专栏。各学校制订手足口病防控工作方案及工作预案，落实疫情报告责任人，出版宣传专栏或版报，开展手足口病防控知识宣传学习。

【传染病防治监督】 2018年，钦南区对54家医疗卫生单位进行传染病防治监督检查，其中，镇级卫生院19家，其他医疗机构45家。主要对各医疗机构的消毒隔离制度执行情况、疫情控制措施执行情况和疫情报告工作进行监督检查。

【医疗废物处置监督】 2018年，钦南区卫生计生监督所对46家单位进行医疗废物处置监督检查。对区46家单位医疗废物进行排查分析，其中：检查镇卫生院15所，其他医疗机构30家，疾控中心1家。从检查情况看，大部分医疗单位制订有医疗废物应急预案，所产生的医疗废物严格按医疗废物实行分类收集包装，医疗废物暂存室基本符合环境保护、卫生要求，县医院能把传染病人或疑似传染病的排泄物进行严格消毒，把传染病或疑似传染病人的生活垃圾按照医疗废物进行严格管理和处置，医疗废物由县集中处置站统一焚烧处理，没有发现运送医疗废物车辆运送其他物品行为，医疗单位和集中处置站人员在处置医疗废物时都能按要求做好个人防护，医疗单位和集中处置站在进行医疗废物转移时，严格按医疗废物转移制度执行。年内，没有发现有医疗废物流失、泄漏情况发生。

【“两非”行为监督】 2018年，钦南区开展惩治“两非”（非法终止妊娠、非法鉴定胎儿性别）专项行动，出动卫生监督员122人次，检查公立医院19家次，个体诊所10家次。15家公立医院持有有效的母婴保健技术服务执业许可证，大部分公立医院B超室、检验室、妇产科的显著位置都悬挂严禁“两非”的警示标识。各医疗单位开展的引产都持有引产证明。从事助产技术、计划生育终止妊娠的人流或引产服务人员，部分取得母婴保健技术考核合格证，未发现非法终止妊娠和非法鉴定胎儿性别行为。个体诊所未发现有B超室、检验室、妇产科,也未发现出售停止终止妊娠药品,不具备从事“两非”的基本条件。检查从事助产技术、计划生育终止妊娠的人流或引产服务人员累计75人,其中取得母婴保健技术考核合格证的服务人员75人。

【医疗机构卫生监督】 2018年,钦南区对全区180家医疗卫生机构进行监督检查,共查处卫生医疗案件13起,其中非法行医案件7起,实施卫生行政处罚13宗,罚款102000元。对检查过程中发现的存在问题及时提出整改意见,要求检查单位及时整改。

【“一免两补”幸福工程实施】 2018年,钦南区落实配套婚检资金21.64万元。全区免费婚检97.84%(7962/8160)。全区产妇数8134人,应做产前筛查人数5772人产前筛查4852人,产前筛查率84.08%;筛查发现阳性532人,阳性率10.96%,获产前筛查补助5658人。全区活产婴儿8194人,开展新生儿疾病筛查8049人,新生儿疾病筛查率98.23%;新生儿疾病初筛查阳性162人,阳性率2.13%;获新生儿筛查补助累计8904人。

【“育龄妇女叶酸补服”项目】 2018年,钦南区继续实施“育龄妇女叶酸补服”项目,增补叶酸预防神经管缺陷。年内,全区领取叶酸育龄妇女11110人,目标人群增补叶酸知识知晓率99.96%,叶酸服用依从率88.64%。

【新生儿疾病筛查补助】 2018年,钦南区活产数8194人,新生儿疾病筛查率为98.23%。新生儿筛查补助率100%。辖区听力筛查率97.68%,产前筛查率84.08%,比2017年产前筛查81.08%提高3个百分点。产前筛查补助率100%。

【地中海贫血防治】 2018年,钦南区双阳夫妇地贫基因诊断对数2061人,地贫基因诊断率96.72%,地贫基因诊断同型基因数609人,需要做地贫产前诊609例,做地贫产前诊605例,地贫产前诊断率99.34%。需要终止妊娠48例,已终止妊娠48例,终止妊娠率100%。重型地贫胎儿干预率1例100%。

【母婴传染病阻断项目】 2018年,钦南区接受初次产前保健孕妇有12240人,接受HIV抗体检测咨询12196人,接受HIV抗体检测咨询率99.6%;孕妇接受HIV抗体检测12196人,孕妇接受HIV抗体检测率99.6%。分娩产妇13372人,分娩产妇接受HIV抗体检测13372人,分娩产妇接受HIV抗体检测率100%。分娩产妇在孕期接受HIV抗体检测13329人,分娩产妇在孕期接受HIV抗体检测率99.7%。接受初次产前保健孕妇有12240人,接受梅毒抗体检测12196人,接受初次产前保健孕妇接受梅毒抗体检测率为99.6%。接受初次产前保健孕妇有12240人,接受乙肝表面抗原检测12196人,接受初次产前保健孕妇中接受乙肝表面抗原检测率99.6%。乙肝表面抗原阳性产妇数1337人,乙肝表面抗原阳性产妇数所生活产数1339人。新生儿注射乙肝免疫球蛋白率100%。

【出生医学证明管理】 2018年,钦南区规范出生医学证明的出入库登记、签发、换发、补发、废证管理、印章分开管理工作,确保出生医学证明的规范发放。发放出生医学证明14073本。区内机构出生的活产儿13527人,当年活产儿发证12674人,当年发证率93.69%;出现废证46本。严把出生证补发关,严格按规定程序补发出生证,补发出生证180张。

【钦南区人民医院简介】 钦南区人民医院位于钦州市南珠东大街水东路4号,用地总面积22600平方米,是钦南区唯一一所县区级综合性医院,承担钦南区48万多人民群众基本医疗服务及危重急症病人的抢救以及对乡镇卫生院、村卫生室的业务技术指导和卫生人员的进修培训任务。医院新址位于尖山街道办附近,是国家医改中央预算内投资建设的县区公立医院项目——钦南区人民医院扩建项目。医院编制病床位240张,实际开放250张。编制数106个,编制人员97人,有在职职工312人。2018年,钦南区人民医院除抓好医院基本医疗服务工作和医改重点建设项目外,还良好完成了其他卫生工作任务,落实逐级转诊制度。是年,向上级医院转诊117人次。出诊救护1320次。派出医学专家参加健康教育宣传相关活动210人次。接收钦南区各镇卫生院和村卫生室中各类卫生技术人员的进修、培训人数4人次。开展该院职工继续医学教育、培训1650人次。接收柳州医学高等职业学校、北海卫校、钦州卫校实习生45人。举办继续医学教育培训班10期。派出各类医学专家成员参加本区医疗机构校验62人次,并进行业务技术、预防保健、康复和精神卫生等工作指导。医学教育参培率100%、“三基三严”考试合格率95%、入出院诊断符合率91.3%、治愈好转率97.3%、处方书写合格率98.5%、病历书写合格率92.3%以上，医院感染管理质量等工作持续改进。

人口和计划生育

【概况】 2018年，钦南区继续深化计划生育服务管理改革。落实全面两孩政策，改善妇幼健康服务，促进流动人口基本公共卫生计生服务均等化；加大卫生计生事业改革发展保障力度。争取落实政府投入责任，推动基本公共卫生服务项目资金分配方式改革，加强人才队伍建设和卫生计生行风建设。继续落实全面二孩政策。从2017年10月1日至2018年9月30日，钦南区总人口48.16万人，已婚育龄妇女11.43万人。共征收社会抚养费787.69万元。全区出生7881人，人口出生率为13.10‰，同比降低1.88个千分点；人口自然增长率为8.73‰；符合政策生育率为93.50%，同比上升1.33个百分点；出生人口统计合格率为98.4%，同比下降0.39个百分点；出生性别比为108.71，同比降低3.79；全区人口信息数据库准确率为98%。

【计生宣传教育】 2018年，钦南区各镇、场(街道)及所辖各个村委、社区都成立了计生协会，钦南区计生协会开展活动内容丰富、形式多样，通过拉横幅、发宣传资料、避孕套、妇科咨询等形式，大力宣传爱心保险的好处，积极动员群众参加爱心保险。利用“5·29”协会会员宣传活动日，在钦州市二马路体育场举办“5·29”协会会员活动文艺演出。演出当天，通过文艺演出互动发放计生政策宣传小册子等，宣传普及1200余人次。各镇(场、街道)计生办共举办宣传活动12场，宣传普及4120余人次，各村举办宣传活动13场，宣传普及5250余人次，发放宣传资料6000多份，围裙环保袋等宣传品6000多份，妇科咨询1000余人次，测血压700余人次。

【技术服务】 2018年，钦南区开展“婚育新风进万家”活动。全区查环、查孕10818人次、为育龄妇女进行生殖道健康检查59895人次。其中，子宫肌瘤6人，宫颈癌2人，乳腺癌1人。节育术后对象随访2130人次。上门、门诊咨询服务8409人次。年内，增投近10万元安置9台自助式药具箱及150个免费药具自取箱为育龄人群提供免费避孕药具。

【综合治理】 2018年，钦南区严厉惩治“两非”违法行为，进一步完善机制，加大整治力度。钦南区召开全区各镇(场、街道)及成员单位性别比综合治理工作专题会，分析存在的突出问题，明确各镇(场、街道)和成员单位在工作中的职责，对性别比工作和其中的各个环节进行周密的部署，通过设立举报箱，张贴发放有奖举报公告，公布举报电话等措施，建立孕妇B超检查登记制度、胎儿性别鉴定及终止妊娠批准制度、孕情监测和随访服务等8项制度。1—9月，联合查处钦州市中医院“两非”案件和钦州市九洲医院“两非”案件2起，把该案例录入全国“两非”案件信息管理系统，完成相关程序。严格终止妊娠手术审批制度。对于孕14周以上需要引产的妇女，该区建立由村(居)委、镇(街道)计生办、区卫生计生局组成“三级”审核制度，严格审批规程，医疗单位必须凭卫生计生部门开出的引产介绍方可做引产手术，做好相关记录。

【“幸福家庭”建设】 2018年，区卫计局牵头，联合区计生协会在春节期间带着党的关怀和亲切问候，走访慰问全区失独家庭、独生子女、双女结扎户，共慰问了218户家庭，其中失独家庭17户，独生子女194户，双女结扎7户。送去慰问金6万多元，慰问品17份。

【计划生育奖励扶助】 2018年，钦南区继续实施计划生育家庭奖励扶助和计划生育公益金制度，开展生育关怀和关爱女孩行动，进一步制定和完善在就业培训、合作医疗、扶贫开发、新技术推广以及社会保障、社会救助等方面对计划生育家庭的优先优惠政策，形成多层次、多渠道的扶助计划生育家庭工作机制。年内，全区核实确认国家级老年奖扶对象568人，广西级奖励对象223人，发放奖扶金97.848万元；国家级特别扶助对象49人，全部兑现独生子女保健费。

【流动人口服务管理】 2018年，钦南区规范服务管理，流动人口生育服务登记，实行承诺制，推进全区人口基础信息库和人口健康信息化建设，不断完善全员人口数据库，与相关部门信息互联互通。2月，建立完善《钦南区出生人口信息共享制度》，实现与发改、公安、民政、人社、统计等部门信息共享，为加强推进计划生育服务管理工作提供信息支撑。按照国家要求开展流动人口动态监测工作，5月，在南珠街道城西社区和鸿泰社区开展流动人口动态监测；两个点的抽样调查均能根据国家要求按时按质完成抽样调查工作。

【计生协会组织建设】 2018年，钦南区各级计生协工作有专人负责，保障协会各项工作开展。我区共有镇级计生协会17个，村(居)级计生协会161个，并在河东工业园、蓝天丽都等7个园区和物业小区成立了流动人口计生协会。各镇(场、街道)村(居)计生协会做到了有牌子、有班子、有阵地、有制度、有活动、有档案。

【人口统计】 2018年，钦南区(区间内)人口出生7881人，死亡2629人，自然增长率为8.73‰，比上年同期下降1.56个千分点。妇幼活产报表区间内出生8102人，男孩总计出生4220人，女孩3882人，性别比为108.71；区间内计划内出生7369人，出生政策符合率为93.50%。共完成孕前优生健康检查夫妇2389对，完成覆盖的任务95.18%；妊娠结束随访率100%；早孕随访率100%；优生知识知晓率达到86.31%，针对孕前检查的高风险人群，优生咨询指导率达到100%；区间内产妇数8135人，产前筛查人数4852人，产前筛查率84.08%。计划生育应奖励扶助1674人，已扶助1674人，奖励扶助政策兑现率100%。享受免费技术服务2077人，流动人口免费技术服务率达99.33%。数据库录入区间内出生7704人，桂妇儿女方户籍分娩总数7773人，录入及时率为99.11%，高于责任指标4.11个百分点。

【全区卫生和计划生育工作会议】 2018年4月13日，在区行政信息中心召开，会议传达贯彻上级卫生计生工作会议精神，全面总结2017年钦南区卫生计生工作，分析当前卫生计生工作面临的形势，研究部署2018年全区卫生计生重点工作任务。区委常委、宣传部部长、副区长赖廷耀出席会议并讲话，区卫计局党组书记、局长陈福隆作工作报告，区政府督查室主任黄海主持会议。区直各相关单位、各镇(场、街道)分管领导，全区医疗卫生单位负责人，区卫计局领导班子和各股室负责人参加会议。

(区卫生和计划生育局)

民政社会事务

民政事业

【概况】 2018年，钦南区民政局（简称区民政局）内设办公室（行政审批股）、救灾救济办公室、优抚安置股、基层政权股、民间组织和区划地名股、社会福利和社会事务股、法制股、拥军优属拥政爱民工作领导小组办公室、老龄工作委员会办公室。行政编制9名，实有11人，局长1名，副局长3名。下辖钦南区城乡居民最低生活保障管理中心、钦南区民政局婚姻登记处、钦南区低收入居民家庭经济状况核对中心、钦南区社会福利院、钦南区民政福利公司5个二层机构。是年，区民政局开展社会救助和社会福利事务、救灾救济、优抚安置工作，完善养老服务基础设施建设，促进养老服务发展，推进社区服务用房项目建设，加强社会组织和行政区划管理。

【城乡居民最低生活保障】 2018年，钦南区城乡低保对象12186户23670人，全年发放低保资金6007.7万元。年内，严格执行救助标准和补助水平，按时足额发放城乡低保金。农村低保平均补助水平从2017年的170元提高到191元，城市低保补助水平从2017年的330元提高到371元，超过自治区180元和350元以上的标准。切实抓好低保与扶贫政策衔接，助力脱贫攻坚，确保全区符合条件纳入农村低保范围的建档立卡贫困户2352户、5699人能及时领取低保金。区民政局结合开展扶贫领域腐败和作风问题专项治理工作，开展对民政救助对象进行拉网式排查行动。经核查，停发城市低保对象432户共897人，农村低保对象1876户共3458人，追回违规发放低保救助金40.96万元。

【特困供养救助】 2018年，区民政局严格落实特困供养人员基本生活费和照料护理费标准。农村和城市特困人员生活费分别从2017年的320元和650元提高到360元和715元。照料护理费从420和840元提高到504元和1008元。按时足额向全区城乡特困供养对象共3251人发放供养救助金共1136.68万元。向全区特困人员发放临时价格补贴5080人次、5.4万元。做好特困人员生活自理能力评估工作。评估生活半自理特困人员35人，评估生活完全不能自理特困人员42人，共发放护理补助62.6万元。

【城乡困难群众就医救助】 2018年，区民政局按时为城乡特困人员、不是建档立卡贫困户的低保对象缴纳城乡基本医疗保险费，共为24413人支出城乡基本医疗救助资金322.3万元。将2018年预脱贫的建档立卡贫困人口纳入医疗救助范围，共救助12人，救助金额2.976万元。救助特困人员住院和门诊即时结算医疗费用369.5万元，3781人次。对因病、因灾等特殊原因造成临时困难的群众1535人提供临时救助，发放临时救助资金117.1万元。

【残疾人“两项补贴”发放和流浪乞讨人员救助】 2018年，钦南区发放8340人残疾人“两项补贴”（残疾人困难补贴、重度残疾人护理补贴）资金403.33万元。全面开展联合巡查救助，劝导、引导生活无着流浪、乞讨人员到救助管理机构或开放式救助点接受救助。救助流浪乞讨人员18人，支出救助资金7.6万元。

【优抚安置】 2018年，钦南区按时足额为2596名优抚对象发放抚恤补助金和优待金共1246.13万元。为31名2017年新兵入伍的大学生新兵发放一次性奖励资金10.2万元。为54名优抚对象发放医疗等救助金21.2万元。为1835名低收入优抚对象发放临时价格补贴5.94万元。年内发放义务兵家庭优待金648.78万元。开展春节、“八一”慰问活动,支出慰问经费106万元。组织开展退役士兵和其他优抚对象信息采集工作,信息通过自治区民政厅审核率96.7%以上。根据《退役士兵安置条例》,安置8名退役士兵。发放退役士兵经济补助83人、经费118.35万元,为58名退伍士兵报名参加汽车驾驶培训,共补助培训经费18.56万元。

【养老服务】 2018年,钦南区建成文峰街道三宣堂社区和文昌社区两个居家养老服务中心并投入运营,为社区老人提供养老服务。公建民营单位钦南区茂盛老年公寓正式挂牌投入运营,规范管理,发挥社会效益。

【儿童福利事业】 2018年,区民政局及时更新完善农村留守和困境儿童信息库。定期组织各镇(街道)对农村留守和困境儿童进行全面的摸底排查,重新核对留守和困境儿童信息,在摸清底数的基础上,建立信息库,健全信息报送机制,为细化完善关爱保护政策措施提供基础数据支持,提高农村留守和困境儿童关爱保护工作精准度。年内为246名社会散居孤儿发放生活保障金153.9万元。

【社区建设】 2018年,钦南区加快城市社区建设步伐,投入资金33万元完善农村社区基础设施建设。投入资金100万元建设文峰街道新隆社区、中山社区、三宣堂社区三个社区服务站。落实5个2017年自治区级农村社区试点建设任务,推进24个农村社区试点建设工作。

【区划地名建设】 2018年,区民政局参与钦北区、钦南区和灵山县(区)级界线三面型界桩的联合检查工作,按国家和自治区的要求完成对普查数据的三轮整改上报和国家普查办二轮检查验收。

【民间组织管理】 2018年,钦南区注册登记的社会组织共125个(其中:社会团体46个,民办非企业单位79个),新成立登记的社会团体5个,新成立登记的民办非企业单位3个;参检的社会组织共125个(其中:社会团体46个,民办非企业单位79个),年检合格率100%。

【防灾减灾】 2018年,钦南区为全区74537户农户购买农村住房政策性保险,保险费合计84.23万元。其中,自治区承担保费63.78万元,市级承担保费10.23万元,区本级承担保费10.22万元。年内因灾出险60户,获得保险理赔45.85万元。按时完成因灾倒房重建24户,发放倒房重建补助资金48万元。积极开展备灾工作,全面提升防灾减灾救灾综合能力,年内完成自治区综合减灾社区认证任务24个,全部通过自治区核验,在广西区排名第七位。做好防灾减灾宣传、演练工作。5月12日全国“5·12”防灾减灾日期间联同市民政局、钦北区民政局在钦州湾广场拉横幅挂防灾减灾宣传图、发放防灾减灾知识宣传资料、宣传手册,使广大民众了解防灾减灾救灾知识和避灾技能。10月15日在钦南区福利中心联同市民政局、镇(场、街道)民政办举行救灾演练。

【婚姻登记】 2018年,钦南区共办理结婚登记4328对,离婚登记1346对,补办婚姻登记证件875对,各项合格率、满意度达100%。

【老龄工作】 2018年,钦南区按时发放131412人次高龄老人生活补贴363.49万元;走访慰问百岁老人60人,发放慰问金3万元。慰问老年协会10个和钦南区福禄寿养护院1个,发放慰问金6.6万元。及时办理60周岁以上老年人优待证668本。投入资金7万元资助3个老年协会建设。自治区示范性老年协会建设项目1个、项目资金3万元(钦州市钦南区龙门港镇东村村委老年协会),钦州市2个项目资金共4万元(那丽镇圩镇居委会老年协会、康熙岭镇横山村委老年协会两个协会资金各2万元)。

【殡葬改革】 2018年,区民政局代区政府拟定《钦南区殡葬领域突出问题专项整治行动实施方案》,做好殡葬改革工作。 (区民政局)

民族事务

【概况】 2018年,钦南区民族事务局(简称区民族局)编制2名,实有5人。是年,区民族局加强民族政策法规宣传、开展民族团结进步创建活动、民族民俗节日活动,加强对少数民族群众扶持。钦南区有汉族、壮族、蒙古族、回族、藏族、维吾尔族、苗族、彝族、布依族、朝鲜族、满族、侗族、瑶族、白族、土家族、傣族、黎族、畲族、水族、纳西族、达斡尔族、阿昌族、京族等38个民族(2010年人口普查时数据),少数民族人口8.3万人(2010年人口普查时数据),少数民族中以壮族人口居多,壮族人口7.7万人(2010年人口普查时数据),主要聚居在黄屋屯镇、康熙岭镇和城区4个街道。

【民族团结进步创建活动】 2018年,区民族局结合"美丽广西·宜居乡村"和科普"三下乡"活动,分别到学校、乡村、区直单位、企业、社区等开展宣传活动,拉横幅21条,张贴标语150张,制作宣传板报10块,更新宣传橱窗内容6块,发放资料8000多份,发宣传袋600多个,赠送民族知识笔记本2500多本。4月1日—30日,在区行政信息中心电子屏幕滚动宣传民族政策一个月。

【基础设施建设】 2018年,区民族局争取项目资金148万元,建设长32米、宽18米、厚0.2米的钦南区黄屋屯镇料连村委北振村那留队篮球场及附属工程(水泥混凝土球场、瓷砖画线、安装篮球架);建设长32米、宽18米、厚0.2米的钦南区黄屋屯镇料连村委江那3队篮球场及附属工程(水泥混凝土球场、瓷砖画线、安装篮球架);建设长321米、宽3.0米、厚0.2米的钦南区黄屋屯镇料连村委四团梁屋队村级水泥混凝土道路;建设长825米、宽3.0米、厚0.2米的钦南区黄屋屯镇料连村委踅家埠村村级水泥混凝土道路;建设长874米、宽3.0米、厚0.2米的钦南区黄屋屯镇料连村委米律村村级水泥混凝土道路;建设长270米、宽3.0米、厚0.2米的钦南区黄屋屯镇料连村委大角村村级水泥混凝土道路;建设长32米、宽18米、厚0.2米的钦南区黄屋屯镇金竹村委米利村水泥混凝土篮球场(混凝土球场、瓷砖画线、安装篮球架);建设长10米、宽8.0米、高1.0米、厚0.2米的钦南区黄屋屯镇金竹村委米利村水泥混凝土舞台台面;建设长751米、宽3.0米、厚0.2米的钦南区黄屋屯镇加其村委琴棋坪6队村级水泥混凝土道路;建设长20米、高2米、厚0.4米的钦南区黄屋屯镇加其小学围墙;建设长298米、宽3.0米、厚0.2米的钦南区黄屋屯镇屯安村委那铺村村级水泥混凝土道路;建设钦南区黄屋屯镇屯显村人畜饮水工程;建设长315米、宽3.0米、厚0.2米的钦南区黄屋屯镇料连村委江那3队水泥混凝土道路;建设长125米、宽3.0米、厚0.2米的钦南区黄屋屯镇料连村委排沙村水泥混凝土道路;建设长32米、宽18米、厚0.2米的钦南区黄屋屯镇料连村委料北村篮球场和建设长10米、宽8米、高1.0米的钦南区黄屋屯镇料连村委料北村舞台;建设长65米、宽3.0米、厚0.2米的钦南区黄屋屯镇料连村委料北村水泥混凝土道路;建设长32米、宽18米、厚0.2米的钦南区金竹村委竹围村篮球场。建成后解决11个自然村、1562户、14820名少数民族群众出行、饮水、文化娱乐问题。

【脱贫攻坚】 2018年,区民族局深入联镇包村点黄屋屯镇金竹村委,筹集资金40000多元,向9户贫困户发放鸡苗1000只、尿素825公斤、复合肥200公斤、磷肥600公斤、钾肥250公斤、杂优水稻种子73.5公斤;2018年春节慰问贫困户9户,每户发放一包米、一瓶油、慰问品折价200元,每户慰问金100元。

【信息调研】 2018年,区民族局继续完善民族关系监测评价处置机制,在少数民族聚居镇和街道配齐了民族关系信息员、协调员队伍,定期进行培训。通过信息员全面监测了解辖区内少数民族动态。完善和健全向阳街道办事处城中南社区少数民族流动人口服务站,并与工商等部门沟通,及时了解外来经商办企业的少数民族人员的动态。同时做好民族工作信息撰写和上报工作,全年共撰写上报民族工作信息26条,被自治区民委采用4条,广西民族报采用4条。

【民族团结进步创建宣传月活动】 2018年,区民族局在黄屋屯镇中学、圩镇、车站、圩埠派出所、金竹小学、区直单位、企业、屯南村委等拉横幅21条,张贴标语150张,制作宣传板报10块,发放宣传资料8000多份宣传袋600多个、赠送民族知识笔记本2500多本、宣传袋2000多个。4月1日—10日,在钦南区行政信息中心通过电子屏幕滚动宣传民族政策一个月播放民族政策、法律、法规和民族基本知识,播放时长30天。在黄屋屯镇屯南村、水东街道东南社区五里桥社区、南珠街道更新宣传橱窗6块。

【民族民俗节日活动】 2018年,区民族局在"三月三"期间,联合区委宣传部、区委统战部、区教育局、区文体广电局、区商务局、区文联、黄屋屯镇政府等有关部门,组织开展"壮族三月三"民族民俗节日系列活动。

“壮族三月三”校园系列活动。2018年4月13日在黄屋屯中学（钦南区民族中学）校园内开展活动。组织少数民族学生进行打陀螺竞赛、三人板鞋竞速、“两人三足”趣味竞跑比赛、投绣球竞赛、滚铁圈比赛、踩高脚竞速、踢毽子竞赛、三人趣味拔河比赛、壮族三棋比赛、跳壮族方格（俗称跳大海）比赛等少数民族传统体育项目比赛，参加比赛人员穿民族服装。开展民族团结进步创建进校园活动，全体师生群众参与少数民族传统体育项目互动趣味游园体验活动。举办少数民族老师学生群众民族歌舞演出活动。制作宣传板报，宣传民族知识民族政策民族工作和《中华人民共和国国家旅游法》《广西旅游条例》。参加比赛人员穿民族服装，共有300多学生参加比赛，现场观看老师学生群众2000多人。根据比赛结果，每项比赛奖励前3名，发放奖状和奖金。比赛之前，组织学生穿着民族服装，唱壮族迎客歌，敲打竹竿，跳竹竿舞迎接客人。开展民族团结进步创建进校园活动，文艺演出由老师和学生表演自编自演民族歌舞。同时，制作民族知识民族政策民族工作等宣传展板，向老师和学生发放宣传资料。

“壮族三月三”关爱少数民族留守儿童城乡手拉手活动。2018年4月14日在黄屋屯镇金竹小学组织城区各族儿童与金竹村少数民族留守儿童进行手拉手联谊游园活动。开展城乡少数民族儿童进行民族歌舞演唱、传统体育项目比赛活动、民族知识民族政策有奖抢答、趣味游园体验比赛。其中趣味游园比赛项目有二人板鞋竞速、“两人三足”趣味竞跑、投绣球、接力竞跑、背气球竞跑等6个比赛项目。趣味游园互动项目有滚铁圈、踢毽子、托乒乓球抢跑、抛色子、敲铜锣、抛圈等6个项目。游园活动期间扦插民族知识民族政策有奖抢答。同时，参加活动的小学生自编自演民族歌舞，活动现场还开展互动项目，现场气氛非常活跃。

“壮族三月三”文化乐民联欢活动。2018年4月15日在黄屋屯镇屯南村委办公楼前，组织各族群众进行民族歌舞表演，中间扦插民族知识民族政策有奖抢答，共有8支舞蹈队进行民族歌舞表演，现场观众1000多人。

“壮族三月三”文艺演出。2018年4月16日在黄屋屯镇客运中心，组织山歌爱好者6人进行对唱、组织岭头队进行岭头表演、组织少数民族8人进行民俗表演、民族特技表演、民族歌舞演唱。参加演唱人员穿民族服装，演唱民族歌舞歌曲。

“壮族三月三”北部湾第四届民族美食节活动。2018年4月16日在黄屋屯镇客运中心举办第四届北部湾民族美食节活动，组织民族特色食品展示和品尝，组织少数民族群众进行民族风俗展示，印制民族知识民族政策宣传手册读本和《中华人民共和国国家旅游法》《广西旅游条例》宣传手册读本等宣传资料向群众发放。一天美食活动，活动内容丰富多彩，美食品种多，民族风俗展示让游客流连忘返，回味无穷。

那雾山“壮族三月三·八桂嘉年华”系列活动。2018年4月18日在那丽镇那雾山组织少数民族群众学生旅客开展系列活动：竹杠迎客、龙狮闹春、民族歌舞演唱、民族传统体育项目互动趣味游园体验活动。在景区大门，组织学生穿着民族服装，唱壮族迎客歌，敲打竹竿迎客，演出场地周围，游客自由进行抛绣球、踢毽子、打陀螺、滚铁圈互动等体验活动。

【慰问活动】 2018年，区民族局慰问少数民族群众7户、少数民族居民2户、退休干部4人，少数民族党员2名，每户（名）慰问品价值200元，慰问金200元。慰问金共计6000元。

钦南区欢度2018年“壮族三月三”文化乐民联欢活动

（区委宣传部　供稿）

【民族成分变更】 2018年，区民族局按照国家更改民族成分相关政策，做好更改民族成分变更材料审核工作。年内，咨询民族成分变更有43人，符合条件的有13人，办理变更13人。（秦雪丹）

宗教事务

【概况】 2018年，钦南区宗教事务局（简称区宗教局）有人员编制1名，实有1人。辖区内有佛教、道教、基督教、天主教、伊斯兰教5种宗教，经政府批准开放的宗教场所有钦州市基督教堂、钦州市天主教堂、康熙岭伏波庙、黄屋屯镇基督教聚会点、丽光场基督教聚会点、久隆镇基督教聚会点、龙门港镇基督教聚会点共7处，有教职人员11人，信教人数7009人，分布在钦州市城区、康熙岭、黄屋屯、丽光场、久隆、龙门港镇。是年，区宗教局做好学习、宣传、贯彻新修订的《宗教事务条例》活动、坚持宗教中国化活动、建立健全三级宗教工作网络和镇村两级责任制、“宗教政策法规学习月”活动、加强意识形态工作。各宗教团体协助中国共产党和人民政府贯彻执行政策法规和方针政策，坚持独立自主自办的原则，团结信教群众，爱国爱教，遵循国家有关法律和教义教规，过着正常宗教生活。

【《宗教事务条例》学习宣传】 2018年，区宗教局将新修订《宗教事务条例》学习宣传贯彻工作纳入2018年全区宗教工作要点。2018年6月份集中开展了宗教政策法规宣传月，重点对新修订的《宗教事务条例》进行宣传，向7个宗教场所发放条例和宣传画册。

【爱国教育】 2018年，区宗教局在康熙岭伏波庙试点开展民族团结进步创建活动进宗教场所活动，从自治区民宗委争取10万元经费用于伏波庙的修缮经费支持创建活动。加强宗教信徒爱国主义教育，在康熙岭伏波庙、黄屋屯基督教聚会点、丽光场基督教聚会点、久隆镇基督教聚会点等宗教场所设立旗杆旗台，在国庆等重大节日以及重大宗教活动时举行升挂国旗仪式。

【“宗教慈善周”活动】 2018年9月，区宗教局举办开展“宗教慈善周”活动，结合脱贫攻坚工作，明确3户少数民族困难群众作为结对帮扶对象，帮助贫困少数民族群众早日脱贫致富，促进民族团结，组织宗教界代表人士慰问少数民族特困老人和五保老人。发动市佛教协会向钦南区捐赠16万元支持脱贫攻坚工作。

【宗教工作网络和责任制建设】 2018年，区宗教局建立区、镇（场、街道）、村（社区）三级宗教工作网络和镇（场、街道）、村（社区）两级责任制，聘请48名村级宗教风险防范员。推进落实好三级宗教工作网络，区宗教局与各镇（场、街道）签订责任状，从2018年10月1日起，各聘任的村级宗教风险防范员发放50元/月的通讯补贴。

【出版物管理】 2018年3月，区宗教局分别联合区文体局文化执法大队、市宗教局对辖区内宗教场所、民间信仰场所各开展一次惩治非法宗教出版物、印刷品、音像宣传品及有害信息的集中检查行动。检查《圣经》《赞美书》《宗教法律法规》《认识佛教》《最新忏悔文》等470本出版物，对查出的4本违背中国化的非法出版物当场销毁。（陈　繁）

镇街道概况

沙埠镇

【概况】 沙埠镇位于钦南区中部，钦州市东郊。东与那丽镇、东场镇接壤，南与大番坡镇、钦州港毗邻，西与尖山街道隔江相望，北与久隆镇相连，是传统的农业大镇。境内路网纵横交错，有南北高速、六钦高速、桂海高铁、南北二级公路、进港公路、进港铁路、钦陆一级公路贯穿，交通便捷。镇政府驻钦州市钦南区南珠东大街90号。2018年全镇总面积145.4平方公里，辖望埠、坭桥、沙寮、田寮、海棠、大石古、下南山、沙埠、平艮、分界、桥坪、油埠、明天、大岭、油路共15个村委会（社区居委会），156个自然村，168个村民小组，年末总人口48022人，农业人口40412人，多为汉族，通行粤语。耕地面积1982公顷，农田有效灌溉面积1052公顷，粮食播种面积3802公顷，经济作物种植面积1498公顷。是年，沙埠镇按照中共钦南区委"一机遇、三争创、四打造、六重点"工作思路，坚持稳中求进工作总基调，抓队伍管理，征地搬迁和项目建设，环境保护、脱贫攻坚、宜居乡村、社会治理等重点工作。全年全镇社会固定资产投资完成46.1亿元，规模以上工业实现产值4.51亿元，完成财税收入1.96亿元，农民人均可支配收入15886元。

【招商引资及营商环境建设】 2018年，沙埠镇依托市区"东拓南扩"建设和临港工业发展的辐射作用，加大产业结构调整，强化招商引资和营商环境建设。开展"服务企业年"活动，建立与企业沟通机制及走访服务制度，年内对辖区内投资100万元以上的企业进行全面摸排，开展服务活动，协调解决益仁物流企业补征土地、光大集团配套工程项目房屋搬迁、皇庭天麓湖地产项目施工遭阻等问题。加大招商引资力度，树立工业强镇理念，实现工业提质扩量，做大做强工业经济。年内共引入项目建设资金11.2亿元，完成全年任务9亿元的124.4%。

【征地搬迁】 2018年，沙埠镇立足于服务全区、全市发展大局，通过项目征搬服务市、区大局工作。全年完成新征土地705.15亩，签订房屋搬迁协议66户，搬迁房屋14户，迁移坟山324丘，清场交地1081亩。推进菩提路、凌云街中段、绿州路、兰海高速改扩建等项目，金海湾东大街延长线、南珠东大街东延长线、南北二级公路改扩建项目扫尾工作。南珠东大街东延长线、安州大道（中段）全线贯通。东方园林项目仅用2天完成征地协议签订工作。加快推进高新区一期内B1地块、A5-2、E2地块、金州路等一批项目。做好城东安置点、新老丁安置就业用地、石门坎、山口队就业用地的征搬工作。查违控违效果显著，共拆除违章建设50宗，面积83750平方米。

【新农村建设】 2018年，沙埠镇以打造宜商宜居新镇为目标，完善农村基础设施建设，营造新农村"洁齐美"的城乡环境。全年共投入资金238.5万元，开展生态乡村建设活动。建造垃圾池157个，村级垃圾焚烧炉7个；配备人力三轮车、手推车133辆，垃圾运输车3辆，垃圾箱桶1700个；配备村级保洁员110名，聘请镇级保洁员38名；保洁费实收44.01万元，收取率为96.14%，完成危房改造29户；利用2018年度革命老区转移支付资金项目开工建设望埠村委会水沙江至木叶坪道路；完成坭桥村委会至那宾村3公里道路铺设并顺利通车，受益群众2863人，解决8个自然村群众"行路难"问题。

【脱贫攻坚】 2018年，沙埠镇按照

“两不愁三保障”、“十一有一低于”标准，完善精准帮扶工作机制，强化帮扶责任，抓牢抓实精准扶贫工作。贫困村油埠村实现脱贫摘帽，贫困户102户、410人脱贫。规范对垠桥、分界、平银、油埠4个贫困村村级集体经济资金的使用管理，选准特色产业，加大产业扶贫力度，4个贫困村村级集体经济年内收入均达3万元以上。全年有225户农户申请产业奖补，申请资金75.84万元。7月，由钦南区易地搬迁安置点175名建档立卡贫困户家庭代表组成的桥坪新村社区村民小组成立，社区安置点设立值班室，安装监控摄像头，安排19个保安、保洁、水电维修、物业等公益性岗位，解决贫困户就业问题，让群众搬得来，住得稳，生产井然有序，生活安居乐业。

【扫黑除恶及治安防控】 2018年，沙埠镇深入开展扫黑除恶专项斗争，确保社会和谐稳定。是年，悬挂宣传横额106条，张贴标语海报240份，发放资料8000份，制作固定标语9条。抓获违法犯罪分子31人，其中刑拘13人，批捕18人，收容吸毒人员22人，行政拘留41人，罚款46人。扫除望埠村委涉黑恶势力团伙1个，抓获6人。破获大石古村委敲诈勒索团伙1个，抓获1人，缴获作案面包车1辆。同时，加强信访法治化建设，完善社会治安防控体系，创新建设“流动纠纷调解工作队”，把矛盾纠纷化解在基层，化解在萌芽状态。时年，全镇共受理案件173件，调处173件，调解成功172件，调解成功率99.4%。2018年，沙埠镇在第二期群众安全感调查得分97.89分，排在钦州市第5名。大石古村获自治区党委政法委授予的无邪教村（社区）称号。

【安全生产】 2018年，沙埠镇坚持“以人为本、预防为主、安全第一”方针，建立健全安全生产“党政同责、一岗双责”责任体系，与各村（居）委会、镇直各部门及企业签订安全生产责任状；每月进行一次安全生产大检查；全年共召开安全生产会议10次，出动检查人员1300多人次，开展安全生产检查1150次，发现安全隐患76起，整改安全隐患71起，重点检查工矿企业、烟花爆竹销售、个体工商户。全年无特重大安全生产事故发生。

2018年3月16日，沙埠镇召开第十五届党员代表大会第三次会议

（沙埠镇　供稿）

【农业】 2018年，沙埠镇坚持农业基础性地位，围绕区域优势，抓好农业技术推广，搞好搞活农业经济。年内建立水稻示范基地250亩；种植蔬菜5100亩；新造林1200亩，完成森林投保4500亩。全镇加快土地流转，推进适度规模经营，盘活农村土地资源，土地确权工作稳步推进。11个村委、88个村民小组签字确认3580户，共20864.63亩，28051块地，土地确权颁证3526本。按照“一村一品”的工作思路，大力发展现代特色高效生态农业。年内，全镇发展熊猫雷笋种植700亩，建设垠桥村“双高”糖料蔗基地200亩，达到农业增产、农民增收的“双赢”目标。

【工业】 2018年，沙埠镇抢抓“一路一带”发展契机，按照“布局集中、用地节约、产业集聚”的要求，依托进港公路，大力发展临海工（企）业。全镇共有工业企业46家，新建、续建项目3个，全年镇规模以上工业实现产值4.51亿元，同比增长26.6%。年内全镇固定资产投资完成46.1亿元，完成全年任务41.7亿元的110.5%；完成招商引资11.2亿完，完成全年任务9亿元的124.4%。

【教育】 2018年，沙埠镇树立“百年大计·教育为本”的宏大理念，始终在不断追求教育强镇的道路上不懈探索，每年在学校教学设施，师资培训等方面加大投入，老师队伍不断扩大，教学条件不断完善，全镇处处呈现出尊师重教的良好氛围。支持各中小学加强教学基础设施建设，大力推进义务教育均衡发展，沙埠中学、龙屋教学点代表钦南区接受义务教育均衡发展督导组检查，顺利通过自治区验收并通过国家认定。该镇有中学1所，中学教师192人，在校中学生2825人，小学16所（下设15所村小），6个教学点，小学教师386人，在校小学生5993人；幼儿园12所，教师60人，学生人数627人。全镇15个村（社区）建立有现代远程教育终端接收站点，安装完善好相关配套设施。

【生态环境建设】 2018年，沙埠镇加强生态建设，全力开展中央环保督察“回头看”问题整改，全面落实大气污染防治巡查、黑臭水体治理、“河长制”等各项工作任务。年内，按时办结中央环保督察组“回头看”交办的案件20件。全面落实河长制，开展钦江东、大风江、主城区养殖场、南北二级公路沿线及“小散乱污”企业大排查大整治工作，钦江东、大风江水质明显提升；打击采砂违法行为。拆除坭桥村委会和平银村委会龙屋桥头共9家非法采砂场，拆除6艘抽砂船的抽砂机械设备15套，扣押成品沙60方，扣押铲车1台，拆除砂场附属违法建筑13间，面积1200平方米；全面关闭禁养区内畜禽养殖场。共清栏209户，共搬迁猪18194头，鸭31550羽，拆除猪舍104间，共46806平方米；联合区城监等部门开展南北二级公路大整治工作，共拆除违法经营店铺53家，整治店铺153间，木片厂16间，违法建筑12580平方米，清理垃圾140吨，制作环保宣传横幅30多条。

【文化科技】 2018年，沙埠镇文化站牵头，充分发挥文化站农家书屋，科技展览室，多功能媒体传播室，综合文化舞台，全民健身途径等配套设施，每逢节假日均举办全镇性文体活动，举办篮球、文艺晚会、电影晚会，排球赛为主；农村群众过节或喜庆日子多举办跳岭头、打陀螺、拔河、要摊戏、舞狮龙、唱采茶、赛龙舟、习武术等活动以贺喜庆。年内，沙埠镇在下南山村、大石古村、望埠村、平艮村、大岭村

2018年3月26日，市政协副主席、区委书记黄球到沙埠镇油埠村召开扶贫产业现场推进会　　（沙埠镇　供稿）

先后建立起5座村级文化综合楼、5个村级舞台、5个篮球场。镇农业站牵头组织，年内共举办全镇性对虾养殖、无公害辣椒栽培、家禽家兽常见疾病防治等科技培训和技术讲座15次。并建立远程教育网络，为农户提供科技信息和资料，广大农民科技运用知识和种养技术普遍得到提高。

【卫生体育】 2018年，沙埠镇有卫生院1所，计划生育服务站1个，医务卫生人员56人。卫生院设有内科、儿科、妇产科、急诊科、中医科、手术室等30个服务项目，有救护车3辆，全镇医务范围逐渐扩大，医疗能力有很大的提高。全镇15个村委会（社区居委会）建立起农村综合卫生室。每个卫生室均配备有专职的卫生员，为广大村民提供一般医疗保健服务。抓好体育方面的建设，开展多种形式的体育活动。15个村委会（社区居委会）成立男子篮球队、文艺队，为文化体育活动的进一步开展打下了坚实的基础。

【人口和计划生育】 2018年，沙埠镇十分重视人口管理与计划生育工作的开展。年内，全镇新出生人口502人，人口自然增长率9.2%，发放独生子女光荣证26本。执行国家相关人口与计生政策法规，扎实推进诚信计生、阳光计生。

【旅游】 2018年，沙埠镇利用丰富的旅游资源，大力发展旅游产业。镇辖区旅游观光资源丰富，有钦州园博园、坭兴陶产业园、北部湾花卉小镇等旅游景点，有晚清抗法名将冯子材墓、民族英雄刘永福墓、唐朝谏议大夫宁悌原墓、冯子材兵

站遗址、平良之战战场遗址、三圣宫古庙遗址、大风江杜鹃花、垌桥龟亭、茶山江红树林、白沙岛风貌、一江两岸拦河坝、南山三棵松遗址等文物遗址和名胜古迹。12月，钦州北部湾花卉小镇建成开放，地处沙埠镇垌桥村委会。花卉小镇占地1000多亩，各种花卉争奇斗妍，漫山遍野盛开，引得游客蜂拥而至，日均接待游客量超过10000人。镇内各景点离钦州城区均为半小时左右车程，前来观光览胜的游客多为钦州城区及周边城市居民，全年，各景点游客超过50万人次。

（仇绍清　郑宇忠）

康熙岭镇

【概况】 康熙岭镇位于钦南区西南部，距市区12千米，东与南珠街道、尖山街道相邻，西南与防城区茅岭乡隔江相望，南临茅尾海，西北接黄屋屯镇。2018年，行政区域面积92.07平方千米（陆地总面积89.2平方公里），海岸线长42.5公里，浅海滩涂面积4.2万亩。辖12个村委会、177个村民小组。年末人口4.72万人。滩涂资源丰富，海域面积广阔，以种植水稻、养殖海鸭、对虾、咸淡水鱼类等农业生产为主要经济结构。中国共产党基层组织有基层党委1个，党（总）支部25个。镇党委、镇人民政府下设党政办公室、人口和计划生育办公室、社会治安综合治理办公室、社会事务办公室（增挂民政办公室牌子）、经济发展办公室，镇纪委、人民武装部、工会、共青团、妇联、残联。编制84名，实有68人。上级机关派出（或派驻）有公安派出所、边防派出所、司法所、工商行政管理所、国土资源管理所。是年，康熙岭镇镇围绕“打好五大攻坚战”，抓好基层党建、脱贫攻坚、宜居乡村等重点工作。全年镇财政收入完成2070.32万元，完成全年目标的100.26%，其中：税收收入1954万元，财政收入完成116.32万元。固定资产投资完成2.44亿元，招商引资完成4.5亿元，规模以上工业总产值完成18799万元。

【项目建设】 2018年，康熙岭镇推进通威和协鑫两大光伏项目第二期建设。总投资1亿元，通威光伏项目二期20兆瓦完成租地443.5亩，6月下旬并网发电。协鑫光伏二期租地373亩，11个基塔完成租地任务。环城西路Ⅲ标段完成征地145.8亩（竹头围安置地征地60.6亩，道路建设用地85.2亩），搬迁房屋44户，搬迁拆除大型附着物4宗，清场交地。

【农林牧渔】 2018年，康熙岭镇粮食播种面积5万亩，粮食总产1.22万吨。全年机耕面积5280公顷，受理农机购置补贴资金12.06万元。加快实施农田整治，开展2018年耕地地力保护补贴项目数据采集。林业方面，2018年完成营林1792.2亩，其中团和村人工种植红树林719亩、人工更新造林200.1亩、迹地萌芽更新873.1亩，全民义务植树5万株，中幼林抚育5000亩。开展林地林权查缺工作，对新营村3个队更正12本林权证、补漏纠错面积410.27亩。渔业方面，配合做好全国第二次污染源普查工作，现场定位普查虾塘面积10821亩、大蚝养殖面积33207亩、网箱养殖54亩、山塘水库面积2219亩。

【脱贫攻坚】 2018年，康熙岭镇通过奖补政策助推产业发展，全年发放产业奖补扶持资金41.38万元，帮助贫困户150户发展产业。运用雨露计划政策资助贫困生59名，申报发放教育扶贫专项资金9.9万元。实施健康扶贫，扩大公共服务扶贫覆盖面，建档立卡贫困户1198人签约家庭医生，服务率达100%。134名贫困户患者享受基本医疗报

2018年5月22日，康熙岭镇开展扶贫领域监督执纪问责大接访活动

（康熙岭镇　供稿）

销合计90.92万元，个人实际报销比例达90%以上。壮大村级集体经济，投入266万元扶持4个贫困村发展村集体经济项目。通过入股公司、安装光伏因地制宜发展特色产业，4个贫困村落实集体经济项目共15个，年收入总计达26.35万元。8个非贫困村全部有集体经济收入，年收入超过10万元的1个村，年收入超过5万元的2个村。全镇建档立卡贫困户141人享受养老保险待遇15.23万元。加大就业扶贫工作，建档立卡贫困人员154人转移就业，钦州市帝钦金属回收有限公司建立该镇第一个扶贫车间，吸纳5名贫困人员就业，落实了12名贫困户公益性岗位就业。年内全镇22户、103人实现脱贫，贫困村新营村脱贫摘帽，完成年度脱贫摘帽计划。

【宜居乡村建设】 2018年，康熙岭落实乡村保洁费收缴，全年收取保洁费50.06万元，上级拨付保洁费57.5万元，累计投入乡村工作经费135.78万元，参与清洁乡村行动6800多人次，清理垃圾7900多吨。创新市场化运作保洁方式，将全镇辖区的保洁工作承包给保洁服务公司，实行保洁市场化运作，有效改善镇容村貌以及乡村环境。推进"改厨改厕"，夯实宜居乡村建设基础，全镇12个行政村申报改厨1001户、改厕749户，改厨竣工数848户、改厕竣工数545户，竣工率达100%，超额完成区下达的改厨改厕任务。

【基础设施建设】 2018年，康熙岭投资361万元完成棚户区旧住宅综合整治项目新增二期改造。投资103万元规划建设康熙岭镇危旧房建设项目。投资184多万元建设傍钦村委望马村、平心村污水处理站。投资50万元建设高沙村、横山村、团和村的村屯照明亮化工程。利用革命老区、农发项目、扶贫基础设施建设等项目资金，投资138.34万元建设长坡村、团和村、板坪村共4条3565米进村道路硬化。投资25万元建设新营村委2条村屯698米扶贫道路、投资20万元修补新营村委到康熙镇500米22处坏损的进村道路、利用255万元财政农发项目资金建设板坪村老曾围道路2.2公里、水渠道1.5公里。利用上级部门投入130多万元建设红坎水库除险加固工程。争取上级资金10.9万元修复康干渠诗家地段、板坪地段水毁工程及长坡村1座机耕桥。投入4.2万元对长坡支渠进行维修，保证水田正常用水。投入36万修建新营村人饮工程。

【社会公共服务体系建设】 2018年，康熙岭全镇12个村服务惠民专项活动村级综合服务中心升级服务，配备兼职协管员、儿童督导员和乡村医生。

【社会保障】 2018年，康熙岭全镇城乡居民基本养老保险参保18862人，累计征收93.13万元，发放待遇5982人、发放待遇714.18万元。城乡居民医疗保险参保39536人，累计征收711.648万元。办理城乡居民养老保险转移注销社保关系共485人次。全镇登记新增就业89人，失业人员再就业74人，就业困难人员再就业53人，城镇登记失业率2.69%，农村劳动力转移新增就业312人。更新农村劳动力资源数据库信息条数305条；发布培训和就业人员信息登记429条；培训和就业人员信息登记252人次。做好城乡养老金人员死亡多领、重复领取工作，发放追缴通知书26份，追缴退回金额合计26464.94元。

【民政救助】 2018年，康熙岭做好低保核查、救灾救济和社会福利工作，全面落实残疾人两项补贴，全年城市低保金发放29.43万元，农村低保金发放369.61万元，全镇95人申请临时救助金69500万元。开展摸底排查退役军人和其他优抚对象采集汇总表和信息采集620人。

2018年5月7日，康熙岭镇组织党员干部观看警示教育片

（康熙岭镇 供稿）

【卫生健康】 2018年，康熙岭卫生计生工作取得新成绩。2018年家庭医生签约16280人，已完成签约总数的34.5%，对该辖区进行卫生协管巡查64次，巡查中未发现有非法行医卫生室和卫生隐患。

【人口和计划生育】 2018年，康熙岭共发放各种计生宣传品800余份。计划生育奖励扶助76人，为计生家庭户购买爱心保险共27户76人。

【文化体育】 2018年，康熙岭举办镇级联谊篮球赛3场，联谊气排球赛1场，举办镇、村文艺联欢晚会活动近25场次；组织开展松电影下乡、送戏下乡等活动，受益群众1万人次。镇文化楼多功能室、村级文化活动室、农家书屋实现免费对外开放。组织实施广播电视村村通工程，安装户户通设备84套；总投资88万建设广播电视免费信号基站投入使用，广播电视信号实现全覆盖。

【环境保护】 2018年，康熙岭镇对中央环保督察“回头看”发现反馈的突出问题，6月10日，连夜部署、连夜行动、连夜拆除康熙岭镇高沙非法土法炼铝厂，用两天时间，全部拆除11家非法冶炼企业。依法查处整治黑砂选矿点9个、整治沙场2个，排查出“散乱污”企业98个，对一批不符合环保要求的企业进行了责令停产整顿。依法搬迁拆除禁养区内的生猪养殖场38个（户），处理生猪4095头，搬迁鸡鸭养殖场12个（户），共25820羽。加强沿江沿海村委所在的水源保护地禁养限养区宣传，及时办理中央环保督查组反馈的群众12个举报案件。

【社会治安综合治理】 2018年，康熙岭镇深入开展“扫黑除恶”专项斗争行动，在辖区范围内张贴海报80张、悬挂横额17条、大型固定宣传标语14块、发放宣传单9267份，入户开展张贴门上“扫黑除恶”宣传福标；集中开展“扫黑除恶”现场咨询等宣传活动3次，利用大接访活动现场设立“扫黑除恶”宣传工作站。排查到涉恶线索两条，涉事9名嫌疑人已执行逮捕7人，在逃的2名嫌疑人已挂网实施批捕在逃。12个村建立治保队员负责夜间治安巡逻，将社会治安巡逻防控的触角从镇延伸到村、组。全镇通过排查共受理各类纠纷160件，调解率达100%，调解成功147件，调解成功率达91.88%。参与平安建设网络签名活动4953人；转化邪教人员3人。坚持和完善季度研判分析，努力化解和稳控重点非正常上访人员，减少集体非正常上访，切实维护社会和谐稳定。打击非法集资、金融诈骗等违法犯罪活动。排查资金密集型行业企业3家、各类涉农机构组织12个、教育机构2个、医疗机构1个、养老机构1个，暂未发现涉嫌非法集资风险。5月，在全镇范围内开展为期一个月的防范惩治非法集资宣传月活动，在镇上设置宣传咨询点2处，发放宣传资料1000余张；入户开展形式多样的宣传教育活动，张贴宣传告示600余张，发放宣传资料15000多张。通过基层综治“两个中心、两个工作站”平台，加强与工商、金融、公安部门的联系沟通和有序衔接，定期汇总相关信息，掌握相关情况。

【安全生产】 2018年，康熙岭镇严格落实安全生产“党政同责、一岗双责”责任制，做到每季度至少召开一次安全生产会议，每季度、重大会议及节假日期间对各村辖区范围内的企业、学校、市场、商场、油站、燃气站、烟花爆竹、建筑等行业进行一次全面性的安全排查，加强安全生产宣传培训和执法检查，排查发现安全隐患问题75起，发放整改通知75份，落实隐患整改75次，拆除隐患处22处。投入安全生产保障经费23.6万元，解决横山石窝道路、康中路的出入安全问题等。全年出动宣传车9次深入

康熙岭镇发展海红米种植 （龙彪彪 摄）

各村屯宣传森林防火知识、宣传横额21条。

【食品药品安全监管】 2018年，康熙岭镇加强开展日常监督、专项检查，出动执法人员520人次，检查各类生产经营单位530户次，现场下达责令改正通知书45份、监督意见书98份及食品经营许可证办理通知书86余份。组织开展2期乡村厨师培训班。对农村50人以上聚餐备案共41次。对全镇15所学校、幼儿园食堂以及20家食品、餐饮店进行食品安全专项检查，坚决惩治辖区内食品违法违纪行为，年内立案结案7件。

【查违控违】 2018年，康熙岭镇保持控违的高压态势，发放查违通知书460份，查处违章建筑248宗，面积约58616平方米，其中新增违章面积约18061平方米，拆除违章面积约2902平方米，扭转违建多发频发态势。

【党风廉政建设】 2018年，康熙岭镇政府自觉接受人大监督和政协民主监督，听取和办理代表意见建议，深化党务、村务、财务三公开。党委政府研究制定《康熙岭镇政府干部职工绩效量化考核制度》，实现制度管人，严抓干部作风纪律。抓好廉政宣传教育，筑牢拒腐防变的防线。及时召开重大节假日廉政提醒会、典型案例通报会及扶贫领域腐败和作风问题专项治理警示教育活动等，提高干部廉政意识。坚持从严治政，强化效能督查，严肃查纠违纪违规。全年，康熙岭镇立案7件，结案7件，给予党内警告3人，给予党内严重警告3人，给予留党察看1人，其中扶贫领域案件1件；诫勉谈话5人，谈话提醒10人。

【“放管服”改革】 2018年，康熙岭镇推行政务公开，严格执行“一事通办”利企便民改革，审核公布镇级“一次性告知”“只需跑一次”“一次不用跑”三张清单及政务服务事项容缺受理，提高为民服务水平。全年公开政务信息共计232条，通过政务信息公开统一平台、政府门户网站、基层信息化平台及宣传栏等发布信息累计达424条，切实提高政府信息公开透明度。接受人大监督，办理人大代表建议28条、“12345”市民服务热线交办事项96条，办结率达100%。

（康熙镇政府）

2018年11月28日，康熙岭镇晚霞　（龙彪彪　摄）

黄屋屯镇

【概况】 黄屋屯镇位于钦南区西部，东与南珠街道、钦北区大垌镇相邻，西与钦北区大直镇和防城港市茅岭镇、滩营镇相邻，南与康熙岭镇相邻，北与钦北区大寺镇相邻。距钦州城区13千米。水陆交通便利，南防、南北高速公路、钦屯二级公路、钦（州）上（思）省道纵横贯穿全镇。黄屋屯江与大直江贯穿镇内交汇于茅岭江流入茅尾海。2018年，全镇总面积226.7平方公里，下辖16个村委会及1个社区居委会，216个村民小组和5个居民小组，年末总人口58857人，其中少数民族人口占总人口的70%以上，是钦州市以壮族为主的少数民族聚居镇。主要农产品有水稻、蚕桑、蔬菜、水果、红薯、玉米、花生、大豆等。境内蕴藏有锰矿、铁矿、钛铁矿及花岗岩等矿产资源，锰矿、铁矿储藏量居钦南区之首。江鲤、江蚬、江虾和狗肉四大传统风味特色饮食饮誉远近。中国共产党基层组织有基层党委1个，党总支3个，党支部39个。镇党委、镇人民政府下设党政办公室、人口和计划生育办公室、社会治安综合治理办公室、社会事务办公室（增挂民政办公室牌子）、经济发展办公室，街道纪委、人民武装部、工会、共青团、妇联、残联。编制36名，实有30人。上级机关派出（或派驻）有人民法庭、公安派出所、司法所、地方税务所、工商行政管理所、国土资源管理所。是年，黄屋屯镇围绕围绕区委“一机遇、三争创、四打造、六重点”工作思路，抓好基层党建、脱贫攻坚、宜居乡村等重点工作。固定资产投资4.86亿元，完成任务数的135%。完成规模以上工业产值约7.86亿元，占任务数的102%。公共财政预算收入累计达到2871.38万元，完成当年任务的116.72%。

【城乡建设】 2018年4月，黄屋屯镇黄屋屯大桥正式通车。6月14日关闭镇垃圾中转站，启用日处理垃圾20吨垃圾压缩站。全年开展集镇综合整治6次，规范商铺经营、车辆摆放及零散摊贩的摆卖。棚户区综合整治改造新增项目及新增二期项目分别完成工程量的98%和90%，总投资完成880万元。投资1400万元的屯江商业街和投资3080万的钦州市水电设备厂棚户区改造限价住房项目，开盘出售。全年收取自筹保洁费83.98万，开展村级垃圾集中清理行动15次。申报道路硬化、太阳能路灯安装等村级基础设施建设“一事一议”项目33个，工程预算总投入达到450万元。落实危房改造任务56户，落实改厨、改厕各800户。

【农业】 2018年，黄屋屯镇耕地面积1934公顷，有效灌溉面积1553公顷，粮食总产量1.62万吨，全年出栏肉猪20100头，牛1850头，羊1270头，禽105.36万羽，肉类总产3640吨、蛋167吨、水产品4395吨。年内，该镇抓好农业先进实用新技术的示范推广和培训，在屯显打造70亩早造超级稻示范田，连片带动周边群众种植早稻300多亩；在屯光打造50亩晚造超级稻示范田。全年举办相关技术讲座11期惠及2000多人，咨询服务群众9000多人。

【工业】 2018年，黄屋屯镇优化营商环境，针对企业的需求，主动上门服务，施行代办、帮办机制，推动工业高质量发展。全年完成规模以上工业产值约7.86亿元，占任务数的102%。

2018年7月11日，区委常委、统战部部长叶金芬（左三）到黄屋屯镇农户家中调研扶贫产业情况 （黄屋屯镇 供稿）

【脱贫攻坚】 2018年，黄屋屯镇贫困村4个，建档立卡贫困户278户，贫困人口1202人。年内脱贫79户、381人，大冲村脱贫摘帽。全镇还有未脱贫贫困人口为199户、821人，占全镇总人口的1.4%。年内，围绕“八有一超”“十一有一低”工作目标推进精准帮扶工作。实施财政专项扶贫资金产业奖补项目，支持贫困户开展种养项目，组织工作人员对财政专项扶贫资金“产业奖补”项目进行宣传动员。6月29日，发放2018年第一批财政专项扶贫资金“种苗扶持”项目，涉及19户贫困户，发放金额共43570元，涉及的产业项目有养猪和养鸡。年内，146户贫困户通过“以奖代补”验收，补助金额共427716元。涉及产业项目有养猪、养牛、养鸡、养鹅、养鸭、养竹鼠、养鱼、种植桉树。将列入精准扶贫对象的危房户全部纳入危房改造之中，落实区级配套资金，扶持贫困户实施危房改造，参加2018年危改的建档立卡贫困户41户，其中2018年脱贫户10户，年内全部竣工。圩埠村投入30万元与广西红龙生态农业科技有限公司合作养龟，获得2.4万元收益；2017年实施的光伏项目，2018年获得6000元收益。加其村2017年投入20万元入股黄屋屯镇连创兽药店，年收入2万元。2018年投入32万元，委托广西通太新能源有限公司建设一个规模为40千瓦的光伏发电站，获得1.7万元收益。大冲村投入32万元，委托广西通太新能源有限公司建设一个规模为40千瓦的光伏发电站，获得1.4万元收益。投入20万与广西红龙生态农业科技有限公司合作养龟，获得收益 1.6 万元。投资 5 万元入股冲腾养殖合作社柑橘种植基地，发展柑橘种植项目，获得收益 0.4 万元。料连、田寮分别一次性投入 32 万元作为运营资金，在各自村委建设一个规模为 40 千瓦的光伏发电站，年内投入使用，两村分别获得 1.7 万元收益。料连、田寮分别投入 20 万元与广西红龙生态农业科技有限公司合作养龟，年内两村分别获得 1.6 万元收益。

【贫困村基础设施建设】 2018 年，黄屋屯镇实施大冲村乡村道路、安全饮水等基础设施建设，加速实施扶贫开发民生项目建设进程，加快解决贫困村和贫困群众行路难、用水难的问题。从圩镇至大冲村委约 6 公里道路已经硬化，但由于年久失修，变成坑洼的沙石路，且路面宽度仅有 4 米，经协调相关部门，已重新铺设路基宽度 6.5 米、路面宽度 4.5 米硬化混凝土道路路。解决大冲村长塘与冲口两个自然村两个自然村的饮水问题，受益农户 152 户、698 人，其中贫困人口 9 户、45 人。

【社会治安综合治理】 2018 年，黄屋屯镇全镇共张贴各类扫黑除恶宣传标语 800 多份，摸排出村霸、沙霸、林霸线索 4 条，破涉恶案件 2 起，抓获涉恶人员 11 人，刑拘 7 人。年内，排查各类矛盾纠纷 114 起，组织调处 114 件，调解成功 105 件，调结率 92.1%。扫黑除恶专项斗争取得阶段性成效。

【安全生产】 2018 年，黄屋屯镇坚持以遏制重大安全生产事故为目标，全面推进责任落实、隐患治理、宣教培训等重点工作，签订安全生产责任状 30 多份，明确安全生产责任。同时，组织开展了春节、清明节、壮族“三月三”、中秋节、国庆节等重大节日期间安全生产大检查工作，以及第一、二、三、四季度的安全生产定期检查，检查生产、经营单位 30 多家，查出各类事故隐患 13 外，整改 13 处。全年无重大安全事故。

【惠农政策落实】 2018 年，黄屋屯镇发放农业支持保护补贴 423.58 万元，农机补贴资金 15.83 万元。

【社会保障】 2018 年，黄屋屯镇累计发放农村低保金约 486.5 万元，城镇低保金约 95.29 万元；受理城乡群众临时困难救助申请 150 户，发放救助款 45 万元；配合区残联落实残疾人阳光家园、残疾人家庭无障碍改造、党员扶残、残疾人自主创业等项目 115 户，发放补助 35.8 万元。向 57 名残疾人免费发放辅助器具 61 件，实行残疾人支持性康复服务 198 人。

【环境保护】 2018 年，黄屋屯镇加大生态环保力度，推进中央环保督察组交办环境问题、尾矿库整治、“散乱污”企业、非法洗矿点和采沙场整治，完成中央环保督察组交办举报问题整改 16 件，完成塘营村矿山污染造成堵塞的 6.5 公里沟渠修复疏通，对天公岭锰矿尾矿库等 4 个尾矿库进行整治，依法依规拆污染小冶炼厂 6 家、选矿点和小作坊 6 家，拆除非法洗矿点 90 个、非法采沙场 75 个，责令石场、砖厂等 10 家企业停产整改。设置镇级总河长 2 人、河长 12 人，村级河长 23 人。党政齐抓、上下共管、全民参与的“河长制”工作格局基本形成，辖区河流安全畅通。

【教育】 2018 年，黄屋屯镇义务教育阶段中学一所，小学 17 所，其中中心小学 1 所，村完小 16 所，教学点 7 个。建设完善中心校各功能室，开展校园周边环境卫生整治工作。配合完成屯北小学、屯显那潭、屯南石家教学点功能室建设，新建屯北、大冲、屯光三所小学和屯显那潭教学点的运动场以及校园硬化绿化。义务教育均衡发展全面达标，顺利

2018 年 6 月 23 日，区委常委、副区长韦长庆（左三）到黄屋屯镇调研企业治污情况

（黄屋屯镇　供稿）

通过国家级督导评估认定。

【文化科技】 2018年,黄屋屯镇举办及参与区、镇各种主题文艺演出21场次,壮族“三月三”期间,配合区民族局开展一系列庆祝活动,主题紧扣重要时间节点、传统节日和镇中心工作,内容涉及文体、扫黑除恶、扶贫、禁毒、防艾、改厨改厕等重要内容举办宣传活动,歌颂党的建设。配合上级部门对全镇的音像摊铺、超市、食品摊铺店面等场所进行2次全面巡查,没收一批涉黄、涉非书籍、影像制品,确保全镇文化市场风清气正。加强农家书屋等免费开放项目基础设施建设,发挥文化阵地作用,推进精神文明建设。黄屋屯镇科学技术协会成立。

【卫生健康】 2018年,黄屋屯镇有镇级卫生院1所,各村(社区)设立村级卫生室16所。年内,推进医疗卫生体制改革,执行国家基本药物制度,加强乡村公共服务一体化工作,做好逐级转诊、住院直补和门诊统筹工作。全面建立居民健康档案,加强老年人保健、慢性病管理和重性精神病管理。开展免疫接种、艾滋病防控、结核病防治、霍乱监测等工作。全年镇中心卫生院门急诊诊疗45227人次,同比增长7.6%;住院病人3706人次,同比增长1.2%;医疗业务总收入840.86万,同比增长17.1%。

【人口和计划生育】 2018年,黄屋屯镇全部17个村(社区)开展诚信计生,实施两孩政策。计划生育奖励扶助政策兑现率100%,流动人口计划生育免费技术服务率100%,数据库信息准确率、变更及时率95%以上。 (黄屋屯镇政府)

犀牛脚镇

【概况】 犀牛脚镇位于钦州市南端,东与合浦县西场镇隔海相望、西与钦州港经济技术开发区相邻,南临钦州湾,北与大番坡镇、东场镇接壤。境内有钦州中马产业园、钦州保税港区、三娘湾旅游管理区。2018年6月回归钦南区管辖。2018年,行政区域面积255平方公里,耕地面积4194公顷,林业面积7310公顷,农田灌溉面积1100公顷,经济作物种植面积3447公顷。海岸线长88.7公里,浅海滩涂面积6635公顷。辖19个村(社区),108个自然村,246个村民小组,设38个党支部。常住人口7万余人。镇党政机关设置党政办公室、人口和计划生育办公室、社会治安综合治理办公室、社会事务办公室、经济发展办公室5个综合性办公室。编制42名,实有38人。上级机关派出(或派驻)有人民法庭、公安派出所、司法所、地方税务所、工商行政管理所、国土资源管理所。是年,犀牛脚镇按照中共钦南区委“一机遇、三争创、四打造、六重点”工作思路,坚持稳中求进工作总基调,抓队伍管理,征地搬迁和项目建设,环境保护、脱贫攻坚、宜居乡村、社会治理等重点工作。年内,全镇累计完成生产总值8.69亿元,其中农业总产值5.12亿元、工业总产值1.04亿元、第三产业总产值2.52亿元;固定资产投资完成5.8亿元。是“广西特色生态(农业)名镇”(2014年获授)。

【项目建设】 2018年,犀牛脚镇树立抓发展就是抓投资、抓项目的理念,始终把固定资产投资工作作为推动全镇经济社会发展的第一抓手,全力助推全镇固定资产持续稳步增长。固定资产稳步提升。全镇累计完成生产总值8.69亿元,其中农业总产值5.12亿元、工业总产值1.04亿元、第三产业总产值2.52亿元;固定资产投资完成5.8亿元。招商引资取得新成效。计划投资1亿元广西阿蚌丁海洋科技有限公

2018年6月19日,市委书记、市人大常委会主任王革冰(左四)到钦南区犀牛脚镇检查污水处理厂尾水排放口整改情况 (区委宣传部 供稿)

司蚝苗养殖基地项目年内开工建设;一期投资2个亿的西坑中肇光伏项目已并网发电;计划投资2个亿的船厂大洋海水生态养殖项目年内投入2000万进行建设。广西中盛农业服务公司农业龙头企业发动10个村委、452户、2560人大力种植辣椒、豆角,增加群众收入。

【脱贫攻坚】 2018年,犀牛脚镇贫困村五个,建档立卡贫困户1260户、5783人,计划脱贫摘帽村炮台、西寮,计划脱贫231户、1104人。围绕"八有一超""十一有一低"工作目标稳步推进精准帮扶工作,大力发展壮大集体经济。推进特色养殖,加大产业扶持资金投入,全年投入产业扶持资金219.6万元,用于19个村委(社区)600户贫困户发展生产18个种养项目,全镇村集体经济收入共79.74万元,19个村(社区)村级集体经济收入均超过2万元。全镇55户建档立卡贫困户获危房改造奖补资金60多万元,38户建档立卡贫困户危房改造全部竣工入住。注重增强贫困户"造血"功能。年内累计奖补资金271万元,申报扶贫就业车间2个。全镇552贫困生享受雨露计划职业教育补助85.1万元。通过扶贫成效"四合一"实地核查工作,各项指标达到自治区级评估认定标准,231户1104人脱贫,西寮、炮台2个贫困村成功摘帽。

【基层党建】 2018年,犀牛脚镇打造"滨海党建示范长廊"。推进农村基层党组织"星级化"管理,全年投入约400万元用于村级公共服务中心建设,西寮、炮台村委办公楼建成投入使用;大灶、平山村级公共服务中心正在建设。打造由岭脚、白路、犀牛脚、大环4个片区组成的"滨海党建示范长廊"。强化干部队伍建设。年内组织100多名镇村干部外出百色、梧州学习;开展党性教育6次,上廉政党课4次;加强扶贫领域腐败和作风问题整治力度,在开展低保核查工作中,全镇一次性共核查低保8005人,退出不符合低保人员3025人,并立案5起,处分5人,全年共立案11起,处分11人。集中清理规范19个村(社区)牌匾,配齐配强5个党建工作站站长,全部实现工作站长专职。

【社会治安综合治理】 2018年,犀牛脚镇全年共立刑事案件32起、查破20起、刑拘23人、逮捕16人、抓获网逃5名、缴获毒品海洛因0.25克,其中涉恶案件1起、逮捕6人,共排查各类矛盾181件,调解成功174起,调解成功率96.13%;累计发放各类扫黑除恶宣传资料约1.2万份,悬挂横幅50余条,大型喷绘面26块,刷写墙体标语32幅,设置LED宣传屏6个,宣传车1台,设置举报箱21个,收集涉黑涉恶涉乱线索16条。

【清洁乡村】 2018年,犀牛脚镇农村保洁经费方面投入299.4万元,收取农村保洁费71.38万元,平均收取率达到97.6%;在钦州市2018年下半年清洁乡村活动评比中,犀牛脚镇取得钦南区第一、钦州市第三的优异成绩。

【环境保护专项整治】 2018年,犀牛脚镇落实中央环保督查组"回头看"反馈问题整改,对全镇19个村(社区)摸底排查,出动干部职工1280人次,挖掘机30台次,对辖区范围内的沙场、石场、小作坊、养殖场、小散乱污企业进行全面排查及整治。摸底排查出环境污染源养殖场点76个,餐饮类50个,石场9个,沙场14个。拆除非法生猪养殖场9个、非法石场3家、非法抽砂场14个,整治乱摆乱卖摊位68个,乱搭乱建工地7个。

【征地搬迁】 2018年,犀牛脚镇继续做好中马产业园征拆扫尾工作外,还主动出击,强力推进相关项目征拆工作;全镇共完成征地360亩,迁移坟山175丘,房屋搬迁已完成入户调查摸底253户,评估56户,32户已选房。其中国防项目完成102亩征地任务并交付使用,中马协鑫排岭高压线39座塔基,全部签订协议并交付供电局进行正常施工;钦州市三娘湾供水管网工程项目,23.5公里全部完成建设。犀牛脚中学、犀牛脚法庭完成征地交付施工建设。

【教育】 2018年,犀牛脚镇有中学2所,教师195人,在校生2523人;小学1所,教师83人,在校生1043人。是年,犀牛脚镇推进义务教育均衡发展,开展控辍保学工作,全镇义务教育阶段的适龄少年小学入学率100%,初中入学率达到99.9%,贫困村适龄儿童全部入学。近视率控制在12%以下,无学生违法犯罪。"均衡教育"顺利通过自治区、国家验收。学校组织专门人员开展镇村学校排危工程,全面排查处理学校安全隐患,联合派出所、工商、卫生、食药监等部门,着力创建平安校园。

【卫生健康】 2018年,犀牛脚镇有卫生院1所,计划生育服务站1个,医务卫生人员97人。卫生院设有内科、儿科、妇产科、急诊科、中医科、手术室等14个服务项目，有救护车1辆，全镇医务范围逐渐扩大，医疗能力有很大的提高。全镇19个村委会(社区居委会)建立起农村综合卫生室。每个卫生室均配备有专职的卫生员，为村民提供一般医疗保健服务。

【社会保障】 2018年，犀牛脚镇共有3242户4923人享受低保，503人享受五保，51人享受孤儿救助。城乡居民医疗保险参保率97.19%。卫计工作扎实推进，重点检查餐饮食品经营店90户次，立案3起，罚款1.5万元，出动110人次开展安全生产大检查8次。创均、创域均顺利通过国检、区检。全年“一事一议”财政奖补项目24个，道路建设总长13.6公里，财政奖补317.53万元，项目筹资人口40971人，群众筹资金额61.5万元。

(犀牛脚镇政府)

东场镇

【概况】 东场镇位于钦州市东南部沿海，东那丽镇相邻、与北海市合浦县西场镇隔海相望，西大番坡镇、犀牛脚镇相邻，南部毗邻三娘湾管理区，北部与沙埠镇相连。距钦州市区28公里，2018年辖7个村委会、88个自然村、115个村民小组，年末总人口5353户、22263人，辖区总面积181平方公里，林地面积13.85万亩，海岸线长42公里，滩涂面积1.8万亩，水库10座，海河堤25公里，淡水资源丰富。中共钦州市钦南区东场镇委员会、钦州市钦南区东场镇人民政府下设党政办公室、人口和计划生育办公室、社会治安综合治理办公室、社会事务办公室(增挂民政办公室牌子)、经济发展办公室，纪委、人民武装部、工会、共青团、妇联、残联。行政编制数26名、工勤编制2名，事业编制数31名。实有48名干部，其中公务员21人，工勤人员1人，事业人员24人，临时聘用人员4人。全镇辖管有7个机关党支部、7个农村党支部，681名党员。上级机关派出(或派驻)有人民法庭、公安派出所、司法所、地方税务所、工商行政管理所、国土规建环保安监站。2018年6月起，划回钦南区管辖。是年，按照中共钦南区委“一机遇、三争创、四打造、六重点”工作思路，坚持稳中求进工作总基调，抓队伍管理，征地搬迁和项目建设，环境保护、脱贫攻坚、宜居乡村、社会治理等重点工作。年内完成全社会固定资产投资2千万元，完成财税收入199.78万元，农民人均可支配收入12617元。

【农业经济】 2018年，东场镇发展特色种植业优势，促进农业规模化发展。全年粮食播种面积1681.26亩，总产量3869.35吨；甘蔗种植1740亩；木薯种植743亩；黄瓜种植760亩。辣椒种植1.1万亩，亩产量增加约0.3吨，平均每亩增收约1000元。发挥依山傍海地理优势，发展水产禽畜养殖。全年水产品总产量1.39万吨，总产值23878.59万元；生猪出栏0.69万头，年末存栏1.42万头；家禽出栏155.18万羽，年末存栏112.66万羽。

【基层党建】 2018年，东场镇以习近平新时代中国特色社会主义思想为指导，贯彻落实中共十九大精神，推进“两学一做”学习教育常态化制度化，履行基层党建主体责任，落实镇村两级责任清单和任务措施，按照基层党组织标准化建设要求，加强农村基层组织规范化建设，夯实党建基础，提升党建工作整体水平。开展区、镇、村三级“党群结对、同奔小康”脱贫帮扶活动，2018年全镇脱贫34户187人，整村脱贫高塘、白木两村，4个贫困村和3个非贫困村级集体经济收入均达到任务指标。推进一站一中心规范化建设，整合建设了上寮、六加2个党建(廉洁)工作站，配备专职工作站长和工作人员，全年收集矛盾纠纷82件，调解处理64件，收集意见建议22条，规范7个党群(综合)服务中心工作要求，做到值班办事常态化。加大资金投入改善组织阵地设施，全年争取项目资金130多万元完成白木村级公共服务中心办公楼规范化建设，配备完善球场、舞台、宣传栏，投入资金22万元配套建设高塘村级服务中心球场、舞台设施，方便党员开展组织活动和群众办事，至年底规范化建设村级组织阵地达到4个。推进两新组织党支部组建工作。组建有东场镇英窝村文源养殖农民专业合作社党支部、东场镇东场村隆旺畜牧养殖专业合作社党支部和东场镇关塘村文亮对虾养殖专业合作社党支部共3个两新组织党支部。

【招商引资】 2018年，东场镇强化招商引资和项目落户建设，引进东场镇上寮村委九河渡流域农林产业苑园区的开发建设，总投资1.2亿元。落实钦州市钦南区东场镇“聚宝苑”小区项目建设以及“聚宝苑”综合市场项目建设，计划总投资额1.5亿元。推进东场镇海红米种植示范区项目建设，打造海红米基地，规划面积1050亩。支持大风江颐祥合作社的投资发展，做大做强南美白对虾、淡水鱼、生猪养殖等农业综合开发实体。借力网络媒介的宣传推广，提高“大风江青蟹”和“海鸭蛋”等东场地方特色农产品品牌知名度。

【基础设施建设】 2018年，东场镇坚持发展为第一要务，落实基础设施建设，扎实推进项目实施，促进经济社会稳中求进发展。是年，完成总投资1000万元的污水处理厂项目建设并投入使用，完成投资500万元的大风江海河堤项目建设。东场至上寮的县际道路建设工程规划全面完成，投资230万元建设上寮、白木、高塘三个村委的村级道路共6.78公里，投资225万元开工建设海防道路3.5公里，全镇通村屯道路网基本完善。投资147万元用于改造东场中学地质灾害隐患点，投资750万元的东场中心幼儿园及投资665万元的中学新教学楼教育设施建设项目全面实施完成并投入使用。落实农村公益事业一事一议财政奖补项目17个，新建文体项目3个、照明安装项目2个。开展集镇排污基础设施建设，全面完成风江路排污管道铺设，提升城镇镇容镇貌。

【扶贫攻坚】 2018年，东场镇贫困村4个、362户贫困户（含退出户）、贫困人口1532人。是年，围绕区委“打好脱贫攻坚翻身仗”工作要求，贯彻落实上级部门关于脱贫攻坚相关文件精神，开展脱贫攻坚各项工作，促进贫困群众脱贫增收。年内共落实扶贫资金440.5万元，其中扶贫道路改造资金230万元，危房改造资金96万元，教育保障资金14.5万元，产业奖补62万元。四个贫困村村级集体经济年收入均达3万元以上，其中两个村达5万元以上。开展贫困户“双认定”及贫困村脱贫摘帽认定工作，完成了入户核验、村民小组评议、行政村评议、镇级审核公示、区级脱贫公告、市级脱贫公告等程序，实现贫困户62户275人脱贫摘帽，完成白木贫困村、高塘贫困村整村脱贫摘帽。

【安全维稳】 2018年，东场镇落实安全生产责任，开展安全生产大检查，协助工商等职能部门查处非法卖油点；组建镇级消防队伍，积极参与火灾扑救；全镇无安全生产事故发生；着手解决群众反映强烈、社会危害严重的食品药品安全问题，开展食品药品常态化监管，确保群众生命安全；坚持综治信访维稳方针，抓好矛盾纠纷排查化解、扫黑除恶和平安建设工作，共排查各类矛盾纠纷98起，调解98起，调解成功75起，按时处理答复信访件13件；扎实开展“扫黑除恶”专项斗争工作，全面摸排黑恶犯罪线索，深入掌控黑恶势力、村霸分子的违法犯罪线索，摸排涉黑恶线索2条；深入推进平安建设工作，继续做好群众安全感、禁毒、反邪教、重点人员和刑释人员帮教等工作。

【乡村振兴】 2018年，东场镇开展美丽乡村建设，宣传《广西壮族自治区乡村清洁条例》，提高了群众的参与度及配合度。加强保洁队伍建设，强化镇、村保洁员管理，进一步提升镇村两级环卫工作管理水平。围绕“美丽钦州，宜居乡村”建设目标，重点实施“四民”专项活动：产业富民方面，坚持大力发展特色农业，引进九河渡农业综合开发项目，利用九河渡地理优势，投资2000万元发展海洋养殖综合开发和海红米种植。着力构建“一村一品”产业布局，在关塘村发展“双高”甘蔗种植、在上寮村发展大蚝养殖、在白木村发展肉猪养殖、在英窝村发展海鸭及海蛋鸭养殖、在高塘村发展海鸭养殖及海红米种植、在东场村发展对虾养殖、在六加村发展商品蛇养殖。服务惠民方面，围绕农村基本公共服务全覆盖，农民群众办事不出村的目标，根据自治区“有人员、有场地、有设备、有流程、有网络、有经费”的六有建设标准，对照行政村现有基础设施条件和公共服务项目情况，落实经费及人员，以整合为主、新建为辅实施规范化建设，重点打造六加、高塘、英窝3个村级综合服务示范点建设，强化示范带动，以点促面，全面铺开村级综合服务中心配套建设，打通服务群众最后一公里。基础便民方面，落实了农村道路建设、一事一议财政奖补项目、教育基础设施、集镇排污管道、村级阵地和文体活动中心等重要基础设施建设，开展危房改造及改厨改厕工作，完成71户农户危房改造，完成改厨700户，改厕650户。文化乐民方面，加强文化队伍和村级文化阵地建设，制定服务农村文化建设长期发展计划，加强对村级文化扶助和管理。全镇成立了16个村级文艺队、篮球队、狮子表演队等文体队伍。积极开展群众文化娱乐活动。

【社会保障】 2018年，东场镇社会保障服务进一步健全。新型城乡居民医疗保险参保人员17356人，完成全年任务100%；全民参保登记100%；对低保对象进行核实，共有在享城乡低保户395户、2057人；核实五保对象248人。

【教育】 2018年，东场镇镇有1所中学，1所中心小学，7个村完小，6个教学点，2018年秋季学期共有211名教师，3095名学生。开展控辍保学工作，全镇义务教育阶段的适龄少年小学入学率达到100%，初中入学率达到97.9%，贫困村适龄儿童全部入学。学校常住适龄儿童入学率、巩固率、毕业率、残疾儿童入学率均达到100%，各年级学科合格率95%，近视率控制在12%以下，无学生违法犯罪。“均衡教育”顺利通过自治区、国家验收。学校组织专门人员开展镇村学校排危工程，全面排查处理学校安全隐患，联合派出所、工商、卫生、食药监等部门，着力创建平安校园。

【文化】 2018年，东场镇加强文化队伍和村级文化阵地建设，制定服务农村文化建设长期发展计划，加强对村级文化扶助和管理。各村配套有农家书屋、综合娱乐室、图书阅览室、科技培训室、工作人员办公室，馆藏图书3万册。全镇成立了16个村级文艺队、篮球队、狮子表演队等文体队伍。积极开展群众文化娱乐活动，在春节、“三月三”等节庆组织开展了精彩的文化艺术晚会及篮球、排球比赛，定期送电影进村，发挥文化实用人才作用，整合资源，突出特色，探索基层文化人才队伍建设的新路子，做到“戏园子”搭起来，“台柱子”竖起来，“车轮子”转起来，“心窝子”暖起来，文艺活动常驻百姓身边。

【卫生健康】 2018年，东场镇卫生院大力推进医疗联合体建设，切实做好乡村一体化管理工作。全镇一体化管理村卫生室7个，聘用10名乡村医生，全部使用基本药物，由镇卫生院统一实行网上集中招标采购及配送，实行零差率销售。此外，卫生院还与钦南区人民医院签订为期五年的“医共体”协议，双方按钦南区县域医疗服务共同体理事会章程（试行）开展相关工作。

【人口和计划生育】 2018年，全镇区间共计出生293人（男139人，女154人，计划内273人，计划外20人），符合计划生育率93.17%。建档立卡贫困人口家庭医生签约率达100%，计划生育奖励扶助政策兑现率100%。为9户25人独生子女办理爱心保险共计0.075万元；为4户农村独生子女户家庭落实了高中、大学学费资助0.36元；为16户未满18周岁子女落实农村独生子女户家庭慰问金0.8万元。

（东场镇政府）

大番坡镇

【概况】 大番坡镇位于钦州湾东部沿岸、钦南区西南部，东与犀牛脚镇、东场镇交界，南与钦州港毗邻，西与尖山街道办相连，北与沙埠镇接壤。中国共产党基层组织有基层党委1个，党总支1个，党支部23个，党员848名。镇党委、镇人民政府下设党政办公室、人口和计划生育办公室、社会治安综合治理办公室、社会事务办公室（增挂民政办公室牌子）、经济发展办公室，街道纪委、人民武装部、工会、共青团、妇联、残联。编制63名，实有51人。上级机关派出（或派驻）有人民法庭、公安派出所、司法所、地方税务所、工商行政管理所、国土资源管理所。全镇辖9个村委会和1个居委会，共76个自然村、102个村民小组，2018年年末全镇总人口27722人。区域总面积96.43平方公里，耕地面积

2018年5月11日，自治区信访局副局长罗剑荣（左二）到大番坡镇指导信访维稳工作

（区信访局　供稿）

15011 亩，海岸线长 32.5 公里。是年，大番坡镇围绕"打好五大攻坚战"，抓基层党建、脱贫攻坚、宜居乡村建设等重点工作。全年全镇固定资产投资完成 6.68 亿元，规模以上工业总产值完成 8.06 亿元，财税收入完成 3675.48 万元，招商引资完成 4.5 亿元，经济运行趋势总体平稳向好。大番坡镇荣获 2017 年度钦州市人口和计划生育工作先进奖；荣获 2018 年钦州市清洁乡村巩固提升阶段第一次(抽查)考核乡镇第一名，并在钦州市"美丽钦州·宜居乡村"活动现场推进会暨业务培训会上作经验交流。大番坡镇青龙村获钦州市第一至十五批文明村称号。茅坡社区团支部获 2017 年度"广西五四红旗团支部(总支)"称号。茅坡社区获自治区 2018 年度无邪教社区称号，葵子村获自治区 2018 年度无邪教村称号。

【征地搬迁】 2018 年全镇共完成新征土地 585 亩，清表交地 726.5 亩，签订房屋搬迁协议 8 户，拆除房屋 83 户。共惩治违法建设 86 宗，拆除违章建筑 2816 平方米。茅尾海商务基地茂盛小区 83 亩就业用地项目已完成补偿并达到清表开工建设条件；钦州大番坡分输站项目已完成土地清表交地工作；220 千伏排岭变 10 千伏配套出线工程已完成了从东场镇架设线路到金窝工业园区，全线排杆 68 基电杆，全程架线达 2 公里，解决金窝工业园用电困难问题，得到区委、区政府通报表扬。排岭—独连车 110 千伏线路工程线塔 12 基、协鑫——排岭 110 千伏线路工程项目 25 基线塔已完成完成塔基建设，秀英路 12 基铁杆征地已交付施工。

【精准扶贫】 大番坡镇共有贫困村 3 个，建档立卡贫困户 194 户，贫困人口 771 人。2018 年，年内围绕"八有一超""十一有一低"工作目标稳步推进精准帮扶工作，经过"双认定"程序，脱贫 39 户、156 人。建档立卡贫困户产业扶持继续实行"以奖代补"的模式，全镇有桉树、甘蔗、肉猪、鸡、牛、鱼、虾等项目实施，共有 97 贫困户产业达到"以奖代补"验收条件，共发放 27.46 万元奖补资金到贫困户账户中，有效调动贫困户的积极性和自信心。

【新农村建设】 2018 年，大番坡镇建立"户集、村收、镇运、市处理"的农村生活垃圾处理模式，创新实行了保洁员绩效激励机制。组织编制各村(社区)村级经济发展计划，发展村级集体经济项目 28 个，重点培育打造 8 个示范园(点)，建成"淘实惠"农村电子商务服务点 10 个，基本构建村级产业发展雏形。大力推进农村基础设施建设力度，完成危房改造 4 户，完成改厨 300 户、改厕 300 户。共筹措 95.7 万元用于垃圾治理工作，共收取农村保洁费 26.6 万元，收取率达 125.86%，超额完成农村保洁费收取任务。

【社会治安综合治理】 2018 年，大番坡镇落实好信访维稳工作责任和"十个重"工作措施，加强各个敏感时段、重点时期的社会稳控工作力度，确保社会大局和谐稳定。开展"扫黑除恶"专项斗争活动，在主要道路和各村显著位置悬挂横幅 68 幅，制作固定宣传标语 84 条，发放宣传资料 7000 多份。取缔了大番坡学校周边网吧一所；查处辣椒槌村委寻衅滋事案件 1 起，刑拘 7 人；查处青龙村委寻衅滋事案件 1 起，行政拘留 3 人；查处茅坡社区偷盗建筑用沙案件一起，刑事拘留 1 人，逮捕 1 人。开展禁毒严打整治工作，通过深入排查登记，全面掌握吸毒人员底数和现状。年内大番坡边防派出所办理刑事贩卖毒品案 2 起，刑事拘留 2 人，逮捕 2 人；办理治安吸毒案件 6 起，强制隔离戒毒 8 人。加强矛盾纠纷的排查和调处，提升公众安全感。全年共接待来访群众 65 人次，成功调解矛盾纠纷 21 件，全镇 10 个村级调解委员会共受

2018 年 5 月 15 日，大番坡镇开展深化扶贫领域腐败问题和作风问题专项治理工作大接访活动 (大番坡镇 供稿)

理各类民事纠纷317件，调解成功299件，调解成功率为94.32%，做到小纠纷不出村，大纠纷不出镇，营造良好社会治安环境。

【安全生产】 2018年，大番坡镇出动检查人员267人次，检查企事业单位和营业场所86家，发现违法行为和安全隐患39处，当场予以整改18处，对7处非法小型水泥砖厂及1个沥青厂进行了停电停产整治，对辖区内临江临海19个非法采砂点和禁养区内5处养殖场共2646.5㎡建筑物进行拆除清理。

【教育】 2018年，大番坡镇有8所小学，1所中学，2018年秋季学期共有175名教师，2365名学生。开展控辍保学工作，全镇义务教育阶段的适龄少年小学入学率达到100%，初中入学率达到97.9%，贫困村适龄儿童全部入学。学校常住适龄儿童入学率、巩固率、毕业率、残疾儿童入学率均达到100%，各年级学科合格率95%，近视率控制在12%以下，无学生违法犯罪。“均衡教育”顺利通过自治区、国家验收。学校组织专门人员开展镇村学校排危工程，全面排查处理学校安全隐患，联合派出所、工商、卫生、食药监等部门，着力创建平安校园。

【农业】 2018年，大番坡镇围绕农业增产、农民增收为目的，严格开展农业生产工作。严把农产品质量安全关，做好农产品质量安全的宣传工作，年内检测蔬菜水果样品数1000多个，样品合格率98.5%。做好粮食安全生产工作，设立示范点，通过示范带动作用，确保粮食生产增产增收。抓好农民科技培训，年内举办10多期的农业技术培训班和知识讲座，培训农民800多人次，发放农业技术资料5000多份，提高农民科技素质，提高农民群众的脱贫致富本领。做好农业耕地和稻谷补贴的核准工作，全年向农民发放耕地补贴资金为219.35万元，发放稻谷补贴资金26.4万多元。

【文化】 2018年，大番坡镇各村配套有农家书屋、综合娱乐室、图书阅览室、科技培训室、工作人员办公室，馆藏图书2800余册，文娱活动室有二胡、笛子、象棋、扑克。2018年演出45场以上，四支文艺队平均每支年度文艺会演达10多场，表演的节目深爱广大群众的喜爱。

【卫生健康】 2018年，大番坡镇大番坡卫生院推进医疗联合体建设，做好乡村一体化管理工作。全镇一体化管理村卫生室10个，聘用23名乡村医生，全部使用基本药物，由镇卫生院统一实行网上集中招标采购及配送，实行零差率销售。此外，卫生院还与钦南区人民医院签订为期五年的“医共体”协议，双方按钦南区县域医疗服务共同体理事会章程(试行)开展相关工作。

【人口和计生】 2018年，全镇区间共计出生421人(男222人，女199人，计划内393人，计划外28人)，符合计划生育率93.35%。建档立卡贫困人口家庭医生签约率达100%，计划生育奖励扶助政策兑现率100%。为16户46人独生子女办理爱心保险共计0.13万元；为9户农村独生子女户家庭落实了高中、大学学费资助2.45万元；为20户未满18周岁子女落实农村独生子女户家庭慰问金1万元。

【社会保障】 2018年，大番坡镇城乡居民养老保险参保总人数为10635人，年内新增参保人数353人，签订三方协议书共3141人、年内新增322人。城乡居民基本医疗保险参保人数为17518人，其中，财政全额代缴人数为840人，参加职工医保人数为59人。加强民政救济和社会保障工作，年内抓好低保档案清查，将符合条件的419户低收入家庭纳入城乡低保救助范畴，共发放低保救助金182.29万元，发放五保特困人员供养金39.18万元，发放优抚对象抚恤金28.52万元，发放各类残疾人补助29.79万元。 (大番坡镇)

龙门港镇

【概况】 龙门港镇位于钦南区南部，距市区47公里，东与钦州港相邻，西与防城港市茅岭镇相邻，南与防城港市光坡镇接壤，北与茅尾海毗邻。2018年，行政区域面积11.93平方公里。辖4个村委会，19个村民小组。年末人口8260人(农业人口7256人、非农业人口1004人)。人口自然增长率7.3‰。是年，龙门港镇按照中共钦南区委“一机遇、三争创、四打造、六重点”工作思路，坚持稳中求进工作总基调，抓队伍管理，征地搬迁和项目建设，环境保护、脱贫攻坚、宜居乡村、社会治理等重点工作。全镇固定资产投资9400万元，财税收入367.4万元。

【渔业经济发展】 2018年，龙门港镇依托沿海优势，发展海水养殖和海洋捕捞，对虾、大蚝、网箱养鱼等海上养殖基地建设不断扩大，科技含量进一步提升。年内，海产品养殖总面积3038.5公顷，总产量4.13万吨；全镇拥有捕捞渔船总数915艘，捕捞总产量15352吨。

【基础设施建设】 2018年，龙门港镇坚持以项目为支撑，切实加快基础设施建设。推动镇污水处理厂建设，投入资金1000万元，铺设排污管道2100米。加快总投资318万元的保障性安居工程配套设施项目建设步伐，建设旅游公厕3座，完成镇主要街道至西村的路灯安装。

【脱贫攻坚】 2018年，龙门港镇完成6户、24人脱贫任务，实施危房改造贫困户4户并入住，推动脱贫攻坚工作顺利开展。

【生态乡村建设】 2018年，龙门港镇加强集镇环境卫生整治，减少脏乱差现象。全年全镇收缴保洁费62687元，保洁费收取率达到167.61%。

【社会治安综合治理】 2018年，龙门港镇按要求开展扫黑除恶工作，共排查涉黑涉恶线索多条，布置扫黑除恶工作宣传水牌15条，发放宣传资料5000份。同时，积极做好纠纷调解工作，共发生各类矛盾纠纷82件，调处82件，调解80件，调结率98%，并派出巡逻小组定期开展治安巡逻活动。

【教育】 2018年，龙门港镇有学校1所，教师66人，在校生800多人。年内，开展义务教育均衡化工作，指导龙门港学校制订龙门港镇义务教育均衡发展工作实施方案和总体行动方案，采购教学设备，校容校貌改造等工作成效明显，圆满完成自治区义务教育均衡化检查工作。

【环境保护】 2018年，龙门港镇以中央环保督查“回头看”、国务院“大督查”为契机，整治全镇“小散乱污”企业，拆除存在环保问题的猪圈、鸡鸭圈场20多个。

【卫生健康】 2018年，龙门港镇有卫生院1所，医务人员30人，床位27个；村卫生室3个，全镇参加新型农村合作医疗6449人。实施艾滋病防控攻坚工程，全镇艾滋病防治知识知晓率城镇居民达98%。

【人口和计划生育】 2018年，龙门港镇推进人口和计划生育工作，全年全镇出生人口63人，人口自然增长率为3.09‰，出生政策符合率96.83%，政策外多孩率3.17%，性别比为110∶100。

【社会保障】 2018年，龙门港镇全年城乡医保参保人数7045人；养老保险累计参保人数1947人，领取待遇1085人，累计新增签订三方协议365份。开展救济发放工作，保障群众的正常生产生活。全年发放临时救助5人共计2万元，医疗救助11人共计6.4901万元；发放特困人员资助金5.392万元；全年发放城镇居民低保金9.6935万元、农村低保金33.4747万元；分散供养特困人员19人，供养敬老院老人4人。

【安全生产】 2018年，龙门港镇全面推进责任落实、隐患治理、宣教培训等重点工作，确保全年无重大安全生产事故发生。防汛工作切实有效。实行台风来临预警、防火、防汛岗位责任制，保持24小时不间断值班并做到电话畅通、政令畅通，确保安全度汛。

【旅游】 2018年，龙门港镇旅游资源有将军楼、亚公山、玉井流香等。支持维丰农业有限公司龙门蚝湾项目顺利通过自治区级现代特色农业核心示范区、广西四星级乡村旅游景区及广西水产健康养殖区创建验收。全年接待游客3000多人次，旅游收入达1670万元。

（龙门港镇政府）

2018年7月12日，市政协副主席、区委书记黄球（前排右二）调研龙门港镇维丰公司

（区委宣传部 供稿）

久隆镇

【概况】 久隆镇位于钦州城区东北部，距市区19公里。东接那彭镇，西邻大垌镇，南与沙埠镇接壤，北与平吉镇毗邻。行政区域总面积222．9平方公里，下辖17个村委会和1个社区居民委员会，201个村民小组，196个自然村，人口47215人。中国共产党基层组织有基层党委1个，党支部29个，党员1015名，其中农村党员747名。镇党委、镇人民政府下设党政办公室、人口和计划生育办公室、社会治安综合治理办公室、社会事务办公室（增挂民政办公室牌子）、精准扶贫办公室、经济发展办公室，镇纪委、人民武装部、工会、共青团、妇联、残联、文化站。行政编制数36人，实有28人。事业单位编制数37人，实有29人。机关工勤编制数3人，实有2人。是年，久隆镇围绕区委“一机遇、三争创、四打造、六重点”的工作思路，坚持稳中求进、真抓实干，完成财税收入1200.73万元，其中税收收入1155万元，财政收入45.73万元，固定资产投资完成5.65亿元，招商引资8.9亿元，完成目标的111%。

【项目建设】 2018年，久隆镇挂牌成立中国龟谷项目，年内完成第一期48套龟鳖养殖单元建设。完成投资6.3亿元郁江调水工程项目土地征收。完成投资2.3亿元节能风电项目252.82亩征租地任务。五祥猪场养殖项目扩大规模，年内存栏母猪6000多头，年出栏生猪11万多头。投资8000万元的红龙龟鳖养殖场项目，年内完成第二期工程施工。

【脱贫攻坚】 2018年，久隆镇建档立卡贫困户418户、1914人，其中贫困生113名，危房改造户87户、361人。年内脱贫70户、326人，1个贫困村摘帽，完成年度脱贫摘帽任务。累计发放136.03万元“以奖代补”资金，引导贫困户发展生产。134名贫困生享受“雨露计划”补助金22.55万元。完成98户危房改造，其中贫困户79户、其他户19户，逐步解决贫困户的住房保障问题。推进光伏、龟鳖养殖、蔬菜种植、休闲旅游等集体经济项目，全镇14个非贫困村（社区）集体经济收入全部超2万元，4个贫困村均超过3万元，全镇村级集体经济收入达76万元。实用技能培训4人，补助金0.32万元。

【宜居乡村建设】 2018年，久隆镇推进乡村振兴战略实施工作，投资69万元用于新建青草、黎屋、高明、高桥村委太阳能路灯共158盏；投入355.3万元，新修新圩、荷木、石安、细岭头村级道路共9.8公里，修建排水沟、垃圾焚烧池、铺设绿化带等，促进镇村面貌改善，进一步完善村级基础设施。全年收取保洁费51.4万元，新添置垃圾桶1100多个，聘用保洁人员480余人次，通过镇、村干部的引导带动，发挥群众的主体作用，组织40多次农村垃圾集中大清理行动，清理村级垃圾约600吨，清理水沟215次，疏通河道2550米，清理卫生死角235处。全年排查15个隐蔽非法抽砂点，重点整治280家“小散乱污”企业，13家禁养区内养殖场。

【社会治安综合治理】 2018年，久隆镇开展扫黑除恶专项斗争，严厉惩治和预防犯罪。全年全镇接报警356起，其中110报警200起。立刑事案16起，破案8起。受理治安案件27起，办结19起，行政处罚55人，其中查处赌博案件14起。查处吸毒案件4起，抓获吸毒人员4人，送强制戒毒4人。查处殴打他人3起。全镇共发生纠纷54起，调解54起，调解率100%，调解成功50件。信访案件30起，148人次，已调解26起。久隆镇新明村获2017—2018年度建设“平安钦州”先进单位称号。

【农业】 2018年，久隆镇耕地面积3494公顷，林地面积9651公顷，农田有效灌溉面积1500公顷。农作

2018年4月26日，钦南区在久隆镇开展扶贫领域腐败和作风问题专项治理工作三级大接访活动

（区委宣传部 供稿）

物播种面积10342公顷。谷物播种面积1172公顷，产量5661吨；豆类播种面积134公顷，产量240吨；薯类播种面积450公顷，产量5760吨；蔬菜播种面积1567公顷，产量33679吨；瓜果种植44公顷，产量395吨。推广"龙头企业+农户""龙头企业+专业合作社+农户"等形式，提高农业生产和农民进入市场的组织化程度。通过台湾创业园、花卉大世界等项目建设，充分发挥农业优势，创新农业经营模式。是年，久隆镇坚持发展特色产业，以特色农业为依托，因地制宜发展"一村一品"。以"双高"糖料蔗为主，向沃柑、百香果、五指毛桃等多样化特色种植业发展，通过对农户进行技术指导和培训，培养新农民，激发农民的创造性，从而增加收入，建设新型农业。目前青草村沃柑种植、黎屋村和白鹤村五指毛桃种植初见成效。

【基层组织建设】 2018年，久隆镇坚持加强基层党组织建设，不断发挥党建领航作用。投入150万元建设细岭头、那庆、沙田村级公共服务中心，投入21万元修缮扩建了水铺、青草村委办公楼，投入137万新建荷木、黎屋村公共服务中心，不断夯实和规范"两站一中心"运行。以党建和廉洁工作站为抓手，加强资源整合，全年收集群众反映热难点问题195件、办结188件、继续协调处理7件。全年获评五星级党组织1个、四星级党组织2个、三星级党组织2个。

【教育】 2018年，久隆镇有中学1所，中学教师105人，在校中学生1358人，中心校1所(下设17所村校)，8个教学点，小学教师308人，在校小学生3851人，其中中心小学学生665人；幼儿园9所，教师106人，入园儿童1233人。年内投入735.66万元用于建设白鹤分校及黎屋小学教学楼项目。同时，按8个功能室的建设标准完成了15所小学的改造，并在8个功能室的基础增设了图书阅览室及留守儿童之家，全镇各小学的室场建设达到每所10个之多。以学校"创均"工作为契机，加快各小学校舍维修改造工作，对围墙、地板、内外墙、绿化、电力、网络、监控等进行维修改造，努力改善学校办学条件。全镇各小学室场图书、仪器按均衡配备标准或超出标准进行投入。

【文化】 2018年，久隆镇文化站配置有图书阅览室，书柜三组，长桌四张，椅子24张，各类图书3000多册，订有《人民日报》《广西日报》《钦州日报》《文化报》《党风廉政教材》《当代广西》等多种多样报纸杂志。多功能活动厅配置投影机1台，大屏幕彩电1台。培训室配桌、椅40套。信息资源共享服务室配电脑14台，接入宽带。文娱活动室配棋牌桌二套、乒乓球桌二台。建有1个篮球场，配套各种健身器材。年内举办教育培训、科普讲座、各类体育比赛和文娱演出活动等。

推进乡村文明行动和文明城市创建，办好一批文化惠民、服务群众的实事，丰富基层群众文化生活。投入35万元新建荷木村级公共服务中心1个，配备有计生卫生室、农家书屋、活动室等设施。

【人口和计划生育】 2018年，全镇总人口数为47215人，其中已婚育龄妇女人数为8258人，占总人口的17.49%。全镇共出生人口664人，其中计划内出生619人，符合政策生育率为93.22%；其中男出生347人，女出生317人，男女性别比为109；其中一孩出生194人，计划内出生194人，符合政策生育率100%；二孩出生420人，计划内出生人420人，计划外多孩出生45人，计划内多孩5人，计划外多孩率为6.78%。全镇共有572人使用药具，药具使用率达8.03%，全镇目前共有7121人选用各种避孕节育措施，综合节育率为86.23%。

【卫生健康】 2018年，久隆镇有卫生院1所，门诊部1个，床位36张，有专业卫生人员72人，其中执业医师4人，执业助理医师13人，注册护士6人。村卫生室17所。

【社会保障】 2018年，久隆镇建立健全灾害救助应急综合协调机构和指挥体系、应急预案体系，以村为单位建立灾情信息紧急报告制度，做好救灾救济工作。坚持"以双拥促优抚，以优抚促双拥"方针，做好重点优抚对象工作；坚持按照上级统一部署开展工作，切实保障老年人、残疾人与未成年人群体的根本利益。是年，久隆镇农村低保覆盖面不断扩大。农村低保户721户1622人，覆盖面达到3.53%，发放农村低保资金343.7万元，城市低保资金6.2万元；城乡医保参保人数44595人，参保金额共计802.71万元；养老保险累计参保人数15378人，参保金额共计153.78万元；抓好临时救助工作，发放临时救助金2.9095万元；卫生计生工作扶助62人，奖补7.128万元。

（庞秋瑜　宋林璘）

那丽镇

【概况】 钦南区那丽镇位于钦州市东南部，东与那思镇、北海市合浦县接壤，西与沙埠镇、东场镇接壤，南临北部湾，北与那彭镇接壤，辖区内有钦州市华侨投资管理区、丽光华侨农场。距钦州城区30千米。兰海高速公路、325国道，南（宁）北（海）高速、普通铁路贯穿全镇。2018年，全镇土地总面积226.08平方公里，耕地面积2830公顷，其中水田面积1400公顷，主要农产品有水稻、黄瓜、辣椒、木薯、红薯、玉米、花生、大豆等，黄瓜和辣椒。境内蕴藏有锰矿、铁矿、钛铁矿及花岗岩等矿产资源。下辖10个村委会、1个社区居委会、181个自然村、191个村民小组，总人口37503人。城镇建设区面积3.64平方公里，规划面积为16平方公里，现有城镇常住人口9250人。镇党政机关设置党政办公室、人口和计划生育办公室、社会治安综合治理办公室、社会事务办公室、经济发展办公室5个综合性办公室。上级机关派出（或派驻）有人民法庭、公安派出所、司法所、地方税务所、工商行政管理所、国土资源管理所。机关行政编制34名，机关后勤服务事业编制3名（不包括上级派出机构）。是年，那丽镇围绕“打好五大攻坚战”，抓基层党建、脱贫攻坚、宜居乡村等重点工作。全年全镇固定资产投资任务5亿元，完成5.87亿元，完成117.4%；招商引资全年任务2.5亿元，完成2.5亿元，完成100%；财税收入完成1485.84万元；规模以上工业总产值2.91亿元，同比增长13.05%，新增规模以上企业1家。

【新农村建设】 2018年，那丽镇深入贯彻生态文明建设精神，大力实施乡村振兴战略，加快推进城乡融合发展，积极开展“宜居乡村”四项活动，进一步打造干净、整洁、美观的镇容村貌，营造平安和谐、富有文化气息的社会氛围。2018年，那丽支线路维修工程建设完成，农村改厨完成802户、改厕完成801户；全镇共打造16个现代农业生产示范基地，培育16个带动农户增收的新型农业经营主体，建设18个农村电子商务服务点；10个村委均开展服务惠民工作，聘请协管员56名，“服务惠民”专线网络实现村村通；10个村委均建设了村级公共服务中心，镇、村共举办文艺表演12次以上，平均每月到村放映电影10次以上。全年收缴保洁费共计25.96万元，完成任务92.9%。

【旅游发展】 2018年，那丽镇配合钦南区创建全域旅游示范区，那雾山森林公园顺利通过自治区初审。年内建设景区北面道路、北副门、停车场及23.1公里环山公路。

【脱贫攻坚】 2018年，那丽镇实现芦荻竹村脱贫摘帽，全镇脱贫116户、513人。加快推进村级集体经济发展壮大，那雾塘、充包、崩塘、殿良4个贫困村继续加盟广西创钦农牧科技有限公司建设黑山羊养殖示范小区项目，殿良、那丽、芦荻竹、充包、那雾塘5个贫困村发展光伏电站项目，充包、崩塘、那丽、芦荻竹4个贫困村加盟广西红龙生态农业公司养龟产业，年内6个贫困村均达到3万元以上，5个面上村集体经济收益均达到2万元以上。进一步完善基础设施建设，年内修建芦荻竹至荒坑1.344公里扶贫道路，项目投资48.9万元。2018年，全镇危改任务153户，开工153户，竣工135户，其中建档立卡贫困户110户已全部竣工。同时，大力扶持贫困户发展产业，组织相关部门对年内第一、第二批贫困户申请产业扶持项目进行验收，经验收合格541户，申请奖补资金147.1064万元已全部拨付到户。

【治安维稳】 2018年，那丽镇新综治中心建成并投入使用，社会综合治理阵地建设得到进一步巩固。年内入户宣传群众安全感共发放知识卡500份、调查问卷500份、固定电话宣传粘贴卡294份，受理各类刑事案件18起，破刑事案件17起；受理治安案件26起，查处26起；排查在册吸毒118人，强制戒毒10人，抓获各类违法嫌疑35人，行政处罚27人次。缴获毒品7385.28克，缴获枪支2把，子弹114发。同时深入开展扫黑除恶工作，张贴公告46张，书写永久性标语37条，展板13块，宣传专栏4块，电子显示屏日夜滚动宣传，悬挂幅幅38条，派发扫黑除恶宣传单4500份，排查出涉恶案件2起，惩治2起，抓获涉恶17人。组成“红袖章”治安巡逻队每天联合派出所开展治安巡防巡逻行动，联合上级有关部门对辖区内竹山、细江、高岭脚、高滩等12个非法抽沙点和4个非法卖沙点进行综合整治，查扣超载运输车10辆，惩治不法分子的嚣张气焰，维护社会治安秩序。

【农业经济】 2018年，那丽镇发展

特色种植业优势，促进农业规模化发展。全年粮食播种面积4.05万亩，总产量1.08万吨；甘蔗种植1.15万亩；木薯种植1.2万亩；黄瓜种植0.3万亩。三华李种植1200亩，总产量约2.25万公斤，总产值约40万元；辣椒种植1.6万亩，亩产量增加约0.3吨，平均每亩增收约1000元。发挥依山傍海地理优势，发展水产禽畜养殖。全年水产品总产量1.34吨，总产值23878.59万元；生猪出栏5.13万头，年末存栏3.06万头；家禽出栏372.02万羽，年末存栏118.67万羽。

【工业发展】 2018年，那丽镇把"工业强镇"作为发展重点工作来抓，抓好企业建设，促进规模以上工业的发展，培育骨干企业，促进全镇工业化进程，优化行政审批流程，优化企业营商环境，对接企业，了解工业企业生产生存情况，跟进服务生产，抓好企业建设。年内规模以上工业总产值2.91亿元，同比增长13.05%，新增规模以上企业1家。

【文化教育】 2018年，那丽镇义务教育均衡发展进一步推动，控辍保学成效显著。年内劝返学生98人，各中小学采购教学设备，各村校实现"8室"，打造校园文化长廊，校容校貌改造工作成效明显，义务教育均衡发展顺利通过自治区和国家督导评估验收。

【卫生计生】 2018年，那丽镇计划生育服务持续推进。年底全镇总人口数为37266人，出生率6.78‰，人口自然增长率为4.85‰，控制在任务指标11‰以内。

【社会保障】 2018年，那丽镇加社会民生保障服务进一步完善。全镇城乡居民基本医疗保险参保人员33720人，完成全年任务102.08%；办理养老参保4333人，累计参保人数12319人，60岁以上领取待遇人数4683人；全镇共有城乡低保户1471户2850人享受低保待遇，各类残疾人989人，五保对象273人，审批临时救助6户，各类优抚对象201人。

【环境保护】 2018年，那丽镇国土规建环保安监等工作执法力度进一步加大。对非法占地的木片厂构建筑物进行依法拆除，共拆除木片厂6个、居民房2幢共计约2万平方米构建筑物；开展安全生产执法检查32次，发放宣传预防一氧化碳中毒宣传资料2万多份，每季度对辖区内工矿企业、燃气店、加油点等进行隐患排查整治，及时消除不安全因素，确保民生安全；组织环保执法行动15次，排查整治"散、乱、污"企业、养殖场54个，重点排查整治6家砖厂，搬迁清理禁养区内养殖场猪783头、鸡5982羽、鸭2037羽；发动群众植树造林、更新重植4314.2亩，完成任务率100.3%，完成全民义务植树6万株、四旁植树1.5万株，有效保护生态环境健康发展。

【基层党建】 2018年，那丽镇推进和加强基层党建工作。全镇年内新成立"两新"党组织2个，那雾塘、那丽2个三星级党组织提档升级为四星级党组织，3个工作站收集民情民意200条，解决126条；殿艮村委新办公楼建成并投入使用，社区居委会办公楼完成主体建设，崩塘村委新办公楼开工建设，村级党群服务中心规范化建设进一步完善。贯彻意识形态工作责任制。结合"两学一做"学习教育和"主题党日"活动契机，开展"不忘初心再扬帆，解放思想大讨论"活动，提升党员干部四个意识；加强信息收集报送，全年报送党委、政府信息合计42条，在政府门户网站公开推送工作信息116条，在"钦州360"平台回复关于那丽镇违章建筑的帖子1则，及时有效提升政府的形象和公信力；做好新时代讲习所建设工作，严格按照"六有"的标准创建12个"新时代讲习所"，开展讲习活动60余次。针对巡视巡察反馈突出问题，切实开展"大排查、大整改"活动，约谈镇、村干部12人次，镇级立案4件，区级立案5件；深化扶贫领域腐败和作风问题专项治理，开展公开大接访活动，营造风清气正的政治生态环境。年内共排查扶贫领域问题线索52条，立案6件，党纪处分5人，诫勉谈话5人。

（黄兰珍）

那彭镇

【概况】 那彭镇位于钦州市钦南区东部，距市区46公里，东与那思镇相连，西与沙埠镇、久隆镇接壤，南与那丽镇和丽光场交界，北与钦北区平吉镇、灵山县陆屋、伯劳等镇毗邻，境内有大风江横穿而过，有中型水库1座，小(2)型水库4座，水资源丰富。2018年，全镇行政区域面积291.38平方公里，辖14个村(居)委会，203个村民小组，户籍人口4.6万人，镇党委、镇人民政府下设党政办公室、人口和计划生育办公室、社会治安综合治理办公室、社会事务办公室、经济发展办公室、共青团、妇联、残联。二层事业单位五个:人口和计划生育服务所、文化体育和广播电视广站、交通站、国土规建环保安监站、社会保障服务所。全镇有编制84个(行政37个,事业47个),2018年在编在岗人员63人(行政30人,事业31人)。上级机关派出(或派驻)有派出所、司法所、工商所、财政所、食药监、农业站、林业站、长江管理水电站。耕地面积3266公顷,林地面积13562.7公顷,村民主要以种植水稻、辣椒、甘蔗、黄瓜、桉树以及养鸡为主要经济来源,其中辣椒种植面积约1.5万亩,年产量约4.5万吨,甘蔗种植面积1.2万亩,年产量约4.56万吨,肉鸡年养殖量约1100万羽,出栏约800万羽。全镇财政收入完成675.30万元,完成全年任务675万元的100.04%。招商引资完成了全年任务5000万元;社会固定资产完成约3.33亿元,完成全年任务2亿元的166.5%;规模以上工业总产值完成15022万元,完成全年任务21400万元的70.2%。

【新农村建设】 2018年,那彭镇立足发展,逐步完善村级基础设施,更好的建设新农村。逐步完善基础设施建设。年内,那彭镇6个贫困村已全部通水泥路,73个自然村中70个自然村通水泥路,硬底化率超过95.9%;2018年那彭镇已落实进村道路建设项目14条18.51公里,涉及432户群众、44户贫困户。2018年底项目竣工通车后,完成20户以上的自然村全部通硬底化道路的工作目标。积极发展村级集体经济,促进新农村建设。2018年全镇6个贫困村村级集体经济发展资金300万元和4个空壳村村级集体经济发展资金40万元已全部到位。经区、镇、村三级研究决定,将其中318万元全部投入到光伏和养龟项目,其中投入光伏项目171.3万元,投入养龟项目146.7万元。目前,光伏和养龟项目已将20.08万元收入打入各村委账户,6个贫困村2018年村级集体经济收入均已达到3万元。

【扶贫攻坚】 2018年,那彭镇严格按照自治区关于贫困户脱贫和贫困村摘帽"二上二下"的工作程序和相关要求,认真对未脱贫贫困户和贫困村进行深入细致核查,为确保贫困户按时达标脱贫,那彭镇围绕贫困村、贫困户脱贫摘帽验收标准,狠抓工作落实,按照"两不愁,三保障"有针对性地对贫困户开展帮扶工作。截至11月28日,已通过镇级"双认定"验收和区级公告,确认2018年脱贫85户、347人,按计划完成今年减贫任务。结合各贫困户的帮扶需求,对照"八有一超"双认定标准,制定相应的脱贫帮扶方案,落实危房改造、产业奖补、雨露计划、低保、易地搬迁等惠民扶贫政策。全镇2018年建档立卡危房、无房贫困户进行危房改造开工建设108户,竣工93户,验收80户,在建15户;易地扶贫搬迁户54户200人;实施桉树、辣椒、甘蔗、养猪、养鸡等20种产业奖补,奖补资金128.96万元;帮助贫困户学生161人次成功申请雨露计划补助25.55万元;已建立了邮乐购农村电商村级网点10个,淘实惠农村电商村级网点4个,农村电商已基本覆盖全部行政村。2018年共开展农村实用技术培训班5次,提高贫困户脱贫致富的能力。

【村级党建】 2018年,那彭镇通过整合多方资源,推动完善村公共基础设施建设步伐。整合文体、民政、一事一议资金106万元,完成担坳村委办公楼建设;整合资金投入110万元,启动那里村委会新办公楼建设,目前,那里村委会新办公楼已完成建设并投入使用;投入50万元扩建了后立村委办公楼,建好围墙和硬化了庭院和周边场地。全力推动农村党组织"星级化"管理。全镇有36个党(总)支部,党

2018年10月19日,钦州市政协副主席、钦南区委书记黄球(左二)到那彭镇调研脱贫攻坚产业发展工作 (那彭镇 供稿)

员1192名，设有3个党建廉洁工作站，2016至2018年新建那里、担坳2个村级服务中心，扩建维修清湖、彭新、白沙、后立、六湖、那勉6个村级服务中心，推进居委、凤凰岗、英学3个服务中心建设，创建了五星级党组织1个（六湖），四星级1个（担坳），三星级1个（清湖）。

区委常委、纪委书记张斯广（左三）到那彭镇检查工作

（那彭镇　供稿）

【社会治安综合治理】 2018年，那彭镇学习贯彻中央、自治区及钦州市政法工作会议精神，开展矛盾纠纷精准排查和精细化解工作，推进"法治那彭、平安那彭"建设工作。营造舆论氛围，推进提升公众安全感工作。镇综治委成员单位分别张挂12340海报9幅，在镇村做提升群众安全感永久性宣传标语16条，悬挂横幅17条，发放宣传资料7000多份。做好矛盾纠纷排查化解工作。坚持每月对全镇的社会不稳定因素进行一次排查，排查出各类矛盾纠纷113件，调处成功91件，调处成功率80.5%，为我镇经济社会的和谐稳定营造了良好的社会环境。开展村级综治"五个一"建设和网格化管理工作。开展扫黑除恶工作。充分利用各种舆论宣传工具，打造"扫黑除恶"专项斗争舆论，广泛宣传开展"扫黑除恶"专项斗争行动，自活动开展以来，在全镇范围内各村委、街道人员流动大的地方共张贴"扫黑除恶"宣传海报83张，悬挂横幅21条。

【安全生产】 2018年，那彭镇调整安全生产领导小组及安委会成员，制定各项安全生产工作方案，拟定安全生产有关文件。年内组织开展四次安全生产大检查以及专项整治检查和"安全生产月"活动。镇政府重视安全生产目标管理责任制的贯彻落实，要求各村各单位完善各项安全生产管理制度，完善安全生产工作的考核办法。按照"谁主管、谁负责"和"管生产必须管安全"以及"属地管理"的原则，落实"一岗双责""三包责任制"及各项规章制度和考核制度，把安全生产工作纳入镇村干部工作政绩考核，形成自我约束和激励机制，健全各村各单位的安全组织机构建设。重点开展道路交通、特种设备安全、危险化学品安全、非煤矿山安全、食品卫生安全、用电安全、水库防汛安全、中小学安全以及居住建筑消防安全和人员密集场所消防安全的专项整治，发出整改通知书29份。食品安全方面，在监控工作中突出了重点，共检查食品经营企业330户次，生产厂家28户次，药品经营企业49户次，学校食堂45户次，查小作坊30户次，立案7起，责令整改通知书10次，案件回访7次。

【农业发展】 2018年，那彭镇结合精准脱贫工作，进一步深化农村产业结构调整，促进特色农业不断发展壮大，积极发展村级集体经济，通过发展产业项目增加贫困户年纯收入。结合结对帮扶走访反馈情况，六个贫困村制定出"一村一品"特色产业发展计划，培育壮大扶贫产业：彭新村红黑米产业基地建设初具成效，有110户农户签订红黑米种植协议，种植面积约600亩。加入那彭村高老庄合作社竹鼠养殖项目的贫困户由3户增加到7户。先后在那里村和后立村发展百香果种植基地。

【项目建设】 2018年，那彭镇棚户区旧住宅区综合整治项目（新增二期）总投资额530万元，2017年3月开工建设，2017年完成投资额230万元，2018年完成投资额270万元，合计500万元。中节能风电项目，年内签订土地征用协议26.7809亩，租地协议55.1247亩，签订青苗补偿协议约47.6329亩，并已完善所有请款材料。灵山沙坪至那丽公路（那彭段）。涉及那彭、六湖2个行政村9个村民小组，征收土地347亩。年内完成红线范围土地丈量，报送材料后，征收办拨付了129.8亩土地补偿款和210亩青苗补偿款，施工方进场清表，开始动工建设。镇级垃圾收运中心及六湖垃圾压缩收运站已竣工。

【社会保障】 2018年，那彭镇落实城乡低保、高龄补助、优抚对象等社会保障措施，实行“阳光低保”，依法核查取消596户、1162人城乡低保资格。加强公共卫生服务，全镇有34023人参加城乡居民医疗保险，计划生育奖励扶助政策兑现率100%，疾病防控和艾滋病防控宣传进村入户，群众卫生健康意识进一步加强。社会就业保持稳定，城镇新增就业人数、失业人员再就业人数、就业困难人员再就业人数、农村劳动力转移就业新增人数均完成指标任务。大力支持国防和武装工作，认真做好民兵整组、征兵和退役士兵和其他优抚对象信息采集工作。第四次全国经济普查推进顺利。统战、民族宗教、统计、档案、工会、共青团、妇女儿童和关心下一代等工作取得新成效，农机、供销等工作持续推进，重大动物疫病防控、防汛抗旱、应急救援等工作进一步加强。

【教育】 2018年，那彭镇有1所高完中那彭中学和13所小学，调整优化村级小学布局，合理配置教育资源，改善薄弱学校办学条件，促进教育公平，实现义务教育均衡发展，对照义务教育均衡发展标准，制定“一校一策”。扎实推进“创均”(创建义务教育均衡发展)工作，全镇小学在校舍改造、功能室建设、教学仪器设备等方面共投入500万元，那彭中学投入448万元提升硬件设施，中小学校园环境得到很大改善，并且根据“创均”指标要求规范教学和师生管理，提升学校办学水平，基本实现义务教育均衡发展目标。

【生态乡村建设】 2018年，那彭镇落实文件精神，开展“宜居乡村”巩固提升活动。对集镇及部分行政村进行资源整合，实行承包责任制。白沙、英学、那蒟、凤凰岗、那勉、那彭六个行政村及集镇进行市场化模式改革，集镇共1人承包清运垃圾，按合同按时发放垃圾清运费；各村制定村规民约、门前三包，广大群众能遵守并积极做好垃圾的保洁、定点堆放。调整充实镇城建中队，抓好摊点规范，实行划行规市，加强镇村集贸市场管理。抓好入店经营，重点打击乱摆乱卖和占道经营；抓好沿街遮阳棚和广告牌整顿；抓好垃圾入桶，日产日清。完善保洁员聘请制度，共聘请保洁员91人，其中公益性岗位13人，完成“五村一镇”保洁改革。利用社会资源，开展保洁费收取工作。全年收取农村保洁费155905元，收缴率151%。完善基础设施建设。年内全镇新增1辆三轮摩托车、6辆电动三轮车作为保洁运输车辆，新增投入共计44000元。投入39000元购置垃圾桶780个，配置集镇和部分行政村。 （李丽萍 梁艺花）

2018年5月25日，那彭镇开展扶贫腐败和作风问题专项治理公开大接访活动 （那彭镇 供稿）

那思镇

【概况】 那思镇位于钦南区东部，地处钦南、灵山、合浦三县区交界点，距钦州市区62公里，东与灵山县文利镇交界，西南与那丽镇毗邻，西北与那彭镇接壤，南与北海市合浦县乌家镇为邻，北与灵山县武利镇相邻，南距北海市合浦县城45公里，北距灵山县城80公里。2018年，行政区域面积244.67平方公里，耕地面积1618.8公顷，林地面积9831.7公顷。辖10个村委会，150个村民小组。2018年年末户籍数6372户，总人口29818人，人口自然增长率7.9‰。中国共产党基层组织有基层党委1个，党支部24个，党员755名。镇党委、镇人民政府下设党政办公室、人口和计划生育办公室、社会治安综合治理办公室、社会事务办公室（增挂民政办公室牌子）、经济发展办公室，镇纪委、组织室、人民武装部、工会、共青团、妇联、残联等。编制64名，实有52人。全镇2018年财税收入任务440万元，完成财政收入564.73万元，完成目标任务的128.35%，比上年同期增长48.67%。其中：税务部门任务400万元，完成503万元，占任务125.75%，比上年同期增长45.84%；财政部门任务40万元，收入61.73万元，占任务的154.33%，比上年同期增长76.57%。固定资产投资目标0.7亿元，完成0.72亿元，占任务的102.86%。

【招商引资】 2018年，那思镇引进龙源风力发电项目，项目总投资近10个亿，其中涉及那思范围内41个发电基桩，投资约3.28个亿，已完成建设3个发电基桩。引进大牧荣畜牧生态养猪场，项目总投资2500万元，占地10公顷，年出栏生猪5万头。

【新农村建设】 2018年，那思镇统筹多方力量，投资980万元加大道路、太阳能路灯、人饮工程等设施建设，其中：投资766万元，硬化牛寮水村委倒立队、大岭一队、木棍田，定蒙村委大竹垅、大塘、三季田村级道路17.9公里；投资56.7万元推进亮化工程，新建牛寮水、定蒙村路灯136盏；投资23.7万元建设定蒙人饮工程；投资130万新建定蒙村公共服务中心。围绕“产业富民、服务惠民、基础便民、文化乐民”四个专项活动有序开展宜居乡村建设工作，巩固提升“美丽钦州·清洁乡村”活动，上半年在钦南区开展的考核活动中综合排名第四，12月在钦州市清洁乡村检查中排名第13名。完成改厨700座、改厕730座。协调电信部门安装了茶蓝垌、扁陂村委宽带网络，实现村村宽带网络全覆盖。

【扶贫攻坚】 2018年，那思镇建档立卡贫困户481户、2172人，已脱贫276户、1275人，未脱贫205户、897人，其中2014、2015年退出户80户、358人，2016年脱贫42户、188人，2017年脱贫77户、357人，2018年脱贫77户、372人。10个行政村中有4个贫困村，分别为那京村、塘底村、牛寮水村、定蒙村，其中那京村2016年已脱贫，塘底村2017年已脱贫，定蒙村为2018年脱贫摘帽村，牛寮水村列为2019年脱贫摘帽村。年内，那思镇实施脱贫攻坚，层层传导压力，确保国家“两不愁、三保障”政策落地，做到精准发力，精准脱贫。推进贫困户危房改造工作，年内竣工56户，获奖补资金165万元。实施产业扶持奖补，覆盖贫困户353户获奖补资金112.09万元。春秋两期共有187人次获得雨露计划、“两后生”补贴资金共30.9万元。全镇2184名贫困户享受财政代缴医保39.31万元；共有贫困户306户、658人享受低保扶持政策。全镇10个行政村都发展有集体经济项目，其中定蒙、塘底、那京、牛寮水四个贫困村共投入130万元发展光伏发电项目，投入87.8万入股红龙公司发展龟鳖养殖项目。合江、禄宦塘、那思、茶蓝垌、扁陂五个面上村各投入10万元专项资金入股红龙公司发展集体经济。4个贫困村年集体经济收入均达到3万元以上，6个面上村均达到2万元以上（其中5个村委实现收入零突破）。对照“八有一超”、“十一有一低于”标准，全镇77户贫困户、372人及贫困村定蒙村于2018年12月顺利通过了自治区“四合一”核验。

【社会治安综合治理】 2018年，那思镇抓好镇、村两级综治矛盾纠纷排查调处工作，共排查调处各类矛盾纠纷95件，完成调处率100%，

2018年4月13日，钦州市委副书记、中马钦州产业园区管委会常务副主任高朴（前排中）到那思镇调研扶贫工作　　　　（那思镇　供稿）

调结93件，调结率为98%。对涉毒、涉赌案件加大惩治力度，抓获吸毒人员8人，送强制戒毒6人，办理毒品案件1起，逮捕起诉1人，办结赌博案件1起，行政处罚3人。深入推进扫黑除恶专项斗争。摸排出涉黑涉恶线索2条，其中落地线索2条。破涉恶案件1起，抓获涉恶犯罪嫌疑人员20人，刑事拘留15人，批准逮捕移交起诉15人。

【安全生产】 2018年，那思镇全面落实安全生产责任，持续开展道路水路交通、危化品、烟花爆竹、建筑工地、人员密集场所消防等行业领域安全生产大排查活动，做好防范一氧化碳中毒、防溺水宣传排查工作。发放宣传资料18600余份，悬挂宣传横幅135条，拆除不合理安装煤气热水器102户，及时消除安全隐患。春节前后联合安监、公安、司法、工商等部门开展烟花爆竹安全隐患大排查行动，共查封非法烟花爆竹销售点1个、非法仓储点2个，收缴非法烟花爆竹70余件。食品药品安全监管不断加强，全年无发生重大食品药品安全事故。

【农业】 2018年，那思镇大力发展现代特色农业，重点培育打造7个示范园(点)，其中创建乡级示范园1个，村级示范区6个。包括那思镇千亩红椎菌生态原林示范园300亩；定蒙富硒黑米产业示范点核心区80亩；那思镇糖料蔗"双高"基地大虫坡示范点1400亩；那京百香果种植示范点100亩；那思镇万亩辣椒禄宦塘示范点核心区100亩。因地制宜结合本地优势，大力推广种植优质农产品。采取"种植户跟着合作社走，合作社跟着能人走，能人跟着市场走"的模式来引导发展"山泉豆角"种植。充分发挥禄合蔬菜专业合作党支部引领作用，带动农户种植"山泉豆角"，并统一购销。2018年全镇约500户农户种植豆角将近1000亩，其中贫困户约200户，大大增加了群众收入，真正实现"一根豆角扶出千万产业"。定蒙村委采取统一种子、统一机耕、保底收购的方式，发动农户推广连片种植富硒黑米示范田80亩，年产黑米约1.5万公斤，合作社收购价10元/公斤，直接为种植户增加收入15万元，打造定蒙富硒黑米特色品牌。

2018年4月10日，那思镇领导到黄屋屯镇圩埠村委参观学习光伏发电项目
（那思镇　供稿）

【工业】 那思镇工业规模小，主要有木材加工、建筑业等行业。2018年，全镇企业有54家，从业人员367人，主要以木材加工、餐饮、农副产品加工等行业为主。

【教育】 2018年，那思镇有中学1所，教师55人，在校生1046人；小学17所，教师204人，在校生3102人。在推进义务教育均衡发展过程中，以问题为导向，固强补弱创特色，完善校容校貌，改善办学条件。争取上级相关部门投入经费，全力推进全镇的义务教育均衡发展，实现参与创建工作的9所中小学校校舍条件、校园环境、设施设备、生均公用经费、教师素质、管理水平等六大方面基本达到国家标准，全镇中、小学"创均"工作通过了自治区和国家的评估验收。

【文化·科技】 2018年，那思镇有镇级综合文化站1所，村级农家书屋10间、村级文体活动中心6个，有自然村小戏台1间。特色民俗文化是"跳岭头"，是村民为辟灾祈福、祈求庄稼丰收、人畜平安等所进行的一种庆祝活动。2006年，"跳岭头"被确定为广西第一批非物质文化遗产项目。

【人口和计生】 2018年，那思镇有卫生院1所，执业医师人员13人，病床位46张；村卫生室10个，乡村医生19人。2018年全镇共出生人数415人，其中出生男孩207人、出生女孩208人，出生率13.4‰，人口自然增长率为7.9‰。

【生态环境综合整治】 2018年，那

思镇加强农村污水治理，实施2017年中央和自治区农村环境综合整治项目，那思镇生水村、石旺村、圩地坝村、木棍田村、栗坡岭、牛寮水村6个村级生活污水处理系统年内动工建设并投入使用。根据中央环保督察组“回头看”发现的问题，抓好洪潮江水库水质整治工作。出动干部职工280人次、挖掘机4台次、农用车辆8台次，拆除那思集镇猪栏140个，搬迁生猪815头，搬迁14个养鸭场，搬迁鸭9.3万羽；搬迁20个养鸡场，搬迁鸡22.2万羽。从源头上开展治理，抓住关键环节对症下药，要求饲料供应商和鸡鸭苗供应商禁止向禁养区和限养区供货供苗，禁养区、限养区范围内养殖场得到有效整治，水质得到进一步改善。全面推行“河长制”，开展巡河工作，年内镇级河长巡河148次，村级河长巡河480次。按照自治区、市总河长令要求，部署开展好“清四乱”专项行动。

（苏万雄）

水东街道

【概况】 水东街道位于钦江以东，钦州市城区南部，东与沙埠镇接壤，西临钦江、与向阳街道、文峰街道相望，南与沙埠镇接壤，北与钦北区鸿亭街道接壤。2018年，辖东南社区、五里桥社区、大沙洞社区3个社区，39个居民小组。辖区面积约12.3平方公里，耕地面积170公顷，粮食播种面积60公顷，经济作物种植面积26.7公顷，林地面积140公顷。年末人口29097人（农业人口9993人，非农业人口10125人，流动人口8979人）。人口自然增长率10.5‰。中国共产党水东街道工作委员会下辖1个党总支部，14个党支部，党员394名。街道党工委、街道办事处下设纪工委、监察室、武装部、综治办、团委、妇联、卫生和计划生育服务所、劳动保障事务所、城市市容管理办公室、党政办、组织办、社会工作办、统计站、经济发展办公室、城监中队和环卫站16个部门。街道共有52人，在职在编干部31人，其中公务员10人。社区工作者2人，基层党建组织员3人，城管四中队人员（临聘）33人。辖区内有人和小学、沙埠小学、沙埠中学、钦州农校，有钦州市妇幼保健院、钦南区人民医院等医院，有坭兴陶生产基地、火龙果生产基地、江滨公园、白石湖公园、和谐塔公园等城市标志性建筑和休闲活动场所。钦州市政务中心、钦南区行政信息中心、钦州公路客运南站坐落辖区。是年，水东街道开展招商引资、推进项目建设，固定资产投资24亿元，招商引资15.9亿元，街道非税收入189万元。农民（居民）人均可支配收入13237元。获得2017年度全市人口和计划生育目标管理责任制考核先进单位通报表扬；获得钦南区委办关于对在党委督查工作、党委信息工作、农业农村工作和财政收入工作中表现突出的单位进行表扬；获得钦南区委督查室对在2018年全国“两会”期间安保维稳工作表现突出的单位进行通报表扬；获得钦州市2018年文明街道创建评比活动年度测评综合排名第二名。

街道办驻地钦州市南珠东大街110号。

【党建】 2018年，水东街道结合新时代讲习所、“不忘初心再扬帆”解放思想大讨论等活动的开展，抓好“两学一做”工作。组织召开中共十九大精神学习会和习近平新时代中国特色社会主义思想专题学习会4次，开展新时代讲习所活动5次。通过“钦南发布”、“钦南党建”等微信公众号发布简讯26篇。建立街道“大工委”和社区“大党委”，通过“大工委”的联动作用，举办庆“七一”晚会1场。把广西钦州高丰农业有限公司党支部、广西淘实惠有限公司党支部打造成为市级“两新”组织示范点。筹措60万元新修建东南社区服务用房。筹措30多万元修缮大沙垌陆屋村危桥和进村道路、硬化五里桥南路、松明塘村进村路。筹措20.9万元修建东南社区大路街文化活动中心。

【征地搬迁】 2018年，水东街道完成人和春天东面02号地块征地搬迁项目1户房屋搬迁和50亩闲置土地的清表交地。完成五金机电市场项目30亩土地征收，签订搬迁协议35户。全年新征土地219亩，清理存量土地75.8亩，搬迁房屋44户，迁移坟山171丘。

【综治维稳】 2018年，水东街道在自治区“两会”、全国“两会”、自治区成立60周年期间实现“零上访”，得到了区里通报表扬。联合派出所开展吸毒人员收戒行动2次，投入4万元用于扫黑除恶专项斗争宣传，年内扫黑除恶成效得分95.77%，钦州市排名第一。接待来访群众50多批次，调处化解矛盾纠纷60多件，调解成功率96%。加强群众安全感满意度宣传，投入1万多元制作固定标语、横额等宣传资料。

【城市市容管理】 2018年，水东街道结合开展“创建全国文明城市”、“全市城市建设和管理示范区”及扬尘整治等工作，重点抓南珠东大街、安州大道等主干道市容工作，集中开展市容整治55次，劝导占道摊点7000多摊次，清理建筑垃圾569车、1697吨，更新垃圾桶100个。启用了龙贡塘垃圾中转新站，解决了辖区垃圾处理的历史遗留问题。围绕五城联创和创建文明街道开展志愿服务活动10次，开展创建文明城市宣传活动4次，2018年在全市创文明街道活动中综合排名第二。

【生态环境保护】 2018年，水东街道开展城市禁养区畜禽养殖清理工作。清理生猪6938头，关停养殖点101个，拆除养殖场8115平方米，改造2万平方米。开展“散乱污”企业排查整治工作，排查240家，整改145家，其中拆除25家，约4100平方米。开展大气污染预防整治工作，对露天焚烧垃圾、夜市烧烤摊点进行整治。

【全国文明城市创建】 2018年，水东街道在街道、社区主要路口设立5块不锈钢市民公约宣传栏，制作社会主义核心价值观、关爱未成年人公益广告、庆祝自治区成立60周年等内容板报，强化了宣传载体建设。此外，还印制了社区精神文明建设宣传板报1版、社会主义核心价值观38张，创建文明街道相关内容横幅3条，“讲文明树新风”、关爱未成年人、文明礼仪公益广告宣传牌共45块并在辖区内显著位置张贴。全年组织人员到辖区发放创文明街道应知应会手册、画册累计4300多份，印制有宣传内容的购物袋、纸巾盒共计1800多个。

【社会保障】 2018年，水东街道核准享受低保对象共计99户170人，其中城市特困对象17户17人，年内累计发放低保金914312元。重点优抚对象32人，发放优抚资金324785元。办理保障性住房申请手续510户，办理高龄补助49人。完成城乡居民基本医疗保险人数22801人，完成率106%。城乡居民养老保险新增与续保1844人，发放养老金100.373048万元。城镇新增就业人员登记200人，完成全年任务100%；城镇失业人员再就业125人，完成全年任务100%；就业困难人员再就业人数9人，完成全年任务100%；农村劳动力转移就业新增人数50人，完成全年任务100%。新增扩面征缴任务50人、30万元，完成新增参保人数60人，征缴44.6万元，完成率120%。

【人口与计划生育】 2018年，水东街道总人口数为23823人，其中已婚育龄妇女人数为4412人，占总人口的18%。共出生人口400人，出生率17.1‰，死亡率6.6‰，自然增长率10.5‰，计划外生育24人。其中计划内出生376人，符合政策生育率为94%；其中男出生207人，女出生193人，男女性别比为107；其中一孩出生147人，计划内出生147人，符合政策生育率94%；二孩出生215人，计划内出生215人，计划内多孩38人，计划外多孩出生24人，计划外多孩率为6%。全街道共有254人使用药具，药具使用率达91%，综合节育率为8%。办理生育登记手册311本，设立独立的防艾办公室，开展防艾宣传12次。

（黄寒露　覃雪琴）

文峰街道

【概况】 文峰街道位于钦州主城区西南部，东临钦江与水东街道相望；西临大榄江钦江支流，与尖山街道相望；南临大榄江钦江支流，与尖山街道平山岛相望；北与南珠街道、向阳街道相邻。2018年，辖东风、江滨、中山、三宣堂、文昌、新隆6个社区，居民小组164个，行政区域面积7.10平方千米，常住人口10.3万人。中国共产党文峰街道工作委员会下辖2个党总支部13个党支部，党员554名。街道党工委、街道办事处内设组织室、党政办公室、纪工委（监察室）、人大联络办、综治办、市容管理办公室、卫计所、社保所、经济发展办公室、财务室、武装部和政务服务大厅，编制32个，实有在职干部53人。是年，文峰街道夯实基层党建阵地建设，开展招商引资、推进项目建设。2018年，固定资产投资完成1.1亿元，招商引资完成4.75亿元，规模以上工业总产值3.26亿元。

【社区党建】 2018年，文峰街道夯实基层党建阵地建设，争取民政、组织部门投入200万元建设三宣堂社区服务中心，于2018年10月30日投入办公，创新设置服务型功能室，将打造全市首个开放式社区典范；争取组织部门下拨24.5万元重新建设5个社区党群众服务中心，解决全部社区办公面积不达500平方米的问题；投入3.7万元规范化建设街道、文昌和新隆社区3个党代表工作室，进一步方便居民群众办事，真正实现解决群众办事“最后一公里”。通过工作站收集的热点难点问题87个，协调解决86个，本级未能解决的通过召开党工委会议研判上报区相关职能部门。推动在职党员服务社区群众真正“沉下去”。满足群众“微心愿”，实现服务群众零距离，共开展“双报到、双服务”活动148次，认领微心愿244个，为群众办好事86件。

【社会治安综合治理】 2018年，文峰街道查处治安案件157起，刑事案件破案84起，排查矛盾纠纷案件34件，调解率100%；开展宣传活动148多场次、入户100%；利用各类晚会、开展平安建设宣传5场次，“平安校园行”活动4场次参与师生16000多人次。街道斥资4万余元专项经费用于辖区扫黑除恶及禁毒宣传。制作有固定宣传标语21条、宣传板报8版，悬挂有扫黑除恶宣传横额25条，街面LED滚动播放扫黑内容21处，开展现场宣传活动5场、进学校宣传4次，深入辖区走访开展广泛宣传达148次，发放宣传资料15000多份，共破涉恶案件共5起。开展专项打击行动，消除影响群众安全感的各种因素，净化社会风气，提升群众安全感。在2018年钦州市第一期和第二期群众安全感调查排名中分别取得钦州市第2和第8名的好成绩。街道在2016—2018年“无邪教创建”活动中，文峰街道及辖区新隆、文昌两个社区分别荣获自治区党委政法委和钦州市委政法委授予的自治区、钦州市两级的“无邪街道”和“无邪社区”称号。

【安全生产】 2018年，文峰街道办事处组织安全生产大检查6次，排查出事故隐患83处，当场整改68处，下发整改通知书15份，已整改完毕15处。街道以安全生产咨询日为契机，6月13日组织相关成员单位在中山公园开展“安全生产月”咨询日活动，向广大群众宣传安全生产法律法规，提供政策法规、应急救援等方面的咨询服务，推动安全发展理念、安全法律知识和安全常识进社区。

【城市管理】 2018年，文峰街道发放“市民公约”、“社会主义核心价值观”、“创五城”宣传资料4万多份，悬挂宣传标语、横幅13条，张贴“门前三包”责任牌100多块，开展集中整治活动92次。“双报到、双服务”单位及文峰街道各类志愿服务队共有2000多人参加“清除牛皮癣”“河小青”“保护居住环境”等志愿服务活动。共整改卫生死角43处，清运建筑垃圾100多吨，依法拆除店铺违章招牌81个，铲除小广告5000多处。硬化辖区街巷12条，疏通下水道街巷6条，便利了群众的日常生活。联合城监开展夜市、烧烤摊点大整治，累计2018年共开展整治工作32次，出动人员达1000余人次。落实社会主义核心价值观、关爱青少年、市民公约等方面的宣传工作，在街巷装订社会主义核心价值观公益广告103幅，营造良好的“创城”氛围。

【民政救助】 2018年，文峰街道享受低保对象共计281户，享受低保455人，城市特困对象35户，城乡低保群众的基本生活得到了有效保障。对辖区内残疾人进行了走访调查，及时通知并指导残疾人办理两项补助金，辖区内重度残疾人共254人，困难残疾人共121人。2018年共清退低保户137户，城市特困户3户，高龄老人169人。在2018年10月起开展的退役军人和其他优抚对象信息采集工作中，共录入退役军人和其他优抚对象信息共1300人。我街道共受理公共廉租住房新申请、年审335户。2018年，街道政务服务大厅民政窗口受理办件4656件。

【社会保障】 2018年，文峰街道做好人力资源与社会保障就业、企业退休人员社会化管理、城乡居民养老保险及城乡居民基本医疗保险和劳动保障监察等工作。街道城乡居民基本医疗保险参保人数24362人，完成全年任务98.23%；城乡居民医保门诊慢性病审核达900余人，把惠民政策做到全覆盖，解决参保群众看病难看病贵等问题.5月，接收“老农保”清退人员139人，涉及金额36400元，办理申请清退70人，涉及金额15400元。街道政务服务中心社保窗口办件29190件。

【人口与计划生育】 2018年，文峰街道街道围绕政策主线，加强政策宣传引导，集中开展全面两孩政策优生优育系列活动。街道总人口35827人，其中，已婚育龄妇女6741人，共出生302人(男158人、女144人)，计划内288人，出生性别比109.7，出生率8.5‰，人口自然增长率5.7‰；出生政策符合率95.4%，其中一孩出生97人(男52人，女45人)；二孩出生186人(男99人，女87人)；多孩出生19人(男7人，女12人)。孕前优生免费检查任务240对，2018年完成240对，覆盖率100%。“幸福家园”建设落实率100%。街道政务服务大厅计生窗口办证1328件。街道被授予

“2018年度钦州市人口和计划生育工作先进奖”。

【精神文明建设】 2018年，文峰街道党工委注重抓好党的科学理论武装建设，注重抓班子强队伍建设，注重抓好意识形态阵地建设。把意识形态工作纳入重要议事日程，认真落实党工委中心组理论学习制度，及时传达学习党中央和上级党委关于意识形态工作的决策部署及指示精神；重视氛围营造，强化网络舆论阵地管理，注重舆论宣传发布，向“钦南发布”公众号、钦州日报、“钦南党建”报送信息，利用“钦南文峰街道”公众号发布消息719条，实现6个社区建立微信公众号平台，传播正能量；宣传身边的好人、最美劳动者，在辖区内营造崇德向善正能量的浓郁人文氛围；开展爱国电影进社区电影播放活动，开展学习宣传贯彻中共十九大精神知识竞赛活动，激励广大党员干部坚定理想信念，增强基层党组织凝聚力和战斗力。钦州市文明街道2018年第一季度和第四季度在评比中获全市第一名，年度总排名第六；4月，管辖区内文昌社区支书关中艳被评为最美劳动者，韦美莲和罗子烈两人被评为美好贡献者。（陈小梅）

南珠街道

【概况】 南珠街道位于钦州城区西部，东至人民路、与向阳街道相邻；西至钦州市水泥厂，与康熙岭镇相邻；南至新兴街，与文峰街道相邻；北至子材西大街，与钦北区子材街道相邻。2018年，总面积约10.7平方公里，辖高岭、城西、鸿泰3个社区居委会，常住人口10260户、3.9万人。中国共产党南珠街道工作委员会下辖13个党支部，党员651名。街道党工委、街道办事处内设组织室、党政办、综治办、人大联络办、市容办、计生办、武装部和政务服务大厅，街道办共有行政编7个，街道办下有劳动保障事务所4个事业编、计划生育办公室5个事业编，城市市容管理办公室13个事业编，街道共有干部职工54人。是年，南珠街道夯实基层党建阵地建设，开展招商引资、推进项目建设。城镇居民人均可支配收入34265元。荣获钦州市2018年度建设平安钦州活动先进集体。

【招商引资】 2018年，南珠街道把经济工作摆在重要位置，围绕全年目标任务，精准发力。2018年，完成规模以上工业总产值5.71亿元，完成全年任务7.3亿元的77.78%；招商引资10.2亿元，完成全年4亿元的255%。

【征地搬迁】 2018年，南珠街道开展环城西路南段、新兴西路等20多个项目征地搬迁工作，环城西路南段、子材西大街延长线、龙井街、新兴西路延长线4个项目列入钦南区“服务市重大项目征地搬迁攻坚活动”。年内，全部完成环城西路（南段）项目174户协议签约，拆除房屋173户（幢）。完成65.27亩郑屋就业用地项目调查摸底、项目概算、土地丈量、评估等工作。完成64亩新兴西路延长线项目76户群众房拆除。全部完成龙井街、子材西大街延长线、第十二幼儿园等项目征拆工作。

【基层党建】 2018年，南珠街道落实党建责任制，创建服务型基层党组织。一是切实履行党工委抓基层党建主体责任，与各党支部签订党建工作目标责任状。年内街道党工委召开38次专题研究党建工作会议，建立完善每周党建例会工作制度、党工委委员履行党建“一岗双责”制度，9名党工委委员每人至少联系1个基层党支部，每月不少于2次到联系基层党支部或“一站一中心”解决问题，构建齐抓共管新常态。二是“一站一中心”建设规范运行。“两上两下”四张表、民情民意“三清单”“双向反馈”得到很好落实，党建站全年上报热点难点问题99件，办结96件，其余3件继续协调处理，党群服务中心全年为民办事6731件。三是强化队伍建设。学习宣传贯彻党的十九大精神、推进“两学一做”学习教育常态化制度化，严格落实“三会一课”、“党员活动日”制度，抓严抓实党员干部教育管理。按程序发展了4名党员，转正4名党员，新建“两新”党支部3个。四是深入开展“双报到、双服务”活动。到南珠街道各社区报到的机关党支部66个，报到党员772人，组织党员开展义诊、政策宣传等活动25次，征集群众微心愿165条，认领157条，完成157条，为群众办实事好事14余件。

【城市管理】 2018年，南珠街道深入开展“五城联创”活动，完善城监、环卫职能代管机制，实现精细化、网格化管理模式。按照《钦南区市容市貌和环境卫生管理三级考评方案》要求，加强“五乱”现象的查处，保持重点区域、重要时段的市容整洁，巩固整治活动成果，城市管理水平得到提高。年内,清除小广告7000多处;劝导教育违章占道经营流动摊点1500多摊次,劝导教育1700多人次,依法取缔流动摊点1300多摊,依法登记保存桌椅1100多张,电子秤180多台,人力三轮车、手推车等100多辆,同时以保洁工作网格化管理制度为突破口,全面实施管理区域网格化,以网格化的方式,建立网格管理保洁队伍,严格落实环卫清扫保洁工作制度,加大辖区重点区域、主次干道和小街小巷清扫保洁力度,提高市容市貌清扫保洁水平。开展环境卫生整治200多次,出动人员3500多人次,清运垃圾1100车次1400多吨;新增、更换破损、残旧垃圾桶700多个;更换垃圾桶损坏分类标识1200多张。根据划分的网格化管理模式,开展专项巡查工作,定期督查企业、养殖户、施工方等单位进行整改。联合城监开展专项整治行动4次,复查高岭下刘队2处私人养猪场,避免回弹。开展沙江沟河道黑臭水体整治工作,对沿江企业、服务业、污水处理口等进行排查,建立河长制,落实责任。

【人口和计划生育】 2018年,南珠街道坚持以人为本,抓住重点,规范管理,依法行政,大力开展计划生育优质服务,狠抓流动人口综合治理。一是进一步强化领导责任,坚持党政一把手负总责不动摇。严格落实“一票否决”,突出党政一把手“亲自抓、负总责”,实行“两包一挂钩”措施,认真落实“五个一”制度,积极探索计生工作新路子。二是抓好计划生育政策宣传教育,努力营造良好人口环境。在辖区悬挂宣传标语50多条,发放宣传手册11000多份。三是全面贯彻落实“二孩”政策,促进人口均衡发展。年内,全街道人口出生政策符合率94.02%,综合节育率达86.13%。

【安全生产】 2018年,南珠街道认真落实市、区安全生产工作的各项决策部署,严格落实安全生产“党政同责”“一岗双责”制度,强化安全生产监管,将辖区内的92家人员密集场所、危化品经营单位、建筑施工单位实行包干责任制,深化、细化责任,将责任落实到个人,加强对人员密集场所、危化品经营单位、建筑施工单位等重点领域专项执法检查力度。每个季度都组织安全生产大检查,做好重大节庆期间安全生产大检查,加强对烟花爆竹、危化企业和人员密集场所的安全检查和监管;对幼儿园、校外午托、危旧房等进行火灾安全隐患排查整治工作,定期开展专项检查14次,确保了辖区安全生产形势的持续稳定。集中开展非职业性一氧化碳中毒安全隐患排查整治工作,发放宣传资料14500多份,张贴宣传挂图1500多份,已入户排查6501户,排查出存在安全隐患130户,已整改45户,其中未整改30户,拒绝整改55户,强制拆除8户。加强安全生产宣传,在2018年6月,集中举行组织开展安全生产主题宣传日活动,发放宣传资料1200余份。

【社会治安综合治理】 2018年,南珠街道扎实推进社会治安网格化管理。网格员做好网格内居民基础信息登记造册,及时上报到区政法委,做好日常民情日志登记,共录入户籍人口36199人,流动人口213人。为扩大信息覆盖面,为提升群众安全感工作,干部职工包干入户,做好群众安全感提升工作。第一季度群众安全感问卷调查中全市排名第二名,钦南区排名第一名。开展普法、防邪防恐、禁毒及提升群众安全感等各种平安建设活动的宣传,共发放法律法规、反邪教、禁毒及提升群众安全感调查知识问卷等宣传资料20000多份,挂横额30条,制作宣传板报9块,制作固定标语5条,发动3600多户群众参加参加文明家庭拒绝邪教网络签名活动,发动群众10000多人关注钦州政法并签名。开展扫黑除恶专项斗争工作,充分利用

2018年9月5日,南珠街道举办入伍新兵欢送会 (南珠街道　供稿)

宣传标语、横幅、微信群等深入广泛宣传，全力做好“扫黑除恶”宣传工作，营造良好的社会治安氛围，发放关于依法严厉惩治黑恶势力违法犯罪的宣传资料共6000余份，悬挂横幅12幅，设置永久性标语5条，板报7版，设置举报箱5个，公开举报电话，畅通信息渠道。年内，南珠街道接待来信来访20件，40人次，其中重复访12件，解决了18件，解决率90%，答复率100%。2017年上级信访部门反馈给南珠街道3件信访积案，2018年成功化解2件，还有1件正在协调解决。在重大节假日、敏感时期期间，提前制定好维稳工作方案及应急预案，提高认识，明确职责，认真排查辖区各类不稳定因素，确保各个敏感时期全力以赴做好维护社会稳定工作。在全国“两会”、周末、节假日等重大节日期间严格实行值班制度和零报告制度，对重点上访人员实行“分组人盯人”的维稳监控工作方式，全力维护社会稳定。

【新农村建设】 2018年，南珠街道推进新农村建设，落实好就业政策，促进农民工、城镇低收入群体和被征地农民充分就业。实施社会保障惠民工程，健全全民社会保障制度，实施全民参保计划，让更多人享有社会保障；加强基础设施建设，引导村民对直接受益的农村基础设施建设自愿投资投劳。

【农业】 2018年，南珠街道制定完备的防汛预案，储备足额的防汛物资，并积极开展防汛巡查工作，24小时由班子领导带队轮值；做好农业支持保护补贴资金发放工作，农业补贴面积为1008.3亩，惠及620户，补贴金额147343.25元；因城市发展，种养规模已很小，耕地面积16公顷，农作物种植面积8公顷。粮食播种面积1公顷，总产量50吨，蔬菜播种面积7公顷，产量85吨。

【文化】 2018年，南珠街道组织宣讲党的十九大会议精神、习近平新时代中国特色社会主义思想及习近平总书记重要讲话等宣传活动5场次，传播党的声音和方针、政策；弘扬社会主义核心价值观，利用“三会一课”、“新时代讲习所”和干部职工大会培训、道德讲堂和市民学校以及班子成员到社区开会和上党课的契机，开展思想道德教育；以志愿者服务站为平台，开展志愿者服务活动30次、未成年人活动8次；制作创建文明城市和文明街道宣传板报16版，社会主义核心价值观250块，关爱未成年人宣传牌160块，市民、居民文明公约等各类宣传牌匾200块，开展全覆盖入户宣传创建文明城市相关知识，发放宣传资料8000多份；组织参加文明街道、文明社区和文明家庭评选，寻找“钦州好人”等活动，推出一批具有时代特色的先进家庭典型和先进人物，年内，获得文明社区2个、十星级文明示范户8户。

【社会保障】 2018年，南珠街道落实民政救济工作。城镇最低生活保障户数累计110户次，人数176人次，支出6.5万元；发放残疾补贴及特困人员补贴1.68万元，涉及228人次；完成国家抚恤、补助各类优抚对象153人，发放抚恤金10.52万元。落实好就业政策，促进农民工、城镇低收入群体和被征地农民充分就业。年内，新增城镇就业人员300人，城镇失业人员实现再就业人数165人。超额完成征兵工作任务。择优选择15名应征合格青年送往部队。

【脱贫攻坚】 2018年，南珠街道被列入“联镇包村”帮扶单位，联系犀牛脚大灶村贫困户39户，其中2018年脱贫1户。年内，组织入户走访共计11次，开展慰慰问活动2次，发放慰问品价值1.5万元。

（张爱婷）

向阳街道

【概况】 向阳街道位于钦州市城区中心，东临钦江，与水东街道隔江相望；西至钦州湾大道，与南珠街道相邻；南至南珠西大街，与文峰街道相邻；北至子材西大街，与钦北区子材街道相邻。2018年，辖新兴、城中南2个社区。行政区域面积3.6平方公里。年末总人口3.98万人。辖区有中直、自治区直、市直单位33个以及钦州市第二中学初中部、实验小学等中小学校4所。街道党工委下设15个党支部（其中非公及“两新”组织党支部12个）。街道设党政办、纪工委、组织办等28个机构，现有街道干部职工55人（含自筹及公益性岗位人员），社区干部19人。是年，向阳街道以开展“优化营商环境，服务企业年”活动为契机，创新工作方法，主动对接服务企业，助推优化营商环境工作有序开展。全年完成社会固定资产投资3.37亿元，占全年任务2.92亿的115%，完成规模以上工业企业产值3.95亿元，占全年任务3.85亿的103%，完成招商引资项目总额3.58亿元，占全年任务3.5亿的102%，超额完成全年的目标任务。

【基层党建】 2018年，向阳街道坚持每周一召开党建工作例会，研究一周党建工作和群众热点难点问题。不定期到各党支部检查指导党建工作，扎实推进基层党建“三抓三促”工程。持续推进“两学一做”学习教育常态化、制度化，组织党员干部群众学习习总书记在广西的讲话精神和关于扶贫工作系列重要讲话精神。年内召开中心组专题学习会议5场次，党员集中学习会议8场次、1500余人次，开展“党史小故事”专题学习活动4次，开展党性教育、大型宣传志愿服务等“主题党日”活动14次。推进基层党建与综治网格融合发展，依托“党员爱心驿站”，把社区“双报到、双服务”单位党员细分到网格，实现志愿服务网格化，提升服务群众覆盖面。发挥网格长和报到党员作用，开展清洁辖区环境卫生、健康义诊、结对帮扶、收集实现居民微心愿等志愿服务活动。组织辖区党员参加街道“红袖章”巡逻队和“治安巡防队”，每周五晚上深入辖区大街小巷、居民小区等开展巡逻防控，及时发现并消除治安隐患，引领党员树立“八小时之内做先锋，八小时之外做模范”。为居民提供志愿服务130余次，实现微心愿112个。建立健全党建阵地，把为民办实事落到实处。发挥街道大工委、社区大党委作用，每季度召开联席会议，凝聚党建工作合力，推动“大事共抓、实事共做、难事共解”。打造街道和社区两级的党代表工作室阵地建设，每月严格按照工作制度开展工作。开展党代表接访、走访收集民意等活动共15次，解决热点难点问题20个。开展社区规范化建设，筹资55万元扩建新兴社区办公楼，规划建设城中南社区三楼党校，配备相关设备，为民服务阵地得到进一步提升。提升“两新”党组织覆盖，把党的触角延伸到楼宇小区。街道共成立“两新”党组织12家，党员42名。继打造丰园小区党支部后，2018年再成立了一个小区楼宇党支部——广厦花苑小区党支部，进一步强化“红色楼宇”品牌。

【项目建设】 2018年，向阳街道加快推进旧城改造，依法、和谐、扎实推进上沙城中村、新兴家园等项目的征地搬迁工作。上沙城中村旧城改造项目经区政府批准同意签订《向阳街道办事处办公楼拆迁置换协议书》。嘉华置业项目（旧市缫丝厂）“瓶颈”得到突破。历时多年的公房户吴某某和新出现的房改房户戚某某等钉子户顺利解决。新兴家园项目稳步推进，完成投资额4000多万元，达工程总量90%以上。北部湾名座项目投入1.49亿元，进展顺利。

【五城联创】 2018年，向阳街道开展“五城联创”宣传及专项整治工作，市容市貌在市、区组织的各项考评中均列前茅。全年开展专项整治行动53次。筹集资金300多万，修建旧市妇幼保健院门前至滨江北路等10条城中村道路，解决滨江北路水利局到四桥底700米路段26路灯的通电照明问题；对群众反映强烈的钦州最老的房产开发小区鸿福小区污水管堵塞、出行困难等问题进行基础设施的完善，重新铺设排水管道，修建绿化带，营造和谐干净卫生的居住环境。开展文明街道创建工作，2018年，市文明办将2017年钦州市“文明街道”第一名的荣誉颁给向阳街道，新兴社区被评为市第十六批文明社区，两名社区干部分别荣获市第三届敬业奉献模范、2017年“钦州好人”的荣誉称号。

【社会治安综合治理】 2018年，向

2018年5月24日，市委常委、政法委书记林庆山（左二）到向阳街道对综治信访维稳、扫黑除恶专项斗争、禁毒严打整治专项行动等工作进行督导调研

（向阳街道　供稿）

阳街道通过快速行动、严密摸排、逐层压实责任重点开展扫黑除恶、反邪教网络签名、打击整治“黄赌毒”治安重点场所等专项行动，净化辖区社会治安环境。发挥网格长作用和党员“双报到、双服务”活动精神，坚持每周五组织“红袖章”巡逻队和“治安巡防队”深入大街小巷、小区等开展巡逻防控，及时发现、消除治安隐患。年内召开10次扫黑除恶专题动员部署会议，投入3万余元专项经费用于辖区扫黑除恶及禁毒各类宣传，安排网格员深入辖区进行摸底排查，做到“黑恶必除，除恶务尽”。“庆七一”晚会上通过有奖问答的形式宣传扫黑除恶知识。街道社会治安环境平安稳定，满意度排名在全市靠前。

【安全生产】 2018年，向阳街道坚持“安全第一、预防为主、综合治理”的基本方针，多次通过联合、组织安监、消防、交警、国土等职能部门开展安全生产、防溺水、食品药品安等安全生产大宣传大检查大排查活动，加强预防一氧化碳中毒的宣传教育工作，2018年，共检查学校、商场、城中村等重点场所95处，发放整改通知书9份，发放防溺水、一氧化碳中毒等宣传单80000多份，确保辖区内没有一处安全死角。

【社会保障】 2018年，向阳街道深入社区，了解社情民意，从解决群众关心的热点、难点问题入手，严格执行惠民惠农政策，做到精准救助，“应保尽保”。依法将民生工作落实到实处。2018年以来，救济帮扶群众25户；为23户残疾人申请资助，开展精准救助低保核查追缴回多发放的各类民生资金共172230元；成立12个医保宣传征缴工作组深入辖区发动居民购买医疗保险，辖区18541参保；城乡居民养老保险参保737人；为城乡居民认证75人次；一级异地养老认证30多人次；依规、及时上报公租房申请117户；年审廉租房123人人；切实做好弱势群体的关爱慰问工作，利用春节、劳动节、儿童节等节假日共慰问辖区低保户、留守儿童等145人，为其送去节日祝福及慰问品、慰问金等。

【人口和计生生育】 2018年，向阳街道计生优化服务工作，开展诚信计生示范社区活动，城中南社区被推荐为2018年示范社区。辖区内设药具免费发放点10个，开展婚育新风进万家、关爱女孩、优生优育、全面二孩专项计划生育等大型宣传活动5次，发放防艾宣传资料35000多份，避孕套25000多盒，接受群众的政策咨询2700多人，为1800余人提供免费义诊。

【旅游】 广西钦州坭兴陶艺有限公司位于向阳街道子材东大街东端，于2000年由钦州市经委批准建立，是广西工业旅游示范点，是一家集坭兴陶工艺品研究、开发、生产、经营于一体的实体企业。2016年9月，经向阳街道党工委批准，成立广西钦州坭兴陶艺有限公司党支部。2018年，公司党支部以“三学三创”（“三学”，即学理论、学业务、学先进；“三创”，即创一流服务形象、创一流工作水平、创一流工作业绩）活动为抓手，不断提升员工业务素质和技能，争当行业“排头兵”，使钦州坭兴陶在传承的基础上融合创新，将其打造成为钦州特色文化旅游新名片。年内，坭兴陶艺有限公司举办10次大型活动，接待旅客10万多人次。

（向阳街道）

尖山街道

【概况】 尖山街道位于钦州市中南部，东与沙埠镇隔江接壤，西以大榄江为界与康熙岭镇毗邻，南临钦州湾茅尾海，北与文峰街道接壤，东南与钦州港隔海相望。总面积83平方千米，其中陆地面积46平方千米，浅海滩涂面积37平方千米，海岸线长47千米，耕地面积898公顷。辖尖山、排榜2个社区，西沟、谷仓、九鸦、黄坡督、犁头咀5个行政村，自然村66个，村民小组130个。2017年年末总人口30918人，其中农业人口30550人。以汉族为主，有壮族、瑶族、京族等3个少数民族。中共钦州市钦南区尖山街道工作委员会、钦州市钦南区尖山街道办事处下设党政办公室、人口和计划生育办公室、社会治安综合治理办公室、社会事务办公室（增挂民政办公室牌子）、经济发展办公室，街道纪委、人民武装部、工会、共青团、妇联、残联。编制30名（含人口和计划生育办公室编制2名）。上级机关派出（或派驻）有人民法庭、公安派出所、司法所、地方税务所、工商行政管理所、国土规建环保安监站。是年，尖山街道按照中共钦南区委“一机遇、三争创、四打造、六重点”工作思路，坚持稳中求进工作总基调，抓队伍管理，征地搬迁和项目建设，环境保护、脱贫攻坚、宜居乡村、社会治理等重点工作。围绕“打好五大攻坚战”抓队伍管理，征地搬迁和项目建设，环境保护、脱贫攻坚、宜居乡村、社会治理等重点工作，全年规模以上工业总产值1.8亿元，年出产蚝苗2亿串，产业收入达7亿元，财税征收739万元，居民人均可支配收入10000元。

【农林牧渔】 2018年，尖山街道粮食种植面积1451公顷，粮食总产量6562吨。水稻种植1132公顷，产量928吨，杂交水稻占95%。技术抛秧应用率98%，地膜使用面积12公顷。蔬菜种植461公顷，产量8776吨。豆类种植18.88公顷，产量63.7吨。薯类种植299.6公顷，产量2852.83吨。水产养殖面积4467公顷（其中海洋面积4357公顷），水产品产量79092吨，水产品生产总值94910.万元。年出产蚝苗达2亿串，年产值7亿元。全国70%以上蚝苗均出产于尖山茅尾海一带海域。特色农产品是西沟芋蒙和海鸭蛋，西沟芋蒙种植面积80公顷，年产360吨，年产值108万元，是西沟村民的主收入来源。尖山海鸭蛋腌制日售销量达到4万个，年产值1440万元。畜牧业以海蛋鸭养殖为主，年内存栏5.44万羽，年产蛋1958.4万个。

【招商引资】 2018年，尖山街道加大招商引资力度，推动项目建设。促进辖区内的大企业追加投资，扩大经营规模，新、扩建投资2.5亿元。深挖地方特色，做大做强大蚝、对虾、海蛋鸭养殖业和芋蒙种植加工业，振兴尖山米酒。成立经济发展办公室，派工作人员深入调研西沟芋蒙、咸鸭蛋生产销售情况，对生产厂家的生产规模、产品质量、生产工序等做全方位了解，筹备建立产业化生产基地。如春季投放虾苗13000亩，蚝苗11000亩，成为群众致富的法宝。以专业合作社为平台，抓好对应政策落实，发挥街道在信息、技术、资金、招商等工作的资源作用，做大做强大蚝、对虾、海蛋鸭养殖业。改造旧虾塘，开发新海鱼试养品种，提升养殖效益，推动农村经济发展。发展生态农业，推进土地确权，加快土地流转，发展现代化农业，扩大西沟芋蒙种植面积，利用网络销售服务平台，引入农产品深加工企业，打造农产品产、供、销一条龙商业服务链，提高农产品附加值。调研评估开发尖山米酒，鼓励发展小商品零售业，改造旧尖山市场，谋划建设1个新市场，主力营销本土生产的蚝、鱼、虾、蟹，规范市场管理，打造钦州市特色海鲜市场。持续深入推进脱贫攻坚，发挥村民合作社作用，盘活集体经济，把贫困户纳入专业合作社，给予技术、资金贷款、种苗等补助，帮扶产业发展。

【宜居乡村建设】 2018年，尖山街道开展村容村貌建设，加大城乡清洁工作力度，提升人居环境。建立环境卫生长效机制，收取每人每年20元保洁费，组建乡村保洁员队伍，每个村（社区）配备3—5名保洁员，维护村环境卫生。开展文明城市创建工作，改造尖山菜市，整治街道、菜市等公共场所，不留卫生死角。理顺水厂关系，成立富华源自来水供水公司，切实提高公司经营效益。由街道办出土地，谷仓村用扶贫项目资金170万入股，共同合作改建升级旧市场，估计创造年收益约40万元。建设临时市场，解决群众买菜难题。大力发展蚝苗养殖业，养殖蚝苗超6万亩，远销广东、福建，出口越南等地，蚝苗年产值达7个亿。建立无公害蔬菜基地350亩，辐射带动蔬菜连片种植800亩。大力发展全域旅游，配合开展国际沙排赛、国际水上摩托艇大赛、蚝情节等大型活动，打响钦州旅游名片。摸底排查清理禁养区养殖场所107户，搬迁生猪5355头，拆除猪栏2000多平方米，鸡鸭鹅等家禽38203羽，排查拆除抽沙点22个，整治“小、散、乱、污”企业、小作坊及废旧回收站20家，钦江水质有了明显提高，为群众生产生活提供了安全用水保障。.

【征地搬迁】 2018年，尖山街道秉承和谐搬迁理念，采用政策保障为本、宣传动员为先、入户包干到组的工作方式，30天完成乘风大道征地项目，22天完成北山加油站项目，开创了一个又一个的“尖山速度”。继续沙井半岛整村搬迁工作，动用到款户群众腾房搬迁，目前已评估207户，公示签协议102户，到款91笔，入住34户，拆除房屋21户，腾房61户。拆除违章建筑2300平方米，加强对违章建筑治理，保护耕地红线。查处存量违法建设208宗，占地面积为15629.5平方米。积极推进征地搬迁。组织骨干力量进一步推进项目征拆，实施斩尾工程，完结历年实施项目的征拆工作，清表交地。加大拆违力度，以拆违促征拆。同时做好群众办理失地、就业、安置等工作，保障群众合法权益。

【脱贫攻坚】 2018年，尖山街道共有贫困户90户，365人。年内，脱贫17户、61人，产业奖补31户，产业覆盖达89%。村集体经济发展迅速，贫困村犁头嘴村、谷仓村分别实现收入6万元，其他面上村全部达到2万元以上。重点帮扶2018年预脱贫争取帮扶资金7.8万元，新建房屋120平方米，修缮房屋3座，推荐就业5人，获得小额贷款2户，产业奖补71840万元31户，帮助申请“雨露计划”4户、5人。帮扶指导贫困村、贫困户发展家鸡、蚝苗、龟鳖等特色产业，覆盖率达到89%。街道统筹推进集体经济发展，犁头嘴村已投入60万元，建立光伏发电项目，年收入6万元，办公楼面场地出租收入1.7万元，便民市场出租收入0.4万元，诊室出租收入0.1万元。谷仓村投入20万元建立商铺5间，年收入1.2万元；入股碧乐园农庄，年分红3.7万元，入股红龙龟鳖养殖公司年分红0.8万元。

【社会治安综合治理】 2018年，尖山街道深入开展扫黑除恶工作“进社区、进机关、进学校、进企业”活动，累计发放各类扫黑除恶宣传资料4000多份，悬挂横幅40余条，大型喷绘面14块，刷写墙体标语9幅，宣传车1台，设置举报箱8个，公开举报电话畅通了信息渠道，确保扫黑除恶宣传无死角、全覆盖。充分发挥现代信息化交流方式，建立街道+村(社区)+生产队三级微信群103个，累计动员4664名群众参与“广西文明家庭拒绝邪教网络签名”和“参与平安建设，共享钦平安”网络签名活动。深挖深查农村聚众赌博、民间高息借贷、“村霸”“路霸”“海霸”等黑恶势力，开展清查整治、整治“三非”暨打击边防辖区突出违法犯罪、夏季行动、严打整治、治爆缉枪、“神剑三号”、“固边5号”等专项行动。刑事案件立案15起，破获9起，刑事拘留4人，取保候审1人，逮捕、直诉8人。受理行政治安案件38起，抓获违法嫌疑人38人。查处治安案件17起，治安案件调解2起，其中治安行政处罚9人。吸毒案件4起，强戒10人，缴获毒品0.9克。联合交警、运管、城监等部门组织开展街道整治活动15次，共整治非法经营及乱摆乱卖摊位32个，乱搭乱建工地2个。2018年钦州市第二期群众安全感调查跃居全市第22名，南区第5名。

【安全生产】 2018年，尖山街道将安全生产目标责任制层层分解。政府与全街道五个村委及两个社区和多家企业的负责人签订了生产安全和消防安全责任书，各企业(单位)把安全生产目标具体分解到车间、班组和个人，切实将安全生产责任制的签订工作逐步延伸，逐级落实，形成了一级抓一级，一级对一级负责，安全生产工作齐抓共管的局面。全街道共进行了多次安全生产大检查，根据区委、区政府统一部署认真开展预防一氧化碳中毒大排查，1月、11月街道进行两次预防一氧化碳中毒大检查，检查过程中，全体干部职工明确分工和任务要求，各挂村领导、村干部到各自的辖区开展调查整改工作，发现问题及时上报并整改，开展一氧化碳中毒防治，排查5890户，整改不合规范安装热水器250户。自治区成立60周年庆祝活动中，街道多次组织安全生产大检查活动，在12月中旬自治区成立60周年庆祝活动之前，街道组织安监、公安、食药监、综治办对辖区内危险化学品生产、物流园、食品加工、餐饮等企业进行全面检查，特别是对辖区内的中燃气站、金湾加油站、汽车运输站、沙井加油站的安全隐患做好仔细的排查整改，对街道排查重点企业(单位)安全督查、指导面达到100%。此次安全生产大排查街道出动人员10人；车辆2辆；排查危险化学品经营企业3家；危险化学品储存企业1家；饭店1家；物流园两家，冰厂1家；汽车运输站1家；食品生产企业1家，查清辖区重点企业的安全生产情况，包括安全生产管理机构设置、安全责任制和规章制度的建立、安全设施配置、安全投入以及安全隐患等情况。12月，街道牵头组织四所、派出所、工商所、食药所、等多个部门开展“安全生产检查”活动，加大安全投入和隐患排查治理力度，提高装备水平和从业人员安全业务素质，增强事故防范能力，防止安全事故的发生，确保我街道办安全生产形势稳定。加大巡查制度、值班制度的落实力度，加强道路交通、建设施工、防火设备等的巡检工作，在企业单位场所开展专项检查，杜绝安全隐患，确保改革开放40周年纪念无重大安全生产事故的发生。

【教育】 2018年，尖山街道推进义务教育均衡发展，促进教育公平，办好人民满意的教育。重新对中小学布局进行调整，利用学校布局调整后的闲置资源，配合教育部门大力发展农村学前教育，办好尖山中心幼儿园，每个行政村办有1所幼儿园，实现农村学前教育的全覆盖。配合教育部门全力打造中心小学，扩大中心小学办学规模；对教育基础相对薄弱、资源相对匮乏的边远农村小学进行整合，办好必要的教学点，方便学生就近入学，夯实小学基础教育。负责组织适龄儿童少年入学，严格控制九年义务教育阶段学生辍学。建立健全“控辍工作目标责任制”，街道办与村（居）委，村（居）委与村民层层签订控辍目标责任状，确保街道义务教育巩固率达到自治区规定的各年度目标值以上，义务教育阶段学生年度辍学率控制在自治区规定的范围（小学1%，中学3%）以内。健全学校、社会、家庭“三结合”教育网络，做好未成年人教育保护和违法犯罪的预防工作；为当地青少年儿童提供健康文明安全的校外教育活动和社会实践的场地及设备；维护学生合法权益。维护学校正常教育教学秩序。采取措施治理学校周边环境，保证学校安全，为学校创造安全、健康、和谐的外部环境。

【文化·体育】 2018年，尖山街道推进社会主义核心价值观和街道文化事业建设。丰富农民群众文化、体育、文艺活动，提高农村群众思想道德素质，切实解决农村群众文化、体育、文艺生活需求，提高公共文化服务水平。街道各村委（社区）均配置有农书书屋、综合娱乐室、图书阅览室、科技培训室、工作人员办公室，图书20000余册、阅览桌35张、象棋21副。各农家书屋阅览室：配书架5个、阅览桌5张、椅子5张，各类图书2000余册。综合娱乐室、投影机一台。

体育健身和老年、少年活动场在尖山社区木根队，犁头嘴村委，黄坡督村委，办事处大门口安装共4套健身器材。街道辖区为丰富广大群众业余文化生活，推动街道文体活动开展，提高广大农村群众的身体素质，在辖区范围内精心组织篮球队12支。组建各村文艺队，配送音响道具。乡村文体活动兴盛，群众自发组织文艺巡演25场次，篮球比赛7场次。年内，钦州市委宣传部在犁头咀村举办1场“和谐之声”文艺会演，举办“喜迎‘自治区成立60周年’”游园活动和文艺晚会。每个村组的比赛队员15人，由街道领导干部、村（社区）干部、村民小组干部、村民代表、普通党员、一般村民六个群体选派代表组队参加。

【卫生健康】 2018年，尖山街道医疗服务稳步发展，业务收入394.9万元，住院次数1683人次，门诊29693次，与2017年同期相比增长2%。新农合参合率98.6%，全街道参合农民门诊家庭账户报销人次7799人，报销金额为6.65万元；住院直补报销人次1437人，报销金额178.01元。加强国家基本公共卫生服务项目的建设，促进基本公共卫生服务逐步均等化。建立居民健康档案管理，规范建立城乡居民健康档案18861份，纸质建档率达到83.1%，电子建档率83.1%；进行健康教育宣传，普及健康知识，提高健康素养；建卡预防接种。加强产科建设，提高产科服务质量，降低孕产妇死亡率和新生儿死亡率。

【人口和计划生育】 2018年，尖山街道人口30918人，已婚育妇女5647人。2018年1月至2018年12月底，全街道出生人口324人，出生率11.3%，死亡率4.2%，自然增长率7.1%；计划内生育301人，计划生育率92.5%，其中一孩出生133人，出生率41%；二孩出生168人，二孩出生率51.9%，二孩计划内出生1681人，二孩计划生育率100%；多孩出生23人，多孩出生率7.1%。成立126个诚信小组签订126分诚信计生协议书，参与诚信计生的育龄妇女3135人，参与率81.6%。行政执法、生殖服务、信访维稳做到安全无事故、无上访。

【生态旅游建设】 2018年，尖山街道加大对红树林的保护力度，严厉打击砍伐、掩埋红树林，林下围网、电鱼等灭绝生物多样性的行为，合理开发利用生态资源，科学排布蚝场养殖，虾塘排水过滤等，杜绝过度养殖，破坏生态平衡，保持群众养殖产出的可持续发展。落实河长制，继续整治大榄江、钦江入海口，清理700米范围禁养、限养区，保卫母亲河。启用九鸦垃圾中转站，科学处置生活垃圾，禁止焚烧垃圾，减少大气污染，保卫蓝天。全力推进全域旅游。依托尖山生态环境和城郊特色，发展生态旅游，乡村旅游。挖掘沿海渔家文化，依法管理神龙庙、康王庙，维护蚝情宴舞广场、滨海浴场环境，完善疍家风情小镇配套设施，建设标准化海堤，保护沿海红树林，打造沙井岛旅游集散基地、滨海岸线景观带，形成看海、游水、赏树、观鸟的滨海生态旅游路线。抓好全域旅游，不断完善排榜康王庙、黄坡督康王庙、尖山神龙庙设施，提高服务能力，省内外香客信徒络绎不绝；黄金海岸沙滩广场建设日臻完善，节假日游客车水马龙；海边景观和垂钓不断吸引游人，尖山全域旅游发展呈现全面向好趋势。（冯传莲）

人　物

先进人物名录

2018 年钦州市五一劳动奖章获得者

邓秀能　广西钦州谷虫净总厂

苏宾鉴　钦州市钦南区黄屋屯镇中心卫生院

李　伟　钦州市第一小学

李世东　钦州市钦南区鸿润水产养殖专业合作

刘艳阳　钦州市钦南区文峰街道办事处

陈国艳　钦南区扶贫办

米德伟　钦南区沙埠镇平银村

赖远坚　钦南区储备粮管理公司

表 14　　2018 年钦南区百岁老人名录

序号	姓名	性别	出生年月	家庭地址
1	傲其仙	女	1910.10	钦南区康熙岭镇新营村委上南队
2	郑金英	女	1917.12	钦南区康熙岭镇板坪村委
3	宁娟成	女	1916.08	康熙岭镇傍钦村委桃吉岭队 13 号
4	陈桂珍	女	1916.10	钦南区康熙岭镇高沙村委
5	郑玉芳	女	1916.12	钦南区康熙岭镇傍钦村委
6	周祥珍	女	1918.08	康熙岭镇傍钦村委桃吉岭队 1 号
7	张凤英	女	1912.3	钦南区那彭镇白沙村委 3 队
8	卜梅英	女	1914.12.25	钦南区那彭镇彭丽路 116 号
9	陈在英	女	1917.06	钦南区那彭镇彭新村委
10	罗群芳	女	1917.07	钦南区那彭镇那彭村委
11	黄发英	女	1917.09	钦南区那彭镇那彭村委
12	杨秀清	女	1918.03	钦南区那彭镇那彭村委
13	潘和英	女	1916.04	钦南区大番坡镇茅坡村委
14	沈玉英	女	1916.06	钦南区大番坡镇大番坡村委
15	周朝珍	女	1918.05	钦南区大番坡镇辣椒槌村委
16	包秀珍	女	1917.08	钦南区大番坡镇深坪村委
17	罗秀荣	女	1918.07	钦南区大番坡镇大番坡村委
18	陈世君	女	1914.06.20	钦南区黄屋屯镇中心街 42 号
19	王廷珍	女	1917.10	钦南区黄屋屯镇屯胜村委
20	吴志祥	女	1917.08.11	钦南区黄屋屯镇屯光村委板董村一队 20-1 号
21	黄玉会	女	1917.8	钦南区黄屋屯镇屯西村委那白村 44-1 号
22	黄　兴	男	1918.10	钦南区黄屋屯镇屯安村委

续表

序号	姓名	性别	出生年月	家庭地址
23	唐桂莲	女	1918.11	钦南区黄屋屯镇料连村委
24	黄月生	女	1911.3	钦南区那思镇牛寮水村委三合村23号
25	韦彩珍	女	1906.2.10	城西一街42号
26	吴国芳	女	1915.06.12	钦南区五马路南二巷12号
27	刘美珍	女	1916.6.16	人民路25号
28	马智佳	女	1917.03	钦南区文峰办事处三马路南巷50号
29	刘桂英	女	1918.2.23	三马路南二巷3号
30	黄华芳	女	1918.1.15	三马路北二巷2号1幢1单元502室
31	赖开景	男	1917/11/1	大岭村委会石滩西村38号
32	谢秀英	女	1915.04.10	钦南区沙埠镇田寮村委会木杆障村二队4号
33	黄三姐	女	1911.08.10	水东五里桥坑麓村
34	吴以伟	男	1916.12	钦南区水东办事处五里桥社区
35	吴恒舜	男	1916.08	水东办事处东南社区
36	袁朝仁	男	1915.11.15	钦南区那丽镇那务塘村委风火场村
37	龙月英	女	1918.05	钦南区那丽镇充包村委
38	黄君英	女	1918.04	钦南区那丽镇那丽居委会
39	梁贤英	女	1918.10	钦南区那丽镇电艮村委
40	黄国祯	女	1917.1	钦南区久隆镇青草村委
41	黄　礼	男	1918.01	钦南区久隆镇久隆村委2队
42	杨通富	男	1918.07	钦南区久隆镇久隆村委第四小组
43	陈永英	女	1917.02.10	丽光场均田管区独竹尾村
44	庞　义	男	1917.10	钦南区尖山镇犁头嘴村委
45	吴汝珍	女	1917.08	钦南区尖山镇尖山村委
46	龙月桂	女	1914.05	东场镇高塘村委高塘西村29号
47	莫月贤	女	1916.08	钦南区东场镇上寮村委上寮村74号
48	李启太	女	1918.10	东场镇上寮村委上寮村
49	钟秀群	女	1915.11	钦南区龙门港镇北村
50	周华昌	男	1916.04	犀牛脚镇犀牛脚镇沙角村委
51	苏德英	女	1917.02	岭脚村委4队
52	黄富先	男	1917.03	犀牛脚镇岭门村委
53	黄月兰	女	1917.02	乌雷大村145号
54	苏礼坤	男	1914.08	乌雷大村92号
55	黄寿美	女	1916.04	乌雷大村343号
56	简裕太	女	1917.07	乌雷大村228号
57	黄秀英	女	1912.11	三娘湾社区5队
58	苏尚珍	女	1917.11	犀牛脚大环社区
59	黎桂乾	男	1917.10	犀牛脚镇大坪村委
60	王裕佳	女	1918.08	犀牛脚镇平山村委
61	刘柱桂	男	1918.11	犀牛脚镇岭门村委
62	陆秀恩	女	1918.11	东场镇英窝村委诸根坑村
63	黄秀英	女	1918.12	大番坡镇深坪村委
64	曾艳美	女	1918.12	钦南区黄屋屯镇西显村委
65	苏三姐	女	1918.12	钦南区尖山镇黄坡督村委

统计资料

表 15

2013—2018 年 GDP 指标

	单位	2018 年	2017 年	2016 年	2015 年	2014 年	2013 年
地区生产总值	万元	3029377	2819385	2433505	2132533	1893337	1693560
第一产业增加值	万元	752918	704333	643717	600312	560466	521888
第二产业增加值	万元	665177	755243	638407	539729	479847	398153
工业增加值	万元	356318	453212	376744	305664	286722	251902
建筑业增加值	万元	308859	302031	261662	234065	193125	146251
第三产业增加值	万元	1611282	1359809	1151381	992492	853024	773519
地区生产总值构成	%	100	100	100	100	100	100
第一产业增加值	%	24.85	24.98	26.45	28.15	29.6	30.82
第二产业增加值	%	21.96	26.79	26.23	25.31	25.34	23.51
工业增加值	%	11.76	16.07	15.48	14.33	15.14	14.87
第三产业增加值	%	53.19	48.23	47.32	46.54	45.06	45.67
地区生产总值比上年增长	%	8.3	9.7	11	13.3	11.8	14
第一产业增加值	%	5.2	4	1.6	4	2.9	5
第二产业增加值	%	−0.6	7.3	16.3	18.7	22.4	21.3
工业增加值	%	0.5	6.2	19	15.18	20	14.3
建筑业增加值	%	−2.2	15.4	12.8	24.66	26.9	36.7
第三产业增加值	%	14.5	14.2	13.8	15.4	11.4	16.1
人均地区生产总值	元	52648	49576	43278	38362	34059	31132
人均地区生产总值比上年增长	%	7.1	8.5	9.7	12	10.7	12.9
工业化率	%	11.76	16.07	15.48	14.33	15.14	14.87

注:2012 年数据为南区城区部分划分北区后调整数据,2013、2014 年地区生产总值相关数据为“三经普”调整衔接后数据,增长速度按可比价格计算。因 2011、2012 年常住人口自治区不作相应调整,所以 2011、2012 年部分指标无法计算。2013—2016 年为年报数,2017 年起为快报数。

表 16

2013—2018 年人口、人民生活水平指标

	单位	2018 年	2017 年	2016 年	2015 年	2014 年	2013 年
年末总人口	万人	62.74	51.55	51.09	50.34	60.43	58.92
非农业人口	万人	20.14	18.25	17.25	16.95	13.47	13.17

续表

	单位	2018 年	2017 年	2016 年	2015 年	2014 年	2013 年
汉族人口	万人						
少数民族人口	万人						
常住人口	万人	57.82	57.26	56.48	55.98	55.2	54.68
城镇人口	万人	34.73	33.81	32.87	32.28	31.37	30.56
城镇化率	%	60.07	59.05	58.2	57.66	56.83	55.89
年平均人口	万人	57.54	56.87	56.23	55.59	54.94	54.4
年末总户数	万户	14.9	12.06	11.9	11.71	13.95	13.79
土地总面积	平方公里	2596	2310	2310	2310	2310	2594
年末耕地面积	公顷	34013	37890	37922	46396	46503	46503
人口密度	人／平方公里	221.65	246.19	243.42	240.65	237.84	209.71
从业人员期末人数	万人	44104	44015	44892	46337	51292	42357
在岗职工年平均工资(含劳务派遣)	元	71068	61643	56419	53501	48375	40242
城镇居民人均可支配收入	元	34265	32113	29984	28116	26228	24444
城镇居民人均可支配收入增长	%	6.7	7.1	7.2	7.2	7.3	9.9
农村居民人均可支配收入	元	13237	12211	11275	10113	9236	8544
农村居民人均可支配收入增长	%	8.4	8.3	9.7	9.5	8.1	12.6
普通中学在校生人数	人	15789	11615	12398	12603	15959	15892
小学在校学生人数	人	64752	54579	50801	47006	49050	48293
病床数	张	1151	1121	883	834	1045	894
医生(执业医师)人数	人	377	373	344	337	303	304

注:城镇人口和城镇化率为人口变动抽样调查统计数据。15 年—17 年年末总人口数据(户籍人口)不包含三镇两村(犀牛脚镇、东场镇、龙门港镇和大番坡镇六村、深坪村)、钦州港、三娘湾经济开发区;18 年年末总人口数据含三镇两村、三娘湾、丽光场,不含钦州港。

表 17

财政、人民生活

	单位	2018 年	2017 年
一、财政收支情况			
全年财政总收入	万元	74245	64599
全部税收收入	万元	61314	51250
公共财政预算收入	万元	42923	38788
增值税 17%	万元	8584	7296
营业税 60%	万元	—	24
企业所得税 30%	万元	1029	769
耕地占用税	万元	7263	8479
公共财政预算支出	万元	207096	188932
一般性公共服务支出	万元	21171	16785
农业支出	万元	23692	23078
教育支出	万元	56202	47313

续表

	单位	2018 年	2017 年
科技支出	万元	434	2295
卫生支出	万元	33439	31483
文化体育与传媒支出	万元	799	1030
二、人民生活			
在岗职工年平均工资	元	73937	63604
城镇居民人均可支配收入	元	34265	32113
农村居民人均纯收入	元	13237	12211

注:财政总收入指本级组织的收入,不含基金。地方财政收入指地方一般预算收入,不含返还和基金;在岗职工年平均工资是指城镇非私营单位在岗职工年平均工资(不含劳务派遣)。

表 18

教育基本情况

	单位	2018 年	2017 年	增长(%)
一、普通中学	所	18	14	28.57
1. 普通高中	所	1	1	0.00
专任教师	人	21	28	−25.00
招生人数	人	130	120	8.33
毕业生人数	人	125	126	−0.79
在校学生	人	396	393	0.76
2. 普通初中	所	18	13	38.46
专任教师	人	1271	871	45.92
招生人数	人	5073	3947	28.53
毕业生人数	人	4833	3957	22.14
在校学生	人	15393	11222	37.17
二、小学	所	161	140	15.00
专任教师	人	3530	2916	21.06
招生人数	人	11807	10167	16.13
毕业生人数	人	9536	7479	27.50
在校学生数	人	64752	54579	18.64
三、幼儿学校	所	229	248	−7.66
教职工人数	人	1284	1172	9.56
教师人数	人	724	573	26.35
在园儿童数	人	20668	19539	5.78
四、小学毕业升学率	%	100	100	0.00
初中毕业升学率	%	84.6	84	0.71
五、当年考上大学	人	127	115	10.43
考上中职学生数	人	2881	3262	−11.68

注:教育基本情况由教育部门提供。(说明:1. 当年考上大学人数只是那彭中学(钦南区唯一的一所高中)的数据。2. 小学初中均含民办学校数。3. 考上中职人数不含成人中职人数。)

表 19

卫生机构情况

	单位	2018 年	2017 年	增长(%)
一、医疗卫生机构	所	21	18	16.67
其中:1. 区直医疗卫生机构	所	4	4	
区直医疗机构	所	2	2	
区直卫生机构	所	2	2	
2. 基层医疗卫生机构	所	17	14	21.43
镇(场)卫生院	所	9	7	28.57
镇中心卫生院	所	4	3	33.33
社区卫生服务中心	所	4	4	
二、床位数(实际开放床位数)	张	1151	1121	2.68
区直医疗机构	张	293	293	
镇(场)卫生院	张	436	419	4.06
镇中心卫生院	张	340	327	3.98
社区卫生服务中心	张	82	82	
三、卫生技术人员	人	1296	1292	0.31
执业(助理)医师	人	377	373	1.07
注册执业护士	人	489	466	4.94
药(师)士	人	99	98	1.02
影像技(师)士	人	29	31	−6.45
检验技(师)士	人	41	39	5.13
其他卫技人员	人	261	285	−8.42

注:卫生机构情况由钦南区卫计局提供;原钦州港代管的三镇(犀牛脚、龙门港、东场)于 2018 年 6 月划归钦南区区管理,增加了 1 所中心卫生院、2 所一般卫生院。

附录·文件辑录

钦南区人民政府办公室关于印发2018年钦南区人民政府为民办实事项目实施方案的通知

钦南政办〔2018〕60号

各镇人民政府，各街道办事处，区直及驻钦南各单位：

经区人民政府同意，现将《2018年钦南区人民政府为民办实事项目实施方案》印发给你们，请认真组织实施。

2018年9月5日

2018年钦南区人民政府为民办实事项目实施方案

为确保按规定目标和实施时间全面完成2018年钦南区人民政府为民办实事工作任务，特制定本方案。

一、总体要求

按照决胜全面建成小康社会的总体要求，以习近平新时代中国特色社会主义思想为指导，以自治区成立60周年大庆为契机，统筹民生改善与经济发展，推进一批重大民生工程实施，着力改善基层群众生产生活条件，进一步提升我区基础设施和基本公共服务水平，推动改革发展成果更多更公平惠及全区人民，为促进全区经济持续平稳健康发展和社会和谐稳定、实现“两个建成”目标奠定良好基础，以崭新面貌和优异成绩迎接改革开放40周年和自治区成立60周年。

二、总体目标

2018年钦南区人民政府为民办实事项目包括社保、健康、教育、水利、安居、农补、生态、文化、扶贫、科技等十大惠民工程共43个项目，计划投入资金54900.96万元，其中：中央财政补助33553.07万元、自治区财政补助9130.17万元、市财政安排1218.27万元、县区财政配套2167.29万元、其他8832.2万元。

三、具体任务

（一）社保惠民项目

投入12153.26万元，实施城乡居民养老保险、困难群众救助、农村居民住房政策性保险、残疾人两项补贴、社区居家养老服务试点、农村计划生育家庭奖扶特扶等6个项目。

（二）健康惠民项目

投入24912.48万元，实施城乡居民基本医疗保险、基本公共卫生服务、艾滋病防治、人口大县乡镇卫生院建设、基层医疗卫生机构能力建设行动计划乡镇卫生院业务用房建设项目等5个项目。

（三）教育惠民项目

投入7530.66万元，实施扩大农村学前教育资源、农村义务教育学校建设、学生资助、滨海新城茶山江小学、京华国际艺术双语学校等5个项目。

（四）水利惠民项目

投入472.07万元，实施中小河流治理、小型农田水利重点县建设、农村饮水安全现固提升工程、郁江调水工程等2个项目。

（五）安居惠民项目

投入 1734.45 万元，实施城市棚户区改造、农村危房改造、城市黑臭水体整治、小街小巷改造、河西污水提升泵站扩容工程、旅游厕所建设、农网升级改造、消防安全社区升级创建等 8 个项目。

（六）农补惠民项目

投入 4692 万元，实施耕地地力保护补贴、农机具购置补贴、"双高" 基地良种补贴等 3 个项目。

（七）生态惠民项目

投入 51.23 万元，实施森林生态效益补偿 1 个项目。

（八）文化惠民项目

投入 551.91 万元，实施村级公共服务中心、公共文化基础设施场所免费开放、农家书屋建设、文艺演出活动、电影放映工程、创建"儿童之家"、全民健身工程、举办重大体育赛事、政府购买公共体育服务等 9 个项目。

（九）扶贫惠民项目

投入 2711.3 万元，实施支持贫困地区产业发展和基础设施建设、脱贫攻坚交通基础设施建设、水库移民新村建设等 3 个项目。

（十）科技惠民项目

投入 91.6 万元，实施农村公共照明试点、广播电视直播卫星户户通工程等 2 个项目。

四、工作要求

（一）加强组织领导

各级各责任单位要进一步落实主体责任，加强组织领导，落实责任分工，要牢牢把握时间节点，切实增强责任感、使命感和紧迫感，为工程建设提供强有力保障。要按照区委、区人民政府的决策部署，把完成为民办实事工作任务作为密切联系群众、构建和谐社会、加快实现全面小康的根本措施，作为改善民生、建设服务型政府的实际行动，列入工作重点，确保把实事办好、好事办实。

（二）强化责任落实

各责任单位要通力合作，加强协调，真抓实干，不断提高工作效率和水平，确保工作质量和全年目标任务完成。牵头单位要认真制定并执行项目实施方案，明确工作责任，抓好落实。

（三）强化要素保障

国土资源部门负责用地保障，要优先落实项目用地指标。涉及征地拆迁的项目，各镇政府（街道办事处）要认真履行主体责任、采取有力措施促进项目尽快落地开工建设。财政部门要优先安排资金保障，多渠道筹措资金。同时也要严守财经制度，确保资金按规定使用，严禁挤占、截留和挪用资金。各责任单位要结合深化"放管服" 改革工作，进一步优化项目建设报审流程，有针对性地开通为民办实事项目审批绿色通道。

（四）严格督查考核

各责任单位要加强督查指导，及时解决工作中的困难和问题，着力保进度、保质量、保安全。区人民政府督查室要加强督查督办，对进度缓慢、工作措施不力的各镇政府（街道办事处）和单位督促整改，督促目标任务的完成。区绩效办要将为民办实事项目实施情况纳入牵头责任单位以及相关镇政府（街道办事处）的年度绩效考评内容进行考核。统计部门要依法对为民办实事项目统计数据进行认定，确保真实可靠，客观公正。

（五）强化后续管理

各责任单位要切实加强对为民办实事项目的后续管理，制定后续管理办法，出台推进项目后续管理的措施，对项目后续管理在人员力量、经费保障等方面提供支持，做到建管并重，真正把为民办实事项目办成惠民工程、民心工程。

（六）加强宣传报道

区委宣传部要继续开辟专栏，对为民办实事开展情况进行跟踪报道，弘扬项目建设的先进典型事迹，积极营造项目建设的良好氛围。各责任单位也要重视宣传工作、加强舆论引导，要采取多种形式，全面、深入宣传为民办实事、动员广大人民群众和党员干部参与到为民办实事中去。

（七）建立月报制度

各牵头责任单位要加强协调调度，密切跟踪，建立项目进度信息统计报送制度，及时帮助解决项目推进过程中出现的困难和问题，争取自治区成立 60 周年大庆前全面完成各项工作任务。各牵头单位要在每月 3 日前将截至上月底的项目具体进展情况、群众受益情况、遇到的困难和问题、典型事例等内容书面报送区发改局。（联系电话：2368398，电子邮箱 qnfgj2875748@163.com）

钦南区人民政府办公室关于印发钦南区全面推进"一事通办"改革实施方案的通知

钦南政办〔2018〕76号

各镇人民政府，各街道办事处，区直及驻钦南各有关单位：

经区人民政府同意，现将《钦南区全面推进"一事通办"改革实施方案》印发给你们，请认真组织实施。

2018年10月29日

钦南区全面推进"一事通办"改革实施方案

根据《广西壮族自治区人民政府关于印发广西推进"一事通办"改革若干措施的通知》（桂政发〔2018〕28号）和《钦州市人民政府办公室关于印发钦州市全面推进"一事通办"改革实施方案的通知》（钦政发〔2018〕83号）精神，为全面推进"一事通办"改革向纵深发展，为企业和群众提供更有质量、更为高效的政务服务，进一步优化我区营商环境，建设人民满意的服务型政府，制定本实施方案。

一、总体要求

全面贯彻落实党的十九大精神，以习近平新时代中国特色社会主义思想为指导，深化简政放权、放管结合、优化服务改革，落实李克强总理关于放宽市场准入要实现为促进就业创业降门槛、为各类市场主体减负担、为激发有效投资拓空间、为公平营商创条件、为群众办事生活增便利的"五个为"和企业开办时间再减少一半、项目审批时间再砍掉一半、政务服务一网办通、企业和群众办事力争只进一扇门、最多跑一次、凡是没有法律法规规定的证明一律取消的"六个一"要求，坚持以人民为中心的发展思想，围绕群众和企业到政府办事"最多跑一次是原则、跑多次是例外"的目标，推进"一事通办"改革，优化办事流程、减少审批环节和材料、压缩审批时限，实现利企便民目标，优化营商环境，助力我区经济社会发展。

二、主要任务

（一）围绕"最多跑一次"目标，创新工作模式，优化审批流程

1. 优化行政权力运行流程再造，推进"最多跑一次"改革。以企业、群众到政府办好"一件事情"为标准，在申请材料齐全、符合法定受理条件的前提下，通过优化再造办事流程，创新工作模式，2018年底前实现全区80%以上的依申请行政权力事项（行政许可、行政征收、行政给付、行政确认、行政奖励、行政裁决、其他行政权力）和公共服务事项群众办事"只需跑一次"和"一次不用跑"；2019年6月底前实现全区90%以上的依申请行政权力事项和公共服务事项"最多跑一次"和"一次不用跑"。（牵头单位：区政务办；责任单位：区直及驻钦南各有关单位，各镇人民政府、各街道办事处；完成时限：按计划推进）

2. 实行"一窗受理、集成服务"。以方便群众和企业办事为目标，推进相关办理事项归并整合，实行并联审批，推行"前台综合受理、后台分类审批、综合窗口出件"审批模式。健全完善部门间协调机制，严格执行首问负责制，牵头部门首问负责，明确联合审批事项的首问部门即为牵头部门，强化牵头部门的协调作用，实现部门协同办理、集成服务，最大限度减少群众跑腿。按照线上线下融合的要求，依托网上办事平台，实现"一窗受理""一事通办"。（牵头单位：区政务办；责任单位：区直及驻钦南各有关单位，各镇人民政府、各街道办事处；完成时限：持续推进）

3. 建立健全改革配套制度。完善统筹协调、监督管理、容缺受理、统一收费、全程代理、邮寄送达、评价反馈、业务培训、人员管理、责任追究等工作机制，加快形成健全的制度保障体系。（牵头单位：区政务办；责任单位：区直及驻钦南各有关单位，各镇人民政府、各街道办事处；完成时限：2018年12月底前）

（二）围绕利企便民目标，推进"一事通办"改革

1. 梳理编制"一次性告知(限时办结)""只需跑

一次”“一次不用跑”3张清单。围绕依申请行政权力事项(行政许可、行政征收、行政给付、行政确认、行政奖励、行政裁决、其他行政权力)和公共服务事项,组织编制区、镇两级“一次性告知(限时办结)”“只需跑一次”“一次不用跑”3张清单,实现从受理申请到作出办理决定、形成办理结果的全过程“只需跑一次”或“一次不用跑”。通过分类编制事项清单明确告知群众和企业办事该找谁办、怎么办,需要提交什么材料,什么时间办结,最大限度方便群众办事。(牵头单位:区政务办;责任单位:区直及驻钦南各有关单位,各镇人民政府、各街道办事处;完成时限:2018年9月底前)

2. 编制发布“一事通办”办事清单。在编制区、镇两级“一次性告知(限时办结)”“只需跑一次”“一次不用跑”3张清单的基础上,围绕涉及多部门事项组织梳理“一事通办”办事清单。以群众和企业到政府办好“一件事情”为标准,聚焦不动产登记、市场准入、企业投资、建设工程、民生事务等办理量大,群众、企业关注的重点领域和重点事项,编制“一事通办”办事清单和办理流程图,实行“一窗受理、集成服务”的并联审批模式,切实方便群众和企业办事创业。(牵头单位:区发改局、区工信局、区教育局、公安钦南分局、区民政局、区人社局、国土钦南分局、区住建局、区卫计局、区工商局、区政务办;责任单位:区直及驻钦南各有关单位,各镇人民政府、各街道办事处;完成时间:按计划推进)

3. 推行审批服务“马上办、网上办、就近办、一次办”。对合法合规、材料齐全的事项实行“马上办”,减少企业和群众现场办理等候时间;凡与企业生产经营、群众生产生活密切相关的审批服务事项“应上尽上、全程在线”实行“网上办”,法律法规有特别规定外,2018年底前80%以上政务服务事项实现网上能办,切实提高网上办理率;完善基层综合便民服务平台功能,将审批服务延伸到镇(街道)、村(社区),打通政务服务“最后一公里”,实现“就近能办、多点可办、少跑快办”;推动一般事项“不见面”、复杂事项“一次办”,符合法定受理条件、申报材料齐全的原则上一次办结;需要现场踏勘、技术审查、听证论证的,实行马上响应、联合办理和限时办结。(牵头单位:区政务办;责任单位:区直及驻钦南各有关单位,各镇人民政府、各街道办事处;完成时限:持续推进)

4. 推行“一次性告知、一张表受理”。按照“减环节、减材料、减时限、减费用、减跑动次数”要求,将“八统一”(事项名称统一、事项编码统一、适用依据统一、申请材料统一、办事流程统一、业务经办流程统一、办理时限统一、表单内容统一)成果运用到“一次性告知清单”和“一事通办”办事清单中,实行“一次性告知、一张表受理”,科学细化量化审批服务标准化,最大限度减少部门的自由裁量权,实现无差异办理、同标准审批。(牵头单位:区直及驻钦南各有关单位;责任单位:各镇人民政府,各街道办事处;完成时间:2018年12月底前)

根据“八统一”成果及时调整权责清单和行政运行流程,加强行政权力运行制约和监督,规范政府部门的职责权限,促进行政权力运行规范、程序严密、全程公开、监督有力、服务便捷,实现行政权力“同一事项、同一标准、同一编码、上下对应、有效衔接”。(牵头单位:区编办;责任单位:各镇人民政府、各街道办事处,区直及驻钦南各有关单位;完成时间:2018年12月底前)

5. 制定完善“一事通办”审批服务标准规范。围绕“一事项一标准、一流程一规范”目标,制定“一事通办”运行标准规范,统一行政许可标准、电子文档存档数据规范、数据库建设规范、事中事后监管标准等,其中审批服务环节已收取的申报材料,不得要求申请人重复提交。消除审批服务模糊条款,对“其他材料”“有关材料”“相关证明”等逐一予以明确。(牵头单位:区政务办;责任单位:区直及驻钦南各有关单位,各镇人民政府、各街道办事处;完成时限:2018年12月底前)

6. 推进重点领域、重点事项“一事通办”改革。聚焦投资项目审批、商事登记、不动产登记、教育、卫生、民政、社保、公安、水电气等群众和企业专注的重点领域和事项,结合自治区优化营商环境“354560”目标,以群众和企业办好“一件事”为标准,推进相关联的事项集中办理,实行“一窗受理、集成服务”模式。重点设立投资项目审批、商事登记、不动产交易登记、社保、公安服务等综合受理窗口,分领域推进“一事通办”改革。一是投资项目全面实行“多评合一”“多图联审”并联审批模式,在企业投资项目领域实行“多评合一”并联审批,推动建设工程领域实行联合勘验、联合审图、联合测绘、联合验收。在各类开发区推行由政府统一组织对一定区域内土地勘测、矿产压覆、地质灾害、水土保持、文物保护、洪水影响、地震安全性、气候可行性等事项实行区域评估,实行“多规合一”探索“规划同评”,切实减轻企业负担,力争园区企业投资项目施工许可45个工作日内完成，企业投资项目施工许可60个工作日内完成；二是推进企业登记注册便利化改革，推进“多证合一”商事制度改革，推行“一套表格、一份材料、一个窗口”，力争企业开办手续3个工作日内完成，全面实施企业简易注销登记改革；三是探索推进“一窗受理、并联办理”，整合不动产登记数据资源和业务流程，优化办理流程，积极稳妥压缩不动产登记办理时限，力争不动产登记5个工作日内完成；四是针对住房、教育、卫生、民政、社保、公安、水电气等审批服务事项，在精简办事材料、推进数据共享的基础上，推动以身份证为主要标识办理。（牵头单位：区发改局、区工信局、区教育局、公安钦南分局、区民政局、区人社局、国土钦南分局、区住建局、区卫计局、区工商局、区政务办；责任单位：区直及驻钦南各有关单位，各镇人民政府、各街道办事处；完成时间：2018年12月底前）

（三）围绕“一网通办”目标，提高政务服务信息化水平

1.加快推进网上办事互联互通。按照自治区的统一部署，配合推进各级网上政务服务平台建设，除法律规定或涉密等外，政务服务事项均纳入平台办理，推动政务服务事项网上办理，提高网上办理率；积极探索更多便民服务事项通过互联网移动端APP办理，推行“掌上办”，切实提高网上办事精细化水平，让办事更快捷、服务更优质。（牵头单位：区政务办；责任单位：区直及驻钦南各有关单位，各镇人民政府、各街道办事处；完成时限：2018年12月底前）

2.加快推进数据信息共享。按照“无条件归集、有条件利用”原则，加快推进信息共享和业务协同，凡是可以通过信息共享的，一律不得要求申请人重复提交。配合优化全区数据共享交换平台和完善政务信息资源目录体系。配合推进全区统一的电子证照库、社会信用库、人口库、法人库、地理空间信息库等基础数据库建设。以信息共享的完整性、准确性、可用性、实时性为主要指标，打破数据信息壁垒，全面推进更大范围的信息共享和业务协同。（牵头单位：区人民政府办公室、区发改局、区政务办、公安钦南分局、区民政局、国土钦南分局、区工商局；责任单位：区直及驻钦南各有关单位，各镇人民政府、各街道办事处；完成时限：2018年12月底前）

3.创新行政审批监管模式。大力推行以智能手机APP为主要监管手段、以电子证照和现场影像为监管依据的“互联网+监管”信息化体系。（牵头单位：区直及驻钦南各有关单位；责任单位：各镇人民政府、各街道办事处；完成时限：2018年12月底）

（四）按照规范化、标准化要求推进政务服务体系建设

1.推动园区政务服务大提升。根据自治区开展园区政务服务大提升活动的部署要求，深入开展园区政务服务大提升活动，推动政务服务“入园进企”，完善政务服务体系。建立健全园区政务服务常态化机制，推动建立部门联系辖区企业机制，开展常态化、点对点的精准服务，强化和提升园区政务服务能力，力争实现“园区事园区办，园区办事不出园区”，吸引更多企业落户园区。（牵头单位：区政务办；责任单位：区直及驻钦南各有关单位，各镇人民政府、各街道办事处；完成时限：2018年12月底前）

2.推进“应进必进”，优化办事网点布局。优化提升各级政务服务大厅“一站式”功能，进一步推动政务服务事项进驻大厅统一办理。除了车辆管理等特殊事项外，都要进驻政务服务中心，原则上不再保留部门自设的服务大厅。综合考虑地理位置、交通线路、可办事项等方面因素，合理布局办事网点，积极打造“1小时政务服务圈”。（牵头单位：区政务办；责任单位：区直及驻钦南各有关单位，各镇人民政府、各街道办事处；完成时限：2018年12月底前）

3.创新基层政务服务模式。以镇（街道）、村（社区）综合服务中心为载体，加快推进政务服务向镇（街道）、村（社区）延伸。建立“镇（街道）、村（社区）前台综合受理，县（区）级后台分类办理，镇（街道）、村（社区）统一窗口出件”的服务流程，逐步实现县区、镇（街道）政务服务事项的一窗办理、一平台共享、全县域通办和全流程效能监督。（牵头单位：区政务办；责任单位：区直及驻钦南各有关单位，各镇人民政府、各街道办事处；完成时限：2018年12月底前）

（五）健全政务服务“容缺受理”机制

按照“提前介入、能快则快”的原则，对行政审批事项实行非主审要件缺项受理和审批的“容缺后补”制度，扩大“容缺后补”事项范围，逐项厘清行政审批事项主要申报材料和容缺材料，梳理“容缺受理”事项清单，切实减轻企业和群众负担、降低办事成本。建立健全“容缺受理”制度，将“容缺受理”机制应用到实际政务服务工作中。建立“容缺受理”信用体系，对诚信示范企业、“守合同重信用”公示企业等诚信典型和连续三年无不良信用记录的行政相对人，在政务服务事项办理过程中，同等条件下优先办理，加快办理速度。（牵头单位：区政务办；责任单位：区直及驻钦南各有关单位，各镇人民政府、各街道办事处；完成时限：2018 年 12 月底前）

（六）持续开展“减证便民”行动

围绕群众和企业办事中遇到“重复证明、奇葩证明”等烦恼，在区、镇（街道）、村（社区）三级证明事项和证明材料摸底调查基础上，加大力度刀刃向内清理各类无谓证明，配合建立规范自治区、市、县区、镇（街道）、村（社区）五级保留和取消的证明事项清单，将“减证便民”成果切实应用到实际审批中，最大限度减轻群众办事负担，不再让群众在办事中为证明事项东奔西跑。（牵头单位：区政务办；责任单位：区直及驻钦南各有关单位，各镇人民政府、各街道办事处；完成时限：2018 年 12 月底前）

（七）加强中介服务监督管理

1. 对中介服务事项实行清单管理和动态管理。依照法律法规全面梳理行政审批中介服务事项清单，需新增的，必须进行必要性、合理性、合法性审查论证，依照法定程序设定并纳入清单管理。实行清单动态管理机制，根据国家、自治区的决定及时调整行政审批中介服务事项目录，并及时向社会公开，主动接受社会监督。（牵头单位：区编办；责任单位：区直及驻钦南各有关单位，各镇人民政府、各街道办事处；完成时限：2018 年 12 月底前）

2. 加强中介服务市场管理。放宽中介服务市场准入，鼓励支持各类资本进入中介服务行业和领域，破除中介服务垄断。依托广西政务服务“一张网”，配合建立统一的网上“中介超市”，中介服务机构“零门槛、零限制”入驻，统一规范管理，实现网上展示、网上竞价、网上中标、网上评价。政府部门在审批过程中委托开展的技术性服务活动，服务费用一律由部门支付并纳入部门预算。强化中介服务监管，全面开展中介服务信用评价，建立健全中介服务机构退出机制。（牵头单位：区政务办、区编办、区发改局；责任单位：区直及驻钦南各有关单位，各镇人民政府、各街道办事处；完成时限：2019 年 6 月底前）

（八）全面深化政务公开

1. 推进政务服务全过程公开。凡是与政务服务改革有关的决策、措施都应依法纳入主动公开范畴，及时在政府网站公开。“一事通办”事项清单、办事指南、办理流程、服务标准、保障措施等应及时、全面向社会公开并动态调整，让公众全程明晰“一事”找谁办、如何办、何时能办。（牵头单位：区政务办、区人民政府办公室；责任单位：区直及驻钦南各有关单位，各镇人民政府、各街道办事处；完成时限：2019 年 12 月底前）

2. 加强改革宣传和政策解读。扩宽宣传渠道，通过新闻发布会、网站公开、制作宣传册等方式，深入宣传、解读“一事通办”改革措施及成效，促使“一事通办”改革深入人心、广泛适用。对重大政策和改革措施，要及时准确传递权威信息和政策意图。围绕国民经济发展计划、重大专项规划、财政预决算、公共资源配置、社会公益事业建设等重点领域政府信息公开，制定完善相关的主动公开目录，细化公开事项、内容、时限、载体、责任主体、监督渠道等。（牵头单位：区政务办、区人民政府办公室；责任单位：区直及驻钦南各有关单位，各镇人民政府、各街道办事处；完成时限：持续推进）

（九）规范咨询投诉举报平台建设

按照自治区统一规划部署，除 110、120、119 等紧急类和个别因专业性强、集成度高、咨询服务量大确需保留的热线外，将工商、食品药品、价格、医疗卫生等其他领域的政务热线整合到统一的 12345 热线平台（以下简称“统一平台”）进行管理，实行政务服务咨询、投诉、举报、建议服务“一号对外”“一站式服务”。整合之后，原有的政府部门热线不再直接接收咨询和投诉举报，由“统一平台”集中受理。建立集中受理、按责转办、限时办结、统一督办、评价反馈、行政问责的运行机制，设立“统一平台”的建设标准、服务标准和评价标准等标准体系。（牵头单位：区人民政府办公室；责任单位：区工商局、区食品药品监管局、区物价局、区卫计局，各镇人民政府、各街道办事处；完成时限：2019 年 12 月底前）

（十）强化事中事后监管和诚信体系建设

1. 建立健全监管体制机制。按照权责对等、权责一致和“谁审批谁监管、谁主管谁监管”原则。构建“部门专业执法+综合行政执法”的行政执法体系，科学划转综合执法事项，合理配置行政执法力量，推进跨部门综合执法。（牵头部门：各行业行政主管部门；完成时限：2019 年 12 月底前）

2. 全面实施“双随机、一公开”监管。按照企业、群众到政府办“一件事”标准及“最多跑一次”要求，建立以信用承诺、信息公示为特点的新型监管机制；建立健全失信联合惩戒机制，实现“事前管标准、事中管检查、事后管处罚、信用管终身”。梳理行政处罚、行政强制、行政征收、行政检查等执法类职权事项，规范程序、行为和自由裁量权，推进严格公正规范文明执法。推行跨部门双随机抽查监管，构建“部门联合、随机抽查、按标监管”的一次到位机制，提高监管效能。完善行政执法公示制度，涉及公共利益、公众普遍关注、需要社会广泛知晓的行政执法信息，应依法及时向社会公开。（牵头单位：区工商局、区编办、区法制办；责任单位：区商事制度改革部门联席会议成员单位，各镇人民政府、各街道办事处；完成时限：2018 年 12 月底前）

3. 健全“一事通办”信用联合奖惩机制。结合社会信用体系建设，推进诚信典型“红名单”和严重失信主体“黑名单”制度建设。完善企业信用信息公示工作，加强市场主体信用信息归集、存储和应用，并与政府部门许可、处罚和监管工作有效衔接。（牵头单位：区发改局、区工商局；责任单位：区直及驻钦南各有关单位，各镇人民政府、各街道办事处；完成时限：2018 年 12 月底前）

三、保障措施

（一）提高思想认识，强化组织领导

各级各部门要高度重视，统一思想，把这项工作列入重要议事日程，切实增强推动改革的自觉性、积极性和主动性，理清工作任务，把握工作重点，强化工作举措，制定本级本部门工作方案，细化分解任务，明确时间节点，将改革任务清单化、项目化，明确时间表、责任链，深入推进“一事通办”改革，确保政务服务改革措施落地生效。

（二）加强监督考核，严格落实责任

强化落实“一事通办”改革督查实行“五个一”工作制度（自查自报一次、随机抽查一次、汇总通报一次、集中约谈一次、对外公布一次），对工作落实不到位的镇（街道）和部门进行通报，并将推进“一事通办”改革工作与绩效考核挂钩，加强监督考核，确保各项工作任务如期完成。

附件：钦南区推进“一事通办”改革工作任务细化表

附件

表 20　　**钦南区推进“一事通办”改革工作任务细化表**

序号	工作任务	主要内容	牵头部门	责任单位	完成时限	备注
1	优化再造流程，创新审批模式	1. 推进行政权力运行流程再造，推进“最多跑一次”改革	区政务办	区直及驻钦南各有关单位，各镇人民政府、各街道办事处	按计划推进	
		2. 推行“前台综合受理、后台分类审批、综合窗口出件”审批模式，实行“一窗受理、集成服务”	区政务办	区直及驻钦南各有关单位，各镇人民政府、各街道办事处	持续推进	
		3. 建立健全改革配套制度	区政务办	区直及驻钦南各有关单位，各镇人民政府、各街道办事处	2018 年 12 月底前	
2	推进“一事通办”利企便民改革	1. 梳理编制“一次性告知（限时办结）清单”“最多跑一次”“一次不用跑”“不止跑一次”清单	区政务办	区直及驻钦南各有关单位，各镇人民政府、各街道办事处	2018 年 9 月底前	
		2. 以群众和企业办好办通“一件事”为标准，对涉及多部门事项编制“一事通办”办事清单和办理流程图	区发改局、区工信局、区教育局、公安钦南分局、区民政局、区人社局、国土钦南分局、区住建局、区卫计局、区工商局、区政务办	区直及驻钦南各有关单位，各镇人民政府、各街道办事处	2018 年 12 月底前	
		3. 推行审批服务“马上办、网上办、就近办、一次办”	区政务办	区直及驻钦南各有关单位，各镇人民政府、各街道办事处	2018 年 9 月底前	
		4. 实行“一次性告知、一张表受理”	区直及驻钦南各有关单位	各镇人民政府、各街道办事处	2018 年 12 月底前	

续表

序号	工作任务	主要内容		牵头部门	责任单位	完成时限	备注
2	推进“一事通办”利企便民改革	5. 根据“八统一”成果及时调整权责清单和行政运行流程		区编办	各镇人民政府、各街道办事处，区直及驻钦南各有关单位	2018 年 12 月底前	
		6. 制定完善“一事通办”审批服务标准规范		区政务办	区直及驻钦南各有关单位，各镇人民政府、各街道办事处	2018 年 12 月底前	
		7. 推进重点领域、重点事项“一事通办”改革	(1) 深化投资项目审批改革	区发改局、区工信局、区政务办	国土钦南分局、区住建局、环保钦南分局、区水利局、区地震局等有关部门，各镇人民政府、各街道办事处	2018 年 12 月底前	
			(2) 深化商事登记改革	区工商局、区政务办	区商事制度联席会议成员单位，各镇人民政府	2018 年 12 月底前	
			(3) 深化住房领域尤其是不动产登记“一事通办”改革	国土钦南分局、区住建局	区直及驻钦南各有关单位，各镇人民政府、各街道办事处	2018 年 12 月底前	
			(4) 深化教育领域“一事通办”改革	区教育局、区政务办	区直及驻钦南各有关单位，各镇人民政府、各街道办事处	2018 年 12 月底前	
			(5) 深化卫生领域“一事通办”改革	区卫计局、区政务办	区直及驻钦南各有关单位，各镇人民政府、各街道办事处	2018 年 12 月底前	
			(6) 深化民政领域“一事通办”改革	区民政局、区政务办	区直及驻钦南各有关单位，各镇人民政府、各街道办事处	2018 年 12 月底前	
			(7) 深化社保领域“一事通办”改革	区人社局、区政务办	区直及驻钦南各有关单位，各镇人民政府、各街道办事处	2018 年 12 月底前	
			(8) 深化公安领域“一事通办”改革	公安钦南分局	区直及驻钦南各有关单位，各镇人民政府、各街道办事处	2018 年 12 月底前	
			(9) 深化水电气服务利企便民改革	区住建局	区直及驻钦南各有关单位，各镇人民政府、各街道办事处	2018 年 12 月底前	
3	推进“互联网 + 政务服务”，打造高效便民的政务服务“一张网”	1. 加快推进网上办事互联互通		区政务办	区直及驻钦南各有关单位，各镇人民政府、各街道办事处	2018 年 12 月底前	
		2. 加快推进数据信息共享		区人民政府办公室、区发改局、区政务办、区民政局、国土钦南分局、区工商局	区直及驻钦南各有关单位，各镇人民政府、各街道办事处	2018 年 12 月底前	
		3. 创新行政审批监管模式		区直及驻钦南各有关单位	各镇人民政府、各街道办事处	2018 年 12 月底前	

续表

序号	工作任务	主要内容	牵头部门	责任单位	完成时限	备注
4	健全完善政务服务体系	1. 推动园区政务服务大提升	区政务办	区直及驻钦南各有关单位,各镇人民政府、各街道办事处	2018年12月底前	
		2. 推进“应进必进”,优化办事网点布局		区直及驻钦南各有关单位,各镇人民政府、各街道办事处	2018年12月底前	
		3. 创新基层政务服务模式		区直及驻钦南各有关单位,各镇人民政府、各街道办事处	2018年12月底前	
5	建立行政审批“容缺受理”机制	梳理“容缺受理”事项清单,建立健全容缺受理制度	区政务办	区直及驻钦南各有关单位,各镇人民政府、各街道办事处	2018年12月底前	
6	持续开展“减证便民”行动	加大力度刀刃向内清理各类无谓证明,配合建立规范自治区、市、县区、镇(街道)、村(社区)五级保留和取消的证明事项清单	区政务办	区直及驻钦南各有关单位,各镇人民政府、各街道办事处	2018年12月底前	
7	加强中介服务管理	1. 对中介服务事项实行清单管理和动态管理	区编办	区直及驻钦南各有关单位,各镇人民政府、各街道办事处	2018年12月底前	
		2. 加强中介服务市场管理	区政务办、区编办、区发改局	区直及驻钦南各有关单位,各镇人民政府、各街道办事处	2018年12月底前	
8	全面深化政务公开	1. 推进政务服务全过程公开	区政务办、区人民政府办公室	区直及驻钦南各有关单位,各镇人民政府、各街道办事处	持续推进	
		2. 加强改革宣传和政策解读,深化重点领域政府信息公开				
9	推进统一政务咨询投诉举报平台建设	1. 整合咨询投诉举报热线,将工商、食品药品、价格、医疗卫生等其他领域的政务热线整合到统一的热线平台进行管理	区人民政府办公室	区工商局、区食品药品监管局、区物价局、区卫计委,各镇人民政府、各街道办事处	2019年12月底前	
		2. 建立健全工作运行机制				
10	强化事中事后监管	1. 建立健全监管体制机制	各行业行政主管部门		2019年6月底前	
		2. 全面实施“双随机、一公开”监管	区工商局、区编办、区法制办	区商事制度改革部门联席会议成员单位,各镇人民政府、各街道办事处	2018年12月底前	
		3. 加快建设社会信用监管体系,健全“一事通办”信用联合奖惩机制	区发改局、区工商局	区直及驻钦南各有关单位,各镇人民政府、各街道办事处	2018年12月底前	

钦南区人民政府办公室关于印发钦南区2018年新型城镇化建设工作方案的通知

钦南政办〔2018〕86号

各镇人民政府，各街道办事处，丽光场，区直及驻钦南各单位：

经区人民政府同意，现将《钦南区2018年新型城镇化建设工作方案》印发给你们，请认真组织实施。

2018年11月7日

钦南区2018年新型城镇化建设工作方案

根据《广西壮族自治区新型城镇化规划(2014—2020年)》《北部湾城市群发展规划广西实施方案》《钦州市“十三五”新型城镇化规划》和《钦州市2018年新型城镇化建设工作方案》等文件要求，为加快推进我区2018年新型城镇化重点工作，结合实际，制定本方案。

一、工作目标

到2018年底：

——常住人口城镇化率达到60%，户籍人口城镇化率达到36.5%，城镇常住人口达到22万人，新增城镇常住人口达到2.9万人，农业转移人口和其他常住人口落户城镇数达到2.9万人。新增农业转移人口和其他常住人口落户城镇数达到1.4万人。

——农民工随迁子女接受义务教育比例达到100%，城镇新增就业人数达到2500人，城乡居民养老保险参保人数达到11.23万人，城乡居民基本医疗保险参保人数达到33.9万人。

——城镇污水处理率达到96.5%，城镇生活垃圾无害化处理率达到100%，城镇家庭宽带接入能力达到100Mbps，城镇社区综合服务设施覆盖率达到92%。

——人均城镇建设用地面积达到232.16平方米。

——城镇可再生能源消费比重达到5%，城镇空气质量优良天数比例达到88%。

二、重点工作任务

(一)加快提升常住人口和户籍人口城镇化率

1.研究制定全区城镇范围划定办法，明确城乡地域属性划分，将不在政府驻地实际建设连接到居委会区域的实际开发建设地带纳入城镇统计，确保应统尽统、能统则统。(牵头单位：区住建局；责任单位：区民政局、区统计局，各镇人民政府、街道办事处)

2.全面放开城镇落户限制，简化在城镇合法稳定(含租赁)农业人口的落户手续，解决无户口人员登记落户问题，禁止设立不符合户口登记规定的任何前置条件。(牵头单位：公安钦南分局；责任单位：各镇人民政府、街道办事处、丽光场)

3.落实《居住证暂行条例》，依托现有公安人口信息管理系统，整合社会信息资源，建立“综合采集、集中管理、信息共享”的流动人口信息数据库和共享平台，提高流动人口动态管理水平。

(牵头单位：公安钦南分局；责任单位：区人社局、区卫计局，各镇人民政府、街道办事处、丽光场)

(二)加快农业转移人口市民化进程

4.设立外来人口(包括外国工作人员)办理暂住、落户手续绿色通道，推进外来人口落户。以农村学生升学、参军及农业人口举家搬迁为重点，简化农业人口城镇落户手续。2018年全区户籍人口城镇化率提高4.7%，新增农业转移人口和其他常住人口落户城镇约2.9万人。(牵头单位：公安钦南分局；责任单位：区教育局，各镇人民政府、街道办事处、丽光场)

5.深入实施解决主城区“入学难”三年攻坚六年行动计划，确保市二小扩建、市实小二校区等项目在2018年秋季学期投入使用。2018年全区中小学农民工随迁子女入读公办学校比例达到99%以上。(牵头单位：区教育局；责任单位：各镇人民政府、街道办事处)

6.完善社会保障体系，健全三方代扣代缴工作机制，通过设点签订代缴协议和镇(街道、场)、村(社区)干部上门代缴协议等方式切实做好城乡居民基本医疗保险征缴工作。(牵头单位：区人社局；责任单位：各镇人民政府、街道办事处、丽光场)

7.健全流动人口健康档案，建立卫生计生部门服务联络员“一对一”服务企业工作机制，推进基本公共卫生服务均等化。加快推进医疗卫生基础设施建设，2018年实现所有乡镇卫生院基础设施全面达到国家标准、每千人床位数达到1.25张。(牵头单位:区卫计局;责任单位:各镇人民政府、街道办事处、丽光场)

8. 制定出台农民工就业创业工作实施办法，对吸纳农村贫困劳动力就业企业实施奖补，推进农民工创业担保贷款。推进公共就业服务机构与全国各地区联网，更好为农民工等新市民提供求职招聘服务。2018年培训农民工1700人次以上，新增城镇就业人数2500人以上，失业人员再就业720人以上、就业困难人员就业95人以上。(牵头单位:区人社局;责任单位:各镇人民政府、街道办事处、丽光场)

9. 修订完善城镇保障性安居工程“十三五”规划和2018—2020年城镇棚户区改造三年计划。完善公共租赁住房管理体制，加大对农民工住房保障力度。2018年开工建设棚户区住房314套，建成120套。(牵头单位:区住建局;责任单位:各镇人民政府、街道办事处、丽光场)

(三)加快融入北部湾城市群规划建设

10. 制定钦南区北部湾城市群发展规划实施方案，推进北部湾城市群间城镇化协同发展。(牵头单位:区发改局、区住建局;责任单位:各镇人民政府、街道办事处、丽光场)

11. 组织实施北部湾城市群发展规划广西实施方案近期区域性重大工程。(牵头单位:区发改局、区住建局;责任单位:区交通运输局、区商务局、区旅游局、区招商促进局，各镇人民政府、街道办事处、丽光场)

12. 贯彻落实广西北部湾经济区升级发展行动计划，加快提升北部湾经济区协同化发展质量和水平，推动北部湾经济区升级发展。(牵头单位:区发改局;责任单位:各镇人民政府、街道办事处、丽光场)

(四)提高城镇规划建设管理水平

13. 开展城市总体规划实施评估和修编，启动乡镇总体规划修编和详规编制，科学统筹城市和小城镇的功能布局，实现中心城区控规全覆盖。加快推进钦南区总体城市设计，启动编制水环境整治规划、宜居城市建设规划等专项规划。(牵头单位:区住建局;责任单位:各镇人民政府、街道办事处、丽光场)

14. 深入实施“园林生活十年计划”和创建国家生态园林城市三年攻坚行动，加快建设大榄江湿地公园项目，推进排水管网隐患点和雨污分流改造、黑臭水体整治。加快海绵城市建设和“城市双修”。(牵头单位:区住建局、城市管理综合执法局;责任单位:各镇人民政府、街道办事处、丽光场)

15. 深入实施农村人居环境整治三年行动和农村垃圾治理两年攻坚行动，完成基础便民小组363专项工程和农村改厕改厨任务。(牵头单位:区住建局、区城市管理综合执法局;责任单位:区发改局、环保钦南分局、区乡村办，各镇人民政府、街道办事处、丽光场)

16. 加快推进污水处理设施建设。2018年城镇污水处理率达到96.5%、生活垃圾无害化处理率达到100%。(牵头单位:区住建局;责任单位:各镇人民政府、街道办事处、丽光场)

17. 加快“智慧钦州”建设，重点推进“市民一卡通”、城市公共信息平台、区政府免费WiFi等项目建设，提高城市管理运营智能化水平。深入实施“宽带钦州”战略，加快建设4G和光纤入户，2018年城市和农村家庭宽带接入能力分别达到100Mbps以上和50Mbps以上。(牵头单位:区发改局、区工信局;责任单位:各镇人民政府、街道办事处、丽光场)

18. 深入实施大气、水、土壤污染防治计划，加大大气污染防治力度，提升城市环境空气优良率。深入实施蓝色海湾整治行动，积极开展钦江、大榄江等流域环境综合整治。加强近岸海域污染防治，改善茅尾海等近岸海域以及主要河流水质。2018年城镇空气质量优良天数比例达到88%，可吸入颗粒物(PM10)和细颗粒物(PM2.5)平均浓度控制在自治区下达的目标内。(牵头单位:环保钦南分局;责任单位:区水利局，各镇人民政府、街道办事处、丽光场)

(五)加快推进新型城镇化建设

19. 推动农业一二三产业融合发展，制定农村产业融合发展实施方案。(牵头单位:区农业局;责任单位:各镇人民政府、街道办事处、丽光场)

20. 积极培育创建沙埠坭兴陶小镇。(牵头单位:区住建局、区发改局;责任单位:沙埠镇人民政府)

(六)加快推进城乡一体化发展

21. 深入实施县域经济三年行动计划，建立完善县域基础设施和公共服务设施能力提升三年行动计划项目库，加快推进县域产业发展、基础设施和公共服务设施项目前期工作和建设。(牵头单位:区发改局;责任单位:区直有关部门，各镇人民政府、街道办事处、丽光场)

22. 大力实施乡村振兴战略和三年行动计划，按照

"产业兴旺、生态宜居、乡风文明、治理有效、生活富裕"的总要求，启动编制乡村振兴战略规划、乡村集体经济发展规划等规划，加快推进农村基础设施、公共服务和特色产业发展。（牵头单位：区农业局；责任单位：区直有关部门，各镇人民政府、街道办事处、丽光场）

23. 加快推进现代特色农业示范区创建增点扩面提质三年行动计划，提升发展钦南区虾虾乐等一批现代特色农业示范区。2018 年全区共创建自治区级核心示范区 1 个、县级示范区 2 个、乡级示范园 8 个、村级示范点 46 个。（牵头单位：区农业局；责任单位：各镇人民政府、街道办事处、丽光场）

24. 大力开展农村社区试点单位创建活动，整合资源推进农村社区建设，指导完善村民自治章程和村规民约，打造宜居幸福社区。至 2018 年止农村社区建设试点不少于 33 个，农村社区建设覆盖全市 20% 的建制村。（牵头单位：区民政局；责任单位：各镇人民政府、街道办事处、丽光场）

（七）推进新型城镇化重点领域改革

25. 深入开展优化营商环境"服务企业年"活动，积极推进"互联网 + 政务服务"，建成全区统一网上政务服务平台，提供一站式全程网上审批，推动行政审批高效运转。继续完善"多证合一"登记制度改革，扩大全程电子化登记，开展"证照分离"试点。探索推行手机 APP 客户端和手机自助终端服务。［牵头单位：区政务中心、区发改局、区工商局；责任单位：各镇人民政府（街道）］

26. 全面落实农村土地所有权承包权经营权"三权分置"办法，加快推进宅基地和集体建设用地确权登记改革，全面完成农村土地确权登记领证工作。深化农村承包土地经营权和农民住房财产权抵押贷款试点，探索区土地储备公司和平台公司参与"两权"抵押。探索推进宅基地所有权、资格权、使用权分置改革。完善农村土地流转服务管理平台，建立健全区、镇、村三级农村土地流转服务和管理机制。（牵头单位：区农业局、国土钦南分局；责任单位：各镇人民政府、街道办事处、丽光场）

27. 健全人地挂钩机制，全面落实全区城镇建设用地增加规模与吸纳农业转移人口落户数量挂钩政策，完成人地挂钩机制工作评估。实行差别化进城落户人口城镇新增建设用地标准，严格控制人均城镇建设用地。2018 年人均城镇建设用地面积达到 232.16 平方米。（牵头单位：国土钦南分局；责任单位：各镇人民政府、街道办事处、丽光场）

28. 探索建立财政转移支付同农业转移人口市民化挂钩机制，积极申报农民工市民化奖励资金，统筹使用自有财力和上级政府转移支付资金，优先安排用于教育、医疗等公共服务领域。（牵头单位：区财政局；责任单位：各镇人民政府、街道办事处、丽光场）

29. 积极拓宽城镇化建设融资渠道，加大金融支持力度。创新金融工具，调到各方面积极性，大力推进"4321"政银担合作模式，争取融资担保业务有较大发展。加大与各银行机构的沟通对接，积极争取银行政策性贷款资金用于我区的城镇化建设。（牵头单位：区发改局、区财政局；责任单位：区直有关部门，各镇人民政府、街道办事处、丽光场）

三、保障措施

（一）健全工作机制

充分发挥区推进新型城镇化建设联席会议制度作用，调整充实区推进新型城镇化建设联席会议成员，统筹推进全区新型城镇化建设。每季度定期召开区新型城镇化建设工作联席会议，研究解决新型城镇化推进过程中的重大问题和事项，并提出意见建议。

（二）落实责任主体

各镇（街道、场）、各部门要强化责任落实，主要领导负总责，明确专抓的分管领导、责任部门和具体责任人，确保城镇化工作有人统筹、有部门负责、有人抓落实。各责任部门要进一步细化目标任务，制定具体推进方案，明确工作落实情况、完成时间要求，确保不折不扣完成任务。

（三）定期报送信息

各镇（街道、场）、各部门定期对工作任务落实情况进行自查，每月底向区推进新型城镇化建设联席会议办公室报送工作信息动态，牵头单位分别于6月10日、9 月 10 日、12 月 10 日前分别将上半年、前三季度和全年重点工作任务的完成情况以专题报告形式报送区推进新型城镇化建设联席会议办公室（专题报告内容主要包括：工作措施、目标任务进展情况及成效、存在的困难和问题、下一步工作计划及意见建议等）。

（四）强化督查考核

区推进新型城镇化建设联席会议办公室牵头每季度开展 1 次专项督查，对指标完成进度慢、未按照要求完成相关机制建设等情况的单位予以通报，限期整改。同时，纳入各镇（街道、场）、各部门年度绩效考核内容，重点考核重要指标完成情况、城镇化工作机制和政策措施制定等方面内容，由区绩效办和区发改局牵头，年底组织对绩效完成情况进行考核。

（五）加强宣传报道。各镇（街道、场）、各部门要广泛宣传新型城镇化推进过程中的成功经验做法和典型案例，通过广播、电视、网站等新闻媒体进行宣传报道，并将宣传报道情况每月底集中报送区推进新型城镇化建设联席会议办公室，形成全社会重视、支持、参与新型城镇化的良好氛围。

钦南区人民政府办公室关于印发钦南区优化市场环境的若干措施的通知

各镇人民政府，各街道办事处，区直及驻钦南各有关单位：

经区人民政府同意，现将《钦南区优化市场环境的若干措施》印发给你们，请认真组织实施。

2018年12月20日

钦南区优化市场环境的若干措施

根据《钦州市人民政府办公室关于印发钦州市优化市场环境若干措施的通知》（钦政办〔2018〕76号）精神，为促进市场公平竞争，营造良好的市场环境，结合实际，制定以下措施。

一、完善企业信用激励机制

深入推进优化营商环境“服务企业年”活动，进一步完善并深入推行“守合同重信用”企业公示评价标准体系，树立“守合同重信用”典型。鼓励企业加强合同和信用管理，促进社会诚信体系建设、市场公平竞争，提升企业形象，营造良好的市场环境。

通过建立健全科学规范的“守合同重信用”企业公示工作制度和工作机制，推动“守合同重信用”企业公示活动普遍开展，提升企业合同信用建设水平，努力营造鼓励诚信、惩戒失信的市场氛围，全面深化商务诚信建设。以2017年获得“守合同重信用”称号的企业数量为基数，每年新增“守合同重信用”公示企业不低于上年度公示企业总数的10%。到2020年，全区“守合同重信用”公示企业达到5家以上。对“守合同重信用”公示企业在安排国家服务业引导、环保、文化产业发展等专项资金，申请银行贷款和担保机构贷款担保，申报国家“鲁班奖”、国家优秀工程奖等涉及资质或信用等级评定、评先评优方面，同等条件下给予优先考虑或优先推荐。“守合同重信用”公示企业参与政府项目招投标时，比照获得省（部）级、市（厅）级与生产经营有关的荣（信）誉奖项，增加相应的信誉业绩分值。

二、推行“阳光执法”，涉企检查全面施行“双随机、一公开”

完善“一单两库一细则”。各相关单位2018年底前建立并完善《政府部门随机抽查事项清单》，及时向社会公布，实现抽查事项清单对检查事项的全覆盖。各相关部门于2018年10月30日前通过公示系统协同监管平台建立市场主体“检查对象名录库”和“执法检查人员库”。

科学、合理确定抽查检查频率。除涉及国家安全、意识形态安全、投诉、举报等原因及有必要实施全覆盖检查之外，涉及企业检查应全部以“双随机、一公开”监管的方式实施，对守信者实施最低抽查检查比例。强化部门协同监管，通过开展跨部门联合“双随机”抽查，减少政府部门对市场主体正常生产经营的干扰，每年至少开展1次跨部门联合抽查。涉企执法部门实现抽查事项覆盖率、抽查计划完成率、检查结果公示率3个100%。

构建产品质量监督检查“抽检分离”模式。改善检验机构遴选机制，检验机构和拟抽查企业实行“双随机、一公开”。防止人情执法、寻租执法、随意执法。

三、强化信用监管

加强政府部门涉企信息归集，动态更新信息归集资源目录。2018年底前建立并完善《政府部门涉企信息归集资源目录》，及时向社会公布，规范信息归集格式，提高信息归集共享效率。各部门产生的涉企信息，包括企业注册登记备案、动产抵押登记、股权出质登记、知识产权出质登记、行政许可、行政处罚、纳入经营异常名录和严重违法失信企业名单（黑名单）、抽查检查结果、“守合同重信用”企业名单、诚信市场、企业获省级政府及其部门奖励信息等，应于信息产生之日起7个工作日内归集至国家企业信用信息公示系统（广西)和“信用中国(广西)”网站统一公示。

建立完善守信联合激励和失信联合惩戒制度,完善诚信“红名单”制度,制订诚信示范主体政务服务“绿色通道”制度,对诚信示范企业、“守合同重信用”公示企业等诚信典型和连续3年无不良信用记录的行政相对人,在行政审批和政务服务方面提供“绿色通道”,同等条件下优先办理业务,最大限度简化程序。

在政府采购、政府购买服务、政府投资工程建设招投标过程中,鼓励查询市场主体信用记录或提供由具备资质的信用服务机构出具的信用报告,依法依规优先选择信用状况较好的市场主体。

通过集中在国家企业信用信息公示系统(广西)公示,加大对失信行为的公示力度,对被列入严重违法失信企业名单的企业,建立“信用警示企业名录库”,加强在公共资源交易领域对失信企业采取限制、惩戒措施工作,建立完善企业失信行为联合惩戒机制。同时,进一步增强信用信息的透明度和约束力,提醒严重违法失信企业及时退出市场,修复信用。

四、促进公平竞争

深入实施公平竞争审查制度,规范政府部门行使公共权力行为。按照“谁实施、谁提出清理意见”、“谁制定、谁清理”原则,对现行政策措施进行系统梳理。2020年底前,完成排除、限制竞争存量政策的清理工作。做好增量政策的审查工作,政府部门出台文件须经公平竞争审查,每年开展1次公平竞争审查制度落实情况专项督导。

开展公用企业限制竞争和垄断行为突出问题专项整治行动,重点在供水、供电、供气等行业加大执法力度,依法查处强制交易、滥收费用、搭售商品、附加不合理交易条件等行为,促进企业降低生产经营成本,为投资经营者创造公平有序的市场竞争环境。查处严重影响竞争秩序、侵害经营者消费者合法权益的不正当竞争行为,重点整治混淆仿冒、商业贿赂、商业诋毁、虚假宣传、有奖销售等群众反映强烈的不正当竞争行为,维护公平竞争的市场秩序,进一步改善和优化营商环境。

五、建立完善市场经营活动“包容机制”

更好地发挥市场监管在推动政府职能转变、维护公平竞争市场秩序、激发市场活力和创造力等方面的积极作用,推行市场经营活动“包容机制”,进一步完善市场监管模式,为经济持续健康发展营造宽松、良好的营商环境。

市场主体有下列行为之一,属首次违反的,免于行政处罚:

(一)企业已经具备开业条件(需要前置审批的,已通过相关审批),尚未取得营业执照从事经营活动,未造成危害后果且不存在安全隐患的,能提供完备的企业设立登记材料,并在调查过程中提交设立申请。

(二)企业法人、经营单位变更经营范围,未按规定申请办理变更登记(不涉及法律、行政法规或国务院决定规定在登记前须经批准的项目),能在限期内提供完备的企业变更登记材料,提交变更申请。

(三)企业将登记注册的名称简略或增加字样,企业名称无实质性变化,未有消费者或经营者投诉、举报造成误认的事实,以及未有证据显示对他人企业名称、商标等权利构成侵权。

(四)广告用语不当但并非蓄意虚假宣传的一般违法行为,违法行为轻微并及时纠正,未有证据表明造成危害后果,或已与相关投诉人达成和解。

(五)其他违法行为情节与危害后果较轻并能及时纠正的。

个体工商户、农民专业合作社可参照上述有关企业的规定。

六、营造规范便利经营环境

2019年底前,根据《无证无照经营查处办法》相关要求,设定1—2个场所或“便利经营街”,允许经营者特定时间段内在指定地点无须办理证照经销农副产品、日常生活用品或利用技能从事便民劳务服务。“便利经营街”要划定农副产品专属交易区域。

各相关单位要认真履行查处无证无照经营职责,每年制定工作计划并严格实施,同时针对涉及人体健康、公共安全、安全生产、环境保护、自然资源开发利用等重点领域开展1次以上查处无证无照经营专项整治行动。

七、开展“放心消费”创建示范

建立消费者权益保护部门协作机制,各级各相关行业主管部门推出“放心消费”创建指标体系,制定相关标准。开展创建深入推进“放心消费”示范街(商圈)活动,对示范街(商圈)经营户实行统一亮证经营、公示分类管理等级、发布风险提示等管理措施。2018年底前,力争创建1—2条“放心消费”示范街(商圈);按照“巩固、拓展、提升”的要求,推动消费维权工作在更大范围、更深层次深化。力争示范街(商圈)市场主体(经营户)参创率达80%以上。2019年底前,创建

2条以上“放心消费”示范街(商圈)。2020年底前,在原有参创的基础上,从城市中心向乡镇延伸,提高示范街(商圈)市场主体(经营户)参创率。在消费较为集中的行业领域、重点经营场所实现“放心消费”示范单位全覆盖。

八、优化商标品牌发展环境

深入推进商标品牌战略,出台商标品牌战略、地理标志证明商标等文件,到2018年底,国内有效注册商标总量在原有基础上增加9%,达到350件;完成“钦南海鸭蛋”等地理标志证明商标申报工作。力争到2020年底,国内有效注册商标总量达420件,地理标志证明商标拥有量达1件。推进商标品牌创业创新基地建设,依托资源优势和产业优势,在创新资源富集、创新平台活跃、政策体系完善、商标品牌工作基础较好的产业集聚区促进商标品牌培育。

九、完善商标品牌保护制度

以老字号及知名商标品牌为基础,建立钦南商标品牌保护名录,将遭受侵权和易遭侵权的知名商标品牌逐步纳入保护名录,给予重点保护。充分发挥“双打”机制,多部门联合对侵犯商标权的行为进行严厉打击,对恶意抢注商标行为进行严格管控。

实施“走出去”战略,引导企业进行国际商标注册,重点推动商标国际注册,支持出口型企业进行马德里国际商标注册,以出口型企业注册的商标为基础,建立我区马德里商标国际注册名录库,把贴牌加工与创立自主商标品牌结合起来,逐步提高企业自有商标商品出口比例,助力钦南品牌“国际化”。积极发动企业参与“两会一节”、中国国际品牌节、“广西品牌神州行”等大型活动,开拓国际市场。

十、规范广告市场秩序

加强广告导向监管,建立健全广告监测制度。落实约谈机制,定期约谈与不定期约谈相结合,加强广告行业的导向监管。建立健全广告监测中心,积极探索第三方广告监测平台,建立属地广告监测机制,充分利用广告监测平台等现代化技术手段,及时发现、制止虚假违法广告,严厉打击发布虚假违法广告行为。

建立健全广告监管机制。2018年底前,建立整治虚假违法广告局际联席会议工作制度,形成联席会议成员单位齐抓共管、综合治理的工作机制,每年针对重点领域和敏感问题至少开展1次整治虚假违法广告专项行动。建立广告产业名录库,加强对广告产业发展的指导,维护广告市场秩序和舆论环境。

钦南区人民政府办公室关于印发
钦南区优化简化投资项目审批建设实施方案的通知

钦南政办〔2018〕103号

各镇人民政府,各街道办事处,区直及驻钦南各有关单位:

经区人民政府同意,现将《钦南区优化简化投资项目审批建设实施方案》印发给你们,请认真组织实施。

2018年12月28日

钦南区优化简化投资项目审批建设实施方案

为贯彻落实《广西壮族自治区人民政府关于印发实行重大项目建设“五个优化”的若干措施的通知》(桂政发〔2018〕26号)、《广西壮族自治区人民政府关于印发实行投资项目审批“五个简化”的若干措施的通知》(桂政发〔2018〕27号)和《钦州市人民政府办公室关于印发钦州市优化简化投资项目审批建设实施方案的通知》(钦政办〔2018〕94号)等文件精神,进一步优化简化重大项目投资许可、用地报批、规划许可、施工许可、中介服务及其他相关事项,实现投资项目审批大提速,加快推进重大项目建设,结合实际,制定本实施方案。

一、总体要求

深入贯彻党的十九大和十九届二中、三中全会精神,以习近平新时代中国特色社会主义思想为指导,按照党中央、国务院、自治区和市关于深化“放管服”改革和优化营商环境的部署要求,深化投资体制改革创新,进一步优化简化重大项目投资许可、用地报批、规划许可、施工许可、中介服务及其他相关事项,努力构建科学、便捷、高效的工程建设项目审批和管理体系,推动项目审批大提速,为全区重大项目建设提供有力保障。

二、重点工作任务

(一)优化项目投资许可办理

1. 全面推行项目并联审批

(1) 实行"一项一码"制度。除涉密及影响国家安全的项目外,所有投资项目纳入广西投资项目在线并联审批监管平台(以下简称"投资监管平台")进行审批、核准和备案,在线赋予项目代码,严格执行"一项一码"制度。项目单位在申报投资项目审批事项前必须通过"投资监管平台"申报项目代码,审批部门在受理审批事项时必须"凭码受理"。项目审批、核准、备案机关要主动宣传和引导项目单位在办理审批手续前领码和用码,在编制审批、资金申请和报批报建等各项申报材料中标注项目代码。

(牵头单位:区发改局;责任单位:区住建局、国土钦南分局、区交通运输局、区水利局、区林业局、区安监局、区地震局、环保钦南分局、海洋钦南分局)

(2) 建立"一窗受理、集成服务"审批模式。在区政务服务中心设立"投资项目审批综合"窗口,统一受理项目单位申报材料,分送部门审核,实现各部门审批信息共享、同步流转办理、限时并联审批,办结后由综合窗口统一出件给项目单位,建立"前台集中受理、后台分类审批、统一办结出件"审批模式。

(牵头单位:区政务办、区发改局、区招商促进局;责任单位:区住建局、国土钦南分局、区交通运输局、区水利局、区林业局、区安监局、区地震局、环保钦南分局、海洋钦南分局)

(3) 严格规范投资项目许可时限。备案类项目,项目单位自行登录广西投资项目在线并联审批监管平台(http://zxsp.gxdrc.gov.cn/)在线申报,即到即办;核准类和审批类项目,项目单位先行办理项目选址意见、用地预审,住建、国土部门在7个工作日内予以办结;项目选址意见、用地预审随同核准申请报告或可行性研究报告分别提交区发改局窗口审批,项目投资许可时间控制在5个工作日以内。

(牵头单位:区发改局、区政务办、区招商促进局;责任单位:区住建局、国土钦南分局、区交通运输局、区水利局、区林业局、区文体广电局)

(4) 健全完善"容缺后补"机制。按照"提前介入、能快则快"的原则,逐项厘清行政审批事项主要申报材料和容缺材料,动态调整公开"容缺后补"事项清单。对受理的投资项目审批事项,实行非主审要件缺项受理,允许部分非主审要件在规定时间内补齐相关材料。

(牵头单位:区政务办;责任单位:区有关审批单位)

2. 加快推行区域性评估

(1) 探索开展区域性评估。对项目集中布局的工业园区,实行规划水资源认证、水土保持方案、地质灾害危险性评估、压覆矿产评估、地震安全性评价、气候论证、文物保护评估、安全评估、洪水影响、自然生态影响评价等区域性评估,由工业园区牵头或授权委托符合要求的编制单位开展区域性评估报告编制,完成后按审批权限报行业主管部门审核,审核通过后按审批权限报政府审批。评估成果5年内有效(法律法规另有规定的,从其规定)。

(牵头单位:区工信局、金窝工业园管委、区招商促进局;责任单位:区住建局、国土钦南分局、环保钦南分局、区水利局、区文体广电局、区安监局、海洋钦南分局、区地震局)

(2) 共享区域性评估成果。在评估有效期内不再对单一项目开展上述评估,区域内落户的重大项目免费共享评估成果,经项目业主申请,行业主管部门直接出具评估意见。

(责任单位:区住建局、国土钦南分局、环保钦南分局、区水利局、区文体广电局、区安监局、海洋钦南分局、区地震局)

(二)优化项目报批程序

3. 改进优化用地申报方式

根据市制定的进一步优化土地要素供给的细化措施,重大项目建设用地由项目业主或土地储备机构依据项目可行性研究报告、申请报告或备案表批复的分期实施方案进行分期申报。涉及拆迁回建用地的,可按"拆一补一"的原则,与建设项目用地一并申报。跨县区、园区的,可根据用地报批进度,由市国土资源局分段(块)报批。

(责任单位:国土钦南分局,各镇人民政府,街道办事处)

4. 创新耕地占补平衡保障方式

加大对重大项目建设用地保障力度,对区审批的重大项目,由项目区人民政府解决水田指标和产能指标。若重大项目所在地储备耕地数量指标、水田指标或产能指标不足，由国土部门向本级政府提出拨付经费申请，通过自治区或市级补充耕地交易平台购买指标，反之则由项目所属国土部门编制补充耕地方案报市、自治区国土部门审查。

（牵头单位：国土钦南分局；责任单位：区政府办、区征收中心）

5. 提高林地保障和审批效率

涉及占用林地的项目，项目业主向林业部门提交项目审批（备案或核准）批复和使用林地申报材料后，林业部门要在按要求公示后5个工作日内出具审查意见，在项目业主缴纳森林植被恢复费后，区林业局积极向上级林业主管部门争取林地指标，并于5个工作日内上报使用林地的申报材料，协调上级主管部门核发准予使用林地的行政许可决定书。

（牵头单位：区林业局；责任单位：各镇人民政府，街道办事处）

6. 加快被征地农民社保审核

对涉及征收的项目，在项目报批时，国土部门商征地部门须在5个工作日内向区人社局提供征地的项目名称、基本情况、征地面积、被征地农民人数等相关信息，区人社局在收到材料后，须在5个工作日内拟订被征地农民养老保险实施方案，报区人民政府核准，区人民政府须在3个工作日内将被征地农民养老保险实施方案等有关材料送市人社部门审核。项目批复后，国土部门商征地部门在收到土地征收批复文件5个工作日内，向区人社局提供征地批复文件、征地的具体批复信息和被征地村居名称、被征地农民基本信息、实际征地面积、人均征地面积等征地信息，区人社局根据国土、征收部门提供的信息确定被征地农民养老保险实施方案。

（牵头单位：区人社局；责任单位：区政府办、国土钦南分局、征收中心，各镇人民政府、街道办事处）

7. 加快用地转报时间

项目建设用地由区土地储备机构或项目业主申报办理，须提交项目用地红线范围勘测定界图及界址点坐标、立项、用地预审、被征地农民社会保障方案审核意见、征地调查表、听证告知书、送达回证、征地预公告、通过审查的补充耕地方案等建设用地报批材料，国土部门要在14个工作日内完成审查并报区人民政府，区人民政府要在5个工作日内报市人民政府。

（牵头单位：国土钦南分局；责任单位：区征收中心、区人社局）

8. 加快用地批后实施，加快征地补偿安置

征收土地的当地政府在收到市、自治区或国务院征用土地批准文件之日起，10个工作日内须开展征用土地"两公告一登记"工作。征地补偿安置方案公告无异议后，30个工作日内将征地补偿、安置费用拨付给被征地农村集体经济组织；各项补偿费用支付完成后，20个工作日内完成土地清理工作。

（牵头单位：国土钦南分局、征收中心；责任单位：区财政局，各镇人民政府、街道办事处）

9. 规范项目转报办理程序

需上报市主管部门审批的，由投资综合窗口负责告知项目业主，进入市民服务中心窗口办理。需上报市、自治区审批的事项，由对应主管部门逐级上报。

（牵头单位：区发改局、区住建局、国土钦南分局、环保钦南分局、区水利局、文体广电局、区安监局、海洋钦南分局、区地震局、区交通运输局、区林业局；责任单位：区招商促进局）

（三）优化施工许可流程

10. 建立完善并联审批机制

房屋建筑项目由住建部门牵头，公路水运项目由交通运输部门牵头，水利项目由水利部门牵头，其他有关项目由相应的行业主管部门牵头，牵头部门在并联审批工作中，应公示和告知申请人并联审批的相关内容，组织联合核查、联合会审，督促各有关部门作出审批决定，颁发、送达审批证件，对并联审批工作中出现的问题进行协调。

（牵头单位：区有关审批部门；责任单位：区政务办、区招商促进局）

（四）优化规范中介服务

11. 加快推进全市统一中介服务平台的建设

依托市统一的中介服务平台，吸引中介机构"零门槛、零限制"入驻，依托政务服务"一张网"，建立开通政务服务网上审批监管平台，将全区所有项目中介服务全部纳入平台管理。项目建设单位通过自行委托、随机抽取、网上竞价、排队轮候等方式，择优选取中介机构，实现网上展示、网上竞价、网上中标、网上评价。年底制定出台中介服务平台管理办法，请区有关部门按办法组织实施，加快推进全区平台建设。

（牵头单位：区编办、区政务办；责任单位：区有关审批部门、区财政局）

12. 实行中介服务限时办结，严格规范咨询报告编制时限

项目建设单位委托咨询机构开展中介服务时，应在委托合同中明确完成编制咨询报告的时间要求，并对咨询机构服务质量进行评价。一般情况下，编制可行性研究报告、水土保持方案报告、节能评估报告、水资源论证报告等不超过25个工作日，编制工程地质勘查报告、建设工程设计方案等不超过30个工作日，编制初步设计与概算、施工图设计文件等不超过45个工作日，编制环境影响评价报告、海洋环境影响评价报告、地质灾害危险性评估报告等不超过50个工作日（国家和自治区有特殊规定的除外）。

（牵头单位：区编办；责任单位：区招商促进局、区有关审批部门）

13.加强中介服务市场监管

（1）规范中介服务收费管理。物价部门要规范中介服务收费行为，引导中介服务机构自觉执行价格和收费政策。需要政府管理或行业指导的中介服务收费，实行目录清单管理，根据情况变化动态调整并及时向社会公布。审批部门需委托专业中介机构提供评估评审服务的，有关评估评审费用由委托评估评审的项目审批、核准或备案机关承担，并纳入部门年度财政预算，评估评审机构不得向项目单位收取费用。评估评审费用由审批部门参照国家规定的费用标准与评估机构协商核定。政府机构工作人员为执行本单位职责参加审批部门组织的投资项目评审活动，不得以任何形式领取劳务费用。审批部门委托第三方中介机构进行评估评审，特邀专家劳务费按相关规定执行，由第三方中介机构支付，审批部门不再另行支付。评估评审费用的使用和支付，接受财政和审计部门的监督和审计。

（牵头单位：区编办、区财政局、区审计局、区物价局；责任单位：区有关审批部门）

（2）强化中介服务机构监督考评。区编办会同相关审批部门制定投资项目审批中介服务机构考评办法，行政审批部门、项目建设单位、政务服务机构等单位严格对中介机构服务质量、办理时间、服务收费、服务态度等进行考评，并将考评结果向社会公开，考评结果实行星级管理，优胜劣汰。同时，将中介服务机构纳入信用监管，建立中介服务“红黑名单”制度，对咨询评估工作有重大失误、咨询评估成果质量低劣、累计两次无正当理由拒绝接受委托任务或未在规定时限内完成评估任务、出具假报告、假认证、乱收费、影响公平等违法违规行为，审批部门依据情节轻重提出告诫或实施联合惩戒，列入钦州市钦南区中介服务“黑名单”，并归集到“信用钦南”“信用钦州”“信用广西”。

（牵头单位：区编办、区发改局；责任单位：区有关审批部门、区政务办）

（五）简化投资许可程序

14.精简政府投资审批程序。对列入国务院及相关部门、自治区、市和区人民政府批准的相关规划（包括实施方案、行动计划等）、年度建设计划的审批类项目，视为已立项，不需办理项目建议书批复手续，直接进入可行性研究阶段。国土、住建等部门依据申请直接办理相关手续。

（牵头单位：区发改局；责任单位：区政府办、国土钦南分局、区住建局）

15.积极推行告知承诺制。探索推行企业投资项目告知承诺制，对通过事中事后监管能够纠正不符合审批条件的行为且不会产生严重后果的审批事项，实行告知承诺制，公布实行告知承诺制的审批事项清单及具体要求，申请人按照要求作出书面承诺的，审批部门可以直接作出审批决定。对不新增用地的“零土地”技改项目推行承诺备案制。

（牵头单位：区政务办；责任单位：区有关审批部门）

16.精简部分项目审批程序。总投资400万元以下（不含400万元）的审批类项目，简化为直接审批方案设计。总投资400万元及以上、3000万元以下（不含3000万元）且技术简单、方案明确的项目，工程设计阶段不再审批初步设计。对点多面广、技术简单、方案明确的小型建设项目，除申报中央、自治区、市预算内补助资金特殊要求外，不再审批项目建议书、可行性研究报告和初步设计，直接审批项目建设方案和概算书（可替代可研、初步设计审批），点多面广的小型建设项目范围包括但不限于《国家发展改革委关于将廉租住房等31类点多面广量大单项资金少的中央预算内投资补助项目交由地方具体安排的通知》（发改投资〔2013〕1238号）明确的项目范围，其中：经营性项目投资额在5000万元以下、非经营性项目投资额在3000万元以下。

（牵头单位：区发改局；责任单位：区工信局、国土钦南分局、区住建局、区财政局、区审计局）

17.简化水土保持方案编制。城市建成区内拆除原址建设项目，新增建设用地面积5公顷以下且挖填土石方5万立方米以下的项目，只需提交水土保持方案报告表，不再提交水土保持方案报告书。

（牵头单位：区水利局；责任单位：各镇人民政府，

街道办事处）

（六）简化用地审批程序

18. 简化用地预审前置手续。不再将补充耕地、征地补偿费和矿山项目土地复垦资金安排、压覆矿产资源和地质灾害危险性评估等作为用地预审的前置条件。临时用地审批全部由国土钦南分局办理，审批后报市国土资源局备案。

（牵头单位：国土钦南分局；责任单位：区征收中心）

（七）简化规划许可程序

19. 加快办理规划设计条件。对控制性详细规划覆盖区域的项目，属以划拨方式提供国有土地使用权的，项目建设单位在取得项目初步选址意见、立项、用地预审等手续后，向规划部门同时申请办理《建设项目选址意见书》及规划条件手续。属以出让方式提供国有土地使用权的，不需办理项目选址，由国土资源部门直接向规划部门申请出具规划设计条件用于土地招拍挂。

（牵头单位：区住建局；责任单位：国土钦南分局）

20. 简化规划许可办理程序。用地预审意见可以作为申请办理建设工程规划许可证的证明文件，用地批准手续在施工许可前完成即可。建设工程规划许可证核发前，住建部门牵头联合相关职能部门进行设计方案合并审查。带方案出让土地的社会投资中小型项目，不再对设计方案进行审核，将工程建设许可与施工许可合并办理。

（牵头单位：区住建局；责任单位：国土钦南分局）

（八）简化施工许可和竣工验收程序

21. 取消施工许可相关事项。取消施工合同备案、建筑节能设计审查备案等事项。取消施工许可前置条件中的资金证明、无拖欠工程款情形的承诺书。取消没有法律法规和国务院政策规定的各类保证金、押金等“搭车”事项，仅保留依法依规设立的农民工工资保证金。

（牵头单位：区住建局；责任单位：区人社局）

22. 合并办理施工许可相关事项。合并办理与施工许可证颁发相关的工程质量安全监督手续、现场前期条件核查等事项，限时办结。

（牵头单位：区住建局；责任单位：区安监局）

23. 简化竣工验收条件和程序。行业主管部门牵头组织开展本领域投资项目竣工验收工作。对点多、面广、量大、单项投资额小的项目，简化竣工验收条件和程序，可只开展整体工程竣工验收，不再进行阶段验收。

（牵头单位：区教育局、区住建局、区交通运输局、区水利局、区卫计局等行业主管部门；责任单位：区发改局、区财政局、环保钦南分局，钦南消防大队、区安监局、区审计局等部门）

三、保障措施

（一）加强组织领导

政务、发改、招商部门要切实承担起投资项目优化简化审批建设工作的组织协调和督促指导责任。牵头部门要高度重视，制定每个事项具体落实方案，明确操作流程、办事指南和材料要求，确保各项工作有序推进。责任部门要加强协作、密切配合，协调解决投资项目审批建设过程中的困难和问题。

（二）强化督查考核

区人民政府督查室会同优化营商环境企业服务办公室等部门不定期开展优化简化投资项目审批建设督查，跟踪有关投资项目优化简化事项落实情况，对工作推进不力、改革创新事项落实不到位等情形给予通报，视情况提请区人民政府约谈。同时，区绩效办将优化简化投资项目审批建设工作纳入绩效考核内容。

（三）做好宣传引导

各镇（街道）各部门要通过报纸、电视、广播、网站等形式进行宣传报道，引导企业和社会公众及时了解政策内容，增强社会公众对工作的理解和支持，营造良好的营商环境。

索　引

索引说明

一、本索引采用主题分析方法。正文(包括条码、文献、资料、图片和表格)中凡具有独立检索意义的完整资料,均可通过本索引进行检索。为突出图片主题,有的图片文字说明作简略处理。

二、主题词词首按汉语拼音字母(同音字按声调)顺序排列。索引范围包括类目、分目、条目、表格标题和图片。正文中的类目、分目在本索引中用黑体字标明,其余款目用宋体字排印。表格、图片在其款目后分别标明“表”“图”。

三、主题词后的数字表示其所在页码,a、b、c分别表示左栏、中栏、右栏。

四、同一主题的内容在文中多处出现的,在其款目后用不同的页码标明。空两字起排的款目为上一主题的“附见”。内容有交叉的款目在本索引中重复出现。

五、“编辑说明”“大事记”“人物”等栏目不作索引,阿拉伯数字及英文字母开头的款目排在索引的前面。

B

C

D

H

J

K

L

M

R

S

Y

Z